国家哲学社会科学成果文库
NATIONAL ACHIEVEMENTS LIBRARY OF PHILOSOPHY AND SOCIAL SCIENCES

司法制度的中国模式与实践逻辑

胡铭 著

商务印书馆

图书在版编目（CIP）数据

司法制度的中国模式与实践逻辑 / 胡铭著. —北京：商务印书馆, 2023
（国家哲学社会科学成果文库）
ISBN 978-7-100-22103-0

Ⅰ.①司… Ⅱ.①胡… Ⅲ.①司法制度—研究—中国 Ⅳ.① D926

中国国家版本馆 CIP 数据核字（2023）第 043308 号

权利保留，侵权必究。

国家哲学社会科学成果文库
司法制度的中国模式与实践逻辑
胡铭 著

商 务 印 书 馆 出 版
（北京王府井大街36号　邮政编码100710）
商 务 印 书 馆 发 行
北京市十月印刷有限公司印刷
ISBN 978-7-100-22103-0

2023年5月第1版　　　开本 710×1000 1/16
2023年5月北京第1次印刷　印张 36¼　插页 2
定价：198.00元

《国家哲学社会科学成果文库》
出版说明

  为充分发挥哲学社会科学优秀成果和优秀人才的示范引领作用,促进我国哲学社会科学繁荣发展,自 2010 年始设立《国家哲学社会科学成果文库》。入选成果经同行专家严格评审,反映新时代中国特色社会主义理论和实践创新,代表当前相关学科领域前沿水平。按照"统一标识、统一风格、统一版式、统一标准"的总体要求组织出版。

全国哲学社会科学工作办公室

2023 年 3 月

目 录

导 言 / 001

第一章 中国式司法制度的特色与属性
第一节 中国式司法制度的轮廓 / 011
第二节 司法制度之"中国特色" / 013
第三节 中国式司法制度之"社会主义属性" / 021

第二章 司法规律基本问题的认知及运用
第一节 司法规律的基本内涵 / 031
第二节 司法规律的基本属性 / 038
第三节 司法规律的基本外延 / 041
第四节 司法规律的本土利用 / 044

第三章 司法公正的评估体系和实现路径
第一节 司法公正的内涵与演进 / 053
第二节 司法公正的理论支点 / 062

第三节　司法公正的评估体系　/ 071

第四节　我国实现司法公正的路径探索　/ 087

第四章　司法人权问题与刑事错案

第一节　司法人权的定位与历史脉络　/ 095

第二节　刑事被告人与被害人权利保障的平衡及实现　/ 112

第三节　司法场域下的刑事错案与司法人权保障　/ 129

第五章　司法公开与司法透明指数

第一节　司法公开的内涵与依据　/ 159

第二节　司法公开的内容与形式　/ 171

第三节　新媒体公开的维度与限度　/ 184

第四节　司法透明指数：理论、局限与完善　/ 201

第六章　司法权的运行机制与司法人员管理改革

第一节　司法权的地位与属性　/ 225

第二节　司法职权运行机制　/ 237

第三节　司法管理体制及其完善　/ 253

第七章　智慧司法的发展进路及限度

第一节　智慧司法的实践探索　/ 277

第二节　智慧司法的公正效应　/ 285

第三节　智慧司法的现实局限　/ 296

第四节　智慧司法的适用限度　/ 308

第五节　智慧司法的未来展望　/ 315

第八章　律师制度与法律援助的发展及完善
　　第一节　中国律师制度的演进　/ 324
　　第二节　中国律师制度的实践现状　/ 337
　　第三节　刑事辩护制度的困境与发展　/ 354
　　第四节　法律援助制度的转型发展　/ 372

第九章　专家辅助人制度的现状、困境与完善
　　第一节　关于专家辅助人制度的实证调查　/ 388
　　第二节　专家辅助人制度面临的困境　/ 398
　　第三节　推行专家辅助人制度的必要性　/ 403
　　第四节　完善专家辅助人制度的若干建议　/ 406

第十章　认罪协商程序的中国实践及其完善
　　第一节　认罪协商程序的缘起与模式　/ 415
　　第二节　认罪协商程序的中国实践　/ 430
　　第三节　认罪认罚从宽制度的完善：以量刑协商和量刑建议为基点　/ 445

第十一章　公众参与司法的改革路径与预期转型
　　第一节　公众参与司法的正当性基础　/ 464
　　第二节　公众参与司法的原则限度　/ 470
　　第三节　公众参与司法的历史沿革　/ 474

第四节　公众参与司法存在的问题　/ 479

第五节　公众参与司法的预期转型　/ 484

第十二章　刑事司法视野下的国家监察体制改革

第一节　公安机关配合参与下的监察委履责　/ 490

第二节　辩护律师介入下的监察委办案　/ 495

第三节　监察委与检察院侦诉的衔接　/ 499

第四节　监察委与法院审判的衔接　/ 504

第十三章　无罪判决与严格司法的中国模式

第一节　规范层面的无罪判决与严格司法　/ 511

第二节　从无罪判决裁判文书看严格司法的中国实践　/ 515

第三节　模式选择：通过严格司法的国家治理　/ 529

结　语　迈向中国式司法制度现代化　/ 540

主要参考文献　/ 553

后　记　/ 564

CONTENTS

PREFACE   / 001

CHAPTER 1   CHARACTERISTICS AND ATTRIBUTES OF THE CHINESE-STYLE JUDICIAL SYSTEM

    1.1   Outline of the Chinese-Style Judicial System   / 011

    1.2   "Chinese Characteristics" of the Judicial System   / 013

    1.3   "Socialist Attributes" of the Chinese-Style Judicial System   / 021

CHAPTER 2   COGNITION AND APPLICATION OF BASIC ISSUES OF JUDICIAL LAWS

    2.1   Basic Connotation of Judicial Laws   / 031

    2.2   Basic Attributes of Judicial Laws   / 038

    2.3   Basic Extension of Judicial Laws   / 041

    2.4   Local Use of Judicial Laws   / 044

CHAPTER 3   EVALUATION SYSTEM AND REALIZATION PATH OF JUDICIAL JUSTICE

    3.1   Connotation and Evolution of Judicial Justice   / 053

    3.2   Theoretical Fulcrum of Judicial Justice   / 062

    3.3   Evaluation System of Judicial Justice   / 071

3.4　Path Exploration to Realize Judicial Justice in China　/ 087

CHAPTER 4　JUDICIAL HUMAN RIGHTS ISSUES AND CRIMINAL WRONGFUL CASES

4.1　Orientation and Historical Context of Judicial Human Rights　/ 095

4.2　Balance and Realization of the Protection of the Rights of Criminal Defendants and Victims　/ 112

4.3　Criminal Wrongful Cases and Judicial Human Rights Protection in the Judicial Field　/ 129

CHAPTER 5　JUDICIAL OPENNESS AND JUDICIAL TRANSPARENCY INDEX

5.1　Connotation and Basis of Judicial Openness　/ 159

5.2　Content and Form of Judicial Openness　/ 171

5.3　Dimensions and Limits of New Media Publicity　/ 184

5.4　Judicial Transparency Index: Theory, Limitation and Perfection　/ 201

CHAPTER 6　OPERATIONAL MECHANISM OF JUDICIAL POWER AND MANAGEMENT REFORM OF JUDICIAL PERSONNEL

6.1　Status and Attributes of Judicial Power　/ 225

6.2　Operational Mechanism of Judicial Power　/ 237

6.3　Judicial Management System and Its Improvement　/ 253

CHAPTER 7　DEVELOPMENT APPROACH AND LIMITS OF SMART JUDICIARY

7.1　Practical Exploration of Smart Judiciary　/ 277

7.2　Fair Effect of Smart Judiciary　/ 285

7.3　Practical Limitations of Smart Judiciary　/ 296

7.4　Development Limits of Smart Judiciary　/ 308

7.5　Future Prospects of Smart Judiciary　/ 315

CHAPTER 8　DEVELOPMENT AND PERFECTION OF THE LAWYER SYSTEM AND LEGAL AID

8.1　Evolution of Chinese Lawyer System　/ 324

8.2　Practice Status of Chinese Lawyer System　/ 337

8.3　Dilemma and Development of the Criminal Defense System　/ 354

8.4　Transformation and Development of the Legal Aid System　/ 372

CHAPTER 9　CURRENT SITUATION, PREDICAMENT AND PERFECTION OF THE EXPERT ASSISTANT SYSTEM

9.1　Empirical Investigation of the Expert Assistant System　/ 388

9.2　Predicament Faced by the Expert Assistant System　/ 398

9.3　Necessity of Implementing the Expert Assistant System　/ 403

9.4　Suggestions on the Perfection of the Expert Assistant System　/ 406

CHAPTER 10　THE CHINESE PRACTICE AND PERFECTION OF THE PLEA BARGAINING PROCEDURE

10.1　Origin and Mode of the Plea Bargaining Procedure　/ 415

10.2　Chinese Practice of the Plea Bargaining Procedure　/ 430

10.3　Perfection of the Leniency System for Pleas of Guilty and Punishment: Based on Sentencing Negotiation and Sentencing Recommendations　/ 445

CHAPTER 11　REFORM PATH AND EXPECTED TRANSFORMATION OF PUBLIC PARTICIPATION IN JUDICIARY

11.1　Legitimacy Basis of Public Participation in Judiciary　/ 464

11.2　Principle Limits of Public Participation in Judiciary　/ 470

11.3　The History of Public Participation in Judiciary　/ 474

11.4　Problems Existing in Public Participation in Judiciary　/ 479

11.5　Expected Transformation of Public Participation in Judiciary　/ 484

CHAPTER 12　NATIONAL SUPERVISION SYSTEM REFORM FROM THE PERSPECTIVE OF CRIMINAL JUSTICE

12.1　Public Security Organs Cooperate with the Participating Supervisory Committee in Fulfilling Responsibilities　/ 490

12.2　Restraint of the Supervisory Committee under the Intervention of Defense Lawyers　/ 495

12.3　Investigation and Prosecution Connection between the Supervisory Committee and the Procuratorate　/ 499

12.4　Connection between the Supervisory Committee and the Trial of the Court　/ 504

CHAPTER 13　THE CHINESE MODEL OF ACQUITTAL AND STRICT JUDICIARY

13.1　Acquittal and Strict Judiciary at the Normative Level　/ 511

13.2　Seeing the Practice of Strict Judiciary in China from the Judgment of Acquittal　/ 515

13.3　Model Choice: State Governance Through Strict Judiciary　/ 529

CONCLUSION　PROSPECTS FOR THE REFORM OF THE JUDICIAL SYSTEM IN THE NEW ERA　/ 540

MAIN REFERENCE　/ 553

POSTSCRIPT　/ 564

导　言

　　中国式司法制度是在中国革命和建设实践中产生，在马克思主义中国化指导下不断完善和发展起来的社会主义司法制度，是中国特色政治制度的重要组成部分，也是中国式法治现代化的重要组成部分。我国的司法制度承继中华传统法律文化，适应社会经济发展变化的需要，坚持中国特色社会主义道路，在党的集中统一领导下，走出了一条中国特色的公正司法之路。中国式司法制度从国情出发，学习、继承和借鉴了古今中外人类司法文明的有益成果，具有公开的政治性、鲜明的人民性、内在的合法性、充分的科学性、积极的建设性、与时俱进的实践性等显著特征。随着社会主义市场经济的不断发展和民主法治进程的不断推进，中国式司法制度也出现了一些不足与亟待解决的问题，如司法公信力缺失、法律实施效果不佳、法律缺乏权威等。当前，中国特色社会主义制度处于发展与成熟的过程中，中国式司法制度也处在发展和成长的过程中，仍需我们勇于探索、不断创新，以实现夯实理论、丰富内涵和完善制度的目标。

　　中国式司法制度的自我完善与发展离不开司法改革。2012年党的十八大提出了坚持和完善中国特色社会主义司法制度、进一步深化司法体制改革的总体目标。2013年党的十八届三中全会作出《中共中央关于全面深化改革若干重大问题的决定》（以下简称《三中全会决定》），在引领全面深化改革之际,特别强调了法治建设的重要性,标志着新一轮司法改革拉开序幕。2014年党的十八届四中全会以"依法治国"为议题,通过《中共中央关于全面推进依法治国若干重大问题的决定》(以下简称《四中全会决定》)对司法改革作出顶层设计,明确提出:"公正是法治的生命线。司法公正对社会公正具有重要引领作用,司法不公对社会公正具有致命破坏作用。"这充分体现出推进中国式司法制度改革,对于实现司法公正、建设法治国家具有重要意义。2015年党的十八届五中全会提出全面建成小康社会的重要目标,其中之一就是明显提高司法公信力。2015年中共中央办公厅、国务院办公厅印发了《关于贯彻落实党的十八届四中全会决定进一步深化司法体制和社会体制改革的实施方案》,就进一步深化司法体制和社会体制改革圈定了84项改革举措,为改革画定了路线图、制订了时间表。2017年,中国司法体制改革"四梁八柱"的主体框架搭建完成,特别是在党的十九大之后,我国开始步入深化综合配套措施的改革阶段,改革重心向精细化和系统化转移。2017年11月,在总结北京、山西、浙江三省(市)监察体制改革试点工作经验的基础上,十二届全国人大常委会通过《关于在全国各地推开国家监察体制改革试点工作的决定》,标志着国家监察体制改革成为政治体制改革、司法体制改革的一项重大举措。2018年,十三届全国人大一次会议审议通过了《中华人民共和国宪法修正案》,明确了中国共产党领导是中国特色社会主义最本质的特征,明确了监察委员会的宪法地位及其权力运作等。2019年,中央全面深化改革委员会第六次会议审议通过了《关于政法领域全面深化改革的实施意见》,明确了政法领域100项新的改革任务,要求分阶段、有步骤推进,并在2033年前全部完成。2020年11月,中央全面依法治国工作会议召开,会议首次提出习近平法治思想,并将其作为全面依法治国的指导思想,是未来司法改革的着力点。习近平法治思想系统总结全面依法治国新理念、新思想、新战略,明确提出了全面依法治国的政治方向、重要地位、工作布局、重点任务、重大关系、重要保障,为新时代全面依法治国确立了指导思想和根本遵循。[1] 2021年11月,党的十九届六中全会审议通过了《中共中央关于党的百年奋斗重大成就和历史经验的决议》,司法改革作为党领导下全面深化改革的重要部分,其成效与经验也被写入其中。2022年10月,习近平总书记在党的二十大报告中指出,"以中国式现代化全面推进中华民族伟大复兴","必须更好发挥法治固根本、稳预期、利长远的保障作用,在法治轨道上全面建设社会主义现代化国家"。我们党将现代化建设的普遍规律与我国社会主义初级阶段的基本国情相结合,创造性地开辟了中国式法治现代化新道路。中国式司法制度作为法治现代化的重要组成部分,为筑牢中国式现代化根基提供了司法保障。

发展中国式司法制度,需要明确其内涵,厘清中国特色与司法规律之关系。中国式司法制度有着深厚的中华传统法律文化底蕴,它总结了中国人民社会主义建设的经验,借鉴了世界法治文明的优秀成果,是中国人民百年来努力探索与实践的智慧结晶,是社会主义属性与中国特色的有机结合。因此,我们应当在彰显自身特点、遵循司法规律的基础上推进中国式司法制度的改革,进而实现中国式司法制度现代化。

发展中国式司法制度,需要明确改革的方向。《四中全会决定》指出:"推进以审判为中心的诉讼制度改革,确保侦查、审查起诉的案件事实证据经得起法律的检验,确保庭审在查明事实、认定证据、保护诉权、公正裁判中发挥决定性作用。"这是党从全面推进依法治国、加快建设社会主义法治国家、坚持严格司法、确保刑事司法公正的现实需要和长久考虑所作出的重大改革部署。审判中心主义成为当前我国的一项基本共识,这对于刑事诉讼理论研究者来说是一个极大的鼓舞。然而,对于我国刑事司法制度的完善而言,这仅仅是一个新的开端。如果不能从理论上深刻解释审判中心主义的正当性和必要性,如果不能从

---

[1] 参见《习近平法治思想概论》编写组:《习近平法治思想概论》,高等教育出版社2021年版,第58页。

经验层面深入剖析我国刑事司法实践的现况与问题,以审判为中心就很容易沦为一种新的口号,难以在刑事司法改革中起到真正的引领作用。所以,深刻认识、正确理解审判中心主义的改革,是当前和今后一个时期内必须认真解决好的重大理论问题和实践课题。

党的十八大以来的司法改革有其深刻的时代背景。从宏观层面来说,建设具有中国特色的社会主义法律体系和具有中国特色的法治国家,保证司法公正,提高司法公信力,必然要进行诉讼制度的改革。我国正值司法改革关键时期,如果司法公信力不高,会导致申诉成风、上访不断,严重影响司法定分止争功能的发挥,影响社会秩序的稳定,影响经济社会可持续发展的大局。深化司法体制改革,必须在坚守法治理念与司法规律的基础上,坚持通过理论指引、实践创新和制度完善来促进实现司法公正。

本书系国家社科基金重点项目"中国特色社会主义司法制度的模式、规律与改革方向"的最终成果,紧扣中国特色社会主义司法制度的改革,针对目前法律规定和司法实务中比较突出的问题,通过理论分析和实证研究相结合的方式,旨在提出一套针对性强、论证翔实、体系严谨的完善意见。本书从多角度、多层面进行阐释,总体而言,主要包括以下几点:

第一,把握中国式司法制度的内涵,厘清其特色与司法规律之关系。依法治国,建设中国式司法制度,必须尊重中国国情。然而,现有理论研究常落脚于比较法层面,强调对外国先进法治经验的比较和借鉴,而对中国本土政治体制和司法体制的关注有所不足。本书以中国特色社会主义法治理论为指导,植根于中国司法实践,把握我国司法制度之"特色",阐明司法规律的内涵与外延,并对二者关系进行深入考察,为研究中国式司法制度现代化提供坚实的理论依据。

第二,立足于现实问题,积极回应中国式司法制度建设的难点、重点。从"摸着石头过河"到"建设中国特色司法制度",我国法治建设走过了不平凡的历程,在取得重大成就的同时,也面临着诸如司法公信力缺失、法律实施效果不佳、法律缺乏权威等问题，制约着进一步深化司法体制改革。本书坚持"问题意识"导向，进行了大量的实证研究，针对实践中存在的司法职权配置不合理以及侵犯人权、损害司法公正等问题，从历史传统、执法理念和制度漏洞等方面深入剖析问题的成因，以期为解决问题、推进改革打下坚实的基础。

第三，体现了"以审判为中心"的诉讼制度改革在中国式司法改革中的核心地位。之所以强调推进以审判为中心的司法制度改革，不仅在于《四中全会决定》和《人民法院第四个五年改革纲要（2014—2018）》中专门论述了审判中心主义，更在于这项改革是当前刑事司法改革的关键所在。按照审判中心主义的要求推进各项改革，契合现代司法制度发展的潮流，有助于建设公正、高效、权威的社会主义司法制度。

从体系结构来看，本书可分为两个部分。第一部分包括第一章至第五章，是从宏观层面考察中国式司法制度，包括对司法制度的特色与属性、司法规律、司法公正、司法人权保障、司法公开、司法权运行机制等的分析。第二部分包括第六章至第十三章，是从微观层面关注中国式司法制度改革进程中的若干具体改革，包括智慧司法改革、律师制度及辩护制度改革、专家辅助人制度改革、认罪认罚从宽制度改革、国家监察体制改革等。具体而言：

第一章阐释了当代中国司法制度的特色与属性，即中国式司法制度是中国特色社会主义理论体系在法治实践中取得的重要成果，其特色主要体现在对古今中外优秀司法成果的兼收并蓄上；指出了发展中国特色社会主义司法的路径，即坚定不移地走社会主义道路，在马克思主义理论的指导下，坚持党的领导，坚持司法为民；探究司法制度运行背后所遵循的司法规律，从而实现对优秀司法成果的融合与超越，实现中国式司法制度现代化。

第二章论述了司法规律的基本问题，指出基于司法规律的功能性和体系性，司法规律应当是一种没有价值预判的法则，具有历史性、条件性、抽象性、客观性等基本属性。中国在运用司法规律的过程中，需要注重本土特色，从司法规律的历史背景出发,寻求改革的需求所在,有针对性地适用司法规律,使其有效地作用于司法改革。

第三章立足于司法公正的基本理论,围绕裁判性的可接受、裁判的社会效果以及司法公正的评估体系,对法院绩效考核和案件质量评估体系进行了结构性的分析和前瞻性的建构,以期"让人民群众在每一个司法案件中都感受到公平正义"。通过建构和应用司法公正评估体系,以精确、具体和可视的司法公正指数,科学、客观地反映司法公正的实际情况,为改革措施的制定和效果检视提供有价值的参考。

第四章从司法人权的演进入手,指出人权保障是现代刑事司法的灵魂,已经成为法治发达国家和国际社会普遍确立的基础理念和司法准则。刑事司法中人权保障的水平反映着一个国家的民主、文明与进步的程度。本章特别聚焦于被告人的权利保障以及被告人权利与被害人权利之间的关系,并以典型刑事错案为样本,对错案成因进行了实证分析,以此为基础就错案纠正和错案责任追究机制提出了改革思路。

第五章关注司法公开和司法透明,强调推进新媒体的司法公开对于司法改革具有突破口般的意义。新媒体既有助于提升司法公信力、消除司法腐败,更有助于预防冤假错案,实现"让审理者裁判,由裁判者负责"的目标。与此同时,也需要规制新媒体的某些乱象,以有序实现良性监督。本章以地方司法实践的探索为分析样本,在反思司法透明指数的正当性基础上,揭示地方司法透明指数的实践局限性,并提出优化司法透明指数设计与应用的现实路径。

第六章从分析司法权的基本性质入手,旨在厘清司法机关和人大、党委的关系,回应"以审判为中心"的改革讨论中围绕公检法三机关"分工负责,互相配合,互相制约"关系存在的争议,最后落脚于司法经费、司法人员管理等改革中的配套措施,以完善司法体制综合配套改革。

第七章以智慧司法为切入点,讨论在大数据、区块链、人工智能等数字技术异军突起的背景下司法制度面临的机遇及应对措施。我国的司法制度正面临参与主体、权利客体、规则内容等方面的全方位变化,甚至将迎来法律关系重构、人才体系重塑、审判制度重建的可能性。由人、物理世界、智能机器、数字信息世界组成的四元空间加快形成,未来的司法将与互联网等虚拟载体建立更加紧密的交互关系。然而,智慧司法的探索尚不成熟,应理性把握智慧司法助力司法公正的限度和尺度,并从其定位、范围以及救济等角度加以限定。

第八章梳理了我国律师制度的历史流变,并选取杭州市为分析样本进行了实证分析,发现民众对律师总体信任度较高,但对律师的信任受多元因素影响。在刑事案件律师辩护全覆盖与推进有效辩护的背景下,我们一方面要充分重视律师的作用,另一方面更要保障律师的权利、完善法律援助制度,构建在政府主导下的市场化、行政化、民间化三位一体的发展格局。

第九章运用了实证研究方法,通过专家辅助人问卷了解实践中专家辅助人制度的运行现状,指出现有的制度不利于直接言词原则的实现,进而影响对质权的保障以及庭审的实质化。应赋予专家辅助人以独立的诉讼参与人地位,以构建控辩平等的司法鉴定体系,并以此为契机深入推进"以审判为中心"的诉讼制度改革。

第十章关注认罪认罚从宽制度改革。认罪认罚从宽制度改革与以审判为中心的诉讼制度改革相辅相成,构成我国近年来刑事司法领域改革的一体两面。认罪认罚从宽制度是独具中国特色的认罪协商程序,是宽严相济刑事政策具体化、制度化的表现。从试点探索到整体建构再到具体完善,认罪认罚从宽制度正处于不断成熟的过程中。认罪协商的过程围绕着量刑展开,而检察机关的量刑建议是该过程的核心,围绕量刑协商和量刑建议的改革是进一步完善认罪认罚从宽制度的重点和难点。

第十一章着眼于公众参与司法这一兼具传统和当代内涵的议题。公众参与司法的正当性基础主要体现在公众正义感与精英主义的平衡、实质正义与形式正义的契合。公众参与体现协商民主的价值,目前呈现出一种"双向互动"模式,即"自上而下"的"国家主导"与"自下而上"的"公众参与"。公众参与司法应受到司法权依法独立行使的限制,有序、合理的公众参与有利于司法公正的实现和司法公信力的提升。

第十二章从国家监察体制改革出发,坚持在刑事司法视野下探讨腐败犯罪刑事追责的正当程序,诸如监察委办案与公安机关、检察院和法院等之间的权力衔接,以及在监察委监督、调查和处置等履责过程中,公安机关的配合与参与、律师介入的要件和设计、移送检察院的审查起诉和退补调查、后续法院主导下的刑事审判等问题。

第十三章讨论无罪判决与严格司法的中国模式。无罪判决率低是中国刑事司法的一个显著特点,其背后是我国刑事诉讼的严格司法模式。一方面,无罪判决率低表明我国刑事案件公诉质量总体较高,刑事司法已经具备严格司法的一些特征;另一方面,极少数的错案反映出刑事司法尚存在程序倒流、证据粗糙、辩护乏力等问题,一些可能判无罪的案件被存疑化处理。这反映出我国刑事司法在绩效模式与程序模式、合作模式与对抗模式、存疑模式与无罪模式之间的定位模糊。严格司法的中国模式尚在不断完善过程中,刑事诉讼构造尚待从粗放型向统一定罪标准、科学司法责任、精密诉讼程序转型,通过司法实现良法善治。

最后,谨以此书稿感谢国家社科基金、商务印书馆和浙江大学光华法学院对本项目研究提供的支持和帮助,感谢课题合作方、课题组成员的倾力配合和协助。课题研究的相关前期成果已经在《中国社会科学》《法学研究》《中国法学》《法学家》《政法论坛》《法学》等国内重要期刊,以及 *Criminology & Criminal Justice* 和 *International Journal of Offender Therapy and Comparative Criminology* 等国际知名 SSCI 刊物上发表,在此对上述杂志社和编辑表示衷心感谢。同时,本书的部分前期成果获得了第八届教育部人文社会科学优秀成果奖二等奖、第四届"中国法学优秀成果奖"一等奖、第三届"董必武青年法学成果奖"一等奖、第五届中国中青年刑事诉讼法学优秀科研成果一等奖、第二十届浙江省哲学社会科学优秀成果奖一等奖、第七届钱端升法学研究成果奖等科研荣誉,前期发表的十余篇论文被《中国社会科学文摘》、人大"复印报刊资料"等全文转载。本书还入选了2022年度国家哲学社会科学成果文库。这些对本课题的持续、深入研究以及对我本人都是极大的鼓励和鞭策。希望本书的研究能够为我国司法制度改革和司法文明提升贡献绵薄之力。当然,本书的研究还有待继续深化,某些观点可能还不成熟甚至存在谬误或不当之处,敬请批评指正。

第一章
中国式司法制度的特色与属性

中国式司法制度是中国特色哲学社会科学体系的重要组成部分,是党的十八大以来我国政治体制改革的重点内容之一。习近平总书记于《在哲学社会科学工作座谈会上的讲话》中指出:"要按照立足中国、借鉴国外,挖掘历史、把握当代,关怀人类、面向未来的思路,着力构建中国特色哲学社会科学。"[1]对于中国式司法制度的研究而言,应抓住"特色"和"社会主义"这两个关键词,探索司法制度的中国模式。"特色"是一个事物显著区别于其他事物的风格、形式,是由事物赖以产生和发展的特定具体环境所决定的。中国式司法制度之"中国特色"意味着其相对于其他国家或地区司法制度的独特性和差异性。"社会主义"则是中国式司法制度的基本属性,脱离社会主义属性去讨论中国式司法制度,亦将无法显现其特色。那么,中国式司法制度究竟是什么?当代中国司法制度的哪些内容真正体现了中国特色?中国式司法制度又是如何保持其社会主义属性的?本章将围绕这些问题展开思考和探讨。

---

[1] 习近平:《在哲学社会科学工作座谈会上的讲话》,《人民日报》2016年5月19日,第2版。

第一节 中国式司法制度的轮廓

新中国的司法制度是在废除"六法全书"、开展司法改革运动[1]、颁布实施"五四宪法"的基础之上建立起来的,在经历"大跃进"和"文化大革命"的挫折之后,司法制度于1978年党的十一届三中全会后得以恢复与重建。1982年,党的十二大明确提出了建设中国特色社会主义制度,也由此揭开了中国特色司法制度建设与改革的序幕。此后我国司法制度的建设与改革大致经历了三个阶段。[2]

第一个阶段是20世纪80年代中期到90年代中期。这一时期主要是总结司法经验与教训,改革强职权主义的审判方式和法院人事管理制度。1995年,第八届全国人大常委会第十二次会议通过了《中华人民共和国法官法》《中华人民共和国检察官法》。这是改革开放以来当代中国司法人事管理制度改革进程中最具标志性意义的一项工作,意味着法官队伍和检察官队伍正规化、专业化、职业化建设的启动。

第二个阶段是1997年到2012年。1997年,党的十五大召开,正式将"依法治国"确立为中国的基本治国方略,并首次旗帜鲜明地提出"推进司法改革"的目标。随后,"中华人民共和国实行依法治国,建设社会主义法治国家"的基本方略被正式写入1999年《宪法修正案》中。这标志着中国司法改革逐渐进入高层视野,地方性改革演化为国家战略层面的改革。结合党的十五大会议精神,1999年,最高人民法院公布《人民法院第一个五年改革纲要(1999—2003)》,在明确改革目标和指导思想的前提下,提出有关审判管理、司法行政和人事制度

---

[1] 作为废除"六法全书"的延伸,1952年6月到次年3月,全国司法系统开展了一场以批判旧法观点和旧司法作风、清理旧司法人员为内容的司法改革运动。

[2] 参见陈光中等:《中国现代司法制度》,北京大学出版社2020年版,第22页以下。

等四十多项改革措施。与之相呼应,2000年最高人民检察院也制定并公布了《检察改革三年实施意见》,涉及办案机制、业务工作机制、组织体系、人事制度、监督机制和保障机制等六项改革任务。"两高"改革规范的相继出台拉开了新一轮司法改革的序幕。在党的十六大召开以后,《人民法院第二个五年改革纲要(2004—2008)》明确司法改革正式进入体制性改革的新阶段,要求优化司法职权配置,规范司法行为,建设公正、高效、权威的社会主义司法制度。在该阶段,我国初步建立了适合我国国情的审判方式,基本理顺了审判机关的组织架构,完善了刑事、民事、行政三大审判体系,确立了法官职业化建设的目标。

第三个阶段以党的十八大的召开为标志,司法改革深度触及"体制性"的问题,司法体制改革进入新时代。党的十八大以来,特别是十八届三中全会、十八届四中全会吹响了全面推进依法治国、建设社会主义法治国家的进军号。十八届四中全会审议通过的《中共中央关于全面推进依法治国若干重大问题的决定》提出,要进一步完善司法管理体制和司法权力运行机制,引导法治队伍向专业化、职业化发展,强化司法责任制,强化司法监督,等等。这为新一轮司法改革进行了新的定位。党的十八大以来,中国司法改革致力于改变权力、资源和责任过分向国家和政府集中的局面,试图通过社会资源的再分配,实现司法权的权责匹配。这意味着中国司法改革从技术性改革进入体制性改革时期。2017年,中国司法体制改革"四梁八柱"的主体框架搭建完成,开始步入深化综合配套改革的阶段,改革重心逐渐向精细化和系统化偏移。《人民法院第五个五年改革纲要(2019—2023)》《2018—2022年检察改革工作规划》等改革性文件陆续颁布,明确第三轮司法改革的方向和路径。党的十九大报告指出,要深化司法体制综合配套改革,全面落实司法责任制,努力让人民群众在每一个司法案件中感受到公平正义。党的二十大报告进一步强调,要深化司法体制综合配套改革,全面准确落实司法责任制,为全球司法改革提供中国经验、中国方案。

大体来讲,中国司法改革经历了"制度重建—恢复发展—技术改革—体制改革"的演进路径。可以说,中国式司法制度是广大人民群众在中国共产党的领导下,以马克思主义理论为指导,立足国内司法实践,借鉴人类法治文明优秀成果,在总结我国法治建设经验的基础上,发展起来的司法制度。[1] 回首既有改革,总结经验启示,中国式司法制度的未来改革,应当在继续坚持党的领导之前提下,平衡司法规律与基本国情之关系,强化总体布局与司法配套制度改革,在先行试点的基础上,全面、深入、有序地推进。

第二节 司法制度之"中国特色"

中国式司法制度的形成是在承继传统社会优秀司法成果的基础之上,历经革命、现代化建设等阶段,对古今中外优秀司法制度兼收并蓄、不断融合的过程。[2] 在这一过程中,"以保障社会公正、践行国家法治、化解社会矛盾、维护社会秩序、建设公正权威高效的社会主义司法制度为司法改革的基本目标"[3] 是我国司法为民理念的核心内容,也是遵循司法规律的客观要求。中国式司法制度在司法机构组织、司法制度运行、司法人员管理、司法改革路径等方面呈现出鲜明的中国特色。

一、司法机构组织之特色

(一)统一权力体系派生下的审检分署、检行分离

检察机关与审判机关、行政机关之间的关系是司法机构组织的一项重要内容。现代检察制度由两个方向演化而来:一是在古典控辩式诉讼之下,作为代表国王利益的当事人;二是在纠问制向控辩制过渡过程中,从纠问法官分权而

---

[1] 参见杨衡宇、杨翔:《司法体制改革共识及其未来图景》,《湘潭大学学报》(哲学社会科学版)2022年第2期。
[2] 参见公丕祥主编:《新中国70年法治发展的历程、成就与经验》,法律出版社2020年版,第28页。
[3] 参见方乐:《以人民为中心司法理念的实践历程及其逻辑意涵》,《法律科学》2021年第4期。

来的司法官员。这两个方向形成了现代检察制度的不同走向,也形塑了检察官的不同身份定位:有的国家着重于检察官的原告身份,于是将之定义为行政官;有的国家着重于司法分权,于是将之定义为准司法官。[1]例如,英、美等国将检察机关和检察官归入行政序列,认为其不具有司法属性;而在德、法等国家,检察官具有司法官性质,负有查清案件事实的义务,属"立席法官",但在检警一体化的体制下,检察机关仍归行政序列,以司法部长为最高首脑。[2]据此,各国对于检察官的身份定位有所差异,有的偏向行政身份,有的偏向司法身份。无论选择何种定位,将检察官划归入行政序列几乎是世界各国的通行做法。

随着国家监察体制改革的落地实施,我国形成了统一国家权力体系之下的"一府一委两院"权力格局。检察机关、审判机关是在我国权力机关下并列派生的司法机关。根据《宪法》第134、136条的规定,"中华人民共和国人民检察院是国家的法律监督机关","人民检察院依照法律规定独立行使检察权,不受行政机关、社会团体和个人的干涉"。可见,我国检察机关是与法院并列的司法机关,不属于行政序列。检察权与行政权互不隶属,检察机关除了公诉权、批捕权、部分案件的侦查权外,主要担负法律监督职能,负有维护法律尊严、保障法律统一实施的责任。我国检察机关的这一定位与西方国家存有较大不同,统一权力体系派生下的审检分署、检行分离也是我国司法机构组织体系的一项特色。[3]

(二) 司法机构施行民主集中的集体领导制

依照我国《宪法》的规定,国家机构实行民主集中制。根据《人民法院组织法》第38条、《人民检察院组织法》第32条的规定,各级人民法院内部设有审判委员会,各级人民检察院内部设有检察委员会,对重大司法问题实行民主集中

---

[1] 参见秦宗文:《检察官在量刑建议制度中的角色定位探究》,《法商研究》2022年第2期。
[2] 参见陈光中、魏晓娜:《论我国司法体制的现代化改革》,《中国法学》2015年第1期。
[3] 参见胡铭:《论数字时代的积极主义法律监督观》,《中国法学》2023年第1期。

的集体领导制。这种集体领导的特点不仅体现于决策的民主性,还体现在司法主体之间的相互监督、相互制约。审判委员会讨论案件,并不意味着审判受到干预。案件讨论、案件请示制度便于审判管理和审判监督,便于了解情况,协调有关部门的关系,有利于协助解决重大、复杂、敏感、疑难案件,还有助于承办法官转移办案风险。[1]另外,审判委员会还承担着审判制度建设、案件质量监督管理和法官任命等多项与审判有关的职能,对司法腐败、法官擅断等问题也可以起到一定的抑制作用。"任何单纯取消审判委员会的观点,不仅与《宪法》和法律原则相违背,恐怕与当前人民法院的工作实际亦不相符。"[2]针对学界对审判委员会的质疑,最高人民法院于2019年8月颁布了《最高人民法院关于健全完善人民法院审判委员会工作机制的意见》,进一步完善了审判委员会的基本原则、组织构成、职能定位、运行机制、保障监督。例如,针对审判委员会与司法责任制之间的衔接问题,明确独任法官或者合议庭对汇报的事实负责,审判委员会对发表的意见和表决负责,审判委员会对个案的影响仅限于讨论决定法律适用问题。

二、司法制度运行之特色

(一)强调综合为治的司法理念

《礼记·乐记》记载,"礼以道其志,乐以和其声,政以一其行,刑以防其奸。礼、乐、刑、政,其极一也,所以同民心而出治道也",这是对综合为治的和谐思想最早的系统阐述。"礼、乐、刑、政"四者,即伦理道德、美学艺术、律令刑罚、行政管理,四种手段并用,则"王道备矣"。史实证明,盛世明君均深谙综合为治之道,综合运用政治、经济、法律、教育等各种手段,多层次、多渠道治理社会,逐渐形成较为完整、别具一格的管理体制,并取得良好的社会治理效果。综合治理

---

[1] 参见张松:《论我国案件请示制度的存与废》,《学习与实践》2018年第8期。
[2] 虞政平:《中国特色社会主义司法制度的"特色"研究》,《中国法学》2010年第5期。

的和谐理论也是现代社会治理的基本出发点和归宿。早在2004年,党的十六届四中全会中就指出,建设民主法治、公平正义的社会主义和谐社会是继续深化司法改革的目标和方向。此后,一系列政策性文件的出台逐渐细化综合为治的司法理念,其内在与综合为治之和谐思想一脉相承。例如,《关于贯彻落实党的十八届四中全会决定进一步深化司法体制和社会体制改革的实施方案》明确提出:"注重综合运用政治的、经济的、行政的、法律的、文化的、教育的等多种手段,通过加强打击、防范、教育、管理、建设、改造等方面的工作,加快建设公正高效权威的社会主义司法制度。"中央全面依法治国委员会2019年8月印发的《关于加强综合治理从源头切实解决执行难问题的意见》要求深化执行联动机制建设,进一步健全完善综合治理执行难工作大格局。

(二)注重礼法结合的司法伦理

始自西周的"明德慎罚"和儒家阐发的"仁政"思想,使中国传统司法呈现出"伦理化"特征,促进了维护亲情伦理、限制刑讯、矜老恤幼等一系列司法原则、制度的发展。[1] "父为子隐,子为父隐,直在其中矣"是伦理观念在法律中的直接体现。正是这样一种人道情怀为中国古代司法植入了温情因素和人性根基,冲淡并抑制了暴虐司法带来的副作用。[2]《刑事诉讼法》第193条第1款规定:"经人民法院通知,证人没有正当理由不出庭作证的,人民法院可以强制其到庭,但是被告人的配偶、父母、子女除外。"这一规定正是对"亲亲得相首匿"精神的传承。免除特定近亲属出庭作证的义务,充分考虑了人们对亲属间感情价值的需求,有利于保护婚姻、家庭和社会的稳定,对和谐社会的构建起到很好的助推作用。正因为具有深厚的社会心理基础和广泛的民众接受度,伦理因素经常显现出对司法强大的影响力并进而形成司法伦理。

---

1 参见张晋藩:《论中国古代司法文化中的人文精神》,《法商研究》2013年第2期。
2 参见崔永东:《中国传统司法文化再评价》,《法治研究》2010年第12期。

(三) 体现调解息争的和合司法思维

孔子教诲世人"听讼,吾犹人也,必也使无讼乎"。"无讼"是古代社会治理的最高境界。为了减少法律实施的阻力,官方也期望通过调解来化解矛盾,促进社会和谐稳定。在自然经济条件下,受宗法关系影响,自古就形成了稳定的血缘、地缘关系,使得通过家族、邻里调解息争成为可能。[1]传统调解可分为官府调解和民间调解两种形式,细分之,民间调解还可以分为"诉讼外调解"和"官批民调"[2]两种方式。调解制度凝聚着人们"求大同,存小异"以和睦相处的共同社会理念,对纠纷解决具有普遍意义,所以,调解制度在近现代中国也备受珍惜。"恢复性司法"被认为是西方处理纠纷的优良制度之一,究其内容,实质与我国长久推行的调解、社区工作等措施异曲同工。因为有传统文化的依托,调解制度在现代社会的纠纷解决中依然发挥着其他制度无法取代的作用。近年来,多元纠纷解决机制将诉讼与调解衔接起来,创设出司法调解、人民调解司法确认等调解机制,形成人民调解、行业调解、司法调解、行政调解等调解机制为一体的大调解格局。在社会矛盾多发期充分发挥调解的定分止争作用,彰显出调解制度化解矛盾、节约司法资源的优势。

(四) 坚持慎刑恤杀的人本思想

人本主义是中国传统法律文化的哲学基础,主张司法要以民为本、慎刑恤杀。其一,对社会弱势群体实行慎刑。《周礼·秋官》中有如下记载:"壹赦曰幼弱,再赦曰老旄,三赦曰蠢愚。"这种矜老恤幼的思想延续至今,深深影响着我国当前的刑事立法与司法。比如,针对未成年犯罪专设少年法庭,以"惩罚为辅、

---

[1] 曾宪义:《关于中国传统调解制度的若干问题研究》,《中国法学》2009年第4期。
[2] "官批民调"是指纠纷发生后,当事人诉讼到官府,若当事人更愿意在公堂外通过基层社会组织调解来解决纠纷,则可以由官府委托当地的乡官、耆老、族长等调处,以庭外和解了结纠纷。这种调解是半官半民性质的,有人将其称为"官批民调",也有人将其称为"纠纷处理中的第三领域"。

教育为主"为原则,寓教于审,教育、感化失足青少年;《刑法修正案(八)》规定:"已满七十五周岁的人故意犯罪的,可以从轻或者减轻处罚;过失犯罪的,应当从轻或者减轻处罚。"也就是说,针对七十五周岁以上的老年人刑事案件,原则上不适用死刑。其二,珍视生命,实行死刑复审制度。考虑到死刑的重大意义,早在南北朝时期,中央就开始收回死刑的最后决定权,北魏时期开始出现死刑奏报制度,隋唐时期形成了较完善的死刑复核、复奏制度,明清时期还创设了秋审与朝审制度,专门复核地方上报的死刑案件。现行《刑法》虽然保留了死刑制度,但是司法实践也将"严格控制死刑、慎重适用死刑"作为死刑适用的基本政策。尤其是2007年最高人民法院统一收回死刑案件核准权,在死刑的适用条件、适用对象、适用程序、执行方式等方面都进行了严格限制,以示对生命的尊重。"国家慎用死刑和严格控制死刑的刑事政策进一步得到落实。最近媒体披露的15%的不核准率和死刑缓期执行人数超过死刑立即执行人数等,都足以说明死刑复核程序改革发挥了重要的限制死刑功能。"[1]

三、司法队伍管理之特色

我国司法人员的德行建设秉承"仁者司法"的理念。"仁者司法"是指只有贤良仁德的司法官才能保证审判和刑罚的人道与公正。《论语·子路》载:"其身正,不令而行;其身不正,虽令不从。"即若品行端正的贤人执政,即便没有法令,百姓也会遵从;若执法官、司法官品行不好,即便有法令,百姓也不一定遵从。就如论语中所说,"克己复礼为仁",只有在个人修养上严格要求自己,保持日常行为及职业行为的严肃端庄,才能掌握个人欲求的合理边界;只有做到有所节制,才能超越个人欲求,实现公平正义。

法官、检察官队伍建设是我国社会主义法治建设的一项重要内容,其中,道

---

[1] 陈光中、唐露露:《我国死刑复核程序之完善刍议》,《法学杂志》2020年第2期。

德建设又是法官队伍建设和检察官队伍建设的重要内容,是实现司法公正的必要前提条件之一,没有良好的道德素质作为保障,司法公正就难以真正实现。以法官队伍建设为例,"由法官自由裁量的每一案件实质上就是根据该法官的道德标准予以审理的"[1]。我国《法官职业道德基本准则》提出:"造就一支政治坚定、业务精通、作风优良、清正廉洁、品德高尚的法官队伍,是依法治国、建设社会主义法治国家的重要条件……法官具有良好的职业道德,对于确保司法公正、维护国家法治尊严至关重要。"如今,法官员额制已在全国全面推行,入额标准是让高素质法官脱颖而出。而高素质不仅体现在高超的业务能力上,更体现在政治素养、廉洁自律等方面,"仁者司法、克己笃行"的理念正是当前指导法官队伍建设的重要本土资源。目前,我国在司法管理和司法官员建设方面正朝着职业化和精英化方向努力,这也是落实司法责任制的重要前提条件。

四、司法改革路径之特色

"走什么样的法治道路、建设什么样的法治体系,是由一个国家的基本国情决定的。"[2]我国司法改革在遵循基本司法规律的同时,从我国实际出发,借鉴西方法治理论和有益成果,传承中华优秀传统法律文化,探索适合中国国情和实际的司法制度。无论是从传统中寻找力量,还是寻找法治的本土资源,体现的都是走自己的路。综合治理、和谐司法、执法原情、调解息争、明德慎罚、人本思想、仁者司法等许多经过岁月积淀而成的优秀司法理念、司法制度,都正在被当前司法制度建设与司法改革合理地吸收与传承。这是中国司法的经验总结,更是中国式司法制度的实践探索。

---

[1] [英]戴维·M.沃克:《牛津法律大辞典》,李双元等译,法律出版社2003年版,第658页。
[2] 习近平:《加快建设社会主义法治国家》,载习近平:《论坚持全面依法治国》,中央文献出版社2020年版,第110页。

实践性是我国司法改革的鲜明特征,中国式司法制度立足于本土资源发展而来。近年来推进的种种改革,都是对司法实践探索的理论总结。例如,闻名全国的"枫桥经验"就是刑事和解制度在实践摸索中树立的一个典型。20世纪60年代初,浙江省诸暨市枫桥镇干部群众创造和总结了"发动和依靠群众,坚持矛盾不上交,就地解决。实现捕人少,治安好"[1]的"枫桥经验"。从本质来看,"枫桥经验"体现了基层自治和社会治安综合治理的精神。[2]半个世纪过去了,"枫桥经验"在国内得到了广泛的传播,我国在2012年修订《刑事诉讼法》时确立的刑事和解制度就是对该司法实践的一种积极回应,也是我国司法制度为回应社会治理、犯罪控制工作所面临的日益复杂、多元的挑战而作出的必要调整,标志着我国刑事诉讼制度的进一步精细化与科学化。再如,认罪认罚从宽制度是我国在司法实践的基础上将"坦白从宽"刑事政策具体化、制度化、程序化、规范化的一种做法,符合时代的发展态势,高度契合当前我国刑事司法稳健运行的迫切需要[3],而并非对国外辩诉交易或自白协商制度的照搬照抄。针对制度运行中出现的制度功能异化或虚化问题,抑或是人权保障问题,"以审判为中心"的诉讼制度改革、人民陪审员制度改革、建立健全防范刑事冤假错案工作机制等一系列改革陆续推进。此外,省级以下人财物统管、最高人民法院巡回法庭的设立等改革举措也是基于我国司法实践而摸索出的应对司法"行政化"和"地方化"问题的突破口。对于审前阶段涉案财产的相关保护问题,则发展出独立的涉案财产保管平台制度,浙江、江苏、福建、北京等地方已经在实践层面进行了积极的探索。

不可否认,我国当前司法制度是在对古代司法传统扬弃的基础上,借鉴西

---

[1] 金伯中:《"枫桥经验"的发展历程与重要启示》,载浙江党史学习教育网:https://zjnews.zjol.com.cn/dsxx/202111/t20211122_23391953.shtml。
[2] 胡铭:《坚持和发展新时代"枫桥经验"》,《浙江日报》2020年11月30日,第7版。
[3] 参见孙长永:《认罪认罚从宽制度的基本内涵》,《中国法学》2019年第3期;王敏远:《认罪认罚从宽制度疑难问题研究》,《中国法学》2017年第1期;陈卫东:《认罪认罚从宽制度研究》,《中国法学》2016年第2期。

方司法制度的合理成分建构而成的。[1]然而,当前司法改革中的国情论与西化论之争,以及特色道路与普遍价值的争论,使得司法改革的方向呈现出某种摇摆。应当清醒地认识到,倡导西化的普遍论,本质上是西方中心主义和新殖民主义的另类表达。我国的司法改革必须立足国情,改革方向和措施必须与国家的经济、政治、文化、社会等状况相吻合,不能简单模仿域外模式的核心意义在于防止国家文化覆灭、主体资格和判断能力丧失。[2]中国司法改革不能以普遍论为理论基础,也不能故步自封,排斥甚至背离司法规律。普遍论可以为不同方向的改革者提供交流经验与创意的契机,中国的司法改革者既需要精准掌握改革的前提和语境,也要积极学习他人的成功经验。理性对待古今中外的优秀司法制度经验,并在司法实践基础上不断探索和创新,走出一条自主发展之路,这就是司法改革路径选择之中国特色。

第三节 中国式司法制度之"社会主义属性"

党的十九届四中全会指出:"中国特色社会主义制度是党和人民在长期实践探索中形成的科学制度体系,我国国家治理一切工作和活动都依照中国特色社会主义制度展开,我国国家治理体系和治理能力是中国特色社会主义制度及其执行能力的集中体现。"[3]中国式司法制度是中国特色社会主义制度的重要内容之一,保持中国式司法制度的社会主义属性是我国法治建设中应把握的基本原则。中国式司法制度的社会主义属性既体现在坚持党的领导,以中国特色社

---

[1] 我国社会主义司法制度的建设先是学习苏联模式,后又转学德日,继而借鉴英美,在一定程度上体现了现代司法制度的融合。不可否认,现代司法制度的形成离不开法的借鉴和移植。由于本书的主题是"中国模式",故对西方司法制度的借鉴在此不再做重点分析。
[2] 杨建军:《司法改革的理论论争及其启迪》,《法商研究》2015年第2期。
[3] 习近平:《坚定不移走中国特色社会主义法治道路 为全面建设社会主义现代化国家提供有力法治保障》,《求是》2021年第5期。

会主义理论体系为指导,还体现在其人民性与和谐性。

一、中国式司法制度与党的领导的关系

中国式司法制度是政治性、人民性、法律性的有机统一,其首要特征就是政治性,即坚持中国共产党的领导。中国共产党的领导是我国社会主义法治之魂,是推进全面依法治国的根本保证,是我国法治同西方资本主义国家法治最大的区别。[1]党的领导是中国特色社会主义法治的本质特征和根本保证,其在司法领域具体体现为:"党支持司法,确保司法权依法独立公正行使,禁止领导干部非法干预司法活动,优化司法职权配置,规范司法行为,保证公正司法,维护社会公平正义。"[2]在党的领导下,司法机关与其他国家机关在《宪法》和法律的框架内分工负责、互相配合,以准确有效地执行法律。这是中国式司法制度的政治优势、法律优势和工作优势。

中国司法制度建设坚持党的领导,有其深厚的历史基础、理论基础、制度基础和实践基础。首先,从历史传统看,司法工作中坚持党的领导,是在践行通过政治民主协商而订立的"契约"。[3]新中国的政治制度及国家机构是党领导人民建立起来的。党对于国家机关的领导在新中国成立初期就通过政治民主协商确定下来。可以说,司法工作中坚持党的领导是《宪法》实施的重要内容。其次,坚持党的领导能为司法制度建设提供科学理论指导。党的十八大以来,习近平总书记从坚持和发展中国特色社会主义全局和战略高度,创造性地提出了关于全面依法治国的一系列新理念、新思想、新战略,创立了习近平法治思想,为新时代全面依法治国、建设法治中国提供了根本遵循和行动指南。再次,推进党的领导制度化、法治化是法治建设的重要任务,近年来也取得了卓越成果。

---

1 参见《习近平法治思想概论》编写组:《习近平法治思想概论》,高等教育出版社2021年版,第77页。
2 张文显:《习近平法治思想的基本精神和核心要义》,《东方法学》2021年第1期。
3 参见胡云腾、程芳:《论坚持党的领导与坚持依法独立行使审判权》,《江汉论坛》2014年第11期。

2018年《宪法修正案》明确增加"中国共产党领导是中国特色社会主义最本质的特征"。为了贯彻落实《宪法》规定,制定和修改有关法律法规要明确规定党领导相关工作的法律地位,如完善党领导人大、政府、政协、监察机关、审判机关、检察机关、武装力量、人民团体、企事业单位、基层群众自治组织、社会组织等制度。最后,从现实基础看,坚持中国共产党的领导是中国特色社会主义法治道路的根本保证。司法改革作为推进形成中国特色社会主义司法制度的重要举措之一,其中的顶层设计、制度发展和进步是在党的领导下取得的。执法办案、涉诉信访、强制执行等工作中遇到的许多干扰和阻力,只有在党的领导下才能加以排除。在这个意义上,党依法执政是我国司法制度得以建立、完善的根本保证,完善司法制度、履行司法职责,既是党依法执政、治国理政的内在要求,也是巩固党的执政地位的重要方面。[1]

坚持党对司法的领导,并不意味着由党来具体办案,而需要在遵从司法规律的基础上,不断改善党对司法的领导方式。在实务中,司法机关存在将党的领导覆盖至司法的各个方面,进行"泛政治化"的发展趋向;而在学术界,或许由于理论研究的习惯偏向,一些学者则存在"去政治化"的思维定式。[2]这两种趋向都是有所偏颇的,是对党与法的关系的分割。应该说,党的领导与社会主义法治是一致的,党的领导居于总揽全局、协调各方的核心地位。党组织对司法工作的领导主要是在方针、政策上的领导和组织领导,而不宜参与具体的办案工作。[3]为防止个案中司法活动受到外部干预,中共中央办公厅、国务院办公厅印发了《领导干部干预司法活动、插手具体案件处理的记录、通报和责任追究规定》。随后,《关于新形势下党内政治生活的若干准则》明确提出:"党的各级组织和领导干部必须在宪法法律范围内活动,增强法治意识、弘扬法治精神,自觉按法定

---

[1] 参见江必新、马世媛:《以习近平法治思想引领司法审判工作要论》,《中国应用法学》2022年第1期。
[2] 参见王孟嘉:《习近平法治思想中的司法观:理论命题与实践品格》,《重庆大学学报》(社会科学版) 2022年第1期。
[3] 参见姚莉:《习近平公正司法理念的内在逻辑与实践遵循》,《马克思主义与现实》2021年第4期。

权限、规则、程序办事,决不能以言代法、以权压法、徇私枉法,决不能违法干预司法。"毕竟,"司法不是现场表演,也不是科学发现,司法对事实的还原过程是一个非常复杂的工程,有很多技术性的东西在里面,不是哪一个领导一拍板就能够定下来的事"[1]。各级党组织要依法行使职权,比如,政法委的职能主要在于深化司法体制改革,把制度建设作为工作重心,[2]这样才能尊重司法规律,真正实现法官依法独立办案。让政法委将制度建设而非协调案件作为工作重心,绝不意味着拒绝党的领导,而恰恰是完善党的领导。

二、中国式司法制度以中国特色社会主义理论为指导

党的十九届四中全会提出:"中国特色社会主义制度是党和人民在长期实践探索中形成的科学制度体系,我国国家治理一切工作和活动都依照中国特色社会主义制度展开。"[3]新中国成立以来,党将马克思主义基本原理与中国实际相结合,创立了毛泽东思想、邓小平理论、"三个代表"重要思想、科学发展观,形成了习近平新时代中国特色社会主义思想。这五大理论成果共同构成了中国特色社会主义理论体系这一科学理论体系,必须坚持以五大理论为指导,推进中国式司法制度的实施和完善。

中国特色社会主义法治理论是中国特色社会主义理论在法治领域的理论成果,是对中国特色社会主义法治实践的经验总结和理论表达。"坚持和发展中国特色社会主义,需要不断在实践和理论上进行探索、用发展着的理论指导发展着的实践。"[4]经过经验的沉淀、理性的凝结、历史的淬炼,习近平法治思想应运而生,它是中国特色社会主义法治理论的新发展、新飞跃。坚持以中国特

---

1 汪建成:《应改革政法委对司法的领导方式》,《环球法律评论》2013年第2期。
2 参见魏治勋:《百年法治进程的基本逻辑与执政党角色》,《法学论坛》2021年第1期。
3 习近平:《坚定不移走中国特色社会主义法治道路,为全面建设社会主义现代化国家提供有力法治保障》,《求是》2021年第5期。
4 习近平:《在哲学社会科学工作座谈会上的讲话》,《人民日报》2016年5月19日,第2版。

色社会主义理论为中国式司法制度的指导性理论,首先要坚持习近平法治思想。改善党对司法的领导,坚持司法为民,尊重司法规律,对古今中外优秀司法成果兼收并蓄,注重实践,寻求自主发展等,都是中国式司法制度以中国特色社会主义理论为指导的重要表现。具体而言,要以中国特色社会主义理论体系为指导,走中国特色社会主义法治道路,创建富有中国特色、中国风格、中国气派的社会主义司法制度体系。中国式司法制度并非自发形成的,其既受到本土政治、经济、社会、文化等方面的影响,也受到同域外司法制度的交流与碰撞的影响。"中国司法制度在实际运作层面上,必然是三大历史传统的混合体——古代法律、革命法律和舶来的法律,缺一便不符合历史实际和社会现实。"[1]同时,中国式司法制度是社会主义属性和中国特色的有机结合。要深刻认识到中国特色社会主义法治道路是建设社会主义法治国家的唯一正确道路,自觉坚持从中国国情和实际出发,走适合自己的法治道路,决不能照搬别国模式和做法,决不能走西方"三权鼎立""司法独立"的路子。

将中国特色社会主义理论作为中国式司法制度的指导性理论,具有理论基础和现实意义。首先,中国特色社会主义理论体系是科学的世界观,体现了真理和价值的统一。判断一种理论是否科学,一是看这种理论是否符合客观实际,这是有关"真"的问题;二是看这种理论是否符合大多数人的利益,这是有关"善"的问题。二者结合在一起,就是真和善的统一,因而又是美的。[2]我们之所以将中国特色社会主义理论体系作为司法制度建设的行动指南,就是因为它符合中国司法现代化建设的客观实际,具有客观真理性,同时它又代表了最广大人民的根本利益,具有价值合理性。其次,从现实意义来看,十几亿中国人民的根本利益,是当代中国决定一切重大问题的根本出发点和落脚点。中国特色社

---

[1] [美]黄宗智:《实践与理论——中国社会、经济与法律的历史与现实研究》,法律出版社2015年版,第302页。
[2] 参见姚莉:《习近平公正司法理念的内在逻辑与实践遵循》,《马克思主义与现实》2021年第4期。

会主义理论体系是体现人民的根本利益和意志、指引人民建设幸福生活的科学理论,在该理论的指导下,当前我国政治、经济、社会等发展水平都已迈向新常态。只有坚持中国特色社会主义理论体系的指导地位,才能统一思想、凝聚理论,实现中国式司法制度的有效构建。

三、中国式司法制度应坚持以人民为中心

坚持以人民为中心,坚持人民主体地位,是我们的制度优势,是中国特色社会主义法治区别于资本主义法治的根本所在。"坚持人民主体地位,必须坚持法治为了人民、依靠人民、造福人民、保护人民。"[1]一方面,人民代表大会作为《宪法》规定的国家权力机关,代表人民行使国家权力。全国人民代表大会和地方各级人民代表大会都由民主选举产生,对人民负责,受人民监督。另一方面,各级人民代表大会选举产生本级人民法院院长、人民检察院检察长,完成人民授权司法机关行使司法权的程序。权力机关与司法机关之间是上下位阶的立体架构,作为司法机关的人民法院和人民检察院由人民代表大会产生,对人民代表大会负责,接受人民代表大会监督。也就是说,司法权产生于人民,服务于人民,受人民监督。

中国式司法制度的人民性,具体表现为以人民根本利益为中心的价值基础和价值取向,可以概括为"权力属于人民"和"权力服务于人民"两个方面。权力属于人民,是指人民授权司法机关行使司法权,且司法人员来自于人民、产生于人民,司法活动也是人民行使自己的权利的活动。权力服务于人民,是指司法机关的活动宗旨、司法职权配置和运行的目的均是保障广大人民群众的合法权益。"要依法公正对待人民群众的诉求,努力让人民群众在每一个司法案件中都能感受到公平正义,决不能让不公正的审判伤害人民群众感情、损害人民群

---

[1] 习近平:《论坚持全面依法治国》,中央文献出版社2020年版,第107页。

众权益。"[1]具体而言,第一,中国式司法制度始终坚持人民利益至上,把满足人民群众的司法需求放在最重要的位置,坚持一切为了人民、一切依靠人民的司法宗旨。第二,各级司法机关都由人民代表大会产生,对它负责,受它监督。司法机关每年向人大作工作报告,接受人民代表大会的审查和表决、人大代表的质询。第三,我国司法机关在专业审判工作和专业检察工作等专业办案工作之外,还有其他工作。例如,与人大代表保持联系和沟通,指导人民调解工作,等等。第四,司法活动方式凸显了司法制度的人民性,方便人民群众是我国司法的独特品格。例如,巡回法庭[2]、诉讼调解等措施都因贴近民众、服务民众而受到社会广泛的认同与支持。第五,鼓励人民群众参与司法、监督司法,增强司法的公开性与公正性。例如,不断完善人民陪审员制度,让普通民众以恰当方式参加审判活动,促进司法公正;[3]出台《人民检察院办案活动接受人民监督员监督的规定》,确保检察机关保障人民监督员履行监督职责,自觉接受人民监督员的监督。

坚持全面推进依法治国和中国司法现代化,必须加强中国式司法制度的人民性建设。首先,司法机关要强化宗旨意识,以维护好、实现好、发展好普通民众的利益为出发点和落脚点,让普通民众共享法治建设的成果。其次,改进司法作风,坚决反对各种形式主义、官僚主义,坚守维护社会公平正义的最后一道防线。再次,通过设立网上举报、投诉受理中心,开展下访、巡访、视频接待等活动,提高司法机关工作能力,方便普通民众表达诉求。最后,通过司法门户网

---

[1] 习近平:《在首都各界纪念现行宪法公布实施三十周年大会上的讲话》,载中共中央文献研究室编:《十八大以来重要文献选编》(上),中央文献出版社2014年版,第91页。

[2] 巡回法庭制度是指法院为方便群众诉讼,在辖区设置巡回地点,定期或不定期到巡回地点受理并审判案件的制度。2014年10月,党的十八届四中全会提出,优化司法职权配置,推动实行审判权和执行权相分离的体制改革试点,最高人民法院设立巡回法庭,探索设立跨行政区划的人民法院和人民检察院,探索建立检察机关提起公益诉讼制度。

[3] 2018年4月27日《中华人民共和国人民陪审员法》正式施行,该法调整了人民陪审员的选任条件、选任程序、参与案件审判的权限等,初步建立起体现中国特色司法民主的人民陪审员制度。

站、新闻媒体等进行司法公开,建立裁判文书上网等新的司法透明机制[1],正确引导网络舆论,既体现司法为民的服务宗旨,又强化民众对司法的外部监督。

四、中国式司法制度以和谐司法为境界追求

欲使司法运行渐臻佳境,必须有提纲挈领的价值指导,[2]和谐司法便是这样一种体现司法制度之"社会主义属性"的理念。从党的十一届三中全会果断宣布阶级矛盾和阶级斗争不再是我国社会的主要矛盾,到党的十六届六中全会作出《中共中央关于构建社会主义和谐社会若干重大问题的决定》,我国司法制度告别了"专政模式""斗争模式",逐步确立了和谐司法模式。[3]和谐司法是构建社会主义和谐社会的具体要求,其要义之一是通过司法职能履行来减少、化解社会矛盾,发挥司法实现社会和谐的作用。司法制度肇始于定分止争的需求,而随着我国现代社会结构的调整与转型,多元社会的复杂格局逐步形成,司法功能不仅是化解矛盾、定分止争,还包括通过司法裁判引导社会价值取向。早在党的十六届六中全会时期,《中共中央关于构建社会主义和谐社会若干重大问题的决定》就明确提出:"社会和谐是中国特色社会主义的本质属性。"党的十八大以来,司法作为一种社会治理手段,在化解矛盾纠纷的同时,也发挥着社会治理的效能。"让人民群众在每一个司法案件中感受到公平正义"[4]就是和谐司法的结果。

和谐司法的价值理念,就是在坚持全面依法治国的前提下,衡量司法活动

---

1 2013年7月,《最高人民法院裁判文书上网公布暂行办法》正式实施。依据该办法,除法律规定的特殊情形外,最高人民法院发生法律效力的判决书、裁定书、决定书一般均应在互联网公布。对于社会关注度高的案件,生效裁判文书应当在互联网公布。2014年1月1日,《最高人民法院关于人民法院在互联网公布裁判文书的规定》正式实施。该规定明确,最高人民法院设立中国裁判文书网,统一公布各级人民法院的生效裁判文书。中国裁判文书网现已成为全世界裁判文书量最大的网站。
2 参见龙大轩、孙启福:《论司法和谐——在传统与现实之间》,《政法论坛》2009年第1期。
3 参见张文显、孙妍:《中国特色社会主义司法理论体系初论》,《法制与社会发展》2012年第6期。
4 习近平:《推进全面依法治国,发挥法治在国家治理体系和治理能力现代化中的积极作用》,《求是》2020年第22期。

中的各种价值、属性、功能,提升司法公信力,实现社会融洽。在当下社会治理中,分析司法裁判性与服务性、独立性与监督性、职业性与民主性之间的关系越发重要。首先,司法权的裁判性和服务性之间和谐共促。人权司法保障的理念日益凸显,法院在履行审判职能的同时,既要通过智慧法院建设等途径积极探索方便当事人参与诉讼的渠道,也要完善认罪认罚从宽制度、刑事和解制度等刑事司法人权保障的制度机制。其次,兼顾司法监督和审判的相对独立。为避免司法专横、审判恣意,监督司法活动具有现实必要性。公检法三机关分工负责、互相配合、互相制约的刑事诉讼法原则就是实现我国司法和谐的一项基本保障。最后,司法民主理念契合了司法职业性和民主性的要求。公众参与司法,在监督司法活动的同时,也为司法活动提供了日常生活经验和专业领域知识。公众参与司法为司法活动输送日常生活经验和朴素正义,促进司法人员准确认定案件事实、裁量法律适用问题。此外,公众参与司法还将以另一种形式提供法治教育,培育司法领域的公共理性。

第二章
司法规律基本问题的认知及运用

"完善司法制度、深化司法体制改革,要遵循司法活动的客观规律,体现权责统一、权力制约、公开公正、尊重程序的要求。"[1]近年来,司法规律逐渐成为司法改革的参照系与风向标,是众多学者研究司法改革的重要依据。诸多相关论述将司法规律分解成"司法"和"规律"两个层面进行解读,本书亦采用此种方式。围绕"司法"定义的讨论由来已久,当前较为主流的观点认为,司法是指国家司法机关及其工作人员依照法定职责和程序把法律规范适用到具体案件的专门活动。关于"规律"的含义,马克思主义唯物观认为:规律是事物运动过程中固有的、本质的、必然的联系,规律是客观存在的,不以人的意志为转移,这要求我们按客观规律办事。但在客观规律面前,人类并不是无能为力的,可以在认识和把握规律的基础上,根据规律发生的客观条件和形式利用规律,改造客观规律,充分发挥主观能动性。

研究司法规律要求我们在尊重司法规律客观性的基础上,充分发挥主观能动性,沿着"认知—运用"的路径,研究规律、认识规律、把握规律、运用规律,并以司法规律来指导司法实践。然而,学界对于司法规律的内涵尚未达成共识,导致在司法规律的外延与适用问题上存在分歧。本章从司法规律的认识过程

---

[1] 《习近平谈治国理政》第二卷,外文出版社2017年版,第131—132页。

和运用方式两个层面对司法规律的基本问题作出诠释。

第一节 司法规律的基本内涵

当前学界对于司法规律的研究呈现出多样化的态势,是司法理论扩充与完善的基础,同时也为司法制度的实践及探索提供了理论依据。一方面,司法规律具有学理属性,能够为法治建设提供学理支撑;另一方面,司法规律具有实践属性,基于对中外法治进程的历史分析,能够为司法改革提供理论指导,使之尽可能趋于合理。然而,针对司法规律的具体内涵与面向,学界并无定论。无论从何种维度出发研究司法规律,首先应当做的是对司法规律的概念进行梳理和分析,既从形成脉络方面认识司法规律,又在价值预判层面把握司法规律,继而将司法规律与一些常见概念进行区分,最终明确司法规律的内涵。

一、司法规律的形成脉络和价值预判

在哲学领域,规律被分为自然规律、社会规律与思维规律。司法规律属于社会规律范畴,我们在日常生活中较为熟悉的经济规律也属于社会规律范畴。恩格斯称社会规律为"人们自己的社会行动的规律",以区别于"自然规律"。[1]而在《辞海》中,规律被定义为"法则",是事物发展过程中的本质联系和必然趋势,具有普遍性、重复性的特点,任何规律都是普遍性和特殊性的有机结合。另外,经济规律则被定义为"经济法则",是经济现象间普遍的、必然的内在联系。可以看出,规律和经济规律的定义具有多方面的共性:一方面,从形成脉络观之,二者都形成于"法则"之上,"规律"与"法则"二词被等

---

[1] 恩格斯在《社会主义从空想到科学的发展》中写道:"人们自己的社会行动的规律,这些一直作为异己的、支配着人们的自然规律而同人们相对立的规律,那时就将被人们熟练地运用,因而将听从人们的支配。"参见《马克思恩格斯文集》第三卷,人民出版社2009年版,第564页。

同适用,经济规律则被定义为特定领域的一种法则;另一方面,从价值预判问题观之,二者均以中性的视角对待概念的界定,对于价值未作判断。就规律和经济规律而言,此等定义与认知已形成共识,对司法规律的概念分析亦有一定的参照价值。

首先,从形成脉络出发审视司法规律。曾有学者总结,党的十八大以后关于司法规律的定位存在四种学说,分别为"法则说""经验说""逻辑说""准线说"。[1] 四种学说对于司法规律落脚点的归纳及学说本身的优劣总结见表2-1。

表2-1 党的十八大以来对司法规律定义落脚点的优劣比较

类型	落脚点	优势	劣势
法则说	法则	简洁、直接、全面,并保持了体系统一	该学说以"中国特色社会主义司法规律"为研究对象,在此背景下对于"司法规律"的定义是精当的。但在进行整体研究时,若将"司法规律"的时空限定于"社会主义初级阶段",则会忽略司法规律的历史性、地域广泛性
经验说	经验的反映	突出了司法规律的认识过程	仅仅表明了司法规律是法治经验的客观反映,未能将人类认识司法规律的主观能动性纳入考虑中

---

1 四种学说的总结参见罗梅、寻锴:《司法规律的理论和现实问题——十八大以来的司法规律研究文献综述》,《法制与社会发展》2015年第3期。

具体而言,"法则说"认为:"司法规律是指社会主义初级阶段司法主体在司法活动内准确适用法律,维护司法公正所形成的内在的、本质的、必然的联系,是审判权和检察权以及其他相关权力有机结合的共同法则,是司法权本质特征和价值目标的高度概括。"参见陈圭芳:《中国特色社会主义司法规律本质探究》,《湖南社会科学》2013年第2期。

"经验说"认为:"最佳的司法规律必然是法治经验的客观反映。中国特色社会主义法律体系本身就是法治经验的最大产物和最佳成果。"参见孙海龙:《科学把握和运用司法规律》,《法制资讯》2011年第11期。

"逻辑说"认为:"司法有它自己运行的规律,司法改革、司法创新不能违背司法规律行事。司法改革,改什么,怎么改,都必须按照司法权运行的内在逻辑来展开。"参见沈开举、郑磊:《司法改革贵在尊重司法运行规律》,《人民论坛》2014年第10期。

"准线说"认为:"司法规律应当是指现代司法基本规律,是世界各国现代司法制度在性质、原则和模式等方面呈现出的共性,既是司法制度历史发展的实然结果和趋势,也是对现代司法的应然要求。司法规律体现的是所有现代司法制度的共同属性,世界各国所有现代司法制度的共通属性,是现代司法的最低准线。结合中国的依法治国,意味着一方面,要告别传统人治型的模式;另一方面,应当定位在现代,而不是后现代。"参见张保生:《在中国法学会法律信息部、中国法学会研究部、国家司法文明协同创新中心共同主办,北京航空航天大学法学院承办的司法规律学术研讨会上的发言》,2015年3月26日。

续表

类型	落脚点	优势	劣势
逻辑说	运行逻辑	强调了司法规律的内在逻辑对于司法改革的指导、引领作用	较抽象,比较强调司法规律的重要性,但忽视了司法自身的生成过程,回避了司法规律的具体内容
准线说	最低准线	指出了司法规律的历史、现代属性,并突出了司法规律的功能	未能给司法规律以明确的定义

本书较为赞同"法则说"。这一学说从动态、静态两个方面,结合权力构成,对"中国特色社会主义司法规律"进行了较为准确的界定。而当其作为概念的定义出现时,其他三种学说的重心有所偏移。"经验说"将司法规律定位为司法经验的反映,并不能完美地解释司法规律"我是谁"的哲学自问,此概念侧重于司法规律认识方式的解释,其基本的落脚点"反映"则过于抽象和理想,容易从有限的归纳跳跃到普遍的规律,[1] 不具备概念所应具有的确定力和解释力,同时忽略了人类认识、运用司法规律的主观能动性。"逻辑说"将司法规律定义为司法运行的逻辑,虽然较为形象地体现了司法规律的重要性,但只考虑到司法的过程,而忽略了司法自身的生成和发展的过程,一如判例法国家的判例与我国的司法解释;更为重要的是,其未能准确阐明司法规律的具体内容。"准线说"将司法规律解释为现代司法的准线,本书认为其本质与将规律定义为法则并无差别,属于同一范畴的不同表达。相比较而言,"法则说"的优势更为明显:从语言的定性上来看,其较为简洁与直接;从概念的体系化角度考虑,其可与其他规律范畴的概念保持统一。然而,"法则说"也有劣势。在传统的思维认知里,法则容易被人理解为法律原则,尤其是在司法概念层面,过多地采用"法"字,容易加大概念间区分的难度。但语词的使用和指涉能够通过明确的表述和界定,在使用者之间达成较为一致的理解。因此,基于优劣比较,本书认为将司法规律

---

[1] 参见[美]黄宗智:《实践与理论——中国社会、经济与法律的历史与现实研究》,法律出版社 2015 年版,第 645 页。

的概念落脚在"法则"上较为合适。

其次,从价值预判出发审视司法规律。如前所述,在"规律"和"经济规律"的定义中,均未出现语词适用者对其优劣的评价,作出定义的角度是客观且中立的。学界一般认为,对规律的评价和价值预判应当发生在利用阶段而非认识阶段,认识阶段只需要做一个客观的陈述与概括。在司法规律概念的讨论中,对其是否具有价值预判则莫衷一是。我们着重选取了党的十八大召开以来国内核心刊物中关于司法规律价值预判问题的论述,如表2-2所示:有学者认为定义司法规律时不需要区分优劣,价值预判不发生在司法规律的认识活动中;亦有学者认为,司法规律应当是积极的,具体表现在认识过程是积极正面的或者利用结果是积极有效的。

表2-2 对于司法规律是否需要价值预判的观点

提出者	定义	价值预判
陈光中	司法规律也就是诉讼的规律,是司法运行过程中一种带有客观性的法则	无
张保生	司法规律体现的是所有现代司法制度的共同属性、世界各国所有现代司法制度的共通属性,是现代司法的最低准线	无
张 震	司法规律是指尊重司法权的权力属性以及司法活动的规律,从而发挥司法权的应有功能	效果积极
杨宇冠	司法规律是司法发展过程中所运行的轨迹,它从无到有,经过从野蛮到文明,从专制到法治的发展过程	无
陈国芳	司法规律是指社会主义初级阶段司法主体在司法活动内准确适用法律、维护司法公正所形成的内在的、本质的、必然的联系	手段积极

资料来源:陈光中、龙宗智:《关于深化司法改革的若干问题思考》,《中国法学》2013年第4期;张保生:《在中国法学会信息部、中国法学会研究部、国家司法文明协同创新中心共同主办,北京航空航天大学法学院承办的司法规律学术研讨会上的发言》,2015年3月26日;张震:《宪法视阈下司法规律的规范内涵与制度改革路径》,《暨南学报》(哲学社会科学版)2015年第8期;杨宇冠:《依法治国与司法规律》,《法制与社会发展》2015年第5期;陈国芳:《中国特色社会主义司法规律本质探究》,《湖南社会科学》2013年第2期。

本书倾向于认为司法规律不具有价值倾向性。在认识司法规律的过程中，应当尽量保持客观中立和价值无涉，司法规律的价值预判应当发生在利用的阶段，由利用者根据期待达成的效果来选择适用何种司法规律，进而作出价值判断，而非发生在司法规律的认识过程。

具体而言，在司法规律的认识活动中不宜包含价值预判的理由在于：首先，认识活动应当尽可能客观地反映客体，若将自身价值预判代入其中，则可能致使我们对于司法规律的认识不够全面，甚至可能受到自身的主观价值预判的局限，陷入"不识庐山真面目"的泥淖之中；其次，从司法规律适用的角度而言，当我们在认识司法规律时，由于无法保证对未来利用阶段的适用条件的设想是全面的和切合实际的，价值预判的准确性往往不高，司法规律的运用需要结合实际条件而作出选择，其价值导向往往也依具体的司法适用情境而有不同的解读；最后，从司法规律的适用效果而言，出于对真理的绝对信奉，认识阶段的价值预判会导致利用阶段怠于对适用条件进行辨别，进而影响利用效果的有效性。总之，能够被称为司法规律的内容，是那些可以贯穿于司法活动全过程并从最高层次上指引司法实现其根本使命的原则，是人类司法文明的理论结晶和科学总结。[1]

二、司法规律的概念区分

司法规律在研究和运用的过程中，往往和司法制度原则、法律属性、司法属性等概念多有交叉，在一些学理研究或司法实践场合，这些概念被不加甄别地运用。而司法规律作为一个独立的存在，其构成内容具有特定性，应当避免与其他概念相混淆。因此，应当明确司法规律的边界所在，从而与包括但不限于上述列举的概念进行区分。在此，我们将司法规律与一些常见的容易混淆

---

[1] 参见蒋惠岭：《丰富和发展具有普遍意义的司法规律》，《人民论坛》2022年第5期。

的概念予以区分。

（一）司法规律与司法制度原则

在谈论司法规律时，人们往往会习惯性地使用某些原则进行代替，认为某一原则就是规律。然而，这只是人们对于司法规律的一种简略表达，这些原则出现在司法规律中的完整表达应当是"当我们采用该原则时，能够达到某种社会效果或价值追求"。比如，当我们将无罪推定原则视为一种司法规律时，所要表达的完整意义则是"当采用无罪推定原则时，可以充分保护被告人，达到程序公正和保障人权的价值追求"。因此，在对司法规律的构成进行模式化拆分后，可以发现其完整形式为"某一条件下，选择何种做法，会获得何种效果"。在此框架下，我们可以发现，在谈论司法规律时，其核心往往是采用了何种做法，根据做法的不同，不仅包括"司法制度原则+效果"的组成形式，还包括"司法制度分则+效果"的组成形式。司法规律既包括原则性的规律，又包括分则性的规律，司法制度原则及其产生的效果只是司法规律的一部分，司法制度原则归属于且不等于司法规律。

（二）司法规律与法律属性

法律属性存在两种解读，第一种解读为"事物的法律属性"，即某一事物在特定法律中的抽象表达，如有学者认为采矿权的法律属性是一种经济权利，[1]而与采矿权有关的司法规律则应当是在《矿产资源法》及相关法律的具体司法适用过程中，影响权利内容、效力和实现的法则性内容。第二种解读为"法律的属性"，即某一特定法律的性质，如《民法典·物权编》是一种民事法律规范，其性质属于私法。无论是针对抽象表达的定义还是针对具体法条的属性划分，法律属性的归属均与司法规律相区别，二者指代的是不同范畴内的事物。

---

1 参见郗伟明：《当代社会化语境下矿业权法律属性考辨》，《法学家》2012年第4期。

(三) 司法规律与司法属性

司法规律揭示的是事物与事物之间的联系,着眼于多个事物间的关系,其表现形式为法则,而司法属性则是着眼于某一事物本身的特质。以检察改革为例,检察改革的核心问题是要按照司法活动基本规律的要求科学配置检察权,建立健全符合司法规律要求的检察权运行机制。司法规律中的"依附性""平等性""独立性""裁断性""正当程序性"等内容,从不同层面对检察改革提出了要求。[1] "司法规律"在此处为检察改革中需要遵循的法则,而司法属性则是指检察活动所具有的对审判权的监督属性等特质,二者属于不同的概念范畴。

综上,"司法"是国家司法机关及其工作人员依照法定职责和程序把法律规范适用到具体案件的专门活动。结合"规律"的定义,在对"司法规律"进行概念梳理时,本书将主要采用"法则说"的观点,认为"司法规律"应当包含如下几个方面的内涵:其一,应体现"司法"之义,即司法规律为司法主体在司法活动的过程中所形成的规律;其二,应体现"规律"之义,结合马克思主义唯物观对"规律"的定义,司法规律应当是司法活动固有的、本质的、必然的联系;其三,应以"法则"为落脚点,即司法规律应当是与司法权相关的权力所应遵循的法则。另外,通过对司法规律与相关概念的区分,可以看出司法规律的边界:第一,司法规律包含原则性内容与分则性内容;第二,司法规律揭示的是事物之间的联系,而单个事物的属性并不能构成规律,规律强调事物之间的联系,属性强调事物本身。

基于此,我们在明晰"司法规律"内涵的基础上对"司法规律"作出如下新定义:司法规律是指在司法主体适用法律的过程中所形成的司法活动内在的、本质的、必然的联系,是审判权和检察权以及其他相关权力有机结合和运行所遵循的共同法则,是对司法权本质特征和价值目标的高度概括。

---

[1] 参见周新:《论我国检察权的新发展》,《中国社会科学》2020年第8期。

第二节　司法规律的基本属性

司法规律本身并非纯粹的学术概念,其提出与发展伴随着政治表达。特别是党的十八大以来,习近平总书记多次在中央政法工作会议、中央深化改革领导小组工作会议及各类文件、讲话中使用并强调"司法规律",不仅对法律实务部门的工作产生了影响,也促使法学界兴起了对司法规律的研究热潮。结合前文对司法规律的内涵和定义来看,本节认为司法规律的基本属性应当包括政治性、历史性、条件性、抽象性和客观性。

一、政治性

在我国当前的语境中,司法规律的政治性十分鲜明,主要表现在以下三个方面:其一,司法规律研究的兴起背景具有政治性,即官方对司法规律的使用推动了相关研究的兴起;其二,司法规律的内涵具有政治性,即官方在多处文件中对司法规律进行表达及延伸;其三,司法规律的功能具有政治性,即司法规律研究与运用的最终落脚点是为司法改革提供理论依据与正确导向,司法规律是司法改革所必须遵循的依据,同时,与司法规律相关的配套政治改革也必须以司法规律为参照并与之进行协调。[1]

上述三项表征,是司法规律的政治性在中国国情下的具体体现。实际上,在本体论的层面,政治性也是司法规律的天然属性,因为司法本身属于一项政治制度:其一,司法系统是国家行政管理系统的有机组成部分;其二,在国家治理中,司法权的行使是国家实现政治职能、解决治理问题的必然渠道,尤其在政治问题日益司法化的当下,司法的政治功能得到加强;其三,司法权威与政治权

---

[1] 参见彭巍:《司法规律研究》,吉林大学法学院 2018 年博士学位论文,第 52—53 页。

威相辅相成,前者必须通过后者来保障实现,同时又成为后者得以展现和发挥作用的方式之一。[1]

二、历史性

自然科学的研究与社会科学的研究不同,纯自然科学所研究的是尽量把人排除在外的物质活动,而社会科学则是直接研究人的活动。司法规律作为一种社会科学研究对象,与人的活动密切相关,是人类文明的产物。人的活动往往在不同的历史阶段有不同的价值取向与行为追求,当司法的价值追求产生变化时,为实现目标而进行的司法活动自然会随之发生形式和性质的变化。在此等司法运行的变动表征背后,蕴含的正是调节司法活动之规律的历史性。

以刑讯逼供为例,在封建社会时期,由于"明断是非"是司法活动的结果要求,"禁淫止暴"是司法活动的价值追求,刑讯逼供成为一种合法并被常规适用的司法方法,乃至司法规律表现为结果"正义"程度与刑讯残酷程度的正相关。而在现代社会,伴随着人权意识的普遍觉醒与人们对程序公正的一致认可,刑讯逼供这一封建社会时期的司法实践在当代社会无法适用。相反,司法规律表现为司法公正对刑讯逼供的绝对排斥。可见,司法规律具有其自身特定的历史属性。因而,在讨论司法规律时,需要结合其历史属性进行研究。

三、条件性

马克思认为,任何事物都具有相对性,相对真理寓意于绝对真理之中。而司法规律亦是如此,其相对性主要表现在其具有一定的条件,即条件性。在中国司法现代化的进程中,曾出现过采用照搬式的"拿来主义"而使改革进程受困

---

[1] 参见江国华:《司法规律层次论》,《中国法学》2016年第1期。

的情况,[1]因此在认识和利用司法规律时应当明确其所需要的条件。在自然科学的研究中,往往需要考虑诸多变量的条件作用,只有这样才能得到特定的效果。真理只有在特定的条件下,才能充分发挥其功能。比照自然科学的研究,社会科学的研究也需要考虑诸多变量的条件作用。此外,在前文中着重强调的历史性,与条件性也有一定的关联,因为特定的历史阶段是司法规律的特定条件之一,而此处将其单独表述,意在强调历史条件在司法规律的构成中具有极为重要的作用。

四、抽象性

按照黑格尔的理解,对规律的把握并不是认识的终结,因为规律意味着探求对象的本质,而对本质的探寻则来自人们对变灭的、个别的感性事物的不满足,"要进一步追寻到它的后面,想要知道那究竟是怎么一回事,要把握它的本质"[2]。从规律本身的属性来说,规律具有抽象性,这是由于客观事物及其发展过程本身的规律不能直接呈现在人们的面前,需要通过抽象思维才能把握。[3]司法规律的功能便是对司法本质的探索,是经过凝练后的高度概括,因此决定了其具有抽象的特性,是将司法的各个部分上升到普遍性的功能。作为社会规律,司法规律的属性需要结合司法的发展历史,且司法规律存在于司法的具体活动、形式与实践之中,将这些具体活动的共性提炼并抽离出蕴含于其中的规律,不仅需要对具体的司法实践进行分析研究,同时也需要抽象思维。因此,司法规律的抽象性为其属性的一个方面。

---

[1] 如广受诟病的复印件移送主义,人为地将起诉状全案移送主义与起诉状一本主义机械地加以结合,进而造成了法院审判效率降低等负面效果。参见陈卫东、韩红兴:《初论我国刑事诉讼中设立中间程序的合理性》,《当代法学》2004年第4期。
[2] [德]黑格尔:《小逻辑》,贺麟译,商务印书馆1980年版,第247页。
[3] 参见赵家祥:《论概念和规律的抽象性及其应用的具体性》,《知与行》2015年第1期。

五、客观性

规律是物质运动的客观表现,客观物质运动是规律的根源。马克思主义哲学原理认为,规律是客观的,既不能被创造,也不能被消灭;不管人们承认不承认,规律总是以其铁的必然性起着作用。司法规律以客观的司法运作过程为研究对象,反映的是司法主体适用法律的过程,其表现形式为客观的联系,落脚点为客观的法则,并且作为马克思主义哲学所探讨的"规律"的部分内容,客观性应当作为其基本属性的内容之一。

关于司法规律客观性的体现,有学者认为,司法规律的客观性主要体现在两个方面:对立法权的约束和对司法权的约束。前者是指立法者在制定司法领域的法律时必须受到司法规律的支配,反映客观的司法规律。[1]由于法律的介入,无形的司法规律本能地通过有形的刚性法律得以表达,并对司法权的运行发挥作用。[2]司法权的运行也就必然受到司法规律的客观约束。因此,作为司法规律属性之一的客观性,不仅体现于规律本身的客观性,也体现在其对立法权及司法权的作用之中。

第三节 司法规律的基本外延

对于司法改革而言,如果缺乏对司法内在规律的认识,往往只能触及司法改革的表层问题。[3]对司法规律的外延进行厘清,从该语词所指涉对象的角度予以把握,能够以一定的标准,更为清晰地实现司法规律的学说体系的规范化,以更好地指导、规范司法改革进程。我们将对当前学界的研究成果进行总结,结

---

[1] 参见唐亮:《司法规律中的价值与司法价值中的规律》,《湖北社会科学》2018年第2期。
[2] 参见江国华:《论司法规律的三重属性》,《中州学刊》2017年第2期。
[3] 参见姚国建:《中央与地方双重视角下的司法权属性》,《法学评论》2016年第5期。

合这些成果并从内涵出发,提出自己对于司法规律外延的认知。

一、当前学界研究成果总结

司法规律的外延类型,现有的研究大体存在两种分类思路。第一种思路是根据司法规律涉及司法的多个方面进行分类。由于不同学者对司法的不同理解,所以对司法规律的划分也是从不同维度展开的。第二种思路是根据司法涉及的某一特定方面进行细化分类,立足于司法的条件、功能、运行环节,划分出特定的规律。本节将已有文献中对司法规律分类的情况汇总为表2-3,其中第1—7项为第一种分法,第8—11项为第二种分法。在这11篇对司法规律进行归类的文献中,司法主要被划分为9个维度,分别是司法运行层面(7次)、司法功能层面(5次)、司法发展层面(3次)、司法制度层面(2次)、司法结构层面(2次)、司法主体层面(2次)、司法条件层面(2次)、司法属性层面(1次)与司法管理层面(1次)。

表2-3　学界对司法规律的不同划分

提出者	涉及司法何种方面	具体划分结果
杨宇冠	运行、制度、功能	(1)司法活动的发展遵循从野蛮到文明的规律;(2)司法制度的发展遵循从简单到文明的规律;(3)司法价值的发展遵循从维护社会秩序到维护社会正义的规律。
江国华	结构、运行、发展	(1)结构规律;(2)运动规律;(3)实践规律。
龙宗智	功能、结构、运行、管理、主体	(1)与司法功能有关的司法规律;(2)与司法结构有关的司法规律;(3)与司法运行有关的司法规律;(4)与司法管理有关的司法规律;(5)与司法主体有关的司法规律。
张保生	属性、运行	(1)司法权基本属性;(2)司法的程序公正;(3)司法的实体公正。
张笑英 杨雄	功能、发展	(1)司法必须反映社会意旨的最高追求;(2)司法必须伴随社会的发展而变迁;(3)司法必须体现司法权的本质属性。
倪培兴	运行、发展	(1)司法工作规律或办案规律;(2)司法制度的发展规律。

续表

提出者	涉及司法何种方面	具体划分结果
向泽选	运行、主体、制度、功能	(1)司法活动必须在特定的司法机制中实施;(2)司法主体在司法机制运行中必须具备同等的法律地位;(3)司法机制的运行要受正当程序的规制;(4)司法活动的实施要排除外界因素的制约;(5)司法以对国家与个人间的纠纷作出最终裁断为目标。
杨宇冠	条件	(1)专制状态下的司法规律;(2)法治下的司法规律。
张雪樵	功能	(1)党的领导与公正司法的统一;(2)人民主体地位与维护司法公信的统一;(3)传统道德文明与现代司法文明的统一。
张 震	运行	(1)审判层面的规律;(2)监督层面的规律;(3)独立层面的规律;(4)辩护层面的规律;(5)分工层面的规律。
王学成	条件	(1)一般规律;(2)中国独具的规律。

资料来源:杨宇冠:《论刑事司法规律》,《法学杂志》2016年第3期;江国华:《司法规律层次论》,《中国法学》2016年第1期;彭巍:《司法规律学术研讨会纪要》,《法制与社会发展》2015年第3期;张笑英、杨雄:《司法规律之诠释》,《法学杂志》2010年第2期;倪培兴:《司法规律对检察权配置的指导意义》,载张智辉主编:《中国检察》第16卷,北京大学出版社2008年版,第115页;向泽选:《遵循司法规律,推动检察工作科学发展》,《检察日报》2008年11月21日,第3版;张震:《宪法视阈下司法规律的规范内涵与制度改革路径》,《暨南学报》(哲学社会科学版)2015年第8期;王学成:《试论司法的一般规律及中国独具的司法规律》,《政法学刊》2009年第4期。

二、内部司法规律与外部司法规律

对司法规律的外延进行研究时,我们可以借鉴较为成熟的规律研究理论,譬如经济学家对经济规律的研究就具有相当大的借鉴意义。早在20世纪90年代,经济学家就对经济规律的外延进行了讨论。其中具有代表性的是将经济规律分为"本体经济规律"和"边缘经济规律"。[1]"本体经济规律"揭示的是经济系统内部的联系,主要按环节、部分进行细化;"边缘经济规律"揭示的是经济系统与其他系统之间的本质必然联系,主要包括经济与社会、经济与自然。分类的依据是审视经济的视角:"本体经济规律"置身于具体的经济活动之中,"边缘经济规律"则置身于经济活动之外,将经济活动看成一个整体进行研究。我们可

---

[1] 参见侯增谦:《研究中国经济发展规律,促进经济高质量发展》,《中国科学基金》2021年第3期。

以借鉴上述对于经济规律分类的研究,依据审视司法视角的不同,将司法规律分为内部司法规律与外部司法规律。

内部司法规律,顾名思义,是将研究的视角置于司法体系的内部,从司法内部各要素之间相互联系、相互作用的关系来研究其内在规律。在前文所列举的9个维度中,司法主体规律、司法管理规律、司法制度规律、司法功能规律、司法结构规律、司法属性规律、司法发展规律属于内部司法规律。而司法条件规律则属于外部司法规律,因其在研究过程中更多地考虑司法运作的外部环境。同时,我们认为,司法运行规律属于内部司法规律与外部司法规律的交叉范畴,即司法运行规律既需要着眼于司法体系内部各要素之间的运行规律,也需要结合与司法相关的其他要素,分析司法在其他要素的影响与相互作用之中所形成的规律。

第四节 司法规律的本土利用

马克思主义唯物观认为,对规律的认识,其最终目的是利用规律。对司法规律的认识亦是如此,厘清司法规律的内涵、外延与边界,最终都将落脚于特定历史阶段的利用活动。在将抽象的司法规律具体运用到中国当前的本土实践中时,往往需要从三个维度进行把握。第一是明确司法规律在中国提出的背景。司法规律虽然客观存在,且在中国的政界、学界也偶有谈及,然而从国家层面提到需要注重司法规律,往往是因为司法规律在其本应发挥作用的某一层面或某一方面存在缺位,故而对其产生强烈的需求。因此,研究中国提出司法规律的背景,可有效把握司法规律需要作用于哪个具体的领域。第二是司法规律与中国特色。司法规律的本土利用需要明确利用的条件和土壤。中国特色究竟是一种本土特性的概括,还是本身就是一种司法规律?学界对此有争议,在司法规律的利用上需要明晰。第三是司法规律与中国的司法改革。司法规律如何应用于中国的司法改革？其作用机理如何形成？对于此等问题的思考与回答是司法规律本土利用的最终归宿。需要指出的是，我们并未在具体的制度层面上讨论司法规律的本土利用，而是在宏观层面上加以把握。

一、司法规律在中国提出的背景

2015年3月24日，习近平总书记在主持中共中央政治局就"深化司法体制改革、保证司法公正"进行的第二十一次集体学习时强调："坚持符合国情和遵循司法规律相结合、坚持问题导向、用于攻坚克难，坚定信心，凝聚共识，锐意进取，破解难题，坚定不移深化司法体制改革，不断促进社会公平正义。"[1]从司法规律提出的时间来看，自党的十八届四中全会上着重提出"依法治国"以来，中国司法体制进入改革的关键时期。司法改革试图从原有的表层式改革道路中寻求新路，试图以司法规律这一具有普遍性的深层机理来实现改革的持续与突破。

二、司法规律与中国特色

如前文所述，司法规律研究与运用的最终落脚点是为司法改革提供理论依据与正确导向。为此，我们需要找到司法规律与中国特色的结合点，探索、运用具有中国特色的司法规律，建设法治中国。习近平总书记指出："坚持从我国实际出发，不等于关起门来搞法治。法治是人类文明的重要成果之一，法治的精髓和要旨对于各国国家治理和社会治理具有普遍意义，我们要学习借鉴世界上优秀的法治文明成果。但是，学习借鉴不等于是简单的拿来主义，必须坚持以我为主、为我所用，认真鉴别、合理吸收，不能搞'全盘西化'，不能搞'全面移植'，不能照搬照抄。"[2]法治中国的建设有赖于司法改革的深化，有赖于司法规

---

[1] 《以提高司法公信力为根本尺度　坚定不移深化司法体制改革》，《人民日报》2015年3月26日，第1版。

[2] 《习近平新时代中国特色社会主义思想基本问题》，人民出版社2020年版，第247页。

律的指导与规范。

（一）司法规律与中国特色的区分

规律具有条件性，相对真理寓于绝对真理之中，中国特色便是利用司法规律的首要条件。厘清中国特色与司法规律的关系，可以促进司法规律的更好利用。有学者在谈到司法规律的利用时曾指出，许多人将党的领导上升为一种司法规律，这是在概念上将中国国情与司法规律相混淆。[1]也有学者将整个中国法律体系都归纳为一种最佳司法规律。[2]诚然，在许多人的思维领域中，司法制度与中国特色没有一个清晰的位阶区分，又囿于对"存在即合理"的误读，中国特色被视为一种至高的司法规律。对于此类解读，可从两个层面加以辩驳和矫正。

第一，从司法规律的官方表达来看。在提出司法规律这一名词时，其完整的表达是"坚持符合国情和遵循司法规律相结合"。从语言逻辑来看，显然中央层面已经有意识地对二者做了区分，将符合国情与遵循司法规律作为两个独立的部分进行强调。可见司法规律与中国特色并无任何从属关系，是两个相对独立的概念。

第二，从司法规律的功能来看。在当前司法改革的背景之下，司法改革的目的在于对司法现状进行突破，而司法规律的作用便是为突破提供参照，让司法改革有迹可循。如果将中国特色解读为一种绝佳的司法规律，将会出现如下困境："中国特色"本身包含了积极因素与消极因素，当前中国司法改革的必要性应当是建立在我们对已有制度与实践所存在问题的不断认识、分析之上，如果单纯地将"中国特色"定义为"绝佳的司法规律"，则会忽略已有制度及实践中存在的不足，从而使司法改革失去原有的动力。

因此，司法规律与中国特色应当是两个相对独立的范畴。但在适用司法规

---

[1] 参见江国华：《司法规律层次论》，《中国法学》2016年第1期。
[2] 如有学者认为，中国特色法律体系本身就是一种司法规律，是法治经验的最大产物和最佳成果。参见孙海龙：《科学把握和运用司法规律》，《法制资讯》2011年第11期。

律时,又不能忽略中国特色的条件作用,中国特色是司法规律在中国有效实现的重要条件。概言之,"符合国情"与"司法规律"之间的关系不是一个认识问题,而是司法体制改革的实践问题。

(二)中国特色的必然要求

坚持党的领导。党的领导和党依法执政是我国司法制度得以建立、完善的根本保证。[1]中国司法改革的实践充分表明,坚持党的领导,是顺利推进司法改革的根本政治保证。党的领导是中国历史的选择,也是司法活动的重要养料。坚持党对社会主义民主法治建设的领导,尤其是坚持党对政法工作的政治、组织和思想的领导,是我国司法机关不能动摇的政治原则,也是中国特色在司法语境下的首要内涵。而党对司法工作的领导,应体现在四个方面:路线、方针、政策的领导,向人大推荐司法机关负责人员的人选,通过组织活动、思想政治活动和党员模范作用来增强司法人员履行职责的自觉性,以及对司法机关依法独立行使职权发挥保障作用。[2]

重视人民的地位与作用。我国是人民民主专政的国家,人民当家作主,司法机关由人民代表大会产生,对其负责,受其监督。这些属性是由我国《宪法》确立的,因此,中国特色的另一主要内涵便是对人民地位的尊崇。同时,考虑到人民在国家中的重要作用,需要构建各种工作机制,保证人民群众能够有效参与司法、监督司法、支持司法,通过贯彻人民性的要求来实现司法专业化与司法大众化的有机统一。例如,在对《宪法》审判规律进行本土化的过程中,有学者主张由全国人大设立专门的宪法委员会对最高审判机关审判的合宪性作出裁决,[3]这便是对中国特色框架下人民地位的有效表达。

尊重本土文化。黑格尔说过,民族的宗教、政治制度、伦理制度、风俗,以及

---

1 参见徐汉明:《习近平司法改革理论的核心要义及时代价值》,《法商研究》2019年第6期。
2 参见陈卫东:《司法体制综合配套改革若干问题研究》,《法学》2020年第5期。
3 参见方乐:《以人民为中心司法理念的实践历程及其逻辑意涵》,《法律科学》2021年第4期。

民族的科学、艺术和技能,都具有民族精神的标志。[1]尊重本土文化意味着我们需要在纵向和横向两个层面上进行把握:从纵向而言,尊重本土文化意味着尊重本土的历史传统,延续历史上司法实践中形成的、符合民族心理与民族价值观的优良传统。传统之中包含着某种东西,它会唤起人们改进传统的愿望。[2]中国具有悠久的历史,历史演变导致中国在价值层面形成独特的传统文化,这些文化深深根植于社会的各个环节之中,影响着民众在司法活动中形成独特的价值观念。从横向而言,尊重本土文化是指在维护司法统一的前提之下,尊重各地区、民族的风俗习惯。虽然在全球化的背景下,现代化司法制度的构建是对固有制度的突破,但改革的过程也是一个具有浓郁民族色彩的司法体制与机理的转型过程,绝不意味着对民族传统精神的抛弃。[3]尊重本土文化,一方面是对国情把握的有效途径,另一方面也是高效司法的有力保障。

坚持党的领导、重视人民的地位与作用、尊重本土文化是中国特色的必然要求,三者综合作用,是一个有机统一的整体,共同影响着中国特色社会主义司法的运作。

(三)中国特色对司法规律利用的独特价值

从一般意义上看,司法为国家治理现代化注入秩序、自由、公正、人权、效率、和谐等基本的正向价值。[4]回到中国当前的语境,则需要结合语境论分析方法,来分析中国特色社会主义对司法规律利用的独特价值。语境论是指任何一个语境要素的独立存在都是无意义的,任何要素都只有在其他要素关联存在的、具体的或历史的语境中,才是富有生命力的。在我国当前的时空背景下讨论司法规律,就必然要结合中国特色社会主义的相关理论对司法规律作出延

---

1 参见[德]黑格尔:《历史哲学》,王造时译,生活·读书·新知三联书店1956年版,第104页。
2 参见[美]E.希尔斯:《论传统》,傅铿、吕乐译,上海人民出版社1991年版,第286页。
3 参见郭志远:《司法体制综合配套改革:回顾、反思与完善》,《法学杂志》2020年第2期。
4 参见卞建林等:《司法规律研究》,中国人民公安大学出版社、群众出版社2019年版,第13页。

拓。邓小平同志曾精辟地提出："我们的现代化建设,必须从中国的实际出发。无论是革命还是建设,都要注意学习和借鉴外国经验。但是照抄照搬别国经验、别国模式,从来不能得到成功。"[1] 对于中国特色在适用司法规律中的作用,有学者就表示,全球化背景下,司法改革需要既与人类司法文明的普遍性准则相沟通,又探索建立具有鲜明中国特色的司法制度现代化模式。[2] 纵观我国的政治建设、经济建设以及法治建设的变迁路径可以发现,各项建设归根到底都需要从中国特色中寻找本土的根基,一味照搬则易走弯路。此外,司法规律的条件性也决定了在司法规律的利用活动中,需要重视其适用的条件,而中国特色便是司法规律在适用时的首要条件。因此在适用司法规律时需要与中国特色相结合,这也是中央层面在提出司法规律时强调中国特色的内在逻辑。

三、司法规律与中国的司法改革

法律源自社会,一切形式的法律效果都是以社会为其基本场域的;社会对审判结果的认同程度,在相当程度上决定了审判结果与法律所预设的目标之间的缝隙宽度。[3] 司法改革需要在认识、把握、运用司法规律的前提下进行,使司法运作在获得法律效果的同时兼顾社会效果,保障我国司法改革在推进过程中的合理性与民众可接受性相结合。

（一）司法规律在司法改革语境下的意义

第一,司法规律是司法改革的推动力。司法改革的目的是突破。在新一轮司法改革中,司法规律可以作为一种依据,对我国现有司法工作进行检视,发现存在的问题,同时作为驱动力,推动司法改革的进行。

第二,司法规律是司法改革的参照系。早在 2009 年,就有学者在研究检察

---

[1] 邓小平:《邓小平文选》第三卷,人民出版社 1993 年版,第 2 页。
[2] 参见公丕祥:《当代中国的司法改革》,法律出版社 2012 年版,第 247 页。
[3] 参见邵六益:《我国司法理论中"人民"的多重意涵研究》,《法商研究》2021 年第 3 期。

院体制改革时提出,司法规律对于检察改革的首要功能便是"明确改革方向、确定改革重点、选定改革措施"[1]。司法规律作为一种抽象的事物,其由抽象到具体的利用过程可以为改革提供理由和依据,是改革的参照系。

第三,司法改革是检验司法规律的重要标准。司法规律对司法改革把握准确,则有助于在新一轮司法改革中科学配置司法资源,优化司法程序,最大限度地发挥司法效力,提升司法公信力。离开了司法改革的检验,任何对于司法规律的解释、阐释、解读都是不准确的。新的生活方式,在一定程度上是整个从根本上改变了的社会生活和经济生活方式,即一种新的法律。[2]以刑事诉讼制度为例,公安机关、检察机关、审判机关"分工负责,相互配合,相互制约"的机制在理想上是完美的,但在实践中,三机关往往配合有余、制约不足。新一轮的司法改革能否对类似的问题进行回应,是检验司法规律的重要标准。

(二) 司法规律作用于司法改革的路径

第一,认清当前中国所处的历史阶段。历史性是司法规律的首要属性,脱离了历史属性的司法规律会囿于绝对化而被误用。在中国司法改革的过程中,认清中国处于什么样的历史阶段,是尊重司法规律历史性的表现,是适用司法规律的重要依据。

第二,抓准当前中国司法的改革需求。从司法规律提出的背景来看,其承载着重要的改革使命,司法规律的运用需要充分考量司法改革的内在动力。如有学者认为,在诸多司法规律中,应当基于中国国情需求,选择合适的司法规律进行利用。[3]参照并不意味着照搬,只有与本土需求相适应的规律才能发挥效果。

---

[1] 向泽选、谭庆之:《司法规律与检察改革》,《政法论坛》2009年第5期。
[2] 参见[奥]欧根·埃利希:《法社会学原理》,舒国滢译,中国大百科全书出版社2009年版,第431页。
[3] 在当前中国,可以以开放的姿态面对西方司法文明,但最终还是需要审慎注目于中国特色之上。而与当前中国国情最为契合的则集中表现在公正司法的规律、民主司法的规律、文明司法的规律三个路径上。参见胡铭:《遵循司法规律的"三个路径"》,《法制日报》2015年4月8日,第10版。

对司法规律的利用应当是在司法改革的需求之上对症下药。

第三,对司法规律进行价值判断取舍。在司法规律的适用阶段,需要根据具体改革领域的需求,通过对适用条件的比对,对相应的司法规律作出价值判断与取舍,对于符合当前社会条件的规律,可以加以利用,而对于与当前社会条件不相符的规律,则应当舍弃或修正后运用。这是司法规律利用阶段的关键,亦是最后一道检验程序。

当前,我国正处于司法改革的关键时期。司法规律作为一种参照系,在此历史阶段具有重要的历史使命。当谈到司法规律时,我们应当着眼于整个社会、历史的特定现实,从需求着手,有针对性地加以利用。本章从由"认识"到"利用"的思维过程切入,展示了对司法规律理性把握的逻辑链条,旨在倡导日后对司法规律的研究应当注重分辨其处于何种思维阶段,不同的阶段需要有不同的研究前提与研究导向。概言之,司法规律作为一种客观存在,应当赋予其科学的认识与利用路径,以发挥其在特定历史阶段的重要价值。

第三章
司法公正的评估体系和实现路径

"公正是法治的生命线。"[1]公平正义,自古以来就是人类社会不懈追求的共同理想,是人类社会普遍的价值取向,也是社会主义法治的价值追求和重要目标,是构建社会主义和谐社会的基础和前提。[2]党的十八大以来,习近平总书记多次将司法公正与司法改革作为中国特色社会主义法治建设的重要目标,并强调"努力让人民群众在每一个司法案件中感受到公平正义"[3]。党的十八届三中全会和十八届四中全会以"影响司法公正"和"制约司法能力"的若干深层次问题为切入点,对进一步深化司法体制改革作出全面部署。[4]在主持十八届中央政治局第二十一次集体学习时,习近平总书记再次强调了司法公正的重要性:"公正司法事关人民切身利益,事关社会公平正义,事关全面推进依法治国。要坚持司法体制改革的正确政治方向,坚持以提高司法公信力为根本尺度,坚持符合国情和遵循司法规律相结合,坚持问题导向、勇于攻坚克难,坚定信心,凝聚共识,锐意进

---

[1] 《习近平关于〈中共中央关于全面推进依法治国若干重大问题的决定〉的说明》,《人民日报》2014年10月29日,第2版。
[2] 参见肖业忠:《公正司法长效机制的多元目标及其实现》,《法学论坛》2022年第2期。
[3] 习近平:《论坚持全面依法治国》,中央文献出版社2020年版,第5页。
[4] 参见杨力:《从基础司改到综配司改:"内卷化"效应纾解》,《中国法学》2020年第4期。

取,破解难题,坚定不移深化司法体制改革,不断促进社会公平正义。"[1]

第一节 司法公正的内涵与演进

一、司法公正的内涵

(一)公正的释义

"公正"作为汉语词汇最早大约出现于《慎子·威德》:"故蓍龟所以立共识也,权衡所以立公正也,书契所以立公信也,度量所以立公审也,法制礼籍所以立公义也。"此处的"公正"用以表示"权衡"这一量器的用途,是指公平、平等。后来,"公正"的内涵逐渐被延伸,以指称正直不偏私。如汉朝班固的《白虎通德论》中云"公之为言,公正无私也",《淮南子》中言"公正无私,一言而万民齐",等等。[2]可见,公正其实集合了"公平"和"正义"两层意思。公平,表现为形式上的平等,即相同的情况相同对待,不同的情况不同对待。正义则不如公平那般,可以轻易地从形式上加以辨别和判断。正是因为正义的变幻无常,公正才至今没有确切的定义。而正义之所以不具备可供辨识的形式,是因为比起形式上的公平,正义更具有深刻的实质意义。公平强调的形式平等并不一定是正义的,也可能导致非正义。如在奴隶社会,同样存在相同情况相同对待、不同情况不同对待的形式平等,但却产生了奴隶制这一非正义社会制度。因此,在对公正这一概念的理解中,正义相对于公平而言更具重要性。

"正义"一词的使用由来已久,其含义也经历了一定的转变:由最初用于对人的行为和品质的评价转变为对一般社会制度的评价。西方关于正义的阐述

---

[1] 《以提高司法公信力为根本尺度 坚定不移深化司法体制改革》,《人民日报》2015年3月25日,第1版。

[2] 参见高其才等:《司法公正观念源流略论》,人民法院出版社2003年版,第21页。

最早可以追溯至政治思想发达的古希腊。古希腊思想家最初在人的行为的意义上使用"正义"一词。苏格拉底在论述德行和智慧的关系时,认为"正义和一切其他德行都是智慧。正义是所有城邦公民都必须具备的一种美好德行"[1]。柏拉图提出了"国家正义"的概念,认为在"个人正义"之外还存在"国家正义"。国家正义是每个阶级对其职责的恰当履行。[2]统治者的美德是智慧,军人的美德是勇敢,人民的美德是节制,如果三个等级各自拥有了其美德,国家就达到了正义。[3]但是从以上论述可以看出,"国家正义"的实质仍然是个人的行为的汇总,即每个特定阶层的人具备其应当有的品质,履行其特定行为。

亚里士多德对正义的论述更为详细。与古希腊大多数思想家关于正义的观念相同,他认为正义是人的一种品质、德行,而且在各种德行中,唯有正义是关心他人的善。但与此同时,亚里士多德关于正义的学说开始出现了与先哲的认识不同的转变。亚氏将正义分为分配正义和矫正正义:"分配性的公正,是按照所说的比例关系对公物的分配,不公正则是这种公正的对立物,是比例的违背。矫正性的公正,它生成在交往之中,或者是自愿的,或者是非自愿的。在交往中的公正则是某种均等,而不公正是不均。"[4]可见,正义的概念在亚氏理论中已经初涉社会公共利益分配制度的含义。在此之后,西方近现代的正义理论继续了这一概念过渡,正义开始从一种关注人的行为的概念向社会制度评价的概念转变。西方现代有关正义的理论大致可以分为古典自由主义、功利主义、平均主义和罗尔斯主义。古典自由主义正义观认为,生产资源的分配关注过程的正义,凡是生产资料的获取和转让符合正义原则的,那么对其的持有就是正义的。这种正义观首先否定了讨论有关生产资源分配的竞争中人们的行为是否正义的意义,对生产资源分配的结果同样显得不甚关心,认为"个人的行为完全

---

1 [古希腊]色诺芬:《回忆苏格拉底》,吴永泉译,商务印书馆1984年版,第117页。
2 参见[古希腊]柏拉图:《理想国》,郭斌和、张竹明译,商务印书馆1986年版,第158页。
3 参见[古希腊]柏拉图:《理想国》,郭斌和、张竹明译,商务印书馆1986年版,第149—157页。
4 [古希腊]亚里士多德:《尼各马科伦理学》,苗力田译,中国人民大学出版社2003年版,第96—99页。

有可能是正义的或不正义的,但是需要指出的是,由于个人所采取的完全正义的行动给他人造成的后果既不是他们所意图的,也不是他们所预见的,所以这些后果也就不会是正义的或不正义的"[1]。

功利主义正义观是功利主义这一影响深远的哲学理论对正义的解释。其主张,如果一个社会的主要制度被安排得能够达到总计所有属于它的个人而形成的满足的最大净余额,那么这个社会就是被正确地组织的,因而也是正义的。换言之,正义是能够满足最大多数人的最大幸福的社会制度。

平均主义正义观以人的等价性为理论出发点,秉持着使个体利益达到互相平等的理念。这种平等是指数量的平等,而非比例的平等。当分配正义规范被某些社会成员违反时,平均主义正义观便开始起作用。如果社会的一名成员侵犯了另一成员的权利或财产,那么平均主义正义观就要求其偿还属于受害者的东西,或对他的损失予以补偿。在司法领域,平均正义通常是由法院或其他被赋予了司法或执法权力的机关执行的,主要适用范围是合同、侵权和刑事犯罪等领域。例如在刑法中,平均正义问题表现在确定给予罪犯以何种刑罚的方面,有时人们也把平均正义称为"矫正的正义"。[2]

批判功利主义正义观而主张平均主义的罗尔斯,提出"作为公平的正义"的概念,成为西方现代正义理论的集大成者。罗尔斯主义正义观已经完全将正义作为一种社会基本结构进行讨论。罗尔斯在其《正义论》中陈述了正义的两大顺序性原则。第一个原则即平等自由原则:每个人对于其他人所拥有的最广泛的基本自由体系相容的类似自由体系都应有一种平等的权利。第二个原则即差别原则和机会的公正平等原则:社会的和经济的不平等应这样安排,使它们被合理地期望适合于每一个人的利益;并且依系于地位和职务向所有人开放。[3]

---

[1] [奥]哈耶克:《法律、立法与自由》,邓正来等译,中国大百科全书出版社2000年版,第127—129页。
[2] 参见孙国华主编:《中华法学大辞典·法理学卷》,中国检察出版社1997年版,第332页。
[3] 参见[美]约翰·罗尔斯:《正义论》,何怀宏等译,中国社会科学出版社1988年版,第60—61页。

在此基础上,罗尔斯把社会分配正义视为一种纯粹的程序正义,即不存在对正当结果的独立标准,而是存在一种正确的或公平的程序,这种程序若被人们恰当地遵守,其结果也会是正确的或公平的,无论它们可能会是一些什么样的结果。这一设计为苦于找不到衡量正义的标准的人们提供了另外一种理论路径,把正义从特殊的环境和个人的复杂情况中解脱出来,不再纠缠于正义的独立标准。这更是罗尔斯对于正义理论的卓越贡献所在。

上述长篇累牍的理论阐述,非有推陈出新之意,而是重在分析公正所包含的两个概念的区别与联系。公平所要求的形式平等不必然是公正的,也可能导致不公正,而正义才是公正的不变内涵。本章中将不再做区分,而是在包含"公平"和"正义"的总体意义上使用"公正"这一概念,并在实质上更侧重于"正义"。

(二) 司法公正

从价值判断的层面来看,公正司法的产品是社会的公平正义。而公平正义自古以来就是人类社会的共同理想和不懈追求,是人类社会普遍的价值取向,也是社会主义法治的价值追求和重要目标,是构建社会主义和谐社会的基础和前提。由此延伸,公正司法的长效机制应然为自古以来人类社会不懈追求的,司法机关营造的,为实现人民生活更加美好、人的全面发展和全体人民共同富裕的善治环境。[1]

"公正"一词用于对社会制度的评价,人们期待社会制度能够被合理地安排,从而构建公正的社会秩序。社会秩序按照主要领域大致可以分为政治秩序、经济秩序和法律秩序。虽然三种秩序分别安排了社会主体在相关领域交往的规则,但其中法律秩序因为具有广阔范围和调节其他交往秩序的强制力量,

---

[1] 参见肖业忠:《公正司法长效机制的多元目标及其实现》,《法学论坛》2022年第2期。

在其他领域中充当着后盾,并行使最后权威。[1]可见,法律秩序对于社会秩序的构建具有重要的意义,一定程度上决定着社会秩序的样态。那么,公正与法律秩序自然具有最为紧密且重要的联系。

一方面,公正有赖于法律秩序通过司法保障其实现。从普遍意义而言,没有秩序的公正是不可行的。公正由于不同的环境和复杂的情况而变动不居,如果没有程式化的程序来解决涉及公正的争端,仅凭处于判断者地位的官员的直觉或本能,除非他们都是圣贤,否则难以始终正确裁判争端。[2]同时,人们会因为其对规范的确定性的愿望落空而感到恐惧,社会本身也因为缺乏最基本的稳定秩序而处于动荡。那么为什么保障公正的秩序一定是法律秩序呢?因为法律秩序具有强制力量,可以在其他社会秩序当中行使最后权威,具有其他秩序所不具备的保障功能。而这种强制力量和最后权威的实现,或言保障功能的发挥,均需通过司法。简言之,社会秩序的价值取向应当是公正,当某种社会秩序违背了公正或者某类行为违背了公正的社会秩序,法律秩序便通过司法矫正这种不公正,司法成为保障公正实现的最后的、最有效的手段。

另一方面,司法本身应当以公正为价值取向。从普遍意义而言,没有公正的秩序也是行不通的。尽管一个社会存在安排人们交往行为的明确、详尽的秩序,但如果这一秩序违背了公正观念,人们便难以遵守并经常违反之,秩序因为其本身所追求的确定性得不到实现而失去存在的理由。法律秩序是社会秩序的一部分,因而法律秩序要合理地存在并承担调节其他社会秩序的职能,也必须符合公正的要求。不公正的司法会使得司法本身失去最后权威,进而对整个社会秩序失去调控能力,遑论实现整个社会的公正。简言之,司法对于公正的实现具有保障作用,但若要通过司法实现社会公正,司法本身必须是符合公正的。

---

1 参见[美]约翰·罗尔斯:《正义论》,何怀宏等译,中国社会科学出版社1988年版,第234页。
2 参见[美]博登海默:《法理学:法律哲学与法律方法》,邓正来译,中国政法大学出版社2004年版,第331页。

上述两方面的论述阐释了公正与司法之间的必然联系,整体社会秩序中公正的实现有赖于司法发挥其特有的保障功能,而司法本身也应当以公正为价值取向,只有这样才能使其保障功能得以充分发挥。司法公正因此成为公正话题下,尤其是实行现代法治的国家中最为重要的议题,也是司法改革中最为热切的追求。

二、中国特色司法公正观的演进

(一) 传统司法公正观的延续

中国古代封建统治者治理国家倚重律法与强权的结合,力图通过封建法治的良好贯彻及司法公允来达到维护统治阶级整体利益和稳定统治秩序的目的,[1]形成了不容否认的深厚且优秀的古代司法文明。此外,受到天人哲学、民本主义思想的影响,中国古代很早就形成了重视折狱公平、防治冤滥的司法公正观念。从司法文化看,关于司法的基本用词本身蕴含着公正。如古汉语中"律"被解释为"均布也",而"法"的繁体字"灋"则被解释为"灋,刑也。平之如水,从水。廌所以触不直者去之,从廌、去",[2]这些都明显地反映出古人对于司法公正观念的接受。从司法制度看,多以儒学为指导的历代封建王朝的司法活动,基本上均奉"中正"为司法审判的核心原则,并且在成文法中还发展出了诸多保障司法公正的具体制度,诸如严格执法、经义决狱、屈法申情以及审判官吏的官吏等。[3]

中国古代很早就形成了司法公正的观念并在法律中确立,这一事实有据可考,不应当因为整个封建制度的腐朽落后而予以否认。然而,我们更应当清楚地认识到中国古代司法在实践中具有重实体、轻程序的传统,这是传统司法公正观延续至今的最大特点。诚然,造成重实体、轻程序的司法传统的原因包括

---

1 参见林明:《略论中国古代司法公正保障制度》,《法学论坛》2000 年第 5 期。
2 参见许慎:《说文解字》,九州出版社 2001 年版,第 107、560 页。
3 参见高其才等:《司法公正观念源流略论》,人民法院出版社 2003 年版,第 42—202 页。

诸法合体的立法体例、文官体制下的行政司法、传统伦理纲常、法律工具主义等,但这一传统司法公正观在封建统治瓦解和封建法律被废除后仍然延续并影响后世的重要原因在于清官情结。千百年来,中国历朝历代官方治吏唯清唯廉,百姓则更是渴望清官断案。传颂不息的经典清官形象"包青天"便是明证,其蕴含的传统司法公正观念就是清官、清明和青天观念。[1]清官情结体现在司法上,即认为只要审判官员本身具有清正廉明的高尚品质,便自然是全知全能、明察秋毫、惩恶申屈的,进而完全无须依赖其他制度,甚至可以屈法申情,程序价值根本没有用武之地。如此程序虚无主义便占据主流,清官为达"惩恶扬善"的实体公正而僭越法律、弃置法律程序的行为被誉为不落窠臼、智勇双全而加以宣扬。由此可见,中国传统司法公正观因为清官情结深厚,加之文官体制下的行政性司法的因素,呈现出重视实体、轻视乃至蔑视程序的特点。

重实体、轻程序的传统司法公正观因为融入了中国传统法律文化而得以延续,并在中国社会中根深蒂固。近代以降,中国司法着眼于实体公正,而忽视程序的重要性,反映在诉讼构造上更为明显:司法审判重在查明事实,法官具有主动调查职权,被告人作为被讯问的客体,等等。新中国成立之后废除"六法全书",以社会主义改造旧有司法制度。虽然公正仍然是我党领导政法工作的重要指示,但强调诉讼程序的司法理念随着司法改革运动被彻底清除。特别是在意识形态的极端时期,公正与公平、正义等词汇被视为资产阶级的抽象概念而受到批判,传统司法公正观出现暂时性断层,但其内容未曾发生改变。

(二)现代司法公正观的兴起

1978年之后,反思思潮成为时代底色,在拨乱反正的同时,社会主义法制建设重新起步,法律权威开始树立。由此,具有中国特色的社会主义司法制度逐步得到恢复和发展。现代司法公正观念逐渐兴起,并受到国外司法公正理念的

---

[1] 参见徐忠明:《中国传统法律文化视野中的清官司法》,《中山大学学报》(社会科学版)1998年第3期。

影响。1979年,新中国第一部刑法和刑事诉讼法应运而生。不仅如此,中央还紧接着出台了保障这两部法律贯彻落实的《中共中央关于坚决保证刑法、刑事诉讼法切实实施的指示》,体现了中央高层对于刑事实体法和程序法的重视。这两部法律在社会中的贯彻落实,尤其是刑事诉讼法的施行,进一步对司法公正观念产生了潜移默化的影响,虽然此时对于程序的认识仅限于其保障实体法实施的价值,但程序价值的展露萌芽对逐步改变传统司法公正观而言意义重大。

社会主义现代化建设因改革开放的助力而稳步向前推进,社会主义法治建设也因此迎来新的发展契机。法学理论的发展以及司法理念的丰富也促使人们不再简单地认识法治问题,开始重点关注与法治密切相关的司法制度。由此,司法制度建设不再仅仅附随法律体系的建设被动前进,而是独立为法治领域改革的重要内容。1997年党的十五大在首次将"依法治国"写入大会报告的同时,也首次提出要"推进司法改革,从制度上保证司法机关独立公正地行使审判权和检察权,建立冤案、错案责任追究制度",首轮司法改革便以"保障在全社会实现公平和正义"为价值目标展开。2006年、2007年召开的党的十六届六中全会和党的十七大对司法制度建设提出了系统要求,强调建设公正、高效、权威的社会主义司法制度。2013年党的十八届三中全会对进一步深化司法体制改革做了重要部署,对司法公正提出了"让人民群众在每一个司法案件中都感受到公平正义"的更高要求。2014年6月6日,中央全面深化改革领导小组第三次会议审议通过《关于司法体制改革试点若干问题的框架意见》,标志着我国又一轮司法体制改革正式启动。本次司法改革的核心内容是去行政化、去地方化,以及强化司法人员分类管理等,改革的目标是着力解决影响司法公正、制约司法能力的深层次问题,完善和发展中国特色司法制度。[1] 2015年,中共中央办

---

[1] 关于历次司法改革的具体内容,参见中国共产党第十五次全国代表大会报告、《中央司法制度改革领导小组关于司法体制和工作机制改革的初步意见》、中国共产党十六届六中全会会议公报、中国共产党十八届三中全会会议公报,以及《中共中央关于全面深化改革若干重大问题的决定》《关于司法体制改革试点若干问题的框架意见》。

公厅、国务院办公厅印发《关于贯彻落实党的十八届四中全会决定进一步深化司法体制和社会体制改革的实施方案》,就进一步深化司法体制和社会体制改革圈定84项改革举措,为改革画定路线图、制订时间表。2017年,中国司法体制改革"四梁八柱"的主体框架搭建完成。党的十九大之后,开始步入深化综合配套改革阶段,重心向精细化和系统化偏移。2019年,中央全面深化改革委员会第六次会议审议通过《关于政法领域全面深化改革的实施意见》,明确了政法领域100项新的改革任务,要求分阶段、有步骤推进,并在2033年前全部完成。2020年11月,中央全面依法治国工作会议召开,会议首次提出习近平法治思想,并将其作为全面依法治国的指导思想,是未来司法改革的着力点。

回顾司法制度改革历程,在第一次司法改革中,司法公正就成了司法改革的价值目标,其后历次司法改革都十分重视公正在具体司法制度改革中的指导作用。这不仅体现了司法公正对于中国社会的重大意义,也表明了司法公正是我国在推行司法体制改革的根本目标和建设中国特色社会主义法治的重要内容。司法公正已经不再是宣示性的口号,而是被提升到了更高层次。司法公正已然成为整个司法改革的目标和价值诉求,司法制度改革的路径选择和具体措施也主要围绕这个目标进行。

当代中国特色的司法公正观主要呈现为两个特点:其一,程序公正再次受到重视并有所发展。尤其是密切关系公民权益保障的刑事诉讼法,经过1996年、2012年、2018年三次修改,刑事诉讼程序得以不断完善,程序公正的价值在这部法律中也日臻凸显。在理论研究层面,程序公正理论也得到充分发展,学者开始论证程序公正的独立价值,否定了程序工具主义,尝试改变空洞而于实际问题无解的"重视程序"的生硬说教,为当前刑事司法实践中重视程序提供了科学且具有说服力的理论支持。[1]其二,以司法公正为终极价值的公正、效率和权

---

[1] 参见黄文艺:《论深化司法体制综合配套改革——以21世纪全球司法改革为背景》,《中国法律评论》2022年第6期。

威的关系。自2006年提出到党的十八届三中全会将其纳入司法改革总体部署，"公正、高效、权威"成为司法制度建设的总体方向。司法公正、高效和权威是现阶段司法的三大价值追求，实现三大价值的统一是司法体制改革的最高理想。当代中国特色司法公正观强调处理三者之间的关系应当以司法公正为本质追求，司法对效率和权威价值的追求应当是司法公正的题中之义。用效率阐释公正，追求有效率的司法公正；以公正支撑权威，追求有权威的司法公正。[1]当代中国特色司法公正观在坚持司法公正这一终极目标的同时，合理地协调了不同司法价值之间的关系，在实体与程序正义关系之外，建立了范围更为宽阔的司法公正理念。

第二节　司法公正的理论支点

当代中国特色司法公正观侧重于描述现阶段社会对于司法公正的宏观认识，呈现出重视程序公正及其独立价值，着眼处理以公正为终极目标、以效率与权威为内置命题的多元司法价值关系。在这一层面论述的司法公正之宏大，与社会公正话题不相上下。虽然宏大的司法公正观具有统筹和指导整体司法体制改革的重要意义，但具体到司法实践乃至与公正关系最为直接的司法裁判，其实际指导意义显得较为有限。这也是我国虽然早已将司法公正作为司法改革主题并一再强调，但仍然不能回应公众对司法公正的强烈吁求，不能消除实践中司法不公的病症的原因之一。因此，研究如何在司法实践意义上寻求司法公正的理论支点，为公正司法裁判的作出和评判提供明确具体的标准，对在实践中改善司法裁判公正问题大有裨益。

---

[1] 参见陈卫东主编：《建设公正高效权威的社会主义司法制度研究》第四卷，中国人民大学出版社2011年版，第91—96页。

一、合法性理论

司法公正最基本的要求应当是合法性,即依照现行法律进行裁判。在没有法律秩序的时代,人类可以依赖私力救济、相互报复来实现公正。为了避免这一荒蛮混乱的状态,人类将私力救济的权利让渡给国家,将由公意制定的法律作为正义行为的尺度,司法意欲实现的公正应当遵循公意制定的法律。民主社会的立法体现的是全体民众的意志和利益,社会对于司法公正达成的基本共识已经凝固在这一制度当中。因而司法裁判要符合社会共识中的公正要求,就应当遵循现行法律规定。一般情况下,如果司法裁判者依照既存有效的法律规定对案件作出判决,那么其判决就具有被视为公正的"公定力"。[1] 比较严谨的说法是,只要司法裁判具有合法性的特征,就具有公正性的基础。司法公正的合法性理论应当包括严格依照法律规定和准确适用法律。首先,严格依照法律规定是指司法裁判应当以现行法律为根据,按照法律规定对案件事实作出认定,对结果作出判断,比较主流的说法就是"以事实为依据,以法律为准绳"。严格依照法律规定不仅包括法律条文的适用,同时也包括按照法律对案件事实的认定过程。司法裁判过程中,案件事实的认定和法律依据的选择并不是两个完全独立的步骤,二者实际上是同时且相互进行的,我们可以称之为"眼光的往返流转"。案件事实的准确认定依靠法官严格按照现有法律来整合复杂零碎的事件,同时案件事实在诉讼程序中的呈现也主要依靠与法律有关的证据规定。因此,事实的认定和法律条文的选择都属于严格依照法律规定的范畴。其次,司法公正的合法性理论还包括准确适用法律,这涉及自由裁量权和法律解释的问题。一方面,合法性理论并非严格规则主义。严格规则主义认为,成文法体系

---

[1] 此处公定力是借用行政法的概念表述。在行政法中,公定力是指行政行为一经作出,无论实质上是否合法、得当,都具有被推定为合法、有效的法律效力。本章用此词来说明这样一种观点:司法裁判只要是按照现行法律规定作出的,先不论其他可能情况,就应当被视为符合司法公正的基本要求。

或法典本身具有明确性、一致性和完备性,法官在适用法律的过程中,只能机械地遵守法律,适用法律,而不具有自由裁量权。[1]合法性指的是在法律有明确规定的前提下,司法裁判者必须遵循法律既有规定,目的在于防止法官无视法律而恣意裁判,甚至违背法律而枉法裁判,但并不禁止法官在遵照法律时行使自由裁量权。在法律规定存在漏洞的情况下,法官根据法律的原则和精神进行裁量并不是"不合法"的表现,本质上仍属于"依法裁判"。另一方面,严格依照法律规定在较为宽泛的意义上讨论时,不存在问题,因为其前提是法律存在明确的规定。一旦具体到每个实际存在的案件,法律漏洞就会显现。没有法律规定可以适用或者适用某一法律将会造成比现有状态更大的不公正,此时仅有"严格依照法律规定"含义就不足以使合法性理论支撑司法公正。因此,合法性理论还应具备第二层含义,即准确适用法律。准确适用法律是指在法律出现漏洞的情况下,法官应当依据一定的法律解释方法弥补漏洞,将经过解释的法律适用到裁判当中。"准确"的含义在于法律的适用既不违背原有法律精神,同时经过解释而消除了不合理,是合法性在更高层次意义上的表现。准确适用法律中涉及的法律解释,仍然是在现行法律内进行的,与法官超越法律对法之续造不同,因而仍然属于合法性理论范畴。

当然,理论论证的一大优点在于它可以在分析实践状况之后超越实践,作出更为全面的论述。虽然合法性对于司法公正来说如此重要,但其毕竟不是司法公正的充分条件。换言之,符合合法性理论不一定都能够获致司法公正的效果。如果制定法本身是极端不符合理性的和荒谬的,那么司法裁判符合这样的法律,反而不能实现司法公正。当与普遍承认的国际法或自然法原则发生冲突时,当实在法与正义之间存在重大分歧时,人们有权利抵制执行该法律规定,法官的司法裁判甚至需要因未能抵制该法律规定而承担责任。[2]然而,由于本节对

---

[1] 参见陈光中等:《中国司法制度的基础理论问题研究》,经济科学出版社2010年版,第379页。
[2] 参见雷磊:《法理:历史形成、学科属性及其中国化》,《法学研究》2020年第2期。

司法公正进行探讨的立论前提是承认我国法律体系不存在理论上的"极端不合理性"的情况,故而后一种论证仅仅为了使得司法公正的合法性理论较为圆满,不作为探讨我国司法公正理论支点的内容,由此不做过多阐述。

二、裁判可接受性

裁判可接受性意为从司法裁判的结果的维度上衡量司法公正。裁判可接受性的理论意义有很多,包括节约诉讼成本、提高诉讼效率、平息当事人不满、促进社会和谐以及促使人们自觉服从法律、维护司法尊严等。[1]相关研究也更多地从其有利于司法裁判的执行角度进行论证。如有学者认为:"一个司法制度要想正常运转,它就必须强化其裁判的可接受性,或者说,一个正常的司法制度,其裁判的大部分均要依赖其可接受性来执行,而不是依赖武力来执行,虽然这并不排斥武力总是可以并且应当作为最后的手段。"[2]当然,有利于判决的执行,也就意味着有利于法律实际效力的实现,从而也是司法公正实现的题中之义。但是,裁判可接受性更为重要的意义在于,具有较高程度接受性的裁判更容易被当事人评价为公正的裁判。因此,司法公正理论支点当中的裁判可接受性,主要是从其对司法公正实现的意义上进行阐述的。

众所周知,司法公正与否的评价,其最直接的来源是与司法裁判有直接利害关系的当事人。此外,司法公正因为不同的案件、复杂的特殊情况等而具有不同情形,很难为何为公正的司法裁判设定唯一的、明确的标准。那么,如何判断或者保障个案司法裁判的公正性呢?一方面,司法裁判的主要任务是解决社会纠纷,如果社会纠纷在合法范围内被解决,当事人的争端被平息,那么没有理由否定这样的司法裁判是公正的。另一方面,当事人对裁判的接受与否及接受程度是最能直接体现司法裁判公正性的。如果案件当事人对于案件处理结果

---

[1] 参见郭晓燕:《论司法判决的可接受性——基于听众理论的分析》,《南大法学》2021年第2期。
[2] 易延友:《证据法学的理论基础——以裁判事实的可接受性为中心》,《法学研究》2004年第1期。

均表示满意,那么他们对于司法裁判的评价便是"司法是公正的"。因此,裁判的可接受性越高,当事人对司法公正的评价度就越高。具体而言,裁判可接受性理论应当包括程序参与和裁判说理。

(一)程序参与

程序参与是指司法裁判中的各方当事人能够以主体身份参与到司法裁判的过程中。这里的程序参与包括两层含义:一方面,当事人作为平等主体参与司法裁判程序。其一,司法裁判当事人以主体身份参与。如果一项关系自身利益的事项,在人们没有亲身参与甚至没有获得任何通知的情况下即被他人决定,那么人们很难接受这一决定。司法裁判更是如此。裁判可接受性依赖于当事人能够参与到关系其利益的审判程序当中,并且是作为主体而非被纠问的客体参与其中。如此,当事人才可能从内心接受司法裁判结果。其二,司法裁判当事人平等地参与。公正的众多应有之义中,平等历来是重要内容之一。公正从形式上而言,最为直接的表现方式便是平等,司法公正也必然首先体现为平等原则。当事人作为平等的主体参与司法裁判过程,在静态上体现为各方诉讼地位的平等,即无论其民族、性别、职业、社会出身、政治背景、宗教信仰、文化程度以及经济状况如何,在诉讼程序中一律受到平等对待,诉讼权利和义务对等;在动态上体现为当事人平等地行使各自享有的诉讼权利,并且受到裁判者的同等保障。另一方面,当事人充分参与司法裁判程序。充分参与是指当事人不仅要参与到庭审的过程当中,即形式的参与,而且还要参与到裁判结果的制作当中,也即当事人的参与行为切实对裁判结果的形成产生影响和约束。当事人在获得主体身份得以平等地参与程序时,司法裁判也就具备了可接受性的基础。但是,仅仅形式的参与并不能完全确保当事人接受裁判,只有各方当事人在诉讼程序中提出的证据和意见得到了司法裁判者的认真考虑,裁判结果的考量被纳入了各方主张,司法裁判才能够获得较高的可接受性。

（二）裁判说理

裁判可接受性除了各方当事人以平等的身份充分参与司法裁判程序之外，还需要增强裁判文书的说理性。司法裁判的过程实际上是这样两个互相说服的过程：一是当事人参与庭审程序说服法官的显在过程，二是法官以此为基础在判决当中说服当事人各方、上级法院、社会一般成员接受本判决结果的潜在过程。[1]裁判的理由可以为受众接受裁判提供一个解读裁判进而理解、接受裁判的途径，同时对于当事人而言，它也是一个说服、规劝的过程，所以通过这两方面的作用可以增进裁判可接受性的价值。[2]司法裁判的理由越充分、越详细，当事人便越能理解并接受裁判结果。而如果是千篇一律、格式化的缺乏说理的裁判，当事人由于无法了解司法裁判的过程，不了解法官是否以及为何采纳某种证据和意见，就会质疑司法裁判结果，而且这种充满了高高在上的国家权威主义和居高临下的命令色彩的判决，不易让当事人自觉接受裁判结果。

法官说服当事人接受司法裁判结果，主要通过裁判文书说理的方式。因此，裁判文书应当改变堆砌法条的传统做法，增强说理部分。关于司法裁判应当在判决文书中阐述的理由，有学者将之概括为"五理"，即立足事理、严守法理、引用学理、佐以情理、替用文理。在司法裁判中将这些理由综合运用、有机统一，便可以使得整个裁判在具备合法性的基础上具有更强的可接受性。[3]裁判文书说理要注意几个方面：其一，说理要结合具体案件中的法律关系，寻找最为妥适的社情民意用于解释法律，说服当事人理解法律规定和判决结果，尤其要避免司法裁判中的理与社会常理相悖的现象，否则不仅不能说服当事人，反而让司法沦为被嘲讽的对象。其二，说理还包括裁判结果是否采纳某种意见和证

---

1 参见兰荣杰：《刑事判决是如何形成的？》，北京大学出版社2013年版，第187页。
2 参见陈绍松：《司法裁判的评价与认同》，《法学杂志》2018年第1期。
3 参见金枫梁：《裁判文书援引学说的基本原理与规则建构》，《法学研究》2020年第1期。

据,以及采纳或不采纳的原因。当事人参与程序过程中提出的各种主张及其理由,裁判者应当予以认真考虑,并且更为重要的是在裁判文书中向当事人表明这种考虑过程,让当事人了解并理解法院的判决。其三,裁判文书说理也要注意繁简分流,不同情况区别对待。对于当事人争议较大、法律关系较复杂、社会关注度较高的一审案件,以及所有的二审案件、再审案件、审判委员会讨论决定案件,裁判文书的说理要做到全面、细致和审慎。而对事实清楚、权利义务明确、当事人争议不大的一审民商事案件和事实清楚、证据确实充分、被告人认罪的一审轻微刑事案件,则可使用简化的裁判文书,通过填充要素、简化格式,提高裁判效率。

三、裁判的社会效果

从本质上看,裁判的社会效果其实是裁判可接受性理论的延伸。狭义的裁判可接受性是指与司法裁判有直接利害关系的当事人对于裁判的接受程度,而广义的裁判可接受性不仅包括当事人这一受众范围,而且扩大到整个社会,即社会公众对于裁判的接受程度。狭义的裁判可接受性在理论上基本不存在争议,而裁判的社会效果则在理论上存在较大分歧。

反对者认为,司法裁判是国家司法权依照既有法律规定适用于具体案件而得出权威判断的过程,其主要功能在于保证法律得到严格的贯彻执行,目的也仅限于获得良好的法律效果,获得良好法律效果的司法裁判已然实现了公正司法。而且司法裁判者本身也需要承担司法义务,就是说裁判者必须受到法律的约束,并且只能受到法律的约束,[1] 而不必也不应当将社会效果纳入司法裁判当中。甚至有学者批评迫于社会效果作出的司法裁判反而会影响司法公正,损害司法权威。因为司法裁判要考虑到社会效果,所以司法在实践中经常沦为发泄

---

1 参见魏治勋:《司法裁判的道德维度与法律方法》,《法律科学》2022 年第 5 期。

民愤的工具,这同样让司法裁判的社会效果理论饱受质疑。

那么,公正的司法裁判是否应该考虑社会效果呢？我们认为,良好的社会效果应当是司法公正的内容或标准之一。首先,裁判的社会效果直接体现为社会公众对于案件判决结果的意见和接受程度。司法裁判是否考量社会效果的问题,其本质是司法是否应包含民主因素,缺乏民主的司法本身就是应受到指责的。通说认为,司法公正应当包含民主性的特征,只不过涉及方式和程度的问题。因此,司法裁判的社会效果至少在概念上是应该成立的。其次,司法裁判虽然主要作为解决个体间纠纷的机制,但也不完全限于这一作用,它还有另一重要作用即指明行为。除了判决一对一发生的具体案件之外,司法裁判的作用还在于引导人们在社会生活中的行为模式,对人们的言行举止产生示范效应。如果司法裁判仅仅追求某一具体纠纷的解决,而不顾及这一解决方式即裁判结果会对社会公众的言行产生的影响,那么很可能产生这样的后果:具体的案件和纠纷暂时得以结束,但判决结果在社会上造成了一种不良的示范效应。如此,社会公正不会因为司法判决得以扶正,反而为社会不公正背书,在这样的司法裁判前,司法公正无从谈起。裁判的社会效果理论主要包括以下内容。

（一）社会效果的具体评价标准

司法裁判是否获得良好的社会效果,可以从三方面对其进行评价:一是是否因化解了既存矛盾,做到案结事了,司法裁判本身受到了当事人以及社会公众的认同、支持,获得社会对于司法裁判的尊重;[1]二是司法裁判是否树立了良好的示范效应,弘扬了社会善良风气,正确引导人们在社会中的言行举止,有利于社会和谐稳定地发展;三是司法裁判是否有利于社会经济的发展,在更为广泛的意义上实现了服务和保障大局发展,以符合党和国家工作大局的要求,实现社会公平正义,促进社会和谐。

---

1 参见阴建峰:《法律效果与社会效果有机统一的契合路径》,《法制日报》2013年6月19日,第12版。

（二）在法律之内寻求社会效果的实现

司法裁判考量社会效果，适当回应民意，并不意味着一味地迁就民意，沦落至以公众意见代替司法判断，而是在法律之内寻求社会效果的实现。在法治国家中，司法公正主要是以合法性的形态存在的正义，而不仅仅是以实体价值形态存在的正义。符合既有法律规定，也就符合了凝固在制度当中的社会公正观念；严格依法裁判，也就保障了法律的稳定性和权威性，实现了普遍公正。如果普遍公正没有得到实现，我们也就无法说我们的司法是公正的。诚然，如果司法裁判不是在每个案件中实现公正，那么也就无法汇成普遍公正，个案公正是司法应当追求的。[1]因此，基于普遍公正和个案公正的关系，司法裁判为追求个案公正要实现的社会效果应当在保障普遍公正的法律之内寻求。如何在法律之内最大限度地寻求社会效果与合法性理论中的准确适用法律内容相近，故此处不再赘言。

（三）司法裁判适当回应社会公众意见

裁判获致良好的社会效果依靠司法判断和公众意见的重合度，简言之，司法判断与公众意见内容越接近，社会公众对裁判的接受程度越高，所谓的社会效果就越好。在信息传播方式高度发达的现代社会，公众意见往往以速度极快、范围极广、力度极强的形式传播开来。司法裁判如果与这样的公众意见相抵牾甚至大相径庭，往往会招致舆论批评，司法沦为被讥讽的对象。因此，司法判决中适当回应民意就会缓和司法裁判与民意的冲突，避免出现巨大鸿沟。另外，司法与民意在公正的内涵上也并非天然抵牾的，相反是具有亲和力的。自然正义其实在某种意义上就是民意的代名词，不可能存在一种失去民意却振振有词的"正义"。违背民意、失去民心的司法不是

---

[1] 参见许身健：《论司法裁判社会效果缺失之成因》，《求索》2022年第2期。

公正的司法,而是一种暴政。

第三节 司法公正的评估体系

法院最终要实现"看得见的公正",前提是先要让公正被看见。在此,量化评估理论在司法领域的应用为我们提供了可行的路径。不同于或者说不限于司法公正的理论研究,通过建构和应用司法公正评估体系,可以以精确、具体和可视的司法公正指数,科学、客观地反映法院司法公正的实际情况,为改革措施的制定和效果检视提供有价值的参考。

一、司法公正的评价意义

（一）切实反映当前我国司法公正的总体情况

司法公正评价的意义在于切实反映当前我国司法公正的总体情况。一方面,我国不断深化的以司法公正为核心的司法体制机制改革,与党和国家事业发展要求相比,同人民群众期待相比,还存在多少又或多大的不适应和不符合,不能仅仅依靠改革者自己的主观判断,更需要对司法公正的现实情况预先有充分、正确的了解。而充分、正确的了解需要建立在对司法公正科学、有效的评价基础之上。另一方面,尽管司法公正理论的研究对于我国构建公正的司法制度和实现司法公正而言具有宏观指导意义,但理论研究同样需要符合研究对象的现实情况。我国司法公正的现实情况究竟是怎样的?对于这一问题的回答也有赖于司法公正评价。通过对司法公正进行评价,理论研究者在保持对我国司法公正现况有较为客观清醒的认识下进行不脱离实际的研究。

（二）着眼于本轮司法体制改革的原点

司法公正评价的意义在于着眼于本轮司法体制改革的原点,实现司法公正目标的落地。司法体制改革必须着眼于司法公正这一原点,否则改革将失去方向和意义,很可能朝着错误的方向前进。如此,则改革力度越大,司法公正问题就越严峻。但是,司法公正本身是宏大抽象的,需要将这一目标细化为具体的改革任务,也即实现所谓的落地。司法公正评价中反映出的具体问题,便是细化司法公正目标的依据。根据这些具体问题,将司法公正细化为有针对性的具体任务,采取适宜的改革措施。

(三)为外部监督提供依据

司法公正评价的意义还在于为外部监督提供依据。司法公正既需要法院内部具备良好的管理制度和权力运行机制以保障法官依法独立办案,也需要依靠外部监督以保障司法权不被滥用。外部监督主要包括权力监督和权利监督,其中,主要的权力监督包括检察监督和人大监督,主要的权利监督则包括民主监督和舆论监督。[1]虽然外部监督具有多样的监督类型,但除了检察监督因属于法律监督而在法律规定上有诸多监督制约法院审判权的具体程序外,其他监督类型则多流于形式。司法公正评价反映了法院司法公正状况,因而可以为其他监督主体提供具体的监督依据。以人大监督为例,人大可以将司法公正评价结果作为审议法院工作情况的重要参考,这样既能够避免以往法院工作报告的形式化,又能够规范人大监督权的行使,防止个案干预。

二、司法公正的评价路径

(一)量化评估理论在司法领域的应用

量化评估理论是评估学、管理学以及社会学中的一种评价技术,广泛应用于公共部门的组织管理领域,诸如企业绩效分析、员工绩效考核、产品质量管理

---

[1] 参见中央政法委员会政法研究所编:《司法在改革中前行》,中国长安出版社2011年版,第33—42、63—82页。

等。随着社会科学研究方式的多元化,以及法律现象量的属性使其具有可以从量的方面进行观察与研究的可能,[1]量化评估理论逐步在法学研究和实践领域当中得到广泛应用。国外的法治评估和司法评估中比较典型的属世界正义项目(World Justice Project,WJP)的法治指数。2020 年版 WJP 法治指数由 9 个一级指标和 44 个二级指标组成,一级指标包括约束政府权力、遏制腐败、开放政府、基本权利、秩序和安全、常规执法、民事司法、刑事司法和非正式司法。其中刑事司法的 7 个二级指标包括:刑事调查制度有效,刑事裁判制度及时、有效,矫正制度有效减少了犯罪行为,刑事司法制度具有公正性,刑事司法制度远离腐败,刑事司法制度不受不适当的政府影响,法律正当程序和被告人权利。[2]量化评估理论在当前我国司法领域的应用基本表现为三种方式:法院工作绩效考核、案件质量评估和法治指数。

1. 法院工作绩效考核

随着政府推行绩效评估运动热潮的出现,许多国家把绩效评估推及司法部门,如美国、加拿大以及欧洲等国逐步推行法官绩效考核、司法质量评估或司法绩效评估制度。[3]我国法院同样重视运用这种科学管理方式来考评法官工作情况,考核法官审判案件质量,并以此评定奖惩,实现有效监督和管理法官的组织管理目标。法院工作绩效考核的内容一般包括办案数量、审判质量、审判效率和审判技能等,考核的依据则是结案数、结收案比、平均审限、调解率、上诉率、申诉率、发改率、调研文章量等一系列数目字。[4]推行此种法院工作绩效考评制度是量化评估理论在司法领域的最基本形式,是对量化评估方法的绩效管理功能

---

[1] 参见吴洪淇:《司法量化评估的建构逻辑与理论反思》,《探索与争鸣》2021 年第 8 期。
[2] 参见张保生、王殿玺:《中国司法文明发展的轨迹(2015—2019 年)——以中国司法文明指数为分析工具的研究》,《浙江大学学报》(人文社会科学版)2020 年第 6 期。
[3] 参见张军主编、最高人民法院研究室编著:《人民法院案件质量评估体系理解与适用》,人民法院出版社2011 年版,第 8 页。
[4] 参见张建:《论法官绩效考评制度的设计难点与优化》,《山东社会科学》2020 年第 6 期。

的直接运用。

2. 案件质量评估体系

除法院工作绩效考评外,案件质量评估也是量化评估理论在司法领域的一种应用。案件质量评估是按照人民法院审判工作的目的、功能、特点,设计若干反映审判公正、效率和效果各方面情况的评估指标,利用各种司法统计资料,运用多指标综合评价技术,建立案件质量评估的量化模型,计算案件质量综合指数,对全国各级人民法院案件质量进行整体评判与分析。[1]最高人民法院在全国范围内推行案件质量评估体系,旨在构建符合司法审判规律、适应审判工作的一套人民法院审判质量的量化标准,借此评估法官审判案件的质量,实现法院内部全新的动态监督机制和科学化审判管理,推动法院审判质量的全面提高。评估指标体系包括审判公正、审判效率、审判效果3个二级指标,二级指标由31个三级指标组成,不同地方各级人民法院可以根据实际情况增加或者减少指标。以二级指标中的审判公正为例,其下11个三级指标由立案变更率、一审案件陪审率、一审判决案件改判发回重审率(错误)、二审改判发回重审率(错误)、二审开庭审理率、对下级法院生效案件提起再审率、生效案件改判发回重审率、对下级法院生效案件再审改判发回重审率、再审审查询问(听证)率、司法赔偿率、裁判文书评分组成。虽然与法院工作绩效考核制度中的某些指标相似,但案件质量评估体系更为系统化、精细化和科学化。而且与法院工作绩效考核是针对法官个人工作并据此采取行政激励的管理目标不同,案件质量评估体系的目标在于评价案件审判质量,[2]发现案件质量存在的问题和审判工作的薄弱环节,进而采取技术性改进策略以提升案件质量和改善审判工作。

3. 地方法治化程度评估中的司法指数

量化评估理论在法学研究中应用的重大成果就是法治评估。事实上,从法

---

[1] 参见《最高人民法院关于开展案件质量评估工作的指导意见》。
[2] 陈忠、吴美来:《案件质量评估与审判绩效考核衔接机制研究——以重庆法院实践为样本》,《法律适用》2014年第3期。

治的内涵中提炼出具体的构成要素或指标,以此实现法治的可测度化的方法,在一些国际组织中早有应用,例如世界银行《全球治理指数报告》中的法治指数和 WJP 的国家法治化程度量化评估工具等。近年来,中国在法治评估方面也有诸多实践,与国际组织所设计的普适性、全面性的法治评估不同,中国的法治评估则主要根据国内法治发展程度和评估对象等设计评估体系,大致可以分为三种类型或发展阶段:立法专项评估、司法评估和地方法治化程度评估。[1]司法评估和地方法治化程度评估中的司法指数均是量化评估理论在司法领域应用的体现,两者的最大区别在于评估主体的不同。司法评估即法院工作绩效考核和案件质量评估,是以法院为主体的系统内部评估,而地方法治化程度评估中的司法指数则是由政府主导、独立第三方主持的对法院司法情况的评估。也正因为评估主体的不同,两种评估方式采用的数据存在较大区别。分析法院工作绩效考核制度和案件质量评估的指标,可以发现司法评估的数据主要源于法院内部审判流程管理、法律文书、统计台账、司法统计报表、纪检统计报表等。法院工作绩效考核完全如此,在案件质量评估的 31 个三级指标中,仅有 1 个指标的数据来自法院系统外部(公众满意度)。而地方法治化程度评估的数据则相对全面,既包括上述法律数据,同时还结合了独立第三方搜集的社会调查数据。

(二) 现有司法公正评估体系的缺陷

尽管量化评估理论在司法领域的应用已不鲜见,并呈现出形式多样,内容丰富,涉及立法、司法和地方法治化等多维度的特点,而且这些考核制度或评估

---

[1] 钱弘道教授将中国法治评估分为两种类型或者发展阶段。其中立法专项评估和司法评估被归为"立法司法领域的专项评估"一类。本书认为立法专项评估即立法后评估是仅对法律本身实施效果的评价,而司法评估则是对法院审判工作的质量和效率的全面评估,两者区别较大,故应当分为两类。并且为显区分,本书将第三类法治评估称为地方法治化程度评估。参见钱弘道等:《法治评估及其中国应用》,《中国社会科学》2012 年第 4 期。

体系在指标设置或评价结果上都能够直接或间接地、程度不一地反映司法公正的水平,但是以上考核制度或评估体系在其自身构建的科学性、评估目的的针对性以及司法公正评估的效度上均存在一定缺陷。

首先,法院工作绩效考核制度在考评法官工作中虽然会在一定程度上涉及审判的公正性,但由于其考评内容基本是行政管理指标,与司法审判规律不符,故而常常缺乏科学性。而且法院工作绩效考核制度的目的在于绩效管理和行政激励,并非测度司法公正水平。

其次,案件质量评估体系虽在指标设计上比绩效考核制度更为精细化、科学化,而且评估也直接针对案件本身,确实能够更有效地考察司法公正。但是,案件质量评估体系仍然存在评估主体单一、数据搜集片面的问题,而且由于众多指标的设置和最终评估目的沿袭了行政管理的旧思维,因此案件质量评估偏离了以司法公正为标准的宗旨,以致司法活动陷入以牺牲公正为代价的"唯指标论"困境。[1]因而,案件质量评估体系出现了不能有效测度司法公正水平,反而负面激励了法院不公正行为的现象。

最后,地方法治化程度评估中的司法指数较前两类评估方式而言,在评估主体上更为多元,实现了内外部评价相结合。在评估所需的信息和数据采集上,结合了法律数据和社会调查数据。两方面技术改进都在很大程度上保障了评估的全面性、客观性和科学性。但是,就具体的司法指数测度而言,如果将地方法治化程度评估专门作为司法公正评价方式,还存在三个方面的问题:

其一,法律数据未与社会调查数据结合进入法治指数的计算。法律数据在地方法治化程度评估中仅是作为背景性基础数据,被用于法治指数测度的辅助和参考,并未转化为指数的一部分。最终司法指数的数据实际上主要源于不同

---

[1] 参见郑肖肖:《案件质量评估的实证检视与功能回归》,《法律适用》2014年第1期。

主体在调查问卷中的主观评价。与司法评估相比,地方法治化程度评估是从机械数目字管理的极端走向完全主观评价的极端。

其二,庞大的数据处理稀释了司法指数本身。由于地方法治化程度评估在信息和数据采集上更为广泛,因此存在庞大的数据组,不同的数据组中均包含司法指数。以余杭法治指数中的司法数据为例,[1]该指标体系中涉及司法的数据包括评审组(内部组和外部组)、群众满意度调查以及专家组等三组对"司法公正权威"指标的评分,最终该评分按照所占权重纳入各数据组的法治指数中,并且随各数据组法治指数再次按照权重进入最终法治指数的计算。经过两次汇总,司法指数已经被稀释在最终法治指数中而不独立显示。

其三,由于地方法治化程度评估的目的在于测评该地域范围内包括但不限于法治的相关制度的发展程度,需要统计和分析的指标涵盖广泛,包括四大层次、九项满意度调查,共计27项主要任务和77项评估内容。因此在司法公正的评价上投入的资源是十分有限的。有关司法的指标仅粗略地配置一个"司法公正权威"指标,虽然限于该项评估体系的目的和精力无可非议,但于司法评估的效度而言还是不够的。

由是之故,司法公正评价通过现有评估方式进行,还不能够满足评价司法公正所需要的专门性、科学性和有效性。因而,建构区别于上述三类评估方式的司法公正评估体系便颇为必要。司法公正评估体系应当符合专门性、科学性和有效性的要求。首先,司法公正评估体系的目的在于测度法院司法公正水平,是专门以司法公正为评估对象的,区别于包含其他方面评价的司法评估体系。其次,司法公正评估体系应当科学地运用量化评估理论,符合司法规律。基于量化评估理论在司法领域较为成熟的应用实践,运用量化评估理论对司法公正进行评价应当是科学评价司法公正的良好机制。司法公正评估体系采用

---

[1] 有关余杭法治指数的具体内容和方法,可参见钱弘道:《2012年度余杭法治指数报告》,《中国司法》2013年第11期。

无量纲化的多指标综合评价方式进行。[1]最后,司法公正评估体系建构的有效性还有赖于评估主体、信息数据的采集和数据分析处理等技术性问题。司法公正评估体系是量化评估理论在司法领域应用的一种新型实践,因此应当吸取现有评估实践的经验教训以保证评估体系更为有效。

不同于司法评估和地方法治化程度评估中的司法指数,司法公正评估体系是着眼于司法体制改革原点,按照"让人民群众在每一个司法案件中都感受到公平正义"的司法公正总目标,结合司法客观规律,根据司法公正的具体内涵和要素设置一系列反映司法公正情况的评估指标,运用无量纲化的多指标综合评价方式,建立司法公正评估体系模型,利用法律数据和社会调查数据,测度司法公正的情况并呈现量化式评估结果,专门针对司法公正进行的评价和分析。

三、司法公正评估体系的建构

(一)评估体系的总体方案

司法公正评估体系的总体方案包括评估对象、评估体系适用范围、评估主体和评估体系的具体操作方案。评估体系的具体操作方案(分为评估指标设定和指数测度)在之后进行详细论述,此处仅对总体方案的前三项进行阐述。

第一,司法公正评估的对象是人民法院。从我国的国情出发,我国的司法机关应当包括法院和检察院。"司法"一词在我国语境中也自然指称人民法院和人民检察院在诉讼程序中的活动。但是,根据普遍的法治原则和司法权的特有属性,只有法院的审判活动才属于严格意义上的司法活动。在"司法"的指称

---

[1] 在多指标综合评价方式中,各指标的性质或计量单位可能存在不同,增加了指标的不可公度性。因此,对多指标数据进行汇总,就需要对各指标指数进行无量纲化处理。数据的无量纲化旨在解决不同指标数据的可综合性问题,是综合不同指标数据的前提。平均化和比重化方法是比较科学合理的数据无量纲化方法,也是本章司法公正评估体系中采用的方法。参见胡永宏:《对统计综合评价中几个问题的认识与探讨》,《统计研究》2012年第1期。

尚存在争议或目前在我国还不存在严格区分的必要的情况下,司法公正评估体系的对象之所以限定为人民法院,是因为我们还考虑到当前我国司法体制改革的具体措施多侧重于法院,而且实现司法公正的最重要的职责也在于法院,法院司法公正评估的意义也就更加重大。因此,我们将司法评估体系的对象限定为人民法院。

第二,司法公正评估体系的适用范围是一定的行政区域。司法公正评估是为了以量化的评估结果较为精确、具体地反映出法院司法公正的实际情况。其原因在于司法公正本身是抽象的,仅对司法公正作出宏大叙事性的描述对于客观认识当前我国司法公正的实际情况作用甚微,还会出现脱离实际的可能。基于同样的原因,司法公正评估体系的评估范围也不宜过于广泛。而且从实际操作层面而言,司法公正评估的信息数据采集需要法院提供法律数据,以及采用发放调查问卷和现场访谈等方式。

第三,司法公正评估体系中评估主体是多元化的。评估主体主要是指司法公正评估体系所利用的信息数据中社会调查数据部分的来源。为了保证司法公正评估结果的客观性和有效性,更为全面地反映不同社会主体对司法公正的评价,评估主体涵盖了该评估区域的法官、律师和普通社会公众。多元的评估主体由于社会身份以及在司法活动中所处的地位不同,对司法公正的评价也各有侧重、互有弥补。法官和律师是司法活动的主要和常态参与主体,对司法公正有着丰富的亲身体会和符合法律思维的深刻见地,自然是评估主体的一部分。而司法公正的最终目标是满足人民群众的期待,所以作为公平正义最重要的感受主体,处于法律职业共同体之外的普通社会公众是评估主体最为重要的部分。此外,评估主体还包括专家评估组,不仅因为专家具有专业地、合理地对司法公正进行评估的能力,更因为评估指标的设置等需要通过专家论证和引导,以保证评估体系的理性建构。

(二) 评估体系的指标设定

1. 指标筛选的标准

评估体系中的指标是指为了实现评估的可操作性,根据评估对象的内涵和具体内容,对评估对象作出进一步的解释性分解所形成的构成要素。某一评估对象由于其内涵之广或内容之多,分解可得的要素也就有很多。但是,并非所有的大小要素均可以或均有必要作为指标进入评估体系,最终指标的设定需要进行预先筛选。指标筛选的标准基本包括三方面:其一,符合评估体系的目标。指标是评估不可或缺的要素,部分评估方式可以不需要指数测度,但必须有明确的指标。指标作为评估体系的主要构成要素,需要符合评估体系的目标,才能达成评估任务。其二,最能反映司法公正情况。司法公正评估结果直接通过各指标指数的测定汇总分析,各指标指数决定了最终评估结果。要想最终评估结果能客观反映司法公正的实际情况,就需要筛选最能反映司法公正的指标。其三,具有实际操作的可能性。司法公正评估体系最终是以量化的评估结果较为精确、具体地反映司法公正的实际情况,因此要求评估体系中的各指标是可以量化测度的,即使是无量纲化的测度,该指标也应当是评估主体能够对其进行较为准确的评价的,而不是仅能模糊地感受到的。

2. 指标设定的方法

指标设定的操作方案可以通过对相关文献资料、现有评估体系的研究提炼司法公正的要素,然后运用德尔菲专家法[1]确定初步指标,最后通过向其他评估主体发放预调查问卷,对指标进行调整,确定最终的指标。具体操作步骤可以概括为三步:第一步,提炼司法公正的要素。对某一社会问题和目标进行评估

---

[1] 德尔菲专家法或德尔菲法(Delphi method),又名专家意见法或专家函询调查法。该方法主要是由调查者拟定调查表,按照既定程序,以函件的方式分别向各自不发生横向联系的专家组成员进行征询,而专家组成员又各自以匿名的方式(函件)提交意见。经过几次反复征询和反馈,直至专家组成员的意见逐步趋于集中,最后获得具有很高准确率的集体判断结果。

的研究比较成熟的经验便是从该抽象的问题或目标中提炼其要素,如马克斯·韦伯、朗·富勒等人关于法治内涵指标或要素的分析。[1]司法公正评估体系指标的确定也应遵循这一路径,从司法公正的内涵中提炼其要素。而这一提炼可以通过研究有关司法公正理论的权威文献和著作完成,也可以同时参照其他既有评估体系中业已成型的指标,从中直接提取或进行改良。第二步,运用德尔菲专家法确定初步指标。[2]前一步骤提炼出的司法公正要素,通过德尔菲专家法提交给预先组成的专家组进行论证。经过几轮反复论证,将专家意见整合、集中和反馈,直到各专家意见不再改变,指标得以初步确定。第三步,向其他评估主体发放预调查问卷调整指标设定。经过专家论证确定的指标虽然保证了指标的合理性,但基于社会公众是司法公正的感受主体,仍然需要考虑并吸纳社会公众对评估指标的意见。将初步指标放入预调查问卷中,发放给与评估主体对应的不同群体,搜集社会公众意见。若公众意见与初步指标大体一致,则无须变动。若有出入,可以对初步指标进行适当修改,确定最终的指标。

(三) 评估体系的指数测度

1. 指标权重的设置

司法公正评估体系采用多指标综合评价法,多个评估指标的重要性不是也不应是等量齐观的,必然有重要程度的差别,因而需要对指标设置权重,以标示不同指标对司法公正评估结果可以产生影响的程度。司法公正评估体系的权重设置通过前述德尔菲法和社会调查共同确定。在发给专家的函件和社会预调查问卷中,实际上同时融合了指标筛选和权重评定,专家和社会公众在选定指标的同时也要对该指标权重进行打分。然后,通过算数平均计算得出各主体

---

[1] 参见季卫东:《秩序与混沌的临界》,法律出版社2008年版,第56页。
[2] "选择'德尔菲法'的原因主要在于它既能够集思广益、取众家之长,又能将权威意见、专家相互间的影响降到合理程度,保证评估定量化的合理性。"参见周尚君、彭浩:《可量化的正义:地方法治指数评估体系研究报告》,《法学评论》2014年第2期。此外,德尔菲法也是量化评估实践中通用的指标设定方法。

所打出的每一指标的平均权重,再通过加权平均汇总各主体平均权重,得出该指标的权重。普通公众作为感受主体较为重要,汇总权重设置为40%,其余三个评估主体的汇总权重均为20%。那么每一指标的权重计算公式为:

$$W_n = \overline{W_{En}} \times 20\% + \overline{W_{Jn}} \times 20\% + \overline{W_{Ln}} \times 20\% + \overline{W_{Pn}} \times 40\%$$

(专家的平均权重记为$\overline{W_{En}}$,法官记为$\overline{W_{Jn}}$,律师记为$\overline{W_{Ln}}$,普通公众记为$\overline{W_{Pn}}$)

最后,计算出每一指标的相对权重作为该指标在评估体系中的权重,计算公式为:

$$\overline{W_n} = \frac{W_n}{\sum_{i=1}^{n} W_i} \times 100$$

2. 信息数据的采集

司法公正评估体系采用内外部评价相结合的方式,因而需要采集的信息数据包括法律数据和社会调查数据。法律数据主要来自被评估区域的人民法院,包括该法院的内部审判流程管理、法律文书、统计台账、司法统计报表、纪检统计报表等一系列在法院审判工作及其监督、管理活动中生成的原始信息和数据,适当参考法院工作绩效考核和案件质量评估报告等二手资料。社会调查数据则通过向不同评估主体发放调查问卷,通过对特定问题的回答或对各指标的评分,搜集评估主体对司法公正各要素的主观评价。此外,社会调查数据还可以通过现场访谈的方式进行,以弥补评估主体在调查问卷中不能或不愿透露的信息或数据,最大程度地保证社会调查数据的全面性、客观性。

3. 评估指数的测度

司法公正评估体系最终需要以量化结果反映司法公正的情况,因此最后也最关键的是评估指数的测度。评估指数包括评估主体对指标的百分制评分(S')以及法律数据转化为百分制评分(S'')。后者较为简便可行的转化方法是将某一司法统计数据(通常是百分制比率)作为相应指标的百分制得分,以二审开庭率为例,比如假设二审开庭率为60%,那么计入有关审判公开的指标的得分则为60分。评估主体的评分和法律数据的转化评分各占50%汇总为该指标的得分(S_n)。

评估主体对各项指标进行打分,通过算数平均计算得出各主体对每一指标的平均评分,再通过加权平均汇总计算得出各指标的评估主体得分。那么每一指标的评估主体得分计算公式为:

$$S'_n = \overline{S'_{En}} \times 20\% + \overline{S'_{Jn}} \times 20\% + \overline{S'_{Ln}} \times 20\% + \overline{S'_{Pn}} \times 40\%$$

(专家的平均评分记为$\overline{S'_{En}}$,法官记为$\overline{S'_{Jn}}$,律师记为$\overline{S'_{Ln}}$,普通公众记为$\overline{S'_{Pn}}$)

将评估主体的评分和法律数据的转化评分进行汇总,每一指标的最终得分计算公式为:

$$S_n = S' \times 50\% + S'' \times 50\%$$

最后,司法公正评估的总得分也即司法公正指数的计算公式为:

$$S = \sum_{i=1}^{n} \overline{W_i} S_i$$

四、司法公正评估体系应用的前瞻性分析

(一)司法公正评估体系在相关领域的应用前景

司法公正评估体系的优势在于以量化评估理论为基础,以一定行政区域的人民法院的司法公正为评估对象,经过多元化评估主体的全面评价,得出较为精确、具体、可视的指数以反映司法公正的实际情况,因而在司法评估的相关领域中具有良好的应用前景,具体表现为:

第一,本地区的司法公正情况由法院系统外的独立第三方主持,由多元社

会主体共同参与的评估体系评价,其结果比其他内部评估或指数更具有客观性和可信度。由法院系统内部进行的评估在实质上不可避免地会出现偏袒、掩盖甚至弄虚作假的情形。只有通过独立第三方的主持和多元主体的参与,才能在形式上和实质上同时保证评估结论的可信度,对该地区司法公正程度的评价和总结也才具有实际意义。

第二,司法公正评估体系专门针对司法公正开展评估,其评估结果直观地反映该地司法公正的实际情况。相比其他司法评估或法治指数更加凸显司法公正的宗旨,可以弥补法院工作报告内容过于宽泛而对司法公正的实际情况反映不足的缺陷。而且,相比法院绩效考核与案件质量评估的内部数据化,司法公正评估结果从数据搜集到结果公布都更加公开透明,便于社会公众的监督。

第三,司法体制改革的核心价值目标通过司法公正评估得以落地。司法体制改革的具体措施始终应当围绕司法公正进行,具体地区对中央司法体制改革部署的落实,也应当是以司法公正为核心的。而司法公正评估体系的应用优势恰在于此,既可以帮助当地法院系统找出亟待改革的真问题,并据此采取相应的具体改革措施,又能通过定期评估司法公正程度,不断检验和修正改革措施。

(二) 评估体系的差异化探索与独立性考量

首先,中国是一个采用单一制国家结构形式的大国,中央政府在统一推进司法体制改革、总体部署改革目标和路径的同时,也赋予了各地政府试错性质的地方性先行试验,以利于突出各个地方的"特殊性"。[1]司法公正评估作为反映法院司法公正实际情况的体系,在推广评估体系的应用时也需要充分考虑地方的"特殊性"。地方"特殊性"的考虑在宏观层次包括该地区经济发展水平、人口

---

[1] 参见侯学宾、姚建宗:《中国法治指数设计的思想维度》,《法律科学》2013年第5期。

结构、总体法治发展程度等因素,在微观层次包括法院办案经费、人均办案数比例、法院办案人员结构等因素。这些差异化考虑最终通过相应调整指标的方式在该地区司法公正评估体系中得到体现。

其次,司法公正评估体系的评估结果主要用于对该地区司法公正实际情况的反映,并以此为参考依据,逐步科学、有效地改进和落实司法体制改革的具体措施。对实现司法公正宗旨的追求是该评估体系从设计到应用一以贯之的目的,而非如同其他司法评估一样形式上作为或者实质上成为具有竞争性的评比体系。一旦指数成为不同地区间或法院间攀比的数字,那么评估就退化为狂热竞赛的工具,而不是冷静反思的参考,更糟糕的结果是地方政府或法院能够更加方便地粉饰问题,因为评估毕竟是以"科学"的名义进行的。因此,司法公正评估体系的这一应用考虑,既是基于不同地区司法水平和相关条件的差异化存在,也是为了避免体系具备竞争性质,沦为纯数据的攀比,陷入"唯指标论"的困境。

最后也尤为重要的是,司法公正评估体系的主持主体在实际开展评估时必须保证其作为第三方的独立性,在必要的情况下放弃部分效果性数据。司法公正评估体系与其他司法评估方法的显著区别,同时也是其最大的应用优势主要体现在主持主体为独立第三方。第三方独立评估最大程度地保证了评估结果的客观中立和可信度,但同时也带来了实际应用中获取效果性数据的困难。效果性数据主要是指系统内部反映绩效的统计资料和数据,[1]在司法公正评估体系中则体现为法院内部反映司法公正的法律数据。由于主持主体自身的独立性,其无权要求法院提供评估所需数据,也就难以完成相应指标指数的测定。但是我们认为,保证主持主体的独立性要比不具备独立性而易获取相关数据更为重要。原因在于,司法公正的要求是高度重视人民群众作为主体的感受

---

[1] 参见林鸿潮:《第三方评估政府法治绩效的优势、难点与实现途径》,《中国政法大学学报》2014年第4期。

性,主要依靠多元评估主体的社会调查数据,结合部分公开的法律数据,也能较为良好地反映司法公正的情况。所以为了保证独立性而放弃部分效果性数据,并不会导致整个评估归于无效。相反,为了获取部分效果性数据而放弃主持主体的独立性,会导致评估结果丧失客观性和可信度的最大优势,使得司法公正评估体系在其他司法评估或司法指数既存的情况下明显失去构建的必要,反而是得不偿失的。

"让人民群众在每一个司法案件中都感受到公平正义"重在强调人们对司法公正的切身感受。而"公平感受"实际上是一种社会生活的法治质量观和人民主体的法治幸福感,这是评价一切司法改革成败得失的总标准,以此可以考量改革措施的选择与优劣。[1] 因此,构建司法公正评估体系,采用量化评估方式,使得司法公正的总体情况通过精确、具体和可视的指数反映出来,对于社会公众了解司法公正的实际情况,对于司法体制改革宏伟目标的落地,都具有十分重要的意义。司法公正评估体系作为量化评估理论在司法领域的新型实践,同其他新举措一样,需要在不断试错中得到逐步完善。作为社会科学研究方法在实践中的应用,最需要重视的就是方法自身的科学性问题,这既是社会科学与自然科学相比的固有缺陷,也是研究者需要尽最大努力进行弥补的方面。司法领域的评估模式在指标的设置、权重的分配等方面,一定程度上还存在失之主观的问题,如何进一步客观化是需要理论研究和后续实践经验提供有力支撑的。另外,尽管我们在有关实践中多次强调地方性经验的重要性,常常将其特殊性作为研究的优势加以突出,但应当注意司法公正作为法治的生命线,需要也必须符合法治的普遍性一面,这是不容忽视或掩饰的。所以,从长远来看,实现司法公正评估体系的统一性是未来研究的方向。

---

[1] 参见汪习根:《论习近平法治思想的时代精神》,《中国法学》2021年第1期。

第四节　我国实现司法公正的路径探索

一、在法律层面实现司法公正

毋庸赘言,司法公正是一项规模宏大的系统性工程,包括了社会、经济等一系列因素,而不仅仅是一种纯粹的司法技术性问题。[1]因此,我国实现司法公正的首要条件便是构建体现公正的法律体系。

（一）中国特色社会主义法律体系的建成

1997年党的十五大首次提出要"依法治国,建设社会主义法治国家",同时也是首次明确提出"加强立法工作,提高立法质量,到2010年形成有中国特色社会主义法律体系"。而在2011年,时任全国人大常委会委员长的吴邦国向十一届全国人大四次会议作全国人大常委会工作报告时宣布：一个立足中国国情和实际、适应改革开放和社会主义现代化建设需要、集中体现党和人民意志的,以《宪法》为统帅,以宪法相关法、民法、商法等多个法律部门的法律为主干,由法律、行政法规、地方性法规等多个层次的法律规范构成的中国特色社会主义法律体系已经形成。

截至2022年3月,我国已制定现行有效法律291件,行政法规700余件,地方性法规1.2万多件,并全面完成了对现行法律和行政法规、地方性法规的集中清理工作。目前,中国特色社会主义法律体系以《宪法》为根本大法,七个涵盖社会关系各方面的法律部门——宪法及其相关法、行政法、刑法、民商法、经济法、社会法和程序法——已经齐全,各法律部门中基本的、主要的法律已经制定,相应的行政法规和地方性法规比较完备,法律体系内部总体做到科

---

[1] 参见肖业忠：《公正司法长效机制的多元目标及其实现》,《法学论坛》2022年第2期。

学、和谐、统一。[1]

(二) 以司法公正为价值取向的立法完善

中国特色社会主义法律体系的建成为我国法治国家的建设提供了前提和基础,使得社会各项事业进入有法可依的法治轨道,这就为司法公正提供了前提条件。然而,较为完备的法律体系的建成并不意味着必然导向司法公正。一方面,因为庞大的法律体系涵盖了诸多调整不同领域的部门法,相互之间会因缺乏沟通而出现空隙或者冲突,而各部门法内部也内容繁杂,法律规定难免会出现缺陷和漏洞。另一方面,即使立法者严谨地制定了在当时看来近乎完备的法律体系,也不免随着社会变迁在新出现的法律问题上显得束手无策。而这些问题都是现实存在的,并且是法律实现公正的障碍。因而,在法律层面实现司法公正,还需要不断以实现司法公正为价值取向,逐步完善既有法律体系。事实上,自从我国法律体系建成转而突出司法公正以来,立法工作已经开始由最初阶段的大规模集中立法转向重新审视和完善已有立法,由追求立法数量和速度的"前立法时代"全面转向攻克立法难题、开拓立法深度、提高立法质量的"后立法时代"。然而,现有立法在实现司法公正方面仍然存在一定的不足,仍有很大的改进空间。同样以与司法制度密切相关的刑事诉讼法为例,在刑事司法公正的价值指引下,今后刑事诉讼法的修改和完善需要注意以下几个方面:

首先,继续在法律中强化和贯彻程序法治的立法精神。刑事诉讼法作为程序法,最应当体现的便是程序法治理念,即诉讼程序中任何关涉当事人的人身、财产等权益的公权力的行使都必须经过符合程序公正的正当程序。如此,强大的国家刑事司法权才能够受到规制,当事人尤其是处于弱势地位的被追诉人的合法权益才能够得到保障。程序性制裁的法律规定是体现程序法治的最佳方

---

[1] 参见张文显:《论中国式法治现代化新道路》,《中国法学》2022 年第 1 期。

式,这种追究法律责任的制度可以最充分地发挥司法权作为正义守护神的法律功能。虽然刑事诉讼法中已经有多处关于程序制裁的规定,例如非法证据排除规则、违反法定诉讼程序的撤销原审等,但与司法公正的要求仍然有差距。一些诉讼程序的规定仍需要立法规定严格的制裁后果,如违反侦查讯问全程录音录像规定、违反技术侦查审批规定等,以强化程序性制裁的功能。

其次,正确协调程序公正和实体公正的关系。在英美法系国家,程序公正优先的观念不仅源于法律的规定,而且更多地源于历史渊源、社会观念等。而我国的实际情况则与之相反,实体公正在人们的社会观念中根深蒂固,人们对于实体公正的追求远远超过程序公正。广东莫兆军案及安徽司法恶例[1]等便是人们极端追求、崇信实体公正的明证。因此,我国刑事诉讼法在强调程序公正的重要性的同时,应当考虑如何协调程序公正和实体公正,在建立程序公正的同时不忽视实体公正的实现。例如,有区别地设计非法证据排除规则,应更加明确处以不同制裁后果的标准——侵权情况和危害后果,防止动辄因程序错误放弃追究犯罪,引起社会的普遍不满。

最后,在法律中确立无罪推定原则。在当代社会,无罪推定是刑事诉讼法的基本原则,是衡量一国刑事司法文明进步和法治化程度的重要标志。刑事司法公正最大的威胁是冤假错案,尤其在冤案曝光后,司法公正便在一片批评的舆论声中遭受重创。而我国冤错案件的形成往往是因为"疑罪从轻"观念作祟,在案件出现事实不清、证据不足而成为疑案时,比起"错放",法院往往宁愿冒"错判"的风险,或者选用既不错放又留有余地的"两全之策"。杜培武、佘祥林、赵作海和张辉等冤案都是这样形成的。虽然我国刑事诉讼法中"未经人民法院依法判决,对任何人都不得确定有罪"以及不得强迫自证其罪的规定都体现出

---

[1] 广东莫兆军案件和安徽司法恶例都是当事人极端追求实体公正、无知或无视程序的典型案件。关于这两个案件的具体案情,可以参见《农民夫妇败诉自杀法官无罪》,http://news.sohu.com/2004/06/30/34/news220783467.shtml,最后访问日期:2023年1月13日;《安徽司法恶例:被害人父亲法院自尽,被告无罪变死刑》,http://www.thepaper.cn/newsDetail_forward_1256495,最后访问日期:2023年1月13日。

其吸收了无罪推定原则,但要想杜绝"疑罪从有""疑罪从轻",应当在刑事诉讼法中确立无罪推定的基本原则。该原则具体应包括三层含义:第一,任何人在被法院依法判定有罪之前,应该先被假定为无罪者;第二,在刑事案件的审判中,公诉方应该承担证明责任,被告方一般不承担证明责任;第三,在公诉方举出的证据未能达到法定证明标准的情况下,法院应该宣告被告人无罪。[1]

二、在制度层面实现司法公正

(一)司法制度在改革中迈向公正

在法律层面确立体现司法公正的法律规定,只是我国实现司法公正的前提。"正义所关注的却是法律规范和制度性安排的内容,它们对人类的影响以及它们在增进人类幸福与文明建设方面的价值。从最为广泛的和最为一般的意义上讲,正义的关注点可以被认为是一个群体的秩序或一个社会的制度是否适合于实现其基本的目标。"[2]因而,司法公正的实现最终仍然要落脚在司法制度层面。只有不断推进以司法公正为价值取向的司法制度改革,才能构建起适应中国国情的中国特色社会主义司法制度,才能使得已经制定的追求司法公正的法律得到贯彻执行,才能为解决实践中影响和制约司法公正的一系列问题提供制度路径。

我国司法制度改革从党的十五大首次提出"推进司法改革"的总体要求至今,已经历经了两个阶段,并正在步入第三阶段。2004年中央形成《中央司法体制改革领导小组关于司法体制和工作机制改革的初步意见》,启动了第一轮全国性司法改革。第一轮司法改革即以"公正司法和严格执法"为要求,结合司法规律和特点,从完善司法机关的机构设置、职权划分和管理制度等方面对司法

---

[1] 参见何家弘:《当今我国刑事司法的十大误区》,《清华法学》2014年第2期。
[2] [美]博登海默:《法理学:法律哲学与法律方法》,邓正来译,中国政法大学出版社2004年版,第261页。

制度作出了全面部署。2008年,为积极稳妥地贯彻党的十七大提出的"深化司法改革,优化司法职权配置,规范司法行为,建设公正高效权威的社会主义司法制度,保证审判机关、检察机关依法独立公正地行使审判权、检察权"的要求,第二轮司法改革全面启动。此次司法改革从优化司法职权配置、落实宽严相济刑事政策、加强司法队伍建设、加强司法经费保障等四个方面提出具体改革任务。[1]前两轮司法改革的主要任务已经基本完成,在保障司法公正、维护社会公平正义的制度改革上取得较大成效,改革内容可以概括为五大方面。(1)司法职权配置和运行制度:以优化司法职权配置和运行为目标,法院内部实行立案、审判、执行分离,实现司法机关内部机构制约;取消案件请示做法、限制发挥重审程序,理顺上下级法院关系;规范完善再审程序;建立统一的执行工作体制,保障司法裁判的落实;统一司法鉴定管理体制,以客观中立的司法鉴定保障司法公正。(2)规范司法行为的制度:司法机关全面试行量刑规范化改革,建立相对独立的量刑程序并强化对在裁判文书中说明量刑理由的落实,最大限度地消除"同案不同判";建立具有中国特色的案例指导制度,运用案例对法律规定的准确理解和适用进行统一指导,为司法公正提供参照系;健全案件办理管理制度,成立专门的案件管理机构,加强办案流程管理和质量管理,实现案件管理信息化。(3)司法公开制度:建立权利义务告知制度、执法和诉讼文书说理制度、案件公开听证制度、新闻发布和情况通报制度等,以扩大司法公开的内容和范围,丰富司法公开的形式和载体,强化公开的效果和保障。(4)司法民主制度:完善人民陪审员制度,从来源、职权、选任、经费等方面深化改革这一人民参与监督司法的最重要的制度;在检察机关内部建立人民监督员制度。(5)检察机关的法律监督制度:从侦查机关立案、侦查环节到法院审判活动,再到刑罚执行和监管活动,均明确和强化了检察机关的监督职权,增加了对司法工作人员渎职行

---

[1] 参见陈卫东:《司法体制综合配套改革若干问题研究》,《法学》2020年第5期。

为的监督制度,使法律监督形式和手段更加完备。

党的十八大以来,特别是以党的十八届三中全会对深化司法改革的总体部署为标志,新一轮即第三轮全国性司法制度改革全面启动。第三轮司法改革与前两轮的相同点是继续以司法公正为改革坚定不移的最终目标,并且对司法公正的实现提出了前所未有的极高要求,即"让人民群众在每一个司法案件中都感受到公平正义"。而与前两轮司法改革主要集中于司法机关工作机制这一较为浅层次的领域相比,本轮司法制度改革已经深入整体司法体制中,通过对影响和制约司法公正的根本性体制问题的解决,保障司法公正的实现。最高人民法院在其发布的《人民法院第四个五年改革纲要(2014—2018)》中,[1]针对司法公正实现路径上阻力最大的体制性问题进行了改革设计,将建成具有中国特色的社会主义审判权力运行体系确定为实现司法公正改革目标的具体路径。[2]具体制度可以概括为:(1)司法审判制度。一是完善主审法官、合议庭办案制度,建立主审法官、合议庭行使审判权与院庭长行使监督权的全程留痕、相互监督、相互制约机制;二是建立和完善以庭审为中心的审判机制,以审判制约和引导侦查、起诉;三是建立与行政区划适当分离的司法管辖制度;四是完善审级制度,合理定位四级法院职能。(2)司法人员管理制度。一是设立法官遴选委员会,建立法官员额制度;二是推进法官、司法辅助人员和司法行政人员的分类管理制度。(3)司法保障制度。主要是建立统一管理、保障有力的人民法院经费保障体制,重点是省级以下地方法院经费统一管理机制。[3]

---

[1] 有关本轮司法体制改革的文件包括《关于深化司法体制和社会体制改革的意见及贯彻实施分工方案》《关于司法体制改革试点若干问题的框架意见》以及《人民法院第四个五年改革纲要(2014—2018)》(简称"四五改革纲要")等,但只有"四五改革纲要"公布了部分核心内容,故本章以之作为解读本次司法改革的主要参考文件。

[2] 参见贺小荣:《人民法院四五改革纲要的理论基点、逻辑结构和实现路径》,《人民法院报》2014年7月16日,第5版。

[3] 参见张智辉:《论司法责任制综合配套改革》,《中国法学》2018年第2期。

（二）建立法官依法独立行使职权制度

我国已经进行的两轮和正在进行的第三轮司法制度改革，对司法机关工作机制以及更深层次的司法体制进行了较为全面的制度设计和改进，为实现司法公正提供了具体的制度路径。不可否认，本轮司法体制改革已经进入深水区，虽然改革设计比较理想，但实现改革目标尚需时日，而且一些改革措施实行起来具有相当大的难度，如果不考虑周全，就可能出现明显的负面效应。[1]因此，全面的司法改革应该稳妥有序，区分轻重缓急。"每个对中国目前司法改革曾深思远虑过的人都会懂得，改革的一个根本因素是必须加强司法独立。这是理所当然的。"[2]在制度层面，我国当前实现司法公正首要解决的即是建立法官依法独立行使职权的制度。

我国法官在行使审判权力时，往往并非只有司法因素在这一"场域"中起作用，司法公正的影响因素还涉及政治和民意，这两者的影响力甚至大于司法本身的因素。司法裁判在处理司法与这两者关系时，往往陷入司法不公正和司法无权威的困境。以2023年1月媒体报道的安徽司法恶例为例，其中反映出来的正是在法院的"场域"中政治、民意与司法的无序角力。究其原因，主要是法官在案件审判中难以依法独立行使职权：其一，外部权力干预个案司法，法官客观上难以依法独立行使职权。有的地方曾存在政法委以研究和讨论有争议的重大疑难案件为由，对具体个案进行干预的现象。由于政法委并非司法机关，有时候是以"维稳"等法律外因素为标准来考虑案件的，并且没有直接参与案件办理，因此，政法委介入个案办理并不符合司法规律，也将影响到法官的依法独立办案。其二，法院内部采取行政审批、集体决定的方式审理案件，法官主观上无依法独立行使职权的意愿。层层审批、集体决定的审理方式在一定程度上有集

---

1 参见吴洪淇：《司法改革与法律职业激励环境的变化》，《中国法学》2019年第4期。
2 ［美］葛维宝：《法院的独立与责任》，葛明珍译，《环球法律评论》2002年第1期。

思广益等优势,[1]但这种集体负责的方式导致的结果很可能是集体不负责。每个法官包括承办法官因为判决是集体决定而无承担责任的顾虑,因而对外部干预采取无所谓、无底线的立场,甚至对这种免除责任的制度抱何乐不为的态度。

因此,要消除法官依法独立行使职权在主客观两方面的阻碍因素,需要进行两方面的制度完善。一方面,转变政法委的职能,不干预个案司法。政法委作为党委领导司法工作的重要助手和参谋,在贯彻党的宏观政策、推进司法改革工作方面具有重要的实践作用,因此取消政法委在现阶段既不具备可能性,也不具有合理性。因而,消除政法委对司法个案的干预应当从转变政法委的职能着手,使得政法委的职能限定在上述方面,而不拥有介入案件审判、干预个案司法的权力。另一方面,改变法院案件行政审批和集体决定模式,赋予法官独立办案的权力。通过完善员额法官、主审法官、合议庭办案制度,案件由主审法官负责,明确合议庭组成人员的职责,并在案件评议记录中予以详细记载。相应地,我们可以逐步探索取消审判委员会决定个案事实和法律适用的权力,以配合主审法官、合议庭办案制度能够落实"由审理者裁判"。当然,赋予法官独立办案的权力,并不是放任法官恣意行使审判权,应当对其有所制约,辅之以司法责任制改革。虽然院、庭长监督制度能够起到监督法官行使权力的作用,但过于依赖这一制度又有重新形成压缩和限制法官独立行使权力的空间的可能,因此需要建立科学的司法责任制。应当强调主审法官负责制,使得办案法官权责统一,以明确、严格的责任促使法官认真、谨慎地行使权力。此外,建立法官依法独立行使职权制度还需要司法体制综合配套改革予以支撑,诸如通过改变法院人财物管理制度,实现省级以下地方法院统一管理,设置与行政区域适当分离的司法管辖制度等,[2]为法官依法独立行使职权制度的建立和发展提供更大的空间。

---

[1] 参见苏力:《送法下乡:中国基层司法制度研究》,北京大学出版社2011年版,第80—89页。
[2] 参见陈卫东:《司法机关依法独立行使职权研究》,《中国法学》2014年第2期。

第四章
司法人权问题与刑事错案

第一节 司法人权的定位与历史脉络

司法人权决定了法治文明和民主的深度与广度,保障司法人权是公民权利的最后一道防线。新中国成立七十多年来,我们始终坚持中国特色的人权发展道路,在人权司法哲学上,先后形成了"为人民服务"的人权司法观、"以经济建设为中心"的人权司法观、"司法为民"的人权司法观和"人民中心"的人权司法观。在人权司法保障制度建设上,在历经七十多年的探索和发展后,我国形成了以尊重和保障人权之《宪法》原则为统摄、以司法责任制为基本内核、以人民为中心的中国式司法制度体系。[1] 2004年《宪法修正案》,首次将"尊重和保障人权"确立为《宪法》的重要原则,这当然也是中国式司法制度的必然要求。[2] 2012年《刑事诉讼法》修订时在第二条中增加了"尊重和保障人权"的明确规定。2020年,党的十九届五中全会通过《中共中央关于制定国民经济和社会发展第十四个五年规划和2035年远景目标的建议》,将"促进人的全面发展和社会全

---

[1] 参见江国华:《新中国70年人权司法的发展与成就》,《现代法学》2019年第6期。
[2] 参见卞建林:《习近平法治思想中的司法改革理论要义》,《法商研究》2022年第1期。

面进步""促进人权事业全面发展"等作为中国发展的更高目标。2021年《中国共产党尊重和保障人权的伟大实践》白皮书中提出,要将依法治国和人权保障有机结合,贯穿于社会主义法治建设全过程。

一、司法人权的定位

一直以来,人权都被视为一个抽象的框架,一个暧昧不明的理论模式。不同的事情、不同的阶层、不同的文明、不同的人,描绘出了千变万化的"人权"理念,并由此展开了旷日持久的争论。因此,有必要对与人权相关的内涵与特征进行归纳和梳理,借以总结出符合我国国情的司法人权概念。但必须强调的是,无论各国对人权作出怎样不同的定义,人权保障是现代刑事司法的灵魂,已经成为法治发达国家和国际社会普遍确立的基础理念和司法准则,刑事司法中人权保障的水平也反映着一个国家的民主、文明与进步的程度。

(一)司法人权的内涵

人权是司法人权的基础。1789年法国《人权与公民权宣言》(Déclaration des Droits de l'Homme et du Citoyen)是人类历史上第一部正式的人权宣言,其第2条提及,人权是"自由、财产、安全与反抗压迫"[1];美国《独立宣言》则将"人权"界定为包括"生命权、自由权和追求幸福的权利"[2];《世界人权宣言》第3条强调,"人人有权享有生命、自由和人身安全"[3];我国《宪法》中的"人权"包含"合法财产不受侵害""人身自由不受侵犯""人格尊严不受侵犯"等内容。可见,尽管人权的定义众说纷纭,但在某些最基本的内容上仍达成了一定的共识。"司

---

[1] Le but de toute association politique est la conservation des droits naturels et imprescriptibles de l'Homme. Ces droits sont la liberté, la propriété, la sûreté, et la résistance à l'oppression.

[2] We hold these truths to be self-evident, that all men are created equal, that they are endowed by their Creator with certain unalienable Rights, that among these are Life, Liberty, and the pursuit of Happiness.

[3] 《世界人权宣言》,https://www.un.org/zh/about-us/universal-declaration-of-human-rights,最后访问日期:2023年1月15日。

法人权"并非独立于"人权"而存在的,两者之间有很多共通之处。所谓"人权",是指那些直接关系到人得以维护生存、从事社会活动所不可缺少的最基本的权利,如生命安全、人身自由、人格尊严、基本的社会保障等。[1] 根据我国《刑事诉讼法》的规定,在司法程序中,犯罪嫌疑人、被告人享有陈述权、辩护权、身体不受侵害的权利、不被强迫自证其罪的权利与申诉权等,这实质上就是人权保护在司法领域的具体体现。

关于人权保障的范围,国内许多学者给出了不同角度的分析。有学者认为,刑事司法上的人权保障虽具有普遍性,但其在实践过程中应结合本国国情。[2] 有学者认为,(司法)人权应是普遍性的、消极的、个人的、程序上的,其主体仅限于被告人与犯罪嫌疑人。[3] 与之相对,有学者认为,刑事司法中的人权保障应当包括三个层次:一是保障被追诉人即犯罪嫌疑人、被告人和罪犯的权利;二是保障所有诉讼参与人,特别是被害人的权利;三是通过惩罚犯罪,保护广大人民群众的权利不受侵害。在此三个紧密结合的不同层面中,保障被追诉人的权利是刑事司法人权保障的中心所在。[4]

(二) 司法人权的特征

一般来说,司法人权大致具备以下三个特征:

第一,司法人权主体的普遍性。司法人权的主体主要包括犯罪嫌疑人、被告人、罪犯以及被害人、被害人的法定代理人等其他诉讼参与人。早在1948年联合国通过的《世界人权宣言》中,便已经宣布人权是"人人享受的一切权利和自由",同时还强调"人人"指的是所有的人,"不分种族、肤色、性别、语言、宗教、

---

[1] 参见李璐君:《"人权司法保障"的语义分析》,《华东政法大学学报》2019年第4期。
[2] 参见杨宇冠、李涵笑:《论中国特色人权刑事司法保障的逻辑进路》,《中共中央党校(国家行政学院)学报》2021年第5期。
[3] 参见易延友:《刑事诉讼人权保障的基本立场》,《政法论坛》2015年第4期。
[4] 参见韩克芳:《改革开放四十年人权法治保障建设:成就、经验及展望》,《学习与探索》2018年第11期。

政治或其他见解、国籍或社会出身、财产、出生或其他身份等任何区别"。[1]可见，我国司法人权主体的普遍性特征与国际人权主体多元化的要求相符，如果不承认司法人权为所有人的权利，而是根据种族、性别、宗教、语言、文化等区别对待不同的人，必然将产生特权与歧视。

第二，司法人权客体的特殊性。参加刑事诉讼的所有参与人依法享有各类权利，按照分类标准的不同可将其划分为：宪法性权利和普通性权利；应然性权利和实然性权利；实体性权利和程序性权利。司法人权客体的特殊性主要有以下体现。首先，不同时期同一主体诉讼地位及权利各不相同。比如说，1979年《刑事诉讼法》仅规定，被害人是诉讼参与人的地位；而1996年修改的《刑事诉讼法》第82条第2款规定当事人是指被害人、自诉人、犯罪嫌疑人、附带民事诉讼的原告人和被告人，首次确认了被害人在公诉案件中处于诉讼当事人地位；2012年《刑事诉讼法》第106条第2款依然维持了被害人诉讼当事人的地位，这体现了我国刑事司法对被害人地位的重视。其次，同一时期不同主体间享有的权利各不相同，这是由各主体间不同的利益诉求所决定的。比如，虽然被害人当事人地位的确立为被告人和被害人的权利平衡奠定了基础，但在诉讼内权利与诉讼外权利的具体保障方面，二者权利失衡的现实困境依然存在。最后，同一时期同一主体在不同诉讼阶段享有的权利存在明显的区别；犯罪嫌疑人、被告人和被害人在不同的诉讼阶段拥有不同的诉讼权利。《维也纳宣言和行动纲领》第5条便在确认司法人权普遍性原则的基础上，肯定了司法人权的特殊性，指出在促进和保护人权的基本自由时，必须要考虑"民族特性和地域特性的意义，以及不同的历史、文化和宗教背景"[2]，且此二者是不可分割、相互依存、相互

---

[1]《世界人权宣言》，https：//www.un.org/zh/about-us/universal-declaration-of-human-rights，最后访问日期：2023年1月15日。

[2]《维也纳宣言和行动纲领》，https：//www.un.org/zh/documents/treaty/A-CONF-157-23，最后访问日期：2023年1月15日。

联系但又相互区别的。[1]可见,我国司法人权兼具主体的普遍性和客体的特殊性两大特征,是符合国际司法人权理念的。

第三,司法人权保障需要考量法的统一性(integrity),避免对实体权利的扩张或限缩。美国学者在探讨刑事案件被告人行使辩护权利时指出,(美国)司法实践中允许自我辩护却不允许被告人聘请非美国律师协会(American Bar Association)认证的法律从业者实行辩护的做法,有违宪法第六修正案的精神。其认为,聘请美国律师协会认证的律师实行辩护,看似是对被告人实体权利的更好保护,事实上却是一种对权利的入侵。[2]我国司法人权保障的困境虽然有别于其他国家,但也应当在实践运行中对相应保障措施的规定是否合乎《宪法》等法律进行合法性论证。坚持中国人权的法治化保障,在静态意义上要建立稳定的规则和制度,注重长期可持续效果;在动态意义上要在法治的各个环节加强人权保障,切实体现"尊重和保障人权"的宪法原则。[3]事实上,党的十八届三中全会和四中全会发布的《关于全面深化改革若干重大问题的决定》和《关于全面推进依法治国若干重大问题的决定》都已明确指出"不得超越宪法"。静态的法律是动态司法行为的理论依据与指导,因此在贯彻司法人权保障时,必然要考虑到这一方面的内容。

(二) 司法人权保障的价值

社会的发展与科技的变革推动了人类社会意识形态的发展:从"人治"到"法治"。因此,对司法人权的保障不仅是人类法治文明的标志,也是建设民主、法治国家的基础。其一,司法人权的保障与法治保障息息相关。国家公权力保障一国法制的运行,从而达到法治的目的。然而,任何一种权力(权利)都需要边界,国家公权力也不例外。对司法人权的保障体现了对公权力扩张的限制,

---

[1] 参见刘恒志等:《司法人权论》,河北大学出版社2013年版,第26—27页。

[2] See Anonymous, "Rethinking the Boundaries of the Sixth Amendment Right to Choice of Counsel", *Harvard Law Review*, 2011, Vol. 124, No. 6, pp. 1550-1571.

[3] 参见杨春福:《新时代中国人权事业的创新发展》,《法制与社会发展》2021年第3期。

目的是防止公权力的滥用。其二,司法人权的保障进程即是刑事司法文明进步的历程。从《法经》到民国时期的"六法全书",中国有着上千年的司法史。早在《书经·吕刑》中即有"两造具备,师听五辞";在《周礼·秋官·小司寇》中有"以五声听狱讼,求民情:一曰辞听,二曰色听,三曰气听,四曰耳听,五曰目听";在《唐律疏议》中出现了"诸拷囚不得过三度,数总不得过二百。杖罪以下,不得过所犯之数。拷满不成,取保放之";在《大清律·刑律·断狱》中提及"其[鞫狱官于囚之]不应禁而禁及不应锁杻而锁杻者[倚法虐民]各杖六十"。可见,即使在古代,我国对司法程序中当事人权利(益)的认识与保护,也是一个从无到(相对)有的过程。而放眼现代亦是如此,2012年《刑事诉讼法》明确写入"尊重和保障人权"这一条款,将司法实践中的人权保障以立法的方式确立,是中国从古至今刑事诉讼法制发展历史中的一大标志性突破。其三,我国对司法人权的保障也是国际司法人权发展本土化的体现。1945年6月25日制定的《联合国宪章》是世界上第一个对司法人权内容作出原则性规定的国际文件。随后国际社会相继发布《世界人权宣言》《公民权利及政治权利国际公约》《经济、社会、文化权利国际公约》等全球性国际司法人权文件。我国在1997年和1998年相继签署了《经济、社会、文化权利国际公约》和《公民权利及政治权利国际公约》。2002年,全国人大正式批准加入《经济、社会、文化权利国际公约》。此外,全国人大还为批准加入《公民权利及政治权利国际公约》做了积极的努力。[1]这一系列的动作说明我国以加入国际人权公约为契机,对国际司法人权内容采取了本土化的运作,并为国内的司法人权构建起可靠的保障与坚实的后盾。

二、司法人权发展的历史脉络

根据历史分析的观点,客观事物是发展、变化的。分析事物时要把它发展

---

1 参见中华人民共和国国务院新闻办公室:《国家人权行动计划(2012—2015年)》,人民出版社2012年版,第48页。

的不同阶段加以联系和比较，只有这样才能弄清其实质，揭示其发展趋势。有些矛盾或问题的出现，总是有它的历史根源，在分析和解决某些问题的时候，只有追根溯源，弄清它的来龙去脉，才能提出符合实际的解决办法。因此，在对司法人权的定位完成相应论述后，我们将继续对我国司法人权从古至今的发展进行梳理，以期在历史的演进过程中加深对司法人权内涵的了解。

（一）从奴隶制社会到中华民国时期

通过对中国古代刑事诉讼演进史的分类梳理，可将其划分为三个类型：奴隶制弹劾式诉讼、封建纠问式诉讼和现代民主诉讼。在人类早期的弹劾式诉讼模式中，并无犯罪嫌疑人和被告人的区分，且原告与被告享有平等的诉讼地位和同等的诉讼权利。究其根本，是因为弹劾式诉讼制度本身具有原始民主性，而裁判者始终保持的是初始的中立地位，故控辩双方的诉讼地位和诉讼权利都得到同等的保障。尔后，随着历史的发展，封建纠问式诉讼替代了奴隶制弹劾式诉讼。与弹劾制相比，封建纠问式诉讼的显著标志是"无供不定案"，并在此理念下直接促成了口供中心主义的办案方式，这使得中国古代司法官吏的断狱判案总是与刑讯逼供联系在一起，拷讯制度的合法化也最直接地体现出了中国古代司法制度的残酷性。此外，纠问式诉讼的另一大特征便是司法权与行政权并未进行明显区分，控诉与审判集中于单一的诉讼主体之手，控审职能合二为一。随着封建社会的瓦解，在近代出现并确立了民主诉讼模式，刑事诉讼制度也在不断朝着民主化和科学化前进，控、辩、审三方组合的基本诉讼结构得以建立，刑事被告人不仅被赋予诉讼主体地位，且其法定的实体性权利和程序性权利也获得了法律的明确保护。

"犯罪嫌疑人、被告人"是"两造"中的一方，而另一方则是"被害人"，又被称为"受害人"或"受害者"，最初源于拉丁文中的"victim"一词。被害人的概念最早可以追溯至远古时代，它的本意为"牺牲"（sacrifice）或"替罪羊"（scapegoat)（原始社会时期,会用人或动物进行祭祀）。[1]在中国古代的西周（前1046—前771年）至魏晋南北朝时期（220—589年）,无论是刑事案件还是民事案件,一般均由原告起诉后审理（轻微案件口头起诉,较大案件则要递交诉状）。[2]一般刑事案件中"告诉才处理"的案件原告首先就是指被害人。隋唐时期的起诉方式则变为告诉、告发、自首和官告四种。其中,被害人有权起诉的是告诉,唐代的刑事案件大多源于告诉。告诉的刑事案件分两类：一类属于"告诉乃论"的,即必须经被害人提请告诉才有可能令罪犯承担罪责；另一类为必须告诉的,被害人之家人应当告诉而不告诉的,或主管部门得到告诉而不立即立案上报的,皆为律所不容。直至清末光绪三十二年（1906年）,沈家本主持起草了中国历史上第一部专门的诉讼法典草案——《大清刑事民事诉讼法草案》,中国才说得上拥有了形式意义上的近代刑事司法制度。《大清刑事民事诉讼法草案》虽然规定诉讼双方分别为原告（被害人）和被告,但此时尚未形成近代意义上的侦查机关和公诉机关。清朝灭亡后,军阀割据的民国时代到来,此时政府对刑事案件的处理基本采取国家追诉主义,被害人除有权对轻微刑事案件进行起诉外,几乎无其他诉讼权利。如1914年制定的《县知事审理诉讼暂行章程》第6条规定："凡刑事案件,因县知事之访闻,被害者之告诉,他人之告发,司法警察官之移送,或自行投首,县知事认为确有犯罪之嫌疑时,得径行提审。但必须亲告之事件,不在此限。"[3]又如南京国民政府于1928年颁布的《刑事诉讼法》（该法实行国家追诉主义）规定,以检察官代表国家行使追诉犯罪的权力,除了将少数轻微刑事犯罪列为自诉案件,刑事案件的受害人或告发人必须首先向检察官告诉。[4]可见,在这一时期,被害人的诉讼权利受到法律的较大限制。

1　See Karmen Andrew, *Crime Victim: An Introduction to Victimology*, 5th ed., Wadsworth, 2004, p.2.
2　参见林明主编：《中国法制史》,上海人民出版社2004年版,第29页。
3　杨正万：《刑事被害人问题研究——从诉讼角度的观察》,中国人民公安大学出版社2002年版,第7—8页。
4　参见张晋藩主编：《中国司法制度史》,人民法院出版社2004年版,第548页。

有学者对"人权"概念在我国近代的引入做了细致的学术史梳理,指出中国"人权"概念史可追溯到1895年严复的相关评论。此后的三十年,民众与学者经历了反专制、抗强权的斗争,这是中国近代人权概念史具有典型意义的最初历程。"人权"概念进入中国的最初三十年,经历了三个阶段:从舶来词汇的误解泛用转向一般观念的普及,随后遭遇严冬,再到"人权"概念及其思想迎来初春。从中可以看到,学界经历了"人权"要旨从模糊到清晰的探索,从而完成了"人权"从理论术语向现代知识的初步转换。[1]

回溯历史,刑事诉讼中司法人权当事人诉讼地位与权利的发展经历了无边界—受限制—极大限缩的过程。在原始社会及奴隶社会初期,当事双方均处于刑罚执行者地位,故权利得以无限行使。到了奴隶社会中后期及封建社会,由于被害人处于犯罪起诉者和控告者的地位,因此其权利受到了一定的限制,而被告人的权利则完全被剥夺。后至民国时期,刑事诉讼当事人地位与诉讼机关权利配比严重失衡,当事人只能消极被动地参加刑事诉讼。

(二)从中华人民共和国建立至今

在新中国刚建立之时,司法人权的概念与定位还相对模糊,彼时国际刑事司法人权准则对现代中国的司法人权理念的形成产生了深远的影响。第二次世界大战是司法人权走向国际化的里程碑和转折点。1948年12月10日,联合国大会通过了战后第一个有关司法人权的专门性国际文件——《世界人权宣言》,此宣言是历史上首次在国际范围内规定有关司法人权具体内容的文件。从20世纪60年代起,国际司法人权得到了新发展。1966年,联合国大会通过了《经济、社会、文化权利国际公约》《公民权利及政治权利国际公约》。除此之外,在联合国的框架内,与司法人权相关的公约及文件有数十个,主要有1948年《防止和惩治灭绝种族罪公约》,1951年《关于难民地位的公约》,1968年《德黑

---

[1] 参见孙笑侠:《汉语"人权"及其舶来后的最初三十年》,《法学》2022年第3期。

兰宣言》,1986年《发展权利宣言》《消除对妇女一切形式歧视公约》《消除一切形式种族歧视国际公约》《儿童权利公约》《禁止酷刑和其他残忍、不人道或有辱人格的待遇或处罚公约》,1993年《维也纳宣言和行动纲领》,等等。刑事司法国际准则中的相关规定,如诉讼权利(《公民权利及政治权利国际公约》第6条生命权和死刑、第7条禁止酷刑、第9条人身安全和自由、第10条剥夺自由者的待遇以及第14条公正审判的保障等条款),都可在我国的刑事诉讼法规中找到对照。[1]可见,国际刑事司法人权准则是我国司法人权理念的渊源之一。

  长久以来,中国在司法人权保障方面不断地进行着积极探索。1954年《中华人民共和国宪法》宣告"中华人民共和国的一切权力属于人民",规定公民在政治、经济、社会、文化、人身等方面享有广泛的权利与自由。2004年3月,第十届全国人民代表大会第二次会议通过《中华人民共和国宪法修正案》,正式将"国家尊重和保障人权"载入《宪法》。这不仅意味着我国人权事业的发展进入一个新时期,而且是我国司法人权宪法化的标志。与此同时,从1953年到2021年,中国已制定了十四个国民经济和社会发展规划(计划),对国家经济、社会、文化、环境等方面发展作出安排,为保障司法人权奠定了基础。此外,中国积极响应国际社会号召,加强人权保障。1991年11月1日,国务院新闻办公室发布《中国的人权状况》白皮书。这是我国向世界公布的第一份包含"司法人权"内容的官方文件,它将人权视作"伟大的名词",并指出"享有充分的司法人权,是长期以来人类追求的理想",是"中国社会主义所要求"的"崇高目标",是"中国人民和政府的一项长期的历史任务"。[2]我国还陆续加入了《世界人权宣言》《残疾人权利公约》和《1949年8月12日日内瓦四公约关于保护非国际性武装冲突受难者的附加议定书(第二议定书)》等。自2009年以来,中国已制定实施三期

---

[1] 参见杨宇冠、李涵笑:《论中国特色人权刑事司法保障的逻辑进路》,《中共中央党校(国家行政学院)学报》2021年第5期。

[2] 《中国的人权状况》,http://www.scio.gov.cn/zfbps/ndhf/1991/Document/1715811/1715811.htm,最后访问日期:2023年1月15日。

"国家人权行动计划",成为世界上为数不多的连续制定人权行动计划的国家。2021年9月,国家出台了第四期"国家人权行动计划"(2021—2025年),在总结前三期"国家人权行动计划"执行情况和实施经验的基础上,依据国家尊重和保障人权的宪法原则,遵循《世界人权宣言》和有关国际人权公约的精神,结合《中华人民共和国国民经济和社会发展第十四个五年规划和2035年远景目标纲要》,立足于促进人权事业全面发展,确定了2021—2025年尊重、保护和促进人权的阶段性目标和任务。

近年来,全国各级司法机关紧紧围绕"努力让人民群众在每一个司法案件中感受到公平正义"的目标,坚持严格司法、公正司法,积极创新司法理念,凝聚司法共识,共同推进侦查、起诉、审判、辩护等各个环节、各项职能的改革,刑事司法理念更加科学,司法制度更加完善,审判机制不断健全,人权保障水平不断提高。[1]

三、立法中的司法人权保障

(一)司法人权保障在宪法中的体现

我国司法人权保障的内容是建立在宪法和法律对公民权的保护基础之上的。自1954年后,全国人大又分别在1988、1993、1999、2004、2018年五次通过《宪法修正案》,从基本经济制度、分配制度、公民私有财产保护制度、社会保障制度等方面,不断加强对人权的保障。我国《宪法》规定的人身权利,包括公民的生命权、健康权、人身自由权、姓名权、名誉权、荣誉权、肖像权以及与人身有关的住宅不受侵犯权、通信自由权、通信秘密权、环境权等。《宪法》条文明确的基本权利是司法人权的根本性内容。《宪法》主要通过对公检法三机关权力的

---

[1] 参见李勇:《加强人权司法保障,确保严格公正司法——持续深入推进以审判为中心的诉讼制度改革》,《人民法院报》2021年9月2日,第5版;姚俊:《党的领导与人权司法保障》,《人民法院报》2021年6月3日,第5版。

合理配置及监督机制的建构保障司法人权。正如孟德斯鸠所言，"一切有权力的人都容易滥用权力，这是亘古不易的一条经验"，"有权力的人们使用权力一直到遇有界限的地方才休止"，因此，"要防止滥用权力，就必须以权力制约权力"。[1] 为了更好地规范公权力的行使，我国《宪法》规定："人民法院、人民检察院和公安机关办理刑事案件，应当分工负责，互相配合，互相制约，以保证准确有效地执行法律。"此条文的核心要旨在于调整司法职权配置，加强权力监督制约，促进法官、检察官依法独立办案。[2] 除此之外，我国《宪法》还规定国家行政机关、审判机关、检察机关都由人民代表大会产生，并受人民代表大会监督。因此，我国对公权力既有横向的制衡，也有纵向的约束。横向的制约产生于同级国家机关，而纵向的则来自于上级机关。此外，《宪法》还明确规定，全国人民代表大会及其常务委员会是行使监督宪法实施职权的机关。如果司法程序的立法违背《宪法》的精神，其规定应视为无效。如此看来，宪法监督制度既保障了法律的统一性，也落实了司法人权的保障功能。

（二）刑法中的司法人权

我国1997年修订的《刑法》确立了"法无明文规定不为罪"的罪刑法定原则，废除了1979年设立的类推制度。近年来，我国刑事司法借鉴与吸收了《世界人权宣言》《联合国反腐败公约》《联合国反酷刑公约》等一系列国际司法准则，在学习和引进域外惩治犯罪的经验与先进技术的同时，也通过对国际司法准则中有关司法人权保障规定的参考，不断完善国内相关立法。除了惩罚犯罪，刑法还承担着维护社会正常秩序、保障公民权利与自由的功能。刑法的谦抑性原则要求防止惩罚权的滥用，刑罚的轻重应当与犯罪分子所犯的罪行和所承担的刑事责任相适应，保障罪犯的正当权益，实现罪刑相称和罚当其罪，避免其遭受

---

1 ［法］孟德斯鸠:《论法的精神》（上卷），张雁深译，商务印书馆1982年版，第154页。
2 参见韩大元、于文豪:《法院、检察院和公安机关的宪法关系》，《法学研究》2011年第3期。

不公正的处罚。此外,合理的刑罚有助于感化和改造罪犯,使其在服刑期满后重新回归社会。因此,刑法既是"犯罪人的大宪章",也是"善良公民的大宪章"。[1]

司法人权保障在刑法中主要有以下体现:其一,罪刑法定(《刑法》第3条)、罪责刑相适应(《刑法》第5条)和法律面前人人平等(《刑法》第4条)是我国刑事司法的三大基本原则。罪刑法定、罪责刑相适应原则最早由刑事古典学派代表人物、意大利法学家贝卡里亚在《论犯罪与刑罚》一书中提出。贝卡里亚认为:"罪刑相当原则之所以需要,是因为只有刑罚与犯罪相对称,才能有效地制止人们的犯罪……"[2]我国有学者指出,"法无明文规定不为罪"的反向解释是"只有法律才能规定犯罪","法无明文规定不处罚"的反向解释是"只有法律才能规定刑罚",其核心内容在于禁止没有法律根据的处罚,保障个人不受法外之刑。[3]法律面前人人平等指法律适用的平等或司法平等,即反对特权、反对歧视。如洛克所言:"人类天生都是自由、平等和独立的。"[4]卢梭也说:"每个人都生而自由平等。"[5]

其二,刑法通过限制和减少死刑的适用来保障司法人权。死刑的存废之争长期以来都是最受关注的司法改革问题之一,此问题不仅与社会的历史、文化、传统、价值观念、伦理道德、宗教信仰和社会经济发展水平有关,还与一国的政治结构、国际因素、法治状况、司法人权观特别是犯罪态势等方面紧密相连。因此,死刑的去留还需充分论证,即使要废止死刑,也应循序渐进,不可能一蹴而就。

从我国《刑法》的修改历程来看,死刑的应用范围呈现出波动化态势:从1979年对死刑适用的初步限制,到1981年至1997年的膨胀扩张,再到1997年修订的《刑法》重新强调对死刑的限制,我国正在逐步提高死刑的适用标准。一

---

1 [日]木村龟二主编:《刑法学词典》,顾肖荣、郑树周译校,上海翻译出版公司1992年版,第9页。
2 [意]贝卡里亚:《论犯罪与刑罚》,黄风译,中国大百科全书出版社1993年版,第11—57页。
3 参见张明楷:《张明楷刑法学讲义》,新星出版社2021年版,第16—20页。
4 [法]卢梭:《社会契约论》,何兆武译,商务印书馆1980年版,第59页。
5 [英]洛克:《政府论》(下篇),叶启芳、瞿菊农译,商务印书馆1980年版,第9页。

方面,2011年《刑法修正案(八)》原则上废止了老年人的死刑,取消了13种经济性、非暴力性犯罪的死刑罪名。另一方面,我国《刑事诉讼法》规定死刑由最高人民法院核准,并规范死刑二审案件的开庭审理程序。2006年9月25日,最高人民法院、最高人民检察院发布了《关于死刑第二审案件开庭审理程序若干问题的规定(试行)》的司法解释;同年10月31日,全国人大常委会表决通过一项法律修正案,规定自2007年1月1日起,将死刑案件的核准权统一收归最高人民法院行使。此外,《关于适用停止执行死刑程序有关问题的规定》等一系列的规范性文件,加强了刑事司法领域被告人权利的保障,规范了死刑案件的办理程序,通过限制和减少死刑的适用来实现保障司法人权的目的。

其三,通过宽严相济的刑事政策保障司法人权。马克昌曾指出,宽严相济并非仅仅适用于刑事司法政策,也适用于刑事立法政策和刑事执行政策。[1] 宽严相济在司法人权保障方面的体现主要有:(1)保留死刑但严格控制死刑;(2)对犯罪者实行教育、感化、挽救的方针。后者主要针对未成年人刑事案件、因家庭或邻里纠纷引发的轻微刑事案件和当事人之间达成和解的轻微刑事案件。宽严相济的刑事政策对于保障当事人合法权益,缓解社会冲突、防止社会对立、构建和谐社会具有重大意义。

(三) 刑事诉讼法中的司法人权

2012年修改的《刑事诉讼法》明确规定了"尊重和保障人权",这便是把司法实践中的人权保障作为我国刑事诉讼中的一项基本原则确立下来。人权保障是刑事司法的基本价值目标,也是时代发展的客观要求,保护作为刑事诉讼弱势方的犯罪嫌疑人、被告人的人权是正义之根本。在1979年《刑事诉讼法》中,"被告人"是因涉嫌犯罪而受到刑事追究者的统一称谓;而1996年《刑事诉讼法》则规定,在公诉案件中,刑事被追诉人在被检察机关正式提起公诉前被称

---

[1] 参见张小虎:《宽严相济刑事政策的精髓与我国刑罚体系的补正》,《江苏社会科学》2019年第5期。

为"犯罪嫌疑人",被起诉后方可被称为"被告人",在未经人民法院依法判决前,不得被称为"罪犯"。2012年《刑事诉讼法》在这一模式上,详细规定了犯罪嫌疑人、被告人的法定权利及其保障。我国台湾地区学者林钰雄教授指出:"笼统地使用被告此一称谓,既不能表明诉讼进行至何种阶段,自无法得知其地位如何。外国立法例上则多半以不同的称谓区别两者,以避免混淆。应以'侦查中—审判中'为标准加以区分。"[1]总之,犯罪嫌疑人、被告人在刑事诉讼中的法定权利能否得到保障,也是一个国家司法现代化的重要标志。《刑事诉讼法》第12、175、200条的规定意味着我国已基本确立了无罪推定原则;第80、81、92、95条规定的目的是确保被告人免受不必要的羁押;第52条则规定了所有人都有不得被强迫自证其罪的权利;第56条规定了非法证据排除规则;第120条第2款新增了"侦查人员在讯问犯罪嫌疑人的时候,应当告知犯罪嫌疑人享有的诉讼权利"的规定……这些规定体现了立法者在司法程序及法治理念认识上的转变,即惩罚犯罪并不是唯一的目的,保障司法人权对维护社会主义法治同等重要。

与此同时,刑事诉讼中被害人的司法人权也逐渐受到重视。首先必须明确的是,被害人一定是诉讼当事人。1979年《刑事诉讼法》制定之前,被害人诉讼地位及权利散见于检察院和法院的组织法以及最高人民法院给地方人民法院的批复之中,而未曾以立法的方式指明。1979年制定的《刑事诉讼法》不仅结束了自新中国成立以来没有刑事诉讼法的局面,也肯定了被害人在诉讼中的地位。1979年《刑事诉讼法》第58条规定,被害人在自诉案件中为刑事诉讼的当事人;而在公诉案件中,被害人仍只是诉讼参与人。1996年《刑事诉讼法》第82条则进一步明确了被害人在刑事诉讼中的当事人地位,即无论是在自诉、刑事附带民事诉讼中,抑或在公诉案件中,被害人都拥有以当事人的身份参加诉讼的权利。2012年《刑事诉讼法》进一步细化被害人在诉讼中的权利,第111、

---

[1] 林钰雄:《刑事诉讼法》(上册),新学林出版社2017年版,第159页。

176、196条明确规定了被害人的知情权,第108、109、112、176、204、218条规定了被害人的控诉权,第44条规定了被害人委托诉讼代理人的权利,第186条规定了被害人出庭作证的权利,第99条规定了被害人的请求被害恢复权,等等。

(四) 行政法中的司法人权

除宪法、刑法、刑事诉讼法对司法人权保障作出众多规定以外,行政法、行政诉讼法及相关司法解释也有不少与人权保护相关的条款。总的来看,司法人权法律保障机制呈现出多元化和体系化的特征。在现代社会,无论是欧洲、美洲还是非洲,都颁布了区域性国际司法人权公约,甚至建立了保障司法人权的人权法院。保障司法人权,不仅是政治哲学问题,"还是个社会问题",应当通过法律"使司法人权有效"。[1] 近年来,我国在司法人权保障方面,紧随国际发展步伐,不仅健全了立法保障机制,同时还在司法和司法解释等方面出台了不少与人权保障有关的规定。

行政法的精髓在于管理行政而不是行政管理,它通过监控行政权,保障公民宪法上和法律上规定的种种权利和自由不受非法行政侵害。在行政法及行政诉讼法修改的大背景下,行政权在司法人权保障的过程中发挥着举足轻重的作用,主要通过以下途径保障司法人权。一方面,规范行政处罚行为以保障司法人权。行政处罚是行政权对社会的一种管理手段,处罚的主要种类有人身自由罚、行为罚、财产罚、声誉罚,其中行政拘留是最易侵犯司法人权的,我国《行政法》和《行政诉讼法》主要通过设立行政处罚听证制度与限制自由裁量权来规范行政处罚。行政处罚听证制度在维护当事人的权益、纠正违法或不当行政处罚行为方面成绩斐然。[2] 1996年《行政处罚法》第42—44条规定了听证的启动

---

[1] See Rabinder Singh, *The Future of Human Rights in United Kingdom: Essays on Law and Practice*, Hart Publishing, 1997, p.30.
[2] 参见朱芒:《行政处罚听证制度的功能——以上海听证制度的实施现状为例》,《法学研究》2003年第5期。

权、听证适用的范围、听证举行的时间等一系列内容,这是我国行政听证制度发展的重要突破。除此之外,我国还加强了对行政处罚自由裁量权的限制。2008年国务院发布的《关于加强市县政府依法行政的决定》中明确规定了"建立自由裁量权行使的基准制度",该制度主要通过"规则细化"甚至"量化"的方式来压缩乃至消灭自由裁量。另一方面,健全行政赔偿与补偿机制以保障司法人权。1989年《行政诉讼法》首次对行政赔偿机制作出了明确规定;1994年《国家赔偿法》正式制定出台,但因其单一的归责原则、狭窄的赔偿范围、偏低的金钱赔偿标准和不当的赔偿程序等问题,该法逐渐与司法实践脱节;[1] 2010年我国对《国家赔偿法》中有关行政赔偿的内容作了全面修改,包括归责原则、赔偿范围、赔偿程序、举证规则、赔偿标准、赔偿金获取、赔偿请求时效等方面。而行政补偿是指国家行政机关及其工作人员在管理国家和社会公共事务的过程中,因合法的行政行为给公民、法人或其他组织的合法权益造成了损失,由国家依法予以补偿的制度,该制度对保障公民的合法权益起着重要的作用。

(五) 司法解释中的司法人权

当在司法人权保障中出现无法可依的争议时,应根据《宪法》条文和法律的精神对立法漏洞进行填补。在个案争议发生时,法院应当受理,即使没有法律依据,也应当以解释的形式使问题明朗化:在所有法治国家都存在这样一个需要法官创制规则去填补的"空缺结构"[2]。成文法对社会生活的规范只能是概括的、典型的,立法者不可能把社会生活中出现的任何个别事例都原封不动、毫无遗漏地写进法条,因此可以说成文法必然存在局限性。司法解释是解脱成文法困境的"钥匙",可以弥补法律空白,有助于实现保障司法人权的目的。司法实践中,各种权利间的冲突与利益不均衡屡见不鲜,成文法典难以全面地应付所

---

[1] 参见杜仪方:《新〈国家赔偿法〉下刑事赔偿的司法实践研究》,《当代法学》2018年第2期。
[2] [英]哈特:《法律的概念》,张文显等译,中国大百科全书出版社1996年版,第134—135页。

有问题,因此急需通过司法解释来解决法律的这种窘迫与尴尬,通过解释的方法,将矛盾自然解决。"他们只是解释它、阐明它、引申其全部含义,但其结果,通过把原文凑合在一起,通过把法律加以调整使其适应于确实发生的事实状态。"[1]

可以说,司法解释的作用和功能便是释明法条的内涵,对法律规定之间的灰色地带加以解释。司法解释通过遵循、确认、深化"立法原意"的方式,实现保障司法人权的目的。立法原意是指立法文本及其具体的法律条文所表现出的立法者的本意。分析和确认立法原意,应从成文法的自身内容,如序言、总则、条款甚至标点符号中探求。从客观上讲,法官是否被允许"造法"、"造法"的限度有多大,以及"造法"之方式如何,应当予以明确。当然,在承认法律漏洞和法官可以补漏的同时,是否会形成司法权介入立法权的规模化并取代立法机关的立法职能,这也是人们所担心的问题之一。[2]可见,司法解释不是漫无边际的,它需要遵循立法的原意,符合宪法、法律的基本精神,调和复杂多变的社会矛盾,以实现保障司法人权的目的。

第二节 刑事被告人与被害人权利保障的平衡及实现

随着社会的进步,被告人和被害人的诉讼地位呈现出完全不同的发展轨迹。第二次世界大战期间,德、意、日法西斯对司法人权的践踏令人发指。"二战"后,人们逐渐认识到保持被告人和被害人诉讼地位、权利平衡的重要性。当前,西方国家刑事诉讼改革都是以控制犯罪和保护人权的平衡、程序正义和实体正义的平衡为追求目标。国际社会对保障刑事司法中被害人和被告人权利平衡的观点已达成共识。我国1996年《刑事诉讼法》第82条已确认被告人和

---

[1] [英]梅因:《古代法》,沈景一译,商务印书馆1984年版,第20页。
[2] 参见方姚:《后法典时代下司法解释功能的异化、危机与回归——以刑事诉讼法司法解释为切入点》,《湖北社会科学》2019年第4期。

被害人在法律上有着平等的诉讼地位,这为平衡被告人和被害人的权利奠定了基石;党的十八届三中全会审议通过了《中共中央关于全面深化改革若干重大问题的决定》,其中关于"完善人权司法保障制度"的内容为平衡被告人和被害人权利提供了良好的司法实践环境。陈瑞华指出:"现在,几乎所有刑事诉讼法学研究者都接受了诸如刑事诉讼既要以惩罚犯罪为目标,又要坚持保障人权的思想,甚至参与刑事诉讼立法和司法的官员,也对加强刑事诉讼中的人权保障问题产生了较为清醒的认识。"[1]被害人与犯罪嫌疑人、被告人在刑事诉讼中的利益是对立的,双方的诉讼权利保障构成了刑事诉讼中人权保障的基本内容,忽视双方中的任何一方都是片面的、不恰当的。可见,司法人权保障不仅需要静态的法律,更需要动态的实践,实现公正与效率的兼顾。

一、以被追诉人权利保障为中心

2014年5月国务院新闻办公室发布了《2013年中国人权事业的进展》白皮书,其中提到了在刑事诉讼中处于相对弱势的被追诉人的权利保障措施。[2]刑事被追诉人包括被告人和犯罪嫌疑人,被追诉人权利是指刑事诉讼过程中被告人、犯罪嫌疑人依法享有的权利。一直以来,在中国的司法实践中,被追诉人的对抗权与公安司法机关追诉权的力量对比存在失衡,公权力呈压倒性优势。与此同时,控制犯罪(率)与惩罚犯罪一直是刑事诉讼首要的价值目标。在有罪推定理念之下,公安司法机关把被追诉人视为罪犯予以打击,很容易导致控、辩、审三方的诉讼格局失衡,与程序正义相背离。20世纪末以来,随着对司法人权概念的认知不断扩大与深入,以被追诉人权利保障为中心的刑事诉讼模式在探索中逐步建成。

---

[1] 陈瑞华:《刑事诉讼的前沿问题》,中国人民大学出版社2000年版,第99页。
[2] 参见《2013年中国人权事业的进展》,http://www.gov.cn/xinwen/2014-05/26/content_2686847.htm,最后访问日期:2023年1月13日。

（一）立法中的被追诉人之人权保障

国际刑事司法人权准则在总结各国刑事诉讼立法和司法实践的基础上，确立了保障刑事诉讼被告人权利的国际标准，该标准具有"普遍性"和"包容性"。在过去的30多年里，我国受国际刑事司法人权保障的影响，并在借鉴与吸收的基础上，对被告人的权利保障开展了一系列的立法活动。第一，《宪法》所确立的公民权利保障条款实质上是被追诉人权利保障的直接法律依据，我们可将其称为"被追诉人权利的宪法化"。1982年《宪法》的第二章规定了我国公民的基本权利，将若干项被追诉人人身权利上升到宪法性权利的高度；2004年《宪法修正案》更是增加了"国家尊重和保障人权"的规定，这一带有宣示性的宪法人权条款为被追诉人的权利保障提供了宪法性依据。第二，1997年《刑法》确立了刑法的三大原则（罪刑法定原则、罪责刑相适应原则、法律面前人人平等原则），并废除了1979年刑法的类推制度（但允许有利于被告人的类推）；2006年死刑案件核准权统一收归最高人民法院，这为死刑案件在侦查、起诉、一审、二审等环节确立更为严格的程序提供了契机；2011年《刑法修正案（八）》中新增针对未成年人与老年人犯罪予以宽大处理、废止13种（最高法定刑为死刑）罪名的死刑、确认坦白作为法定从宽情节与下调绑架罪的法定刑等规定。近年来，我国把"保留死刑，严格控制死刑""少杀慎杀，逐步减少死刑"和"宽严相济"等理念作为刑事司法政策全面贯彻施行，确保死刑只适用于罪行极其严重的被告人，体现了国家对刑罚的限制与对刑事诉讼被告人权利的保障。第三，我国现行刑事诉讼法历经1996年、2012年、2018年三次修改，在许多方面已与国际刑事司法标准接轨。比如，无罪推定原则（《刑事诉讼法》第12条）、非法证据排除规则（《刑事诉讼法》第56条），明确规定了犯罪嫌疑人、被告人享有不受强迫自证其罪和免受不必要羁押的权利等。

（二）刑事诉讼中的被追诉人权利

程序性权利是指在刑事诉讼法律关系中被追诉人所享有的与防御公检法机关权力相对应的权利。实体性权利的保障和实现与法律程序的正当性息息相关，这已成为刑事司法领域的共识。刑事诉讼中，被告人所享有的究竟是实体性权利还是程序性权利，国内的学者各执己见。有学者提出，刑事诉讼中人权是程序性权利，而非实体性权利。本书认为，刑事诉讼被告人在享有程序性权利的同时，还享有一定程度的实体性权利，譬如生命权、人身自由权、人格尊严权、财产权等。刑事诉讼中的被追诉人权利主要包括如下内容：

第一，获得公平与公正审判的权利。2013年2月23日习近平总书记在中共中央政治局全面推进依法治国第四次集体学习时指出："要努力让人民群众在每一个司法案件中都感受到公平正义，所有司法机关都要紧紧围绕这个目标来改进工作。"[1]在司法审判中，顶层设计的架构由各级法院执行，不断改善司法公正状况，使被告人获得公平与公正审判，保障司法案件中的公平与正义。在刑事审判中，公平与公正的审判可以保护被告人免遭不合法、不公正的定罪量刑，故其所涵括的实则是一种实体权利。

第二，运用本民族的语言文字进行诉讼的权利。《刑事诉讼法》第9条规定："各民族公民都有用本民族语言文字进行诉讼的权利；人民法院、人民检察院和公安机关对于不通晓当地通用的语言文字的诉讼参与人，应当为他们翻译；在少数民族聚居或者多民族杂居的地区，应当用当地通用的语言进行审讯，用当地通用的文字发布判决书、布告和其他文件。"可见，被告人有运用本民族的语言文字进行诉讼的权利，公检法机关应为不通晓当地语言文字的被告人提供翻译，以保障被告人充分行使其诉讼权利。

---

[1]《习近平在中共中央政治局第四次集体学习时强调　依法治国依法执政依法行政共同推进　法治国家法治政府法治社会一体建设》，《人民日报》2013年2月25日，第1版。

第三,申诉、控告与检举的权利。我国《宪法》规定:"中华人民共和国公民对于任何国家机关和国家工作人员的违法失职行为,有向国家机关提出申诉、控告或检举的权利。"再依据现行《刑事诉讼法》第14条的规定,犯罪嫌疑人、被告人对于审判人员、检察人员和侦查人员侵犯公民诉讼权利和人身侮辱的行为,有权提出控告。依据《刑事诉讼法》第110—112条的规定,被告人对于司法工作人员侵犯其合法权利和人身侮辱行为进行控告时,公检法机关应当接受,对于不属于自己管辖的,应当移送主管机关处理,并且通知被告人,对于不属于自己管辖而又必须采取紧急措施的案件,应当先采取紧急措施,然后再移送主管机关;公检法机关应当保障被告人及其近亲属的安全;三机关对于控告的材料应当按照管辖范围迅速进行审查,认为有犯罪事实,需要追究刑事责任的,应当立案,认为没有犯罪事实或者犯罪事实显著轻微,不需要追究刑事责任的,不予立案,并且将不立案的原因通知被告人,被告人如果不服,可以申请复议。

第四,获得辩护的权利。作为刑事案件被追诉人的核心权利,充分保障被追诉人的辩护权已成为世界各国的通例,同时也是国际司法人权公约的基本要求。辩护权是指被追诉人依据法律和事实,提出自己无罪、罪轻或者应当从轻、减轻或免除处罚的理由,以维护自身的合法权利。辩护权包括自行辩护权和委托辩护权,1982年《宪法》就已经规定了"被告人有权获得辩护"的内容,并在1996年《刑事诉讼法》中对被追诉人如何行使辩护权作出了详细的规定。为更好地保障被追诉人实现这一权利,现行《刑事诉讼法》第11、14条都原则性地规定了"被告人依法享有获得辩护的权利";第35条规定了"法律援助机构可以或应当指派律师为其辩护的情形",法律援助机构应当为被告人指定辩护的情形包括:被告人是盲、聋、哑人,被告人是尚未完全丧失辨认或者控制自己行为能力的精神病人,被告人可能被判处无期徒刑或死刑,以及法律规定的其他应当指定辩护的情形;在"认罪认罚从宽制度"的改革背景下,第36条还新增了值班律师制度,虽然值班律师的职能定位尚不明确,导致其辩护作用尚未得到有效发挥,但是对于保障人权而言具有重要意义。为使被告人充分行使辩护权,确保其能够获得"有效辩护",并能够对律师辩护进行有效督促,有必要确立"被告人的自主性辩护权",确保被告人有机会亲自行使会见权、阅卷权、申请调查权,从而与律师辩护权形成一种合力。[1]

第五,不被强迫自证其罪的权利。联合国《公民权利及政治权利国际公约》第14条第3款规定了被刑事指控的人应当享有的最低限度的权利保障,其中(庚)项规定,不可强迫作不利于自己的证言(not to be compelled to testify against himself or to confess guilt)。我国现行《刑事诉讼法》第52条规定了"不得强迫任何人证实自己有罪"。西方学者曾言:"不被强迫自证其罪原则在不同的时间、不同的地点、不同的环境会有不同的含义。"[2] 但一般而言,"不被强迫自证其罪的权利"是指保障被追诉人在刑事诉讼中有权自愿或自主进行陈述,并反对用刑讯逼供或其他非法的方法获取犯罪嫌疑人、被告人证言和其他证据的权利。

第六,申请回避的权利。现行《刑事诉讼法》第29、30、31、32条规定了刑事诉讼程序中回避主体的范围,包括:侦查、检察和审判人员及各种程序中担任记录、翻译、勘验和鉴定的书记员、翻译人员、勘验人员、鉴定人员,特定条件下的辩护人和诉讼代理人,以及公安机关负责人、人民检察院检察长、人民法院院长。我国《刑事诉讼法》规定,所有回避的提出都必须说明理由,而且必须是法律规定的事由,这在理论上称作"有因回避"。回避的理由主要包括:(1)本人是本案的当事人或者是当事人的近亲属的;(2)本人或者他的近亲属和本案有利害关系的;(3)本人担任过本案的证人、鉴定人、辩护人、诉讼代理人的;(4)与本案当事人有其他关系,可能影响公正处理案件的;(5)本人接受当事人及其委托

---

[1] 参见陈瑞华:《论被告人的自主性辩护权——以"被告人会见权"为切入的分析》,《法学家》2013年第6期。

[2] David M. Paciocco and Lee Stuesser, *Essential of Canadian Law: The Law of Evidence*, Irwin Law, 1996, p.154.

的人的请客送礼或者违反规定会见当事人或当事人委托的人的。在侦查、起诉及审判阶段,司法机关必须按一定程序告知被告人享有申请回避的权利,为被告人充分行使申请回避的权利创造一定的条件。被告人申请回避,既有利于保证客观、公正、合理地处理各类刑事案件,防止侦查、检察、审判及其他有利害关系的人员利用职权徇私舞弊、徇情枉法;又有利于消除案件被告人、被害人及其他当事人对公安司法机关的顾虑和不信任,进一步提高司法公信力,增强司法的权威性。

第七,免受不必要羁押的权利。我国《刑事诉讼法》规定了不同适用条件、不同执行方式下的五种强制措施:拘传、取保候审、监视居住、拘留、逮捕。据统计,在过去的司法实践中,对被告人适用取保候审、监视居住的比例非常低,绝大多数被告人都会被逮捕,而审前羁押的使用率则居高不下,超期羁押的现象较为严重,羁押性强制措施的适用成了惯例,而非羁押性强制措施则成了例外。现行《刑事诉讼法》第80、81、92、93、94、95条对逮捕犯罪嫌疑人、被告人设置了复杂的审批、执行程序及严格逮捕条件等。现行《刑事诉讼法》第80条规定:"逮捕被告人,必须经过人民检察院批准或者人民法院决定,由公安机关执行。"《刑事诉讼法》第81条规定:"对有证据证明有犯罪事实,可能判处徒刑以上刑罚的犯罪嫌疑人、被告人,采取取保候审尚不足以防止发生下列社会危险性的,应当予以逮捕:可能实施新的犯罪的;有危害国家安全、公共安全或者社会秩序的现实危险的;可能毁灭、伪造证据,干扰证人作证或者串供的;可能对被害人、举报人、控告人实施打击报复的;企图自杀或者逃跑的。"对逮捕条件的细化,有利于防止公检法机关以不正当理由对犯罪嫌疑人、被告人进行羁押。《刑事诉讼法》第95条规定:"被告人被逮捕后,人民检察院仍应当对羁押的必要性进行审查。对不需要继续羁押的,应当建议予以释放或者变更强制措施。"对羁押必要性的审查,进一步保证了犯罪嫌疑人、被告人免受不必要的羁押,同时也保障了犯罪嫌疑人、被告人权利的行使。

第八，进行最后陈述的权利。被告人最后陈述权，是指在刑事审判中，法庭调查与辩论终结转而进入评议判决之前，在审判人员的主持下，被告人享有的就与案件有关的事实和法律独立而不受影响地表达最终观点和意见的权利。现行《刑事诉讼法》第198、200、219条规定了被告人行使最后陈述权的内容，《刑事诉讼法》第198条规定："审判长在宣布辩论终结后，被告人有最后陈述的权利。"无论是在普通程序审理的案件中，还是在简易程序审理的案件中，被告人最后陈述这一环节都是不能省略的。由此可见，被告人最后陈述权是其在刑事诉讼中享有的一项重要的诉讼权利，其理论基础是司法对被告人弱势地位的特别关注以及对言词原则的重视，有利于切实保障好被告人享有的合法诉讼权利，同时也是确保在个案中实现实体公正和程序公正的必然要求。

被追诉人除了享有以上的程序性权利外，还有要求"审判公开"、免受不合理拖延权、获得翻译权、申请变更强制措施、申请非法证据排除等权利。但不可否认的是，现行《刑事诉讼法》对被追诉人权利保障方面的规定仍有欠缺之处，比如《刑事诉讼法》第236条规定："二审法院对于原判决事实不清或证据不足的，可以裁定撤销原判，发回重审。"这样的制度设计使得被告人存在遭受双重追诉的危险。类似的风险在审判监督程序中也存在。除此之外，在辩护制度中出现的问题，诸如指定辩护的条件不够明晰化、法律援助范围过窄、值班律师的权责不够合理等，阻碍了被告人充分行使辩护权，需要通过立法或出台司法解释加以完善。总的来说，对被追诉人权利的有效保障，在刑事诉讼程序中有着举足轻重的作用，尤其是在防范冤假错案方面意义重大。

二、以被害人权利保障为特色

西方有句古老的法律谚语："有犯罪必有被害，有被害必有救济。"中国社会正处在日新月异的转型期，在此期间，刑事司法表现出混合式、过渡式和跳跃式的特点。此时，犯罪也呈现出新型化和复杂化的趋势，被害人遭受的损害也越来越严重,如在"安康邱兴华杀人案""合肥王继伦碎尸案""西安药家鑫肇事杀人案""南平校园杀人案"等刑事案件中,被告人都受到了法律的严惩,但是"被遗忘的当事人"即被害人的权利救济问题并没有引起充分的重视。在1979年《刑事诉讼法》中,被害人只拥有诉讼参与人的地位。1996年《刑事诉讼法》作出重要修改,以完善被害人的权利保障为立足点,确立了被害人的诉讼当事人地位。对此,2012年《刑事诉讼法》也同样予以了肯定,并且增加了众多有关被害人权利保障的条款。该法共有26处条文涉及被害人权利保障,这无疑加强了对被害人权利的保障力度,有利于维护被害人的正当权益。2018年新修订的《刑事诉讼法》新增了认罪认罚制度、值班律师制度、缺席审判制度等,这些制度都与被害人权利保障息息相关。

刑事被害人,分为广义的被害人和狭义的被害人。广义的被害人泛指遭受犯罪行为侵害的人,包括公诉案件的被害人、自诉案件的自诉人、刑事附带民事诉讼的原告人以及反诉成立的部分反诉人;狭义的被害人专指公诉案件的被害人。[1]本章所指的被害人为广义的被害人,聚焦于刑事案件中具体法益遭受犯罪侵害的自然人。[2]被害人权利是指刑事案件的被害人在刑事诉讼过程中依法应当受到保障的权利和自由。其具有特殊性、完整性和受制约性等特征,特殊性体现于"被害人"这一身份,完整性体现于有完整的诉讼权利,受制约性体现于诉讼经济原则和举证责任原则。

(一)立法与司法中的被害人人权保障

近年来,我国逐步从立法角度完善了对被害人的权利保障,开展了一系列与被害人权益保障相关的新探索。比如,有学者从诉权角度论述了被害人在国

---

[1] 参见[德]托马斯·希伦坎普:《被害人教义学今何在?》,陈璇译,《比较法研究》2018年第5期;刘根菊:《关于公诉案件被害人权利保障问题》,《法学研究》1997年第2期。

[2] 被害人包括自然人被害人和单位被害人,为了使本章的研究更加集中,在此聚焦于对自然人被害人的研究,而单位被害人具有很强的特殊性,限于篇幅,不展开研究。

家追诉主义结构中的独特地位,深化了对被害人参与刑事公诉案件追诉活动根据的认识,揭示了被害人所享有的程序基本权,提出了被害人利益是独立于法官利益、检察官利益和辩护方利益的刑事诉讼中的第四极利益的主张;[1]有学者从实体法角度,通过阐述规范与事实的互动关系,以犯罪侵害的法益为基点,剖析了以"国家—犯罪人"为核心构成要素的传统刑事法律关系的缺陷,以新型的"国家—个体"分析范式说明被害人在刑事案件决策中的应有地位;[2]有学者认为,被害人人权保障的范围应当扩大,应当从"诉内"权利保障和"诉外"权利保障两个视角看待被害人人权问题。[3]接下来,本章便将从被害人"诉内"权利和"诉外"权利的视角出发,进一步探讨如何真正实现对被害人权利的保障,避免对被害人造成"二次伤害"。"二次伤害"可能是在犯罪人以外,由工作单位、个人家庭、新闻媒体、社会舆论等社会主体造成的。在司法实践中经常出现一些被害人因害怕受到他人胁迫或遭受新闻媒体的误解而不敢露面,也有一些被害人因担心个人隐私受到侵犯而不愿参加诉讼。这种情况在未成年案件中更加常见,对此,公安部、最高人民检察院、最高人民法院和司法部四部门联合发布了《关于依法惩治性侵害未成年人犯罪的意见》,明确要求应避免对未成年被害人造成"二次伤害"。必须强调的是,除了应当避免被害人在诉讼中遭受二次伤害以外,还应当避免在诉讼结束后对其造成"二次伤害"。在刑事司法中加强对被害人权益的保障,具有三个方面的理由。第一,从刑事诉讼构造论视角而言,加强对被害人权利的保障并不是说使得被告人和被害人的权利相对等,而是说要在综合构建诉讼构造的平衡的基础上实现被害人的诉讼权利,使得由国家公诉机关和被害人组成的控诉方与包括犯罪嫌疑人、被告人及其律师在内的辩护方形成一种动态的平衡。第二,从刑事诉讼目的论视角而言,加强对被害人权

---

[1] 参见万毅:《刑事被害人诉讼权利保障若干问题研究》,《兰州学刊》2016年第12期。
[2] 参见劳东燕:《事实与规范之间——从被害人视角对刑事实体法体系的反思》,《中外法学》2006年第3期。
[3] 参见胡铭:《审判中心与被害人权利保障中的利益衡量》,《政法论坛》2018年第1期。

益的保护,是我国司法人权保障的要求。以往,在谈到司法人权保障时,人们往往只能想到应该保护好被告人的权利,而忽视对被害人权益的保护。事实上,被害人由于遭受犯罪行为,需要承受包括身心损害、感情痛苦、经济损害和诉讼权利损害等重大损失,因此需要在被告人和被害人之间寻求一种利益的权衡,以实现二者之间的动态平衡。第三,从社会和谐视角而言,保护被害人正当权益是化解社会矛盾、维护社会公平正义的必然要求。近年来频发的被害人暴力维权、报复司法、报复社会等犯罪行为,就是鲜明的佐证。加强对被害人权利的保障,不仅对其本人和近亲属极其重要,也体现了我国对弱势群体的爱护,同时也对整个刑事司法程序的科学性、公正性以及社会和谐稳定发挥着举足轻重的作用。

(二) 被害人"诉内"权利的司法保障

被害人权利保障的核心是加强并保证其程序参与权,而"诉内"权利则以确保被告人和被害人平等地参与诉讼,并保证控辩审平衡的诉讼构成为基础。一直以来,实务界和理论界都存在这样的担心:被害人权利保障的加强是否会影响到被告人权利的保障?特别是在诉讼资源有限、控辩双方在某些具体权利上存在直接冲突的情况下,任何一方权利保护的增强就意味着另一方权利保护的削弱。基于"相对合理主义"的学术立场,这种担心具有一定的根据和合理性。但即便有此忧虑,也必须把握这样的原则,即刑事诉讼程序既不能片面地为犯罪人服务,也不能让被告人承担公诉机关和被害人的双重夹击,进而形成"四方构造"。[1]在英美法系国家,被害人权利保障的关注焦点也存在于诉讼程序之外,

---

[1] 对于"四方构造",本书认为,这种诉讼构造模式是值得商榷的。有学者认为,在"四方诉讼构造"中,控诉职能仍然主要由检察官和侦查人员行使;被害人拥有独立的利益,发挥着积极作用;被告人及其辩护人仍然发挥着辩护的作用;法官发挥着消极裁判者的作用,其职能是"三造具备,兼听则明"。被害人的作用值得被进一步高度重视,甚至可以对刑事案件的处理有着决定性的影响。具体参见房保国:《被害人的刑事程序保护》,法律出版社2007年版,第100—142页。

即所谓的"诉外"权利,在刑事程序之外由国家、社会和个人共同对被害人进行救助。也就是说,对被害人诉讼权利的加强不能以恶化被告人的诉讼地位为代价,我们更多地应当将目光投向被害人知情、监督、保护等相对消极的诉讼权利,适当限制被害人的积极攻击之权利。我国《刑事诉讼法》已赋予被害人诉讼当事人地位,被害人所享有的"诉内"权利主要包括以下方面:

1. 控诉权

被害人控诉权是指其所享有的要求国家司法机关追究犯罪人刑事责任的权利,具体分为公诉案件中的控诉权和自诉案件中的自诉权。被害人作为犯罪行为的直接受害者,在其权利受到侵害后向公安司法机关告发或控诉犯罪,理应同时请求司法机关保护自身的合法权益。依据联合国《为罪行和滥用权力行为受害者取得公理的基本原则宣言》第 4 条,受害者有权向司法机关申诉并为所受损害迅速获得国家法律规定的补救,该条款可被视为保障被害人控诉权行使的国际法依据。[1] 我国现行《刑事诉讼法》赋予了被害人公诉案件的控诉权和自诉案件的自诉权,关于公诉案件的控诉权,依据现行《刑事诉讼法》第 112、113、114 条,当被害人的人身权利和财产权利受到侵犯时,可以向司法机关提出控告,同时为切实保障该权利的有效行使,《刑事诉讼法》规定司法机关有保护控告人及其近亲属安全和为控告人保密的义务,目的是解除被害人的后顾之忧。为保障被害人控诉权的真正落实,还赋予了其对立案决定不服的复议权,并规定了检察院对公安机关立案侦查行为的监督权。

关于自诉案件的控告,现行《刑事诉讼法》赋予了自诉人可独立行使的自诉权。自诉案件包括以下三类:被害人告诉才处理的案件、被害人有证据证明的轻微刑事案件,以及因公诉不能而转自诉的案件。同时,立法还赋予被害人在不服检察机关不起诉决定时,可以选择向上一级检察机关申诉或者直接向人民

---

1 《罪行和滥用权力行为受害者取得公理的基本原则宣言》,https://www.un.org/zh/documents/treaty/A-RES-40-34,最后访问时间:2023 年 1 月 15 日。

法院起诉的救济途径,此举在一定程度上解决了司法实践中存在的被害人"控诉难"的问题。

但司法实践证明,公诉转自诉并不能有效地解决"控诉难"的问题。试想,公检法作为国家的权力机关,掌握国家机器,都难以证明犯罪嫌疑人的行为构成犯罪,那么仅凭被害人的私力去收集犯罪证据,也很难有很好的效果。本书认为,被害人理应享有控诉权,但这种控诉权应更多地体现为对控诉权的监督,为了保障该权利的有效行使,还应赋予被害人多种救济措施。必须明确的是,被害人自诉权的行使绝不意味着代替公诉机关的职能,也不是由被害人承担举证责任,如此才能解决被害人"控诉难"的问题。

2. 知情权

知情权是被害人的基本诉讼权利,是指被害人对侦查、审查起诉、审判等诉讼活动依法获知有关诉讼信息的权利。如果说被告人最核心的诉讼权利是辩护权,那么在国家追诉犯罪的诉讼模式中,被害人最核心的"诉内"权利是知情权。强调对知情权的保障,有利于案件的处理,因为在许多刑事案件中,基本存在着这样的一个逻辑关系,即"知情→了解→理解→接受",反之则会出现"不知情→不了解→不理解→不接受"的结果。我国《刑事诉讼法》第112、180、202条规定了公安司法机关的告知义务:在公安机关立案阶段,认为不予立案的,应当通知被害人不予立案的原因;在审查起诉阶段,检察机关应当通知被害人及其法定代理人有权委托诉讼代理人,如果检察院作出不起诉决定,应向被害人送达不起诉决定书;在法院审判阶段,应当将作出的判决书送达被害人,并载明上诉期限及法院。应当说,现有的法律规定在一定程度上保障了被害人的知情权。但总体来看,现阶段立法对被害人知情权的保障是存在缺陷的。比如,在侦查阶段,仍存在对被害人告知事项不全面、告知程序欠缺、执行不力等问题。这些漏洞需要进一步加以改进,具体的完善措施有扩充被害人在侦查阶段的知情权、明确告知或送达通知的期限、赋予被害人多种知悉途径等。

3. 名誉权和隐私权

名誉权和隐私权不仅是被害人重要的"诉内"权利,同时也是被害人应享有的实体性权利之一。名誉是一种社会评价,对名誉损害的认定,并不以被害人的自我感觉为基准。侵害名誉权,包括对名誉的损害、精神损害和由此产生的财产损失。隐私权是指被害人自己的个人私事、个人信息等个人生活领域内的事情不为他人知悉、禁止他人干涉的权利。一方面,要在媒体报道中防止出现"二次伤害",避免被害人的权益再次受到侵害;另一方面,在刑事诉讼中对被害人的询问、检查,以及对案情的披露和相关卷宗材料的保管,都应着眼于对受害人权利的保障,尤其是对名誉权、隐私权的保护。与此同时,也应当注重对被害人近亲属的名誉权和隐私权的保护。

除以上三项"诉内"权利外,被害人还有其他"诉内"权利,比如被害人诉讼参与权、申请回避权、陈述权和发表意见权、量刑建议权、申请抗诉权、申诉权等。当然,在加强被害人相对消极的诉讼权利的同时,也要适当限制被害人的积极攻击性权利。这是因为如果允许被害人积极攻击性权利的过度扩张,极易对传统"三方诉讼构造"模式、被告人当事人地位及权利、检察机关公诉权和刑事诉讼效率等产生巨大冲击。正如有学者所言:"站在司法实践的角度,众多的被害人参与到刑事诉讼中去,将有碍刑事诉讼的进展。"[1]对此,应当对被害人诉讼参与权予以一定的限制,对于被害人是否有量刑建议权、是否有权直接参加法庭辩论、是否有讯问被告人和证人的权利等问题需要进一步商榷。除此之外,检察机关代表国家和被害人行使公诉权,对犯罪进行控告和惩罚,在追诉犯罪前,应当事先听取被害人的意见并接受被害人的监督,这样将更有利于实现对被害人权利的有效保障。

---

[1] [德]汉斯·约阿希姆·施耐德:《被害人在刑法和刑事诉讼法中的地位》,许章润等译,中国人民大学出版社1992年版,第421页。

(三) 被害人"诉外"权利的多元救济

无救济即无权利。被害人作为弱者,常常需要承担来自身体、精神和物质等诸多方面的风险和损失。对被害人权利的保障,不仅需从"诉内"权利的角度思考,更重要的是实现对被害人"诉外"权利的多元救济模式。相关数据表明,自2001年以来,我国每年刑事犯罪立案数量均在400万起以上,破案率为40%—50%,那么不算已经破案的,我国每年大约有200万被害人无法从罪犯那里获得赔偿。据最高人民检察院的统计,全国大约80%的刑事被害人无法从犯罪人那里获得赔偿。[1] 这也就意味着,只有极少部分的被害人及其家属可以从加害方那里获得赔偿,大多数被害人的损失无从弥补。对此,我们认为,当被害人无法通过行使"诉内"权利获得赔偿时,就应及时启动"诉外"的救济程序,从而实现二者的无缝衔接。为全面地弥补被害人所遭受的损失,应从加害人的赔偿、国家补偿、社会救济、社会帮助等多维度视角,建立体系性的被害人"诉外"权利保障机制,实现对被害人权利的多元保障。

1. 获得赔偿权

被害人获得赔偿权,是指被害人及其近亲属因犯罪行为的侵害而遭受损害或损失时获得相应救济的权利。依据我国《刑事诉讼法》第101条第1款,被害人由于犯罪行为而遭受物质损失,可以通过刑事附带民事诉讼程序请求被告人予以赔偿,但此种赔偿范围不包括精神损失和间接的物质损失。再依据我国《国家赔偿法》第17、18条,在刑事司法和执行过程中,因侦查、检察、审判或监狱机关违法行使职权而造成人身和财产损失的,被害人可以请求国家赔偿,此种赔偿不以加害人构成犯罪为前提。但是在司法实践中,被害人能够从被告人处获得的赔偿都是相当有限的。从记者对张君抢劫杀人案(杀死及伤害50余

---

[1] 参见谭志君:《刑事被害人权利救济的多元模式》,《政法论坛》2010年第5期。

人)、黄勇智能木马杀人案(杀死17名少年)、马加爵杀人案(杀死4名大学同宿舍同学)、杨新海流窜杀人案(26起,杀死67人)、宫润伯变态杀人案(杀死6名佳木斯儿童)、个体屠宰户石悦军杀人案(杀死12人,伤5人)、邱兴华案(杀死11人)等案件的调查中,我们可以发现几乎没有一个被害人在这些案件中获得过被告人的赔偿。这些大案凶犯几乎都没有可供赔偿的财产,即使是曾抢劫金铺的张君,死前也只剩2300元。[1]同时,被害人也很难从政府这里获得高额的赔偿。因此,应当在立法或司法解释层面,对精神损害抚慰金加以细化和量化,建立完善国家赔偿制度,赔偿标准随着经济社会的发展而不断提高,如侵犯公民人身自由权每日赔偿金额从1995年的17.16元上升到2021年的373.10元。在此基础上,有学者提出应当将国家刑事赔偿的违法责任归责原则修改为结果追责原则,对轻罪被重判者也应承担赔偿责任。[2]

2. 获得国家补偿权

被害人的国家补偿,是针对那些遭受犯罪侵害但由于种种原因无法从被告方获得损害赔偿的被害人,由国家给予一定的补偿,从而使被害人的利益可以得到适当弥补的救济措施。当前,社会矛盾复杂化,刑事案件形势仍然严峻,以国家追诉为中心的传统刑事诉讼模式和以监禁刑为中心的犯罪惩罚模式在被害人损害弥补、修复被犯罪破坏的社会关系等方面,难以发挥出很好的效果。当被害人因犯罪而遭受损失后,若确实无法从加害人或社会救济层面获得合理且必要的赔偿,国家作为"守夜人",理应承担起代为补偿的责任。有学者认为,恢复社会正义理论、权利的公力救济理论、利益权衡理论与效益价值理论等是构建刑事被害人国家赔偿制度之基础。在我国,建立刑事被害人国家补偿制度具有必要性和可行性。[3]

---

1 参见苏敏华:《〈国际刑事法院罗马规约〉的被害人赔偿与补偿程序》,《社会科学辑刊》2017年第2期;张新宇:《刑事赔偿中的有利于受害人原则及其适用》,《法商研究》2021年第1期。
2 参见张泽涛:《新中国70年人权司法保障制度的回顾、反思及其完善》,《法律科学》2019年第5期。
3 参见孙谦:《构建我国刑事被害人国家补偿制度之思考》,《法学研究》2007年第2期。

近年来,全国各地对刑事被害人国家补偿制度开展了试点工作。如山东省淄博市出台并实施了《关于建立刑事被害人经济困难救助制度的实施意见》,山东省青岛市施行了《刑事案件受害人生活困难救济金管理办法》,福建省福州市施行了《关于对刑事案件被害人实施司法救助的若干规定》。除上述城市的被害人救济制度的实践外,浙江省各级政法委及司法机关已经全面开展刑事被害人救助工作。河南省郑州市中原区检察院设立两项司法救助基金,其中之一就是为特别困难的被害人设立的救助基金。目前,全国已经开展刑事被害人获取国家补偿制度并建立专项资金的地区有广东省珠海市、四川省绵竹市、江苏省无锡市、山东省临沂市等。这种国家没有明确立法而地方进行试点的现象被称为"实验性立法"。对被害人获取国家赔偿制度进行地方性探索,将为中央日后的立法积累丰富的经验,打下坚实的基础。

3. 获得社会救助权

犯罪作为一种客观存在的社会现象,破坏了社会的和谐、稳定。任何社会成员都有可能成为犯罪行为直接或间接的受害者,被害人作为犯罪侵害行为最直接的承受者,实际上替代其他未遭受犯罪侵害的社会成员承担了损失,社会理应对其负担一定的救助责任。社会救助作为社会保障的重要内容之一,根据救助对象的不同,分为对农村和城镇贫困人口的救助、对灾民的救助及其他特殊人员的救助两大部分,被害人归属于其他特殊人员。在《社会救助暂行办法(征求意见稿)》颁行近五年后,2014年5月1日,国务院正式颁布施行了《社会救助暂行办法》(以下简称《办法》),《办法》遵循与经济社会发展水平相适应、与其他社会保障制度相衔接的原则,规范了各项社会救助的内容,主要包括医疗救助、住房救助、就业救助、临时救助等;也进一步明确了社会救助的保障措施,加强了对社会救助监督的管理,以及明确了违反《办法》应当承担的法律责任。这无疑有助于加强被害人获得社会救助的权利。但是,在《办法》颁行的初期,对被害人的社会救助仍未能得到有效落实。一方面,社会对被害人获得救助权的关注不够,尚未形成专属的救助氛围,只是将其纳入到妇女、儿童、老人、残疾人等这些弱势群体的保护之中。在这样的情况下,被害人只有在符合某一类弱势群体的条件时,才能够获得相应的保障,大多数不满足条件的被害人则只能被边缘化。另一方面,尚未建立与被害人的社会救助相关的制度,对救助缺乏系统的管理和统筹,导致社会救助不到位。这需要在之后的司法实践中加以完善。

被害人"诉外"权利除获得赔偿、获取国家补偿和获得社会救助等三项权利外,还有获得国家救助的权利、获取社会帮助的权利等等。近年来,随着被害人权利保障的呼声越来越高,我国多地省市的司法机关与政府展开了针对涉诉特困被害人的国家救助试点工作。如国家层面出台了《关于开展刑事被害人救助工作的若干意见》,各省市相继出台了地方化的规范性文件,针对性地指导当地的救助工作。总之,充分利用国家和社会的各种资源,保障被害人"诉内外"权利,既是社会公平正义理念的要求,也是维护社会和谐与稳定的需要。

第三节 司法场域下的刑事错案与司法人权保障

在追究和惩罚犯罪的过程中,国家专门机关以国家强制力为后盾,往往自觉或不自觉地超越权限,甚至滥用权力,进而侵犯被追诉者的权利。[1]随着张氏叔侄案、呼格吉勒图案、陈满案和刘吉强案的持续曝光,错案再一次被推到了风口浪尖。正如法国学者勒内·弗洛里奥所言:"'错案'会使人想到一个无辜者在黑牢里服刑的情景,而实际上他并没有犯罪。"[2]刑事错案对司法人权所带来的侵犯是极为严重的。但从另一个角度看,错案在给司法公信力造成极大损害的同时,也为我国司法体制改革提供了契机。党的十八届三中全会颁行了《中共

---

1 参见陈光中:《应当如何完善人权刑事司法保障》,《法制与社会发展》2014年第1期。
2 [法]勒内·弗洛里奥:《错案》,赵淑美、张洪竹译,法律出版社2013年版,第2页。

中央关于全面深化改革若干重大问题的决定》,着重强调了"国家尊重和保障人权",全面贯彻完善人权司法保障制度,其中将健全错案预防和纠正机制作为重要的抓手。[1]此后,在最高人民法院下发的《最高人民法院关于建立健全防范刑事冤假错案工作机制的意见》中,第一条即规定:"坚持尊重和保障人权原则。尊重被告人的诉讼主体地位,维护被告人的辩护权等诉讼权利,保障无罪的人不受刑事追究。"党的十八届四中全会通过了《中共中央关于全面推进依法治国若干重大问题的决定》,首次明确了全面推进依法治国的总目标,为错案预防、纠正及建立司法责任制提供了依据。最高人民法院为贯彻落实十八届四中全会的精神,出台了《关于完善人民法院司法责任制的若干意见》,明确"法官要对错案终身负责,全力防止冤假错案的发生"。可见,在顶层设计上,国家已陆续出台了一系列纠预错案的规范性文件。

对错案纠预机制的研究存在着内部形式主义与外部工具主义两种范式,探索形成司法场域的理论及运行逻辑正是消解内部形式主义和外部工具主义二元对立局面的重要举措。本节将以司法场域运行逻辑为视角,结合十八届三中全会和四中全会的文件,寻求解决问题的最优策略,以当前中国式典型错案为实证分析样本,并结合当前司法改革防范刑事错案的法律、法规及司法解释,全面革新刑事错案预防和纠正机制。

一、司法场域的运行逻辑:理想司法场域

苏力曾言:"我们总是习惯或容易把语境化的概念、命题、论断和实践一般化、普世化;总是认定所谓的历史的必然和真理,认定真理和谬论的截然对立……而拒绝对日常生活中细小问题的深思和反思。"[2]同样,探究刑事错案的成因、预防和纠正机制,需要深入研究并反思错案产生的司法场域是怎样的,它

---

1 参见陈金钊:《全面推进依法治国所展现的战略定力》,《法学论坛》2015年第1期。
2 苏力:《制度是如何形成的》(增订版),北京大学出版社2007年版,第43页。

是如何运行的,以及理想司法场域是何样态。

(一)司法场域的逻辑结构

场域不仅是社会学上消解主观主义和客观主义二元对立的工具,而且是司法领域预防错案最基本的元素。法国学者布迪厄将场域(champs)定义为:"在各种位置之间存在的客观关系的一个构型(configuration)或一个网络(network)。"[1]场域是一个系统的、动态的、体现社会力量对比关系的网络结构,它是利益和资本竞争博弈的空间,其运作和转变的原动力是场域的结构形式和场域内各个主体之间占有资本的区别,参与博弈的各方依据其所占有的"资本"展开较量。在布迪厄的场域理论中,有三个基本的概念,即资本、场域和惯习。其中,"资本"在社会空间存在形式被分为四大类,即社会资本、文化资本、经济资本和象征性资本。所谓司法场域,则是以法律职业共同体为主,由与司法活动有直接利害关系的各方主体组成的、相对独立地遵循自身运行规律和逻辑的场域。其本身不仅是一个概念,而且是一个理论体系,其理论囊括了社会资本理论的一条主线,并由场域、资本、惯习、阶级、强关系、弱关系等一脉相承的概念体系组成。其中,资本在司法场域中"既是斗争的武器,又是争夺的关键"[2]。同理,刑事错案的发生也并非偶然,而是一个系统综合作用的过程,其本质是一项"利益或资本"竞争博弈的过程。然而,长期以来人们习惯于从静态、单向思维视野来解释,而不是从动态、多维的视角切入。

在现实社会中存在着不同领域的场域,比如政治场域、文化场域、科学场域、经济场域、艺术场域、宗教场域等,它们在各自的领域都有着独特的运作逻辑和特殊的功能。其中,科学场域在所有场域中最具有自主性,政治场域则排

---

[1] [法]皮埃尔·布迪厄、[美]华康德:《实践与反思:反思社会学导引》,李猛、李康译,中央编译出版社1998年版,第19页。
[2] [法]皮埃尔·布迪厄、[美]华康德:《实践与反思:反思社会学导引》,李猛、李康译,中央编译出版社1998年版,第135页。

在末尾,司法场域介于二者之间。虽然司法场域具有自主性,且有自身运行逻辑,但它又是一个解构不彻底的场域,其自身常常受到其他外部场域的各种影响和干扰。司法场域为司法运作、错案纠预提供了空间,以实现个案的公平正义为使命,而且自身具有独特的运作逻辑。[1]因此,司法场域是一个相对独立的场域,既有自身行动的内在运行逻辑,又是一个自主性比较低的场域。结合场域理论,布迪厄认为:"司法场域的特定逻辑是由两个要素决定的,一个要素是司法运作的内在逻辑,另一个则是特定的权力关系,其为场域提供了结构并安排场域内发生残酷的竞争。"[2]具体来说,主要表现在以下方面:首先,司法场域的基本运行逻辑遵循司法运行规律和程序法治原则。它包括几个基本要素——宪法、法律权威、依法独立行使职权、司法公正、司法民主、司法公开等,这些要素都是司法场域有效运行的基本保障。其次,司法场域运行的主要依据为宪法、法律法规及司法解释,其终极价值目标是公正和效率。公正是司法场域的基本价值,效率则是指在保障程序公正的前提下提高诉讼效率。最后,司法场域是由各方利益主体参与组成的。其中,法官是权威主体,检察官、被告人是基本的利益主体,被害人、律师、证人、法警和专家辅助人等则是参与主体或辅助主体,这些要素总和加起来,建构了司法场域的运行逻辑。

(二) 理想的司法场域

理想的司法场域孕育于场域的运行逻辑,在依法治国理念的指导下,集中体现了司法的中立性、公正性、独立性、公开性、程序性、权威性和终局性。理想的司法场域以司法权为基础,以证据裁判主义为支撑,以宪法、法律法规和司法解释为依据,以法官、检察官、当事人为主要主体,以定分止争为己任,以保障司

---

[1] 参见方乐:《司法的"场域"分析?——以1997年的一次学术论战为背景的展开》,《法律科学》2006年第1期。

[2] [法]皮埃尔·布迪厄:《法律的力量:迈向司法场域的社会学》,强世功译,《北大法律评论》1999年第2卷。

法人权为目的,以实现公平正义为终极目标。在保障依法独立行使职权和遵循司法运行规律的前提下,司法场域为当事人和司法主体提供了一个有序的博弈平台。从形式理性视角而言,司法裁决被看作是参与各方主体共同博弈的过程。具体而言,理想的司法场域包括了三个核心要素,即主客体相互作用下的司法运行规律,正当程序、程序公开与程序理性,以及公检法三机关侦控审的平衡。

第一,遵循主客体相互作用下的司法运行规律。司法规律是由司法本质属性所决定的,并体现了司法活动和司法建设客观存在的法则。司法规律是客观存在的,是不以人的意志为转移的一种规律性的存在。一般而言,制度是可以创造的,比如创造中国特色社会主义制度,但司法规律却需要我们挖掘,其蕴含了人类司法文明之精髓。[1]在依法治国的大背景下,应当参考世界先进法治国家的经验,摄取有益成分,并逐步探索和总结出符合我国实际的司法制度运行规律。有学者对我国司法体制改革应当遵循的司法规律作出了如下总结:"严格适用法律,维护宪法法律权威;公正司法,维护社会公平正义;司法的亲历性与判断性等。"[2]强调司法规律的层次性,要求从客体规律转向实践规律,转向主观见之于客观的司法实践的脉络演进之中,转向支配司法实践的司法构造论之中。[3]可见,遵循司法规律的意义在于充分发挥司法的能动性,确保个案实现最基本的公平正义,维护社会的和谐稳定,减少乃至防止冤假错案的再发生。

第二,符合正当程序、程序公开与程序理性。程序是司法场域运行的逻辑,理想的司法场域应以程序正义为其本质属性,维护程序正义是防止错案发生的根本路径之一。程序正义包含三项核心要素:首先,程序的正当性。当没有法源依据或法律程序规定不明确时,程序的正当性就成了行为"合法"的基础。其次,程序的公开性。秘密的司法程序通常被诟病为"专制主义"司法,程序公开

---

[1] 参见胡铭、自正法:《司法透明指数:理论、局限与完善——以浙江省的实践为例》,《浙江大学学报》(人文社会科学版)2015年第6期。
[2] 陈光中、龙宗智:《关于深化司法改革若干问题的思考》,《中国法学》2013年第4期。
[3] 参见江国华:《司法规律层次论》,《中国法学》2016年第1期。

是司法公开的重要特征,其透明度越高,意味着程序的民主程度越高。最后,程序的合理性。根据哈贝马斯的"交往行为理论",[1]作为或不作为都应该有一个理性交流或沟通的过程,它是双向的、互动的,是一个听取意见并合理解释的过程。

第三,侦控审的均衡化。我国《宪法》和《刑事诉讼法》将公检法三机关的关系定位为"分工负责,互相配合,互相制约",这种平面的权力架构具有强化国家追诉机关实现犯罪追诉的效能。[2]从我国《宪法》和《刑事诉讼法》的演进脉络考察,该原则是一个完整的逻辑和规范体系,"互相制约"是公检法相互关系的核心要求,"互相配合"体现了三机关工作程序上的衔接关系,"分工负责"体现了三机关的宪法地位。同时,该原则体现了两种服从关系:在诉讼阶段论上,侦查服从于起诉,起诉服从于审判;在基本理念上,配合服从于制约,效率服从于公平。[3]但是在现实的司法场域中,三机关的关系却是配合有余而制约不足,这种配合往往演变为以侦查为中心的"流水作业型"模式。[4]在这种模式下,由于公安机关处于强势地位,成为实质上的程序主导者,检察机关本是法律监督机关,却无法有效发挥法律监督职能,导致法院对刑事程序的控制能力和对案件实体的裁断能力被弱化,难以实现"庭审实质化",最终导致侦控审三方失衡。

二、司法场域:理想与现实的距离

在理想司法场域中,法官是居中裁判者,法官的裁判只服从于法律和事实,法官作出终局裁判不受政治因素和个人利益的影响。而参与诉讼的检察机关和被告人则处于平等地位,各自享有独立表达和追求符合自身利益的主张与诉求;证人、被害人及其他诉讼参与人,也都根据自身的角色定位主张自己的利

---

[1] 参见[德]尤尔根·哈贝马斯:《交往行为理论·第一卷:行为合理性与社会合理化》,曹卫东译,上海人民出版社2004年版,第13—37页。
[2] 参见孙应征主编:《刑事错案防范与纠正机制研究》,中国检察出版社2016年版,第5页。
[3] 参见韩大元、于文豪:《法院、检察院和公安机关的宪法关系》,《法学研究》2011年第3期。
[4] 参见陈瑞华:《从"流水作业"走向"以裁判为中心"——对中国刑事司法改革的一种思考》,《法学》2000年第3期。

益。然而,现实的司法场域总是与理想的司法场域有一定的距离,下文将以27起典型错案为分析样本,[1]从实证维度解析司法场域中错案产生的根源。

(一) 司法的场域分析:以27起典型错案为样本

错案在实践中常被称为冤案、假案、司法错误、冤假错案等。《人民检察院责任追究条例》第2条规定:"错案是指检察官在行使职权、办理案件中故意或重大过失造成认定事实或者适用法律确有错误的案件,或者在办理案件中违反法定诉讼程序而造成处理错误的案件。"显然,上述"错案"概念不能涵盖司法实践中发生的所有错案的类型。就内涵的界定而言,近年来国内学者提出了诸多不同的观点,有学者在四种不同语境下定义"刑事错案",[2]还有学者提出程序错案说、实体错案说、主客观统一错案说、形式错案说、多重标准说等。[3]归纳起来主要有三种学说:客观说、主观说、主客观相统一说。[4]从司法实践角度考量,本书更赞成以主客观相统一说定义冤假错案。在此,我们选取27起典型刑事错案作为实证考察的样本,以司法场域的运行逻辑为分析工具,论述刑事错案的预防和纠正机制,以期为完善司法人权保障提供些许参照。

所选取的错案样本具有以下特征:首先,样本具有典型性。这些错案都并非偶然发生的,几乎都是在"命案限期必破"的压力下,侦查人员采取刑讯逼供等违法手段获取犯罪嫌疑人的口供,以达到侦破案件的目的,这些案件的办理严重侵犯了嫌疑人的司法人权,造成了极为不利的社会影响等严重后果。其次,这些案

---

[1] 这27起典型错案为:湖北佘祥林案,四川罗开友案,河南赵作海案,湖南滕兴善案,海南黄亚全、黄圣育案,贵州王涛、肖卫东案,云南杜培武案,河北李久明案,河北李春兴案,河北陈瑞武案,河北徐东辰案,山西赵建新案,山西岳兔元案,广西覃俊虎、兰永奎案,广西邓立强案,辽宁李华伟案,黑龙江丁志权案,甘肃王学义案,福建罗玉明案,山东郭新才案,浙江吴大全案,浙江张氏叔侄案,浙江五青年杀人案,河南李怀亮案,内蒙古呼格吉勒图案,海南陈满案,吉林刘吉强案。

[2] 参见胡铭等:《错案是如何发生的——转型期中国式错案的程序逻辑》,浙江大学出版社2013年版,第4—6页。

[3] 参见刘品新主编:《刑事错案的原因与对策》,中国法制出版社2009年版,第3—8页。

[4] 参见张丽云主编:《刑事错案与七种证据》,中国法制出版社2009年版,第5页。

例都属于"重大、特大"刑事案件。错案样本源于湖北、四川、河南、湖南、海南、贵州、云南、河北、山西、辽宁、黑龙江、甘肃、福建、山东、浙江、内蒙古、吉林共17个省、自治区的"重大、特大"刑事案件,这些案件本身便属于"情节特别恶劣"或"后果特别严重"等情形,对无辜者造成了严重的伤害。再次,这些错案均为产生重大社会影响的案件,这些错案的发生地分布广泛,案件的结果反映了公众的诉求,以及公众评判与司法机关的认识存在显著差异性。[1]最后,这些错案几乎都对刑事被追诉人的司法人权造成了严重的损害。这些错案中,对人身权利的侵害程度和概率要明显高于对财产权利的侵害,大多数错案都给被害人带来了人身和财产的双重侵害,同时也侵犯了刑事被追诉人的司法人权。

(二) 现实司法场域下错案成因分析

一国的刑事司法体制无论怎样完善,都不可能杜绝刑事错案的发生。不管是在大陆法系国家还是在英美法系国家,包括诉讼程序高度发达的美国,错案的发生本身都是不可避免的,比如迈克尔·埃文斯案[2]、沃尔特·D.史密斯案[3]、尼古拉斯·叶里斯案[4]等。可以说,错案是自人类创造司法制度以来都无法根除的顽疾。错案的成因可能是多层次、多因素的,是由多方面原因交织在一起产生的"累积效应"导致的。学者从不同视阈研究刑事错案的成因,会得出不同的结论。国内学者主要从法社会学视阈分析刑事错案的成因;[5]国外学者主要以司法制度为切入点剖析错案的根源。[6]也有学者从认知心理学与社会心理学的角度

---

[1] 所谓影响性诉讼,是指对立法、司法有重大影响并且为社会广泛关注,可以用来观察法治情况的案件。参见胡铭:《司法公信力的理性解释与建构》,《中国社会科学》2015年第4期。

[2] See 80 Ill. App. 3d 444, 399 N. E. 2d 1333, 35 Ill. Dec. 805.

[3] See Ohio App, 1988. State v. Smith, Not Reported in N. E. 2d, 1988 WL 79080 (Ohio App. 10 Dist.).

[4] See Commonwealth v. Stanley, 498 Pa. 326, 336, 446 A. 2d 583, 588 (1982).

[5] 参见胡铭等:《错案是如何发生的——转型期中国式错案的程序逻辑》,浙江大学出版社2013年版,第2—49页。

[6] See, e. g., George C. Thomas III, *The Supreme Court on Trial: How the American Justice System Sacrifices Innocent Defendants*, University of Michigan Press, 2008.

剖析错案形成的根源。[1]在此,我们以27起典型错案为样本,分析现实司法场域中错案的成因。

表4-1 27起典型错案的成因分析

刑事错案成因		错案在该成因中的分布情况	案件数量		百分比
侦查机关	刑讯逼供	除黄玉明案外	26		96.30%
	证据方面 伪造有罪证据	佘祥林案,赵作海案,黄亚全、黄圣育案,李久明案,丁志权案,覃俊虎、兰永奎案,张氏叔侄案,刘吉强案	10	12	44.44%
	证据方面 隐瞒无罪证据	佘祥林案,赵作海案,黄亚全、黄圣育案,杜培武案,李久明案,丁志权案,覃俊虎、兰永奎案,张氏叔侄案,陈满案,刘吉强案	12		
	证据方面 强迫证人作伪证	赵作海案,黄亚全、黄圣育案,肖卫东、王涛案,郭新才案	6		
	鉴定方面 未进行DNA鉴定	佘祥林案、赵作海案、罗开友案、陈满案	4	5	18.52%
	鉴定方面 不具有证明力的鉴定意见被采信	杜培武案	1		
检察机关	检察机关监督失灵 "存疑"证据起诉	佘祥林案,赵作海案,黄亚全、黄圣育案,李久明案,丁志权案,覃俊虎、兰永奎案,肖卫东、王涛案,郭新才案,张氏叔侄案,李怀亮案,呼格吉勒图案,陈满案,刘吉强案	16	27	100%
	检察机关监督失灵 隐瞒无罪证据	佘祥林案,赵作海案,黄亚全、黄圣育案,杜培武案,李久明案,丁志权案,吴大全案,张氏叔侄案,陈满案,刘吉强案	11		
	检察机关监督失灵 忽视侦查机关的违法行为	全部样本错案	27		

---

[1] See Brian L. Cutler and Steven D. Penrod, "Mistaken Identification: The Eyewitness", *Psychology and the Law*, 1995; Stephen J. Ceci and Maggie Bruck, *Jeopardy in the Courtroom: A Scientific Analysis of Children's Testimony*, American Psychological Association, 1999.

续表

刑事错案成因		错案在该成因中的分布情况	案件数量	百分比
审判机关	多次发回重审	佘祥林案、丁志权案、陈瑞武案、李化伟案、徐东辰案、刘吉强案	6	22.22%
	证据方面 无法形成证据锁链	全部样本错案	27	100%
	证据方面 忽视无罪证据	全部样本错案	27	100%
政法委	政法委协调定案	佘祥林案、赵作海案、丁志权案、李久明案、杜培武案、李怀亮案、刘吉强案	7	25.93%
	"从重从快"结案	呼格吉勒图案	1	3.70%
律师	辩护意见未被采信	全部样本错案	27	100%

资料来源：作者自制。

从上表数据可见，错案发生的根本原因在于司法场域被权力场域支配，在于公检法及其他机关未能实现由传统社会管理工具向现代社会司法控制方式的转化。具体表现为以下四个方面。

1. 侦查机关的违法侦查行为

违法侦查行为是指侦查机关在侦查活动中违反实体法或程序法的行为，现阶段，我国刑事立法上涉及人权保障的部分还不完善，司法实践中仍存在公安司法人员滥用职权、侵害公民权利的现象，严重损害了公安司法部门的形象。在 27 起错案样本中，侦查机关的违法行为主要体现在以下几个方面。首先，违法对犯罪嫌疑人刑讯逼供。在所选取的样本中，有 26 起案件都出现了刑讯逼供，所占比例高达 96.30%。即便李久明、杜培武的职业是警察，也未能免于被刑讯逼供。侦查机关之所以如此热衷于采取刑讯手段，是因为刑讯可以帮助其获得口供。在很多疑难案件中，口供往往是破案的关键突破口，在缺乏实体证据的案件中，只有依赖于犯罪嫌疑人的口供才能尽快破案。在陈满案和刘吉强案中,侦查机关为了获取"有罪口供",不惜对两位犯罪嫌疑人使用各种野蛮措施。据刘吉强回忆,刑警用手铐将其双手挂在一根铁管做的横梁上,对其拳打脚踢,并用电棍击打其身体的各个部位,强迫其承认犯罪杀人事实。[1]上述错案显示,捆绑、殴打、电击等措施,是侦查人员逼供诱供时的常用手段。

其次,侦查机关以违法方式收集嫌疑人"有罪"证据。违法行为主要表现在:伪造有罪证据、隐瞒无罪证据、强迫证人作伪证。比如,在所选取的错案样本中,有10起案件存在侦查机关伪造有罪证据的行为,所占比例约为37.04%;有12起案件存在隐瞒有罪证据的行为,所占比例约为44.44%;还有4起案件存在强迫证人作伪证的行为。在浙江张氏叔侄案中,侦查机关将狱侦耳目袁连芳作为线人,让其出庭作证,伪造张辉犯罪过程的证言。在没有其他任何证据印证的情况下,一审法院采信了线人有瑕疵的唯一证言,并基于张氏叔侄口供与证人证言相一致而作了有罪判决。

最后,侦查机关在鉴定方面存在违法行为。主要表现为:采信不具有证明力的鉴定意见、未进行DNA鉴定或忽视了对被告人有利的DNA鉴定意见。虽然侦查机关在鉴定方面的违法行为的比例仅约18.52%,但这些却是诱发并导致错案的关键因素。例如,在佘祥林案中,如果对尸体进行DNA鉴定,则有可能避免错案的发生。再如,在滕兴善案中,鉴定意见曾指出,将送检的颅骨与所谓被害人石小荣的照片相比对,颅骨有些部位与照片不太吻合。但是该鉴定意见并没有被侦查、检察和审判机关所采纳,最终导致嫌疑人被错误定罪。上述错案显示,侦查机关采取违法侦查的方式取供,是不科学的政绩考核指标、命案必破的压力和不规范的侦查程序等综合因素共同作用的结果。

2. 检察机关法律监督职能的缺失

我国《刑事诉讼法》规定,"检察机关审查案件时要审查侦查活动是否合

---

[1] 参见《刘吉强:失去自由的7天和17年》,《北京青年报》2015年12月12日,第A07版。

法"。但是在上述典型错案中,检察机关的监督却都失灵了。检察机关的监督分为内部监督和外部监督。具体表现为:16起错案存在"存疑"证据起诉,所占比例约为59.26%;11起案件存在隐瞒无罪证据,所占比例约为40.74%;而忽视侦查机关违法行为的比例为100%。比如,在张氏叔侄案中,法医的DNA鉴定已经显示并非张高平、张辉所为,但侦查机关在无法查获其他犯罪嫌疑人的情况下,仍以牵强的理由否定了鉴定意见,检察机关仍决定起诉。再如,在刘吉强案中,侦查机关多次检验嫌疑人的血液、指纹、DNA和衣物等,还让其脱衣检查是否有打伤的痕迹,以及鉴定被害人颈部是否有掐痕等。但这些有利于被告人的检验结果全都未被记录在卷宗中,卷宗中仅有刘吉强作出"有罪供述"的口供。也就是说,侦查机关故意隐藏了嫌疑人无罪的证据,而检察机关却未能有效监督。在每一个错案中,几乎都存在侦查机关刑讯逼供等违法现象和检察机关监督职能缺失的情况。

3. 审判机关司法裁判的行政化倾向

由错案成因的统计分析可见,上述错案普遍都存在法官在无法形成证据锁链和忽视无罪证据的情况下作出"有罪"判决的情形。在佘祥林案、丁志权案、陈瑞武案、李化伟案、徐东辰案和刘吉强案这6起案件中,法官在无法形成有罪证据的情况下,多次发回重审,此种情形约占错案样本比例的22.22%。在刘吉强案中,吉林省高级人民法院曾以"事实不清,证据不足"发回重审,并提出几个疑点,即实物证据中BP机和红色夏利车是否真实存在,鉴定意见中被害人郭某颈部是否有掐痕,以及是否存在刑讯逼供等问题。但对于这些疑点,检察机关不仅没有正面回应,反而继续提起公诉,而法院则最终妥协并作出"留有余地"的判决。

为何司法裁判会形式化?追根溯源,最根本的原因在于案件审判程序的行政化。法院经过十几年的审判组织改革,对于司法裁判的地方化和行政化提出了一系列解决方案,无论是承办人制度、院庭长审批案件制度,还是审判委员会讨论案件制度、审判长或主审法官的庭长化等举措,[1]都不能避免我国司法裁判的行政化倾向。其根源是:一方面,司法裁判与司法行政管理在职能上存在着混淆的问题,正副院长、正副庭长作为法院内部负责司法行政管理事务的官员,同时在行使司法裁判权,这就容易使得法院内部形成依据行政级别行使行政审批权的氛围。另一方面,我国司法哲学一直强调通过加强上级对下级的权力监督来减少法官的自由裁量权,避免司法腐败现象的产生。[2]错案责任追究的内部化、行政化运行机制,违反了现代法治的程序正当原则,而法院内部的科层化运作和我国人情化社会的现实环境,使得法官依法独立行使审判权将受到法院内外的各种压力影响,法院综合绩效考评等制度的不科学、不合理,又进一步强化了法院内部的行政化倾向。[3]近年来,新一轮的司法改革试图通过"让审理者裁判,由裁判者负责",以审判程序的正当化和证据裁判主义来进一步减少院庭长对案件的审批,从而确保审判机关司法裁判的正当化、合法化。[4]

4. 地方政法委的过度和不当干预

地方政法委与公安司法机关是领导与被领导的关系,政法委的领导应该主要为政治领导、思想领导和组织领导,而不是具体的个案干预。通过对选取的错案样本进行分析,可发现共有7起错案是在地方政法委的直接协调下作出判决的,占到全部错案样本比例的25.93%。从佘祥林案到呼格吉勒图案,不少错案的背后都有政法委干预的影子,协调办案的"潜规则"助推了错案的产生。如在赵作海案中,检察机关认为不具备起诉条件,准备退回侦查机关,随即案件被作为疑难案件提交到市政法委进行专题讨论,最终经政法委集体研究认为案件

---

[1] 参见陈瑞华:《问题与主义之间——刑事诉讼基本问题研究》,中国人民大学出版社2008年版,第58—69页。

[2] 有关司法裁判行政化根源的论述,参见陈瑞华:《司法裁判的行政决策模式——对中国法院"司法行政化"现象的重新考察》,《吉林大学社会科学学报》2008年第4期;陈瑞华:《刑事诉讼中的问题与主义》,中国人民大学出版社2011年版,第73—85页。

[3] 参见江钦辉:《错案责任追究制度的目标偏移与矫正》,《河北法学》2019年第7期。

[4] 参见陈永生、邵聪:《冤案难以纠正的制度反思》,《比较法研究》2018年第4期。

具备了起诉的条件,这就是典型的地方政法委协调下的错案。再如在呼格吉勒图案中,在"求快求重"的严打政策背景下,同时在地方政法委的主导下,从案发到呼格吉勒图最后被执行枪决,仅仅用了 62 天。在这样的情况下,死刑的适用标准必然随之降低,证明标准和证据要求也都大打折扣,适用程序也被无限简化,错案的发生也就在所难免。

对上述错案样本进行深入剖析可以发现,典型错案的成因还包括律师辩护意见未被采信、被害人和公众形成较大的舆论压力、媒体形成"未审先判"的"先声"、司法资源紧缺、绩效考核评价体系不科学、个别办案人员素质偏低以及刑事司法理念落后等。这些因素共同作用,导致了转型期中国式错案的发生。比如,在具体错案样本成因统计表中,上述错案都存在律师辩护意见未被采信的情况,比例之高也令人诧异。如在刘吉强案中,辩护律师指出了鉴定意见、作案时间、作案工具等诸多疑点,甚至即使退休后的原吉林省人民检察院高级检察官杨玉波和原吉林省高级人民法院副院长冯守理决定联袂为刘吉强做无罪辩护,辩护意见也依然未能被采纳。

三、现实司法场域语境下错案的预防机制

现实中的司法场域从来都不是理想或静止不动的。由于司法场域中积蓄着各种能量,各个主体之间运用资本不断展开博弈而使司法场域充满无限的活力。为坚守防范刑事错案的底线,2013 年中央政法委出台了《关于切实防止冤假错案的规定》,紧随其后,最高人民法院公布了《关于建立健全防范刑事冤假错案工作机制的意见》;2015 年中共中央办公厅、国务院办公厅印发实施《领导干部干预司法活动、插手具体案件处理的记录、通报和责任追究规定》,中央政法委印发实施《司法机关内部人员过问案件的记录和责任追究规定》,两高三部联合印发实施《关于进一步规范司法人员与当事人、律师、特殊关系人、中介组织接触交往行为的若干规定》;2017 年最高人民法院和司法部出台了《关于开展

刑事案件律师辩护全覆盖试点工作的办法》;2022年两高两部出台了《关于进一步深化刑事案件律师辩护全覆盖试点工作的意见》;等等。通过对上述27起典型错案成因的实证考察,我们可以发现,在错案发生过程中,司法审判的场域被打通,形成了政法委、侦查机关、检察机关、人民法院、社会公众、新闻媒体、被害人、被告人及律师等各种力量因素博弈的局面。下文将以司法场域的运行逻辑为独特视角,将错案的预防机制归纳为四个方面。

(一) 完善司法运行场域,树立正义的司法理念

通过分析陈满案和刘吉强案,不难发现存在侦查机关刑讯逼供,侦查讯问中的口供中心主义,偏重证据的印证规则模式,偏信有罪证据,无视无罪、罪轻证据,检察机关监督形式化,法院审判疑罪从轻,审判程序走过场等诸多违背刑事诉讼基本原则的违法或不当行为。这背后隐含着公检法机关人员在办理案件过程中,重实体而轻程序、重打击而轻人权保障、重效率而轻公正、重有罪推定等错误的司法理念。而这些错误的刑事司法理念不仅为国际刑事司法准则所反对,也是我国刑事实体法和程序法所明令禁止的。

完善司法运行场域,树立公正的司法理念,主要路径为:首先,保持思想上的独立性。这种思想上的独立既包括司法人员基于宪法、法律之上司法理念的树立,同时包括身份认同的独立,因此场域内司法人员角色需要重新定位。[1]

其次,保持组织上的独立性和裁判上的独立性。党委、政法委对司法活动的领导需通过司法场域进行内化,而不能直接对法官裁判进行个案干预。譬如,影响法官独立裁判的因素是多样化的,有政治因素、社会因素、新闻媒体舆论因素、利益关系等,这些都需经过司法场域予以内化处理,不能直接干扰法官对具体个案的裁判。

再次,重树刑事司法程序观,摈弃错误的司法理念。有人认为刑事诉讼的

---

[1] 参见陈永生:《冤案为何难以获得救济》,《政法论坛》2017年第1期。

基本理念太宏观,不具有可操作性。[1]其实并非如此,刑事诉讼理念渗透着司法人员应遵守司法正义观,即尊重和保障司法人权、依法独立行使审判权、程序公开、审判公开以及证据裁判主义等理念。

最后,着重强调"以审判为中心"的诉讼理念。一方面,在侦查、起诉、审判这一诉讼流程中,以审判环节作为整个诉讼程序的中心。侦查程序是刑事诉讼程序的开端,在侦查程序中,侦查机关搜集犯罪嫌疑人是否有罪的证据,在侦查终结后,并不能先入为主地对犯罪嫌疑人进行定罪处罚,侦查只是程序的开始,而不是程序的结束。[2]另一方面,在审判程序中,要以庭审为中心。以审判为中心,要通过庭审中心化来实现,而不是庭前或庭后活动。因为只有在庭审中,才能够形成"控辩对抗、裁判居中"的平等诉讼格局。只有在庭审中,才能够展示被告人有无罪责以及刑罚大小的证据,关键证人、鉴定人的出庭作证,交叉询问、非法证据排除等一系列诉讼规则和制度才能够得到体现,辩护人也才能够进行充分有效的论辩。[3]构建以审判为中心的诉讼理念,需要诉讼各方的参与,充分运用证据裁判规则,使庭审活动成为一个正当的诉讼程序,这样才能真正树立正义性的司法理念,也才能使被告人权利得到最大保障。

(二)引入司法审查机制,实现侦查权的程序性制约

权利与权力的关联性主要表现在司法场域这个特定的时空范围之内,这种关联性所呈现出来的形态,则伴随着历史、地域、文化等不同因素而不断变化,"国家—社会—大众"就成为权利与权力交织的舞台。[4]权利与权力的关联性表现为:"权力根源于权利,权力是为保护权利而诞生的,权利优先于权力,权利与

---

1 参见张栋:《我国刑事诉讼中"以审判为中心"的基本理念》,《法律科学》2016年第2期。
2 参见闵春雷:《以审判为中心:内涵解读及实现路径》,《法律科学》2015年第3期。
3 参见龙宗智:《"以审判为中心"的改革及其限度》,《中外法学》2015年第4期。
4 参见王立峰:《法政治学的核心范畴研究——以布迪厄"场域理论"为视角》,《社会科学研究》2013年第3期。

权力是双向互动的。"[1]权利与权力作为司法场域的核心内容,存在内在的辩证关系,联系司法场域理论,有助于我们更清晰地理解"权利"和"权力"是如何借助司法平台实现"权利制约权力"的审查机制的。

在典型错案成因分析中,侦查程序最大的问题便在于缺少对侦查权的程序性制约。侦查机关在政治格局中的强势权力地位,使得检察机关的检察监督很难起到制约作用。从规范层面看,我国侦查权程序性制约的法律依据,源于2010年的"非法证据排除规则"。但依据现行《刑事诉讼法》第56—60条对于非法证据排除的规定,排除非法证据至少需要经过启动程序、法庭初步审查、控方证明、双方质证和法庭处理共"五步走",这也从侧面体现出排除非法证据的难度极大。因此,为了改变司法实践中侦查权难以受到有效制约的情况,应建立对侦查权的司法审查机制,具体表现在以下两个方面:

一方面,在侦查程序中引入司法审查机制。由于侦查机关的侦查行为是否合法是正当程序的应有之义,对公权力进行限制也是现代法治国家权力制衡的必然要求。[2]我国司法实践也证明,要实现对侦查权的控制,应确立司法审查机制,[3]这对于保障犯罪嫌疑人、被告人的人权起到了积极作用。在我国现行程序中,建立司法审查机制势在必行,这既符合刑事诉讼程序的正当性原理,也契合目前以审判为中心的诉讼制度改革。但是,在建立司法审查机制时,必须充分考虑我国司法体制和诉讼制度运行的现状。检察机关作为"准司法审查"性质的机关,[4]理应审查侦查机关的违法侦查现象,对违法取证行为予以制止,这是一种权利监督与权力监督并重、程序内监督与程序外监督共同发力的制约模式。

---

1 卓泽渊:《法政治学》,法律出版社2011年版,第170—171页。
2 参见胡铭、张传玺:《大数据时代侦查权的扩张与规制》,《法学论坛》2021年第3期。
3 相关建立侦查权的司法审查机制代表性成果,参见陈卫东、李奋飞:《论侦查权的司法控制》,《政法论坛》2000年第6期;刘计划:《侦查监督制度的中国模式及其改革》,《中国法学》2014年第1期;詹建红、张威:《我国侦查权的程序性控制》,《法学研究》2015年第3期。
4 参见王祺国:《试论检察侦查》,《法治研究》2021年第6期。

由审判机关对侦查机关的诉讼行为进行审查,这种审查既包括事前的授权,也包括事后的制裁。例如美国、日本、我国台湾地区的"令状主义",就是基于法定程序的明确性和正当性而产生的。[1]

另一方面,由中立机关对侦查权进行司法审查。在侦查程序中,侦查机关代表着国家公权力,对犯罪进行追诉。与强大的公权机关相比,被追诉人的力量天然弱小,又由于侦查机关内部的监督机制尚未有效建构,因此,有必要探寻一种由外部中立机关对侦查权进行控制或者审查的模式,以加强对被追诉人诉讼权利的保护。由中立的第三方进行审查,是正当程序的要求,也是程序正义的体现。"分工负责,互相配合,互相制约"原则依旧是调整三机关关系的准则,必须从现实出发,构建符合我国国情的司法审查机制。建立司法审查机制,需要我们循序渐进,构建出将检察机关的"准司法审查"与法院的司法审查相结合的模式。[2] 根据侦查的对象和对权利侵犯的严重程度不同,分别由检察院和法院进行审查。具体而言,由法院负责审查逮捕、拘留等较为严重的限制人身自由的强制措施,在侦查程序中,如果公安机关要限制犯罪嫌疑人的人身自由,须先取得法院的许可。非羁押性的强制措施,如监视居住、搜查令以及启动技术侦查,均由检察院审查。从实际来看,检察机关作为法律监督机关的地位,在监督侦查程序中发挥着不可替代的作用。鉴于我国基于有罪推定的取证模式根深蒂固,规制讯问主体可以从增加口供依赖的"各种成本"出发:一方面将错案频发的案件类型的初次讯问权转交给具有审查批捕权限的检察机关;另一方面借助检察机关派驻公安机关侦查监督、值班律师等司法改革举措,消除同步录音录像制度在防治刑讯逼供等问题上的"死角"。[3]

---

[1] 参见陈运财:《侦查与人权》,元照出版有限公司2014年版,第17—19页。
[2] 关于构建检法结合的司法审查机制的论述,具体参见孙长永:《通过中立的司法权力制约侦查权力》,《环球法律评论》2006年第5期;徐美君:《侦查权的司法审查制度研究》,《法学论坛》2008年第5期;李建明:《检察机关侦查权的自我约束与外部制约》,《法学研究》2009年第2期。
[3] 参见陈敏:《证据裁判视角下刑事错案的生成与防治》,《法学家》2017年第6期。

（三）以证据裁判主义为核心，防止司法裁判的行政化

"证据即程序"[1]，以证据为裁判依据不需要有精彩的故事、特别的说辞，没有证据解决不了的疑难案件。边沁曾对证据的价值作出高度总结："证据是正义的基石：排除了证据，你就排除了正义。"[2]刑事错案暴露出司法实践当中在案件事实认定和证据使用方面出现的根本性错误，从而催化了刑事证据制度的改革。[3]通过对错案样本的考察，我们发现上述27起错案之所以发生，都不是因为适用法律不当，而是由于事实认定错误。刑事错案发生的最主要原因之一便是在证据收集工作上使用了刑讯逼供等不正当方法。为了遏制司法行政化倾向，构建证据裁判主义，需要从以下三个方面对目前的司法制度进行调整：

1. 法官角色由"权力者"向"裁判者"转换

当下法官"司法者"角色的扮演，实际上是一个双重角色转换过程：既包括了法官在日常社会中由生活场域特别是权力场域向司法场域的转换，也包括了法官在心理空间上由"非司法者"角色特别是"权力者"角色向"司法裁判者"角色的转换。在规范层面，我国制定了非法证据排除规则。《刑事诉讼法》修改之后，进一步明确了取证规则、举证规则、质证规则和认证规则。比如，在取证制度中，规范了证人证言的取证行为，建立了侦查讯问录音录像制度。[4]从司法实践角度来看，法官作为"司法裁判者"，在审判个案时必须重证据、重调查研究，应彻底摒弃"口供至上"的观念，注重实物证据的审查和运用，如果只有犯罪嫌

---

[1] 陈瑞华：《刑事证据法学》，北京大学出版社2012年版，第289页。

[2] ［英］威廉·特文宁：《证据理论：边沁与威格摩尔》，吴洪淇、杜国栋译，中国人民大学出版社2015年版，第1页。

[3] 参见吴洪淇：《刑事证据制度变革的基本逻辑——以1996—2017年我国刑事证据规范为考察对象》，《中外法学》2018年第1期。

[4] 我们在与杭州市某区检察院检察官进行一对一的访谈时，检察官谈道："在讯问渎职、反贪类犯罪嫌疑人时，我院全程都是录音录像，犯罪嫌疑人要想举证讯问中存在刑讯逼供等其他违法行为，基本上是不可能的。"当然，这是在经济、文化相对发达的沿海地区。在西北和西南等内陆地区能否达到如此高的标准，还是值得商榷的。

人或被告人的供述,没有其他实物证据,不能依此推定被告人有罪,真正形成"以法官为主导的证据裁判主义"的司法场域。

2. 进一步贯彻落实非法证据排除规则

非法证据排除规则对于刑事诉讼当事人基本权利保护的重要性毋庸置疑。其一方面赋予了被告人与侦查办案人员对质的权利,另一方面为公诉方施加了证据合法性的证明责任,使辩方和控方在证据合法性调查程序中享有同等请求权,是对受到侵犯的当事人基本权利的司法救济。[1]贯彻落实非法证据排除规则,可从以下几个方面着手。

首先,从非法证据产生的源头上进行预防。非法证据的产生,大多是由于侦查人员希望能够尽快破案,所以采用非法手段迫使犯罪嫌疑人招供。犯罪嫌疑人在遭受刑讯后,一般都会招供,毕竟"棰楚之下,何求而不得?"虽然《刑事诉讼法》及相关规范性文件中都明令禁止侦查人员严刑逼供,但还是屡禁不止。[2]之所以如此,是因为在侦查阶段,犯罪嫌疑人往往只能独自面对强大的公权机关,嫌疑人的力量过于薄弱,个人权利便难以得到保障。因此,可以尝试规定侦查人员在讯问犯罪嫌疑人时辩护律师必须在场的制度。理由在于,辩护律师在场,可以监督侦查人员,避免刑讯逼供。具体可采取如下措施:只有在没有刑讯逼供行为的情况下,律师才在侦查机关的讯问笔录上签字,否则,可以拒绝签字,并且向检察机关控诉。另外,现行《刑事诉讼法》将辩护律师参与刑事诉讼的阶段从审查起诉阶段提前到侦查阶段,这也为赋予律师在侦查讯问时的在场权提供了一个很好的契机。

其次,从技术层面来说,优化排除规则的启动机制。如果被告方提出非法证据排除的申请,法院应该依程序进行审查,而不应当以提供相关线索或材料

---

[1] 参见张保生:《证据法的基本权利保障取向》,《政法论坛》2021年第2期。
[2] 参见牟绿叶:《"有限的整体主义":非法证据排除程序中的证据评价方式》,《法制与社会发展》2021年第6期;孙长永、王彪:《审判阶段非法证据排除问题实证考察》,《现代法学》2014年第1期。

为前提条件,这无疑增加了辩方的责任,大大提高了程序启动的难度。如果被告方能够提供侦控机关存有非法证据的依据,那自然最好不过。但是在现实情形中,很多犯罪嫌疑人在遭遇刑讯逼供后,只能以自己身上有遭受刑讯的伤痕为依据,证明自己曾遭遇逼供,口供非自愿作出,而提出申请非法证据排除。在大多数情况下,犯罪嫌疑人很难在庭审中展示出直接的证据证明侦查手段违法。

最后,法院启动非法证据审查时,应先让侦控机关对证据进行充分解释和说明。如果侦查人员可以提供能自证清白的详细情况说明或录音录像,则不予排除。对于通过非法讯问取得的证据,存在三种应对模式:直接适用非法证据排除规则模式、证据使用禁止的放射效力模式和"毒树之果"模式。[1]依照发源于美国法的"毒树之果"理论,毒树长出来的也是毒果,也要被排除。我国台湾地区在西方理论的基础上提出了个案权衡说,个案权衡时主要以三因素,即主观违法情形、合法取得证据的假设及稀释的程度,来综合考量非法口供证据使用禁止之放射效力的例外。[2]当我们适用非法证据排除规则时,也应当对侦控机关提供的情况说明进行严格复核,即需判断侦查人员主观上是故意还是过失,是否为多次衍生性证据,是否与侦查案卷中的材料一致,内容是否合乎逻辑,等等。[3]在对录音录像进行审查时,确认录音录像是否同步、审讯期间是否发生中断等。

3. 庭审贯彻直接言词原则

直接言词原则强调法官的亲历性,要求法官在庭审中亲自接触证据、调查和审查证据,同时也强调证据的原始性。在庭审中,尽量使用原始证据,对于第二手资料要严格限制使用。言词证据,就是庭审中所涉及的证据必须要用口头

---

[1] 参见吉冠浩:《论非法证据排除规则的继续效力——以重复供述为切入的分析》,《法学家》2015年第2期。
[2] 参见林钰雄:《刑事诉讼法》(上册·总论编),元照出版有限公司2013年版,第624—626页。
[3] 参见杨波:《由证明力到证据能力——我国非法证据排除规则的实践困境与出路》,《政法论坛》2015年第5期。

（言词）的方式来表达，除例外情形，禁止使用书面笔录作为证据在庭审中展示。侦查、审查起诉过程中所形成的各种书面笔录不得在庭审中作为证据提出。直接言词要求法官最后判决的形成，必须建立于在庭审中所直观感受的审理过程及以口头方式进行的证据调查基础之上。直接言词原则对庭前移送的案卷笔录进行了严格的限制，同时在庭审中主张证人应该参与到庭审的调查过程中，加强了被告方的对质权。对抗制使得证人接受交叉询问，并且与被告方进行对质。只有真正实现两造平等、控辩对抗，才能够在庭审程序中体现出对被告人权利的切实保障。

（四）坚持正当程序原则，实现庭审实质化

庭审实质化的核心目标是实现"庭审中心主义"，庭审实质化所要解决的是庭审行政化、庭审虚拟化及法官心证形成的问题。[1]理想的司法场域的核心要素之一是正当程序，庭审实质化是防止正当程序的形式化的重要途径。庭审实质化应明确做到：首先，法庭应落实关键证人、鉴定人及专家辅助人出庭作证的制度。在上述典型错案样本中，很多案件的关键证人、鉴定人和专家辅助人都没有到庭。有学者经过实证考察发现，虽然《刑事诉讼法》规定了鉴定人和专家辅助人出庭制度，但鉴定人和专家辅助人的出庭率依然很低，并未因《刑事诉讼法》修改而得到改善。[2]对于依法应当出庭作证的关键证人或鉴定人没有正当理由拒绝出庭或者出庭后拒绝作证，不能证明庭前证言合法性、真实性的，其证言或鉴定意见不得作为案件裁判依据。此外，关键证人、鉴定人出庭，法庭应保障辩护律师和被告人在庭审中的发问、辩论、当庭质证等诉讼权利。法庭对于辩

---

[1] 关于庭审实质化研究的代表性论述，参见汪海燕：《论刑事庭审实质化》，《中国社会科学》2015年第2期；龙宗智：《庭审实质化的路径和方法》，《法学研究》2015年第5期；肖沛权：《论庭审实质化视角下定罪证明标准的适用》，《政法论坛》2019年第5期；李奋飞：《论刑事庭审实质化的制约要素》，《法学论坛》2020年第4期；等等。

[2] 参见胡铭：《鉴定人出庭与专家辅助人角色定位之实证研究》，《法学研究》2014年第4期；陈永生：《论刑事司法对鉴定的迷信与制度防范》，《中国法学》2021年第6期。

护律师和被告人提出的辩护意见、辩解理由以及提交的证据材料,应当当庭或者在裁判文书中说明采纳与否,并记录在案。

其次,案件定案证据,必须经当庭出示、辨认、质证等法庭调查程序查证属实,才能最终作为法官裁判的依据。对质权是刑事被告的基本人权,在刑事诉讼中被告人有权与证人当面质疑、质问。比如,采取技术侦查手段收集的被告人贩卖毒品的证据,若未经法庭调查程序查证属实,则不能作为定罪量刑的证据;法庭调查可能危及相关人员的人身安全,或者可能产生其他严重后果,由法院依职权庭外调查核实的除外。

最后,充分保障被告人的法庭辩护权。刑事诉讼中的平等武装理念,要求控辩双方之间要力量对等,即便无法实现实质上的平等,至少形式上要形成对等。刑事辩护作为一项重要的人权保障制度,其设置体现了在诉讼程序中被追诉者的主体资格。[1]不仅如此,我国《刑事诉讼法》还规定了法律援助制度,并通过刑事辩护全覆盖改革不断扩大与完善法律援助制度。可见,刑事辩护制度的设置,加强了被追诉者在诉讼程序中的力量。[2]只有在获得辩护律师帮助后,刑事被追诉人的权利内容才显得完整,权利的实现才有保障,被追诉人才能够在诉讼程序中与公权机关进行更有力的对抗。因此,若想彻底解决辩护律师难以有效发挥作用的问题,仅仅指望依靠修改或完善辩护制度是不现实的。辩护律师作用的有效发挥,有赖于刑事诉讼程序中的一系列制度设置,包括构建法律职业共同体、落实非法证据排除规则以及健全关键证人出庭作证制度等。这是因为,落实证人出庭作证制度,是实现以审判为中心的重要保障,对于保障被告人的辩护权、对质权,促进庭审实质化等具有十分重大的现实意义。只有真正落实证人出庭作证制度,辩护律师才能够真正实现对质权。同理,只有非法证据

---

[1] 参见李奋飞:《论"表演性辩护"——中国律师法庭辩论功能的异化及其矫正》,《政法论坛》2015年第2期。
[2] 参见万毅:《"曲意释法"现象批判——以刑事辩护制度为中心的分析》,《政法论坛》2013年第2期。

得到排除,才能够体现出律师有效辩护的实效。

四、司法场域下的错案纠正机制:多元复合模式

理想司法场域是现代法治的追求,但现实中的司法场域体现的却是各方主体资本分配的不均衡。在司法实践中,拥有较多资本数量的一方主体,可以有效控制或调度其他资本和权力。由于司法场域中各主体占有的资本数量不均衡,这也就决定了对错案的纠正不能仅依赖于场域中的一方主体,而必须是多方主体通力合作,内部与外部监督同时运行,才有可能及时平反错案,保障被追诉人的基本人权。

(一)内部监督模式:法院纠错

司法场域由两要素决定,其中之一是司法运作的内在特定逻辑规则。司法场域消解内部形式主义的举措为内部监督,即法院审判纠正模式。从对上述典型错案的分析可知,我国刑事错案纠正的形式主要为审判监督模式,即再审程序。再审监督分为内部监督和外部监督,其中,内部监督便是法院的自我监督,即法院系统自查发现错案,然后启动再审程序进行纠错。

根据《刑事诉讼法》第254条的规定,审判委员会有权决定对本院作出的生效裁判启动审判监督程序,最高人民法院和上级人民法院有权决定对下级人民法院作出的生效裁判启动审判监督程序,最高人民检察院和上级人民检察院对下级人民法院作出的生效裁判,有权按照审判监督程序向同级人民法院提出抗诉。在赵作海案中,被告人因有杀害本村村民赵振裳的"嫌疑",于2002年10月被商丘市中级人民法院判处死刑,缓期二年执行,剥夺政治权利终身;河南省高院经复核作出裁判,核准商丘市中院的上述判决。2010年4月,"被害人"赵振裳回到村中,这直接证明了赵作海的无辜和该案的错判,河南省高院随即着手调取证据和确认赵振裳的身份,立即对赵作海案启动了再审程序,并于2010

年5月宣布赵作海无罪释放,赵作海获国家赔偿。法院自身这种"有错必纠"的再审模式启动是值得肯定的,但司法实践中不可避免地存在上级法院因为顾全下级法院的公信力和法官的利益等原因而拖延刑事错案纠正的现象。从一些案件的纠错过程来看,错判时法院从重从快,纠正错案时一拖再拖,反映出有关机关不肯真诚承认错误和对于纠正刑事司法错误的消极态度。[1]法院自我监督在司法权的监督体系中占据重要地位,可以更为深入地对司法权的整个运作过程进行监督,上述问题都需要通过完善法院的审判监督机制加以改进。譬如说,完善再审申请的受理和审理机制,做到适度公开透明,允许当事人及其诉讼代理人参与其中。又或者说,完善司法绩效考评机制、完善错案追究责任制、优化案件评查机制等。[2]

(二) 外部监督模式:多元主体纠错

在司法场域中,另一个决定要素为外部特定的权力关系与斗争,此要素形塑了错案监督的外部权力关系。司法场域消解外部工具主义的举措便是外部监督,即多元主体错案纠正模式。内部监督存在天然的缺陷,如果法院内部启动再审程序,常常会担心损害法院判决的权威性和公信力,因此法院启动再审有其偶然性。[3]这时,就需要外部监督机制发挥应有功效。伴随着数字技术的飞速发展,司法公开机制不断深化,审判流程、庭审活动、裁判文书、执行信息司法公开平台和12309中国检察网信息公开平台、中国检察听证网等不断完善。外部监督主要包含以下几个方面的内容:

第一,检察机关的监督。以我国台湾地区检察机关的组织体系为例,其采行由上而下的阶层式建构,一则需防范法官恣意,二则需控制警察滥权。[4]可知,

---

[1] 参见陈科:《论司法的可错性》,《法学》2020年第12期。
[2] 参见江国华:《新中国70年人权司法的发展与成就》,《现代法学》2019年第6期。
[3] 参见李建明:《错案追究中的形而上学错误》,《法学研究》2000年第3期。
[4] 参见林钰雄:《检察官论》,法律出版社2008年版,第96页。

检察机关的主要职能之一便是对侦查和审判活动进行法律监督。在我国刑事诉讼程序中，检察机关不仅承担着公诉职能，而且承担着纠正侦查机关和审判机关错误的监督职能，检察机关对审判承担着"法官裁判之把关者"的角色。根据《刑事诉讼法》第 228 条和第 254 条第 3、4 款的规定，检察机关提起二审抗诉和再审抗诉的理由，都建立在法院裁判确有错误的基础上。对生效的裁判文书，最高检和上级检察院通过审查发现问题时，或接受民众的申诉，发现确属错案时，可以向作出不当判决的法院提起二审、再审抗诉程序，进而纠正错案。有学者曾对检察机关二审、再审抗诉案件数进行过实证分析，相关统计数据显示，截至 2012 年，12 年间，全国法院刑事二审结案 1096248 件，其中检察机关抗诉案件 36221 件，每年平均抗诉案件仅为 3018 件，平均每个检察院提起抗诉案件不足 1 件，仅占二审案件的 3.3%；同样，12 年间，全国法院刑事再审结案 70608 件，其中抗诉案件 4520 件，年平均再审案件仅为 377 件，仅占再审改判案件的 4.2%，平均每 10 个检察院才提出 1 起再审抗诉。[1] 可见，虽然提起抗诉是检察机关对法院的审判进行监督、对错案进行纠错的常规方式，但在司法实践中却很少适用。值得一提的是，错案样本中的陈满故意杀人、放火案，系最高检向最高法提请抗诉刑事错案的第一案，理由是"证据不足、事实不清、适用法律有误"，后经由最高法指令浙江省高院再审，最终撤销原审裁判，宣告陈满无罪释放。可以说，最高检在此案中向各地检察机关作出了良好的示范，是一个具有重大意义的法治事件。如果最终能将检察监督打造为纠正错案的常态化机制，必将推动我国法治文明的进步。

第二，人大的质询监督。西方的错案纠正模式中就包含议会监督的内容，同样，依据我国《宪法》的规定，我国的人民代表大会拥有对立法和执法活动进行监督的职能，监督的客体包括人民法院，也就是说，人大具有纠正错案的职

---

[1] 参见刘计划：《检察机关刑事审判监督职能解构》，《中国法学》2012 年第 5 期。

能。人大的监督是我国监督体系中最高的监督,也是最具权威性的监督,其主要通过群众来信来访发现存在刑事错案线索,将相关情况告知法院而启动再审程序的方式对审判进行监督。从目前的实践来看,人大的质询监督仍存在一些有待完善之处,主要包括人大质询制度尚未体系化且内容存在冲突,质询规则过于疏漏、可操作性不强,以及质询法律救济措施不足等问题。当然,除了需要解决这些问题以外,同时也要处理好人大质询监督与法院独立行使审判权的关系,寻求二者之间的平衡。

第三,政法委的监督。政法委监督是我国外部监督模式的重要力量,也是我国特殊的错案纠正模式。政法委作为党对政法工作的领导部门,承担着职能协调、领导和监督公安司法机关等工作,并主要通过监督公安司法机关和接受信访两种方式纠正错案。在杜培武案的纠正过程中,云南省市两级政法委对于错案的纠正发挥了积极的作用,省市两级政法委在发现1998年4月20日枪杀两名警察的始作俑者为杨天勇犯罪团伙而非杜培武后,对及时纠正错案作出了明确的指示。2013年,中央政法委出台了《关于切实防止冤假错案的规定》,明确强调要尊重和保障人权,坚守防止错案底线,并指出:讯问要实现全程同步录音或录像,移交案件时应当移交证明涉罪人员有罪或无罪、有关犯罪情节轻重的全部证据,法院不能作出"留有余地"的判决,建立错案责任追究机制等,重申性地规定了侦查、审查起诉、审判三阶段应该坚持的原则和理念。

第四,信访监督。信访是指大众采用书信、传真、电话、走访、电子邮件等形式,向各级人民政府工作部门反映事实情况,提出意见、建议或者投诉请求,依法由相关行政机关处理的活动。信访监督在错案纠正中有至关重要的作用。[1]上述典型错案中的大多数都是通过信访的推动最终启动二审和再审程序的,例如呼格吉勒图案和陈满案就是通过辩护律师和被追诉人及家人不断申诉信访,才

---

[1] 参见李建明:《刑事司法错误——以刑事错案为中心的研究》,人民出版社2013年版,第319页。

最终得到纠错的。然而,由于信访的泛滥和非法信访的不利助长,一些人形成了"会哭的孩子有奶吃""法不责众"等错误心理。当前,急需推进信访制度的法治化建设,以法治思维和法治方式引领信访机制的改革,真正让信访监督在错案纠正中发挥出应有功效。

除以上四种外部监督方式外,还有当事人及近亲属的监督、新闻媒体的监督、专家学者的监督等纠正错案的重要途径。

需要注意的是,刑事错案的外部监督纠正机制也有缺陷,比如检察机关监督的不独立、人大监督的形式化、政法委监督的政治化、信访监督的非专业化等。对此,应当从以下几个方面推动我国错案纠正机制的再完善。首先,要加强检察机关对侦查行为的监督,实现真正意义上的事前监督、同步监督和事后监督,规范侦查程序。[1]其次,明确政法委只能在方针政策上对司法机关进行领导和引导,而不能插手个案的办理。政法委的不当干预常常会使其成为冤假错案的助推手,从某种意义上来看,赵作海案中当地政法委的协调办案是发生错案的重要诱因。事实上,由于缺乏充足的证据,法院原本是想对赵案作出疑罪从无判决的,但县政法委直接参与并指导了判案,才最终酿成了赵作海案。[2]对此,必须明确政法委只能在政治方向上为各级公安司法机关把好大方向,协调好三机关的关系,协调好大案要案的处理,而不能参与到个案的具体处理程序中,阻碍司法机关依法独立办案。再次,加强错案纠正的主动性,改变目前被动纠错的现象,进一步加强外部监督力量。上述典型错案的纠错没有一件是司法机关自身发现判决有问题的,都是借由外在力量推动而改判的。我们对这一"外部倒逼"的运行模式进行了如下总结:法院错案判决生效→当事人及其近亲属等不断申诉、上访→被新闻媒体披露→政法委、人大、检察院等发现错案→提起再

---

[1] 参见陈光中、汪海燕:《论刑事诉讼的"中立"理念——兼谈刑事诉讼制度的改革》,《中国法学》2002年第2期。

[2] 参见陈永生:《冤案的成因与制度防范——以赵作海案件为样本的分析》,《政法论坛》2011年第6期。

审→纠正错案。可见,这是一种典型的自下而上的被动纠正错案的程序。对此,应当变"被动纠正"为"主动纠正",形成自上而下与自下而上双轨并行的纠正程序,并逐步引入社会民间联盟、基金会等更多社会力量到刑事错案纠正机制中。美国的"无辜者计划"对纠正错案发挥了重要的作用,通过社会力量来推动错案纠正的尝试,值得我们研究和适当借鉴。[1]

本章以司法场域的运作逻辑为研究视角,突出司法寻求最优解决路径的策略,揭示了错案发生的过程、原因及隐藏在背后的社会根源。通过对27起典型错案的实证分析,以求更好地揭示错案背后的实践逻辑,并探索健全错案防止和纠正机制,从而改进和完善司法人权保障的相关制度,使人民群众在司法程序中依法享有人权,确实让人民群众在每一个司法案件中都能感受到公平正义。刑事错案的预防与纠正机制是一项长期而复杂的刑事司法改革工程,解决中国式错案的根本路径在于完善司法运行场域,彻底摒弃教条化的治罪传统,为司法场域的独立运行提供硬件和软件两方面的保障。

在张氏叔侄案、呼格吉勒图案、陈满案等典型错案被曝光并备受关注的司法背景下,构建多元化的错案纠预机制,有效减少错案的再发生,可谓是一项任重而道远的任务。美国学者曾言:"终生从政的经历告诉我,作为一个国家,在错误观念没有得到改变之前来修正我们的制度是非常艰难的。然而,改变了相关的错误观念后,我们能够大幅减少错案,并在这一过程中创造一个更加安全的国家。"[2]本章从司法场域运行逻辑出发,总结典型错案的成因及纠预机制,为司法实践中反思、革新错案纠预机制提供了思路与指引。防范并纠正刑事错案是司法人权保障的底线,也是完善中国式司法制度的必由之路。

---

1 参见陈伟、沈丽琴:《美国错案透视及其对我国司法防范的启示》,《西南政法大学学报》2014年第6期。
2 [美]吉姆·佩特罗,南希·佩特罗:《冤案何以发生:导致冤假错案的八大司法迷信》,苑宁宁、陈效等译,北京大学出版社2012年版,第1—3页。

第五章
司法公开与司法透明指数

司法公开是司法体制改革的任务之一，是加强司法能力建设、提升司法公信力的重要手段。[1]司法公开制度改革历来是中央司法改革部署和地方司法改革纲要中的重要内容。特别是党的十八大以来，不仅中央及地方将司法公开作为新一轮司法体制改革的重点，有关机关也为司法公开的施行颁布了一系列的法律、法规及司法解释。党的十九大对深化权力运行公开作出新的重大部署，强调"要加强对权力运行的制约和监督，让人民监督权力，让权力在阳光下运行，把权力关进制度的笼子"[2]。这为司法机关进一步深化司法公开指明了方向，提出了新的更高要求。"推进司法公开，是促进司法公正的有力举措。让当事人在审判过程中感受到公平正义，必须摒弃'司法神秘主义'。"[3]近年来，在最高人民法院的强力推进下，全国法院的司法公开工作成效显著，对规范审判执行权运行、服务群众发挥了积极作用。面对人民群众对高质量高水平司法审判执行工作不断提升的新需求，如何不断提升司法公开的程度和司法公开的质量，是本章关注和研究的核心议题。

---

1 参见钱弘道、肖建飞：《论司法公开的价值取向》，《法律科学》2018年第4期。
2 《习近平在中国共产党第十九次全国代表大会上的报告》，《人民日报》2017年10月28日，第1版。
3 《努力让人民群众在每一个司法案件中都感受到公平正义——访最高人民法院党组书记、院长、首席大法官周强》，《求是》2013年第16期。参见赵春艳：《司法公开，掀开"朦胧面纱"》，《民主与法制时报》2013年11月25日，第7版；王祎茗、田禾：《司法公开的现状与完善路径》，《法律适用》2020年第13期。

第一节 司法公开的内涵与依据

明确内涵和依据是解决当前司法公开问题的基础性工具。如果司法公开只有内涵而没有依据，那么就犹如海市蜃楼，无法践行于司法实践中；如果只有依据而没有内涵，那么就犹如空中楼阁，不知从何着手，无法顺畅地表达和交流。

一、司法公开的内涵与发展脉络

（一）司法公开的内涵及价值功能

关于司法公开内涵的讨论最早是在法国大革命时期反对秘密审判的过程中出现的。"正义不仅要实现，而且要以人们看得见的方式实现。"[1]这是司法公开内涵的应有之义。司法公开有广义与狭义之分。广义的司法公开是指除法律有特殊规定的以外，司法机关以侦查、起诉、立案、审判和执行为核心的所有司法活动均面向社会公开，不仅通知当事人和其他诉讼参与人参与司法活动，而且允许民众知悉，允许新闻媒介采访和报道相关信息。公开的内容包括公安、检察、法院以及其他相关部门应当公开的内容。而狭义的司法公开是指除涉及国家秘密、个人隐私、当事人的商业秘密或可能影响法院正常审判工作的事项之外，法院的立案、庭审、听证、文书、执行以及与审判活动有关的各类信息，都应向诉讼参与人和社会民众公开。本章采用狭义的司法公开内涵，主要是指法院应当公开的内容。依据最高人民法院发布的《关于司法公开的六项规定》（以下简称《六项规定》）和《关于人民法院接受新闻媒体舆论监督的若干规定》（以下简称《若干规定》），司法公开涉及立案、庭审、执行、听证、文书和审务等六个方面。

---

[1] ［英］丹宁勋爵：《法律的正当程序》，李克强等译，法律出版社2011年版，第23页。

司法公开是我国社会主义法治国家建设和民主政治建设的重要组成部分。从最高院向各级地方法院印发的《六项规定》和《若干规定》中,"我们不难解读出最高人民法院对司法公开价值目标的认识,即(1)保障公众与媒体对法院的监督权;(2)促进司法公正,维护当事人合法权益;(3)规范法院活动,提高司法公信"[1]。当前,司法改革正处于"深水区"和"攻坚期"。在这样的特殊时期强调司法公开,是有特殊的历史意义或价值功能的。这主要表现在以下几个方面:

首先,正确的司法公开理念有利于促成司法公开。少数法官的意识中仍残存着"法不可知则威不可测"的理念,认为公开得越少,人们所感知到的问题越少,司法公信力就越好。有调查显示,办案数量越多的法官,对司法公开的认同度越低。这种现象在基层法院体现得尤为明显。[2]而类似这样的司法公开理念是有问题的,我们应该逐渐形成正确的司法公开理念——从部分公开、结果公开到全面公开、过程公开,从无序公开到合法有序公开,从事后公开、迟延公开到及时公开、同步公开,从被动公开到积极主动公开,[3]最终形成民众想知道什么就依法公开什么的理念。

其次,司法公开有利于实现司法公正,提高司法公信力,维护司法权威。司法实践中,出现司法不公、司法腐败、司法公信力低下等问题的主要原因之一是司法不公开,司法存在严重的"暗箱操作"现象。强调司法公开,让当事人积极参与法庭取证、质证、认证、辩论、法庭宣判等活动,有利于提高当事人及民众对司法的信任感,提升司法公信力,进而维护法院的权威。

---

[1] 钱弘道、姜斌:《司法公开的价值重估——建立司法公开与司法权力的关系模型》,《政法论坛》2013年第4期。

[2] 参阅金华市中级人民法院课题组《关于裁判文书上网发布的调研报告》,在接受问卷调查的35名基层法官中,74%以上的法官明确表示不赞成裁判文书上网发布,他们认为裁判文书上网发布势必给法院和法官带来巨大的心理压力和额外的工作量。具体参见浙江省高级人民法院联合课题组:《"阳光司法"在浙江的实践与思考》,《法治研究》2012年第1期。

[3] 参见张新宝、王伟国:《司法公开三题》,《交大法学》2013年第4期。

最后,司法公开有利于促进社会民众、新闻媒介对司法的监督。社会民众和新闻媒介作为外部监督的重要力量,可以弥补司法体制内部监督的不足,降低司法专横和司法武断,增加司法过程的透明度,从而在一定程度上起到矫正和防止司法偏差的作用。

(二) 司法公开的历史发展脉络

意大利学者莫诺·卡佩莱蒂(Mauro Cappelletti)认为:"司法公开主义是自由的司法裁判之伟大理想,是对秘密审判制度的有力反击。"[1]应当承认,司法公开是西方法治文明发展的产物。从世界历史发展脉络来看,司法公开的理念可以追溯到 1215 年英国颁布的《大宪章》,它被俗称为"自由大宪章",是英国自由的奠基石,也是人类历史上第一部真正意义上的宪法。它宣告了一条崇高的宪法原则,即"王权有限、法律至上"。[2]《大宪章》的初衷是遏制国王的恣意,保障国民平等地受到法律的保护,但它所包含的法的正当程序思想在后来发展成了诸多法治国家规制裁判权的理论基础,而司法公开的理念正是规制司法裁判权的一个重要方面。[3]

我国古代社会关于审判公开的文献记载并不多,但是大量的史料都证明存在宣判公开和执行公开的情况。如西周至汉唐都有"读鞫""乞鞫"的规定,鞫为"审讯"的意思,"读鞫"即为宣读判决书。执行公开也有史料辅证,如西周有"嘉石之制",秦朝有羞辱刑,汉代有"弃世",到后来的朝代发展为公开行刑、游街示众,这些都证明古代社会存在执行公开。我国古代也有司法公开,只是公开的重点在执行公开而不是审判公开,这种公开只注重形式上的司法公开,更

---

[1] [意]莫诺·卡佩莱蒂等:《当事人基本程序保障权与未来的民事诉讼》,徐昕译,法律出版社 2000 年,第 54 页。

[2] 参见赵明:《正义的历史映像》,法律出版社 2007 年版,第 43 页。

[3] 参见[意]莫诺·卡佩莱蒂等:《当事人基本程序保障权与未来的民事诉讼》,徐昕译,法律出版社 2000 年,第 3 页。

强调通过司法公开实现民众对统治者的服从,它加强的是皇权的威慑力,贯彻的始终是人治的思维,而不是法治的理念。

鸦片战争后,国门被迫打开,西方法律思想和法律制度大量涌入中国,我国也进行了一系列的变法修律。1906年在沈家本主持下产生的中国历史上第一部诉讼法典《大清刑事民事诉讼法草案》,以及清政府1910年颁行的《法院编制法》,都采用了审判公开制度。比如,《大清刑事民事诉讼法草案》第13条规定,"凡开堂审讯,应准案外之人观审,不得秘密举行;有关风化及有特例者,不在此限";《法院编制法》第57条规定,"诉讼之关辩论及判断之宣告,均公开法庭行之";等等。[1] 可见,我国清末司法改革引进了审判公开制度,并进行探索试行。在我国司法文明史上,清末审判公开试行在司法公开的发展史上具有巨大的历史意义。

到近现代,我国司法公开的发展深受司法公开国际准则的影响。在国际上,司法公开源于公正审判权与公民知情权。1948年《世界人权宣言》第10条将"公开"从"公正"中特别分离出来加以强调,足见公开对于公正的重要意义。《世界人权宣言》在第11条对第10条关于"公开"进行了扩展和补充。1950年《欧洲人权公约》第6条第1款规定:"保障任何人在接受私法上的权利及义务之判决或在接受刑事追诉时,有通过依据法律设置的独立且公平的法院,在合理的期间内,接受公正且公开的审理的权利。"[2] 该规定从正当程序角度保障司法公开的运行。1966年联合国《公民权利及政治权利国际公约》第14条第1款规定了审判公开的权利及其例外,并将"公正的"和"公开的"二者并列,特别强调了公开的意义。公约规定,只有三种情形为审判公开的例外:第一种例外是民主社会中道德的、公共秩序的或国家安全的理由;第二种例外是涉及诉讼当

---

[1] 参见倪寿明:《司法公开问题的研究》,中国政法大学2011年博士学位论文,第24—29页。

[2] See *European Convention on Human Rights*, Article 6.1, https://www.echr.coe.int/Documents/Convention_ENG.pdf.

事人私生活的利益有不公开的特别需要;第三种例外是在特殊情况下法庭认为公开审判会损害司法利益。[1] 1985年联合国《关于司法独立的基本原则》第6条同样也规定了审判公开。[2] 近年来,国际准则还对司法公开提出了新要求,如"应当最大限度地公开,以电子形式公开,鼓励司法机关向媒体提供信息,违反司法公开应当有救济机制"[3]等等。司法公开国际准则的演进对我国司法公开的进程产生了极大影响。

在司法公开国际准则的影响下,我国1954年、1978年、1982年《宪法》都明确规定"人民法院审理案件,除法律规定的特别情况外,一律公开进行",即审判公开的原则。为贯彻《宪法》的规定,三大诉讼法都在总则中规定了司法公开原则。2006年《人民法院组织法》第7条规定,法院审理案件一律公开进行,涉及国家秘密、个人隐私和未成年人犯罪案件的除外。为了贯彻落实《宪法》和其他法律关于审判公开的规定,1993年以来,最高人民法院先后颁行了一系列司法公开的文件,从审判公开逐渐扩展到全方位公开,从以结果公开为主转为过程公开与结果公开相结合。其主要的司法公开法律文件为:最高人民法院1993年12月发布的《人民法院法庭规则》规定了民众旁听公开审理案件的规则;1999年3月施行的《关于严格执行公开审判制度的若干规定》规定了法院审判活动应做到公开开庭,公开举证、质证,公开宣判,法律另有规定的除外;2003年8月制定的《关于落实23项司法为民具体措施的指导意见》规定了全面落实审判公开制度,方便人民群众旁听案件审判;2006年12月颁行的《关于人民法院公开的若干规定》规定了应采取公开的方式,依法进行公开拍卖、变卖;2009年12月颁行的《关于司法公开的六项规定》规定了各级法院都应依照规定对立案、庭

---

[1] 参见《公民权利及政治权利国际公约》,https://www.un.org/zh/documents/treaty/A-RES-2200-XXI-2,最后访问日期:2023年1月15日。
[2] 参见《关于司法独立的基本原则》,https://www.un.org/zh/documents/treaty/OHCHR-1985,最后访问日期:2023年1月15日。
[3] 高一飞:《国际准则视野下的司法公开》,《河南财经政法大学学报》2014年第2期。

审、执行、听证、裁判文书、案件进展情况、审判管理等向当事人和社会公开;2009年12月颁行的《关于人民法院接受新闻媒体舆论监督的若干规定》规定了司法领域的新闻舆论监督权利将得到保障。

2010年10月,最高人民法院发布了《关于确定司法公开示范法院的决定》,将北京市第一中级人民法院等100个法院确立为"司法公开示范法院"。在2012年12月,又发布了《关于确定第二批司法公开示范法院的通知》。至此,全国范围内已确立了200家司法公开示范法院。党的十七大报告提出了保障民众的知情权、参与权、表达权和监督权。党的十八届三中全会又再一次提出了推进权力运行公开化,完善司法公开制度,让民众监督权力,让权力在阳光下运行;同时拓宽了新闻媒介对法院工作进行新闻报道的范围,由原来仅限于庭审报道扩大到立案、庭审、执行、听证、文书、审务等六个方面。

2016年《最高人民法院关于深化司法公开、促进司法公正情况的报告》以及2018年《最高人民法院关于进一步深化司法公开的意见》也不断促进我国司法公开内容的完善。《最高人民法院关于深化人民法院司法体制综合配套改革的意见——人民法院第五个五年改革纲要(2019—2023)》提出,不断完善审判流程公开、庭审活动公开、裁判文书公开、执行信息公开四大制度,全面拓展司法公开的广度和深度,健全司法公开形式,畅通当事人和律师获取司法信息的渠道,构建更加开放、动态、透明、便民的阳光司法制度体系。诸多文件的出台与细化,为全面深化司法公开提供了制度支撑。可见,我国司法公开的发展脉络紧随司法公开国际准则的发展步伐,不断拓展公开的范围,并逐步加大社会民众、新闻媒介对司法公开的监督。

二、司法公开的理论依据

任何一项制度如果没有相对成熟的理论根基,就难以挖掘其自身的优势和内在的潜力,也很难有制度上的革新。本书认为,我国的司法公开是有成熟理论作为支撑的。人民主权是司法公开的宪法依据,民众知情权、表达权、监督权是司法公开的理论依据。虽然我国《宪法》中没有关于"知情权"的明确表述,但《宪法》条文的规定蕴含了"知情权"之义。因此民众知情权、表达权、监督权作为宪法性权利,是司法公开的理论依据。其中,民众知情权是基石,民众表达权是关键,民众监督权是根基,三者相互联系、相互区别、缺一不可。

（一）民众知情权

当今社会信息技术虽高速发展,但80%以上的司法信息都由司法机关掌握,而司法机关从保护自身的角度出发,不愿意公开所掌握的信息并阻碍民众从司法机关处获取与利用信息。民众知情权就是为了打破司法机关的秘密性而设立的。从根源上讲,知情权是由人民主权原则派生出来的。有学者指出:"我国宪法并没有明确规定公民的信息权利。"[1]从宪法条文的字面上作解释,这一论点是有事实基础予以支撑的。也有学者认为:"在我国,宪法没有直接规定知情权,但它却被确认于地方政府规章以及党和国家的重要文件中。通过宪法解释方法将知情权列入宪法基本权利的条件已经成熟。"[2]还有学者以当下进入"信息时代"为由,认为知情权有必要入宪。[3]这些学者虽然所持理由不同,但皆认为"民众知情权"应当被写入宪法。

现行《宪法》第2条、第27条第2款及第41条的规定都是知情权在我国宪法上的依据。可见,民众知情权具有宪法基本权利的位阶。在司法实践中,也已经出现了诸多有关损害知情权法律救济问题的案例。比如,北京大学三位教授申请北京市发展和改革委员会等三部门公开北京机场高速公路收费数额、流

---

[1] 周汉华主编:《政府信息公开条例专家建议稿——草案·说明·理由·立法例》,中国法制出版社2003年版,第15页。
[2] 章剑生:《知情权及其保障——以〈政府信息公开条例〉为例》,《中国法学》2008年第4期。
[3] 参见汤德宗:《政府信息公开请求权人之研究》,载汤德宗、廖福特:《宪法解释之理论与实务》第五辑,台湾"中央研究院"法律学研究所筹备处2007年版,第272页。

向等信息案;又如发生在杭州的人脸识别纠纷第一案,引发对个人信息的收集、处理与使用问题的关注和讨论。[1]针对这一突出状况,我国也采取一系列措施促进政府信息的公开,并出台了《政府信息公开条例》,保障民众的知情权。2021年8月通过了《个人信息保护法》,2022年12月中共中央、国务院新颁布实施《关于构建数据基础制度更好发挥数据要素作用的意见》,这些举措都体现了数字时代保护个人信息权益、规范个人信息和数据处理活动、促进个人信息和数据的合理利用等理念。民众知情权是实现民众表达权、监督权的前提和基础,在法治轨道下开展司法信息公开进而满足民众知情权,是现代社会司法文明发展的必然趋势。

(二) 民众表达权

民众表达权是指民众在法律规定的限度内,使用各种方式表达或公开传播思想、情感、意见、观点、主张,而不受他人干涉、约束的权利。依据我国《宪法》第35条,该条的自由即是采用发表言论、出版、集会、结社、游行、示威的方法表达自己意志的自由。依据《宪法》第41条,批评权、建议权、申诉权、控告权、检举权都是表达自由的具体体现和法定实现方式。《宪法》第36条还规定了与表达权密切相关的权利,即公民所享有的通信自由和通信秘密的权利。除宪法之外,刑法、民法、行政法及相关司法解释也规定了表达自由的权利,刑事、民事和行政诉讼法及相关司法解释则规定了表达权行使的基本程序。权利必须有保障,也必须有限度。同样,民众表达权应当以保障为原则,以限制为例外。

有学者把世界各国在宪法和长期的司法实践中所提出的保障表达自由的原则,总结概括为十项,即禁止事先约束原则、绝对主义原则、优先地位原则、双重基准原则、内容中立原则、较少限制手段原则、禁止法律模糊和限制过宽原

---

[1] 参见余建华、钟法:《"人脸识别纠纷第一案":个人信息司法保护的典范》,《人民法院报》2022年3月8日,第3版。

则、公职人员和公众人物隐私权适当减损原则、批评诽谤原则、明显而即刻的危险原则。[1]也有学者将表达自由的界限或限制总结为两种立场,即绝对主义的立场和相对主义的立场。其中,绝对主义立场认为关系到必须由民众直接或间接投票表达意见且涉及公共利益的"公言论",必须得到绝对的保障,而与自治无关的"私言论"则无此绝对保障;[2]相对主义的立场认为,表达权是一种附有一定义务的自由。[3]本书认为,绝对主义和相对主义的立场都有一定的道理,民众行使表达权需遵行基本的原则,即"民众利益原则"和"利益权衡原则"。[4]公共机关对民众表达权的行使应持中立的态度,并且其行使不能损害民众的利益。当表达权与其他社会利益发生冲突时,为了权衡各方的利益,应当在相互冲突的利益中进行权衡或比较,然后作出实质性的判断。既要防止政府公权力假借限制之名对民众表达权的侵害,又要防止民众表达权的主体假借私权利的保障和行使而对他人的利益和人身自由、社会安全、集体利益、公共道德等造成损害。

(三)民众监督权

民众监督权作为知情权和表达权的自然延伸,是司法公开的一个重要理论依据。如果说公开是公正的前提,那么监督则是公正的保障。民众监督权作为宪法性权利,是指民众有监督国家机关及其司法工作人员公务活动的权利。监督权可以分为两大类:一是权力型监督,即以权力制约权力,其核心是分权,使不同权力机关之间形成一种监督与被监督或相互监督的制约关系。比如,检察机关的法律监督为典型的权力型监督。二是权利型监督,即以权利制约权力,

---

[1] 参见甄树青:《论表达自由》,社会科学文献出版社2000年版,第211—225页。
[2] 亚历山大·米克尔约翰把言论分为"公言论"和"私言论"。所谓"公言论"就是与统治事务有关、代表人们参与自治过程的言论;"私言论"就是与统治事务、自治过程无关的言论。参见[美]亚历山大·米克尔约翰:《表达自由的法律限度》,侯健译,贵州人民出版社2003年版,第27页。
[3] 参见侯建:《表达自由的法理》,上海三联书店2008年版,第199页。
[4] 参见梁上上:《利益的层次结构与利益衡量的展开——兼评加藤一郎的利益衡量论》,《法学研究》2002年第1期。

核心是在合理地处理权利与权力的关系基础上,实现防止权力滥用的目的。比如,社会监督、民众监督、新闻媒介监督皆是典型的权利型监督。民众监督权作为权利型监督的重要形式,不仅能促进权力合法、廉洁地行使,防止权力滥用,同时也是保障民众积极参与法治中国建设的重要途径。

依据现行《宪法》第27条和第41条的规定,民众行使监督权的形式主要包括批评、建议、申诉、控告和检举。比较我国《宪法》第35条规定的民众表达权,其规范领域宽于《宪法》第41条规定的监督权。因此,宪法对民众监督权的保护程度高于对言论自由的保护。基本权利对公权力裁量余地的限制随着所涉及基本权利的不同而有所差异。公权力对言论自由的限制,需要提出充分的理由;对受保护程度更高的监督权的限制,需要提出更强有力的理由。[1]可见,宪法对民众监督权的高程度保护,体现了立法者对民主法治的期盼和对民主监督的信心。

综上所述,民众知情权、表达权和监督权相互联系,形成一个整体。没有民众知情权,表达权和监督权就无从为民众所知晓。没有民众表达权,知情权和监督权将形同虚设。没有民众监督权,知情权和表达权必将受到重大损害。民众知情权、表达权、监督权作为司法公开的理论依据,是一项系统的基础工程,需整体实施、整体推进。

三、司法公开的法律依据

我国的司法公开不仅有坚实的理论依据,而且有系统化的法律依据。在《世界人权宣言》《公民权利及政治权利国际公约》和《关于司法独立的基本原则》等国际准则中都规定了司法公开的内容。我国也早在1932年中华苏维埃政府施行的《裁判部暂行组织及裁判条例》中就有司法公开的规范性依据。

---

[1] 参见杜强强:《基本权利的规范领域和保护程度——对我国宪法第35条和第41条的规范比较》,《法学研究》2011年第1期。

1941年,陕甘宁边区高等法院的文书中也指出了"裁判案件完全是公开的"。可见,我国司法公开既有国际法渊源,又有国内法渊源。司法公开制度在现行《宪法》中予以确立,并由部门法分别予以规范,再由司法机关通过司法解释规定具体规则的制度体系,其主要包括司法公开的原则、内容和方式等。

（一）司法公开的"法律"规定

从表5-1可以看出,我国司法公开有体系化的法律依据,但没有关于司法公开的专门性法律依据。并且,司法公开的依据是我国《宪法》、三大诉讼法以及《人民法院组织法》,其内容基本都是关于审判公开的规定。有关人民法院立案公开、执行公开、文书公开、审判公开等则没有明确的法律规定,这些内容主要由司法解释展开。

表5-1 司法公开的法律规范一览

法律/规范	条文	主要内容	规范意义
宪法	第130条	除法律规定的特别情况外,审判一律公开进行	国家根本大法层面确认司法公开
法院组织法	第7条	除涉及国家机密、个人隐私和未成年人犯罪案件外,审判一律公开进行	法院组织法层面确认司法公开
刑事诉讼法	第11、178、188、202条	除国家秘密、个人隐私、未成年人犯罪案件及当事人申请不公开审理的涉及商业秘密的案件外,审判一律公开进行	程序法层面确认司法公开
民事诉讼法	第10、134条	除国家秘密、个人隐私及当事人申请不公开审理的离婚案件和涉及商业秘密的案件外,审判一律公开进行	
行政诉讼法	第7、54条	除涉及国家秘密、个人隐私外,审判一律公开进行	

（二）司法公开相关的司法解释

最高人民法院和最高人民检察院正在稳步推进司法公开所颁行的司法解

释。本章对关于司法公开的相关司法解释只进行了部分列举。除以上司法解释外，还有三大诉讼法的司法解释中关于司法公开的内容等等。从表5-2可见，各级人民法院从最初的审判公开,到审判公开和执行公开,再拓展到立案、庭审、执行、听证等向社会公开,同时,法院的裁判文书、案件进展情况、审判管理工作、法院活动部署、重要研究成果等也都向当事人、社会民众和新闻舆论媒介公开。同时，司法解释加强审判领域的新闻媒介的监督,由被动接受转变为主动接受新闻媒介的监督,把新闻媒介的舆论监督视为落实和推进司法公开不可或缺的重要环节。可见,为了进一步落实司法公开工作,我们制定出了有关司法公开的法律和司法解释,为各地法院司法公开向纵深发展,提供了统一的指导标准。

表5-2 司法公开相关司法解释一览

时间	司法解释的文件	公开的内容	公开的意义
2007.06	《关于加强人民法院审判公开的若干意见》	规定了公开审判工作的基本原则是依法公开、及时公开和全面公开,加大裁判文书公开等	首次明确了法院公开审判的基本原则,进一步规范审判公开
2009.12	《关于司法公开的六项规定》	规定各级法院对立案、庭审、执行、听证、裁判文书等向社会公开	新一轮司法改革机制下加大司法公开的力度
2009.12	《关于人民法院接受新闻媒体舆论监督的若干规定》	规定媒介旁听和采访报道制度,明确法院新闻宣传的统一管理部门	司法领域的新闻舆论监督权利得到进一步保障
2010.10	《司法公开示范法院标准》	规定了立案公开、庭审公开、执行公开、听证公开、文书公开、事务公开、工作机制七个方面的示范标准及考评办法	以明确具体的评分标准规范法院司法公开工作安排,提高示范法院的司法公开工作水平
2013.11	《关于推进司法公开三大平台建设的若干意见》	规定审判流程公开、裁判文书公开、执行信息公开三大平台建设	进一步深化司法公开,依托现代信息技术,打造阳光司法工程
2014.09	《关于人民法院执行流程公开的若干意见》	规定了执行流程公开的总体要求、执行公开的渠道和内容、执行公开的流程、执行公开的职责分工	落实执行公开原则,更好地保障当事人和社会公众对执行工作的知情权、参与权、表达权和监督权

续表

时间	司法解释的文件	公开的内容	公开的意义
2015.02	《最高人民检察院关于全面推进检务公开工作的意见》	规定检务公开的总体要求、公开的内容、公开的方式和方法、公开的机制建设、组织领导和工作落实	进一步提高检察工作透明度,方便人民群众参与和监督检察工作,确保检察权在阳光下运行
2016.11	《最高人民法院关于深化司法公开、促进司法公正情况的报告》	规定了司法公开所要遵循的原则与采取的方式	完善人民法院信息化建设,着力构建开放、动态、透明、便民的阳光司法机制
2018.09	《最高人民法院关于人民法院通过互联网公开审判流程信息的规定》	规定了法院通过互联网公开审判流程信息的内容、公开的对象、公开的注意事项	贯彻落实审判公开原则,保障当事人对审判活动的知情权
2018.11	《最高人民法院关于进一步深化司法公开的意见》	规定司法公开的进一步要求	进一步深化司法公开的内容和范围
2019.02	《最高人民法院关于公开民商事案件相关信息的通知》	规定民商事案件司法公开的范围、公开的时间节点	进一步加大民商事案件相关信息公开力度

第二节 司法公开的内容与形式

任何事物都是内容与形式的统一体。没有无内容的形式,也没有无形式的内容。司法公开的内容是指构成司法公开的诸多要素的总称,是司法公开存在的前提,而司法公开的形式是指把其内容诸要素统一起来的结构或表现该内容的方式,是司法公开存在和表现的样态。内容与形式作为司法公开的两个侧面,相互衔接、相互作用、相互制约,并在实现司法公开的各环节上有序运行。从整体而言,司法公开的内容处于主导的、支配的地位,司法公开的形式则处于从属的、辅助的地位。司法公开的内容决定其形式,但司法公开的形式又反作用于其内容。一项司法公开的内容可以有多种公开形式,一种公开形式也可囊括多项公开的内容。2007年6月,最高人民法院虽然在《关于加强人民法院审判公开的若干意见》中,明确提出了司法公开的基本原则,即依法公开、及时公开和全面公开,但在司法实践中,庞大的司法信息是否公开、何时公开、以什么形式公开等,都最终由司法公开的内容和形式决定。

一、司法公开的内容及例外

推进司法公开,提升司法公信力,维护司法权威,要求人民法院准确把握民众的司法公开需求,准确把握司法公开的内容,并将司法信息依法、及时、全面地公开于当事人、社会民众及新闻媒介。可见,司法公开的内容决定了司法信息是否公开,以及何时公开。司法公开的内容,从审判公开扩展到执行公开,再到司法信息的全方位公开,即立案、庭审、听证、文书、审务和执行公开。三大诉讼法以"例外"情形方式规定了司法公开的内容,可见除"例外"情形以外的司法信息皆属于司法公开的内容。

(一)司法公开的内容:各级法院的探索

正如我国从形式法治向实质法治的不断深化发展一样,司法公开的内容也需要经历一个从应然向实然不断转化的过程。早在2009年12月,最高人民法院发布的《六项规定》,就为司法公开的内容界定了基本的范畴,即立案公开、庭审公开、听证公开、文书公开、审务公开和执行公开。

1. 立案公开

立案公开是司法公开的首要环节。依据最高院公布的第一批司法公开示范法院的示范标准,立案公开是指各类案件的立案条件、立案流程、法律文书样式、诉讼费用标准、缓减免交诉讼费程序和条件、诉讼风险、当事人权利义务等内容,通过宣传栏、公告牌、电子触摸屏或法院网站等形式向社会民众、当事人和新闻媒介公开。其目的在于将人民法院立案阶段的相关司法信息通过快速、有效的途径及时向当事人、社会民众公开,并直接接受民众的监督。通过对全国各级法院立案公开的实证数据进行统计分析,我们发现:首先,各级法院普遍设立了立案大厅,采用"一站式""柜台式"或"窗口式"立案的方法,规范立案程序,简化立案环节,基本上实现了排号立案,在立案场所配备了触摸屏、诉讼交费POS机、电子显示屏等现代设备。其次,规范了立案公开的配套便民制度。在实施立案公开的同时,在全国各级法院实施风险提醒制度、诉讼引导制度、权利义务告知制度、相关公开费用的物质保障制度、补交材料一次性告知制度、司法救济制度等多项配套制度。最后,逐步设立立案公开的专门监督机构。在最高人民法院提出对审判进行流程管理后,全国各地人民法院进行了积极实践,并设立了审判管理中心,专门对法院审判工作流程进行监督管理,促进了法院立案公开工作有序、规范开展。立案公开在一定程度上缓解了"立案难"这一大积弊,便利了当事人及社会民众及时地知晓立案信息,但要使立案公开达到预期实效,尚需继续探索。

2. 庭审公开

庭审公开是司法公开的核心环节。庭审公开是指对于依法公开审理的案件,民众可以依法进入法庭进行旁听或者通过庭审视频、直播录播、新闻报道等方式知晓庭审实况,了解审判权的运行过程。最高人民法院《六项规定》对"庭审公开"作出了重要规定,明确了"建立健全有序开放、有效管理的旁听和报道庭审的规则,消除公众和媒体知情监督的障碍"。当然,程序公开虽然是法治国程序的基本原则,但这并不意味着媒体可以通过现代媒介技术对庭审进行现场直播。[1]也就是说,并不是所有案件都可以通过庭审现场直播的方式进行公开。

---

[1] 参见周翠:《庭审公开与现场直播》,《中国社会科学报》2012年2月8日,第7版。

有学者基于传统与信息化两条途径对庭审公开实施效果开展实证研究发现:由于法院消极公告,公众很少旁听,庭审公开在传统途径下的实施效果并未达到预期。法院信息化的发展在一定程度上促进了庭审公开,但大量基层法院在信息化建设上的落后以及建设后的应用不足,致使该途径下的庭审公开实施效果依然有限。[1]近年来,关于庭审公开的探索也在全国各级法院如火如荼地开展。例如,2013年8月22—26日,山东省济南市中级人民法院利用官方微博直播了薄熙来案的一审庭审情况;同年9月16日,在北京大兴摔婴案庭审现场,北京法院网官方微博"京法网事"进行了微博直播;同年9月18日,江宁女童饿死案在江苏省南京市中级人民法院公开开庭审理。[2]可以说,在司法信息化的助力下,全国各级法院关于庭审公开的实践探索已经蓬勃开展。

3. 文书公开

文书公开,是指法院将其制作的文书通过报纸、网络或其他媒介向全社会民众公布。其中,裁判文书公开,已成为法院文书公开的重要举措之一。[3]有学者将裁判文书公开的法理依据主要概括为:显示司法民主的功能、遏制司法腐败的功能、保障正义的功能、提高诉讼效益的功能、培养法官素养的功能、保证裁判质量的功能、发现法律漏洞的功能。[4]全国各级人民法院对裁判文书公开的探索呈现出从封闭到开放的轨迹。1999年北京市第一中级人民法院在全国率先公开裁判文书;2000年广东省海事法院最早开始探索裁判文书上网公布的试点工作;同年6月15日,最高人民法院颁行了《裁判文书公布管理办法》,规定了最高人民法院有选择地向社会公布审理案件的裁判文书。到2009年最高人民

---

[1] 参见赵琦:《刑事审判公开实施效果实证研究——基于传统与信息化两个途径的考察》,《现代法学》2012年第4期。
[2] 参见张伟刚:《庭审公开:让公正眼见为实》,《人民法院报》2013年12月25日,第1版。
[3] 参见李广德:《裁判文书上网制度的价值取向及其法理反思》,《法商研究》2022年第2期。
[4] 参见杨金晶、覃慧、何海波:《裁判文书上网公开的中国实践——进展、问题与完善》,《中国法律评论》2019年第6期。

法院发布《六项规定》，更是将"文书公开"作为单独的一项内容专门规定。近十年来，地方各级法院裁判文书公开进行得如火如荼。全国统一的裁判文书上网制度自2010年开始建设，又分别于2013年和2016年进行了两次大幅度的修改。[1]截至2023年1月15日，中国裁判文书网已公开1.3亿余份裁判文书。[2]持续推进裁判理由公开，深化裁判文书说理改革，制定裁判文书制作规范，强化裁判文书说理，注重释疑解惑，全面列举适用的法律条文，切实提升裁判文书的说理性和权威性。[3]不过，人民法院在强调文书公开之余，要注重对当事人隐私权的保护，避免对当事人造成"二次损害"，还要注意数据安全，避免司法数据被滥用。

4. 听证公开

广义上的听证包括立法、司法和行政听证三种形式，本章的听证公开主要研究司法听证，即司法机关作出司法行为前给予利害关系人就重要事项表示意见的机会，对特定事项进行质证、辩护的程序，其核心是听取利害关系人的意见。我国最高人民法院《六项规定》规定了听证公开的范围、方式、程序等。但从各国实践看，听证程序的适用范围是十分有限的。例如，1981年，美国联邦社会保障署作出5000万个决定，进行听证的案件只有26万多个，占所有决定的0.25%。[4]目前，我国各级法院实践探索的听证程序主要有执行听证、管辖权异议听证、保全异议听证、假释减刑听证、缓刑听证、申请再审听证、审判国家赔偿案件听证、信访申诉听证等。听证公开的基本要求是听证之前应发出公告，告知利害关系人听证程序举行的时间、地点、案由等信息；允许民众、新闻媒介采访报道；在听证过程中，当事人有权在公开举行听证的地点进行陈述和申辩，提出

1　参见李广德：《裁判文书上网制度的价值取向及其法理反思》，《法商研究》2022年第2期。
2　中国裁判文书网显示，截至2023年1月15日11时，该网站的文书总量为138630343篇，访问总量为98884555139次，参见www.wenshu.court.gov.cn，最后访问日期：2023年1月15日。
3　参见周强：《全面深化司法公开　促进司法公正　提升司法公信》，http://www.court.gov.cn/zixun-xiangqing-29841.html，最后访问日期：2023年1月13日。
4　参见王名扬：《美国行政法》，中国法制出版社1995年版，第385页。

自己的主张和证据,反驳对方的主张和证据;司法机关作出决定的事实根据必须公开并经当事人质证,不能以仅有一方当事人所知悉的证据作为裁判的事实根据;根据听证笔录作出的决定内容也必须公开。[1]要想真正实现"案结事了",就必须让当事人亲身参与到案件解决过程中,实行听证公开。

5. 审务公开

审务公开与审判公开平行而论,二者共同支撑起电子化司法公开的新模式,成为当前推进司法民主、司法公正和司法监督的重要途径。审务公开是指人民法院的审判管理工作以及与审判工作有关的其他管理活动应向社会公开。在应然层面,审务公开的范围包括该法院的审判管理工作和与审判工作有关的其他管理活动。在实然层面,通过对上海市第一中级人民法院、武汉市中级人民法院、昆明市中级人民法院三个法院实证样本的研究发现,其审务公开的范围主要包括:本院概况、法官信息、法律法规和司法解释、该院制定的审判指导意见、审判管理制度、诉讼指南、案件流程信息、接受公众监督机制、司法统计数据和工作报告、审判研究成果、司法亲民活动等。可见,实然层面公开的内容和应然层面公开的范围是有差距的,这种落差的弥补不可能一蹴而就,需要层层推进:一是需要从立法层面确立审务公开的法律依据;二是需要从实务层面确立审务公开的范围,实现审务公开方式的多样化。

6. 执行公开

执行公开是在"执行难"和"执行乱"的背景下孕育而生的,既是法院的义务,也是民众的权利。"执行难"和"执行乱"有多种表现形态,但是其实质都是执行权的滥用。[2]我国现行的执行权运行机制最大的弊端就是权力缺少有效的监督与制约,很多问题的发生都是由此造成的。执行公开是指人民法院将执行程

---

[1] 参见倪寿明:《司法公开问题的研究》,中国政法大学 2011 年博士学位论文,第 94 页。
[2] 参见谭秋桂:《民事执行权配置、制约与监督的法律制度研究》,中国人民公安大学出版社 2012 年版,第 26 页。

序、执行过程和具体执行内容等,向特定当事人或者社会民众予以公开。执行公开也是对执行权进行监督和制约的重要举措。在全国各级人民法院的实践探索中,执行公开的具体内容包括:执行立案标准和启动程序公开,执行人员公开,收费标准公开,执行进展信息及执行财产调查结果公开,评估、拍卖、变卖公开,财产分配公开,执行听证公开,执行措施与强制措施公开,裁决书的内容和依据及执行文书信息公开,等等。2010年8月,广州市白云区人民法院在建立"分段集约"执行工作机制的基础上,专门针对执行公开研发了一项新功能——"短信互动平台系统",全国法院执行公开创新正发轫于此。2012年5月,四川省高级人民法院执行公开再出新举措,即"完善执行信息查询,建立失信信息纳入征信机制",充分保障了当事人的知情权、表达权和监督权。浙江法院系统开展执行"一件事"改革,2021年60多万件执行案件在一个平台办理,实现了重构执行工作流程、多维度搭建人财查控处置体系、全覆盖强化监督管理、全节点实时留痕公开。当然,执行公开特别是数字时代的执行公开尚属新生事物,有缺陷也是难免的。比如,执行公开内容的形式化、公开机制的非体系化和救济机制的阙如等,都需在今后的司法实践中进一步完善。[1]

(二) 司法公开的例外

我国《人民法院组织法》和三大诉讼法也都规定了公开例外的具体内容。《公民权利及政治权利国际公约》第14条规定了司法公开的限度及例外,深深影响了我国法律关于司法公开的限度及例外的规定。我国现行《宪法》第125条规定了"法律规定的特别情况"可不公开审理。从司法公开例外的统计表5-3可见,法定不公开审理案件主要有三类:第一,涉及国家秘密的案件;第二,涉及个人隐私的案件;第三,14岁以上不满16岁未成年人犯罪的案件,以及经人民法院决定不公开审理的16岁以上不满18岁未成年犯罪的案件。此外,还有法

---

[1] 参见陈刚:《我国民事执行回转理论基础与制度构造的革新》,《法学研究》2022年第1期。

律另有规定不公开审理的案件,比如《民事诉讼法》中第二审程序径行裁判的案件等。所谓酌定不公开审理,是指由当事人申请,人民法院综合各方因素最终决定公开或不公开。酌定不公开审理案件包括:第一,涉及商业秘密的案件;第二,涉及离婚的诉讼案件;第三,进入调解程序的案件以及双方当事人合意决定不公开审理的案件。酌定不公开审理需要经过法院的认定程序,即当事人合意或提出案件涉及商业秘密或是离婚诉讼,人民法院依据听取当事人意见、集体利益、社会的综合认知等因素,必要时征求专家意见,在合理判断基础上作出是否公开审理的决定。

表5-3 司法公开的例外

法律/类别	法定不公开审理情况	酌定不公开审理情况
人民法院组织法	涉及国家机密、个人隐私、未成年人犯罪案件	无
刑事诉讼法	涉及国家秘密、个人隐私、未成年人犯罪案件	当事人申请不公开审理的涉及商业秘密的案件
民事诉讼法	涉及国家秘密、个人隐私案件	当事人申请不公开审理的离婚案件和涉及商业秘密的案件
行政诉讼法	涉及国家秘密、个人隐私案件	无

二、司法公开的方式与载体

司法能否实现全方位公开,取决于司法公开的方式与载体。其中,司法公开的方式是指司法机关公开司法信息所应采取的方法和形式,而司法公开的载体则区分为传统载体与新兴载体。目前,人民法院开通网站已司空见惯,但法院网站的设立能否实现司法公开的功能则是值得怀疑的。随着司法信息的数字化、科学化,传统的司法公开方式与司法公开的载体已经远远不能满足社会民众对司法信息的需求,这就要求司法公开方式的"能动化"和司法公开载体的"多样化"。

（一）司法公开的方式

司法公开并非方式或载体或内容的单体演进,而是互为补充的协调演进,偏重于任何一种方式都会造成司法公开效果的虚化。我们不应只设定司法公开的内容而不设定民众获取内容的方式,也不应设定司法公开的方式而限制公开的内容。司法公开不同于政府信息公开,但是司法公开的方式可以参照《政府信息公开条例》(以下简称《条例》)的规定。司法公开可以采取主动公开、依申请公开、开放特定的机构三种方式,当前我国各级法院司法公开实践也主要采用这三种方式:

第一,主动公开。主动公开是指司法机关依法将应当公开的司法活动、司法信息等,通过媒介主动向社会民众公开的方式。主动公开要求司法机关不断向能动型、服务型司法转型。最高人民法院《关于加强人民法院审判公开的若干意见》规定了法院应当主动履行六项告知义务以及三项便民措施。在全国各级法院的实践探索中,普遍认为应加大主动公开以降低申请公开的数量,并提出应遵从可到达、可找到、相关性、可理解性、免费、更新及时性六大原则提升主动公开的质量,从而真正减轻人民法院依申请公开的数量。加快建设审判流程公开平台,开通中国审判流程信息公开网,通过网站、短信、微信等多种渠道推送案件流程信息,变当事人千方百计打听案件进展为法院主动向当事人告知,进而便于当事人及社会民众及时知悉司法公开的内容。[1]

第二,依申请公开。依申请公开是指司法机关依据民众、法人或其他组织的申请,依照法律规定的职权,向申请人公开司法活动和司法信息的行为。如果说主动公开是为了满足社会民众对司法信息的普通需求,那么依申请公开则

---

[1] 司法主动公开涉及公民的隐私权和个人信息保护,主动公开不是越多越好。应达到对核心私密信息、敏感个人信息的强化保护,充分考虑一般个人信息处于整体性维度下的效用,并在外部机制层面,落实司法机关个人信息告知义务以及相关部门个人信息保护职责的履行。参见张新宝、魏艳伟:《司法信息公开的隐私权和个人信息保护研究》,《比较法研究》2022年第2期。

是为了满足社会民众对司法信息的特殊需求。《条例》规定的依申请公开制度至少有三条基本规则保障了民众、法人和其他组织获取司法信息的权利：一是对于司法公开申请，司法机关必须"有问必答"，否则构成"不作为"；二是对于不公开的司法信息，必须具备法定不公开的理由；三是对于依申请公开中具体行为不服的，在政府信息公开中，有权提起行政复议或行政诉讼，因此在司法公开中，应当允许申请主体向上一级法院申请复议。同时，司法机关依民众、法人或者其他组织的申请公开司法信息，应当遵循一定的程序：（1）依申请；（2）司法机关应当指定专人进行审查批准；（3）批准则及时向申请人提供信息材料，不批准则应当向申请人说明理由，并告知救济权利的途径。

第三，开放特定的机构。开放特定的机构是指人民法院为满足社会民众对司法工作的知情与监督，通过向社会民众公开特定的活动、场所、机构等方式，实现法院司法信息的全面公开。最高人民法院《关于进一步加强民意沟通工作的意见》规定："探索设立法院开放日，邀请公众参观法院、旁听审判、积极开展普法宣传。"法院开放日活动作为开放特定的机构的方式之一，打开了司法公开的另一扇大门。在全国各级法院的司法实践活动中，除法院开放日活动之外，还有法院的公告栏、司法档案馆、图书馆、法院立案庭申诉信访科等都属于法院开放特定机构的方式。当然，各级法院也要避免把开放特定机构搞成"面子工程"或"作秀工程"，同时避免其游离于社会民众之外。目前司法公信力不足是制约法院工作科学发展最为突出的问题，虽然司法公信力不足的原因是错综复杂的，但毫无疑问，开放特定的机构是打消民众疑虑、增强司法透明度、提升司法公信力的重要保证。

（二）司法公开的载体：传统载体与新兴载体

随着数字化的演进，传统司法公开载体已不能满足社会民众对司法信息的诉求。司法公开新兴载体的出现，既满足社会民众对信息获取及时、集中、双向互动的需求,同时符合司法信息公开标准化、能动化、海量化的要求。司法实践使我们清醒地认识到,必须主动转变司法公开的理念,深入学习习近平总书记的一系列重要理论精髓,努力实现"四个转变",即变选择性公开为全面公开,变内部公开为外部公开,变被动公开为主动公开,变形式公开为实质公开。凭借对传统载体与新兴载体的综合运用,为深入推进司法公开奠定坚实的物质基础。

1. 传统司法公开的载体

载体决定了司法公开的广度和深度。从薄熙来案、王叔金案、李天一案到复旦大学生投毒案、大兴摔婴案、饿死女童案、张氏叔侄案等,近年来多个刑事大要案的审判持续牵引着社会民众的视线。分析这些大要案的审判进程,我们可以看到,传统司法公开的载体主要有:第一,法院网站。法院网站是法院司法公开的主要载体。全国各级法院基本实现"一院一网站"和"网站群",其网站公开的内容主要为法院概况、诉讼指南、审判信息、执行信息、法院年度工作报告、司法统计数据等,实现了法院网站由"新闻窗口"到"服务平台"的角色转变。第二,报纸和其他媒介的新闻报道。在传统的司法信息公开进程中,有关刑事要案的公开主要为报纸和媒介的新闻报道。每一次新的媒介的诞生,都给报纸和新闻报道带来一场新的革命,从传递简明的司法信息到逐步拓宽公开的内容与形式,从"公开什么"到诠释"怎么样全方位公开",报纸等新闻媒介在司法公开的演变过程中,生动地诠释着麦克卢汉"媒介即信息"这一著名论题。第三,法院设立的立案信访窗口和"院长邮箱"等。进入全国各级法院立案大厅,我们就能看到 LED 显示屏、立案信访窗口,这便于社会民众了解法院信息化建设和立案程序。法院还开通了"院长信箱",直接由法院领导为社会民众解决司法疑难问题。除此之外,传统司法的载体还有法院工作简报、图书馆、法院公告栏等多种,共同实现了传统司法公开载体的多样化。

2. 司法公开的新兴载体

科技的发展改变了诉讼生态，数字信息化改变了司法公开的载体。司法公开的新兴载体主要有：第一，法院的官方微博。把法院官方微博作为即时发布司法信息的有效载体，不仅有助于法院强化司法公开、回应公众关切、提升司法公信，而且有望从根本上扭转我国的侦审关系格局，倒逼侦查法治化。[1]如2013年6月至7月，王书金强奸杀人案在河北省邯郸市中级人民法院两次开庭审理期间，河北省高级人民法院通过官方微博进行了庭审直播。同年8月下旬，薄熙来案在济南市中级人民法院开庭审理，法院通过官方微博对庭审进行了全景式播报，文字、图片、视频、音频批量传递，新华社几乎同时把庭审内容翻译成英文放到网络上，在世界范围内引起了极大关注。正是因为随身性、简易性、互动性等优势，微博成为信息化社会中民众获取信息、关注社会乃至介入政治的重要渠道，成为人民法院强化司法公开的新兴载体。

第二，庭审网站直播。2009年9月26日，全国首家以案件庭审为主要内容的"北京法院直播网"正式开通，社会民众无论身在何处，都可以登录网站，旁听北京法院正在审理的案件。近年来，上海、广东、江苏、浙江、河南、山东、福建等省的诸多法院都建立了自己的庭审直播网站，并在现有图文直播的基础上开发网站视频直播系统，真正意义上实现了民众坐在家里"观看"庭审的愿望。2014年9月23日，乳山市人民法院民一庭在该院第四审判庭采用网络视频直播的方式，依法公开审理了某公司诉被告于某劳动争议纠纷一案，山东法院庭审直播网进行了视频同步全程直播，这是乳山市人民法院通过互联网进行庭审视频直播的首起民事案件。[2]显然，庭审网站直播的形式对法官的仪容仪表、语言表达、庭审质证、证据采信等提出了更高要求，同时确保了审判过程的公开，以及审判

---

1 周长军：《微博直播庭审对侦查法治化的可能意义》，《法学论坛》2014年第1期。
2 参见《乳山法院首起庭审视频直播民事案件昨网络直播》，http://www.weihai.tv/news/whnews/2014/0924/109828.html，最后访问日期：2023年1月13日。

结果的公平、公正。截至2020年7月28日11时,中国庭审公开网累计直播案件824万余件,累计访问约262亿人次。庭审网络直播应用成效显著,有效提升了司法公信力。[1]

第三,微信平台。微信已成为人与人之间最便捷的沟通方式,微信平台也已成为法院与民众互动交流的便捷工具。微信平台主要通过开设微信公众号、提供微信公众号二维码、开设微信门户等途径实现司法信息的公开,微信平台提供"司法公开"的栏目,并在其中设置审判流程查询、开庭公告、预约旁听、庭审直播网、裁判文书网、执行曝光台、执行线索举报、司法网拍等内容。借助于微信平台,浙江首创了"移动微法院",2019年上升为"中国移动微法院",2022年更名为"人民法院在线服务",截至2022年10月16日,已经接入了全国3500多家法院,访问量为35亿次。[2]疫情期间,"移动微法院"发挥了重要作用,浙江省全省网上立案395.8万件,开庭14.4万次。当然,要想使微信等数字平台发挥司法公开的最大功效,需从两方面着手:一方面,遵循自媒体网络传播的规律,在语言表达上应当摒弃过于官方化的色彩,加强与民众的互动,及时回复民众的提问;在内容上要有原创性,尽量第一时间更新自媒体平台的内容。另一方面,转变观念认识,提升法院治理水平,适应数字时代线上审判的新趋势。

我国最高人民法院倡导将互联网思维的概念引导到人民法院的信息化建设中。互联网思维就是基于互联网平台的用户至上的思维。对人民法院来说,就是要借助现代信息技术、互联网平台、新兴载体,将法官从事务性工作中解放出来,以提高审判质量和效率;对审判执行工作的全过程进行全方位和实时化的监督,以便完善司法权力运行的监督和管理;最为重要的是,借助于互联网互

---

[1] 参见刘友华、朱蕾:《大数据时代庭审网络直播的安全风险及其防范》,《法学杂志》2020年第12期。
[2] 参见张晨:《"人民法院在线服务"平台诉讼服务实现全天候运行》,《法治日报》2022年10月16日,第4版。

联互通、资源共享、开放互动的特性，拓展司法为民领域，更好地方便群众诉讼，减轻群众讼累，满足群众的多元司法需求。[1]总之，司法公开，不仅要充分利用传统载体，而且要与现代信息技术相结合，采用网络等各种新兴载体，进而提高司法公信力。

第三节 新媒体公开的维度与限度

数字化、互联网技术的迅猛发展，使人类社会步入了"人人都有麦克风""人人都是通讯员"的新媒体时代。最高人民法院《关于司法公开的六项规定》和《关于人民法院接受新闻媒体舆论监督的若干规定》，将司法公开范围扩展至立案、庭审、执行、听证、文书、审务公开等领域，而且将司法公开继续作为《人民法院第五个五年改革纲要（2019—2023）》的重要内容之一。党的十八届四中全会通过的《关于全面推进依法治国若干重大问题的决定》指出："构建开放、动态、透明、便民的阳光司法机制，推进审判公开、检务公开、警务公开、狱务公开，依法及时公开执法司法依据、程序、流程、结果和生效法律文书，杜绝暗箱操作。"可见，从顶层设计到地方试改，新一轮司法改革正如火如荼地推进。在数字时代，新媒体和新的信息传播技术从根本上改变了过去司法信息传播话语权不平等的状态，从"信息非常不对称"转变为"信息相对对称"条件下司法信息的传播是司法公开所处的全新背景。新媒体公开作为司法公开的重要形式，作为新一轮司法公开改革的关键事项也在逐步推进中，有的地方甚至创新性地建构了评估新媒体公开现状的阳光司法指数。[2]总之，新媒体公开的成败，业已成为司法改

---

[1] 参见倪寿明主编：《让正义经得起"围观"——司法公开数字信息三大平台建设：审判流程—裁判文书—执行信息》，人民法院出版社 2016 年版，第 5 页。

[2] 参见康兰平、钱弘道：《司法透明评估的大数据方法研究》，《浙江大学学报》（人文社会科学版）2018 年第 3 期。

革能否成功的试金石。

所谓新媒体(New Media),是指以数字媒体为基础的,通过数字化交互性的固定或极速移动的多媒体终端向大众提供信息与服务的传播样态。它主要包括微博、QQ、微信、抖音、脸书、推特、LinkedIn 和 YouTube 等媒体。多年以来,新媒体与司法公开的关系一直是各国司法研究的热点。纵观国内外关于新媒体和司法关系的研究,可谓浩如烟海,[1]但大多数学者主要研究的是如何利用新媒体推进司法公开,[2]对新媒体推进司法公开的限度的研究有所不足。新媒体在为推进司法公开提供了前所未有的机遇的同时,也对司法公开的内容、方式和效果提出了新的挑战。在我国现行法还未对新媒体推进司法公开进行细致规定的情况下,如何运用新媒体推进司法公开是当前司法改革亟待解决的关键问题。本节在强调新媒体推进司法公开作为新一轮司法改革的突破口的同时,以法解释学为基础,从实证维度论述当前新媒体与司法公开之间的紧张关系,并试图探寻新媒体推进司法公开的限度,以实现新媒体与司法公开良性互动关系之建构。

一、推进新媒体公开:司法改革的突破口

司法应当开启公开之门,正如贝卡里亚所言:"审判应当公开,犯罪的证据应当公开。"[3]最高人民法院在中央关于推进司法公开改革部署要求的基础上,一直重视司法公开工作,不仅在五个人民法院五年纲要中均列有司法公开方面的改革内容,而且先后出台了一系列司法公开规范性文件,强调构建开放、动

---

[1] Richard Nobles and David Schif, *A Story of Miscarriage: Law in the Media*, Journal of Law and Society, Vol. 31, 2004, pp. 220-228; Benjamin L. Liebman, "Watchdog or Demagogue? The Media in the Chinese Legal System", *Columbia Law Review*, Vol. 105, 2005, pp. 1-18;顾培东:《论对司法的传媒监督》,《法学研究》1999 年第 6 期;徐迅:《中国媒体与司法关系现状评析》,《法学研究》2001 年第 6 期;唐应茂:《司法公开及其决定因素:基于中国裁判文书网的数据分析》,《清华法学》2018 年第 4 期;左卫民:《反思庭审直播——以司法公开为视角》,《政治与法律》2020 年第 9 期;等等。

[2] 参见杨凯:《新媒体时代的司法公开与司法公正》,《法治论坛》2014 年第 1 期。

[3] [意]贝卡里亚:《论犯罪与刑罚》,黄风译,中国大百科全书出版社 1993 年版,第 20 页。

态、透明、便民的阳光司法机制。从这个意义上而言,推进新媒体的司法公开对于司法改革具有"突破口"的意义。其主要表现在三个方面:

其一,以新媒体公开提升司法公信力。司法公信力是司法赢得社会公众信任和信赖的能力,是否具备这种能力直接取决于司法在拘束力、判断力、自制力和排除力方面是否能够赢得公众的信任和信赖。[1]而综观现有的研究成果,对人民法院司法公信力现状的判断大多是通过类似于满意度调查的方式来获得的,且结论几乎都是当下司法公信力低下。[2]"以公开促公信",司法的透明度在某种意义上决定了司法的公信力,新媒体公开使得民众有充分的参与权、知情权、表达权和监督权,打破了司法"暗箱操作"的顽疾,消除司法过程中那些似是而非、模棱两可、任由其说的因素,让司法通过新媒体公开的方式更加贴近大众的现实生活,把司法运作和决策的全过程淋漓尽致地呈现在民众眼前,重获公众对司法的信任与信赖。

其二,以新媒体公开消除司法腐败。从黄松有案、奚晓明案到沈德咏案,司法腐败是影响司法公信力的重要因素,也是司法制度中最难解决的问题之一。我国现阶段的司法腐败呈现出渎职化、高端化、次生化,以及权力寻租组织化、经营化、长期化等显性特征。[3]"一切有权力的人都容易滥用权力,这是万古不易的一条经验。有权力的人们使用权力一直到遇有界限的地方才休止。"[4]阳光是最好的防腐剂,电子信息技术和新媒体的日益发展,不仅提高了社会民众的司法参与度,而且规范了新闻媒体对司法的监督。公开透明的司法有利于彻底根

---

[1] 参见郑成良、张英霞:《论司法公信力》,《上海交通大学学报》(哲学社会科学版)2005 年第 5 期。

[2] See Ming Hu and Mengyan Dai, "Confidence in the Criminal Justice System: Differences between Citizens and Criminal Justice Officials in China", *Criminology and Criminal Justice*, Vol. 4, 2014, pp. 503-524. 具体可参见江西省高级人民法院课题组:《人民法院司法公信现状的实证研究》,《中国法学》2014 年第 2 期;陈光中:《略谈司法公信力问题》,《法制与社会发展》2015 年第 5 期;孟祥沛:《司法公信力的本质属性及其评估指标的影响》,《政治与法律》2021 年第 12 期。

[3] 参见盛宏文、魏娜:《司法腐败的基本特征及其预防对策——基于 1990—2010 年相关统计数据的实证分析》,《重庆工商大学学报》(社会科学版)2013 年第 4 期。

[4] 参见[法]孟德斯鸠:《论法的精神》,张雁深译,商务印书馆 1987 年版,第 154 页。

除司法腐败的"帕累托最优"效应。[1] 可见,依法独立行使职权与新媒体公开是监督司法腐败的关键。

其三,以新媒体公开最大限度发现冤假错案并采取及时补救措施。冤假错案始终是司法制度的顽疾。近年来,佘祥林案、赵作海案、杜培武案、浙江张氏叔侄案、呼格吉勒图案等冤假错案,一次次将相关讨论推到风口浪尖。冤假错案的成因是多层次、多方面的,比如受有罪推定理念的影响,重口供而轻证据,作出所谓"留有余地"的判决等。[2] 这些因素交织在一起,共同作用,产生"累积效应",导致冤假错案的发生。以新媒体推进司法公开,核心是推进裁判文书公开,将公安机关侦查的案件事实、检察院指控的犯罪事实以及法院经庭审查明的事实,以新媒体公开裁判文书的形式"晾晒"在网上,有利于社会大众、新闻媒体通过品读裁判文书的释法说理,对裁判文书公开形成一种外部监督机制。同时,可以让民众真切地感知到法院审判是否存在事实不清、适用法律错误的情形,侦查机关是否存在刑讯逼供等违法取证行为,法官是否充分说明对诉讼双方律师及代理人的意见接受或排除的理由。从每一个公开的诉讼环节中揭露冤假错案存在的可能性,从而最大限度地减少冤假错案的再发生。

二、新媒体与司法公开的紧张关系:以实证维度考察

新媒体公开对于当前司法改革具有"突破口"的意义,是否就意味着新媒体公开是没有限度的呢?事实并非如此。与传统媒体相比,新媒体因具有及时性、高度的交互性、无限的开放性、主体的广泛性、内容的超文本性等特点而

---

[1] "帕累托最优"(Pareto Optimality)效应,又称"帕累托效率"(Pareto Efficiency),是指资源分配的一种理想状态,如果人群与可分配的资源是固有的,则从一种分配状态到另一种状态的变化中,在没有使任何一人境况变坏的前提下,使得至少一个人变得更好;"帕累托最优"效应同时是公平和效率的"理想王国"。
[2] 参见胡铭等:《错案是如何发生的——转型期中国式错案的程序逻辑》,浙江大学出版社2013年版,第20—49页。

逐步得到大众认同和接受。2021年2月中国互联网络信息中心(CNNIC)发布的《第47次中国互联网络发展状况统计报告》显示，截至2014年12月，我国网民规模达6.49亿，其中手机网民规模达5.57亿，较2013年增加5672万人，网民中使用手机上网的人群占比提升至85.8%。主体的广泛性使得大众与新媒体的交融和互动越来越多，近年来，随着新媒体对重大司法案件的持续曝光和讨论，最高人民法院以及相关地方法院官方微博的粉丝数量成倍剧增。在新媒体时代，新媒体与司法公开的紧张关系显示出前所未有的复杂性。

在此，我们选取了新媒体公开影响性较大的十起诉讼案件进行实证分析，如表5-4所示。其中，所谓"影响性诉讼案件"，是指对立法、司法有重大影响并且为社会广泛关注，可以用来观察法治情况的案件。其特点是刑事案件比例高，案件发生地分布广泛，公众评判与司法机关的认识存在显著差异等。[1]选取这十起影响性较大的诉讼案件的原因是：首先，此类案件具有典型性，大众对这类案件高度关注，且对此类案件知情权的预期往往比其他案件高，这类案件裁判结果的公正与否直接关系到大众对司法的信任度。其次，大众和新媒体对案件的评判与司法机关的认识存在显著性，因此，新媒体对影响性诉讼案件的公开基调直接揭示了新媒体与司法的紧张关系，也使我们可以清晰地看到新媒体公开是否秉持着中立、客观、理性的原则。最后，司法机关在裁判这些影响性诉讼案件时，如何处理好新媒体公开与司法的关系以及司法与大众舆论之间的关系，都是值得深入剖析的问题。因此，下面将从实证维度解析新媒体与司法公开的紧张关系。

---

[1] 参见胡铭：《司法公信力的理性解释与建构》，《中国社会科学》2015年第4期。

表 5-4 以十起影响性诉讼案件揭示新媒体与司法公开的紧张关系

时间地点	案件	职业	所涉罪名	新媒体介入点	新媒体公开的基调	民众的基调	法院对案件公开的基调	案件裁判结果	舆论评价
2009 云南	李昌奎案	农民	犯故意杀人罪、强奸罪	二审介入	质疑	民愤：被告人该杀	被迫公开	一审死刑→二审死缓→再审死刑	"法律效果与社会效果的冲突"
2013 北京	王欣等快播案	公司高管	涉嫌传播淫秽物品牟利罪	全程介入	质疑	"科技无罪"	主动公开	无罪辩护→有罪判决	"微博庭审直播的实质化"
2009 湖北	邓玉娇案	宾馆服务员	故意伤害罪	全程介入	质疑	同情弱者	主动	免除刑事处罚	"法院不能只埋头办案"
2006 广州	许霆案	保安员	盗窃罪、侵占罪	重审介入	质疑	为许霆喊冤	被迫公开	一审无期→重审5年有期	"非典型的重审改判案"
2010 陕西	药家鑫案	学生	故意杀人罪	全程介入	质疑	同情被害人	中立	一审死刑→二审维持	"与胡斌截然相反的判决"
2007 浙江	吴英案	公司法定代表人	集资诈骗罪	全程介入	中立	罪不至死	中立	一审死刑→二审死刑→重审死缓	"应刀下留人"
2013 北京	李天一案	学生	强奸罪	全程介入	质疑	推波助澜	不公开	一审10年有期徒刑→二审维持	对"儿童最大利益"原则的质疑
2012 重庆	雷政富案	公务员	受贿罪	全程介入	质疑	仇官倾向	中立	一审13年有期徒刑→二审维持	"新媒反腐初见成效"
2012 重庆	薄熙来案	公务员	受贿罪、贪污罪、滥用职权罪	全程介入	中立	不偏不倚	主动公开	一审无期→二审维持	"庭审直播的实质化"
1996 内蒙古	呼格吉勒图案	纺织厂工人	涉嫌故意杀人	审后介入	质疑	鸣冤叫屈	事后公开	一审死刑→二审维持→再审无罪	"民众对司法的不信任攀升"

资料来源：作者自制。

(一)新媒体公开与个人隐私:谁动了谁的奶酪?

所谓隐私权是以生活安宁和私人秘密为其基本内容的,[1]无论是传统媒体还是新媒体,无论在国内还是国外,媒体公开侵犯个人隐私权的案例不胜枚举。随着新媒体的迅速崛起,新媒体反腐现象也正悄然兴起,如李信下跪案、雷政富案等。可见,在司法腐败现象呈现高发、多发、频发的趋势下,通过新媒体公开反腐是很有效的举措。但是,如何在新媒体反腐与被举报人及相关人员隐私权保护之间实现平衡,是当前新媒体反腐面临的难题。以李天一案为例,2013 年 3 月,"李天一涉嫌强奸罪被检察机关拘捕"的消息被某媒体曝光,瞬间微信、微博等新媒体对李天一及家人辱骂声、讨伐声沸腾,有些媒体在事件报道的过程中不理性地把李天一的姓名、照片、视频及家人信息都公之于众,甚至在报道时直接用一些负面评价性的言词作为主题,挑动乃至纵容大众对李天一及其父母进行"侮辱性人身攻击"。[2]更为过分的是,有些新媒体凌驾于法院审判之上,在法院没有进行司法审判之前就对李天一"定罪量刑",俨然不顾相关法律法规对于新媒体公开的规制。

越过新媒体沸沸扬扬的声讨,我们需要冷静思考、认真思索新媒体在满足大众知情权和揭露案件真实性过程中,如何保护当事人及相关人员的隐私权、名誉权等其他人格权,并及时履行保护未成年人身心健康的义务等问题。然而,我国法律法规及司法解释关于隐私权保护存在诸多问题。从 1988 年最高法颁布的《关于贯彻执行〈民法通则〉若干问题的意见(试行)》到 2012 年全国人大常委会颁行的《关于加强网络信息保护的决定》等一系列有关隐私权保护的法律法规及司法解释可见,虽然我国已从最初的将隐私利益依附于名誉权保护

---

[1] 参见王利明:《隐私权概念的再界定》,《法学家》2012 年第 1 期。
[2] 具体参见彭思彬:《论未成年人人格权法律保护的媒体义务——由"李××案"说起》,《福建师范大学学报》(哲学社会科学版)2014 年第 5 期。

过渡到通过立法、司法解释初步确立隐私权概念、保护范围和方式等,但目前可适用于隐私权保护的法律规定零散而粗放,大部分法律法规内容概括、简略,多为原则性规定,缺乏可操作性。[1]特别是对于未成年人隐私权的保护,更是极为薄弱。在李天一案中,新媒体不仅侵犯了李天一及其家人的隐私权,同时侵犯了其名誉权和精神安宁权等其他人格权,违背了"儿童最大利益原则"的核心内涵。相关立法始终是近年来的热点重点问题,这也是新出台的《民法典》和《个人信息保护法》《关于构建数据基础制度更好发挥数据要素作用的意见》等对个人信息保护和数据合理利用作出一系列新的探索的重要原因。

(二) 新媒体公开与司法审判:谁绑架了谁?

随着新媒体公开的逐层推进,新媒体与司法审判之间的紧张关系日益凸显。以下结合十起影响性诉讼案例,以许霆案、邓玉娇案和药家鑫案为例,重点分析新媒体与司法审判之间的相互影响。一方面,新媒体公开"监督"司法审判。当前新媒体监督司法审判的演进脉络是:新媒体初报道→案件进入司法程序→司法机关回应网络言论→网民讨论→新媒体跟进报道→微信、微博等引发网民热议→新媒体持续跟进报道→网民讨论达到舆论顶峰→司法裁判受干扰→新媒体和网民继续热议→形成司法裁判。以影响性诉讼案件许霆案为例。2006年4月21日,许霆从某银行 ATM 连续取出本不属于自己的 17.1 万元,事后携款潜逃并将其挥霍一空。一审法院判定许霆构成盗窃金融机构罪,判处无期徒刑。判决一出,民众一片哗然,各类新媒体持续追踪报道民众、专家学者对于许霆案的争论和质疑,结果许霆案"柳暗花明又一村",广州中院启动再审,由无期徒刑改判为5年有期徒刑。新媒体舆论和民意在这场"论战"中大获全胜。又如在邓玉娇案中,新媒体和大众舆论站在宾馆服务员邓玉娇一边,最终邓玉娇被免于刑事处罚,案件在沸沸扬扬的议论中尘埃落定,司法审判的结果得到

---

[1] 参见张新宝、任彦:《网络反腐中的隐私权保护》,《法学研究》2013年第6期。

了大众的肯定。但同时也有人提出批评,认为司法审判严重受到了新媒体舆论的干扰。[1]再如在药家鑫案中,多家新媒体通过大篇幅报道呈现出药家鑫"乖孩子"形象,譬如药家鑫在家是位性格"柔弱、温顺"的好孩子,在校是位"品学兼优"的好学生,并且还有一双"美丽的弹钢琴的手"等,试图通过新媒体塑造其"好孩子"失足杀人的幻象,以达到干扰司法审判而"免死"的目的,结果适得其反,社会公众愤怒地宣称"药家鑫不死,法律必死",使得以诸种"本土资源"来免药家鑫一死的空间几乎荡然无存。[2]在这三起案件中,新媒体舆论几乎都呈现出"一边倒"的局势,即同情弱者。在这样的环境下,人们不得不反思新媒体以"监督之名"实则引领民意干扰司法审判的现象是否合理。2015年末,自媒体报道的所谓"家门口掏鸟窝,被判刑10年"又是媒体干预与绑架司法的一个佐证。[3]

另一方面,新媒体与司法机关之间的"合谋",又形成了"新媒体审判"。所谓"新媒体审判",是指新媒体对已经发生的具有一定影响力的案件,抢在司法裁判之前对被追诉人作出有罪、无罪、定罪量刑、胜诉和败诉等结论,营造舆论环境以干扰司法公正审判。"新媒体审判"的形成并非媒体一家所为,而是新媒体、民间舆论、权力机关、司法机关和专家学者等多方相互合力作用形成的结果。其形成原因是:首先,新媒体报道追求特殊利益而导致客观性失实。新媒体在进行报道案件时理应秉持新闻专业主义精神,坚持客观公正原则,做到全面、真实地报道。但为了片面追求报道的高收视率、高阅读量,为了追求新闻言论自由,加之司法个案信息的获知渠道不通畅等多种因素,最终新

---

[1] 参见胡铭:《转型社会刑事司法中的媒体要素》,《政法论坛》2011年第1期。
[2] 有学者指出药家鑫免死的"本土资源"有:自首、独生子女与"存留养亲"、大学生犯罪等。具体参见陈柏峰:《法治热点案件讨论中的传媒角色——以"药家鑫案"为例》,《法商研究》2011年第4期。
[3] 参见张捷:《掏鸟窝案,媒体再次干预司法》,https://www.guancha.cn/ZhangJie/2015_12_07_343806.shtml,最后访问日期:2023年1月13日。

媒体报道的客观性失实。[1]其次,司法机关需借助于"媒体公诉"。[2]媒体公诉早已是存在于新媒体报道的法治痼疾,新媒体与司法机关总是自觉或不自觉"合意""合谋"的倾向有利于司法部门的诉求,进而巩固法庭内裁判的合理性与正当性。最后,新媒体是民意表达诉求的重要渠道。目前我国社会正处于转型期,贫富差距、收入不均使得民众对社会和政府存在不满,从张金柱案和药家鑫案可见,民众对弱势、无助一方能给予诸多同情,而只要当事人一方的身份有"官""富"等字眼,则极有可能成为新媒体热炒的对象或网络热点。此外,个别公权力机关、极少数的专家学者等为己方利益,也会借助新媒体干扰司法的公正裁判。

(三) 新媒体公开与司法机关:谁为谁的"过错"买单?

在新媒体越来越受到青睐的今天,区分新媒体责任与法律责任是新媒体公开亟待解决的问题。在西方,媒体责任的表现形式为媒体问责制,[3]其思想根源是媒体的"社会责任论",并将之概括为特定媒体和特定个人或团体等媒体信息接收者之间有效的互动,这有效地化解了新媒体责任与新闻自由之间的冲突。[4]在我国,新媒体推进司法公开过程中产生的责任,应由新媒体为司法机关的重大过失或过错行为买单,还是应由司法机关为新媒体的重大过失或过错行为买单,总是显得模棱两可。根据最高人民法院《关于人民法院接受新闻媒体舆论监督的若干规定》第9条的规定,新闻媒体在采访报道法院工作时具有五种违

---

[1] 参见徐光华、郭晓红:《民意和媒体对刑事司法影响的考察——以两起"捡"球案同案异判为例》,《法商研究》2012年第6期。

[2] 所谓媒体公诉,是指在有效判决之前,由司法机关被动或者主动提供案件信息,新媒体单方面报道或者片面夸大司法机关对案件嫌疑人证实犯罪事实的意见,使司法机关意见成为媒体意见,从而主导舆论评价,形成一边倒的舆论意见。具体参见封安波:《论转型社会的媒体与刑事审判》,《中国法学》2014年第1期。

[3] See Daniel Riffe, "Public Opinion about News Coverage of Leaders' Private Lives", *Journal of Mass Media Ethics*, Vol. 18, No. 2, 2003, pp. 97-109.

[4] See Patrick Lee Plaisance, "The Concept of Media Accountability Reconsidered", *Journal of Mass Media Ethics*, Vol. 15, No. 4, 2000, pp. 258-267.

反情形的,将承担相应的法律责任。[1]但是,最高人民法院《关于进一步加强人民法院宣传工作的若干意见》第 1 条第 3 项关于人民法院宣传工作的主要职责的规定,并没有将对新闻媒体报道案件信息的内容进行审查监督作为其职责之一,即新媒体对于法院审理案件的信息报道并不受到司法机关的监管,管理机关仍为新闻出版部门。由于该意见没有明确的实施细则,法律责任的落实流于形式,最终何为法律责任,何为媒体责任,仍无法厘清。但按照"司法的归司法,媒体的归媒体"的原则,在李启铭案中,某些新媒体炒作出"李刚有五套房产""李刚岳父是某副省长"等谣言,是否应当为此承担相应的责任?

三、自由之限度:新媒体与司法公开良性互动关系的建构

对于新媒体公开中存在的问题,如果不是从新媒体与司法公开形成良性互动的视角着手解决,而是归责于所谓的"新闻自由""媒体审判",并试图去控制新媒体公开和民意舆论,无异于头痛医脚,其结果只能是"旧痛未除,又添新伤"。当前新媒体与司法公开交织在一起、难以分割,如何才能实现二者的良性互动,一直是困扰司法实践的难题。司法独立被认为是美国式民主的奠基石,但近些年来,新媒体对司法的监督权被认为是三权分立之外的第四种权力。[2]有学者指出,一方面,新媒体应以合理方式、有限程度介入司法;另一方面,法律人应以更加理性的态度来审视司法中的新媒体要素。[3]具体而言,新媒体公开不仅要保障公众的知情权和新媒体的言论自由,而且要拿捏好新媒体公开的限度,从而实现新媒体与司法公开良性互动的关系。

---

[1] 五种情形为:(1)损害国家安全和社会公共利益的,泄露国家秘密、商业秘密的;(2)对正在审理的案件报道严重失实或者恶意进行倾向性报道,损害司法权威、影响公正审判的;(3)以侮辱、诽谤等方式损害法官名誉,或者损害当事人名誉权等人格权,侵犯诉讼参与人的隐私和安全的;(4)接受一方当事人请托,歪曲事实,恶意炒作,干扰人民法院审判、执行活动,造成严重不良影响的;(5)其他严重损害司法权威、影响司法公正的。

[2] See Rachel Luberda, "The Fourth Branch of the Government: Evaluating the Media's Role in Overseeing the Independent Judiciary", *Notre Dame Journal of Law, Ethics & Public Policy*, Vol. 22, No. 2, 2008, pp. 507-532.

[3] 参见胡铭:《转型社会刑事司法中的媒体要素》,《政法论坛》2011 年第 1 期。

（一）国际与国内规则之良性互动：隐私权保护的域外经验

在全球治理视野下，隐私权已从传统的个人私生活安宁和对私生活秘密的保护拓展至个人信息保护，[1]隐私权保护已成为全球治理的重要问题。其中，国际规则和国内规则作为隐私权法治治理的基本路径，相互渗透、相互影响、相互贯通，在现实中表现出明显的良性互动关系，并在国际和国内广泛的互动中处于基础地位。[2]国际社会对新媒体推进司法公开时的个人隐私权保护做了详细规定，1948年《世界人权宣言》、1966年《公民权利及政治权利国际公约》，以及1954年《欧洲人权公约》、1969年《美洲人权公约》、1994年《媒体与司法独立关系的马德里准则》（简称《马德里准则》）、2008年《亚特兰大知情权宣言》等国际条约中均明确规定了对个人隐私权的保护。在美国，隐私权保护已走过一百多年的历史。同样，德国、英国、法国、加拿大等国在国际规则的基础上都颁行了新媒体公开的指南。我国对于个人隐私权的保护以《宪法》为基础，并通过《民法典》《侵权责任法》《个人信息保护法》《刑事诉讼法》等具体部门法及其司法解释对个人隐私权进行保护。总体而言，我国对个人隐私权的保护面临数字时代的新挑战，可操作性、科学性等还亟待提升。

因此，应把视野投向国际层面，从他山之石中获取个人隐私权保护的思路，在保障公民知情权和媒体新闻自由的同时，实现国际规则与国内准则的良性互动，进而使个人隐私在审前、庭审和审后程序中得到保护，具体表现为：首先，审前建立新媒体公开事前限制程序。依据《马德里准则》第1条的规定，在审前程序中，为了保护个人隐私，需对公众知情权进行有限的限制，[3]以防止庭审未开始时，民众已经产生"舆论审判"，同时防止民众对犯罪嫌疑人进行有罪推定。在

---

[1] 曾有美国学者将隐私权喻为"变色龙"，其含义根据其所在背景和语境的不同而不断变化，具体参见 Deckle Mclean, *Privacy and Its Invasion*, Praeger Publishers, 1995, p.3.
[2] 参见赵骏：《全球治理视野下的国际法治与国内法治》，《中国社会科学》2014年第10期。
[3] 参见周汉华：《平行还是交叉：个人信息保护与隐私权的关系》，《中外法学》2021年第5期。

美国,审前限制令以"司法限制言论令"(Gag Order)为代表,其目的是防止新媒体在审前对案件的倾向性报道或侵犯个人隐私,进而影响到法院的公正审判,并以1976年"禁报谋杀案"作为标志性判例确立了"明显且即刻的危险"为主要标准。[1]当然"审前程序并不能限制犯罪嫌疑人的言论自由权,他可以将自己受到刑讯逼供等违法情况公之于众"[2],以个人隐私保护为中心的审前程序,其核心是防止对个人的有罪推定,并防止侵犯个人隐私和泄露司法案件的调查信息。

其次,审时建立以涉及个人隐私规制新媒体公开的庭审限制程序。依据《马德里准则》确立的基本原则,新闻自由的限制只能依据《公民权利及政治权利国际公约》的明示授权,其中《公民权利及政治权利国际公约》审判公开例外情形之一为"诉讼当事人的私生活之利益有此需求"。世界刑法协会第15届代表大会通过的《关于刑事诉讼法中的人权问题的决议》第15条也指出,允许新媒体直播,但需受到一定的限制。可见,庭审中可基于涉及个人隐私禁止新媒体进行报道。

最后,审后建立新媒体公开事后限制程序。依据《公民权利及政治权利国际公约》的基本原则和精神内涵,对涉及个人隐私进行审后公开的,新媒体公开需对个人姓名、住址、出生日期、身份证号码、医疗记录、人事记录、照片等个人的特定信息进行技术化处理。特别是对于未成年人隐私权的保护,依据《儿童权利宣言》《儿童权利公约》中的"儿童最大利益原则",新媒体应该对未成年人隐私保护实现审前、审中和审后的全面限制与保护。

(二)自律与他律:遵循主客体相互作用下的司法运行规律

新媒体推进司法公开不仅需要新媒体与司法机关的自律,而且需要他律,即遵守司法的运行规律,以防止多方合力形成"媒体审判"。那么自律与他律谁

---

[1] See 427 U.S. 539, 96 S. Ct. 2791, 49 L. Ed. 2d 683(1976).

[2] Mona Rishmawi, Peter Wilborn and Cynthia Belcber, "The Relationship between the Media and Judiciary", *CIJL Yearbook*, Vol. IV, 1995, pp. 14–16.

优谁劣呢？应当如何处理自律与他律之间的关系呢？自律与他律之间并非一对矛盾体，而是一种相互补充、互利共赢的关系，二者的适用始终遵循着"自律优于他律，私法优于公法"的原则，如果新媒体和司法机关能够做到自律，自然也就无需他律，这也是英国媒介法所谓的"以自律换自由"原理，也验印了西奥多·罗斯扎克(Thedore Roszak)所言："法律试图跟上技术的发展，而结果总是技术走在前头……在不到一代人的时间里，信息传递技术的发展模式如此之大又如此活跃，法律无力也不宜对之加以严密的规范。"[1]可见，优化新媒体公开的语境，需要他律对自律进行避让。那么，究竟如何实现新媒体与司法机关的自律与他律？

新媒体和司法机关，既是新媒体公开的主体，又是公开的客体。新媒体公开并不只是新媒体一方需要自律，司法机关也需要自律。首先，司法机关应在公开过程中遵守相应的职业道德规范和准则。在当下的司法实践中，司法机关对新媒体介入司法活动持抵触心理，处于被动接受公开的局面。司法机关应由被动变为主动，主动接受新媒体与大众的监督，案件审理期间自觉地不和新媒体讨论与案件相关的信息，避免在庭外接受与案件相关的信息而影响公正裁判；审后主动公开应当公开的司法信息，并对疑难案件及时地进行释法说理。其次，构建新媒体行业自律机制。新媒体作为公众知情权的守护神，理应秉承全面、客观、理性的原则，以引导大众保持冷静、理性为己任。在案件未作出终局裁判之前，新媒体不发表任何有关案件的倾向性意见，不超越审判程序，不对案件的裁判结果预下结论。近年来，新媒体对行业领域自律机制进行了一些有益的探索，例如，2003年中国互联网新闻信息服务工作委员会成立，三十多家网络新媒体共同签署了《互联网新闻信息服务自律公约》；2007年中国互联网协会实施了《博客服务自律公约》；2012年新浪实施了《新浪微博社区管理规定》和

---

1 [美]西奥多·罗斯扎克：《信息崇拜——计算机神话与真正的思维艺术》，苗华健、陈体仁译，中国对外翻译出版公司1994年版，第37页。

《新浪微博社区公约》等一系列新媒体行业自律机制。在国家层面,为保障电信网络和信息的安全,促进经济社会信息化健康发展,出台了一系列法律法规,如2000年便出台了《互联网信息服务管理办法》,2011年曾做修改,2022年3月开始实施再次修改后的《互联网信息服务管理办法》;同样是2000年出台的《中华人民共和国电信条例》,经过了2014年和2016年两度修改;2017年6月开始实施的《中华人民共和国网络安全法》对于信息安全行业的合规性驱动和强制性驱动做了积极探索,更是被视为我国第一部网络安全的专门性综合性立法,提出了应对网络安全挑战这一全球性问题的中国方案。

当新媒体与司法机关的自律功能失效时,就需要他律,即需遵循主客体相互作用下的司法运行规律。司法规律是由司法的特性所决定的体现司法运行过程的一种客观性的法则,[1]新媒体公开除了遵循司法一般规律,即司法的中立性、独立性、制约性、公正性、程序性、终局性、权威性等,[2]还要遵循新媒体公开的特有规律,具体表现为司法的人民性、监督性和适度性,这是司法规律普遍性与特殊性的统一。首先,司法的人民性。如霍布斯所言:"国家主权来自人们为建立国家而缔结的协议授权。"[3]我国《宪法》以及三大诉讼法也明确规定了"国家权力属于人民"。新媒体公开作为大众实现知情权的重要途径,理应遵循司法的人民性,但这并不意味着新媒体可以为迎合大众观点而颠倒是非黑白。以李昌奎案为例,该案的博弈焦点可归纳为大众的杀人偿命与司法的少杀慎杀、民意不可违与依法独立行使职权之间的矛盾。此时,新媒体不该是添油加醋,而应客观公正地弥合公众与司法之间的分歧。其次,司法的监督性。新媒体公开作为司法监督的有效手段,有利于减少乃至杜绝司法腐败并提升司法公信力和司法公正,对此已在上文详细论述过,不再赘述。然而,新媒体在监督或揭露司

---

1 参见陈卫东:《司法机关依法独立行使职权研究》,《中国法学》2014年第2期。
2 参见张智辉主编:《中国检察》第16卷,北京大学出版社2008年版,第155—156页。
3 [英]霍布斯:《利维坦》,黎思复、黎廷弼译,商务印书馆1985年版,第13页。

法腐败时,不能以侵犯当事人或相关人员的隐私权为前提,更不能以妨碍未成年人身心健康为代价。最后,司法的适度性。我们赞成阳光司法,但司法不应该是过度曝光,司法并不是越公开越好,新媒体公开应该以"抓得住"的方式公开,并保持配置上的有限和应用上的均衡,以不损害司法的中立性、独立性、终局性和权威性为前提。[1]

(三) 权利与责任:理清新媒体与法官的角色定位

有权必有责,任何一项权利都必须以相应的责任作为保障,如果权利没有相应的责任作为保障,这种权利将形同虚设。媒体自由和大众知情权作为我国《宪法》规定的公民基本权利之一,理应得到司法的保障和救济。然而,在当下司法实践中,新媒体和法官并未能在新媒体公开过程中找准自身的角色定位。一方面,主审法庭或法官作为新媒体公开的主体,未能及时履行公开案件信息的责任,也未能履行审查和控制案件信息公开的权利;另一方面,新媒体对案件信息的处理欠缺专业性,使得"鱼龙混杂"的司法信息影响到大众对司法裁判的信任。那么,如何明确新媒体和法官在司法公开过程中所承载的责任呢?党的十八届三中全会提出了"让审理者裁判,由裁判者负责",其目的是明确主审法官、合议庭成员对办理案件承担法律责任。有学者将法官责任制模式归纳为"结果责任模式、程序责任模式和职业伦理责任模式"[2],以期为责任制模式树立一些基本准则。

其中,"职业伦理责任模式"的核心要素是以有违职业伦理规范的不当行为为追责对象。为此,有以下三点要求:首先,法官需履行自身的责任,遵守职业

---

[1] 主客体交互作用下的司法运行规律,遵循司法的监督性、回应性和适应性。明显区别于行政绩效考核,新媒体公开应以一种适度的方式实现形式公开与实质公开相结合,并以不伤害司法独立性、中立性为前提。具体参见胡铭、自正法:《司法透明指数:理论、局限与完善——以浙江省的实践为例》,《浙江大学学报》(人文社会科学版)2015年第6期。

[2] 陈瑞华:《法官责任制度的三种模式》,《法学研究》2015年第4期。

伦理规范,即忠诚司法事业、保证司法公正、确保司法廉洁、坚持司法为民、维护司法形象等五方面。在新媒体推进司法公开的过程中,法官应主动公开案件信息,通过法院的新闻宣传主管部门对需要公开的案件信息进行筛选,并通过新闻发布会等途径向新媒体公开,同时审查和控制案件信息公开,将涉及国家秘密、个人隐私和未成年人案件的信息排除在公开的范围。其次,新媒体在行使新闻自由的同时,应当尊重法官审查和公开案件信息的权利,履行客观、真实地报道案件的责任,确保报道内容的准确性和报道方式的全面性,防止发生如美国"窃听门事件"那样为追求经济利益而放弃言论自由的底线的状况。[1]此外,司法的中立性、独立性、公正性乃司法之精髓,在处理新媒体与司法公开的关系时,不妨借鉴美、英、澳、新、加等国有益的改革经验,把司法规律作为不可逾越的界线,明确新媒体和法官在新媒体公开过程中的角色定位。在薄熙来案、王欣快播案等的公开审判中,从审判公开到新媒体客观、理性地进行报道,不仅让人们看到了新媒体与法官角色定位的明晰化,而且也让人们看到了新媒体公开在民主法治进程中迈出的坚实一步。然而,类似这样新媒体和司法机关都明确自身权利与责任透明化的公开,如何才能实现常态化与系统化?新媒体公开恐怕仍任重而道远。

综上所述,人民法院要充分运用新媒体,大力推进司法公开,新媒体公开是法院提升司法公信力的重要抓手。然而,在强调新媒体推进司法公开之余,也要谨慎地处理新媒体与司法公开的限度。一方面,新媒体对于司法的公开并非越多越好,碍于硬件设施、技术条件、司法理念等条件的限制,有时过度公开将带来过高的司法成本,超出司法所能承载的负荷;另一方面,新媒体公开应遵循主客体相互作用下司法的运行规律,这不仅需要新媒体与司法的自律,而且需要明确二者在新媒体公开中角色的功能定位,防止新媒体过度干扰司法,进而

---

[1] 参见周建明:《"窃听门事件":权利与责任的博弈》,《新闻研究导刊》2011年第9期。

侵害国家安全、公共利益、商业秘密、他人隐私或有损未成年人身心健康等现象的发生。总之，新媒体公开的实践探索正如火如荼，由于司法改革综合配套措施和相关法律尚不完备，新媒体公开改革不能企求速成，而只能采取"过程性"和"渐进性"路径，从"技术性改良"走向"制度性变革"，把握新媒体公开的维度与限度，逐步实现新媒体公开由量到质的蜕变。司法一方面要防范新媒体的非理性情绪冲击，另一方面要接受新媒体的监督，通过制度性变革"让法官回归到制度中的人"[1]，防止司法案件审理过程中的暗箱操作，提高司法的公开透明度，进而提高司法的权威性和公信力。

第四节　司法透明指数：理论、局限与完善

指数评估作为量化研究[2]的重要方法，其设计与应用在当下已然成为一种潮流和趋势。从国际性的"世界正义工程"[3]到世界银行[4]及透明国际（Transparency International）[5]等机构建立的评估指数，再到国内的法治指数[6]、司法文明指数[7]等，均产生了较大的影响。指数在司法公开领域的运用就是司法透明指数，即

---

[1] 参见［美］理查德·波斯纳：《法官如何思考》，苏力译，北京大学出版社2009年版，代译序第4—6页。

[2] 量化研究（quantitative research）又称定量研究，是与质化研究相对的概念。量化研究以实证主义哲学为基础，而质化研究以现象学和释义学为理想模式。量化研究与质化研究在科学观、本体论、认识论和方法论方面存在着截然对立的品质，但在实践层面，二者实现了互补互惠。具体参见叶浩生：《量化研究与质化研究：对立及其超越》，《自然辩证法研究》2008年第9期；S. L. Morrow, "Qualitative Research in Counseling Psychology: Conceptual Foundations", *Counseling Psychologist*, Vol. 35, No. 2, 2007, pp. 209-235; J. Michelle, "The Quantitative Imperative: Positivism, Naive Realism and the Place of Qualitative Methods in Psychology", *Theory & Psychology*, Vol. 13, No. 1, 2003, pp. 305-331。

[3] See *The World Justice Project Rule of Law Index: 2012-2013*, https://worldjusticeproject.org/our-work/publications/rule-law-index-reports/wjp-rule-law-index-2012-2013-report.

[4] See Peter F. Nardulli, Buddy Peyton and Joseph Baijjalieh, "Conceptualizing and Measuring Rule of Law Constructs, 1850—2010", *Journal of Law and Courts*, Vol. 1, No. 1, 2013, pp. 154-160.

[5] See Svend-Erik Skaaning, "Measuring the Rule of Law", *Political Research Quarterly*, Vol. 63, No. 2, 2010, pp. 455-460.

[6] 参见钱弘道等：《法治评估及其中国应用》，《中国社会科学》2012年第4期。

[7] 参见张保生：《司法文明指数是一种法治评估工具》，《证据科学》2015年第1期。

指将司法公开的原则、精神、内容及其方法通过量化的方式概括和表达出来,形成司法公开的量化指标评估体系。司法透明指数试图将法院司法透明的程度以科学的量化方式展现在公众面前,契合了当前我国司法改革的大方向。十八届三中全会提出了"建立科学的法治建设指标体系和考核标准",十八届四中全会进一步明确了"构建开放、动态、透明、便民的阳光司法机制",《最高人民法院关于全面深化人民法院改革的意见》又将阳光司法机制细化为完善庭审公开制度等 11 项具体举措。各地司法透明指数的探索正是上述改革思路的具体化。

从理论上看,司法透明指数是一种法治量化的专项评估,是对法治第三方评估模式的实验与探索。作为一种发轫于实践的改革探索,[1]在备受关注的同时亦面临着各种问题。譬如法院行政管理是否应纳入司法透明指数评估体系,指标比例设置是否科学、合理,评估主持方是否真的做到了客观中立,如何运用新媒体进行司法公开,如何认真对待裁判文书的释法说理,如何科学理性地应用指数评估等,甚至有法院搞司法透明指数"万能论"而将其蜕变成机械的绩效考核机制,这些都是当前司法透明指数改革亟待解决的问题。浙江省的相关指数设计与实践走在全国前列,如余杭法治指数、阳光司法指数、吴兴区司法透明指数等实践,积累了丰富的经验。本节尝试以浙江的法院实践探索为分析样本,在反思司法透明指数的正当性基础之上,力图揭示地方司法透明指数的实践局限性,并提出优化司法透明指数设计与应用的现实路径。

一、司法透明指数的正当性基础

司法透明指数并不会因为法院系统自上而下的推动而自然具有正当性,也不会因为指数的量化方法在其他领域的成功而自然能在司法改革中运用并具

---

[1] 对于法治评估的研究国内已经有了诸多成果,但是对于司法透明指数的研究尚处于摸索阶段。代表性成果可以参见钱弘道:《司法透明指数的指向与机制》,《中国党政干部论坛》2015 年第 4 期;肖建飞、钱弘道:《司法透明指数评估指标探讨》,《浙江大学学报》(人文社会科学版)2015 年第 4 期。

有正当性。构建科学的司法透明指数的前提是其具有扎实的正当性基础。

(一)程序公开、程序理性与实践理性

"没有公开则无所谓正义。"[1]司法的核心价值在于实现正义,而程序公开的意旨在于让公众亲眼见到正义的实现过程,强调司法活动的公开性、程序化与透明化。程序公开的背后是程序理性,其关注程序规则及其适用的正当化,希望通过建构一套法治化的程序以规范程序运作与司法行为。程序理性形塑的是形式理性与实质理性之间的张力,并以程序法治促成形式法治与实质法治的反思性整合。这体现在司法透明机制建设中就是从立法理性主导转变为促进司法理性的孕育,形成通过制衡实现多元理性的司法透明格局。程序理性不仅要求诉讼活动向社会公开,还要求程序具有透明度,向司法涉及的利益相关人公开。福柯就曾指出:"法官应高声说出他的意见,他应在判决时宣读给被告定罪的法律条文……被神秘地隐藏在档案库里的程序应该向一切关心犯人命运的公民开放。"[2]程序公开是国家权力运作公开的重要表征,其透明度越高,意味着程序的民主程度越高;而秘密的司法程序往往被诟病为专制与不公。就如贝卡利亚所言:"审判应当公开,犯罪的证据应当公开,以便使或许是社会唯一制约手段的舆论能够约束强力和欲望;这样,人民就会说:我们不是奴隶,我们受到保护。"[3]也正因此,程序公开已经成为一项国际公认的基本司法准则。《公民权利及政治权利国际公约》第14条规定:"任何人受刑事控告或因其权利义务涉讼须予判定时,应有权受独立无私之法定管辖法庭公正公开审问。"[4]针对该

---

[1] 该句出自于英国古老的法律格言"正义不但要伸张,而且必须眼见着被伸张"(Justice must not only be done, but must be seen to be done),具体参见[美]伯尔曼:《法律与宗教》,梁治平译,生活·读书·新知三联书店1991年版,第91页。
[2] [法]米歇尔·福柯:《规训与惩罚》,刘北成、杨远婴译,生活·读书·新知三联书店1999年版,第107页。
[3] [意]贝卡利亚:《论犯罪与刑罚》,黄风译,中国大百科全书出版社1993年版,第20页。
[4] 《公民权利及政治权利国际公约》,https://www.un.org/zh/documents/treaty/A-RES-2200-XXI-2,最后访问日期:2023年1月15日。

规定,联合国人权事务委员会进一步解释说:"公开的审讯是对个人利益和整个社会利益的重要保障。"[1]一些区域性的国际人权公约,如《欧洲人权公约》第6条第1款对此也作出了明确规定:"在决定其民事权利及责任或任何针对他的刑事指控时,每个人都有权在法律所建立的独立和公正的审判官面前,在合理时间内获得公正和公开之听证。"

司法透明指数,从本质来看是一种对程序公开的量化评估,也就是通过量化的方法将程序公开可操作化和可比较化。评估本身的正当性依赖于程序公开及其背后的程序理性,而指数设计的正当性需要从程序公开的具体标准入手来衡量。从各国司法实践来看,程序公开主要体现在三个层次上:其一,法庭审理应当公开,当事人参与、社会公众旁听、新闻媒体的报道都是受法律保护的权利;其二,诉讼证据应当公开,任何裁判只能以法庭上采信的证据所认定的事实为依据,以达到公正判决的目的;其三,法院的判决应当公开,且应当充分说明司法裁判的理由与依据。司法透明指数评估的对象不是漫无边际的,也不应是选择性评估,其应受上述三个层面的程序公开范围的宏观指引。这便说明法院的人事管理、财务运行等"行政管理透明指标"不应当被纳入司法透明指数评估体系。也就是说,不能将司法透明指数和行政绩效考核相混同,程序公开的考核评估只是一种手段,通过司法透明指数评估发现问题,提升程序公开效果,才是司法透明指数评估的正当目的。

同时,司法透明指数实质上是一种技术性的组织控制手段,体现了我国司法实践对建构一种司法人员的行为活动相对可观察与受约束的制度环境的需求。司法透明指数从个别地区的实验到当下不断呈现扩张之势,这背后显然有着实践的强烈需求。就如波普尔(Karl Popper)曾言:"一切生活都是解决问题,

---

[1] 人权事务委员会通过的一般性意见第13号,中译本全文参见杨宇冠主编:《联合国人权公约机构与经典要义》,中国人民公安大学出版社2005年版,第188—191页。

直面所遭遇的挑战来回答,因为我们置身于一个问题时代,无论情愿与否。"[1]只有直面司法实践中的问题的改革探索,才具有灵魂;只有能够驾驭司法实践、向着既定目标有序行进的制度设计,才能赋予改革探索以生命力。而体现了实践理性的司法透明指数在我国的实验便可以说是回应了实践问题并推动了司法实践的发展。显然,我国的当事人和民众十分渴望监督司法人员和司法行为,我国的司法机关本身亦十分希望控制和监督司法人员及防治司法腐败。为此,司法透明指数以一种量化的可测度方式对诸如立案公开、庭审公开、裁判文书说理性等制度实现了可控制的技术性操作,使得司法人员的行为受到一定程度的监控。而如果司法透明指数不仅本身无益于程序规则的建设,反而还阻碍司法程序的进一步理性化,则很可能像一些行政绩效评估制度一样流于形式甚至阻碍司法公正,[2]那么也就没有正当性可言了。

(二) 主客体交互作用下的司法规律

规律是事物发展的必然趋势,具有稳定性、普遍性、客观性等特征。所谓司法规律,是由司法的特性所决定的、体现对司法活动和司法建设客观要求的法则。[3]司法规律应是已经客观存在的,是需要我们去发现的,而不是由我们去创造的一种规律性的存在。制度可以被创造,我们可以说创造中国特色社会主义的某某制度,但是司法规律是需要我们去挖掘的,是蕴含于人类司法文明中的一种东西,所以我们需要努力才能发现司法规律。需要注意的是,这并不意味着司法规律是一种单纯的客观性立场,司法规律的概念需要在主客体交互作用的实践论视域下加以阐释。也就是说,从司法的本性来看,司法规律是主体对司法的客观规律的主观反映,是体现主体的主观能动性的客观存在。站在这一立

---

[1] 转引自郑永流:《实践法律观要义——以转型中的中国为出发点》,《中国法学》2010年第3期。
[2] 从组织理性、程序理性的角度解读司法绩效考评制度,以区别于行政绩效评估,可参见郭松:《组织理性、程序理性与刑事司法绩效考评制度》,《政法论坛》2013年第4期。
[3] 参见陈卫东:《司法机关依法独立行使职权研究》,《中国法学》2014年第2期。

场上,一方面,我们应以一种更加开放的姿态去面对西方的司法制度与理论,应以更高、更开阔的眼界来摄取各国在司法实践中形成的有益经验和总结的司法规律,把我国的司法制度建立在人类司法文明的制高点之上;另一方面,我们应重视主体对司法规律的作用,在司法透明指数中则反映为第三方评估主体对司法规律、程序公开的理性认知,以及第三方评估主体在指数设计中的主观能动性。我们强调司法透明及其背后的程序公开,实际上就是强调司法的运行和发展应遵循司法规律,而第三方评估主体对司法透明指数的设计是否体现这种规律性,是其能否取得成功的关键所在。

司法规律有着诸多具体内容,而司法透明指数设计的正当性主要需建立在三个方面的司法规律的基础上:(1)司法的监督性。即司法机关及其工作人员的司法活动的合法性与合理性应受到监督,而指数评估是监督的一种重要途径。虽然我国《宪法》、法律都明确规定了公检法三机关分工配合制约原则,即公检法三机关内部存在相互监督的机制,且检察机关是我国法定的法律监督机关,但"实践中的法"与"纸面上的法"却相距甚远,三机关之间表现为功能缺陷的趋同性,即在职能目标方面均忽略人权保障,以打击犯罪为侧重点而忽视制约机制。此时三机关的内部监督失效,发挥司法外部监督的功效则显得更为重要了,即民众和媒体有权对司法公开的情况进行监督,这也充分反映了我国司法权来源于人民和司法民主的要求。(2)司法的适度性。即司法公开时法院和公民都享有权利并承担适当义务,双方的权利义务既不能过宽也不能过窄,应保持配置上的有限和应用上的均衡,科学合理地设置司法公开的限度。我们赞成阳光司法,但司法不应该"过度曝光",[1]司法并不是越公开越好,也不能片面要求全面向民众公开,司法公开应该是以一种适度的方式公开,实现形式公开

---

[1] 譬如,在司法公开适度性问题上,美国曾发生过"过度曝光的案件"(highly publicized cases),在此事件中美国法院就依据当事人的"公平受审权",来平衡司法独立性与言论自由的关系,调节司法公开的"度"和"分寸"的问题。

与实质公开相结合,并以不伤害到司法的独立性、中立性为前提。(3)司法的回应性。即司法以一种积极主动的开放姿态来回应社会的需求和民众的期待,能动地去修正司法制度本身的缺陷,以满足公共政策和社会利益的基本诉求。[1]法院通过多种途径将相关事项向公众公开、对公开事宜进行说理和解释、听取公众意见、回答公众质询等无疑是司法的回应性应有之义。司法的回应性不能简单理解为对民意的回应,而应是通过一种制度化的程序和结构,针对公共政策和社会利益进行回应,并且回应是双向的、互动的。[2]这种司法的回应性是在规则之治基础上的回应,是在适度限缩性与适当能动性中保持均衡理性的回应。

需要注意的是,强调以主客体交互作用的司法规律构筑司法透明指数的正当性基础,便是将司法透明指数区分于行政绩效考核。这里既包括强调评估主体的第三方中立性与能动性,又强调司法规律本身与行政规律的差异性。行政行为本身也具有自身的规律,如行政行为的公定力、裁量性等,行政行为的绩效考核需要遵循行政行为的规律。我们不能将行政绩效考核与司法透明指数相混淆,在设计司法透明指数时,应当充分考虑司法工作的特殊属性。例如,司法效率并不是司法的首要价值,即司法并不是一项完全以"产出"为最终导向的活动,而是包含了广泛的价值选择和政策导向,其中司法公正才是首要价值;又如,司法有着诸多面向,很难都用数据指标予以量化;再如,司法人员的自由裁量权不同于行政裁量权,要受到自由心证原则和证据裁判原则等限制。

二、司法透明指数之实践局限性

从实践层面来看,司法透明指数是自上而下推行司法改革的一个部分,也是地方司法改革先试先行的一项成果。最高人民法院不仅在五个人民法院五

---

[1] 参见[美]P.诺内特、P.塞尔兹尼克:《转变中的法律与社会:迈向回应型法》,张志铭译,中国政法大学出版社1994年版,第84—155页。
[2] 参见詹建红:《论我国刑事司法模式的回应型改造》,《法学杂志》2020年第4期。

年纲要中均列有司法公开方面的改革内容,而且先后出台了一系列有关司法公开的规范性文件。可以说,最高人民法院将量化司法公开作为当前司法改革的一大"突破口"。从地方实践来看,浙江省的相关改革一直走在前列:2012年,浙江省高级人民法院与浙江大学光华法学院联手创建了国内第一个"阳光司法指数",随后组建了吴兴区人民法院司法透明指数课题组;2014年,浙江省高级人民法院又委托中国社会科学院法学研究所作为中立第三方,对全省105家法院的司法公开程度进行评估。浙江法院阳光司法指数和吴兴区司法透明指数以量化评估的形式呈现了地方法院司法公开的现状,即法院公开的内容、过程及载体等,而且在一定程度上转变了法院的司法公开理念。[1]同时,随着司法透明指数在地方法院的不断实践,此种评估方式本身的问题也日益受关注。[2]在此,我们以浙江省的实践探索为例,以浙江法院阳光司法指数和吴兴区法院司法透明指数为具体分析的样本,尝试开展经验性研究。

(一) 司法透明指数设置与评估主体的局限性

司法透明指数评估体系以法院司法运行环节为基本要素,将审务公开、立案庭审公开、裁判文书公开、执行公开和保障机制等作为系统要素,每一指标要素围绕法院司法公开的价值目标设置自身的二级指标,并且在每一指标下界定该目标项的具体内涵、指数权重、测评主体、评估程序、计算公式、数据来源等,

---

[1] 浙江法院在阳光司法透明指数评估过程中努力推动四个转变:对公开的认识由权力向义务和责任转变,公开内容由单一模式向全方位公开转变,运作方式由单向公开向双向互动式公开转变,手段方法从传统书面公开向依托信息化的现代化公开转变。具体参见齐奇等主编:《法治中国与司法公开》,方志出版社2014年版,第5页。

[2] 对于社会科学量化评估的指数模式的局限性,理论上已经有不少研究。如美国学者曾指出指数评估存在12个方面的局限性:(1)有了一个数据,并不一定意味着有了一个好的指标;(2)有效的指标需要一个清晰的概念基础;(3)不存在不受价值影响的指标;(4)无所不包也许是有效性的敌人;(5)指标的象征性价值也许盖过它的字面价值;(6)别把指标和现实相混淆;(7)民主的指标程序需要更好的公众参与过程;(8)测量并不必然产生合适的行动;(9)好的信息也许会导致好的决策并有助于达成好的结果,但也不那么容易;(10)挑战关于什么引发了问题的智慧往往是解决问题的第一步;(11)要采取行动,就要关注揭示原因的指标,而不是揭示症状的指标;(12)如果你控制了资源,你就更有可能从指标走向结果。具体参见[美]克利福德·科布、克雷格·里克斯福德:《社会指标的历史教训》,宾建成编译,《经济社会体制比较》2011年第5期。

构建了司法透明指数评估体系的整体框架。沿着指数评估体系的整体性框架，我们可以看到如下问题：

第一，指数设置存在客观性不足现象。地方法院司法透明指数作为地方"先行先试"的有效模式，在指数设计权限上享有自治权，但这种自治权并不是不受限制的，应受到程序公开的深层内涵和最高人民法院关于司法公开的具体标准的限制。地方指数设置的客观性不足，极易导致评估对象内涵与外延的模糊化。司法透明指数以"司法公开"为自身的评估对象，这就涉及司法公开的"概念化"问题。根据最高人民法院《关于司法公开的六项规定》，其范围包括立案、庭审、执行、听证、文书和审务公开等六个方面。然而，地方法院司法透明指数的指标设置却往往并未以上述规定的基本精神为参照系。以吴兴区法院司法透明指数的评估设计为例，其基本计算公式如下：吴兴区法院司法透明指数＝民意调查指数×30%＋法院行政管理透明指数×15%＋司法过程透明指数×55%。其中，法院行政管理透明指数一级指标之一为"财务运行"，"财务运行"下又包括5个二级指标，即"法院诉讼费收支情况公开""法院罚没款项公开""法院年度财务预算公开""法院财务制度及相关文件公开""法院三公经费公开"，而司法过程透明指数测评3个一级指标仅为"立案""审判""执行"。可见，地方量化司法公开的内涵、外延与最高人民法院关于司法公开的六项规定有较大差距。从吴兴区法院的设计来看，地方法院财务运行公开固然重要，但是否应纳入法院司法透明指数的评估对象尚值得商榷。同时，上述指数体系亦显示出对文书、听证、保障机制等重要指标要素的评估还存在不足。

第二，指标权重设置与评估主体的主观化。指标权重直接关系到评估结果的客观准确性，在指数设计中处于举足轻重的地位。在浙江法院阳光司法指数和吴兴区法院司法透明指数中，指标权重设置采用层次分析法和德尔菲法。两方法的共同点是首先征询司法透明指数专家组成员关于各指标权重的意见，经过多轮反复征询，使专家成员的意见趋于统一，最终确定符合浙江地区司法透明实际的指标权重。上述方法的缺点在于指数指标权重设置过于依赖专家成员的主观意见,且以什么程序和方法选取论证专家、评审组成员也并不公开。如有些专家组成员并没有对浙江省司法公开的现况进行过调研,也就很难真正了解地方法院司法公开的普遍情况与特殊问题。参与司法透明指数评估的主体包括专家学者、人大代表、政协委员、法院工作人员、律师、当事人和一般社会公众。从形式上看,评估主体的覆盖面很广,但形式上的广泛性并未弥补主观性所带来的缺陷。从司法透明指数调查问卷中的具体问题——如"你对地方法院网站建设是否满意""你对法院应对网络和社会舆论的态度和方法是否满意"等——来看,采用的主要是类似于满意度调查的方法,这便很容易造成评估的结果过于依赖参与评估的主体的主观意志。

第三,评估调查问卷设计难以确保自身的信度(reliability)和效度(validity),偶然因素对其影响不可忽略。所谓信度,是指评估结果的一致性、稳定性及可靠性;所谓效度,是指评估工具或手段能够准确测出所需测量的事物的程度。为保证司法透明指数问卷调查结果的准确性和科学性,就需要对调查问卷本身的信度与效度进行评价分析。一般来说,影响调查问卷信度与效度的因素有调查者、测量工具、调查对象、环境因素及其他偶然因素等。[1]如上文所述,参与地方司法透明指数问卷调查的主体极为广泛,而司法活动具有高度的专业性,非法律职业人员很难娴熟地理解和把握司法的"概念化"术语,再加之其他因素难免存在误差,这也导致司法透明指数评估调查问卷自身的信度和效度降低,不能真实客观地反映法院司法公开的现状与问题。而且,司法透明指数的局限还部分源于司法透明指数的测评过程,尽管司法公开的量化和分析方法在不断地进步,但是依然会由于操作的问题影响司法透明指数测评的结果。

此外,司法透明指数受到信息技术和地方经济因素制约。在美国,"更大的

---

[1] 参见李灿、辛玲:《调查问卷的信度与效度的评价方法研究》,《中国卫生统计》2008年第5期。

透明度"(greater transparency)是当前司法改革的一个方向,技术层面为此提供了帮助,如讨论版、聊天室、脸书群、推特简讯等使得民众更容易因共同的司法利益而组织起来,以凝聚力量,获得更多的司法信息。[1]在我国,信息技术的进步同样是推进司法透明的重要途径,数字化法庭、信息化系统和门户网站建成之后的升级、设备的维护等都需要专门的技术力量保障,这便和各地的经济发展水平又联系在了一起。浙江司法透明指数显示,由于物质投入和科技支持力度不同,经济发达地区的司法透明程度相对较高;而在经济欠发达地区,司法透明程度则相对较低。

(二)司法透明指数主观指标与客观指标的失衡

如何避免主观认知与客观事实之间的差异是司法透明指数的难点。司法透明指数客观指标主要揭示了法院司法公开客观状况的综合结果;司法透明指数主观指标主要揭示了民众对司法公开客观状况的感知与评价。纵观国内外量化指数的实践,大多采用主观指标和客观指标相结合的模式。虽然各地在主客观指标介入方式、指标权重等方面存在区别,但"主观"与"客观"相结合的模式是基本一致的选择。[2]从国内实践看,主要有三种做法:第一种是以客观指标为主、主观指标为辅的权重安排;第二种是主观指标与客观指标在不同的历史发展阶段应该有不同的权重比例;第三种是强调主观指标与客观指标的相互验证。[3]

以2013年浙江法院阳光司法指数评估体系为例,其采用了上述第一种模式。这种模式确定了审务公开、立案庭审公开、裁判文书公开、执行公开和保障机制5项一级指标和31项二级指标,每一项一级指标满分为100分,其指标权重比例分别为15%、35%、20%、20%、10%。其中主观指标有执行措施透明度

---

[1] See Stephanos Bibas, *The Machinery of Criminal Justice*, Oxford University Press, 2012, p.144.
[2] 在指数评估领域有关主观指标与客观指标相结合模式的实践,可参见周尚君、彭浩:《可量化的正义:地方法治指数评估体系研究报告》,《法学评论》2014年第2期。
[3] 参见蒋立山:《中国法治指数设计的理论问题》,《法学家》2014年第1期。

等,客观指标有判决书公开、拍卖公开等。通过对指标的归类,可以看到客观指标比例为 83.88%,明显大于主观指标比例的 16.12%,这就使得主客观指标无法实现相互的比对与验证。主客观指标本身都具有自身的局限性,这就使得在司法透明指数设计中主客观指标的比对与验证显得很重要。就指数的主观指标来看,其自身具有非理性和波动性的特征而易受舆论与热门案件的干扰,如张氏叔侄案曝光之时,公众对浙江法院的主观评价往往是负面的较多,而且实证研究显示公众本身对司法常常带有不信任感。[1] 就司法透明指数的客观指标来看,则存在各单项测评难度大、效度低、设计繁琐、收集证据成本高和客观数据真实性很难保障等特征。世界法治指数的设计正好与浙江法院阳光司法指数相反,其所收集数据的主观性较强而客观性不足,原因在于其数据主要是普通公众和专家的个人经历与感受,实质上是一种法治满意度调查。[2] 总体来看,主观指标与客观指标之间应该是互有特点、互有验证、互有比对、互有优劣,而不能是主观指标与客观指标比例失衡。

(三) 司法透明指数方法论的局限性

司法透明指数本质是一种数字化的量化工具,通过多种数据取样方法进行汇总、赋值和统计分析而得到相应数值,以衡量和评估法院司法公开透明的整体现状。目前,国际上还没有现成的司法透明指数测定方法可以直接应用到中国。量化研究以实证主义为其哲学依据,虽然司法透明指数邀请了中立的第三方进行测评,但问卷调查的抽样误差,访谈的客观、真实性,以及归纳趋势性的因果规律等,却是量化研究很难保证的。[3] 浙江司法透明指数评估中,采用"假

---

[1] 有学者实证研究显示,对普通公众采用问卷调查的方式,容易得到对司法机关的否定性评价,如多数被调查的公众选择"不大信任"或"非常不信任"司法机关,而实际上的司法公信力状况并非如此悲观。具体参见胡铭:《司法公信力的理性解释与建构》,《中国社会科学》2015 年第 4 期。

[2] 参见张保生、郑飞:《世界法治指数对中国法治评估的借鉴意义》,《法制与社会发展》2013 年第 6 期。

[3] See S. L. Morrow, "Qualitative Research in Counseling Psychology: Conceptual Foundation", *Counseling Psychologist*, No. 2, 2007, pp. 209-235.

设—演绎"的模式来量化司法公开,即首先提出理论假设,然后通过对样本进行实证考察,作出对法院司法公开现状与问题的整体推论。为了保持研究的中立性,量化评估选择与浙江法院没有直接联系的中国社会科学院和浙江大学课题组作为测评主体。这带来的负面作用是评估主持者对浙江法院司法公开的具体情况缺乏透彻的了解,指标设计时的针对性也会相应减弱。此外,评估经费的来源也会直接影响到评估主持者的中立性。

评估方案设计中,设计者显然关注到了量化研究与质化研究不同的价值观和在方法论上的对立性,但对于量化研究与质化研究在实践层面整合的可能却有所忽略。虽然量化研究和质化研究以不同的哲学理念为根基,但在实践层面上量化研究和质化研究却互为补充、取长补短,使得方法多元论视角成为可能。比如,质化研究的单一模式在实践中面临着结论应用范围的有限性与迁移性难题时,量化研究正好在实践层面弥补了质化研究的这一缺陷,在小范围的基础上得到的质化研究结论可以放到大样本的量化研究中进行检验或实证,进而得出更具有广泛适用性的结论。这种新倾向的倡导者称之为"混合的方法设计",特征就是从实用的角度把量化研究和质化研究二者结合起来。[1]在此基础上,司法透明指数评估体系可以采用无量纲化的多指标综合评价方式进行,[2]遵循综合评价的理论研究为综合评价的司法实践服务的原则,以实现指标转化和指标权重的科学合理性。

(四)司法透明指数所透视的"虚"与"实"

地方司法透明指数主要在于发挥诊断与反馈法院司法公开现状的功能,其

---

[1] Udo Kelle, "Combining Qualities and Quantitative Methods in Research Practice: Purposes and Advantages", *Qualitative Research in Psychology*, No. 3, 2006, pp. 253-294.

[2] 在多指标综合评价方式中,各指标的性质或计量单位可能存在不同,增加了指标的不可公度性。因此,对多指标数据进行汇总就需要对各指标指数进行无量纲化处理。数据的无量纲化旨在解决不同指标数据的可综合性问题,是综合不同指标数据的前提。平均化和比重化方法是比较科学合理的数据无量纲化方法,也是司法透明指数评估中可予采用的方法。具体内容参见胡永宏:《对统计综合评价中几个问题的认识与探讨》,《统计研究》2012年第1期。

所透视出的法院司法公开的"虚"与"实"正是司法透明指数优化设计所需的重要参数。近年来,中国社会科学院法学研究所课题组对浙江省内105家法院的司法公开现状进行了定性、定量、定位统计分析而得出了一种动态相对值。该指数评估的结果可谓是喜忧参半,一方面,其"实"表现为浙江部分法院对"立案庭审公开"[1]的重视,软硬件设施配备良好,并能结合高科技信息化方式保障裁判文书公开,执行公开呈现出统一化、专业化趋势等。[2]

另一方面,司法透明指数评估诊断和反馈浙江法院司法公开的"虚"则表现为:首先,立案庭审公开缺乏统一性和整体性。如吴兴区法院司法透明指数课题组对法院立案庭审公开测评中发现不同法院、不同级别、不同地区之间诉讼权利义务告知的内容、形式和告知率存在明显的差异。又如一些法院的立案大厅公告栏和庭审录像公开的信息呈现凌乱与滞后性,法院在各自的网站建立庭审录像观看栏并不多见,即使设置了专门的门户网站,庭审录像更新也往往很不及时。其次,法院裁判文书公开重形式而不重实质,文书释法说理性欠缺。[3]其主要表现为裁判文书公开范围过于狭隘、公开不及时或选择性公开、法院为裁判文书合理使用设置诸多障碍、文书信息处理标准不统一和文书的互动性不强等问题。在被评估的法院中,只有30.61%的中院和25.81%的高院公开的裁判文书的内容可以复制粘贴。[4]另外,在司法实践中,大多数普通程序审判的裁判文书以"简单事实+证据认定+法律条文=裁判结果"的形式呈现,释法说理性明显不足。如法官在制作普通程序案件裁判文书时没有把法律依据和判决理由充

---

[1] 在浙江法院阳光司法透明指数评估体系中,立案庭审公开包括立案公开和庭审公开,二者合称为"立案庭审公开",作为一个指标进行测评,其主要包括9项二级指标,占评估指标总量的35%。

[2] 我们在调研杭州市某区法院时发现:该院不仅建立了多个执行公开的平台,以促使法院高效、统一地发布执行信息,而且将执行曝光信息的公开常态化,比如"执行老赖曝光"等,并在拍卖形式上建立了司法拍卖机制,主动与淘宝网合作,提高拍卖过程的透明度。

[3] 关于对裁判文书公开的认识,我们曾访谈浙江某基层法院法官。该法官认为:由于受审判人员素质、地域、案多人少等限制,裁判文书公开应该以审判人员整体专业素质的切实提高为前提,不宜马上全面铺开,不然会带来高上诉率和信访率。但他也认为裁判文书逐步实现全面公开是大势所趋。

[4] 参见齐奇等主编:《法治中国与司法公开》,方志出版社2014年版,第50—54页。

分准确地表达清楚,没有阐述对诉讼双方代理人的意见排除或接受的原因。再次,执行措施与被执行当事人信息曝光的"度"失衡。浙江法院在执行信息公开中,采用自身网站与专门平台相结合的方式,存在有时两个平台发布的信息不一致或只在其中一个平台发布的情形。对于执行公开的限度亦即被执行当事人隐私权的边界问题,有的法院持"公开万能论",试图以公开完全解决执行难问题,这就很容易侵犯到当事人的隐私权。最后,浙江法院在审务公开中还存在审判信息管理主体、管理依据、管理过程、管理结果不明晰的问题,以及"审判指导意见"和"法院诉讼档案"是否应向社会公开的疑问。从浙江法院司法透明指数评估的结果中可以透视出法院对司法公开理念、公开内容、公开载体不统一的现状,同时存在公开不及时、公开的保障与救济措施不充分、有些地方法院公开的硬件设施不完善等局限。

三、司法透明指数之优化设计与应用

面对如火如荼的司法透明指数地方实验,面对正处于多元转型社会司法权威和司法公信力严重不足的现状,[1]我们急需更新观念,以推进程序公开和遵循司法规律为正当性基础,稳步探索科学的司法透明评估体系。基于对地方司法透明指数实践的观察与剖析,我们认为主要应从以下四个方面进行优化设计。

(一)处理好司法公开顶层设计与地方司法透明指数的关系

近年来,浙江法院阳光司法指数等地方司法透明评估的实践是在中央和最高人民法院支持下的地方司法改革"先行先试",而地方的试点又可以为中央提供决策依据。对于司法透明指数的"摸着石头过河",以浙江实践为例的地方法院"先行先试"强调的是"过程性"和"实验性",是在为司法透明指数的优化设计探寻妥适的路径。然而,中央的顶层设计与地方的"先行先试"之间的差距显

---

[1] 参见胡铭:《法律现实主义与转型社会刑事司法》,《法学研究》2011年第2期。

然存在,这就要求改革试点应着眼于中央与地方的良性互动,着眼于充分调动中央与地方的双重积极性。

对于中央而言,司法透明指数设计是当前司法改革的重要组成部分,是建立在司法公开的基础上,实现量化司法公开进而达到司法公开透明的基本方略。然而,短时间内立刻制定并实施全国统一的完善的司法透明指数指标体系和考核标准并不现实,可行的办法是由中央牵头或者由中央委托的课题组对司法透明指数指标体系和考核标准进行深入研究,同时鼓励地方积极创新。[1]根据中共中央《关于全面推进依法治国若干重大问题的决定》和《最高人民法院关于全面深化人民法院改革的意见》的基本精神,以程序公开和司法规律为指导,对法院司法公开建设目标与要求进行高度凝练和概括,并以此作为地方司法透明指数设计的基本方向。

对地方法院而言,司法透明指数设计是最高人民法院积极推动的司法公开的具体化。2014年,中国社会科学院法学研究所课题组对最高人民法院和31个省、自治区、直辖市的高级人民法院以及49个较大市的中级人民法院进行了量化司法公开程度的评估,其中宁波市中院和浙江省高院以89.02分和84.85分位列被评估81家法院中的第一和第三名,[2]这也在一定程度上说明浙江法院阳光司法指数在多年地方实践的基础上达到了助推司法公开透明的积极作用。从表5-5可见,地方法院司法透明指数的评估指标体系并不是一成不变的,指数评估体系在随着实践的发展和试点的深入而逐步凝练与调整,以实现地方指数评估指标的内涵、外延与最高人民法院关于司法公开的基本精神有效衔接,从而既客观真实地反映地方法院司法公开的现状与问题,又在充分尊重中央顶层设计的基础上进行实验与创新。

---

[1] 指标标准的顶层设计与地方创新,应由中央出面成立指标体系和考核标准课题组,开展专门的深入研究。可参见钱弘道、王朝霞:《论中国法治评估的转型》,《中国社会科学》2015年第5期。
[2] 参见李林、田禾主编:《法治蓝皮书:中国法治发展报告No.13(2015)》,社会科学文献出版社2015年版,第197—215页。

表5-5　近年来浙江法院阳光司法指数评估体系的一级指标内容

1.0版	2.0版	3.0版
1. 立案公开 2. 庭审公开 3. 听证公开 4. 文书公开 5. 执行公开 6. 审务公开 7. 工作机制	1. 审务公开 2. 立案庭审公开 3. 裁判文书公开 4. 执行公开 5. 保障机制	1. 审务公开 2. 立案庭审公开 3. 裁判文书公开 4. 执行信息公开

（二）按照社会科学量化评估的一般方法构建相对科学的司法透明评估体系

司法透明指数作为一种量化评估的方法，本身应当遵循社会科学量化评估的一般原理。在管理学、社会学等社会科学领域已经有了一套量化评估的科学方法，特别是在问卷设计、统计分析等方面已经有成熟的经验。国际上比较通行的社会科学量化评估是以定性分析为基础，以定量分析为手段，采用定性与定量相结合的方法。评估的一般步骤分为：项目论证与筹备阶段、基础准备阶段、数据资料收集与分析阶段、汇总并提交评估结果阶段。当然，司法透明指数评估作为司法领域的量化研究，同时需要遵循司法规律和司法领域的某些特殊要求，这两者并不矛盾。为构建相对科学的司法透明评估体系，针对当前地方司法透明指数实践中显露出的问题，可着重从以下两方面入手：

一方面，司法透明指数主观指标与客观指标的均衡化。如上文所析，地方司法透明指数主观指标与客观指标常处于失衡状态，如何使得司法透明指数主观指标与客观指标有效结合，以至更能体现指标体系的科学性和全面性，是当前的难题。司法透明指数主观指标与客观指标的均衡化，并不意味着主观指标与客观指标各占50%就是均衡的，或者四六开、三七开就是均衡的，主客观指标谁主谁辅并不重要，重要的是主观指标与客观指标能相互验证、互有特点、互有比对、互有优劣,即主观指标和客观指标平均赋权达到良性状态。既然主观指标与客观指标互有特点、互有优劣,就不存在理论上孰优孰劣或谁主谁辅的问题,而应该在主观指标与客观指标之间建立起一种相互比对和验证的关系。[1] 当主观指标与客观指标的评估结果相差甚远时,说明其中一者或二者的评估结果是不可信的,需要重新设计评估体系;而当主观指标和客观指标的评估结果相近时,说明主观指标与客观指标的各自评估都相对客观真实地反映了当前法院司法公开的现状与问题。

另一方面,确保评估体系中的调查问卷的准确性与有效性。调查问卷设计的信度与效度决定了调查问卷的质量。当前司法透明指数评估实践中,民意调查方面还只是简单的问题罗列,问题设置往往缺乏逻辑性。针对这种缺陷,在调查问卷的设计阶段,可通过分析地方法院司法公开的特殊性以增强问卷调查问题的针对性。首先,问题的措辞应恰当,长度安排要合理,问题对于所要了解的调查内容应有相当的鉴别力和适当的难度,并分别给予每一个问题适当的答案选项,问题的前后顺序编排应合理等,这些要件都要满足。[2] 这样有利于提高调查问卷的信度和效度,从而为获得高质量数据创造条件。其次,在实施问卷调查进程中,需要严格按照评估方案选择被调查对象,明确问卷调查法院、时间、区域和人群,在调查过程中应积极争取被调查主体的合作,在访谈、访问与座谈过程中严格按照方案实施,这是对收集高质量调查信息的保障。同时,对调查问卷结果的科学梳理、汇总、整理与统计分析,以及选用适当的信度和效度检验方法等,是确保调查问卷评估准确性与有效性不可或缺的条件。最后,在司法透明指数指标权重设置中尽量减少主观意见,综合应用德尔菲专家评价法、穆迪优选法、相关分析法、层次分析法以及聚类分析法等方

---

[1] 关于主观指标与客观指标均衡化关系的研究,可参见蒋立山:《中国法治指数设计的理论问题》,《法学家》2014年第1期。

[2] 参见陶然:《从统计数据质量角度谈调查问卷的设计质量》,《市场研究》2007年第11期。

法,以实现量化研究和质化研究相结合,从而构建相对科学的三级或四级指标体系。

(三) 突出司法透明指数的评估重点

司法透明指数涉及的指标很多,如果面面俱到,有时候反而难以抓住重点。针对当前新媒体时代的特点以及我们对司法实践的观察,可以从以下三方面入手,着力改善司法透明的形式与实质。

其一,司法透明指数设置应注重对运用新媒体公开的评估。随着互联网的发展,新媒体给司法公开的内容、形式和载体带来了新的契机。以有重大影响的呼格吉勒图案为例,内蒙古高级人民法院官方微博的粉丝数量在呼格吉勒图案再审立案后的几日内就成倍剧增,这从一个侧面说明新媒体公开已成趋势。有学者也曾以问卷调查形式对网络庭审直播与审判公开的关系进行研究,调查显示:多数参与调查者对这一新型审判公开方式表示肯定。[1]总体来看,各级法院运用新媒体进行司法公开,与大众交融、互动已是大势所趋,司法透明指数的优化设计理应加大对法院运用新媒体进行司法公开的评估权重。如各级法院都建立了网站,很多法院还有官方微博、微信公众号,但如果从网站及微博、微信的实质内容进行评估,可以发现各地司法透明度的差距颇大,既有运转良好、影响正面的新媒体窗口,也有所谓"僵尸网站""僵尸公众号"。当然,法院应以理性的态度来审视司法公开中的媒体要素,避免媒体绑架司法而蜕变为媒体审判或舆论审判,同时新媒体公开也应以合理、有限度的方式进行,并按照司法规律来协调新媒体与司法公开的关系。

其二,司法透明指数应注重对裁判文书释法说理的评估。裁判文书是生动体现整个诉讼过程的载体,其如同法院的一张"脸"呈现在大众面前。司法实践

---

[1] 参见胡铭、梁斌:《网络庭审直播视野中的刑事审判——基于问卷调查的实证分析》,《浙江大学学报》(人文社会科学版)2011年第4期。

调研显示,法官常常以某些证据与案件无关联为由,以"本院不予采信"草率了事,且对公开裁判文书信息的处理可谓是千差万别。裁判文书上网公开固然重要,但绝不是把裁判文书挂到网上就意味着司法透明了,更为重要的是应以公开的裁判文书为载体,向当事人和社会公众展示法官认定案件事实和作出裁判的法律依据与逻辑思路,也即公开法官心证形成的过程。裁判文书实质内容的针对性、合乎逻辑性、合法性和合理性等才是司法透明指数评估的核心指标。裁判文书释法说理的指数评估,不能简单理解为所有裁判文书都要释法说理,或者裁判文书释法说理仅限于三段论的形式。首先,裁判文书释法说理需要繁简分流。裁判文书并不是说理越充分就越好,也不是越长就越好,裁判文书释法说理与否应该依据审判方式、犯罪类型、案件影响等进行繁简分流。例如刑事简易程序案件、简单行政案件、民事小额诉讼案件等可以采取格式化文书。对于适用普通程序审理的案件,特别是针对新型案件、疑难复杂案件、社会影响大的案件等,要强调充分的释法说理。其次,裁判文书释法说理要素的明确性。法官在撰写裁判文书中要做到以案释法,以"辨法析理、以理服人"作为裁判文书释法说理的核心要素,其包括案件事实论证、证据采信、事实与法理的逻辑关系分析、说理方式多元化、文书的规范化等,进而避免裁判文书沦为一种缺乏权威性的"单纯的暴力"。[1]

其三,量化评估应以审判为中心展开。构建"以审判为中心的诉讼制度改革"[2]既是司法规律的体现,也是当前我国司法改革的重点。这就要求司法透明指数的指标设计应围绕"庭审"展开,以契合审判中心之意,并以审判公开为载体,以充分展示侦查、控诉、辩护、裁判四者之间的诉讼构造。即司法透明评估指标体系应是以"庭审"为中心。而当下司法实践反映出的是证人、鉴定人出庭

---

[1] 参见孙万怀:《公开固然重要,说理更显公正——"公开三大平台"中刑事裁判文书公开之局限》,《现代法学》2014年第2期。

[2] 《中共中央关于全面推进依法治国若干重大问题的决定》,人民出版社2014年版,第23页。

率低,[1]逮捕"绑架"审判,审理方式以审查案卷笔录为主,庭前会议实体化,以及法庭审理权仅以定罪为中心等状况,这些都在一定程度上虚置了审判程序,使其无法达到审判公开之目的。[2]此外,实践调查中还发现部分地方法院为获取司法透明指数的高得分,不惜抽调大批审判人员、搁置审判工作来应付指数评估,严重影响了法官的日常审判工作,这样的行为显然是本末倒置,偏废了以审判为中心的透明司法。

(四)司法透明指数之均衡应用

我们既不应对司法透明指数盲目推崇,也不能因司法透明指数在实践中出现的某些乱象而将其"一棍子打死",而应该均衡应用司法透明指数以凸显设计方略的实践合理性。因为指数绝非"万能",其应用同样会存在一些问题和陷阱,要防止司法透明指数的实践陷入"官出数字,数字出官"的循环逻辑,也要防止将指数评估转变成一种戏谑。[3]具体而言,应辩证地对待司法透明指数的运用:首先,应防止盲目陷入指数比较的陷阱。当司法透明指数以特定的数值呈现时,大众有可能会产生一种错觉,即法院可依据评估数值的高低一较高下。然而,指数虽然有用,却往往是不可比较的。理由是指数的比较必须在同一语境下,如果是在不同层面、不同对象、不同标准下得出指数分值,则完全失去其比较语境。以吴兴法院司法透明指数评估结果为例,2012年指数得分为0.616,2013年指数得分为0.742,相比于2012年指数分值提高了0.126,这只说明吴兴区法院司法公开的现状在纵向比较时有所改善,而不能说明不同地域、对象、层面和标准得出的指数数值具有可比较性。其次,应注意防止指数变成地方法院

---

[1] 有实证研究显示,鉴定人出庭率并没有因为新《刑事诉讼法》的实施而显著改善,具体参见胡铭:《鉴定人出庭与专家辅助人角色定位之实证研究》,《法学研究》2014年第4期。

[2] 参见汪海燕:《论刑事庭审实质化》,《中国社会科学》2015年第2期。

[3] 在评估指数之际,不认真当然会失之戏谑,具体参见陈林林:《法治指数中的认真与戏谑》,《浙江社会科学》2013年第6期。

绩效评估的"证据"。司法透明指数可以作为诊断司法公开透明进程之工具,但不应蜕变成立案率、结案率考核那样的法院面子工程。最后,在相应的语境下合理地解释透明指数所揭示的信息。当我们谈及司法透明指数可以为完善司法公开透明指明改革方向时,应警惕一种固化的思维倾向,即将司法透明指数的分值提高作为直接目标。如果仅关注于透明指数本身的数值高低,而不去认真剖析司法透明相关问题的产生根源,或者仅关注指数评估的结果,而不去深究程序规则和司法行为的过程,则所采取的完善或改进措施也只会是流于表面的。

新一轮的司法体制改革已经开始,从顶层设计到地方试点,各地正如火如荼地推进中。司法透明指数是司法改革的重要内容之一,浙江法院的"先行先试"结合地方特点与实际,充分发挥了主体意识,为积累实践经验提供了有效参考。然而,构建科学的司法透明评估体系从本质来看属于"技术性改良",只是一种"渐进性"推动司法公开的改革过程,而不是一种"制度性"革新。我国尚处于法治的初创阶段,支撑现代法治的某些基本条件尚不具备,司法改革不能企求尽善尽美、一步到位。在此背景下,渐进的技术性改良反而更具有可操作性和现实可能性。从长远来看,亦存在从技术性改良走向制度性革新的空间。司法透明指数便是一种以量化评估的方法来推进司法公开的技术性改良措施,指数不是目标,科学的指数却能为我们的司法改革找出问题、指引方向。但"法律与其说是被规定,不如说是被实践"[1]。只有被实践所验明的法律或制度,才真正具有实效性和合理性。因此,我们要牢记司法公开不仅仅是规则和技术层面的问题,其关键在于实施的有效性。司法透明的各项指数需要在实施中被验明其合理性,也需要通过实践不断修正和完善。

法律不单是一种规则体系,同时也是一种意义体系。司法不仅仅是为了解

---

[1] 强世功:《法制与治理——国家转型中的法律》,中国政法大学出版社2003年版,第219页。

决纠纷,更是为了通过解决纠纷来维护法律所宣示的社会主流价值观。公众本能地期待司法公开,不仅仅是为了引出真相和适用法律,而且还要满足社会和共同体的其他价值追求。法治不仅仅是规则之治,法治秩序的建构离不开社会大众的接受与认同,只有社会大众接受与认同法治,才能形成良好的社会秩序。"判决既不是简单的强制性判定,也不是纯粹根据逻辑从法律推导出的具体结论,它的正当性和约束性的基础是交涉性的合意。"[1]从整个社会的纠纷解决过程这一分析视角来看,司法公开提供了一种司法与民众的"对话—沟通"平台,促进了这种交涉性合意的达成,使判决更具有被社会民众接纳的合理性。通过司法公开,司法决策过程中出现的错误也更容易被发现和纠正。正如卡多佐(Benjamin Cardozo)大法官所描绘的,理想的司法过程是一个以实用主义为基础的面向社会、面向大众的过程。只有通过司法公开,才能使法律体系具有更强的可塑性和适应能力,使其成为一个社会主体的对话过程,这是一个理性的"对话—沟通"过程。[2]

---

[1] 季卫东:《法治秩序的建构》(增补版),商务印书馆2015年版,第467页。
[2] 参见陈婴虹:《网络舆论与司法》,知识产权出版社2013年版,第252页。

第六章
司法权的运行机制与司法人员管理改革

建立和完善司法责任制是司法体制改革的"牛鼻子",对其他司法改革具有牵引和统领作用。司法责任制的核心要义和科学内涵是"让审理者裁判,由裁判者负责"[1]。建立符合职业特点的司法人员管理制度,在深化司法体制改革中居于基础性地位。司法权是现代国家不可或缺的一项权力,具有鲜明的外在特征、特殊的运行规律与丰富的法理内涵,体现了司法者运用法律化解矛盾纠纷的一种实践理性。一个国家司法权运行的合理程度直接决定该国公民接近法律正义的程度。我国司法改革正是围绕司法权的科学配置和有效运行来展开的。当前,学术界和实务界对于司法权的概念与性质、内涵与外延、结构与功能、权威与效能等问题缺乏充分的研究和必要的共识,产生了司法活动具有能动性与被动性、精英化与大众化、政治化与专业化等争议。[2]因此,探索司法权的运行机制以及司法人员的管理改革,对于建设中国式司法制度具有重要意义。

---

[1] 张文显:《论司法责任制》,《中州学刊》2017年第1期。
[2] 参见郑智航:《法学基本范畴研究:司法权》,《浙江社会科学》2021年第9期。

第一节　司法权的地位与属性

一、司法权在权力体系中的定位

(一) 司法权的内涵

"司法权"一词为晚近传入中国的舶来品。在古代之中国,司法隶属于行政,裁判的官员亦是执掌行政权的官员,故而传统中国并未形成近现代意义上的司法权。在20世纪90年代之前,对于司法权的理论研究几乎是一块被人忽视的"空地"。一方面,由于中国历史发展的曲折性,我国的法律体系在一定时间内出现了断层,直至20世纪后期才逐渐建立了社会主义法治体系;另一方面,司法改革的序幕此时正在徐徐拉开,而把握正确的改革方向、促进我国司法体系完善的前提,正是科学定义中国模式的司法权概念。立足当下全面深化司法体制改革的背景,我们就必须准确地回答如下两个问题:其一,司法权的内涵是什么(或者说司法权包括了哪些内容)?其二,司法权的核心定位是什么?

近现代意义的司法权概念滥觞于西方的三权分立理论,但在中国语境下回答司法权内涵是什么这一问题时,显然不能照搬西方的答案。三权分立视角下的司法权理论立足的是西方政治体制,孟德斯鸠指出:"每一个国家有三种权力:立法权力、有关国际法事项的行政权力、有关民政法规事项的行政权力……依据第二种权力,他们媾和或者宣战,派遣或接受使节,维护公共安全,防御侵略。依据第三种权力,他们惩罚犯罪或裁决私人讼争。我们将称后者为司法权力,而第二种权力则简称为国家的行政权力。"[1]但是,我国并不能套用西方的三权分立理论。"我们是中国共产党执政,各民主党派参政,没有反对党,不是三

---

[1] [法]孟德斯鸠:《论法的精神》(上卷),张雁深译,商务印书馆2002年版,第155页。

权鼎立、多党轮流坐庄,我国法治体系要跟这个制度相匹配。"[1]中国语境下司法权的特殊性正在于其不仅包括了审判权,还包括了检察权,形成独特的二元结构。实际上,关于司法权的内涵问题,在我国也一直存在诸多争论,归纳起来有三种观点,即一元权利说、二元权利说与多元权利说。

一元权利说观点的主张者认为,司法权仅仅指的是法院的审判权。如陈瑞华就认为:"司法是与裁判有着内在联系的活动,司法权往往被直接称为司法裁判权。"[2]这一观点接近于西方的狭义司法权定义,将司法权等价于审理和裁判权,排斥了检察权等其他权力。二元权利说的主张者则认为,司法权不仅指审判权,还包括检察权。如王利明即认为司法权从广义上包括司法权和检察权。在我国,司法机关包括了人民法院和人民检察院。[3]这种观点区别于西方的狭义司法权定义,应当说较为契合我国现行的政治体制与法律制度。而多元权利说的主张者对司法权作了更为广义的定义,如杨一平认为:"在现代意义上,司法是指包括基本功能与法院相同的仲裁、调解、行政裁判、司法审查、国际审判等解纷机制在内,以法院为核心并以当事人的合意为基础和国家强制力为最后保证的、以解决纠纷为基本功能的一种法律活动。"[4]此种观点从司法的功能入手,对其权力的边界进行了勾勒,但显然突破了司法权乃中央事权这一理论基点,[5]容易导致司法权的泛化。

本书认为,采纳司法权的二元权利说观点对司法权作出定义符合我国的基本情况,也是本轮司法改革所坚守的,原因在于:首先,从政治体制的维度上说,我国将检察权纳入司法权有其必然性。新中国建立伊始,在意识形态的影响之

---

[1] 参见《习近平关于全面依法治国论述摘编》,中央文献出版社2015年版,第28页。
[2] 陈瑞华:《司法权的性质——以刑事司法为范例的分析》,《法学研究》2000年第5期。
[3] 参见王利明:《司法改革研究》,法律出版社2001年版,第8—9页。
[4] 杨一平:《司法正义论》,法律出版社1999年版,第26页。
[5] 对于司法权乃中央事权的表述,学界曾存在一定争议。但本轮司法改革中已明确司法权是中央事权。参见孟建柱:《深化司法体制改革》,《人民日报》2013年11月25日,第6版。

下,我国对苏联的司法权理论进行了移植和扬弃。而列宁颇具特色的苏维埃司法体制的思想理论和制度模式认为,司法权由审判权和检察权构成,司法机关和行政机关互不隶属,但司法机关和行政机关均受苏维埃权力机关即苏维埃代表大会的监督领导,向苏维埃代表大会负责。[1]尽管我国在人民陪审、检察监督等制度上对苏联的司法权模式进行了中国化的改造,但其权力派生的理论根基仍然是一致的,即人民主权理论。落脚到我国现行政体下,就是司法机关由人民代表大会产生,对人民负责,受人民监督。不同于西方的三权分立,这种一元分立的权力架构下,各种权力不具有制约与监督的当然属性,在彼此缺少权力关联链条,权力难以实现动态平衡的前提下,单设一种独立的法律监督权力有利于权力的良性运行。[2]而这种检察监督所指向的对象为法律的具体应用与执行(即司法过程),检察权理应被划归司法权的范畴。可以说,司法权包括检察权这一事实正是由我国的政体决定的。

其次,从司法权的本质来看,检察权当隶属于司法权。司法是专门的享有司法权的机构所从事的适用法律的工作,其本质在于独立地对纠纷作出判断。而检察权具备这样的基本特质。检察权中的公诉权能要求检察机关排除行政机关等方面的不当干预,根据事实和证据独立作出是否起诉的判断。同时,检察监督也要求检察院在独立于法院的状态下对司法全过程有无违法违规行为进行判断和监督。因此,检察权的核心也是判断。此外,这种判断亦是在不偏不倚的立场和独立状态下作出的。一方面,我国《宪法》赋予了检察机关独立行使检察权的宪法地位;另一方面,尽管检察机关存在类似行政机关的上下级领导关系,但检察一体原则不得侵及检察官独立的法律适用权这一底线,检察一体原则实际上是以检察官的独立性为前提的,是对检察官独立性的统一。其

---

[1] 参见刘俊、曾绍东:《法律与革命:中华苏维埃共和国法制价值新论》,《江西社会科学》2021年第10期。
[2] 参见朱全宝:《法律监督机关的宪法内涵》,《中国法学》2022年第1期;胡铭:《全域数字法治监督体系的构建》,《国家检察官学院学报》2023年第1期。

实,从本轮司法改革的文件表述中我们已然可以知悉高层对此达成的共识,如十八届三中全会报告中"确保依法独立公正行使审判权检察权,改革司法管理体制,推动省以下地方法院、检察院人财物统一管理"等表述均表明了司法权包括审判权和检察权。

（二）司法权的核心定位

要进一步透析司法权,在明确其内涵和执行主体的基础上,还必须将视野扩展至整个公共权力体系,来分析司法权的核心定位与功能。对司法权运作问题的传统分析,主要是从司法系统的内部视角或者科层制的"命令—服从"视角加以展开的,主要结论是：立法权在于推行某种法律价值,通过将承载某种法律价值的规范法典化、模式化或权威化,使法律价值在形式上处于立法者所期望达到的状态。行政权则是通过直接的"命令—服从"式的行政行为来实施立法者所推行的这种法律价值,促使其由观念层面向现实层面转化。司法权则通过对推行和实施法律的过程中所产生的纠纷处理来维护这种法律价值。[1]近年来,有学者从组织社会学角度分析我国司法权的运行,提出作为一种正式组织存在的司法机构需要将自身嵌入到特定的制度环境和社会结构中,从而通过与外部环境的资源交换和持续互动,实现环境与组织的双重进化。司法权行使的过程是一种高度组织化的过程,司法者需要在组织体的框架下作出裁判和决策。政法体制这一特殊的制度环境强调法院、检察院、公安机关等部门具有性质地位的近似性、业务的高度关联性和社会声誉的连带性。这种组织合法化机制促进了法院、检察院和公安机关三机关的组织行为和组织形式的趋同化。[2]有学者从话语分析的角度来理解司法权的本质,指出在当代中国司法场域中,政治家的基调设定、法学家的曲谱建构、大众的文化响应交织为一体,其指向一种司法权话语的

---

[1] 参见汪习根：《司法权论——当代中国司法权运行的目标模式、方法与技巧》,武汉大学出版社2006年版,第17页。

[2] 参见郑智航：《当下中国司法权运行的组织社会学分析》,《浙江社会科学》2021年第9期。

复调叙事模型。[1]总体而言,司法权以判断为核心功能,其中心工作在于解决纠纷,进而保障公民权利。在这种定位下,司法权必然有其独特的价值规律。

司法权的运行既然是一个高度个性化的精神推断过程,则司法权必然排斥其他权力及其含蕴的异己意志的干涉。[2]要守护好正义的最后一道防线,切实发挥纠纷解决的功效,司法权首先必须具备独立性。就如汉密尔顿(Alexander Hamilton)在《联邦党人文集》中所言,司法权为分立三权中最弱的一个,它既没有力量,也没有意志,它所具有的仅仅是判断。[3]为了防止天生具有扩张欲望的行政权与立法权侵蚀司法权的领地,只有赋予司法权相当的独立性保障,才能确保其与其他权力的相对隔离,真正发挥应有之作用。因此,独立性也是司法权的核心属性。我国《宪法》第131条就规定:"人民法院依照法律规定独立行使审判权,不受行政机关、社会团体和个人的干涉。"这种独立既包括行使职权的司法机关的整体独立,也包括具体执行的司法人员在一定程度上具有独立性。所谓整体独立,指的是司法机关作为司法权行使的专门机关应当与行政机关保持必要的距离。本轮司法改革中探索省级以下司法机关人财物统一管理的举措,正是为了防止行政机关在人财物的管理分配上对司法机关施加压力,以推动司法权整体独立的落实。而所谓司法人员的相对独立性,则是落脚到个体,强调给予司法人员完备的身份、经济保障,以抵御政府部门或上级领导通过人事任免、增减待遇等方式对具体案件进行干预。党的十八届三中全会报告中指出的要完善司法人员分类管理制度,健全法官、检察官职业保障制度,党的十九大报告中提出的深化司法体制综合配套改革等,都旨在通过完善个体独立,进而推动司法权的独立行使。

---

1 参见廖奕:《司法权话语的复调模型》,《浙江社会科学》2021年第9期。
2 参见韩钢:《司法权基本属性解析》,《宁波大学学报》(人文科学版)2011年第4期。
3 参见[美]亚历山大·汉密尔顿等:《联邦党人文集》,张晓庆译,中国社会科学出版社2009年版,第360页。

综上所述,司法权的核心定位就是司法机关独立行使判断权。独立性作为司法权的核心属性,既是司法权有效行使的前提,也是其保障。[1]本轮司法改革的诸多举措,其重点就在于保障司法权的独立性,因此这也是我们在完善司法制度时所必须特别关注的。当然,需要指出的是,司法权的独立在我国语境下并不意味着一种不受约束的绝对独立。在权力运行的动态过程中,司法机关或多或少地与其他机关存在千丝万缕的交集,理顺、明晰这种交往的界限在当下也是十分必要的。

二、司法机关与其他机关的关系

（一）司法机关与人大

我国是人民民主专政的社会主义国家,全国人民代表大会是国家最高权力机关。《宪法》第3条第3款明文规定:"国家行政机关、监察机关、审判机关、检察机关都由人民代表大会产生,对它负责,受它监督。"这种"议行合一"的民主原则要求任何国家权力都必须直接掌握在人民的手中,因而,相对独立的司法机关也必然要受到权力机关的监督与制约。结合《宪法》与《各级人民代表大会常务委员会监督法》等法律的规定,司法机关受人大的影响主要集中在以下方面:(1)各级司法人员大都由同级人大任免,对其负责。(2)人大听取、审议、表决各级司法机关的工作报告。(3)司法机关接受人大质询与监督。同时,司法机关也有权根据法定程序对人大提出立法建议。但相比较而言,由于权力位阶并不平等,司法机关以接受人大的监督为主,以对人大提出意见建议的制约为辅。因此,科学配置人大监督司法机关的手段与形式,对进一步促进司法为民意义重大。

当前,对于人大监督司法机关的争议主要集中于两点。其一,司法机关向同级人大汇报工作制度。《人民法院组织法》第9条规定了法院向同级人大及

---

[1] 当然,司法权的特性并不仅局限于其独立性,还包含被动性、中立性、交涉性、专业性、公开性等诸多特性。只是独立性最能彰显司法权的核心特质,故其他特性便不在此赘述。

其常委会负责并报告工作的义务;《各级人民代表大会常务委员会监督法》第8条规定了各级人大常委会每年选择若干关系改革发展稳定大局和群众切身利益、社会普遍关注的重大问题,听取和审议司法机关的专项报告。也就是说,目前我国存在年度工作报告与专项工作报告两种报告制度。[1]有学者对于司法机关的这一报告制度提出质疑,认为一方面,人大否决法院的工作报告会导致审判责任主体归属不明;另一方面,法院向人大汇报工作会进一步加剧审判权的行政化、地方化。其实,这种看法存在误区。作为人民民主专政的国家,我们强调主权在民。权力机关通过审议报告的形式表明人民对司法工作的认可情况。而司法机关报告的内容并非具体案件的审判情况,主要侧重的是司法制度的落实与发展情况等,显然对其具体内容负有责任的是司法机关的领导者,并不存在责任主体不清的问题。实际上,当前司法机关向人大报告工作的制度不仅应当坚持,对于其具体程序、后果的规定还应该进一步细化。[2]

其二,人大是否可以就个案对司法机关进行监督。所谓个案监督,指的就是各级人大及其常委会对同级法院正在审理或已审结的具体案件所进行的直接监督。主张支持人大个案监督的理由在于,个案监督以宪法、组织法等法律为依据。另外,人大个案监督在实践中有过较好的效果,一定程度上遏制了司法腐败。[3]而反对人大个案监督的理由在于,个案监督极易损害司法的独立性,同

---

[1] 参见侯欣一:《法院向人民代表大会报告工作制度的形成及发展:以最高人民法院年度报告为例》,《法学家》2020年第5期。

[2] 特别是在报告审议不通过后的追责上,存在流于形式的情况。如早在2001年2月,当时的沈阳市中级人民法院工作报告没有被沈阳市人大通过,最终沈阳市人大主席团决定由沈阳市人大常委会继续审议,并将审议结果向沈阳市人大第二年的会议报告。沈阳市人大主席团的做法等于宣布放弃自己进一步审议法院本届工作报告的权力,这种审议结果,除了给中院一个不好看的脸面,也没有任何实质约束力。参见《人大未通过的报告怎么办》,http://news.sohu.com/20070130/n247922881.shtml,最后访问日期:2023年1月3日。

[3] 如在山西发生的一起个案中,一个横行乡里、作恶多端的"土霸王",被山西省晋城市中级人民法院一审判处有期徒刑30年(合并执行20年)后,山西省高级人民法院二审时,减判为3年,并于宣判当日将其释放。根据群众的举报,山西省人大常委会办公厅对此案展开调查,揭露出省高院审判法官以伪造证据等手段为"土霸王"抹掉或减轻罪行的行为,由此引出一桩部分法官收受巨额贿赂的"案中案"。参见《山西"土霸王"周腊成的犯罪轨迹——横行当地十八年之久 偷税、侵占公款累计近二千万元》,https://www.chinanews.com.cn/gn/news/2007/04-17/917605.shtml,最后访问日期:2023年1月3日。

时,个案监督制度完全可以由检察监督所取代,没有存在的必要性。[1]

从保障审判公正的角度来看,个案监督这一做法与独立审判和程序公正之间存在着基础性对立和冲突。人大对审判工作的合理监督,应当着眼于全局性问题,对司法改革中一些亟待纠正的重大事项进行有效监督。[2]从现行法律来看,法律并未明确规定人大的个案监督权,典型如《各级人民代表大会常务委员会监督法》第39条规定了人大对于属于其职权范围内的事项,需要作出决议、决定,但有关重大事实不清的,可以组织关于特定问题的调查委员会。这里的"重大事实不清"显然应当通过法律解释将司法事实排除在外,因为所有的个案事实(法官弹劾案件除外)都属于司法权的权限范畴,与人大职能无涉,即便为立法等目的,人大对个案事实的调查亦不被认可。从发展趋势来看,限制或取消个案监督是主流。20世纪90年代起,全国约有16个省、自治区、直辖市纷纷制定关于个案监督的省级地方性法规,但在2006年后,这16个省级区域有10个地方相继废止此项立法。[3]从司法活动的特性来看,司法活动具有极强的专业性,而人大缺乏相关知识,其直接干预个案往往会侵害司法权威。需要注意的是,对于个案中存在严重程序性违法、渎职腐败等情况的,应当允许人大通过集体监督的形式对责任机关提出质询,最后再通过检察院抗诉、法院重审等方式,回归司法手段进行解决。

(二) 司法机关与政府

依照我国一府一委两院的设置形式,司法机关与政府处于一种平等的地位。其中,司法机关对于行政机关的影响和作用相对简洁而明晰。首先,司法机关对政府行政给予必要的协助。司法机关的这种协助又主要体现在非诉行

---

[1] 参见卢上需、熊伟主编:《社会转型中的法院改革》,法律出版社2012年版,第105页。
[2] 参见卞建林、姜涛:《个案监督研究——兼论人大审判监督的合理取向》,《政法论坛》2002年第3期。
[3] 参见侯欣一:《法院向人民代表大会报告工作制度的形成及发展:以最高人民法院年度报告为例》,《法学家》2020年第5期。

政行为的执行上。《行政强制法》第五章对行政机关向法院申请强制执行的期限、程序等问题作出了具体规定。人民法院在对没有行政强制执行权的行政机关的强制执行申请进行书面审查后,在无第 58 条规定的情形下,应当在受理之日起七日内作出执行裁定。也就是说法院对此类行政行为以书面审查、形式审查为主,特殊情况适用实质审查。这种情形下司法机关对行政机关主要是在初步审查基础上进行辅助,以确保执行的公正性。其次,司法机关对政府行政行为进行监督。这种监督主要体现为对行政机关行政行为的合法性审查,即在行政诉讼中对行政机关的行为进行法律上的审查,如无必要,不对其进行合理性审查。根据《行政诉讼法》第 63 条之规定,法院审理行政案件,要以法律、行政法规、地方性法规为依据,而部门规章与地方性规章则是作为法院审理的参照。此外,对于国务院部门和地方人民政府及其部门制定的规范性文件(不含规章),法院有权在诉讼过程中依当事人申请而进行合法性审查,对经审查认为不合法的规范性文件,法院不作为认定行政行为合法的依据,并向制定机关提出处理建议,从而实现对部分抽象行政行为的间接监督。

  从政府对司法机关的影响和作用角度来看,就要复杂许多。依照我国《宪法》的规定,司法机关独立行使职权,不受行政机关、社会团体和个人的干涉。从字面上看,行政机关对司法机关的职权行为没有干涉的权力,也就是说在"行政机关—司法机关"的权力谱系中,一定程度上应当是司法起主导作用。然而,现实中的这种关系并未如"纸面上的法"所预设的那般运作,政府还存在着干涉司法的行为。典型的就是政府人员通过发函的方式,以"维护社会稳定"等理由干预司法机关裁判。[1] 这种行为一经曝光,即便未对司法机关的最终裁判产生影响,也会损害司法公信力,让民众陷入行政与司法"沆瀣一气"的误解。而之所

---

1 典型案例如太原市晋原区政府因被发现曾发公函至两级法院,为暴力拆迁致人死亡的被告求情,"恳请慎重量刑",而成为舆论焦点。参见邓律文:《政府公函"恳请慎重量刑"击中了什么》,《中国经营报》2013 年 10 月 28 日,第 D07 版。

以存在这种政府强势的情况,原因在于依据我国现行(在本轮司法改革落实之前)政府统管财权的体制安排,地方各级人民法院的经费均由同级人民政府预算,由同级人民代表大会审议,由政府部门划拨。即在司法编制、经费管理等问题上,司法机关受制于政府。这种掣肘一定程度上使得司法机关对政府产生了畏惧的心理,不得不考虑其对于个案的意见。因此,本轮司法改革试图采取省级以下人财物统管的措施,旨在消除司法机关的这一顾虑,让其更加独立地行使职权。在强化司法机关抗干扰能力的同时,对于政府发函法院等明显干预司法的错误行为,也必须坚决予以纠正,对责任主体可由司法机关建议上级行政机关予以追责,以此更好维护司法职权的独立行使。

(三) 司法机关与中国共产党

中国共产党是我国的执政党,坚持党对各项工作的领导是一项基本原则。我国《宪法》中关于司法机关独立行使职权的规定明确其"不受行政机关、社会团体和个人的干涉",并未将执政党排除在外,因而党对司法工作的领导是有宪法依据的。另外,司法工作本身牵涉到社会的方方面面,有的案件涉及党纪、政纪和刑事责任等多方面问题,而司法机关由于其权力的特性,并不具有较强的指挥协调能力,[1]执政党的协调有助于纠纷的高效解决,并在一定程度上能够抵御其他组织与个人的干涉。有鉴于此,我们应当对党领导司法工作确立基本的认识,即党领导和监督司法是由我国国情决定的,也是具有合法性和合理性的。

在我国,从政治架构来看,党为了人民的利益并顺应民意,依照法律规定、通过法定程序设立司法机构,司法事业是党的事业的重要组成部分;从法律制

---

[1] 在一元化政治体制下,政法委员会作为政法系统归口的总协调机关,很多事务由其出面协调,可能有助于问题更快、更稳妥地得到解决。例如,涉及刑事案件报道规范,要协同中宣部;涉及刑事被害人补偿,要协同民政部、人力资源和社会保障部;涉及政法部门用房标准,要协同发改委、住房和城乡建设部;涉及政法干警工资、经费保障,要协同财政部;涉及政法干警招录、职业保障,要协同人事和组织部门。参见侯猛:《"党与政法"关系的展开——以政法委员会为研究中心》,《法学家》2013年第2期。

定和实施来看,党的意志通过全国人民代表大会及其常委会转变为法律,全国各级法院裁判的效力不受地域限制,在全国都具有法律效力。这就是司法权是中央事权的基本涵义。党实现对司法工作的领导主要通过党内设立的政法委员会实现。根据《中共中央政法工作委员会关于加强各级党委政法委工作的通知》,政法委主要承担以下几类职责。(1)大政方针的贯彻落实:根据党的路线、方针、政策统一政法各部门的思想,协助党委研究制定政法工作的方针、政策并督促贯彻落实;(2)政法部门间的协调与监督:支持和监督政法各部门依法行使职权,督促、推动大要案查处工作,研究和协调有争议的重大、疑难案件;(3)政法改革的推动:组织推动政法战线的调查研究工作,推动政法工作改革;(4)干部的管理:研究、指导政法队伍建设和政法各部门领导班子建设,协助党委及组织部门考察、管理政法各部门的有关领导干部。

当前对于政法委大政方针的贯彻落实、党管干部等职责并无争议,但对于政法委协调案件、联合办案、个案指示等具体领导形式则存在质疑声音。特别是在佘祥林案、赵作海案等刑事冤案背后都存在政法委的介入,在政法委协调办案的潜规则下,政法委对于冤案的产生起到了负面作用。[1]一方面,党委审案、书记批案在客观上转移了司法责任与司法风险,[2]会造成责任的推诿与司法人员的懈怠;另一方面,政法委成员未经历审判过程,违反了司法的亲历性原则,且缺乏法律专业知识,因此其拍板定案很容易造成错判。基于此,理顺党与司法机关的关系,推动改革的进程,重点就在于明确党的"当为"与"不当为"。本书认为,党对司法机关应当回归"总揽全局,协调各方"的领导核心作用,侧重政策、方针的指导落实,完善对司法机关的监督;在个案问题上,严格禁止政法委或其主要负责人拍板定案。根据《领导干部干预司法活动、插手具体案件处理的记录、通报和责任追究规定》,领导干部违法干预司法活动,将受到纪律处分,

---

[1] 参见严励:《地方政法委"冤案协调会"的潜规则应该予以废除》,《法学》2010年第6期。
[2] 参见陈卫东:《司法机关依法独立行使职权研究》,《中国法学》2014年第2期。

构成犯罪的将被追究刑责。对重大疑难案件,可以由政法委牵头,排除案件处理的阻力;但案件最终的裁决应由法院在查明事实与证据的基础上,运用专业知识独立作出,不能以"协调会""三长会"替代司法裁判职能。

(四)关系处理

我们可以发现,在司法机关所置身的整个公共权力体系当中,它的独立是相对的,即存在着人大和党委对司法机关的工作进行监督与宏观指导;但对于行政机关与其他组织和个人而言,这种独立又是绝对的,司法与行政应当保持必要的距离。故而在处理司法机关与其他机关的关系时,我们应注意把握如下原则:

第一,应当坚持人大、党委对司法机关的监督与领导,并落到实处。这是由我国的政体与国情所决定的,在实践中也发挥了应有的积极作用。需要注意的是,这种监督与领导必须是集体监督、领导,不能由个人执行,以免出现以权谋私的现象,践踏司法权威。同时,高屋建瓴式的指导与监督容易流于形式,在改革的过程中,应注重完善丰富监督指导的形式,[1]明确监督发现问题的责任追究方式。

第二,应当注意司法权的专业性特征,坚守独立行使审判权、检察权的底线。案件的审理裁判需要在搜集证据、查清事实的基础上,结合法官的自由心证,通盘考量后进行判断。其中每一个环节都体现着司法的专业性。因此,作为非专业司法机关的人大与政法委,应当避免在个案判断的过程中拍板或代为决策。

第三,司法机关在公共权力体系中的地位是动态的。司法机关在权力体系中的地位与其抗干预能力休戚相关。当下,由于司法机关在人事任免、经费保障等方面尚受制于人,较为容易受到政府、其他组织的干扰,需要通过人大、党委帮助抗压。随着司法改革的推进,将来司法权的独立行使保障更完备后,党

---

[1] 如前文提及的人大监督主要是通过听取司法机关工作报告、人民群众反映的形式,人大对于司法运作过程的具体情况知之甚少。地方实行的试点邀请人大代表旁听庭审、监督案件执行等措施,对于深化人大代表对司法运作的了解,推动监督实质化,可以说有一定的借鉴意义。

委、人大可以更加放权司法机关。如在个案协调上,政法委可以逐渐退出组织协调,充分发挥司法机关间的配合与制约功能。也就是说,随着改革的深入推进,司法机关在权力体系中的地位也会相应变化,与其他机关的关系也应当注意及时进行调整。

第二节　司法职权运行机制

一、司法机关的职权配置与运行

（一）人民法院、人民检察院的职权配置

为了推进诉讼的顺利进行,法律赋予了司法机关不同的职权。享有司法权的机关在我国包括人民法院与人民检察院,其职权配置与上下级关系存在明确的分工。

根据我国三大诉讼法与《人民法院组织法》等相关法律的规定,人民法院的职能主要包括四类:(1)审判职能。此为法院的核心职能,《宪法》第123条规定:"人民法院是国家审判机关,代表国家独立行使审判权。"审判权包括审理和裁判两个组成部分。审理是指审判机关在诉讼当事人和其他诉讼参与人的参加下,依法律规定的程序,对案件的有关事实与法律问题组织调查和辩论的诉讼活动。裁判则是指审判机关在审理的基础之上,依法对案件的实体问题或某些程序问题作出相应的处理决定。[1]人民法院的其他职能都是为了促进此核心职能的实现或由此派生而来的。(2)审判辅助型职能,包括强制措施采取权和证据调查权。强制措施采取权指的是为了确保诉讼的顺利进行,人民法院依法对相关人员或财物采取强制性手段的权力。具体包括刑事诉讼中的决定逮捕、拘

1　参见朱立恒:《社会主义法治理念视野下的司法体制改革》,法律出版社2012年版,第198页。

传、取保候审和监视居住，以及三大诉讼中对严重违反法庭秩序人员的罚款、拘留。而证据调查权指的是为查明案件真相，保障诉讼顺利地进行，人民法院在必要时对证据进行采集、核实的权力。(3)部分执行职能，即对生效裁判内容依法付诸实施的权力。具体包含刑事诉讼中执行无罪判决、免除刑罚判决、死刑立即执行及没收财产、罚金刑，以及民事诉讼中的财产执行部分。(4)其他职能，主要包含司法解释权、立法建议权等与审判间接相关的权力。

职权配置除了通过横向司法权功能的划分实现，也通过我国四级两审的法院纵向构架实现，因而明确上下级法院的关系对于科学独立地行使法院职权也有显著意义。根据《宪法》与《人民法院组织法》的定位，我国上下级法院为监督与被监督的关系。这种监督主要通过二审程序、审判监督程序、死刑复核程序来实现。[1]另根据《最高人民法院关于规范上下级人民法院审判业务关系的若干意见》，上级人民法院还可以通过案件审理、制定规范性文件、组织培训等方式对下级人民法院进行"指导"。因此，我国上下级法院的关系应定位为"监督指导"关系。这一关系界定背后的潜台词就是必须坚持各级法院的审级独立。[2]然而，在现实操作过程中，这种关系出现了行政化的异化现象，并主要通过案件请示制度、"重审意见函"等形式体现出来。此类异化使得审级制度与法定监督程序流于形式，不利于当事人权利的保障。同时，过度请示增加了下级法院的依赖性，阻碍了审判业务水平的提升。《人民法院第四个五年改革纲要（2014—2018）》中已经注意到这种审级关系的异化，提出要压缩个案请示空间，地方也试点取消了具体案件的请示。[3]对于个案的请示制度，取消当是趋势。对于事实

---

[1] 参见吴建雄：《科学发展视域下的中国二元司法模式研究》，法律出版社2013年版，第63页。
[2] 审级独立是指各级法院在审理案件的过程中，在诉讼程序的框架内依法独立、自主地审理和决断案件，上级法院不得干预下级法院独立行使审判权。
[3] 浙江省高院《关于规范内部请示的若干规定》即规定："下级人民法院就涉及具体个案事实、证据认定的内部请示一律取消。对于疑难、新类型并具有普遍法律适用意义的案件，下级人民法院可依职权报请上级人民法院审理。"

问题应禁止请示,亦不能越级请示。同时,对于上下级法院行政化异化的原因也需追根溯源。目前上级法院相对下级法院存在优势,如《人民法院组织法》第35条规定的人民法院院长的撤换需报请上级人民法院,经上级人民代表大会批准。可见,上级法院对下级法院虽然没有直接的人事任免权,但在事实上却存在着强大的影响力。对此,也需要结合本轮司法改革中人财物统管的改革进行完善。另外,取消案件发回改判率等不合理的考核方式,也是消除基层法官顾虑、真正落实审级独立所必需的要件。

作为我国另一司法权主体的检察院,结合三大诉讼法与《人民检察院组织法》等法律的规定,其主要承担如下职能:(1)检察侦查职能。根据2018年修订的《刑事诉讼法》第19条的规定,人民检察院在对诉讼活动实行法律监督中发现的司法工作人员利用职权实施的非法拘禁、刑讯逼供、非法搜查等侵犯公民权利、损害司法公正的犯罪,可以由人民检察院立案侦查。对于公安机关管辖的国家机关工作人员利用职权实施的重大犯罪案件,需要由人民检察院直接受理,经省级以上人民检察院决定,可以由人民检察院立案侦查。(2)批准或决定采取强制措施。即为了保障刑事诉讼活动顺利进行,检察机关享有对犯罪嫌疑人、被告人采取拘留、取保候审、监视居住、批准或者决定逮捕等刑事强制措施的权力。(3)公诉职能。检察机关的公诉权具体包括了审查起诉、决定起诉或不起诉、提起公诉与支持公诉。另外值得注意的是,在刑事公诉权之外,检察机关在民事诉讼、行政诉讼中也开始发挥保护国家利益的作用,并通过参与公益诉讼等形式予以践行,十二届全国人大常委会第二十八次会议表决通过了关于修改民事诉讼法和行政诉讼法的决定,检察机关提起公益诉讼明确写入这两部法律。(4)诉讼监督职能。此为检察机关的核心权力,也是《宪法》对检察机关的基本权力定位。检察机关在民事、刑事、行政案件的各阶段均享有监督权,对本级人民法院的判决裁定认为有错误的,有权提出抗诉。(5)其他职能。主要包含司法解释权、立法建议权、法规提请审查权等权力。近年来,随着我国监察体制改革的开展,检察机关"四大检察"和"十大业务"的新格局已然形成。[1]

在我国,检察机关具有复合性权力,其工作任务与法院有较大差异,因此上下级检察院的构架关系亦与法院的"监督指导"关系截然不同。依据《宪法》的规定,我国上下级检察机关是一种领导与被领导的关系,采行检察一体化原则。[2] 检察机关是司法权的执行主体,检察活动所具有的司法特性要求其享有必要的独立性,与纯粹行政机关的领导关系存在差异。当前我国检察一体化改革的重点与难点恰恰也就在平衡检察机关的领导关系与检察官依法独立办案上。我们认为,对检察一体化的内部实现方式的探讨,应当结合检察机关的具体职能来进行。[3] 例如,检察机关在行使公诉、监督职权时,应当注意避免过分强调上令下从。目前检察机关的内部主要采用"个人承办,集体讨论,部门负责人审核,检察长或检察委员会决定"的办案模式,检察人员的独立性较弱,对上级的依赖性较强,重要的是其违反了司法的亲历性原则,带有显著的行政化色彩。而公诉权与监督权都要求检察人员客观、中立,层层报批看似解决了基层检察人员可能滥权的问题,却也会导致高层审批者滥用手中的权力,最终"谁来监督监督者"的问题还是没有得到彻底解决。因此,有必要完善上级检察院的领导方式,以相对柔性的管理方式取代行政命令式领导,实现检察官依法独立办案与检察一体化之间的平衡。具体而言,检察领导应趋向于尽量减少行政性命令,而主要运用审查、劝告、承认的方法行使监督权。[4] 上级检察机关对个案的指令也应当采用书面等形式,并遵循必要性原则。

---

[1] "四大检察"指刑事检察、民事检察、行政检察和公益诉讼检察。"十大业务"指普通刑事犯罪检察业务、重大刑事犯罪检察业务、职务犯罪检察业务、经济金融犯罪检察业务、刑事执行和司法人员职务犯罪检察业务、民事检察业务、行政检察业务、公益诉讼检察业务、未成年人检察业务、控告申诉检察业务。

[2] 检察一体化,又称检察一体制、检察一体原则,有两层基本含义:对外是指检察独立,即检察机关依法独立行使检察权,不受法定机关、事项及程序以外的干涉;对内是指检察业务一体化,即在肯定检察官相对独立性的同时,检察机关上令下从,同时包括横向之间的协调与配合,整个检察系统形成一个有机整体,统一行使检察权。

[3] 参见龙宗智:《论"检察一体"与检察官统一调用制度之完善》,《中外法学》2022年第2期。

[4] 参见邓思清:《我国检察一体保障制度的完善》,《国家检察官学院学报》2016年第2期。

除上述司法机关内部存在的纵向职权配置问题以外,值得注意的是,法院与检察院之间亦存在着横向的职权紧张关系。我国《刑事诉讼法》第7条规定:"人民法院、人民检察院和公安机关进行刑事诉讼,应当分工负责,互相配合,互相制约,以保证准确有效地执行法律。"这种辩证逻辑在实践中往往并不能转化为清晰的行为准则或职权分割,而是一种模糊灰色的动态平衡,这在认罪认罚从宽制度当中体现得尤为明显。根据我国《刑事诉讼法》及两高三部《关于适用认罪认罚从宽案件的指导意见》,认罪认罚从宽案件的量刑建议权被检察机关强势主导,作为一种检察权的新表现形式,[1]对司法机关可以产生"一般应当接受"的约束力,这无疑体现着审判权与检察权之间微妙的角力。有学者指出,检察机关应当充分意识到自己在认罪认罚案件中起到的"结构性主导作用",虽然并不掌握最终量刑的决定权,但在整个认罪认罚程序中所起到的积极作用应有所体现,精准量刑就是其中一种;[2]但实践中法院对于量刑主导权的让渡似乎并不心甘情愿,虽然有数据显示法院对于检察机关的量刑建议总体上呈现接纳态势,[3]但2020年的余金平案无疑揭示出司法机关的职权冲突本质之深之重,以至于被戏称为"中国刑诉法的马伯里诉麦迪逊案"。被告人余金平醉酒驾驶机动车撞死被害人后逃逸,后主动投案、认罪认罚并给付被害人家属巨额赔偿金,检察机关以此给出实刑三年、缓刑四年的量刑建议,不料一审法院拒绝采纳并判处两年实刑,检察机关抗诉后二审法院对量刑建议依然不予采纳,并直接改判余金平实刑三年六个月。就二审判决而言,法院援引《刑事诉讼法》第237条抗诉不受上诉不加刑限制的条款,遵循全面审查原则对检察机关"借力打力",或许有"钻法律空子"之嫌,但二审法院的核心目的或已达到,即借余金平案带动学术界正视认罪认罚案件中检察机关与审判机关的职权冲突,进一步澄清量刑

---

1 参见苗生明:《新时代检察权的定位、特征与发展趋向》,《中国法学》2019年第6期。
2 参见张建伟:《检察机关主导作用论》,《中国刑事法杂志》2019年第6期。
3 参见周新:《认罪认罚案件中量刑从宽的实践性反思》,《法学》2019年第6期。

主导权的归属。我们认为,对于认罪认罚案件而言,认罪认罚从宽的本质是通过犯罪嫌疑人、被告人的认罪认罚来换取国家刑罚权的让渡,这种让渡既体现为最终实体判决上的从宽量刑,也体现为刑事程序上的从轻从快。固然,法院对于《刑事诉讼法》第201条第1款所规定的违背意愿等情形下的认罪认罚具结书拥有否认的权力,但对第201条第2款中"量刑建议明显不当"情形的判断必须有所拘束,绝不可忽视认罪认罚具结书的协商属性及其内涵的程序性约束,尤其不可以全面审查为由而悖反控审分离原则,作出对被告人更加不利的判决。此外,值得注意的是,认罪认罚从宽制度表面上是检察机关与司法机关直接性的职权冲突,但在更细微处,还存在另一股力量发挥着斡旋的功能,那就是辩护律师的参与。我国已有学者论及,对于认罪认罚从宽案件的完善,辩护律师将发挥至关重要的作用,[1]作为检察机关最可能的"协商"对象,辩护律师有效参与的程度直接决定着被告人的权利保障及量刑意见的合理性。辩护律师、法院、检察院之间的三元权力机制运行原理,值得重视与探讨。

实践中,人民法院与人民检察院职权中还存在一个具有争议的职权,即"两高"的司法解释权。通说认为,司法解释是指国家最高司法机关在适用法律解决具体案件时,对如何应用法律所作出的具有法律约束力的阐释和说明,包括"审判解释"和"检察解释"。《全国人民代表大会常务委员会关于加强法律解释工作的决议》第2条将审判和检察工作中具体应用法律、法令的权力分别授予最高人民法院与最高人民检察院。因此,中国特色的司法解释权的存在,其效力亦有相应的法律依据。但在司法解释的施行过程中,存在着司法解释"泛立法化"与司法解释间相冲突的现象,值得进一步探究。

如上文关于司法权与立法权的本质所叙述的,立法的本质是创制,而司法的本质是判断。因此,司法解释本身应当与立法泾渭分明。然而,不可否认的

---

[1] 参见王敏远:《认罪认罚从宽制度疑难问题研究》,《中国法学》2017年第1期。

是,司法解释作为司法权的衍生性权力,也存在着一定的创制性。立法本身是一种高度抽象的活动,而个案所面临的具体复杂情景在当下难以被立法全部考虑到。作为法律践行者的司法机关在面对繁复的纠纷时,就不得不通过体系性、目的性解释等手段,对法律进行解释,乃至在一定程度上"创制"法律,以完满地在法的框架内解决纠纷。典型的现象就是每每有新的法律出台,不久后便会出现对应的司法解释,不少司法解释的条款数量甚至远超立法本身。应当说通过司法解释的形式对立法进行查漏补缺有其合理性,但当司法解释僭越立法本身,对权利和义务进行增设,其合法性就会受到质疑。毕竟最高人民法院、最高人民检察院在制定抽象性司法解释之际,既不像立法程序那样让不同利益群体进行表述、博弈、妥协和整合,也不公开法官的决策过程和权衡因素,更没有任何明确而公开的衡量标准和公式。[1]

如何消弭司法解释的"泛立法化"现象,真正实现其补充立法的功效？我们认为有必要做到如下几点:(1)回归"解释",遵循立法原意。即有权机关对于司法解释应当采取克制立场,非不得已不主动解释。在解释的过程中,也应当避免进行普遍性、抽象性的法律创制,而应当以法律条文为依托,在探求立法原意的基础上,采取体系、目的、历史解释等方法,对立法内容进行适当补充。(2)完善其他解释途径,多种解释形式并重。我国的法律解释体系中,除了司法解释之外,尚包括立法解释、行政解释等解释途径,其中立法解释在我国显得相对匮乏。以刑法为例,直至2000年《关于〈中华人民共和国刑法〉第九十三条第二款的解释》对"其他依照法律从事公务的人员"作出明确的解释,立法解释才逐渐开始出现。而依照罪刑法定的原则,这种立法机关自身的解释显然比司法解释更具有正当性。因此,对于立法解释,我们今后应当更加重视,对于司法实践中发现的经验与规律,应当及时总结,通过立法解释的形态加以提炼。(3)从解释

---

[1] 参见陈林林、许杨勇:《司法解释立法化问题三论》,《浙江社会科学》2010年第6期。

向"判例"转型。尽管我国是非判例法国家，但判例制度近来越发彰显其重要性。从《最高人民法院公报》的案例发布到最高院公布指导案例，个案对于司法的重要性已然得到了我们的重视。应该指出，个案性司法解释与判例制度具有一定的相似性，但在性质上又是根本不同的。个案性司法解释虽然是针对个案的，但个案只是引发司法解释的缘由，司法解释内容仍然是一般性的规定。而判例是对具体案件发生法律效力的判决，它着眼于当下的个案，从此个案判决中引申出来的规则对于此后的同类案件具有法律上的拘束力。只有回到个案这一司法的本源中去，最高院的这种指导与经验才不会是空中楼阁，也才能规避自己立法扩权遭受非议的窘境。故而通过判例的形式，将解释落实到个案的裁判过程中去，无疑是改进当前司法解释"泛立法化"现象的重要途径。

另外，两高司法解释间的冲突现象也较为突出。当前，我国司法解释存在二元解释主体的问题，[1]最高人民法院和最高人民检察院根据"谁主管、谁解释"的原则，在各自所辖权力范围内制定司法解释，但由于业务的重合与观察问题角度的不同，二元主体间的解释必定会出现冲突，如何协调这种冲突也是统一法律适用所必须解决的问题。以《刑事诉讼法》中关于"刑讯逼供等非法方法"的解释为例，两高对此概念就作出了有所区别的解释。一方面，2012年《人民检察院刑事诉讼规则（试行）》第65条将"刑讯逼供"定义为使用肉刑或者变相使用肉刑，使犯罪嫌疑人在肉体或者精神上遭受剧烈疼痛或者痛苦以逼取供述的行为；而"其他非法方法"则被定义为违法程度、强迫程度与刑讯逼供或者暴力威胁相当而迫使其违背意愿供述的方法。另一方面，2012年《最高人民法院关于适用〈中华人民共和国刑事诉讼法〉的解释》第95条则将"刑讯逼供等非法方法"定义为使用肉刑或者变相肉刑，或者采用其他使被告人在肉体上或者精神上遭受剧烈疼痛或者痛苦的方法，迫使被告人违背意愿供述的方法。可见，相

---

[1] 根据现行法律的规定，有权作出司法解释的主体只有最高院与最高检，其联合发布的《关于地方人民法院、人民检察院不得制定司法解释性质文件的通知》也明确阻断了高级、中级法院等成为解释主体的资格。

比而言,最高院解释中对"刑讯逼供等非法方法"的定义增加了该行为足以"迫使被告人违背意愿供述"的条件,其标准高于最高检的解释。[1]

撤开解释的对错不论,对于这一重要概念的解释存在冲突,必然会导致司法实践的不统一。基于此,有学者建议将解释从二元主体向最高人民法院作为唯一解释机关的一元主体转变。[2]但我们认为这种摒弃最高检司法解释权的做法是不恰当的。一方面,检察机关作为司法机关,与人民法院享有相同的宪法地位,有权就履行职责过程中遇到的法律问题进行解释。同时,检察院与法院的职能不同,作为监督机关,如若单纯以法院发布的解释为蓝本,就会失去监督存在的意义。另一方面,二元主体在解释过程中出现的冲突、博弈一定程度上利于深化对法律的理解,防止"一家之言"产生的独断。实际上,现行法律已经对这种冲突的解决规定了解决方法。《各级人民代表大会常务委员会监督法》第31条明确了两高司法解释出台后报全国人大常委会备案的义务,第32、33条则规定了全国人民代表大会法律委员会和有关专门委员有权审议两高的司法解释,对同法律抵触的条款进行修改、废止。两高之间认为对方作出的具体应用法律的解释同法律规定相抵触的,可以向全国人民代表大会常务委员会书面提出进行审查的要求。

(二)人民法院与人民检察院的运行机制

从权力划分的视角看来,除上述行使国家权力的机关主体彼此间存在的职权冲突以外,在机关内部依然存在着微观的权力结构值得观察:对于法院而言,法庭内部的合议庭制度是最为典型的审判权划分的体现,审判长拥有审判活动的组织权,但理论上,在最终的合议庭判决中,审判长与审判员的审判地位并无区分,而实际运行中合议庭存在着普遍的权力失衡问题,由此引申出的审判长

---

[1] 参见万毅:《"无解"的司法解释——评"两高"对"刑讯逼供等非法方法"的解释》,《法学论坛》2014年第1期。
[2] 参见沙涛:《功能主义刑法解释论——立场、方法与运用》,吉林大学2019年博士学位论文。

负责制也值得进一步反思。此外,在合议庭外部,我国还存在着审判委员会和检察委员会制度,一方面作为未亲历审判的"超审判机构"对案件的定罪量刑发挥着实质性的影响,另一方面却又以集体负责制冲击着审判责任制的落实,其反思与优化亟待启动。

根据我国《法官法》《人民法院组织法》的规定,我国人民法院通过其内部的审判决策组织履行案件的裁判职能,包括三种组织形式:独任庭、合议庭与审判委员会。这当中,合议庭是法院最基本的审判组织形式,也在审判活动中发挥着最为重要的作用。当前司法改革中对于合议庭制度的改革也是一个热点。合议庭指的是由三名以上审判员或者审判员和人民陪审员集体参与、平等讨论、共同决策的组织形式。随着最高人民法院《关于人民法院合议庭工作的若干规定》《关于进一步加强合议庭职责的若干规定》等文件的出台,对于合议庭制度的改革及合议过程的细化已经取得了一定成效。[1]但不可否认的是,当前我国的合议庭制度尚存在一些痼疾,亟待通过司法改革予以摈除。我们认为目前合议庭组织形式面临的问题主要有两点:

其一,合议庭内部组成人员的职责划分尚不完善。合议庭本身的优势在于发挥集体智慧,共同商讨,最终实现个案的正义。但在实际操作过程中,却存在"貌合神离"的质疑,这其实与合议庭内部组成人员的职责划分不科学有一定关联。在当前合议庭成员中,存在两种特殊身份,即审判长和承办法官。审判长本应只是合议庭的召集人、审判活动的组织者和主持者,以及审判活动的平等参与者,然而其行政化倾向越来越明显,在选任实践中,不少法院把审判长当作一种政治待遇和隐性职务。[2]而承办法官的设立本是定位为合议庭的"代理人",负责处理办案过程中产生的某些具体事务,实践中却异化为对案件的所有事项

---

[1] 如《关于人民法院合议庭工作的若干规定》确立了集中审理原则,并对合议庭的评议顺序等具体问题进行了规范。

[2] 参见王庆廷:《角色的强化、弱化与衡平——负责制视角下的合议庭成员考论》,《安徽大学法律评论》2008年第1期。

大包大揽。这两种角色的过分强化,使得普通法官和人民陪审员在合议庭中处于劣势,从而出现被迫服从或者怠于履行职责的后果,妨碍了合议庭制度价值的实现。

其二,合议庭受到裁判文书签发的外部制约。裁判文书签发制度,是指人民法院的判决书、裁定书由案件承办法官拟制后,只有报经有关合议庭审判长、审判庭庭长、分管副院长或院长审查、核准并签发,才能作为人民法院正式的判决书或裁定书予以发布的制度。其目的在于监督合议庭职权的正确行使,防止主观偏见。[1]尽管这一制度存在合理性,但违反了审判的亲历性原则,增加了中间环节,不利于权责的统一,具有相当强烈的行政化色彩。

为了切实落实"审判合一""权责统一",实现"让审理者裁判,由裁判者负责",部分法院开始试点审判长负责制,以消弭合议庭制度实践中存在的上述弊端。审判长负责制是指审判长在案件审理过程中发挥指挥协调作用,对合议庭成员、书记员具有指导、管理、评价的职责,并对合议庭审理的案件负全部责任的合议庭运行机制。审判长负责制的特点在于凸显审判长的精英化、专职化,由审判长对合议庭的裁判结果负担全责。如深圳福田法院《审判长负责制相关职权配置方案》中明确,从该院原有的 105 名法官中遴选 35 名审判长,按照"1+2+3+4"模式,建立以审判长(1 名)为核心,包括普通法官 2 名、法官助理 3 名、其他辅助人员 4 名在内的新型审判团队。审判长收到案件后按照繁简分流的原则分配案件,重大、复杂、疑难和新类型案件由自己办理,其他案件由其指派团队中的普通法官审理。[2]采取此种合议庭运行机制,在一定程度上适应了我国专业化法官不足的国情,并明确了责任,审判长自行签发裁判文书也遏制了司法的行政化。

---

[1] 参见重庆市第一中级人民法院课题组:《合议庭职责和院庭长裁判文书签发权限制度的完善》,《西南政法大学学报》2008 年第 3 期。
[2] 参见林劲标、白全安、肖逢:《深圳福田审判长负责制上路》,《人民法院报》2013 年 2 月 25 日,第 5 版。

值得注意的是,审判长负责制只能作为一种权宜之计。其着眼点在于以强带弱,优胜劣汰。而合议庭组织形式本身的优势在于发挥集体智慧,在成员间博弈以达成共识。如上文所述,当前合议庭存在一些问题,审判长、承办法官的强势会造成合议流于形式。审判长负责制,顾名思义由审判长负全责,出于自我保护的心理,审判长会倾向于拒绝聆听相左的意见,合议的作用因此会大打折扣。因此,对于合议庭组织的改革应当着重于合议庭成员平等、充分地参与决策与合议庭整体的独立性。对于前者,我们认为应当合理分配职权,而非简单地将权责集中于一人;对于合议庭的评议顺序、出席情况,应当严格依照规定进行;[1]合议庭作为整体应对外集体承担责任,合议庭组成人员在内部对自己的行为负责。而对合议庭整体的独立性,应该结合本轮司法改革的重点,完善人财物的省级统管,对司法机关工作人员实行分类管理,提升司法专职人员保障水平与抗干扰能力,逐步对裁判文书签发制度由涵盖所有案件向仅限于重案、大案过渡,直至最终废除。

与人民法院内部决策组织相对应,人民检察院的内部职权运行也有其特点,而这种组织的运行机制也正由原来三级审批制下的"检察官→部门负责人→检察长"向检察官责任制转型。最高人民检察院曾推动主任检察官制度改革,[2]主任检察官制度的组织形式与审判长负责制下的组织形式类似,亦由主任检察官、普通检察人员与书记员组成。通过对主任检察官设立较高门槛,实现案件的繁简分流,彰显检察工作的司法属性,进行去行政化改革。2011年,上海市闵行区人民检察院率先试点主任检察官制度,行使刑检职能(批捕、公诉职

---

[1] 如《最高人民法院关于人民法院合议庭工作的若干规定》第10条明确规定:"先由承办法官对认定案件事实、证据是否确实、充分以及适用法律等发表意见,审判长最后发表意见;审判长作为承办法官的,由审判长最后发表意见。"而甘肃省张掖市中级人民法院等多家法院对此顺序却做了不同规定。可见科学的合议评议规则并没有真正落实。参见余亚宁:《群体决策心理视角下的合议庭评议功能之弥合》,《法律适用》2014年第1期。

[2] 参见陈旭:《探索建立科学的检察办案组织》,《检察日报》2013年8月19日,第3版。

能)的主任检察官享有对绝大多数案件的决定权,同时对组内其他检察官办理的案件进行审核把关,可以提出意见,但决定权仍在办案检察官手中;对于行使侦查办案职能的主任检察官,由于侦查权具有行政权的属性,更加注重高效、团队合作和上命下行,在改革试点阶段,把其中程序性的权力和一部分比较轻微案件的实体性决定权力下放给主任检察官。对于重大的、复杂的、有社会影响力的案件,由主任检察官审查后提出处理意见,报请检察长或者检察委员会决定;对于行使法律监督职责的主任检察官,基本原则是比照检委会议事议案工作机制,实行主任检察官主持下的"听案合议制",按照少数服从多数的民主集中制处理法律监督事务。[1] 司法责任制改革和员额制改革以来,检察机关进一步理清内部职权分工,主任检察官制度的不少理念和做法被员额检察官制度所吸收。未来的完善方向是:(1)通过权力清单对分管检察长、部门负责人和员额检察官的权力进行科学配置;(2)赋予分管检察长、部门负责人对重大、疑难和复杂案件以及不捕、不诉、抗诉等案件的审核权,充分发挥检察官联席会议的功能,优化数字化的统一业务应用系统,强化司法责任追究;(3)加强对于下级检察机关对口业务条线的指导。同时,注意保持员额检察官办案主体地位与检察长、部门负责人监督管理权之间的平衡。[2]

另外,人民法院与人民检察院中履行职权的还包括具有中国特色的核心组织——审判委员会和检察委员会。鉴于两者具有较高的相似性,此处仅以审判委员会为例展开探讨。我国的审判委员会制度可追溯至1932年《中华苏维埃共和国裁判部暂行组织及裁判条例》的规定。时至今日,这一组织作为各级审判机关中的最高决策层,仍在发挥着其讨论重大、疑难案件,总结审判经验,集体领导等作用。随着社会的转型发展,审判委员会这种不坐堂而问案的形式受

---

[1] 参见谢佑平、潘祖全:《主任检察官制度的探索与展望——以上海闵行区人民检察院试点探索为例》,《法学评论》2014年第2期。

[2] 参见韩旭:《司法责任制改革后如何对检察官做到"放权不放任"?》,《政法论丛》2022年第5期。

到了越来越多的非议,并逐渐形成了"支持论""废除论""保留调整论"和"改造论"四种不同的思路。[1] 我们认为在司法改革进行过程中,在司法人员的身份独立与职务保障还未成熟的当下,审判委员会制度有其存在的必要性,但在其职权履行的方式、人员选任等方面应着力做到"三化",以适应改革的步调:

首先,是履职人员的"专业化"。审判委员会组成人员的任命与行政职务直接挂钩,主要由法院的院长、副院长和各部门负责人员组成。显然,审判业务能力与行政管理能力并非正相关,履职人员的行政化很可能将真正优秀、有经验的法官排除在审判委员会之外,不利于其价值的实现。在本轮司法改革试行人员分类管理的背景下,必须牢牢把握审判委员会是以审判工作为核心的定位,人员选任去除行政化。

其次,是履职方式的"宏观化"。《人民法院第四个五年改革纲要(2014—2018)》指出,人民法院要"合理定位审判委员会职能,健全审判委员会讨论事项的先行过滤机制,规范审判委员会讨论案件的范围"。对比1993年出台的《最高人民法院审判委员会工作规则》,可以看见审判委员会工作的侧重点从"讨论、决定"向仅侧重"讨论"转化。应当说,这种履行职权方式的"宏观化"更加符合审判委员会对根本性、全局性问题进行指导的定位。不可否认的是,对于法律规定的部分重大、疑难案件,确有必要集合众议。审判委员会讨论这些个案时,应当采取旁听庭审、观看庭审录像、询问当事人等方式,以弥补庭审缺乏亲历性带来的弊端。从长远来看,审判委员会对于个案的决定享有不可推翻性的权力也应被取消,案件的最终决定权应当归还给直接参与审判的合议庭与法官。[2]

最后,是责任承担的"明确化"。对于审判委员会拍板的案件,依照权责统一的原则,理应由决定者承担责任。必须杜绝使用集体决策作为挡箭牌以逃避

---

[1] 参见方乐:《审判委员会制度改革的类型化方案》,《法学》2018年第4期。
[2] 诚然,这种放权以真正实现法官个人与合议庭的独立的条件在于法官本身具备较高的职业素养。但对于要案重案一直依赖审判委员会,亦不利于审判人员素质的提升,因而在个案放权上,审判委员会有必要采取主动的姿态。对于确有错误的裁判,还是可以通过审判监督等途径实现纠错。

责任承担的行为。审判委员会在讨论案件时,明知有违法办案行为而表示赞同或者故意违反法律规定歪曲事实、曲解法律导致评议决定错误的,由持错误意见的成员承担责任。[1]对于承办法官等汇报时故意遗漏、歪曲案情的,由承办法官承担责任。

二、刑事诉讼中的各机关关系

如前文所述,作为司法机关的法院与检察院在诉讼过程中享有各自的权责,也有自身运行的机理。然而在诉讼活动进展这一动态过程中,机关间的关系并非静态的,正确认识、理顺这种关系颇为重要。其中,引发讨论与关注最多的无疑是刑事诉讼中的三机关关系。[2]三机关关系的定位已被写在《宪法》第135条,即"分工负责,互相配合,互相制约"。从历史发展的角度来看,对这种关系的描述在《宪法》与《刑事诉讼法》上具有进步意义。在1982年以前,由于特殊的历史背景与社会现实,三机关定位出现严重错乱,甚至出现"合署办公""一长代三长"等现象。将"分工负责,互相配合,互相制约"原则写入《宪法》,保证了三种权力的相互独立性,体现了《宪法》在处理三机关关系时具有的稳定性特点。[3]时至今日,在司法日益专业化、完备化的背景下,对于三机关关系的这一表述引发了越来越多的争议,特别是对于"互相配合"的表述,被认为违反了司法的一般性规律,背离了审判机关的中立属性,不利于对当事人权利的保护。

本书认为,当前对三机关关系的定位是基本符合我国实际的,但需要从解释论的角度合理解读,而非理所当然地将分工、配合、制约视作同等重要。(1)关于"分工负责"。指的是侦查权、起诉权和审判权分别由不同的三个机关

---

[1] 参见《祁东县人民代表大会常务委员会法官、检察官、人民警察违法办案责任追究监督办法》。

[2] 即在检察机关与审判机关外还包含了侦查机关。侦查机关(主要是公安机关)负责刑事案件的侦查、预审,在履行上述职能时,公安机关行使其刑事司法职能,与检察机关、审判机关有密切联系。需要注意的是,公安机关本身上下级间是领导与被领导的关系,亦是政府的组成部分,不具有司法机关的根本属性,应定性为行政机关。

[3] 参见韩大元、于文豪:《法院、检察院和公安机关的宪法关系》,《法学研究》2011年第3期。

行使,以实现相互制衡的目标。分工原则实际上就是分权原则,是对刑事司法权力的分割。公安、检察和审判机关在三个环节上分别进行流水作业式的操作,形成相互间的区隔。[1]这种分权防止了集权诉讼模式造成的滥权,具有积极意义。(2)关于"互相配合"。指的是公、检、法三机关应当通力合作、协调一致,共同完成刑事诉讼的任务。对于"配合"一词,我们有必要进行限制解释:这种配合应当是以分工为前提,以推动诉讼进程为目的,以宪法、法律为唯一指引的配合,而不能无限拓宽到无原则的、片面的、随意的配合。实践中出现对"配合"理解的异化,需要予以警示。如上文提到的政法委发挥案件协调作用时,通过召开"三长会议"等形式要求三机关进行配合,违背了司法基本规律,与无罪推定原则等不相符合。[2](3)关于"互相制约"。指的是为确保权力运行的廉洁与有效,机关间相互牵制。"互相制约"是三机关关系的核心所在。这种制约具体表现为公、检在立案、逮捕、不起诉程序上的制约,检、法在审理上的制约(检察院有权抗诉)。但目前这一相互制约的体系尚不完善,存在公安、法院之间相互制约的缺位;而公安在三机关中占据较为强势地位,检、法的制约能力不足,如实践中存在的超期羁押、非法取证等问题并没有得到及时的纠正。

通过对三机关关系的再解读,我们应当明确的是"分工负责,互相配合,互相制约"的表述总体是恰当的。但在理解和运用过程中,我们应当明确分工,合理配合,强化制约。特别应注重审判机关的核心地位,扭转"大公安,小法院"的格局,实现从"侦查中心"向"审判中心"的转型。[3]《中共中央关于全面推进依法治国若干重大问题的决定》明确提出,要推进以审判为中心的诉讼制度改革,这一要求是符合司法规律、具有充分法理依据的。作为诉讼纠纷的权威解决者,法官处于整个诉讼程序的中心地位,一切案件纠纷只能由法官作出权威性判

---

1 参见陈瑞华:《刑事诉讼的前沿问题》(第三版),中国人民大学出版社2011年版,第259页。
2 本书认为从审判机关独立行使职权的角度出发,要求审判机关对其他机关进行"配合"的表述的确不太妥当,因此将这里的"配合"解释为不推诿地完成其在诉讼进程中的职能,更能自圆其说。
3 参见胡铭:《对抗式诉讼与刑事庭审实质化》,《法学》2016年第8期。

决;当事人必须尊重法官的判决,即使对判决结果不服,也不能自行撤销或变更,而只能通过司法救济程序提出请求,由法官的法官(上诉法官或再审法官)进行审查后作出判决。这就是审判中心主义。[1]针对我国侦查中心主义以及流水作业式的诉讼构造,有学者认为法庭审判基本上流于形式,审判中心主义难以形成,[2]对此我们认为值得商榷。当前我国审判机关在侦查、审查起诉阶段后仍享有最终决断权,检察机关的抗诉监督起到的只是"非刚性"的制约,诉讼的核心仍然在于人民法院。而真正需要改变的是去除庭审中对案卷材料的依赖,提高证人的出庭率,对证据材料合理审查,增强法庭的对抗性,以实现"法院—检察院—公安机关"位阶差异的科学格局。

另外,在民事与行政诉讼中,法院与检察院间的关系也有其区别于刑事诉讼的一面。这种关系可以表述为"分工负责,接受监督"。在这两类诉讼中,检察机关通常并非代表国家进行追诉的主体,与法院不需要进行配合以共同推动诉讼。检察机关发挥的监督职能更加纯粹和明确,对于当事人申诉或检察机关自行发现审判过程中确有违反法定程序的,或判决认定事实、适用法律确有错误的,检察机关可以抗诉。此时,只存在检察院对法院的单向监督,不存在两机关间的相互作用。

第三节 司法管理体制及其完善

一、司法管理的目标与现况

(一)司法管理的目标

从广义上说,司法管理是指为实现司法的公正和效率,遵循司法规律,管理

---

[1] 参见胡铭:《审判中心、庭审实质化与刑事司法改革》,《法学家》2016 年第 4 期。
[2] 参见王超:《分工负责、互相配合、互相制约原则之反思》,《法商研究》2005 年第 2 期。

和利用司法资源以实现司法目标的活动和过程。[1]司法管理包含对人、事、物的管理。以人民法院为例,我国的法院管理主要涉及以下三个方面的内容:一是以审判流程管理为中心的审判管理;二是以法官管理为中心的队伍管理;三是以物质装备管理为中心的司法政务管理。三者各有侧重,却相辅相成,互为依托。[2]司法管理与企业管理、政府管理有一定的共性,但司法机关作为提供司法服务的特殊组织,其管理也必然具有独特个性。也就是说,司法管理除了具有科层性等行政性特征以外,还需要关注公平性、独立性等特性,并在管理构架的设计中体现司法管理的特性。从管理的定义来看,管理具有明确的共同目标指向性,因而司法管理的特性也正是通过其管理的目标所体现出来的。

1. 司法管理的目标在于保证司法效率

效率于司法而言具有重要意义,关于司法效率的经典表述有"迟来的正义非正义"。司法管理的效率主要通过两方面体现:其一是司法解决纠纷的物质成本,其二是司法解决纠纷的时间成本。也就是说,理想的司法管理目标需要利用尽可能少的时间和人力物力投入,产出尽可能高质量的判决结果。采取司法流程管理、制定审限等措施,其目的就在于保证司法活动不至于被无限期地拖延,提升其时间效益;而对司法活动进行分工,实行人员的分类管理,就在于通过专业人员术业专攻的不同,发挥其优势,提升司法运行的整体效率。

2. 司法管理的目标在于实现司法的公正、廉洁

司法的公正、廉洁可以说是司法活动的终极目标。司法活动之所以启动,就在于当事人之间的法律关系发生了争议,这一争议表明法律的公正原则发生了扭曲。这就要求通过司法手段矫正并消除这种法律关系的争议,使争议中的法律关系恢复到争议前的状态,即恢复正义。[3]只有实现司法的公正,才能彻底解

---

[1] 参见徐汉明、王玉梅:《司法管理体制改革研究述评》,《现代法学》2016年第5期。
[2] 参见卢上需、熊伟主编:《社会转型中的法院改革》,法律出版社2012年版,第237页。
[3] 参见陈陟云等:《法院人员分类管理改革研究》,法律出版社2014年版,第24页。

决纠纷,保护当事人的合法权益。这就要求在司法管理的过程中重视对司法活动"质量"的监控,强调对司法裁判效果、示范效应的追求,并采取明确而严格的归责措施,对司法人员的行为进行规范。同时,司法管理追求公正、廉洁与追求效率是既对立又有机统一的。在坚持公正第一性的同时,也不能漠视司法管理的效能。

3. 司法管理的目标在于树立司法的权威

司法权威是一种理想的司法状态,表现为社会大众对于司法裁判的尊重和信赖。要想树立司法权威,我们认为需要把握两个要点:首先是司法本身的公正与正确性;其次是民众对司法的可视性与参与性。对于前者,要求裁判依照法定程序,司法人员廉洁奉公,形成具有稳定性的判决;对于后者,要求司法活动具有民主性与公开性,司法的过程可由民众检视。转换到司法管理的层面,则意味着需要凸显司法人员的相对独立地位,构建尊重既有裁判的基本立场,并完善司法活动的申诉渠道,公开司法活动的过程,形成对司法机关的内外部监督。

综上所述,司法管理是围绕着公正高效、确立权威的司法目标进行的管理活动。这种目标定位决定了司法管理不可能完全以行政管理下的组织、命令、控制、协调作为其主要管理手段,[1]而必须遵从司法规律,注重司法人员的亲历性、独立判断性,注重专业化的分工。另外,司法管理所追求的目标具有整体性和关联性,因此司法管理改革的具体措施绝不能是零散的、碎片化的,如不能因单纯追求司法管理的效率而强调诉讼程序的简化、审限的缩短,而应综合权衡价值顺位,统筹考量规划。

(二) 司法管理的现况

回归我国当前的现状,应当来说,为了完善司法管理,我国已经进行了诸多

---

[1] 参见徐汉明:《深化司法管理体制改革:成效评估、短板检视、路径选择》,《法治研究》2021年第3期。

有益的尝试,并取得了一些成就,[1]但同时,现有的司法管理举措中存在着部分与现代司法理念不相容的地方,违背了司法管理的规律,不利于司法管理的目标实现,需要在新一轮的司法改革中循序渐进地加以纠正:一是当前的司法管理混淆了行政管理与司法业务管理,过于强调科层制。不可否认的是,司法管理不能超脱一般管理的范畴,其也强调管理机构的科层性。这体现为院长(检察长)到庭(室、局)负责人及行政人员的一个线性等级结构。[2]科层制度强调的是资源配置的效率与下级对上级的服从。这种结构对于司法机关经费、人事、后勤等行政性管理有其优势,但对于强调独立行使审判权、检察权的专业司法人员采取科层式的管理模式,则会影响司法人员独立履行职权。而司法管理的目标在于追求司法的公正,其基础就是司法人员的专业化与相对独立。上文提到的司法体制中存在的诸如案件请示、裁判文书签发等现象,正反映了司法管理中专业司法人员管理平权性、独立性的不足。

二是当前司法管理绩效考核存在问题,难以反映司法运行的实际状况。目前法院与检察院多采取量化考核指标,对审判效率、审判效果等进行评估,取得了一定成效。但实际上,司法管理过程中除了侧重结果评价,对过程的管理评价也尤为重要。当前的考核指标对法官的素质、办案成本、因法官的素质不高而产生的培训成本与机会成本等,以及能够反映出司法资源(含人力资源)利用水平高低与浪费程度大小、对社会司法人力资源的吸纳水平、司法机关人力资本方面的核心竞争力等,尚未加以充分考虑。而这些成本的计量对于司法人员的选任、培养方式的选择等都具有指导意义。

新一轮司法改革已然关注到了当前司法管理中存在的这些问题。党的十八届三中全会通过的《中共中央关于全面深化改革若干重大问题的决定》提出:

---

[1] 以人民法院为例,最高人民法院相继出台五个五年改革纲要,对确立科学审判管理理念进行促进,具体包括规范审判管理流程、推进信息化管理手段等,直至第四个五年改革纲要将司法人员分类管理加以明确。

[2] 参见谭世贵、梁三利等:《法院管理模式研究》,法律出版社2010年版,第24页。

"确保依法独立公正行使审判权检察权。改革司法管理体制,推动省以下地方法院、检察院人财物统一管理……完善司法人员分类管理制度,健全法官、检察官、人民警察职业保障制度。"采取双轨制模式对司法机关分类管理,以协调一般管理的科层性与司法管理的专业性、独立性之间的矛盾。《人民法院第四个五年改革纲要(2014—2018)》则明确了:"完善案件质量评估体系。建立科学合理的案件质量评估体系。废止违反司法规律的考评指标和措施,取消任何形式的排名排序做法。依托审判流程公开、裁判文书公开和执行信息公开三大平台,发挥案件质量评估体系对人民法院公正司法的服务、研判和导向作用。"通过对审判绩效管理等数据的过滤,实现司法管理的科学化、精确化。为了深入贯彻落实《领导干部干预司法活动、插手具体案件处理的记录、通报和责任追究规定》《司法机关内部人员过问案件的记录和责任追究规定》《关于进一步规范司法人员与当事人、律师、特殊关系人、中介组织接触交往行为的若干规定》三个规定的要求,巩固深化"三个规定"专项整治成果,强化日常监督管理,最高人民法院2021年1月印发《关于进一步强化日常监督管理、严格执行防止干预司法"三个规定"的意见》。[1]下文试结合本轮司法改革中司法管理改革的内容和现行制度展开论述与分析。

二、司法过程管理——以审判管理流程为例

(一)审判流程管理的概念与特征

如前文司法管理的基本理论所述,司法活动需要通过监控管理来保障其质效。在人民法院,这种管理即通过专门机构行使审判管理权来实现。而审判管理本身包括了审判流程管理、审判质量管理与法官业绩考评三个方面,其中审判流程管理由于贯穿审判的全过程,且与审判质量管理等存在

---

[1] 参见《关于进一步强化日常监督管理严格执行防止干预司法"三个规定"的意见》,《人民法院报》2021年6月17日,第2版。

交集,显得尤为重要。

审判流程管理指的是由专门机关根据各类案件在审判流程中的不同环节,对立案、送达、开庭、结案等不同审理阶段进行跟踪管理,以保证案件审理工作的公正高效的制度。从审判流程管理的定义出发,可以发现这一管理制度存在如下特征:(1)审判流程管理是一种专门管理。即其管理职能由法院的专门机关履行,传统上由立案庭负责,随着最高人民法院在2010年成立审判管理办公室,各地也逐渐开始在法院内设立专门的审判管理办公室,进行审判流程的管理工作。[1](2)审判流程管理是以审限监督为中心,对审判活动的全程、动态管理。审判流程管理贯穿审判的立案、判决、执行全过程,而管理主体借助科技手段和现代管理方法,把案件的审理过程分为若干阶段,明确每个环节的工作内容、期限要求,实行分段管理。[2]通过对每个环节点的时间(即设定审限)把控,确保环环紧扣,相互制约,实现审判的高效有序运转。(3)审判流程管理是一种"准行政"管理。审判流程管理的对象是审判流程,即程序性事项,对于审判的实体裁决不得干预。流程管理强调的是审判的有序与效率,既然对实体裁判影响甚少,其强调独立、公正的司法特性就较弱。实际上,由于"立审分离""审执分离"的存在,在平行组织间调动管理必须倚仗其上位的领导组织进行协调管控,以充分实现审判流程管理的目的。

(二)审判流程管理的改革——审管办的分权管理

审判流程管理滥觞于上海市第一中级人民法院1998年制定的《案件审理流程管理规程(试行)》中提出的审理流程管理的概念。随后,最高人民法院《人民法院第一个五年改革纲要(1999—2003)》明确建立了审判流程管理制度。这

---

[1] 根据最高人民法院于2011年1月下发的《关于加强人民法院审判管理工作的若干意见》,各高级、中级人民法院和有条件的基层人民法院,应当设立审判管理办公室,基层人民法院可以由审判监督庭承担审判管理职能。这标志着机构专门化由上至下的进一步推进。

[2] 参见沈志先主编:《法院管理》,法律出版社2013年版,第95页。

一制度以"三个分立"为基础,[1]是对新中国成立初期"大审判"模式的改进,具有先进的一面。至此,人民法院审判流程管理开始呈现一种全新的模式——"大立案"管理模式。立案庭除了负责对进入法院的各类案件统一进行立案审查外,还负责对立案、排期、送达、结案、归档等各审判工作环节统一进行跟踪管理和督促检察,故得此名。时至今日,"大立案"管理模式越发暴露出其弊端:一方面,立案环节本身就是审判流程监管的重要环节,既当运动员又当裁判员的做法不符合当代司法管理的规律;另一方面,"大立案"模式本身造成了审判法官从庭前准备中脱离出去、案件的审理效率不高、案件重复开庭多、浪费司法资源等后果。[2]

在认识到这些问题后,最高人民法院《关于加强人民法院审判管理工作的若干意见》明确了"大立案"模式的终结,将审判流程管理权交由专门的审判管理办公室。但是,需要特别注意的是,"大立案"模式本身的症结不仅在于被监督者执行监督,更在于其不当地将审判权所必须掌控的部分归由其他组织行使。因此,"大立案"模式转型的第一步在于对审判管理机关与审判组织进行分权。我们认为,审判流程管理机构的职权应在于对案件的节点进行全程动态把控、监督和落实对责任的追究,而庭前准备、排期、庭审过程等事项仍宜由审判组织负责。当然,这一制度的形成必须配合当前司法改革下的人员分类管理,形成以专业审判人员为核心、审判辅助人员提供辅助的体系。在这种体系下,可以保证实体裁判者(专业司法人员)与程序安排者(审判辅助人员)的区隔,既有利于审判者更好地投入审判,又有利于保证审判者把控诉讼程序节奏,提升

---

1 所谓"三个分立",指的就是《人民法院第一个五年改革纲要(1999—2003)》提出的全面实行立审分立、审执分立、审监分立。其提出的背景是在"大审判"格局下,每个审判庭对案件从立案到执行统包统揽,一竿子到底。

2 "大立案"模式下立案庭承担着所有案件的立案、流程管理以及与开庭审理相关的几乎所有辅助工作,在这种情况下,要立案人员对每一个案件的审前准备达到充分、完备,实在勉为其难。参见葛治华、邓兴广:《法院审判流程管理模式:反思与进路》,《政治与法律》2006年第4期。

审判效率。各地法院也在积极推进精细化管理,以提升司法服务效能。如河南省鹤壁市中级人民法院着力推进"精细特"管理,以提升司法公信。所谓"精",就是更好、更优、精益求精,工作中抓住重点、抓好精品,把审判、执行和信访作为管理重心,将程序、质量、效率和效果作为管理重点,努力杜绝办案瑕疵,大力提高裁判的质量。所谓"细",就是更加具体,从细微之处入手。工作中,需要不断充实审判管理内容,制定和完善覆盖立案、审判、执行等工作的一系列规章制度,理顺审判活动中各个环节的关系,实现审判管理的司法化。所谓"特",就是突出法院工作特色,凸显法院工作亮点。注重强化从"管"到"理"的转变。[1]吉林法院围绕高质量发展目标,深化诉讼制度和审判机制改革,通过依法加大小额诉讼程序、简易程序、速裁程序等适用力度,深入推进家事审判改革、分调裁审改革和多元化纠纷解决机制建设,持续提升办案质效。同时,强化诉讼服务中心实质性解纷功能,共引入559家社会调解组织、2922名调解员,形成了多层次、多领域齐抓共管的解纷合力。[2]

此外,审判流程管理还应当就如下两点做进一步完善:第一,统一审判流程管理规则。依照最高院的规划,审判流程管理最终应实现全国统一的规则。鉴于当前这一管理制度尚待完善,可先落实到省一级进行统筹,以实现上下级法院衔接妥当。第二,明确审判流程管理"管理服务"的定位。在"管理"部分,要重视落实管理责任,并形成结果反馈制度,即通过审判管理发现的案件流程问题、质量瑕疵问题、工作业绩状况等都需要及时反馈到法官本人。[3]在"服务"部分,要利用信息科技,完善审判流程的公开化,特别是对案件当事人的公开,通过赋予其登录系统的权限,让当事人及时掌握案件进展情况,做好应诉准备,对审判活动进行监督。

---

[1] 参见曲海滨:《以"精细特"管理提升司法公信》,《人民法院报》2018年4月24日,第8版。
[2] 参见孙兵:《以精细化管理提升司法服务效能》,《人民法院报》2022年3月20日,第1版。
[3] 参见奚玮、宋士月:《"管理型司法":审判管理办公室的发展趋势》,《安徽师范大学学报》(人文社会科学版)2012年第3期。

三、司法经费管理

(一) 经费保障机制的管理模式演进

司法经费是国家财政支出的重要组成部分,对于司法机关而言,充足的经费保障是其依法独立行使职权的物质基础,也是司法人员职业活动的待遇保障,更是整个司法体系正常有序运转所必不可少的条件。因此,司法管理中的经费管理占据着重要地位。司法经费管理的内容包括了司法机关的预算、决算管理,非税收入管理(如人民法院的诉讼费用、罚没收入等),固定资产管理等等内容。这些司法经费管理的内容主要涉及两个核心问题:经费来源为何?管理主体为何?前者关乎司法机关经费保障的组成及充足与否,后者关乎经费保障的负责主体及对司法机关独立行使职权影响的大小。应当承认,我国当前司法经费管理尚存在一些问题:一是地方财政保障的总体水平不高,司法机关经费保障不足。司法经费管理目前倚仗地方财政,而区际发展水平存在差异,中西部地区发展薄弱,经费不足。二是经费管理受地方保护主义影响。由于司法机关的设置与地方政府设置具有一致性,在权力配置上出现了司法权与行政管理权混同的情况,司法机关经费依赖地方政府,"地方保护主义"现象突出,司法的权威性与中立性受到影响。

改革开放以来,随着国家经济发展水平的提升、财政体制的转变与司法改革进程的影响,我国的司法经费保障体制也在不断发生改变,了解其变化与发展趋势对于进一步完善司法经费管理,解决目前存在的保障不足、地方化影响严重等问题具有相当的价值。

从表6-1可以看出,我国司法机关的经费管理制度自改革开放以来,经过了四个阶段的发展:第一阶段,是司法机关的经费保障最为困难的时期。此时司法机关的经费保障与同级党政机关的经费管理模式基本相同,由同级财政负担,并没有体现出司法机关工作的特殊性。第二阶段,是承前启后的发展阶段。这一时期出台了《财政部关于政法机关不再从事经商活动和实行"收支两条线"管理后财政经费保障的若干意见》,在"分级管理,分级负担"基础上开始强调省级财政对贫困地区政法机关补助保障的职责,形成了有别于一般党政机关的管理模式。第三阶段,是司法经费管理新模式基本确立的阶段。中央财政开始加大对政法工作的补助,实行专款项目管理,补助比例有了较大幅度的提升。第四阶段,是司法经费管理的深化完善阶段。中央增加了对地方司法机关转移支付的力度,并对司法经费保障模式的改革提出了多项方案。

表6-1 司法经费管理改革发展

发展阶段	保障原则	变化
第一阶段:1978—1997年	统一政策,分级管理	与其他党政机关基本相同
第二阶段:1998—2000年	分级管理,分级负担	中央与省级财政开始适当补助
第三阶段:2001—2008年	地方负担为主,中央和省级财政补助为辅	中央补助比例上升
第四阶段:2009年至今	明确责任,分类脱钩,全额保障	经费保障水平大幅提高

资料来源:苏泽林主编:《司法行政管理改革的路径与成效》,人民法院出版社2013年版,第10—12页。

在司法机关经费管理的发展中,我们可以发现存在着两个明显趋势:其一是司法经费管理的相对独立化。即从与一般党政机关的经费管理模式相一致,逐步转向体现司法工作特性的自有的经费管理模式,扭转了"收支挂钩""以收定支"等现象,实现了司法经费管理的相对独立。其二是司法经费来源的充实化。从同级财政负担,到以地方负担为主、中央与省级负担为辅,中央一级对于司法经费的保障力度不断加强。这一经费来源的补充在确保司法经费充足的同时,也在一定程度上抵消了经费完全来自地方可能导致的"地方保护主义"的弊端。

（二）经费保障机制改革——省级以下人财物统一管理

党的十八届三中全会作出的《中共中央关于全面深化改革若干重大问题的决定》提出："改革司法管理体制，推动省以下地方法院、检察院人财物统一管理。"这对于司法经费管理无疑具有开创性的历史意义。然而，当前改革方案对于这一管理模式仅作出了原则性规定，对实行省级以下司法经费统管后的管理主体、具体操作方式等还有待于在领会中央原则的基础上，进一步试点和完善。

首先，应当明确的是省级以下司法经费统管并不等于"司法预算独立"。完整的"司法预算独立"包括几部分：一是法院的预算在国家的整体预算中单独编制和执行；二是编制法院预算的决定权在权力机关，行政部门在汇总、呈报司法预算时不得修改或减少；三是法院的预算比例在宪法或法律中应当有所规定，如1%或者其他适当的比例。[1]换言之，本轮司法改革的司法经费统管重点在于将地方负担的层级提升到省一级，但并未明确司法预算形成固定比例进行独立保障。

其次，省级以下司法经费统管符合当前我国国情，具有过渡性特点。省级经费统管要求地方各级人民法院、人民检察院和专门人民法院、人民检察院的经费由省级财政统筹，中央财政保障部分经费。司法权是中央事权，为了保证司法权独立行使，完全摈除地方干预，最为理想的状态是将司法机关的经费管理权力收归中央，隔绝地方干预的可能。实际上，将经费管理权上移类似于行政机关的垂直管理模式，在能集中控制、破除和防止地方出现割据局面的同时也有其弊端，即上一级的管理成本和监管难度都会随之上升。[2]因此，将司法经费管理权交由中央行使，难度无疑很大。现阶段定位的以省一级作为统筹单位，

---

[1] 参见蒋惠岭：《未来司法体制改革面临的具体问题》，《财经》2013年第12期。
[2] 参见蔡磊：《关于中国垂直管理体制的初步研究——基于法律、政治、管理的三重视角》，《黑龙江社会科学》2014年第2期。

既有利于消解基层政府对于司法的干预，又能够结合地方实际，实现资源的优化配置。

再次，对于省一级经费统管，要注意区域内的协调。省一级经费统管的另一大优势在于可以在一定程度上平衡辖区内的发展不平衡问题，营造相对协调的司法环境。因此，在基层司法机关根据自身情况编制预算并提交后，省级经费管理部门仍应当在综合考量的基础上，在本区域内对司法经费进行协调，在考虑各地实际情况的同时，平衡区域内的经费水准。[1]对此，中央全面深化改革领导小组第三次会议通过的《关于司法体制改革试点若干问题的框架意见》就指出："地方各级法院、检察院经费上收省级统一管理时，要考虑各地经济社会发展实际，使各地办公经费、办案经费、人员收入不低于现有水平，为办公、办案提供必要的物质保障。"另外，中央保障应当发挥全国范围内的司法经费平衡作用，对不同省区不同对待，增加对欠发达省份的补助力度。

最后，司法经费的管理主体亟待明确。省级以下人财物统管对于由谁主管这一问题并没有作出回应。普遍认为存在着两种思路：一种思路是设置专门的司法行政管理机构，对经费管理负责。另一种思路则是由省高级人民法院和省一级检察院负责司法机关的预算等经费管理。两种思路最终都需要通过省级人大进行审议把关，区别就在于是否有成立专门的行政管理机构的必要。我们认为设立专门管理委员会的思路最为理想，但操作难度较大，省级统管除了经费的统管外还包括人员的统管，设立专门委员会需要具有相应专业知识的人员，挑选既具备人员遴选能力又具有财务管理能力的人员并不容易。因而第二种思路，即由省级法院、检察院根据各基层组织的经费开支编制预算，再经人大批准后由其统一拨付，较为可行。这里省一级司法机关行使经费管理权只是利用了省级管理作为平台，由于需要以地区实际状况为蓝本，也需要经过人大表

---

[1] 当然，省一级统筹经费管理不意味着执行平均主义。对于较大的市等确实经费需求较多的，仍然应当予以保障。

决,并不会干预到基层法院的独立审判。

四、司法人事管理

人事管理,是现代组织管理中的重要组成部分。[1]人事管理是有关人事方面的计划、组织、指挥、协调和控制等一系列管理工作的总称。[2]司法人事管理以"人"为核心,无疑是司法管理的重要组成部分,这当中涉及人员的选拔、激励,人员的管理模式、保障机制等等。科学的司法人事管理制度对于司法机关高效、独立地行使司法职权,树立司法权威意义深远,而司法人事管理制度亦是本轮司法改革的重点。

(一)司法人员的遴选机制

司法人员的遴选机制是关于司法人员的选任标准、选任程序以及司法人员的选任组织的人事管理制度。其作用即在于通过设置门槛来选择具有高度专业司法素质的人才为司法活动服务。其中,司法人员的遴选组织、司法人员的准入机制也是本轮司法改革所重点提及的两个部分。

1. 司法人员的遴选组织

司法人员的遴选组织即负责对司法人员提名、遴选的机构。在本轮司法改革之前,我国的司法人员遴选组织体现出较强的行政性。以我国人民法院院长的产生为例,上级党委对人选确定行使最后决定权,上级法院和党委享有提名、建议权,人选由上级党委与上级法院、本级党委协商,并征求政府、人大和政协、各民主党派等各方意见,最终由本级人大选举产生。[3]其他审判人员的产生过程虽有所区别,但大体与之类似。可以看到,司法人员的遴选决定过程受到了本级、上级党委,本级与上级司法机关以及本级人大的多重影响,而其中地方党委

---

[1] 参见艾佳慧:《法院需要什么样的人事管理》,《法律适用》2008年第10期。
[2] 参见沈志先主编:《法院管理》,法律出版社2013年版,第246页。
[3] 参见刘忠:《条条与块块关系下的法院院长产生》,《环球法律评论》2012年第1期。

由于受到地方的羁绊，会或多或少从地方利益保护的角度出发，进而影响人员选拔的独立性。同时，党委作为管理干部的核心，主要从司法人员的思想觉悟等角度进行把关，但司法活动还具备专业化的特点，需要司法人员具有相应的专业素养，党委缺乏相应知识背景，把关难免有失全面。

有鉴于此，党的十八届三中全会剑指"司法地方化"，提出推动省以下地方法院、检察院人财物统一管理。《关于司法体制改革试点若干问题的框架意见》明确了省级统管的具体路径，即在省一级设立法官、检察官遴选委员会，从专业角度提出法官、检察官人选，由组织人事、纪检监察部门在政治素养、廉洁自律等方面考核把关，人大依照法定程序任免。

本轮司法改革对司法人员的遴选组织已然有了定论，但遴选组织的具体组成人员、与同级人大的关系等问题还需要明确。首先，省级以下人财物统管可能涉及《宪法》《地方各级人民代表大会和地方各级人民政府组织法》《各级人民代表大会常务委员会监督法》《人民法院组织法》《法官法》《人民检察院组织法》《检察官法》《民族区域自治法》等多部法律法规。[1]我国是单一制国家，人民代表大会是国家权力机关，各级司法机关对本级人大负责，受其监督。对基层组织而言，设立省一级遴选委员会，由其选出的司法人员非经本级人大选任，却对本级人大负责，在逻辑上似乎难以自洽。对此，我们认为应当坚持人民代表大会制的基础地位。按照上海市公布的改革方案，其将组建法官、检察官遴选、惩戒委员会，坚持党管干部原则与尊重司法规律相结合，落实"统一提名、党委审批、分级任免"的制度安排。因此，省级统管的重点在于统一提名、惩戒，以减少上下级司法机关内部、基层党委的干涉，司法人员最终通过省一级提名后尚需要党委把关、本级人大任免，并没有违背人民代表大会制度，反而比之前的上级法院、党委提名、建议等模式更加透明、公正。

---

[1] 参见高其才：《省以下地方法院、检察院人财物统一管理改革的法律障碍》，《苏州大学学报》（法学版）2014年第1期。

其次,省级遴选委员会的组成人员应当符合专业化、多元化的特点。委员会存在的目的在于选拔专业素质高、能独立行使司法职权的专才,因此,组成人员必须具有专业的知识储备和丰富的从业经验,宜从现有的法官、检察官中选任。另外,司法人员作为法律职业共同体的组成部分,也应当接受体制外同业人员的考核,吸纳资深律师、法学学者等加入也很有必要。[1]党委由于在审批环节具有发言权,在遴选委员会中可不吸纳。

2. 司法人员的准入机制

《法官法》第12条与《检察官法》第12条分别规定了我国法官、检察官的准入条件。这些对司法人员的任职条件除却包含了年龄、政治身份、品行外,集中对经验年限与专业学历进行了规定,要求初任法官、检察官学历在大学本科以上,从事法律工作1—3年不等。另外,法官与检察官需要通过国家统一的司法考试以获得遴选的资格。由于司法考试只是法律职业的准入制度,通过司法考试、取得法律职业资格的人员并不当然地获得法官实际职位,在法官选任制度上,中国目前实行的仍然是初任法官考试选拔制度,初任法官采用严格考核的办法,按照德才兼备的标准,从通过国家统一司法考试、取得资格,并且具备法官任职条件的人员中择优提出人选。[2]从我国当前司法人员的准入机制来看,就职的学历资格与经验要求都已经有所提高,但通过公务员统一考试作为选拔门槛之一与法律专业的衔接不强,甚至公务员考试的内容几乎无法反映招考人员的法律素养。我们认为应当对当前的考试模式进行改良,强化司法的专业知识面向,弱化行政能力方向的测试。在统一招录考试的过程中落实《公开选拔初

---

[1] 《关于司法体制改革试点若干问题的框架意见》明确遴选委员会的组成应当具有广泛代表性,既有经验丰富的法官和检察官代表,又有律师和法学学者等社会人士代表。如上海政协举行的"司法改革试点工作情况"专题通报会上即披露上海将设立15人组成的遴选委员会,其中7人为有关部门的负责人,8人为律师、法律专业工作者等专门人员。

[2] 参见杨知文:《中国法官的职业化遴选:现状、改革与发展》,《重庆工商大学学报》(社会科学版)2013年第4期。

任法官、检察官任职人选暂行办法》的规定,强调对应试者运用理论、知识和方法分析解决审判、检察工作中实际问题的能力检测。

另外,凡推行法治之国家,必有其法律职业共同体。他们奉行相同的职业精神:法律至上,以职业道德为行为底线,相互认同并尊重。[1]而构建紧密型的法律职业共同体则要求在司法人员的准入上,律师、法学教师等职业共同体组成人员均有准入的可能。应当说,对于司法人员的逐级交流、律师等法律执业人员进入政法系统的规范探索已经展开,早在《人民法院第一个五年改革纲要(1999—2003)》中就提出要改革法官来源渠道,逐步建立上级人民法院的法官从下级人民法院的优秀法官中选任以及从律师和高层次的法律人才中选任法官的制度。《中共中央关于全面深化改革若干重大问题的决定》中亦提出要"建立符合职业特点的司法人员管理制度,健全法官、检察官、人民警察统一招录、有序交流、逐级遴选机制"。尽管这一制度提出多年,但现实的操作结果并不理想,究其原因,主要是面临着两大困境:一是待遇问题;二是身份问题。就待遇问题而言,司法机关公务人员在法律职业共同体中的待遇并不具有优势。实际上,律师进入法院的组织身份障碍在改革的过程中已经清除,其可以不通过公务员考试,直接进入司法系统,但由于司法人员的薪资与资深律师差异较大,在待遇保障不健全的情况下难以吸引优秀律师、法学教授进入。这必须配合司法人员的分类管理与保障机制改革的共同推进,在未来逐步解决。就身份问题而言,法官的逐级交流制度可能与公务员序列存在冲突,举例而言,某相对落后县基层法院法官的公务员身份为普通科员,经过遴选,将调任省会城市的中级法院担任法官,但最终的障碍是,该中院的法官行政级别须为正处级干部。这意味着要解决逐级遴选司法人员的身份问题,或需将司法人员从公务员序列中脱离,完善构建司法人员自身的级别制度。

---

[1] 参见蒋惠岭:《司法改革能否改出强有力的法律职业共同体?》,《中国法律评论》2014年第3期。

（二）司法人员的分类管理制度

司法人员的分类管理是本轮司法改革的重点之一,其逻辑起点即在于通过分类分工实现司法权运行的专业化与独立化,实现司法管理与行政管理的区隔,最终实现司法公正目标的达成。从司法人事管理的角度来说,贯彻落实司法人员的分类管理也是实现管理绩效的迫切要求。一方面,我国司法人员招录体制单一、行政化,司法人员录用的高门槛与低回报相互矛盾;[1]另一方面,分类管理还是区别授薪、防止优秀司法人才流失的前提。只有分类管理,依照不同职责给付薪酬,才能彰显司法工作的专业价值,激励优秀司法人才进入司法系统工作。基于这些考虑,《中共中央关于全面深化改革若干重大问题的决定》明确指出"要完善司法人员分类管理制度"。

1. 司法人员分类管理的类别与职能

依照《公务员法》《法官法》《检察官法》的规定,最高人民法院根据职位的性质、特点、职责要求和管理需求,将人民法院工作人员划分为法官、辅助人员和司法行政人员三类,辅助人员又分为法官助理、审判辅助人员、书记员、司法警察等。检察院工作人员则分为检察官、检察辅助人员、司法行政人员三类,模式与法院基本一致。其中第一大类为法官、检察官。这是司法权运作的核心组成人员,在审判、检察工作中发挥指挥与决定的作用,也是辅助人员与行政人员服务的对象,是司法权的集中体现。对于这类人员的准入,应突出考核其专业素养与实践经验,从严考核,其待遇也应为三类人员中最优。第二大类是法官助理、检察官助理等司法辅助人员。所谓司法辅助人员,顾名思义就是围绕审判、检察展开辅助工作的人员,如辅助法官进行开庭、证据交换、制作裁判文书,辅助检察官进行侦查、起诉、撰写法律文书等。另外,这类人员还包括书记员、

---

[1] 相较于普通公务员,初任检察官、法官还必须通过国家统一的司法考试,入职门槛更高,但进入工作阶段后,仍然要像普通公务员一样逐级晋升。

司法警察等人员。设置司法辅助人员的目的在于减轻法官、检察官的事务性负担,故而其虽涉及法律知识,但专业性不强,以程序性、文书性事务为主。入职门槛可低于专门司法人员,[1]考核内容也应侧重流程的规范化等。第三大类是司法行政人员,这类人员主要负责法院的人事管理、财务管理、教育培训等事项,这些事项与司法权本身并无直接关联。因此,对于这类人员,依据《地方各级人民法院法官职数比例暂行规定》,"依照综合管理类公务员的有关规定执行"。

2. 分类管理改革的难点:员额制的科学制定与落实

当前司法人员分类改革已经落地实施,其中,员额制改革恰是分类管理的重点和难点。例如,依照中央审议通过的《上海市司法改革试点工作方案》,上海将司法机关工作人员分成三类:法官、检察官;法官助理、检察官助理等司法辅助人员;行政管理人员。在上海的方案中,三类人员占队伍总数的比例分别为33%、52%和15%,努力确保85%的司法人力资源直接投入办案工作。[2]

上海的改革方案一出,讨论众多,主要集中于员额比例设置是否科学,制度是否具有可操作性、推广性等问题。实践证明,上海方案把握了办案工作的主体地位,强调保证足够司法人力资源直接投入办案的比例底线。这对于保证司法的专业性、去除行政化有积极意义。上海方案关于检察官、法官与司法辅助人员的配比具有可行性。上海改革方案基本按照检察官、法官与司法辅助人员1∶2的配比模式构建。如按照理想状态,给法官配置足够多的辅助人员,让法官只负责开庭,庭后只需要指出办案方向的方法,则需要的法官员额数量自然不用像现在这么多。[3]但我国分类管理尚起步,程序性与实体性裁判的区隔性不强,司法辅助人员的比例不宜过高。司法辅助人员的数量还受到地方财政、编

---

[1] 需要注意的是法官、检察官助理的工作内容由于涉及法律相关知识,仍应当要求具备基本的法律素养(如通过国家司法考试),在学历层次上可以适当低于法官、检察官。如上海的首批法官助理、检察官助理就主要是从通过国家司法考试,具有法律职业资格的法院、检察院公务员中择优选任。

[2] 参见汤瑜:《上海"司改"试点一年间》,《民主与法制时报》2015年8月2日,第3版。

[3] 参见陈陟云等:《法院人员分类管理改革研究》,法律出版社2014年版,第251页。

制等限制,从长远来看,应当适当增加司法辅助人员的数量。

按照最高人民法院《关于加强法官队伍职业化建设的若干意见》,科学的法官定额制度要综合考虑中国国情、审判工作量、辖区人口、经济发展水平等各种因素。因此,各地区的员额配比必然有所差异,基本思路是经济发达地区、案件数量多的地区,办案人员比例应较高;基层法院、检察院相比于上级司法机关,审判、检察工作压力大,办案人员比例也应较高。另外,对员额的配比宜粗不宜细,比例可以根据地域、人口、案件等因素在一定范围内浮动。

分类管理的一大难点在于制度的执行。分类管理裁减了为数不少的法官、检察官,同时在不同类别人员间产生显著的待遇差异,对于体系内的人员无疑具有颇大的冲击力,甚至会引起不少抵触情绪。[1]如上海改革方案出台后,本应提振专业司法人员的士气,实际上却反而产生了一股新的离职热潮。法官选任标准决定了部分高学历的年轻法官和部分低学历或无学历、长期不办案或办案很少的"资深"法官不能进入员额法官序列。如何激励被降级的法官、检察官,减少改革的阻力,也是一个难题。[2]相比改革前,司法辅助人员的待遇不应当有明显下降,以减小其心理落差。员额制的配比落实可以循序渐进,初期采取"老人老办法,新人新办法",改革后新招录的司法人员见习期满后,直接任命为司法助理,任职满一定年限可以择优选任为法官、检察官。

(三) 司法人员的保障机制

以司法人员的职业化为原点,往前是分类改革,向后则是保障配套。[3]也就是说要真正实现司法人员的职业化,去除行政化,有司法人员的分类管理机制尚不足够,还需要配合相应的保障制度以留住优秀的司法人才。实际上,由于缺乏健全的司法人员保障机制,我国法院、检察院的人才流失现象已颇为严重。

---

1 参见程金华:《检察人员对分类管理改革的立场——以问卷调查为基础》,《法学研究》2015年第4期。
2 参见胡道才:《我们需要什么样的法官员额制》,《光明日报》2014年9月4日,第11版。
3 参见陈卫东等:《法院人员分类管理改革研究》,法律出版社2014年版,第271页。

在2014年7月底举行的辽宁省基层基础建设工作会议上,相关人士介绍,近五年来沈阳市两级法院仅一线法官就流失144人,平均每个法院流失10人。[1]这对于正着力强化司法的职业化、亟待引入高专人才的我国司法系统而言,压力可想而知。

依照美国学者普朗克(Thomas E. Plank)的观点:"司法独立是一种制度性的独立,需要制定一系列的制度予以保障和落实,如法官的终身制、退休制、固定的和充足的收入、任职资格的要求、有限的司法豁免等。而缺乏任何一项制度,司法的独立都难以实现。"[2]在保障司法人员独立行使职权的基础上给予其优渥于一般公务人员的经济待遇是各国的通例。在现实趋势与理论指导下,人员分类管理基础上司法人员的待遇提高,是必然的走向。如《深圳市法院工作人员分类管理和法官职业化改革方案》就提出对法官实行单独序列管理,建立独立的法官薪酬体系,加强法官工资福利待遇保障。对法官实行与法官等级挂钩的薪级工资制度,制定专门的法官薪级表。深圳的这一改革方案将法官等司法人员从公务员管理序列中独立出来,单独实行薪酬管理,具有一定的突破性。但在改革的具体操作过程中,有两点值得重点把握:一是法官等级(司法人员等级)的合理配置。根据《法官法》《法官等级和级别升降暂行办法》,我国法官设四等十二级,法官主要根据从业年限逐级晋升。诚然,从业年限可以在一定程度上反映法官的经验与水平,但这种评价方式并不全面,应在此基础上结合法官的学历水平、考核绩效等综合测评,并经过法官遴选委员会最终商议决定,以实现法官评级的科学、客观。二是待遇保障差异的合理性。如前文所述,由于分类管理对现有制度冲击较大,待遇的差异过大容易引起不满情绪。另外,长期以来司法人员与公务员的混同使得民众对于司法人员高薪也抱质疑态度。

---

[1] 参见何勇:《中国基层办案法官青黄不接,退休7个招不来1个》,http://politics.people.com.cn/n/2014/0806/c1001-25411491.html,最后访问日期:2023年1月13日。

[2] Thomas E. Plank, "The Essential Elements of Judicial Independence", *William Mary Bill of Rights Journal*, 1996, Vol.5, p.10.

因此,对于司法人员的待遇保障也应当注意体现渐进性。一方面,要控制不同级别司法人员的待遇差异;另一方面,相较于普通公务员,司法人员收入的增加不宜一次性大幅调整。

(四)司法人员管理的改革——巡回法庭的探索

《中共中央关于全面推进依法治国若干重大问题的决定》提出:"最高人民法院设立巡回法庭,审理跨行政区域重大行政和民商事案件。"作为一项司法改革举措,巡回法庭的设立涉及了便利诉讼、统一尺度、打击地方主义等多个层次的改革目的,[1]而作为一种特殊的组织形式,巡回法庭在司法人员的管理层面也作出了诸多积极探索。

在司法人员的分类及管理方面,巡回法庭通过组建"主审法官+法官助理+书记员"三位一体的审判团队模式,划分法官、法官助理、书记员各自职责,明确各自权限,使主审法官从繁重的事务性工作中解脱出来,专司审判。事务性工作与审判性工作的明确划分是巡回法庭制度的一大特色。审判团队中的主审法官由最高人民法院本部选派,书记员由巡回法庭在巡回区招聘,承担团队大量司法事务性工作的法官助理的来源则大体分为三类:第一类是最高人民法院派遣的由优秀书记员成长起来的法官助理;第二类是从全国法院借调法官做法官助理;第三类是巡回法庭所在巡回区法学院校的法科学生做实习法官助理。[2]针对不同职责设定不同遴选方式,真正在职权划分层面做到人才的多渠道流动,并最终实现高效的人事管理与审判配合。

此外,巡回法庭也着力于去行政化的管理建设,搭建"大审判、小管理"内部机构设置。巡回法庭管理层只有庭长、两名副庭长和一名廉政监察员共四人。副庭长和主审法官按照"1+n+n"的模式,组成包括主审法官、法官助理、书记员

---

1 参见顾永忠:《最高人民法院设立巡回法庭之我见》,《法律科学》2015年第2期。
2 参见赵春晓:《中国特色司法文明建设的探索与实践——以最高人民法院第二巡回法庭的改革实践为视角》,《法律适用》2019年第1期。

的审判团队负责法庭审判工作。由诉讼服务中心负责立案接访工作。巡回法庭综合办公室负责处理法庭审判工作以外的所有司法行政事务,工作内容和最高人民法院本部12个局级单位对接。巡回法庭的司法行政管理通过整合人力、统一物力、集中财力,以高效集约的管理方式服务于扁平化架构的审判组织。实践证明,这种机构设置精简高效,能够适应新的审判权运行模式,是可复制可推广的有益经验。

(五) 政法队伍教育整顿

十八大以来的司法体制改革,沿着去地方化、去行政化的改革方向,从试点以司法责任制为核心的四项基础性改革,到"深化司法责任制综合配套改革",逐渐形成了以"责任"为主线,权责清晰、权责统一、监管有效、保障有力的执法司法责任体系。与此相配合,一场声势浩大的集思想政治教育和违规违法查纠整改于一体的政法队伍教育整顿运动在全国范围内铺开,并取得积极成效。2020年7月,全国开启政法队伍教育整顿试点。2021年2月底至6月底,全国第一批政法队伍教育整顿在市县两级集中开展。2021年8月至11月,全国第二批政法队伍教育整顿启动,针对中央政法委、中央政法单位和省级党委政法委、政法单位开展教育整顿。

为了打造一支党和人民信得过、靠得住、能放心的政法队伍,此次政法队伍教育整顿被赋予了很高的历史地位和政治意义。2021年9月,最高人民法院、最高人民检察院与司法部联合印发了《关于建立健全禁止法官、检察官与律师不正当接触交往制度机制的意见》《关于进一步规范法院、检察院离任人员从事律师职业的意见》。同年10月,《人民法院工作人员近亲属禁业清单》《检察人员配偶、子女及其配偶禁业清单》出台,公安部、司法部也制定了干警亲属的禁业清单。上述文件作为政法队伍教育整顿建章立制的成果,有利于减少"隐形代理"和司法"勾兑"现象。2021年,全国公安机关自下而上、接续推进第一批和第二批队伍教育整顿,稳步推进学习教育、查纠整改、总结提升等重要环节,圆满完成筑牢政治忠诚、清除害群之马、整治顽瘴痼疾、弘扬英模精神等重要任务,不断推进队伍教育整顿走深走实。2022年1月18日,在全国公安队伍教育整顿总结会议上,时任公安部部长的赵克志同志表示:"200多万公安民警在这场革命性锻造中接受了一次全方位思想淬炼、政治历练和实践锻炼。"[1]在2021年,检察机关融合推进教育整顿与检察系统内巡视,落实"自查从宽、被查从严"政策,有2800名检察人员被依纪依法查处,是2020年的两倍,其中移送追究刑事责任202人。持续抓实防止干预司法"三个规定",检察人员主动记录报告有关事项16.2万件,是2020年的2.4倍。[2] 2022年3月28日,时任最高人民法院院长周强在党组会议上强调,要坚持严的主基调不动摇,巩固拓展法院队伍教育整顿成果,坚持全面从严管党治警,努力锻造忠诚、干净、担当的法院铁军。[3]对司法领域办事"打招呼"等乱象进行严格治理,[4]针对领导干部这个"关键少数",防止权力、人情对司法的"渗透",加强司法机关内部的监督制约。

---

[1] 参见邵磊:《教育整顿,锻造忠诚干净担当的公安铁军》,《人民公安报》2022年3月2日,第3版。
[2] 参见闫晶晶、杨波:《坚持标本兼治、锻造检察铁军——全国人大代表热议最高人民检察院工作报告之三》,《检察日报》2022年3月11日,第2版。
[3] 参见张晨:《巩固拓展党史学习教育和队伍教育整顿成果》,《法治日报》2022年3月30日,第1版。
[4] 就政法领域而言,既有通过上下级关系、亲戚关系、同事关系、同学关系、朋友关系等直接"打招呼",又有通过第三者间接"打招呼"。在查纠整改中,落实"三项规定"主要面临传统关系文化的惯性作用导致治理难以"毕其功于一役",复杂隐蔽多样的请托实践增加了法律手段的治理难度,对司法权力尚缺乏有力有效的监督制约等痛点。参见熊秋红:《办事"打招呼"现象的根源及其治理》,《人民论坛》2021年第29期。

第七章
智慧司法的发展进路及限度

近年来,互联网、大数据、人工智能、区块链、云计算等技术在司法领域中获得广泛应用,这在很大程度上标志着智慧司法时代的到来。2015年3月25日,时任最高人民法院院长、信息化建设工作领导小组组长周强指出,要在深化应用和资源整合上下功夫,大力加强移动化办公、可视化管理、数据化分析等系统的开发和运用,积极打造"智能法院",形成"智慧司法快车道"。[1]此后,各地对智慧司法的探索进入快车道,如浙江省陆续推出了"非羁码""移动微法院""共享法庭""全域数字法院"等改革措施。[2]深圳市启动法治社会大数据中心,统一对外提供与司法便民服务相关的各类数据和资源服务。北京市人民检察院建立"检立方"大数据平台,聚焦大数据技术中的文本挖掘技术。2019年1月,上海市刑事案件智能辅助办案系统首次用于庭审,通过语音识别区、智能抓取区、庭审示证区的即时联动,为庭审全过程提供智能服务。[3]2019年2月,最高人民法院出台《关于深化人民法院司法体制综合配套改革的意见——人民法院第五个五年改革纲要(2019—2023)》,提出十大改革任务,其中就包括推动现代科技与

---

[1] 参见周斌:《周强在最高法信息化建设领导小组全体会议上强调:信息化建设须坚持便民利民》,《法治日报》2015年3月27日,第1版。
[2] 参见李占国:《"全域数字法院"的构建与实现》,《中外法学》2022年第1期。
[3] 参见中国法院网:《上海智能案件智能辅助办案系统首次用于庭审》,http://www.mzyfz.com/html/1389/2021-12-17/content-1546156.html,最后访问日期:2023年1月13日。

司法审判深度融合,全面建设智慧法院。《人民法院在线运行规则》于 2022 年 3 月 1 日起施行,这是继《人民法院在线诉讼规则》《人民法院在线调解规则》之后,最高人民法院出台的又一份重要文件,标志着我国将在世界范围内首次构建全方位、系统化的互联网司法规则体系。[1] 司法公正"是维护社会正义的最后一道屏障,是体现社会正义的窗口,是司法机关的灵魂和生命线"[2]。那么,智慧司法可以在何种程度上推动实现司法公正?智慧司法的局限何在?如何实现"数字正义"?司法实践又该如何违害就利、去芜存菁,发挥智慧司法的积极效应?本章围绕上述问题展开思考。

第一节 智慧司法的实践探索

人工智能研究的创始人之一明斯基(Marvin Minsky)在 1968 年用一句话集中概括了人工智能研究的实质:"让机器从事需要人的智能的工作的科学。"[3] 因此,所有需要人的智能行为都属于人工智能研究的范围,包括下棋、解题、从事数学发现、理解短篇小说、学习新的概念、解释视觉场景、诊断疾病、推理案情等。[4] 从域外的发展轨迹来看,人工智能与法律的结合已有数十年历史,其中如何运用人工智能的方法构建基于规则和案例的法律推理模型或专家系统是过去研究的重点,并且在法律推理、司法裁量、专家系统、法律本体、信息检索、法律知识与概念分析、规则制定与修订、证据等领域皆有涉及;[5] 近年来研究的视角更加细微,亦有探索人工智能在法学知识之外对审判工作的可能帮助,例如专家

---

1 参见张晨:《最高法发布〈人民法院在线运行规则〉》,《法治日报》2022 年 2 月 23 日,第 1 版。
2 陈光中主编:《刑事诉讼法》,北京大学出版社 2016 年版,第 12 页。
3 於兴中:《人工智能、话语理论与可辩驳推理》,《法律方法与法律思维》2005 年卷,第 118 页。
4 参见於兴中:《法理学前沿》,中国民主法制出版社 2015 年版,第 102 页。
5 参见张妮、杨遂全、蒲亦非:《国外人工智能与法律研究进展述评》,《法律方法》2014 年第 2 期。

机器人辅助法官采纳科学性专业证言,[1]以及人工智能产品的研发主体问题,例如在司法过程中运用私人开发的人工智能产品可能存在的问题等。[2]以下是我国近年来在智慧司法领域的代表性实践探索。

一、"凤凰智审":智能时代的异空审判

以"世界眼光"的站位和"整体智治"的理念,持续推进司法与科技深度融合,是浙江司法智能化改革的指导方针。[3]在打造"智慧法院"的顶层设计下,浙江省各地法院积极推进试点工作,作为第二批"凤凰智审"试点法院,宁波镇海法院已实现金融纠纷案件的异空审判模式。[4]异空审判模式是借助于人工智能技术,使诉讼当事人可以随时随地在不同空间内完成整个诉讼程序,包括运用人工智能技术实现的远程立案、诉讼流程咨询和指引、异空庭审、当庭裁判生成等诉讼环节的全流程智能化。[5]而在其中发挥重要作用的是机器人"小智"。"小智"是以知识图谱和算法模型构建的机器人法官助理,通过模拟法官办案的思维路径,"小智"可完成立案审查、排期送达、证据分析、主持庭审、归纳争点、辅助裁判等工作。概言之,在机器深度学习的打造下,"小智"不仅实现了诉讼全流程的人工作业替代,打破了传统诉讼在时间和空间上的障碍,更在异空庭审上高效协助法官完成庭审工作,实现了人工智能时代的异空审判。

---

[1] See Pamela S. Katz, "Expert Robot: Using Artificial Intelligence to Assist Judges in Admitting Scientific Expert Testimony", *Albany Law Journal of Science and Technology*, Vol. 24, No. 1, 2014, pp. 1-45.

[2] See N. Ram, "Innovating Criminal Justice", *Northwestern University Law Review*, Vol. 112, No. 4, 2018, pp. 659-724.

[3] 参见李占国:《为建设"重要窗口"贡献法院力量》,《法制日报》2020年7月23日,第5版。

[4] 2020年9月16日下午,宁波镇海法院谢法官运用"凤凰智审"高效审结了两起金融借款案件,当天除了法官,法庭内空无一人,短短半个小时里实现了案件当庭智能生成判决、当庭宣判、当庭送达,并且当天一键归档。参见"宁波镇海法院"微信公众号:《宁波首例!镇海法院敲响人工智能辅助审判第一槌》,2020年9月17日。

[5] 需要说明的是,异空审判模式有别于在线审判模式,异空审判对人工智能技术的运用要求更高,不仅是庭审的在线化,更包括了庭前诉讼环节和庭后生成裁判的全流程智能化。我国相继在北京、杭州、广州等地设立了互联网法院,在个别案件上所适用的在线审判模式可以理解为是对异空审判模式的初步探索。

诚然,异空审判模式以牺牲法庭仪式感来节约传统同空审判模式的诉讼成本。法袍、法槌、天平等作为司法过程的形式化符号,是司法权威与独立审判的象征,司法人员和当事人共同置身于庄严肃穆的法庭上时,司法仪式感的打造不仅给人以威慑感,更是一种令人信任的司法公正的符号。[1]但在案多人少矛盾不断加剧的背景下,诉讼成本的考量也是必要的。浙江作为民间经济活动频繁、金融案件高发的省份,针对案件事实清楚、情节简单的金融借贷纠纷案件,效率是实现公正的重要保障。"凤凰智审"打造的智能化金融纠纷审判模式,不仅实现了金融类型化案件的高效审理,发挥金融审判职能作用,还及时为金融行业行为规范作出了指引。当然,在现代科技不断为司法机关和诉讼参与人提供便利的诉讼环境下,我们也要警惕未来愈加完善的便捷化司法被机器所统治。

二、"206 系统":刑事证据标准的智能指引

2017 年 2 月 6 日,上海市高级人民法院得到中央指示,要研发"推进以审判为中心的诉讼制度改革的软件",这一软件即为后来的上海刑事案件智能辅助办案系统"206 系统"。与主要适用于金融借款纠纷案件的浙江"凤凰智审"不同,"206 系统"主要解决的是刑事案件办案中证据标准适用不统一、办案程序不规范等问题。[2] "206 系统"的问世不仅是人工智能在刑事诉讼领域的首次深度运用,更是推进以审判为中心的诉讼制度改革的重要落地举措,将统一适用的证据标准嵌入数据化的办案程序中,通过刑事诉讼各个环节的智能改革,更好地实现"分工负责,互相配合,互相制约"的刑事诉讼原则。[3]当前,人工智能对刑事

---

1 参见张薇薇:《法袍与法文化》,《法律科学》2000 年第 5 期。
2 参见余东明:《研发"刑事案件智能辅助办案系统"避免冤错案》,《法制日报》2017 年 10 月 13 日,第 6 版。
3 关于"206 系统"研发的相关资料,参见《解读上海刑事案件智能辅助办案系统系列栏目》,https://www.sohu.com/a/243837949_100017141,最后访问日期:2022 年 4 月 1 日。

证据的辅助审查主要是将结构化的证据标准嵌入办案系统,更多是通过形式上的指引对刑事诉讼全流程的证据规格进行审查。[1]但从"206系统"的研发初衷——推进以审判为中心的诉讼制度改革——来看,人工智能对刑事证据的审查辅助不仅要完善形式上的标准,更要在实质上起到证明辅助作用。[2]

我国刑事诉讼采一元化证明标准——"证据确实、充分",但不同诉讼阶段对"确实、充分"的具体要求不尽相同,人工智能对证据标准的办案指引不能被僵化地理解为无差别的统一化。具体而言,在侦查阶段,证据收集的及时性和全面性应是主要要求,人工智能在侦查阶段对证据判断的辅助应侧重对形式的合法性和操作程序的规范化之审查;在逮捕和起诉阶段,检察机关不仅要再次审核取证的法定程序和操作规范,更要逐一对证据的证据能力和证明力展开核查,人工智能在此阶段应侧重协助检察人员发现证据是否存在瑕疵以及证据之间是否存在矛盾;最后的审判阶段对证据判断起到决定性作用,因此在该阶段不仅要审查单一证据的证据规格问题,更要综合全案进行证据的对比分析,人工智能在审判阶段对证据的审查要侧重对全案证据是否形成完整证据链的综合性判断,辅助法官审查全案证据是否达到法定的证据确实充分、排除合理怀疑的主客观统一标准。显然,不同阶段的不同证据标准要求导致人工智能在其间的作用不尽相同,所能参与的程度也有所区别。刑事证明的过程不仅涉及证据规格的审查,更包括单个证据的证明力、证据能力以及全案证明标准、证明责任分配的问题,需要运用法律规则、证明逻辑、价值判断、经验法则等知识体系来完成。是故,人工智能对刑事案件审判的介入更多是一种辅助的角色,这也

---

1 证据规格主要是指刑事诉讼中进行定罪量刑所需要的基本证据及各类证据的基本形式和取证要求。证据规格不同于证明标准,前者侧重说明应该收集哪些证据,是一种数量和形式的要求;后者侧重表述所收集证据的证明程度问题,是在前者的基础上人为判断是否达到法定的证据确实充分、排除合理怀疑的主客观统一标准。参见纵博:《人工智能在刑事证据判断中的运用问题探析》,《法律科学》2019年第1期。
2 参见谢澍:《人工智能如何"无偏见"地助力刑事司法——由"证据指引"转向"证明辅助"》,《法律科学》2020年第5期。

是其在当前司法实践中的明确定位。

三、"法信"平台:法律数据智能化

目前,最高人民法院已经设立了相关的平台,实现法律数据的智能化。以"法信"平台为例,其主要使用两个大数据引擎:裁判剖析大数据引擎(LD)和同案智推大数据引擎(SP)。从其运作模式来看,LD 对裁判文书本身进行多维度的组合和剖析,SP 则利用大数据的聚类分析和智能排序功能,以实现法律事实的比对、法律关系的匹配、法律依据的核校以及裁判量刑的参照。其中,LD 首先借助演绎逻辑,对法律知识和规则进行推送;而后,借由法律专业知识服务和案例大数据服务的交替运用,对案件进行匹配,并对相应的规律加以总结。其所采用的逻辑结构(即法信码),类似于 Westlaw 系统所采用的 Key Number System。在该逻辑结构之下,任何一个有意义的要素,均能找到其自身的定位。在"法信"大纲层层递进的知识树的框架之下,通过不断发散的枝干,使用者顺藤摸瓜,即可直达其所需的知识内容。SP 功用的发挥,是在 LD 功能发挥的基础之上。在 LD 对裁判文书本身进行剖析之后,SP 根据已有数据,计算个体或变量之间亲属关系的统计量。根据某种准则,使得同一类内的差别较小,而类与类之间的差别较大,最终将目标的个体或变量分为若干类。[1] 由此,即可实现对"同案""同判"的界定。

目前,2.0 版本的"法信"平台具有法律文书库、法条释义库、公报库、标准库等数据引擎,提供类案检索、关联法条、知识产权检索、涉诉企业大数据查询等功能,并提供网页版、App、微信小程序等多种接入渠道。从该引擎的运作实效来看,法官表示,使用"法信"系统之后,其在行使自由裁量权时可以有效借鉴已

---

[1] 参见范柏乃、蓝志勇编著:《公共管理研究与定量分析方法》,科学出版社 2011 年版,第 335—336 页。

生效判决的裁判思路,进而倒推自己的观点,作出更公正、公平的判决。[1]由是观之,在同案同判领域,智慧司法有其发挥功效之空间。

四、大数据平台:刑事侦查扩展化、高效化

从广义上理解,大数据时代的侦查并不意味着以数据库为必要条件,数据库建设只是大数据时代侦查模式变更的一种重要实现方式。公安机关以实现犯罪预防和社会秩序稳定为主要目标,进行各类数据库建设,法律法规也基于上述目标,通过制度性设计,在立法上保障公安机关在基于公共利益的前提下获取外部政务数据和民用数据。学界目前对于何谓大数据侦查,仍有争鸣。[2]但毋庸置疑的是,大数据确实给侦查权的运行带来了众多变化,总体上呈现出扩展化、高效化的趋势。

其一,大数据平台建设是侦查权扩张的基础。金盾工程、天网工程和雪亮工程是我国当前涉及公民个人信息的社会治理基础设施建设典型,但在数据采集类型、程度上各有其侧重。金盾工程,又称公安通信网络与计算机信息系统建设工程,主要目的在于实现公安机关整体的信息化架构建设。其一期工程主要集中在公安基础通信设施和网络平台建设上,二期工程的建设重点开始转向信息资源的管理与共享,即在信息化平台的基础上,进行数据资源库的建设与使用。金盾工程建设的全国类数据库包括八大主要信息库[3]和上千类子信息库,促进了信息化系统的深度应用,以为基层实战服务为核心目标。天网工程是公

---

[1] 参见德阳市中级人民法院网站:《什邡法院:引进"法信"系统推进"智慧法院"建设》,http://scdyzy.chinacourt.org/article/detail/2017/04/id/2740350.shtml,最后访问日期:2023年1月13日。

[2] 有学者认为大数据侦查是伪命题,大数据只是侦查信息化的一个面向,参见彭知辉:《"大数据侦查"质疑:关于大数据与侦查关系的思考》,《中国人民公安大学学报》(社会科学版)2018年第4期;有学者认为大数据侦查给侦查活动带来了整体性变革,从认识论和方法论两个方面对侦查工作产生了直接影响,参见裴炜:《个人信息大数据与刑事正当程序的冲突及其调和》,《法学研究》2018年第2期。

[3] 八大主要信息库为全国重大案件、在逃人员、派出所人员、违法人员、盗抢汽车、未名尸体、失踪人员、杀人案件信息库。参见艾明:《新型监控侦查措施法律规制研究》,法律出版社2013年版,第169—170页。

安机关为了有效打击犯罪,在城市的交通要道、繁华地区、治安卡口、公众聚集场所、宾馆、医院等地方安装的实时监控系统。通过监控可以得到实时的影像资料,并可以实现图像的传输监控、显示等用途,以实现对城市的治安监控和管理,可以有效地预防犯罪、打击犯罪。[1]总结来看,天网工程主要是针对城市地区的视频全覆盖监控,视频是一种非结构化的数据,虽然不如数据库中结构化数据的查询效率,但是安防技术已经可以实现对视频中人像的识别,因此天网工程在实际效果上已经成为一种城市整体信息监视大数据库。雪亮工程则是农村地区的视频覆盖工程,是天网工程在地理位置上向乡村地区的延伸。

金盾工程、天网工程和雪亮工程充分体现出我国当下的风险社会治理逻辑——充分运用现代科技手段构建数据基础设施,提高治安管理水平,打击刑事犯罪。此类数据基础设施建设确实取得了一定程度的成效,近年来我国重大犯罪案件发生率的下降有相当一部分原因可归于此类数据资源平台的建设。[2]但此类数据基础设施对民众的基本信息收集已经呈现出一种大规模的监控趋势,其在建设、运行和使用上由于缺乏民众参与和透明性,合法性也受到了批评。还有研究发现,域外不少城市大规模视频监控系统在刑事案件侦查上的作用被验证多为"寒蝉效应",是一种犯罪的事前恫吓,事后侦查利用的作用则甚微。[3]

其二,大数据时代侦查主体存在扩张趋势。侦查权的行使中,可以从三个层面确定侦查主体。一是法定性。只有国家或地区的法定侦查机关才有权进行侦查活动,[4]我国《刑事诉讼法》第 108 条明确规定了我国侦查主体主要为公安机关和检察机关,除法定侦查主体外,其他机关、团体、个人均无权行使侦查

---

[1] 参见尚云杰:《论现代科技手段在警务工作中的应用——以 DNA 技术、金盾工程与天网工程的应用为例》,《科技情报开发与经济》2012 年第 10 期。
[2] 参见江涌:《数据库扫描侦查及其制度建构》,《中国人民公安大学学报》(社会科学版)2013 年第 2 期。
[3] 参见涂子沛:《数文明》,中信出版社 2018 年版,第 235 页。
[4] 参见陈永生:《侦查程序原理论》,中国人民公安大学出版社 2003 年版,第 23 页。

权。二是实际控制性。基于司法协助或者辅助,非法定主体提供犯罪预防与治理相关信息给侦查机关,难以一概而论其活动是侦查行为,应当视侦查机关对此类主体的控制强弱程度而有所区别,如果侦查机关处于完全支配的地位,此时可以说协助主体是"国家机关侦查手臂的延伸",那么协助主体的行为属于国家追诉行为的一环,应当受到取证规范的约束。[1]三是对实质业务内容的判定,即该行为是否是基于犯罪预防和犯罪治理而进行的取证、保全行为。

大数据时代,技术的专业性让第三方主体顺势进入侦查主体建设中,这是技术红利转化成司法红利过程中不可避免的侦查权力外溢现象,主要有两种形式:积极参与主体和消极参与主体。积极参与主体指平台建设的第三方参与建设主体,消极参与主体指立法上的协助义务主体。前者如与深圳市公安局合作共建"网络远程勘验与取证实验室"的某网络技术公司,这类是主动参与公权大数据侦查平台建设的企业主体;后者如我们熟悉的各大互联网公司,基于《刑事诉讼法》第52、54条的规定,作为被动履行协助义务的主体,以自身的数据平台为侦查部门提供协助或便利。同时,某些掌握了海量民众基本生活信息的商业公司兼具积极和消极属性,以腾讯为例,其已经与全国诸多省市公安机关建立了战略框架协议,双方将"强强联合,整合资源,充分运用腾讯的大数据基础,成熟的云计算能力和微信、QQ等社交平台产品……推动互联网、大数据与公安机关打防管控、便民服务等警务工作的深入融合发展"[2]。从国际范围来看,当前世界各国一般认为,服务商基于隐私权保护所产生的保密义务不足以阻却侦查机关获取相关信息的要求。当然,在我国,也有很多商业数据公司愿意配合侦查机关进行资源的合作共享,而域外更多的是大型互联网通信商和侦查部门的互相博弈,立法和技术上同时进行。

---

1 参见傅美惠:《侦查法学》,中国检察出版社2016年版,第74页。
2 参见福建省公安厅:《省公安厅与腾讯公司签署"互联网+警务"、大数据等战略合作框架协议》,http://gat.fujian.gov.cn/jwdt/gayw/201705/t20170531_3562335.htm,最后访问日期:2022年12月31日。类似的合作共建模式在全国各省市广泛存在。

第二节　智慧司法的公正效应

从司法实务的角度来看,智慧法院指的是以确保司法公正高效、提升司法公信力为目标,充分运用互联网、云计算、大数据、人工智能等信息技术,促进审判体系与审判能力现代化,实现人民法院工作的高度智能化运行与管理。[1]有学者指出:智能化司法与智慧法院是实质等同的概念。[2]智慧司法与智慧法院存在目标、技术手段上的一致性,但在主体层面,智慧司法的主体在法院之外,还应包括检察机关,甚至可以延伸到审前的公安机关。目前进行的"智慧侦查""智慧检务"等改革,亦是科技创新成果与司法活动相融合的产物。由此,我们所言之智慧司法,从广义来看,是指公安司法机关为实现司法的公正高效,充分运用互联网、大数据、云计算、人工智能等信息技术,以推进司法运行和管理体系的信息化、智能化与现代化。

司法公正是司法的最高追求,其既要求司法过程遵循正当的法律程序,也要求司法的结果体现公平和正义的精神。司法公正主要包含两个层级的内容:程序公正和实体公正。结合目前的司法改革,为更好地实现司法公正,智慧司法至少可以在如下方面提供助力。

一、智慧司法的程序公正价值

(一)诉讼效率面向

"司法效率是现代司法公正的基本构成要素,司法资源的稀缺使得司法必须追求效率,否则不足以完成其实现法律公正之价值使命。"[3]司法效率问题贯

---

[1] 参见于子茹:《陈志远:智慧法院让信息多跑路　让群众少跑腿》,http://www.xinhuanet.com/politics/2017lh/2017-03/12/c_129507832.htm,最后访问日期:2022年12月31日。
[2] 参见汤维建:《"智慧法院"让司法更公正、更高效》,《人民论坛》2017年第4期。
[3] 刘练军:《司法效率的性质》,《浙江社会科学》2011年第11期。

穿于司法过程的始终。在司法资源和人力资源有限的情况之下,司法资源的分配在一定程度上决定着司法公正的实现程度。互联网背景之下,智慧司法对于效率的提升,主要体现在以下两个方面:

首先是立案程序。从立案审核制到立案登记制的改革,是司法便民的一项重要举措。"立案难"问题的缓解,使得法院各类案件的数量出现不同程度的增长,在一定程度上加剧了法院案多人少之效应。在此背景下,上海市浦东新区人民法院开始启用二维码自助立案系统。该系统的运作模式主要包括两步:其一,当事人进行案件信息的预录。即当事人在排号阶段,通过扫描二维码进入平台,完成案由、诉讼标的等案件信息的录入,而后生成案件专属的二维码。其二,法官通过扫描该二维码,即可导入案件的相关信息,通过对信息进行审核从而完成立案工作。在人工立案的模式之下,需要经过取号—等待—口述—录入—确认等阶段。通过整合等待和口述阶段的时间至信息预录,立案的平均时间由 1 个小时锐减至 15 分钟。[1]此外,通过自助立案系统,该法院立案法官日均收案量减少 30 余件。[2]自助化或者半自助化立案模式的启用,在节省司法人力成本的同时,亦增强了当事人对法院立案工作的认同,提高了诉讼参与人对于法院工作的满意程度。公众对于司法工作的认同度,亦是司法公信力以及公正程度测量过程中不可或缺的一个指标。

其次是庭审笔录的制作。根据《刑事诉讼法》第 207 条的规定,法庭审判的全部活动,应当由书记员写成笔录,经审判长审阅后,由审判长和书记员签名。在以往的庭审过程中,书记员录入的速度制约着庭审的进程。在目前的司法认知中,庭审笔录作为一种记录性文本而存在,而非具有法定证明效力的文书。[1]单

---

[1] 参见上海法院网:《"二维码"法院,让诉讼服务更温情》,http://shfy.chinacourt.org/article/detail/2017/06/id/2885832.shtml,最后访问日期:2023 年 1 月 13 日。

[2] 参见中国新闻网:《上海浦东法院设立案"二维码":"扫一扫"稍等半小时》,http://www.chinanews.com/sh/2016/03-30/7817788.shtml,最后访问日期:2023 年 1 月 13 日。

[1] 参见张卫平:《论庭审笔录的法定化》,《中外法学》2015 年第 4 期。

纯事实记录载体的定位,使得其具有被智能系统替代的现实可能性。

从法规层面来看,最高人民法院《关于进一步推进案件繁简分流优化司法资源配置的若干意见》提出,要推行庭审记录方式改革,积极开发利用智能语音识别技术,实现庭审语音同步转化为文字并生成法庭笔录,落实庭审活动全程录音录像的要求,探索使用庭审录音录像简化或者替代书记员法庭记录。在上述规范性文件的指引之下,智能语音识别技术的改革正在不少法院热火朝天地开展。以浙江省为例,智能语音识别系统已经在全省 105 家法院推广,其延迟不超过 500 毫秒,整体识别准确率达 95%以上。[2] 通过在杭州市某基层法院的调研,我们了解到,在一起盗窃罪的审理过程中,智能语音识别系统在共 3324 个字的识别进程中,只识别错了 54 个字,识别准确率达到 98.38%;在总字数共计 1141 个的危险驾驶罪的审理过程中,错误字数仅 11 个。智能语音识别系统的应用,一方面可以加速庭审的进程。根据与基层法官的访谈,我们了解到,在庭审过程中,审判长的显示屏连接着书记员的电脑,由此审判长可以及时看到书记员是否已经完成了对庭审过程的记录。当审判长发现书记员无法完全记录时,其会有意识地放慢速度,给书记员充分的时间记录。在人工记录的时代,书记员的记录速度很大程度上影响着庭审的时长。同一个案子,若打字速度快的人担任书记员,庭审时间大概在 1.5 个小时到 2 个小时之间;但若打字速度稍慢的人担任书记员,庭审时间则需要 2 个小时到 3 个小时。另一方面有助于捕捉到人工时代无法捕捉到的细节。参与访谈的书记员指出,书记员的记录,其实并非对当事人陈述的机械记录,而是掺杂着书记员自己的理解与概括。而且,基于对信息熟悉程度的不同,对于特定数字的记录,其往往无法跟上当事人的语速。智能语音识别系统的应用,可以有效地弥补上述缺陷。智能语音识别系统在将书记员从枯燥的庭审过程中解放出来的同时,亦增加了庭审的流畅感。在特定

---

2 参见孟焕良:《浙江法院智能语音识别系统全面上线》,《人民法院报》2016 年 9 月 19 日,第 1 版。

的技术问题（如混音问题）解决之后，语音识别技术在庭审效率的提高方面将更有作为。

（二）程序公开面向

"司法程序公开是公正司法的体现，又是公正司法的重要保障。"[1]目前，中国审判流程信息公开网、中国裁判文书网、中国执行信息公开网、中国法院庭审直播网已经投入了运行。建设司法公开三大平台的目的在于"构建开放动态透明便民的阳光司法机制"[2]。依托网络平台推行的司法公开，可以借由网络的传播特性，极大地扩大司法公开的覆盖面。以中国庭审公开网为例，自2016年9月27日开通以来，截至2023年1月15日，全国累计直播案件已经达到2090万余件，全国各网站累计访问已经达到560亿余次。[3]与此同时，如前文所述，中国裁判文书网上的文书总量已达到1.3亿余篇。

经由互联网等技术实现的大范围公开，对程序公正的助力作用主要体现在如下几个方面：

首先，司法公开本身即为程序公正的要素之一。关于程序公正的标准，存在不同的学说。六要素说认为：程序公正主要包括程序的民主性、程序的控权性、程序性的平等性、程序的公开性、程序的科学性以及程序的文明性。[4]公开的目的是民主与公正。从古代专制社会的秘密审判发展为现代社会的公开审判，而后演进至信息社会的审判直播，在此过程中，司法公开的维度、深度与可得性均获得扩展。在六要素说的框架之内，作为程序公正指标之一的公开性的不断提升，本身就意味着程序公正程度的不断拓展。

---

[1] 江必新、程琥：《司法程序公开研究》，《法律适用》2014年第1期。
[2] 罗书臻：《深入贯彻十八届四中全会精神 构建开放动态透明便民的阳光司法机制》，《人民法院报》2014年11月14日，第1版。
[3] 参见中国庭审公开网，http://tingshen.court.gov.cn/，最后访问日期：2023年1月15日。
[4] 参见孙笑侠：《两种程序法类型的纵向比较——兼论程序公正的要义》，《法学》1992年第8期。

其次,司法公开可以在一定程度上倒逼司法过程的规范化。在南昌大学原校长周文斌受贿、挪用公款案中,辩护律师朱明勇被四次赶出法庭。"这个记录不仅是我个人的记录,也是中国律师执业史上的记录。"[1]近些年来不断被爆出的律师被驱逐出庭事件,一方面固然存在个别律师"死磕"之效应,另一方面亦是法庭庭审应变能力不足之体现。对此,时任最高人民法院院长周强指出:"要切实解决庭审虚化、走过场和摆形式的问题,只有解决这些问题才能实现公正司法。"[2]经由庭审网络直播实现的庭审公开,可以在很大程度上避免上述法治的闹剧,促使庭审的规范化。而上述庭审规范化的要求,在审判中心主义改革的背景之下,显得尤为必要。

最后,司法公开可以提高判决的社会接受度。"争端当事人以及其他人对于争端解决过程公正性的关注常常不亚于对解决结果本身的关注。"[3]程序过程本身即具有给结果以正当性的作用。"人们判断审判结果的正当性一般只能从制度上正当程序是否得到了保障来看。如果法院在制度性的正当程序方面得到了公众的信赖,自己的决定也就获得了极大的权威。"[4]在司法公信力并不乐观的当下社会,通过审判流程信息、审判过程、裁判文书的公开效应,可以在一定程度上减少公众对司法过程的质疑,从而提高司法的权威性。

(三) 程序规范面向

如上所述,除司法公开倒逼过程规范化之外,智慧司法系统本身的程序设置亦会促使司法程序的规范化。以贵州省人民检察院的案件管理系统为例,借由大数据和统一化平台,其可以促使案件办理全程留痕;程序缺失将导致自动

---

[1] 朱明勇:《无罪辩护》,清华大学出版社2015年版,第268页。
[2] 《"把律师赶出法庭" 法治将百思不得其解》,http://www.jcrb.com/IPO/cmkb/201502/t20150226_1480305.html,最后访问日期:2023年1月13日。
[3] 孙笑侠:《程序的法理》,商务印书馆2005年版,第26页。
[4] [日]谷口安平:《程序的正义与诉讼》(增补本),王亚新、刘荣军译,中国政法大学出版社2002年版,第10—11页。

预警;违规办案导致其无法运转。从指标的构建层面来看,司法办案的评价体系可以划分为办案强度、办案质量、办案效率、办案效果、办案规范5个维度;在上述维度之下,又可以划分出600多项具体指标。在评查的93559件案件中,其发现程序性瑕疵案件140338个。[1]无论是程序缺失的预警,抑或是违法办案的运转停止,其实质都是采用特定的算法对大数据进行挖掘,从而得出大数据的分析结论。

此外,有些法院还在内部设立了节点管理系统。如在杭州市某基层法院,自2017年4月开始,实施了节点管理办法。就其要旨而言,主要包括如下几个方面:首先,根据不同的案件,确立不同的时间节点。如就审判案件而言,其划分为民事简易案件、民事复杂案件、民事一般案件、刑事速裁案件、刑事简易案件、刑事普通案件六种样态,各个类型的案件均规定不同的时间节点。如刑事普通案件的节点时间总计不超过40个工作日,刑事速裁案件的节点时间总计不超过7个工作日。其次,确立节点并确立相应节点的期限。就审判案件而言,其包括立案、送达、庭审、裁判、报结5个节点。以刑事速裁案件为例,立案必须在1个工作日内完成;送达必须在4个工作日内完成;庭审必须在6个工作日内完结;此后的裁判和报结不超过1个工作日。亦即,刑事速裁案件从立案到报结,不得超过12个工作日。最后,从其操作模式来看,信息录入通过实时点击方式进行,不能提前,亦不能延后;节点管理软件不接受已录入信息的修改要求。从该套系统的实效来看,参与访谈的法官认为,自采用该系统以来,案件操作过程中的程序性规范有了极大的提升;主要原因在于该系统中的信息无法更改,且规范程度直接与法官的绩效考核相关联。

无论是智能化的案件管理系统抑或是节点管理系统,就其所导致的程序性规范效应的本质而言,是数据留痕导致的客观不能。在数字时代,当人类所有

---

[1] 《贵州检察大数据亮相首届数字中国建设峰会》,载贵州长安网:http://www.gzpeace.gov.cn/info/1338/26408.htm。

的行为以数据的形式沉淀下来之时,其就在一定程度上遏制了人性恶的本能。更改审限、忽视程序性事项、特定司法文书造假等在前信息化时代的司法系统中屡见不鲜的现象,则有望在智能化时代杜绝。上述陋习的存在,亦是不少刑事冤案存在的重要要素。"说到底,正当法律程序是防治中国式错案的根本路径。"[1]经由数据留痕倒逼的程序公正,亦是司法公正不可或缺的指标要素。

二、智慧司法的实体公正价值

(一)促进"同案同判"的公平价值实现

"公正之精髓在于平等。"[2]在实体公正层面,平等在司法领域的一个重要面向即为同案同判。那么,在此存在的问题是何为"同案",何为"同判"。

鉴于对同案情况理解的各异,有学者建议可以将这一命题转化为"同等罪量同等刑量"。对于"同等罪量"的判断,主要包括共同犯罪、并罚数罪、累犯、预谋性等22个要素。[3]其中,综合的同案是指将多种质的规定性转换为数量规定性后获得综合可比性的案件。[4]在此,存在将法条中的特定情节抽离,而后进行赋权的过程。同判指相同的案件获得大致相同的判决结果。以交通肇事罪为例,通过对大量案件判决结果的实证研究,学者发现了刑期与法定情节之间的对应模型[5]:

$\hat{y}$(交通肇事罪量刑结果)= 115.786+法定死亡人数×329.692+重伤人数×165.221-被害过错×64.227+涉案损失×6.747E-005+醉驾×51.159+毒驾×58.442+无证驾驶×28.812+安全装置不全×11.427+驾驶无牌号车辆×12.352+驾驶报废车辆×41.187+超载×43.991+驾驶与准驾车型不符车辆×

---

1 胡铭等:《错案是如何发生的——转型期中国式错案的程序逻辑》,浙江大学出版社2013年版,第232页。
2 白建军:《公正底线:刑事司法公正性实证研究》,北京大学出版社2008年版,第23页。
3 参见白建军:《同案同判的宪政意义及其实证研究》,《中国法学》2003年第3期。
4 参见白建军:《公正底线:刑事司法公正性实证研究》,北京大学出版社2008年版,第56页。
5 参见白建军:《基于法官集体经验的量刑预测研究》,《法学研究》2016年第6期。

24.180+逃逸×591.322−自首×63.856+累犯×248.532

"上帝是用数学语言来描述世界的。"[1]大数据时代的人工智能,实则是用数学语言对刑法要素进行转化。如上所述的对应模型,系学者运用SPSS等工具,经过大量的实证分析后所建立的。大数据是指数量巨大、速度快捷、种类繁多的信息财富。大数据时代的信息挖掘技术,是指通过特定的计算机算法对大量的数据进行自动分析,从而揭示数据之间隐藏的关系、模式和趋势。[2]大数据与以往的数据运作模式存在差异,大数据是对以往数据更深层次的内涵加以分析,从而对判决的制作、量刑的确定等提出建议。不同于以往有限的数据样本,大数据时代拥有海量的数据。从统计学的角度而言,在确保样本代表性的同时,如果其抽取的样本数量越大,其所能适用的范围亦会越广。[3]这就意味着,经由科学的计算方式对海量的数据进行分析,可以得到更为接近实际的运作模型。

前述的浙江"凤凰智审"和上海"206系统"等当前司法实践中探索的智能审判系统,在整体功能上都是朝着实现司法效率和司法公正的双重保障之目标,特别是庭前和庭审环节的智能化改革,有效减轻了重复性人工作业的压力;在具体的裁判阶段,当前智审系统也起到了专业性的辅助作用,主要体现为在类案推荐、裁判预测、风险预警之功能上规范"类案类判"的审判工作。具体而言,例如浙江法院的"相似案例对比服务"系统和江苏法院的"同案不同判预警"系统,它们在"类案类判"目标的实现上,一方面尽可能挖掘相似的案例推送给法官,协助法官判案;同时,根据海量裁判大数据的自动提取和智能学习,建立起具体的案件裁判模型,根据案件情节的相似匹配,预测类案判决结果,供法官

---

[1] [加拿大]伊恩·哈金:《驯服偶然》,刘钢译,中央编译出版社2000年版,第7页。
[2] 参见徐子沛:《大数据》,广西师范大学出版社2012年版,第98页。
[3] 参见范柏乃、蓝志勇编著:《公共管理研究与定量分析方法》,科学出版社2011年版,第31页。

参考。另一方面还携带审判偏离度预警机制,在法官给出判决之前,系统会自动与历史案例的裁判尺度进行比对,减少主观因素,约束法官自由裁量权,方便院庭长行使审判监督管理职权。[1]人工智能一方面运用强大的检索和记忆能力为法官提供海量司法数据(法律、法规、历史判例),减轻法官在检索上的脑力劳动负担;另一方面运用人工智能的客观中立性在法律论证、推理、判断上提供技术性辅助。[2]

"同案不同判"始终是我国司法的历史遗留问题,[3]很多时候不同层级、不同区域甚至同一法院的不同法官在面对同一法律问题时亦有不同的见解,裁判的作出不仅是法律解释与法律推理的结果,更是法官主观意识与价值判断的呈现。诚然,在人工智能的协助下,要实现"类案裁判标准统一,法律适用统一"并不难,大数据可以为法官提供一定量的类案和关联案件的判决参照,消减法官审判过程中的主观意识与价值判断。但倘若将这种判决参照作为一种强制性义务,非但无法提高司法裁判的效率,反而无形中增加了法官的压力和负担,与改革初衷相悖。[4]无论是类案参照、裁判预测还是风险预警的功能,都应该是裁判的辅助者定位,试图用智能审判系统替代法官的裁判,看似避免了人的主观臆断,确保了"类案类判"的司法规范性和形式上的公正,但是否符合司法公正的内涵有待商榷。

事实上,无论是类案推荐、裁判预测还是风险预警,均是系统将拥有的法律知识依据需求进行输出的过程。而人工智能在法律的学习上主要是采

---

[1] 相关报道详见王涵:《"智慧法院"改革的浙江经验》,《民主与法制时报》2019年12月1日,第6版;丁国锋:《苏州法官判案,8种"机器人"智慧平台当高参》,http://www.legaldaily.com.cn/zfzz/content/2017-04/17/content_7108999.htm,最后访问日期:2022年4月1日。

[2] 参见季卫东:《人工智能时代的法律议论》,《法学研究》2019年第6期。

[3] 最高人民法院《关于进一步落实司法责任制的实施意见》中提到,要在完善类案参考、裁判指引等工作机制的基础上,建立类案及关联案件强制检索机制,确保类案裁判标准统一,法律适用统一。存在法律适用争议或者"类案不同判"可能的案件,承办法官应当制作关联案件和类案检索报告,并在合议庭评议或者专业法官会议讨论时说明。参见《最高人民法院出台意见 进一步全面落实司法责任制》,https://www.chinacourt.org/article/detail/2018/12/id/3602449.shtml,最后访问日期:2022年4月1日。

[4] 参见孙海波:《反思智能化裁判的可能及限度》,《国家检察官学院学报》2020年第5期。

取知识图谱的半监督模式,这种模式的显著特征就是"有多少人工,方有多少智能"。[1]因此,当前各地司法实践中对智能审判系统的探索也是定位在法官的辅助者地位,这不仅仅是因为司法的特殊属性限制了机器对人工的取代,在技术层面上,人工智能的司法运用也存在实践的技术困境和算法的局限性。

大数据时代侦查权呈现出显性层面和隐性层面的扩张,但扩张并非都是不合理的,背后有着一定程度上的现实合理性。对大数据时代侦查权扩张的理解离不开当下国家政策、社会变迁等时代背景,也离不开侦查机关绩效考核的内在要求。侦查权显性扩张脉络是侦查效率化的体现之一,隐性扩张也有背后的合理解释。[2]真正给刑事侦查带来法律制度上的规制困境和权利保护难题的,是侦查权的无序扩张和隐性扩张脉络下的不合理之处。

(二) 提升国家治理体系和治理能力现代化

推进国家治理体系和治理能力现代化是中央制定的国家整体发展战略,在这样的顶层设计之下,刑事司法治理体系和治理能力现代化是必然要求,而以大数据、人工智能等现代技术在司法中的运用为代表的改革新举措正是在如此背景下在我国快速推进,并呈现出实践先行、制度再予以供给的现象。十八届三中、四中全会以来,我国公检法三机关都在加速探索各自领域的"智慧警务""智慧检务""智慧司法"建设,出台了诸多独立或者联合的司法信息建设文件,也落地了"206 系统"等科技司法新探索。

具备强力应对犯罪的能力是我国政治体制的传统和优势。我国公安体制是一种一元集中下的综合组织架构,这为系统引入大数据侦查等新举措带来了可能性。这种组织架构既是权力结构传统的惯性体现,也是"高效打击犯罪"理念下的民众惯性心理预期互相影响的结果。这导致了公安体制下权力合法性

---

[1] 参见左卫民:《关于法律人工智能在中国运用前景的若干思考》,《清华法学》2018 年第 2 期;胡铭、宋灵珊:《"人工+智能":司法智能化改革的基本逻辑》,《浙江学刊》2021 年第 2 期。
[2] 参见胡铭、张传玺:《大数据时代侦查权的扩张与规制》,《法学论坛》2021 年第 3 期。

要满足民众打击犯罪的期待,在面对犯罪这种严重破坏社会秩序的行为时,有效快速地处理犯罪活动被认为是"司法为民"的基本功能。当下,新型网络犯罪和传统犯罪的新变化直接带来犯罪治理难度的上升,因此,就不难理解大数据时代在服务社会、治理犯罪的需求下,相对比较宽松的侦查机关大数据收集权优先于严格的公民个人信息保护的制度选择了。

大数据时代侦查权的扩张是基于社会治理效率考量而进行的技术性变革。一方面,面对风险社会,警力不足是新常态。作为主要侦查力量的基层派出所的工作内容繁杂,除刑事案件外,众多的社会治安管理事务占据了基层派出所的主要精力,基层派出所的专业侦查力量薄弱。不但刑侦、经侦专业人才队伍方面缺口大,而且在办理疑难复杂案件,特别是大型团伙、涉众型犯罪案件时,办案经验和专业知识不足、警力匮乏问题突出。另一方面,"条块结合"的体制以及地区之间的发展差异,令侦查环节的数据共享、侦查协作开展困难重重。大数据警务基础设施建设则是"向科技要警力",这是将基层警力从繁重的传统侦查工作中抽离出来的必然选择。大数据技术给人"高大上"的感觉,容易得到政府经费的支持,又能缓解侦查实践中警力资源匮乏的问题。原有的技术侦查手段虽然易操作、成本低,但在实际操作中还不足以应对网络诈骗犯罪等新型犯罪。

侦查权扩张是对大数据时代作为犯罪线索的数据特点以及犯罪全球化特点的回应。一方面,数据的地域属性逐渐模糊,数据的"无地域性"带来犯罪侦查中"跨境取证"的难题。如美国的《云法案》就是基于这样的背景出现的。在微软诉合众国案中,控辩双方争议的焦点之一就是数据存储地的标准问题,公诉机关希望获取微软存储于爱尔兰的数据,认为数据的地域认定标准应当是"获取地标准",而微软公司认为数据的地域认定标准应当是"数据的真实存储地标准"。而随着《云法案》的出台,美国政府相当于认可了公诉机关的标准,赋予了美国司法机关在数据获取上的跨境长臂管辖权限。另一方面,网络犯罪的线上虚拟特点,令传统侦查措施的针对性不足,只能在传统侦查措施的基础上探索新型的侦查手段。这一点域外早有先例,20世纪末欧盟就已经开始探索网络犯罪的新治理模式,并于2011年通过了《网络犯罪公约》。但这一公约出台时,尚不具备当下大数据技术的发展水平,犯罪场景更多的是狭义上的计算机系统,比如计算机中存在的电子数据,而非当下的"分布式云存储数据",亦即"云端存储"。因此,缔约国之间只是在国内刑事侦查措施上进行搜查、查封、扣押、冻结或者"相似方式"刑事程序设计。这些立法设计具有相当的前瞻性,虽然没有解决跨境取证的问题,但为现代电子取证中的"网络远程在线提取""网络远程勘验检查""网络技术侦查"等基于大数据挖掘技术的电子取证侦查措施确立了合法性来源。

第三节 智慧司法的现实局限

如上所述,智慧司法的实践,使得司法机关和诉讼当事人都从这一革命中获得了各自的红利。那么,这是否就意味着,智慧司法如同上帝般"全知全能",其可以作为实现司法公正的"万能良药"?智慧司法存在的现实局限性,使得司法机关在如火如荼地推进智慧司法改革之时,亦需保持必要的警惕。

一、前提性困境:前智能化环节信息的可靠性

无论是上述的案件管理系统,还是基层法院自身运行的节点管理系统,其功能仅限于对系统内的电子化档案进行管理和识别。然而,在从纸质化到电子化的转化过程中,智慧司法所能发挥的功能极为有限。前智能化环节信息审核的乏力以及数据采样的有限性,构成了智慧司法的前提性困境。上述前提性困境,主要体现在以下两个方面:

第一,对于录入文件本身的更改,系统无法识别。案件管理系统的自动预

警与全程留痕所依据的对象,仅是已经存入系统的文档。确保电子文件与原始文件的一致性,涉及对电子文件的验真。根据《布莱克法律词典》的解释,验真(authentication)包括两个层面的含义:从广义上而言,其是指证明某事物(如文件)是真实的,由此其可以被采纳作为证据;或是指某事物被证明为真的状态(如对笔迹的验真)。从狭义上而言,其是指同意或采纳某份文书为某人所有。[1] 对案件管理系统内电子文件的验真,主要涉及电子文件与纸质文件的同一性问题。然后可惜的是,对于案件留痕的过度关注,反而造成对本源信息关注的失衡。司法人员对前智能化文档的修改,具有不受约束和不受监督的权力,而此亦非智慧司法所能作为之领域。

第二,电子数据的有限性。目前人工智能在司法中运用得较为成熟的领域是人脸识别、语音转换、数据电子化处理等通用领域,也正是因为这些技术在其他行业的运用业已成熟,故而"依葫芦画瓢"地运用到司法领域不难实现。有学者提出当前人工智能在司法中的运用应着力于从通用化走向专门化,避免人工智能在司法中运用浅尝辄止。[2] 虽然我国人工智能在司法领域的运用还处于弱人工智能阶段,但只要切实能够在传统司法流水线的人工作业上实现机器替代,充分发挥智能司法的效率功能,并通过机器的技术理性在司法裁判上辅助法官整合自身经验知识与价值判断,实现司法效率与公正的双重保障,便是值得肯定的。

以人工智能在刑事案件审判中的运用为例,刑法罪名有400多条,相关的案情和量刑又相距甚远,如果从构建刑事案件的智能审判系统出发,基础的本体模型构建就存在极大困难。智能审判系统的打造需要提供足够多不同类型的优秀裁判样本,让机器了解事实判断、证据认定、法律推理是怎样进行的,进而自我学习,形成一套可以模拟法官审判过程的模型。具体而言,就是要确定一

---

[1] See Bryan A. Garner, *Black's Law Dictionary*, 9th ed., West Publishing Co., 2009, p.151.
[2] 参见左卫民:《从通用化走向专门化:反思中国司法人工智能的运用》,《法学论坛》2020年第2期。

套刑事案件的通用本体:首先要界定刑事审判中的主要概念及其关系,以此作为本体设计的基础;其次要对刑事审判的实体裁判文本进行整理,形成刑事案件的"术语集",这一过程主要是自然语义分析的过程,采用的是自然语言处理技术(NLP),也是人工智能运用过程中最为困难的部分,让机器读懂人类的语言是实现让机器像人类一样思考的最初且最重要的步骤;最后在基础的"术语集"中,提炼抽取刑事审判的案件要素和概念关系。[1]在司法数据的获取途径上,我们的官方途径主要是中国裁判文书网,尚不论我国裁判文书的上网率仅占审结案件的50%左右,[2]已公开上网的裁判文书大多也是经过固定格式化修饰的"模板式裁判",只反映了裁判结论,而真正决定裁判的决策信息无从知晓。此外,在法律语言的使用上,我们并没有作出统一规定,许多相近意思的不同用词使得法律用语的结构化不足,无法被机器直接读取使用,还需要一个从"原始数据"到"训练数据"的人工标注过程。[3]可见,司法信息公开程度的不彻底以及司法数据的半结构化特征也进一步加大了数据输入的难度。

概言之,刑事案件通用本体的构建,在资源上,需要有丰富的数据基础;在人员上,需要具备专业的刑事审判知识和决策理论知识的研究人员;在技术上,还需要数据挖掘和实验软件的应用能力。显然,这一过程需要刑事领域专家、管理科学专家及信息技术的共同合作。[4]但现实是法律数据的不充分、不真实、结构化不足直接导致了人工智能与法律结合之初的输入困难,而人工智能与法律复合型人才的缺乏加剧了后期技术发展的困难,我们没有充足的"人工"来进行

---

[1] 参见佘贵清:《基于规则和案例推理集成的刑事案件量刑决策支持研究》,电子工业出版社2016年版,第60—75页。

[2] 据统计,2013年7月1日中国裁判文书网启用,2014—2015年间,公开上网的文书仅占审结的案件50%左右。参见马超、于晓虹、何海波:《大数据分析:中国司法裁判文书上网公开报告》,《中国法律评论》2016年第4期。

[3] 参见王禄生:《论法律大数据"领域理论"的构建》,《中国法学》2020年第2期。

[4] 参见佘贵清:《基于规则和案例推理集成的刑事案件量刑决策支持研究》,电子工业出版社2016年版,第60—75页。

这场"智能"革命。正如调研中某法官所言:"现在的智能审判系统先不说技术上还不能稳定地维持正常运作,我们前期要花大量的人力物力去帮助系统学习断案。"[1]诚然,当前司法的智能化改革亦是"摸着石头过河",完善现代科技在司法中的工具性辅助功能,实现人工智能之于我国司法的增效、减负、辅助、监督之定位是较为稳妥的可行举措。

二、过程性困境:程序机械化、形式化、黑箱化

第一,操作规则设置不合理,可能会导致流程的机械化。节点管理系统在规范办案流程、遵守案件审限层面发挥了其功效;然而,由于对各个环节时限的精细规定,办案人员为遵守节点的规定,不得已牺牲了某些流程的时效要求。以行政案件为例,根据现有的节点管理系统,庭审之前一共只有27个工作日的时限,即立案和送达必须在27个工作日内完成。但是某些时候,由于特殊情况,一直无法送达。等送达之后,已经非常接近开庭日期。按照法律规定,行政案件需要给予被告15个工作日的答辩期。而此时,若给予被告充分的答辩期,则会违背该院节点管理系统的要求。所以,在上述情况之下,法院的工作人员会选择缩短被告的答辩期。由此,这一改革本身,名为"规范办案",实则可能有损程序正义。

第二,庭审表演的剧场化效应以及程序亲历性的折损。根据戈夫曼的剧场理论,日常生活中,个人的行为可以划分为两大范畴。其一,后台行为,即个人在面对自己人时的一种放松状态;其二,前台表演,即通过语言、肢体、符号等将

---

[1] 在众多官方报道的显著成绩下,我们在与浙江法院基层一线办案法官的交流中,感知到目前智慧法院的改革存在硬件上的不完善与人的不适应问题。以浙江推行的无纸化办案为例,一方面,全程的无纸化办案打破了传统阅读的习惯,造成许多办案人员全程电子屏幕阅卷的用眼压力;另一方面,针对类似案卷证据的电子编目问题,在将案卷导入系统时经常会缺页,并且这种多经过一道人工手续的做法就增加了出错的可能性。同时,系统的不稳定、经常性的故障也加剧了改革初期办案人员的不适应。用现代科技替代传统人工作业的改革,从提高效率层面固然无可厚非,但在技术尚未成熟的情况下,若盲目地推行现代科技化而一概摒弃传统方式,可能未必能真正实现"智能化"。故而,我们以为当前完善智能审判系统的工具化效果,真正实现对法官办案的辅助才是现实之选。

观众引入情境以达到预期的效果。[1]从前台的组成要素来看,其包括布景、个人外表和举止等几个要素。在开庭直播审理过程中,整个法庭构成了一个剧场。其中,法官、书记员等人的行为举止以及整个法庭秩序和设置等,则构成了前台的要素。但是,前台要素的公开化和规范化,与后台行为的神秘化之间存在差异。即便公众可以通过网络庭审直播平台观看庭审过程,并借此增强司法的公开化面向,案件裁判过程的秘密化倾向仍是智慧司法无法克服之顽疾。在一些重大案件审理过程中,审判委员会以及其他利益相关势力的介入,一直是司法实践难以避免之痛楚。如有学者明确指出:在涉及公案的司法过程中,出现了多个角力主体的介入,他们都基于政治的而非法律的理由参与到司法之中,导致了司法的"政治力学"现象。[2]司法过程中的政治力学生态,亦是智慧司法难以发挥功能的境地。

此外,直接言词原则系证据法上的基本原则,其要求法官必须亲自从事法庭调查和采纳证据,被告人、检察官及其他诉讼参与人必须亲自到庭出席审判。[3]就法官层面而言,直接言词原则要求其对于案件审理过程具有亲历性。从程序性要件来看,达到程序正义标准,多数需要司法人员亲历诉讼;诉讼参与人也会以司法人员在诉讼中的一言一行来判断程序是否公正。[4]从实质性效用来看,司法人员形成心证的过程,是"案件事实从诉辩双方的证明向裁判者心证位移"的过程。[5]司法人员心证的形成,一方面基于对庭审的直觉感知;另一方面基于对证据的审查。在各种信息的积累与感官刺激之下,法官基于逻辑和经验法则形成心证,对案件进行判决。但在算法的自动化裁判系统的运作原理下,其判决的

---

[1] 参见[美]欧文·戈夫曼:《日常生活中的自我呈现》,冯钢译,北京大学出版社2008年版,第151页。
[2] 参见孙笑侠:《司法的政治力学——民众、媒体、为政者、当事人与司法官的关系分析》,《中国法学》2011年第2期。
[3] 参见陈瑞华:《刑事证据法学》,北京大学出版社2012年版,第46页。
[4] 参见朱孝清:《司法的亲历性》,《中外法学》2015年第4期。
[5] 参见梁玉霞:《聚焦于法庭的叙事:诉讼证明三元系统对接》,《中外法学》2011年第6期。

作出基于对案件信息的接收、对以往判决的梳理以及既定的算法公式。在此，系统原理设计的科学性完全取代了对原先程序正义所要求的亲历性。而且，通过对电子化的信息进行审核，并与之前案件对比作出判决的方式，只是对以往法官书面审理方式的升级，本质仍是书面审理。法官的书面审理方式广受诟病，因其在本质上导致程序性公正要求的折损。对于人工智能运作模式下的司法判决的正当性能否证成，裁判结果能否得到当事人的自觉认同，仍存在争议。

第三，机器存在算法黑箱问题，有违司法公开透明原则。人工智能领域主要分为符号学派、联结学派、进化学派、贝叶斯学派与类推学派五种学派。[1]基于规则逻辑演绎的符号学派和基于经验归纳总结的联结学派是研究的主要方向。以裁判预测系统为例，将法律条文转换为计算机可识别的规则系统，并在此基础上执行推理，便是符号学派之代表；而在联结学派的概率系统中，裁判预测是通过对海量裁判文书学习之后系统自我总结的裁判模型。[2]当前人工智能的司法运用本质上是让机器学习的过程，让机器将数据变成算法，算法随着数据的增加逐步精确，在拥有了足够多法律大数据的情况下，或许机器就可以"像法律人那样思考"。以机器的纯理性消除法官裁判中的人为偏差是我们对人工智能介入司法的希冀，但从域外实践来看，以美国司法中用以辅助量刑的风险评估软件为例，固有的人为偏见已然摇身一变，在"客观中立"的算法中体现，即使美国明令禁止开发者在软件、算法和模型中写入种族等因素，但因为固有的一些评估因子与种族相关联，故而成为种族与风险预测相关联的媒介。[3]事实上，算法偏见对司法不公正的影响较之人为偏见更加深刻，人工智能的复杂算法对于法官而言亦是司法知识之外的盲区，与司法鉴定意见类似，这种"专门知识"往往会支配司法裁判的生成，并获得权威性。正如福柯认为的，权力和知识是直接相

---

[1] 关于人工智能各学派的详细论述，参见[美]佩德罗·多明戈斯：《终极算法：机器人学习和人工智能如何重塑世界》，黄芳萍译，中信出版社2017年版，第65页以下。
[2] 参见王禄生：《论法律大数据"领域理论"的构建》，《中国法学》2020年第2期。
[3] 参见[美]李本：《美国司法实践中的人工智能：问题与挑战》，《中国法律评论》2018年第2期。

互连带的,不相应地建构一种知识领域,就不可能有权力关系。[1]一旦算法作为一种"专门知识"作用于司法过程,便获得了相应的符号权力,这种复杂而隐秘的算法形成的"权力—知识"关系,极易导致算法偏见堂而皇之地反映在司法裁判中。

算法作为人工智能的核心,决定着智能化系统的行为。对于多数人来说(包括司法人员和当事人),算法的隐秘性就决定了它是一个"黑箱"的存在,人们只看到了它得出的行为结果,却无法也无能力得知它的运作过程,特别是对于当事人而言,这无形中违背了司法的公开性、透明性,甚至损害了司法公正。近年来,在一些全国性的典型案例上,很多简单案件之所以会演变成"难办案件"[2],或是因为法官在裁判阶段的说理性不充分,或是有些说理偏离了人们的生活常识和内心的自然正义,导致舆论一片哗然,对司法公信力[3]造成极大伤害。倘若在民众对法治还未有足够的信心和信任的情况下,贸然用现代化技术取代法官的裁判说理,或许可以得到形式上不偏不倚的"公正裁判",但很多时候这并不符合人们对司法公正的期待,甚至造成机械化司法下自然正义的扭曲,损害司法公信力。法律的有限性决定了其不可能给出让所有人满意的判决(特别是双方当事人平等参与的民事诉讼),而法官的裁判说理就需要让败诉一方心服口服,最终才能使其息讼服判。我们的法治不是以权压人,更不能发展为以算法取胜,以理服人才是法律作为社会控制的主要手段。因此,在司法智能化改革中,必须以自身固有的知识体系结合人工智能的技术理性在社会合意上进

---

[1] 参见[法]米歇尔·福柯:《规训与惩罚》,刘北成、杨远婴译,生活·读书·新知三联书店2012年版,第29页。

[2] 此类案件以泸州遗赠案、许霆案、南京彭宇案为典型代表,是一类事实清楚却没有明确的法律可以适用,或者适用结果不合情理或有悖"天理"的难办案件。关于此类典型案件的理论分析文献较多,此处不予赘述。关于"难办案件"的更多分析可参见苏力:《法条主义、民意与难办案件》,《中外法学》2009年第1期。

[3] 在自媒体时代,公众对司法裁判的影响显著提升,许多案件从普通案件上升为极具影响力的公案,看似民意左右了司法,实质上是司法公信力问题。详见胡铭:《司法公信力的理性解释与建构》,《中国社会科学》2015年第4期。

行整合和解释,[1]这也是克服人工智能司法自限性的选择,更是确保法官司法主体性的要求。

第四,大数据黑箱问题更会直接影响辩护权的行使。辩护权是公民权利的重要组成部分,也是公民权利保障的重要倚仗。侦查权在大数据时代的扩张,使得诉讼构造中控方力量进一步强化,而对应的是辩护方实力的相对减弱。不管是数据获取能力还是数据分析能力,辩护方均无法与侦查机关相抗衡,特别是基于数据黑箱,辩护方很难在侦查阶段对大数据侦查措施作出积极应对。[2]目前研究者强调的刑事司法活动中公民个人信息的保护路径,如制度上保障知情权、监控后的告知义务等,最终还是要回归到对辩护权的保障上,尤其是保障辩护律师在侦查阶段的有效介入及其职权行使。

三、结果性困境:有损法官主观能动效用

互联网时代,基于数据挖掘技术,对海量的数据进行挖掘,可以实现同案同判之效用。这无论从技术性抑或从理论上而言,均具有操作之可能性。此外,这在提高司法透明度以及认罪认罚从宽制度改革背景之下,显得尤为重要。但是机械的同案同判所导致的后果,是法官自由裁量的丧失。法官的自由裁量被视为司法的本质特性之一。从司法能动主义的功用来看,积极发现和回应社会现实需求并扩大权利救济,合理地控制政府权力,保持法官职业群体的中立性、超然地位和审慎反思性,是司法能动主义正当性的主要内容。[3]如上所述,法官在运用同案同判人工智能分析系统之后,很有可能推倒自己原先的观点,以契合智能的分析结果。法官的上述行为,从社会心理学的角度来分析,主要有三个层次的原因:首先,人们想要被对自己来说重要的人所喜欢和尊敬;其次,被喜

---

1 参见李飞:《人工智能与司法的裁判及解释》,《法律科学》2018年第5期。
2 参见卫跃宁、袁博:《守定与融合:大数据时代的刑事诉讼方法论省思》,《浙江工商大学学报》2019年第1期。
3 参见杨建军:《重访司法能动主义》,《比较法研究》2015年第2期。

欢和被尊敬的欲求会影响人们的行为;最后,在上述方面,法官是常人。[1]随着智慧司法发展带来的司法公开程度的提升,法官不仅需要面对来自当事人的压力,其裁判结果更需要接受公众的检验。法官的判决所引发的舆论效应,与法官自身的升迁、荣誉等密切相关。由此而导致的结果是,司法人员更倾向于对算法结果采取"全盘接受"的策略,司法的运作演变成机器挟持法官的闹剧,完全挤压了法官的自由裁量。

抛开技术层面的问题,法律职业中的工作者主要是以语言为载体,处理复杂社会关系中人与人的纠纷,这项工作的性质是很难被转化为某种程序并由机器运作。或许人们会被 AlphaGo 接连打败李世石、柯洁,成为超越人类的围棋冠军这一事件所动摇,疑惑是否机器在其他方面也可以比人做得更好,是否可以有阿尔法法官来替代人类法官断案。先不论围棋和司法之间的不同,柯洁即使被 AlphaGo 所打败,但他作为血肉之躯的人对围棋的热爱是再智能的机器也无法表达和呈现的。人类是情感的动物,是将各种社会关系联结起来的主体,或许冷冰冰的机器在复杂的算法之上可以演绎出完美的程式化结果,但它永远不能取代人作为社会主体的各种角色演绎。更何况司法过程绝非简单的三段论演绎,裁判更不是一堆程式化公式便可以推演出的结果,司法裁判背后蕴含的是一种"情—理—法"架构下的多维知识谱系,涵盖了人情社会的道德情感、长期实践的司法经验、专业的法律知识等。人工智能作为现代科技进步的产物,在专业技术上或许可以为司法工作提供一定的便利,提高司法效率,但要论及如何把握司法的公正,绝非通过设计复杂的算法可以演绎的。

法官作为司法领域的重要角色,亦具有难以替代性,与社会生活中的任何主体一样具有社会组织本质和个体本质。法官的社会组织本质来源于立法规

---

[1] 参见[美]劳伦斯·鲍姆:《法官的裁判之道——以社会心理学视角探析》,李国庆译,北京大学出版社2014年版,第28页。

定、法律职业共同体的行业期望、社会公众(特别是涉讼主体)的愿望和要求;而法官的个体本质一方面由个人的利益要求与主观偏好、情感禀性倾向所决定,另一方面则由法官个人的行为能力,包括精通法理能力、判断能力、理解能力、劝导能力、辩论能力、协调能力、控制能力等所决定。[1]法官的社会组织本质与个体本质的联结,在司法过程中便体现为法官的司法审判行为,倘若用人工智能的程式化算法取代法官的审判工作,实现类案类判的目标或许轻而易举,但机械化的算法无法穷尽的事实关系、无法涵盖的人情关系、无法呈现的情感表达会使看似公正的司法沦为形式化的法治,无法在实质上兼顾正义,获得法治的公信力。

司法权的特征也决定了审判过程中机器运用的局限性。司法权的中立性决定了法庭要对不同的利益诉求和价值判断采取兼容并蓄的态度;司法权的终局性决定了要通过设置严格的法庭辩论、质证机制选出一个最佳解决方案;[2]最重要的是,司法权的独立性决定了其——不同于行政权、司法权的行使——具有不可替代性,与之相伴随的就是法官的高度职业化。这种职业化不仅要求法官具有较高的法律素养和专业的法律知识,还要求法官严格遵守职业伦理准则。[3]而司法责任制的提出,也赋予了法官责任制更多的内涵,同以往的错案责任追究制相比,更突出强调法官在独立行使职权的情况下承担司法责任。[4] 2017年,最高人民法院印发了《关于实施深化司法责任制综合配套改革实施意见》,其中针对优化司法资源配置方面,强调要通过健全多元化纠纷解决机制,深化案件繁简分流,推进审判辅助事务集约化、社会化管理,加强智慧数据中台建设等措施,切实提升审判效能。可见,通过智慧平台的建设减少法官事务性工作的负担亦是深化司法责任制改革的要求,而确保人民法院独立公正地行使司法

---

[1] 参见顾培东:《社会冲突与诉讼机制》,法律出版社2004年版,第114—116页。
[2] 参见季卫东:《人工智能时代的司法权之变》,《东方法学》2018年第1期。
[3] 参见陈瑞华:《司法体制改革导论》,法律出版社2018年版,第18页。
[4] 参见陈卫东:《司法责任制改革研究》,《法学杂志》2017年第8期。

权则是司法责任制改革的前提。由是,作为司法权核心的裁判权亦需要由法官把握最后一道防线,即使在高度智能化的现代法治下,司法裁判权的不可让渡是人工智能介入司法的基本原则,况且一旦让人工智能完全替代法官进行司法裁判,届时如何实现"让审理者裁判,由裁判者负责"亦是难题。

除僵化的裁判结果外,同案同判还可能会影响到司法对立法的反哺作用。在前智能化时代,法官通过对案件的审理和对法律条文的适用,可以发现法律条文的不足之处,对其反馈并在立法层面加以体现。由此,司法与立法可以实现良性的互动。"长久以来,人们已摆脱法秩序的全备性与无漏洞性的信条,并且因为不能改变不得以无法律而拒绝审判的禁令,而赋予法官填补漏洞的创造性任务。"[1]但是,在同案同判的操作模式下,司法限于对以往判决的亦步亦趋,成了原地打转的陀螺,由此而导致的结果是司法对立法反馈作用的停滞。司法成了立法的积极适用者和支持者,而不再是超然的审视者。司法的审慎反思性,在此荡然无存。

此外,值得注意的是,同案并不必然导致同判。即便犯罪手段、犯罪结果、犯罪工具、是否累犯等情节要素具有一致性,被告人的认罪态度、悔罪表现等情节,亦需要法官经由庭审的互动加以认定。司法裁判是一个相当复杂的集合体系,不仅涉及司法过程中的案件事实、法律规范的点状集合,而且涉及政策、经济、伦理和道德等方方面面的多维度的要素集合,这些要素往往以一种"只可意会,不可言传"的形式渗透于司法裁判中,影响到法官的主观判断及最终的司法结果。如实证研究显示,被告人的认罪态度对法官判决产生影响,不仅因为认罪态度是酌定量刑情节,而且与法官的个人因素密切相关。认罪态度对法官判决影响的方式主要是通过一种感性的刺激,比如通过影响法官的情绪从而对法官的判决产生影响。[2]认罪态度作为量刑情节,其本身具有正当性,但人工智能系

---

[1] [德]阿图尔·考夫曼:《法律哲学》,刘幸义等译,法律出版社 2011 年版,第 60 页。
[2] 参见胡铭、冯姣:《认罪态度对法官判决影响的实证分析》,《江苏行政学院学报》2014 年第 2 期。

统对其难以识别和量化,反而削弱了其同判的合理性。

四、衍生性困境:网络透明性下的信息安全

当前,信息革命的浪潮席卷全球,各地"互联网+"的改革正热火朝天地进行;与此同时,网络安全以及个人隐私保护成为互联网治理的难点。2017年5月 WannaCry 蠕虫病毒爆发,其时,伦敦、诺丁汉等多地医院的 IT 系统遭到攻击,患者被迫进行转移;不少国家的学校、政府机构的网站频频中招,一些重要数据遭到严重的破坏。[1]网络透明性的危害得以凸显,亦为司法信息公开敲响了警钟。

大数据侦查措施的采用,将对公民权利保障带来直接影响,特别是对个人信息权的冲击最为明显。为了承担社会责任和控制犯罪,公民个人信息权作出适当让渡,如上文所述是具有现实合理性的,但这种让渡显然不是没有边界的。2021年通过的《数据安全法》提出国家将对数据实行分级分类保护,开展数据活动必须履行数据安全保护义务并承担社会责任等,这是我国在大数据立法上迈出的重要一步。但该法对于公民个人信息保护和侦查机关的权力边界等未作出充分规定,同年通过的《个人信息保护法》为公民隐私权保护厘定了边界。[2]我国立法层面对待数据与个人信息保护的处理导向,一直坚持的是在保障数据安全和充分发挥经济效益下对数据隐私进行保护的原则,这是城市大规模监控系统能够落地实施的原因,亦是我国立法和西方国家相关立法的主要差异——我国更注重数据安全,西方国家则更注重个人权利。当然,毋庸置疑的是刑事司法活动中应对公民的个人信息权利加以保障,我国在实体法和侦查程序设置上也进行了相关设计。如《刑法修正案(九)》增设了"侵犯公民个人信息罪",规定任何

---

[1] 参见中国网:《WannaCry(永恒之蓝)勒索蠕虫攻击全球医疗机构 已影响全球100国家》,https://m.qudong.com/pcarticle/411411?hot=20210729femkH0Jwd.pptx,最后访问日期:2023年1月13日。
[2] 我国《数据安全法》将数据和个人信息相区分,而《个人信息保护法》与《民法典》对"个人信息保护"的立法思路一脉相承,与已有的《网络安全法》也有立场和体系的不同安排。这一立法思路清楚地划分了不同法律的规范对象:相比较而言,《数据安全法》更加强调总体国家安全观,对国家利益、公共利益和个人、组织合法权益给予全面保护;而《个人信息保护法》侧重于对个人信息、隐私等涉及公民自身安全的保护。

单位和个人违反国家有关规定，获取、出售或者提供公民个人信息，情节严重的构成犯罪。但在如何限制侦查机关的权力以有效保障公民个人信息权利方面，尚存在法律规定较为原则、内部规范较为粗糙、规则与实践有较大落差等问题。

司法承载着社会对公正的期许。"审判公开是民主政治的要求，是保障诉讼的民主性、公正性的关键措施。"[1]然而，由于个人隐私、商业秘密、国家秘密等要素，司法需要保留其必要的封闭性。"智能化司法的优势在于信息共享与系统整合。"[2]从访谈中我们了解到，不少地方的公安机关和检察院已经建立了内部的网络系统，以实现案件流程的一体化管理和监督。这些上网的信息，不仅包括内部的流程信息，还包括证据信息。那么侦查阶段的证据信息，是否应该在内网之间实现流转？或者说，经过怎样处理之后的证据材料，才可以在内部网络上实现流转？上述问题仍然存在探讨的空间。此外，最为重要的一点是互联网时代信息的丢失可能导致的严重后果。在智慧司法全面铺开之际，是否会出现司法的运作过程过度依赖于数字技术的状况，亦需要我们保持警惕。

第四节　智慧司法的适用限度

虽然过去人工智能在我国司法领域的运用并不多，但近几年在官方的大力推广下，已呈现迎头赶上甚至后来居上的发展趋势。不得不承认人工智能在司法领域的运用前景不可估量，为实现法院审判体系和审判能力的智能化，必然要抓住新一轮科技变革的技术红利。人工智能在促进司法效率、办案程序规范化、类案类判上的效果是显而易见的，但其自身存在的本质性缺陷亦不可忽视。[3]在现代科技不断进攻以人为主体的社会场域的背景下，我们也要警惕被过热的

---

[1] 陈光中主编：《刑事诉讼法》，北京大学出版社2016年版，第108页。
[2] 汤维建：《"智慧法院"让司法更公正、更高效》，《人民论坛》2017年第4期。
[3] 参见孙笑侠：《论司法信息化的人文"止境"》，《法学评论》2021年第1期。

技术风所吞噬。明确人工与智能在司法过程中的应用分割线,是探索人工与智能协同合作之前提。[1]

一、正确定位:补充而非替代

要想适用好智慧司法,最重要的是明确智慧司法的定位。智慧司法是互联网、大数据和人工智能浪潮下不可避免的趋势,但是就其本质而言,智慧司法只是一种手段,是司法人员可以借助之"物",其功能是促进司法的便捷、亲民,而非对司法本身的替代。在智慧司法进程中,司法的本质不应该发生变化。基于该原则,就可以自然推导出以下两项内容:

第一,在人工智能的背景之下,所谓的"同案同判",仅仅只是一个参考的效用,而非根本性的决定。"人工智能想要介入的前提要件是通过运算法则将司法裁判工作精确模型化,这个过程极为复杂:因为没有一项法律推理会比法官的裁判工作更考验能力。"[2]事实上,"最高法院确实经常竭力作出一个能够平衡各种冲突利益的判决,而不是不顾可能对不同利益或群体产生的影响,只是简单地规定一条僵化的原则"[3]。过度依赖人工智能,以实现对于司法结果精确性的追求,实则是一种因噎废食、本末倒置的做法,其往往会背离对正当程序其他价值的追求。因此,面对复杂的、非类型化的疑难案件,不应过分依赖于标准化的数据,法官应借助特定系统对于"同案"的界定,参照特定的案件结果,结合案件事实的独特性与起因、社会影响等因素进行综合裁量。

第二,智能语音识别可以在书记员难以完整记录庭审情况时作为参考,但不能完全替代书记员本身。庭审智能语音识别技术对庭审过程的机械化记录,缺乏整理性的表述,对于法官判决书写作的意义极为有限。参与访谈的书记员

---

[1] 参见冯姣、胡铭:《智慧司法:实现司法公正的新路径及其局限》,《浙江社会科学》2018年第6期。
[2] 吴习彧:《司法裁判人工智能化的可能性及问题》,《浙江社会科学》2017年第4期。
[3] [美]克里斯托弗·沃尔夫:《司法能动主义——自由的保障还是安全的威胁?》(修订版),黄金荣译,中国政法大学出版社2004年版,第169页。

甚至直言:宁愿自己记录庭审,因为此后对于庭审记录的整理,并未比当庭记录来得轻松。此外,书记员对于案情的掌握,一部分亦来源于对庭审现场的观摩。法官在庭审过程中的表述,究竟是属于"诱导性提问"抑或是属于"一般性提问",很多时候亦需书记员在记录过程中进行技术性处理。而上述功能显然是单纯的智能语音识别技术所欠缺的。由此,就其功用而言,虽然可以为书记员的相关工作提供极大的便利,但仍不能完全替代书记员。

二、限定范围:特定案件的非智能化处置

基于互联网的公开特性,需要限定智能化处置的案件范围,具体如下:

首先,涉及国家秘密、商业秘密和个人隐私等的案件,其智能化程度需要降低。根据《刑事诉讼法》的规定,涉及特定种类的案件,实行不公开审理。究其原因,不公开审理的价值诉求在于保护秘密、隐私等实体性权益,其重心在于以非公开的形式保护当事人的隐私以及应该受到保护的、不愿被公开的秘密和利益。[1]在审判环节尚难以公开的当下,其在侦查、起诉阶段更不易公开。此外,从现实的司法压力来看,相关的数据显示,涉及国家秘密、商业秘密和个人隐私等的案件,在所有刑事案件中所占的比例并不高。以杭州市某基层法院为例,北大法宝一共收录该院审理的刑事案件 11588 件,其中涉及个人隐私的案件仅 19 件。这就意味着,对上述类型的案件进行非智能化的处理,并不会对现有的司法系统造成过大的压力。

其次,在不同的程序阶段,需要设置不同的公开程度。以无罪推定原则为例,虽然其为刑事诉讼的原则之一,但研究显示,在侦查、起诉、审判各个阶段,无罪推定原则适用的程度存在差异。[2]司法体系进行上述操作的原因在于成本效益的考量。在智慧司法过程中,亦需要根据不同的诉讼阶段,设置不同的公开

---

[1] 参见狄亚娜:《论大数据时代的不公开审理与隐私权保护》,《法学杂志》2016 年第 9 期。
[2] 参见冯姣等:《放大镜下的无罪推定原则》,《社会科学战线》2014 年第 4 期。

方式。如侦查尚属证据固定阶段,在此过程中,仅能进行部分的公开。即在侦查阶段,程序性信息可以上网,但是证据性信息仍不宜上网;在审查起诉阶段,对于已经固定的证据信息,可以上网,但是对于仍然存在疑惑或者有待补充侦查的信息,则需暂缓上网;在审判阶段,此时证据已经固定,由此程序性信息和证据性信息均可上网。亦即,随着诉讼程序的进展,可以公开的信息呈现扩张的趋势。

三、规范运行:遵循合法性原则和比例原则

以大数据侦查为例,对于不断扩张的侦查权,需要坚持外部审查与过程控制,尤其要发挥事后司法程序对侦查行为审查的控权作用。具体而言,需要注意以下几点:

其一,数据基础设施的建设主体与使用主体分离,数据资源收集主体与使用主体分离。主体上的分离可以发挥以下作用:首先,改变公安机关主导下的数据库建设自建、自用、自批、自执的局面,借助第三方公权力机关如大数据资源局,构建城市大数据基础设施,抑制侦查权的过度扩张和侦查启动节点的过度前移。现有法律规范中,基于公共利益(国家安全、犯罪侦查目的)的数据协助义务打通了政务数据、商用数据和公民个人数据向公安机关的单向流动途径,但是由于侦查机关具有自批自执的支配性力量,无法保障数据的这种单向流动的合法性和必要性。杭州等地已经尝试设立大数据资源局,为数据基础设施的建设主体与使用主体分离提供了可行的思路。[1] 其次,这种主体分离的设计,对于如天网工程、雪亮工程等社会大规模监控工程而言,既可以满足犯罪预防的数据收集功能,同时又有利于对数据资源滥用的有效救济。例如,公安自身

---

[1] 杭州自2018年开始建设城市大数据资源局,旨在"统筹全市数据资源管理工作""组织实施国家和地方数据技术标准""负责全市政务数据和公共数据平台建设和管理。组织协调全市政务数据和公共数据资源整合、归集、应用、开放、共享,推进落实各级各部门信息系统互联互通,打破信息孤岛,实现数据共享"等等。参见杭州市政府门户网站,http://www.hangzhou.gov.cn/col/col1390103/index.html,最后访问日期:2022年12月31日。

使用大规模技术监控,往往因职权性质模糊,介于行政执法和刑事侦查之间,而侦查行为的不可诉性令公民权益被侵害后难以进行有效的司法救济。相比之下,大数据资源局是行政主体,公民可以通过行政复议、行政诉讼进行救济。最后,对数据的收集主体与使用主体进行"基于犯罪侦查目的使用数据"的主体分离,可以防止侦查机关因为自身的侦查利益而滥用侦查权。如我国台湾地区"通讯保障及监察法"中,对于侦查机关的通讯监听这一类技术侦查就设计了申请、审查、执行的主体分离制度,台湾地区负责执行通讯监察的两大建置机关分别为"法务部"调查局通讯监察中心和"内政部"警务署通讯监察中心。[1]

其二,纳入刑事诉讼法的现有体系,按照强制性程度分类进行规制。有学者指出,比较好操作的一种方式是在《刑事诉讼法》"侦查"章第八节"技术侦查措施"中将大数据侦查增列为一种全新的侦查行为加以规范。[2]在此基础上,可按照强制性程度对大数据侦查措施进行分类,区分任意性侦查措施和强制性侦查措施。对于无强制力且对公民个人信息权干预轻微的侦查行为,即仅涉及一般人格权或信息自决权的非强制性干预措施,可纳入侦查机关的一般侦查权限,且可以在初查中使用。对于《国家安全法》《反恐怖主义法》《网络安全法》《数据安全法》等相关法律已经有特别规定,或者涉及干预《宪法》所明确的公民基本权利的,不应纳入这里的一般调查权限。侦查机关可以援引一般调查权限收集相关数据,但要受到比例原则的限制。对侦查机关干预公民隐私权、个人信息权和财产权的强侵权性措施,应当纳入强制性侦查措施范畴,比照技术侦查措施在实体范围、程序控制要件和非法证据排除三个主要方面进行控制。这里的程序控制要件又包括审批主体与执行主体、适用期限、告知程序、数据信息保存与销毁规定等。[3]此外,还需要考虑大数据侦查措施所获得材料的证据法上

---

[1] 参见李荣耕:《数位时代中的搜索扣押》,元照出版有限公司2020年版,第1—38页。
[2] 参见程雷:《大数据侦查的法律控制》,《中国社会科学》2018年第11期。
[3] 参见王东:《技术侦查的法律规制》,《中国法学》2014年第5期。

的定位,可参照"品格证据"与"习惯证据"规则赋予大数据证明资格,以"衍生证据"对大数据侦查获得的证据进行定性。[1]以基本权侵害程度为标准认定大数据侦查的程序性规制,通过非法证据排除,对大数据侦查的执行监督由行政逻辑转向司法控制逻辑。[2]

其三,强化个人信息和数据保护。我国近年来出台了《数据安全法》《个人信息保护法》《关于构建数据基础制度更好发挥数据要素作用的意见》,这些法律法规和《刑事诉讼法》是并行保护公民的个人信息权利的。对于个人信息保护,应当考虑收集数据主体在数据采集时的告知义务以保障数据主体的知情权,但不同于民事活动中数据主体以"授权"与否为标准进行风险分配与平衡责任,在犯罪治理目标下,私权的让渡在刑事场域的界限可以"知情"为标准作为权利保护原则,最大限度地平衡数据信息所有者自主选择、数据控制的权限和犯罪治理的公共利益。同时,应从外部监督侦查机关的数据收集行为,这便需要在刑事司法的程序中赋权辩护方有效参与的权利,证据开示制度或可成为现有的可资利用的制度基础;还可以完善数据鉴定和数据专家辅助人制度,以提高辩护方抗衡侦查机关的技术能力。

其四,通过专门立法集中规制大数据时代侦查权的扩张。从长远来看,集中立法是解决该问题之优选。大数据时代的侦查行为,越来越难以厘清技术侦查与侦查技术的界限,实践中急需具体明确的法律规范指引,明确侦查行为属性及内容,才可更好地限制权力的弥散扩张。例如美国、日本和我国台湾地区,都对通信监听等进行了专门的立法,以便将技术侦查及大数据侦查纳入法律规制,典型的立法例是美国的《通信电子存储法案》及后续的《爱国者法案》《云法案》、日本的《通信监听法》、我国台湾地区的"通讯保障及监察法"等。大数据时代的侦查行为,虽然表现形式繁多,但典型的场域就是对电子通信信息进行

---

[1] 参见王燃:《大数据时代侦查模式的变革及其法律问题研究》,《法制与社会发展》2018年第5期。
[2] 参见张可:《大数据侦查之程序控制:从行政逻辑迈向司法逻辑》,《中国刑事法杂志》2019年第2期。

收集提取以实现犯罪线索及证据的获取,从域外的立法例来看是可能通过统一立法来规制相关实体、程序、证据问题的。集中立法的另一作用在于,有了明确的上位法来规制公安机关基于自身管理便利而出台的规范性文件,以限制公安机关借授权立法自我扩权。

此外,需要调和国家治理逻辑与司法自治逻辑的内生冲突。国家治理强调"积极主动"并追求"绩效",而司法具有"消极被动"和"独立性"特点,如没有犯罪,自然不能主动采取侦查措施。"当国家治理把合法性来源建立在绩效之上时,它就必须努力兑现一些现实的承诺。这是任何以绩效为基础的政权必然要背负的沉重负担。"[1] 国家治理的主动性会模糊司法自治逻辑对权力约束的界限,这表现为,大数据时代侦查机关的权力扩张显然不是侦查机关自身就可以实现的,大数据侦查的基础设施建设、新侦查措施的模糊化授权等都不是侦查机关自身可以任意而为的,而是国家将侦查权本身作为治理工具的一种体现。因此,必须在国家治理层面尊重刑事司法本身的规律和逻辑,如审判中心主义、令状主义、辩护权保障等,在此基础上维护司法活动正常的效益产出的绩效合法性更符合法治发展的长远进路。

四、救济机制:原理的公开与审查

在人工智能背景之下,同案同判的呼声此起彼伏。纵然如前所述,同案同判尚存不少需要改进之处,但其在司法实践中,将越来越占有一席之地。那么在此存在的问题就在于:若不同系统之间对于同案的认定存在差异,且一方当事人据此提出上诉,那么该如何应对?

首先,审判人员需要对案件事实认定和证据适用问题进行审查,以便作出个人的判断。在以往二审终审的制度设计之下,当事人大多都会息讼服判,从

---

[1] 赵鼎新:《社会与政治运动讲义》(第二版),社会科学文献出版社2012年版,第130页。

而司法得以实现其定分止争的预设功能。但是,对于数据主义者而言,"数据主义对人类知识和智能有所怀疑,而倾向于信任大数据和计算机算法"[1]。那么,当法官个人或者法院群体无法平息纠纷之时,司法实践又该何去何从?

其次,审判人员可以要求系统公开"同案"认定系统的操作原理。在此过程中,法官所需要认定的事实,已经从案件事实转换为对系统原理科学性的认定。在此,则涉及对科学事实的认定。从 Daubert[2] 测试的标准来看,科学证据可采性的测试主要包括四个方面:(1)测试。方法可以被重复测试,当使用相同方法时,会产生相同的结果。(2)错误率。有特定认可的错误率。(3)发表。工具的可靠性在专家群体中被讨论。(4)接受度。该方式在相关的学术圈中被普遍接受。至此,法官的功能可能会被简化为对人工智能设计原理科学性的判定。

值得注意的是,对于人工智能纠纷所需的救济,毕竟是人工智能在司法领域普及之后所面临的问题,目前的司法实践尚未发展到这一步。"眼下最需要做的,是踏踏实实推进机器深度学习,将法官从重复劳动和繁琐事务中解放,从技术上健全法律统一适用和结果预判机制。"[3] 从当下而言,经由法官的审判智慧提炼出计算机算法,并在此基础上反复测验和反馈,是确保机器智能化的前提,亦是减少日后司法实践中纠纷的保障。

第五节 智慧司法的未来展望

在"互联网+"的时代背景之下,智慧司法可以大有所为。就司法公正层面而言,数据留痕产生的规范效应以及互联网本身的效率属性,是前智能化阶段司法无法企及之"项背"。然而,智慧司法并非尽善尽美之物。互联网与生俱来

---

[1] [以色列]尤瓦尔·赫拉利:《未来简史》,林俊宏译,中信出版社 2017 年版,第 336 页。
[2] See Daubert v. Merrell Dow Pharmaceuticals, 509 U.S. 579(1993).
[3] 何帆:《我们离"阿尔法法官"还有多远?》,《浙江人大》2017 年第 5 期。

的缺陷,使得在将其与司法结合时,需要保持必要的审慎。制度设置过程中,对于公开与秘密、效率与公正、智能与裁量等矛盾的考量与处理,将直接影响到智慧司法所能发挥功能的深度与广度。

"取法乎上,仅得乎中。"智慧司法为司法的发展前景构筑了一个美好的"乌托邦"。适用过程中的无序,是"互联网+司法"这一新生事物与旧有的司法体制磨合期内的阵痛。在此过程中,互联网法院的设立、206人工智能系统的研发[1]、区块链司法存证的运用[2]等,无疑是积极的改革信号。在未来的司法实践中,就网络法院而言,应当设立何种诉讼规则?在实体法院中,应该建立何种审判机制,以促进法官智慧与人工智能之间的融合,更好地实现司法公正之面向?智慧司法的背景下,又该如何在网络安全、司法公正、司法效率之间找到均衡点?对此,我们认为,智慧司法的未来发展,应当建立在明确人工与智能在司法过程中的应用分割线、探索人工与智能协同合作的前提之上。具体而言,包括但不限于审判过程整体上审判事务与非审判事务的界分,诉前纠纷多元化解的人工与智能途径,司法裁判阶段不同要素、不同环节以及不同案件类型的分工,最后确保法官对司法公正的人性化把握。

一、智能化机器替代传统人工作业

域外实践表明,人工智能技术在国外大型律师事务所的运用使律师们从繁杂的文书类工作中解脱出来,更好地从事更高阶层的专业工作。[3]从官方报道可以看到,当前我国人工智能的实践主要是通过信息的电子化技术将传统司法辅

---

[1] 参见严剑漪:《揭秘"206":法院未来的人工智能图景》,《人民法院报》2017年7月10日,第1版。
[2] 参见胡铭:《区块链司法存证的应用及其规制》,《现代法学》2022年第4期。
[3] 根据史蒂夫·洛尔(Steve Lohr)的研究,文书审查工作在国外大型律师事务所已不再占据律师大部分的时间,研究表明律师们仅花4%的时间在文书审查上,剩下的文书审查工作都由外包和人工智能所替代。See S. Lohr, "A. I. Is Doing Legal Work. But It Won't Replace Lawyers, Yet", *The New York Times*, 2017, March 19; William J. Connell, "Artificial Intelligence in the Legal Profession—What You Might Want to Know", *The Computer & Internet Lawyer*, Vol. 35, No. 9, 2018, pp. 32-36.

助人员从事的事务性工作机器化,有效实现了法官非审判工作的剥离,从而提高了司法效率,[1]而具体的裁判仍然需要人工参与其中。人类社会历经了从以土地为中心的农业社会,到以市场为中心的工业社会、以网络为中心的信息社会,再到当下正在转型的以算法为中心的智能社会,[2]为了保持"社会—司法"的良性互动,必然要打造一个新型的司法环境以适应社会的智能变革。从劳动分工和资源配置的角度出发,人类社会的智能化变革必然会改变传统司法人工作业的模式,作为"产品生产线"的司法过程也将伴随着新的劳动分工和资源配置。用科技让法官从非审判事务中抽身是实现"以审判为中心"的前提,而法院司法活动的劳动分工也将更加精细明确——一类是作为核心的"审判"工作,一类是作为"审判辅助"[3]的工作。在"以审判为中心"的诉讼制度改革下,将审判辅助工作的边界扩大,并由人工智能取代,将法官从非审判事务中解放出来,实现司法内部资源的科学配置,从而达致司法效率与司法公正的实现。

在与办案人员的访谈中,我们能感受到实务部门对司法的智能化转型方向大体上是认可的,毕竟提高司法效率、减轻司法人员的工作负担是所有办案人员之愿景。某法官在访谈中说:"现在的电子送达比两三年前先进多了,移动微法院也让当事人和法官的沟通更加及时方便了,简单案件裁判的一键生成和智审系统的提取审判要素也为工作提供了便利。"可以想见,当法官从繁琐的非审判事务工作中解脱后,可以将重心集中到法律专业的实质审判工作上来,这无

---

[1] 2016年以降,全国各地法院在"智慧法院"的建设中纷纷推出各具特色的智能审判服务系统,以苏州法院为例,"智慧审判苏州模式"让法官事务性工作剥离约40%,书记员事务性工作减少约50%,案件平均审判效率提高30%左右。参见丁国锋:《八种"机器人"助力苏州法官判案》,http://www.xinhuanet.com//legal/2017-04/15/c_129537409.htm?isappinstalled=0,最后访问日期:2023年1月13日。

[2] 参见张文显:《迎接算法法律秩序时代的到来》,《东方法学》2020年第5期。

[3] 需要说明的是,为行文方便,本书提及的审判辅助工作是狭义上专指审判阶段法官审判工作之外的事务。而在司法的整体概念上,审判及其辅助工作的分工,可以概括为决策和为决策而进行的信息收集的分工,"审"是对信息进行甄别,"判"则是基于甄别的决策。事实上绝大部分的审判辅助工作都是对案件相关信息的收集、存储、分析、流传等。因此,在整个审判流程中,特别是刑事司法过程中,审判辅助工作还包括检察官的审查起诉工作、公安机关的侦查工作。

疑是司法改革道路上对司法人员专业性的要求。

二、人工智能助力纠纷的多元化解

诉讼活动始于纠纷的发生，从纠纷发展的轨迹可以洞见，并非所有的纠纷都会发展到诉诸法院的阶段，若能在纠纷进入法院之前得到处理，未尝不是一种有效的分流机制。费尔斯蒂纳（William L. F. Felstiner）将纠纷的发展过程（dispute process）建构为命名（naming）、归责（blaming）和主张（claiming）三个阶段。首先当事人要对自身遭遇之不公平有所意识，接着意识到必须有人为此负责，最后诉诸法院寻求公平。[1]诚然，并非所有的纠纷都会经过命名—归责—主张的发展历程，纠纷最终发展到诉诸法院是由于当事人对法律规则的不确定，需要诉诸法院"讨说法"，其本质上是一种由法院确认行为规则的过程，而不是行为规则争议的过程。因此对于法官而言，针对此类诉讼的审判过程，事实上是一种普法的过程、规则确认的过程。[2]随着社会文明的不断发展，人们的法律意识愈加强烈，但因对国家正式法律规则不甚熟悉，导致个体间的纠纷频发，全球范围都面临着诉讼爆炸的问题，目前很多国家的法院已经广泛采用现代科技手段代替法官来进行这种普法、规则确认的工作。[3]

当前浙江智慧法院推出的旨在构建纠纷智能化解决的ODR平台[4]，便是通过打通纠纷多元化解通道，充分利用现有的各类解纷平台探索"网上枫桥模式"，引导各类主体共同参与矛盾纠纷的多元化解。有学者指出，当对于规则的

---

[1] See W. L. Felstiner, R. L. Abel and A. Sarat, "The Emergence and Transformation of Disputes: Naming, Blaming, Claiming…", *Law and Society Review*, Vol. 15, No. 3-4, 1980, pp. 631-654.

[2] 参见程金华：《人工、智能与法院大转型》，《上海交通大学学报》（哲学社会科学版）2019年第6期。

[3] 域外实践表明，目前ODR技术已经成为纠纷解决的"第四方"，该机制包括谈判、调解、仲裁以及其他纠纷解决流程。虽然在美国和其他国家，ODR主要还只是运用在eBay和阿里巴巴等电子商务纠纷中，多数场合的纠纷仍然还是遵循传统的线下解决方式，但ODR在特定案件（例如小额索赔纠纷和财产税纠纷）的处理中，展示了通过技术可以实现司法效率的提高和诉讼途径的拓宽。参见Amy J. Schmitz, "Expanding Access to Remedies through E-Court Initiatives", *Buffalo Law Review*, Vol. 67, No. 1, 2019, pp. 89-163。

[4] 关于ODR平台的更多资料，详见https://www.yundr.gov.cn，最后访问日期：2023年1月13日。

确认可以更为便捷高效地从智能化平台获得时,人们对法律的预期就会更加明确。当人们可以在智能化平台上获得更为直观的处理结果时,或许也不会再纠结于结果的形成过程,法律的推理也将更为形式理性化,此时即使人工可以进行更高难度的感性化解释,也很难对抗高度理性化的算法。[1]显然,当人们足够信任在线纠纷解决平台的中立性与权威性时,智能化平台作为第三方机构,可以为当事人在事实与规则的确认上提供可靠帮助,并解决双方当事人信息不对称的问题,从而为当事人提供纠纷化解的可能,即使不能在诉前调解解决,还可直接通过平台的诉讼服务栏目进入网上立案程序,获取"人工+智能"的诉讼服务。可见,智能平台的打造可以有效实现"人工+智能"的多元纠纷化解模式,促进案件的智能化分流。

三、人工与智能在司法裁判中的分工协作

在深化案件繁简分流的改革下,人工智能对司法裁判介入的程度应因案分配,正如针对认罪认罚案件的量刑协商程序,实质上也是通过当事人放弃部分诉讼权利[2]、司法机关让渡部分司法权而达成的一种协商合作模式,以实现特定刑事案件的诉讼效率再提高。故而,人工智能介入司法裁判的过程,亦可根据司法裁判的不同要素、不同环节、不同案件类型明确人工与智能的界限,实现人工与智能协同合作的裁判模式。总体而言,在司法裁判中,可以明确经验/情感与法律要素的划分、事实认定与法律适用环节的划分、轻微共性案件与严重个性案件的划分。

司法裁判的说理部分是使当事人服判息讼的重要环节,运用法律规则、经验法则、价值权衡作出的符合大众情感的说理可以促进案结事了。司法裁判充斥着法律与情感的交织,承载着说服、教育、引导等多重法律功能,多数时候法

---

[1] 参见李晟:《略论人工智能语境下的法律转型》,《法学评论》2018 年第 1 期。
[2] 参见胡铭等:《认罪认罚从宽制度的实践逻辑》,浙江大学出版社 2020 年版,第 127—147 页。

官在判决理由中的情感表达也构成了说理论证的重要组成部分。[1]经验与情感是人类在社会关系与交往行为过程中产生的,是人类社会交往的重要组成部分,而依靠数学和统计学的算法擅长演绎推理,是故,由法官具体把握经验与情感的要素分析更为妥当,而庞杂的法律条文则可以通过算法演绎由机器实现法律要素的把握。从经验/情感与法律要素的划分出发,可以进一步扩展到事实认定与法律适用的划分,司法裁判中的法律适用在我国是一个依据成文法进行逻辑推理的过程,大体上是运用单一的线性逻辑;而事实认定通常是属于非线性逻辑的范畴,需要运用法律规则、证明逻辑、价值判断、经验法则等知识体系来完成对待证事实的认定,需要综合全案的证据进行经验与理性的判断,这是目前人工神经网络的建构难以实现的,故而,由法官主要把握事实认定、由机器完成线性逻辑的法律适用较为妥当。

此外,在具体案件上,以刑事案件为例,可以根据案件的复杂与严重程度,将案件划分为轻微的共性案件与严重的个性案件。像故意杀人罪由于案件本身重大,且案件发生背景、人物关系、作案动机等都存在极强的个性化特征,此类案件采用数学原理和统计学原理都难以找到神经网络的建构规律,人工智能发挥的作用相当有限,最多是运用人工智能在技术层面上的优势协助法官进行证据认定,更好地完成司法裁判。[2]而类似危险驾驶罪、交通肇事罪等案件,则属于轻微的共性案件,也存在多发性的现象,特别是酒驾入刑后,危险驾驶罪的案件数量攀升,借助数学原理可以实现其神经网络的建构,此类案件的机器学习效果较好,让机器介入此类案件的裁判具有一定的可行性。但针对最后系统生成的裁判文书,法官必须进行审核确认,并为之负责。当然,倘若法官认为机器裁判有所偏差,亦可随时介入,把握司法裁判的最后一道防线。

---

1 参见[德]菲利普·黑克:《利益法学》,傅广宇译,商务印书馆2016年版,第20页。
2 参见魏斌:《智慧司法的法理反思与应对》,《政治与法律》2021年第8期。

诚然,人工智能对司法裁判的介入存在以"数据决策"替代"法官决策"的风险,[1]但针对简单轻微案件而言,效率是实现公正的重要保障,当然,针对最后裁判文书的制作,需要明确智能系统仅具有辅助法律文书生成之功能,案件裁判权必须掌握在法官手中,抑或说针对系统自动生成的文书,法官具有最后的审核签署权并为之负责,以避免未来司法裁判的权威性落入高度便捷的算法之中。我国立案登记制和法官员额制的改革一方面加大了法院的案件量,另一方面又严格控制了法官数量,进一步加剧了案多人少的矛盾。因此,通过智能化司法的改革提高司法效率迫在眉睫。针对事实清楚、情节轻微案件的智能化高效处理,例如线上庭审、判决书自动生成等措施,在严格意义上,必然会挑战司法的亲历性、独立性,甚至危及司法权威、司法公正。但在诉讼量急剧增长和司法资源有限的矛盾下,要在每一个案件中全面贯彻司法的亲历性、独立性,显然是不切实际的。罔顾效率的公正亦不是真正意义上的公正。在法治不断进步的环境下,诉讼的便利和法律意识的增强必然会带来诉讼量的增加,只有构建有效的繁简分流机制,科学配置司法资源,侧重简单案件的效率和复杂案件的公正问题,才能真正实现司法公正的真谛。

四、把握司法裁判的人性化公正

显然,人工智能在司法效率的追求上占尽优势,但过度依赖人工智能,则会导致对其他司法价值的背离。把握效率之外的公正问题,则需要法官守住司法裁判的最后一道防线。赫拉利(Yuval Harari)在《未来简史》中对人工智能与法律的未来进行了预测,他认为相较于人为判案的主观性和法官自身能力的局限性,算法作为一种精细化、具体化和绝对刚性的规则,将最大程度地保证案件裁判的公正性。然而,算法的优劣与其使用数据的优劣有着密切关系,而很多数

---

[1] 参见季卫东:《人工智能时代的司法权之变》,《东方法学》2018年第1期。

据通常是不完美的,这就导致算法会在不自觉中继承了人类的某些偏见,继而在"客观中立"的算法中延续。[1]在深度学习的场合,人工智能系统不仅按照算法进行数据处理,还能采取多层次脑神经网络的模型和方法,从大数据中自动发现和提取特征量,探知未知的问题、样式、结构及原理,其背后遵循的是一种相关关系,而不是因果关系。这也就意味着在人工智能网络的相互作用及其连锁反应不断进行的情况下,预测、理解、验证、控制就会变得更加困难,进而出现算法的黑箱化现象。[2]因此,我们需要通过设计验证、证实、知情同意、算法的透明性、结果的可责性以及救济、责任等方面的完善机制,来避免算法偏见产生的不公正结果;[3]更要明确人工与智能在裁判中的分工界限,把握人性化的公正。

算法的复杂性和隐秘性导致裁判过程的黑箱化,算法的偏见和独裁引起机械化审判的实质不公正,司法公正的把握绝不仅仅是程式化算法演绎的技术理性下的形式公正,更需要法官运用经验理性、价值判断、利益衡量,把握司法裁判背后可能引起的"司法—社会"效应。司法公正不是简单由静态的法律推理即可实现,司法公正的实现是由相关的制度、价值、组织、角色构成的一个与社会互动的结构,是一个动静结合的过程。[4]在静态上可以体现为司法组织与法官个体对司法公正的形象塑造,不仅通过对法官准入机制的严格把控、对法官职业伦理的层层限制,以提高法官的职业素养;法官作为司法公正的践行者,他与司法公正之间更是一种动态的互动过程,法官在"司法—社会"的互动中,主要以语言为载体,处理复杂社会关系中的纠纷,司法裁判的形成与其说是对是非曲直的判断结果,毋宁说是一场规范与实践之间互动商谈的对话结果,并以此为人们确立了未来的行动标准和行为方向。高效的算法得出的公正更像是法教义学理论勾勒的那种不偏不倚、同案同判的公正;但实质上同案同判既非司

---

1 参见[以色列]尤瓦尔·赫拉利:《未来简史》,林俊宏译,中信出版社 2017 年版,第 335 页以下。
2 参见季卫东:《人工智能时代的法律议论》,《法学研究》2019 年第 6 期。
3 参见高奇琦:《人工智能——驯服赛维坦》,上海交通大学出版社 2018 年版,第 38 页。
4 参见王晨:《司法公正的内涵及其实现路径选择》,《中国法学》2013 年第 3 期。

法裁判的基本原则,也并非一项无法摆脱的法律义务,它可以轻而易举地被其他法律义务或道德要求所凌驾。[1]司法公正更不能被简单化为同等对待,它更需要法官在裁判过程不断矫正以把握实质上的公正。

  现代社会各个行业的智能化是大势所趋,人工智能时代的法律大数据以一种前所未有的方式,通过对海量法律数据进行分析,对法律问题进行预判,获得新的认知,创造新的价值。[2]然而,法律行业的特殊性和专属性否定了审判的智能化替代。让法官从繁重的非审判事务中解脱出来,探索人工与智能在司法裁判中的合作模式,将人工智能作为人类经验司法的补充和理性司法的强化,是现代科技助力司法效率和公正的现实路径。未来"智能+"的思维模式将会贯穿到人的行为特征上,我们要将"智能+"作为一种内化于心的认识论和方法论,不仅要意识到未来人工智能与法律的结合将会朝着彼此交融而不可分割的面向发展,更要警惕机器取代人的决策地位。[3]假若未来算法不断冲破人工智能司法运用的难题,"人工+智能"的协同合作模式也将不断深化,那么人工与智能的分工亦会不断改变,甚至界限模糊化,这便会引发机器取代人类的智能危机。因此,在不断深化智能改革的过程中,我们要时刻反思人工智能对司法过程的强势介入是否违反了法律的基本原则,所进行的司法智能化的改革项目是否突破了司法改革的权限。唯有清醒地把握科技的工具属性,明确人工与智能在司法运用中的分割线,探索人工智能为司法服务的可能路径,确立人的主导地位,才能不被科技反噬。

---

 1 参见陈景辉:《同案同判:法律义务还是道德要求》,《中国法学》2013年第3期。
 2 参见[英]维克托·迈尔-舍恩伯格、肯尼思·库克耶:《大数据时代:生活、工作与思维的大变革》,盛杨燕、周涛译,浙江人民出版社2013年版,第9页。
 3 参见胡铭:《数字法学研究的实验方法与风险防控》,《华东政法大学学报》2023年第1期。

第八章
律师制度与法律援助的发展及完善

律师制度是中国式司法制度的重要组成部分。习近平总书记强调："律师队伍是依法治国的一支重要力量。""要围绕全面推进依法治国,完善律师执业保障机制,加强律师队伍建设,建设一支拥护党的领导、拥护社会主义法治的高素质律师队伍,充分发挥律师在全面依法治国中的重要作用。要把法律规定的律师执业权利切实落实到位,建立健全配套的工作制度和救济机制,依法保障律师在辩护、代理中所享有的各项执业权利,确保侵犯律师执业权利的行为能够得到及时纠正。要加强律师执业管理,明晰律师执业行为边界,加强律师队伍思想政治建设。"[1]研究律师制度,殊为关键;完善法律援助制度,殊有必要。

第一节 中国律师制度的演进

对于中国律师制度的起源,学界争议颇多,大致有周朝始有说、西洋传入说、清末始有说和民国始有说这些观点。如果从词源学的角度来看,这些争论实际上源于对"律师"和"制度"这些概念的不同界定。中国现当代的社会科学

---

[1] 《坚持以扩大开放促进深化改革 坚定不移提高开放型经济水平》,《人民日报》2015年9月16日,第1版。

研究,大多建立在西方学术话语基础上,从"律师"和"制度"的现代语义来看,我国古代并没有关于律师的"制度","律师"也是清朝晚期才出现的。晚清变法时期,《大清刑事民事诉讼法草案》《民事刑事诉讼暂行章程》《刑事诉讼律草案》和《民事诉讼律草案》都对律师作出了规定,但这些规定最终都未能颁行。中国律师制度的正式确立,通常认为起始于民国初年(1912)南京国民政府公布的《律师暂行章程》,随后首批取得律师资格的人才开始真正履行现代意义上的律师职能。

可以说,现代意义上的律师制度是清末修律大背景下的法律移植和本国传统相结合的产物。有学者认为法律是一种"地方性知识"[1],是一种"本土资源",法律移植是没有必要也不可能成功的。[2]这种观点虽然有些绝对化,但揭示了本国法律传统在法律现代化中的强大惯性。英国法律史学者阿兰·沃森(Alan Watson)也认为:"法律基本上是自主的(autonomous)而不是由社会需要形成的;虽然没有相应的社会制度就不存在法律制度,法律是从法律传统演变而来的。"[3]中国近代律师制度虽然由西方引进,但是在中国古老的法律传统里,"律师"文化源远流长,它借助清末西学东渐的契机,与西方律师制度融合在一起,建立了中国现代意义上的律师制度。

一、传统中国的"讼师"制度

早在西周时期,中国就有类似律师代理行为的民事代理活动。《周礼·秋官·小司寇》记载:"凡命夫命妇不躬坐狱。"意思是,如果当事人是命夫命妇[4],则不必亲自到法庭上进行诉讼,可以使其下属或子弟代为进行。但是当时的代

---

[1] [美]吉尔茨:《地方性知识:事实与法律的比较透视》,邓正来译,载梁治平编:《法律的文化解释》(增订本),生活·读书·新知三联书店1994年版,第126页。
[2] 参见苏力:《法治及其本土资源》,中国政法大学出版社1996年版,第17页。
[3] 沈宗灵:《论法律移植与比较法学》,《环球法律评论》1995年第1期。
[4] 命夫命妇是指得到皇帝的赐封,有社会地位的人。

理活动仅限于特定阶层,即贵族阶层,一般的平民必须亲自参加诉讼。这种规定也不是现代意义上的"代理",而是维护古代社会"礼"的尊严。古代中国以"礼"维护社会秩序,确立"君君臣臣父父子子"的纲常伦理,从而建立贵贱、尊卑、长幼、亲疏有别的社会秩序和交往模式。当时代理人的出现就是避免贵族出现在法庭上,其尊严被亵渎。随着社会经济的发展,不仅是贵族阶层,普通民众对于具有专门知识的代理人的需求也不断增加。

西周之后的春秋战国是中国历史上社会巨变的时期,在思想领域形成了诸子百家争鸣的繁荣景象,各个思想学派的学术成就蔚为壮观。这一时期的士荣和邓析被认为是"辩护士"的代表,士荣因为他人辩护至死而闻名于世。中国哲学大师冯友兰认为春秋战国时期百家争鸣中的"名家"就是"辩者",他们以辩论而闻名。邓析作为早期的名家代表人物,更是专门对于法律条文咬文嚼字,在不同案件中作出不同的解释,体现其辩论的才能。邓析精通法律,帮人诉讼并收取费用以谋生,且设立专门的场所教人诉讼,在当时的郑国掀起了教人打官司之风。

春秋以后,讼师活动基本上处于地下状态,但因为社会需要的存在并没有消失,随后,在明清之际达到了鼎盛。宋代以来,中国民间有"兴讼""健讼""嚣讼"之风,据美国学者麦柯丽的考证,乾隆二十三年至二十四年间(1758—1759),福建省羁押诉讼的总数为22800件,在湖南湘乡县(现湖南省湘乡市),每个放告日可以收到300—400份状词,每年会收到14000—19200份状词。[1] 出现这样的状况,一方面是由于人口膨胀,经济发展,民间田土、房屋、物什等财产流转交易关系迅速增多,民众通过兴讼来争取有关权利的风气日盛;另一方面也反映了当时政府行政司法一体的治理模式不堪重负的尴尬。

---

[1] 在清代,由于地方官不仅要处理行政事务,还要兼任司法裁判官,因此并不是每天都接受民众的上告。当时的法律规定,每年有8个月,每个月有6天接受原告呈递告词。参见[美]梅利莎·麦柯丽:《社会权力与法律文化——中华帝国晚期的讼师》,明辉译,北京大学出版社2012年版,第340页。

古代中国囿于政治、经济、文化等各方面限制，很难形成现代意义上的律师制度。清末学者顾家相在《中国严禁讼师外国重用状师名实异同辩》中指出："讼师和律师的职责是相似的，它们之所以在中国和西方遭受完全不同的对待，其根本原因在于中国和西方政权中心不同。中国注重君主权力，严禁对君权的侵凌，故没有把各国注重民权的律师作为正式的制度。"[1]这种说法有一定的道理，但是也有所偏颇。君权和民权正如专制与民主，是相伴而生的，既此消彼长也相辅相成，并不是截然对立的。而诸如民主、权利、法治等概念在西方文明中也不是从来就有的。西方也有专制，中世纪因政治和宗教上的专制被视为西欧一个黑暗的时代（约476—1453），而中国在这个时期经历了开皇之治（隋）、贞观之治（唐）、咸平之治（宋）、永乐盛世（明）。封建社会初期和中期，中国地大物博、人口适中，在日出而作、日落而息的小农经济模式下，君主专制及相关治理经验被证明是良好有效的。

韦伯在《新教伦理与资本主义精神》一书中认为，宗教（文化）与制度的选择之间不必然具有直线的因果关系，而是一种选择亲和性（selective affinity），就像新教伦理与资本主义是相互选择、吸引、认可、支持的关系。依此解释路径可以认为，律师制度与中国封建社会早、中期不具有选择亲和性，这样的解释也许更加客观，因为不涉及民主、权利这样具有价值判断的语词。当然，这一情况在十五六世纪以后发生了变化。出于经济、文化甚至包括地理环境的原因，西方走上了资本主义道路，而中国延续了封建主义道路，但是封建政府以前的统治经验显然不适合快速膨胀和变化的社会。社会发展更倾向于选择律师制度，从那一时期讼师群体蔚然成风如决堤之水可见一斑，只是封建统治的惯性一直压抑着这一制度的形成。但是这并不能阻挡现代社会与律师制度之间的相互吸引，可以把韦伯所谓的选择亲和性比喻成磁铁之间的吸引力，一旦调整好极向，社会和制

---

[1] 党江舟：《中国讼师文化——古代律师现象解读》，北京大学出版社2005年版，第76页。

度会迅速相互吸引,清末民初律师制度的建立可以看作是这种作用的结果。

在传统中国君主专制、小农经济和儒家文化的背景下,难以孕育出西方式的律师文化和制度,但是社会对于法律服务仍然有需求,于是中国传统的"讼师"制度在夹缝中求生存,扭曲地发展着。这种畸形的发展主要表现在官方对讼师活动的否定以及讼师在民间低下的社会地位上。

从政治上来看,讼师不被官方认可,没有获得合法的政治地位,是历代政府禁止和打压的对象。古代社会治理的理想状态是"无讼"[1],因此也没有专门的司法部门来办理诉讼事务,司法权附属于行政权,政府部门兼职处理诉讼事务。政府并不希望老百姓来打官司,讼师被官方认为是挑词架讼、影响社会稳定和谐的罪恶渊薮。如春秋时期讼师兴起,是当时社会政治经济制度变革的结果。奴隶制瓦解,土地私有制确定,在一定程度上促进了商品经济的发展,以商人为主体的民间诉讼需求增加,形成了人民争相学讼的局面。讼师对法律进行传播,通过解释法律来表达权利诉求,对当时的社会秩序提出了挑战,因此讼师免不了被打击的命运。秦汉时期实行高度集权主义,通过焚书坑儒以及罢黜百家、独尊儒术,逐渐形成了中国以礼治国、家天下的统治格局,讼师和辩学像其他诸子学说一样都沦为末流。宋明清之际,随着社会经济的发展,民间诉讼之风日盛,政府机构不堪重负,对讼师更是不胜其烦。政府将自身治理的缺陷归咎于讼师的"架词唆讼",对他们冠以"积惯讼棍""唆讼者"的称谓。讼师群体里确实不乏一些通过鼓动人们诉讼以便从中渔利之徒,有些讼师不惜诬告,比如捏造事实,更有甚者通过买卖尸体来伪造凶案,以此来诬告陷害仇家。

讼师这种"钻空子"教人诉讼的行为,让官方不堪重荷;讼师的智慧和对法律的"玩弄",极大地挑战了官方的权威。讼师与中国古代社会的政治统治格格

---

[1] "无讼"源于孔子所说的"听讼,吾犹人也,必也使无讼乎"。汉唐以来的主流观点将"无讼"理解为"没有诉讼""消除诉讼"或"诉讼不再发生"等,将"讼"定性为"凶",传统的法律常常对诉讼持限制甚至禁止的态度。参见方潇:《孔子"无讼"思想的变异及其原因分析——兼论对我国当前司法调解的启示》,《法商研究》2013年第1期;尤陈俊:《"讼师恶报"话语模式的力量及其复合功能》,《学术月刊》2019年第3期。

不入,历代政府对讼师的活动态度很鲜明,就是禁止和打压。春秋战国时期郑国的讼师鼻祖邓析,擅长诉讼,其辩论之术无人能敌,"操两可之说,设无穷之词"。然而,邓析被当政者视为乱民祸首,惨遭杀害。《唐律斗讼》规定:"诸为人作辞牒,加增其状,不如所告者,笞五十。若加增罪重,减诬告一等。"宋代衙门每结案之前,几乎必先办讼师。到了清代,《大清律例》规定:"与政府官员勾结、挑唆乡民提起诉讼,或以欺诈、威吓手段强迫他人提起诉讼,以'讼棍'之罪,发云南、贵州等地充军。"因此中国古代讼师的活动基本处于地下状态,被政治和法律所拒绝。

虽然民间对讼师提供的法律服务有需求,但是讼师在民间的社会地位并不高。一方面,从应然层面来看,对于整个社会来说,"无讼""厌讼"是主旋律,安分守己之人不会去衙门打官司,教讼、助讼的讼师的品行自然也不会好到哪里去。另一方面,从现实层面来看,讼师不是公开合法的职业,没有相关的法律、职业规范以及职业道德对其行为进行约束。一些讼师的行为甚至完全违背了社会道德。比如讼师通常是为有钱人服务的,雇主越是出得起高价,讼师越能使出浑身解数,无中生有、是非不分、颠倒乾坤,他们是既得利益集团的维护者。

尽管古代讼师没有合法的政治地位,也没有正面的社会形象和社会地位,但是作为一种法律文化,讼师的存在仍然具有正面意义。一方面,在"无讼""息讼"的社会环境下,那些迫不得已要去官府打官司的普通百姓缺乏基本的法律常识,求助于了解司法程序、掌握诉讼技巧的讼师,最起码可以在一定程度上维护自己的利益。讼师满足了当时社会对法律服务的需求。另一方面,讼师之所以被官方封杀,就在于其维护当事人的利益,对抗国家政权,抑制司法专断,引起统治者的不满。作为当时社会的异端分子,讼师也代表着一种社会和法律领域的革新力量。此外,史书记载,不乏一些讼师如宋士杰、谢方樽等,能够洁身自好,他们不畏权贵、挺身而出、匡扶正义、劫富济贫、为民请命,狡黠而睿智地战胜邪恶官员。[1]尽管这些典型难以改变整个讼师群体的形象,却至少说明讼师这一职业虽然不合法,但是具有道德上的正当性。像宋士杰、谢方樽这些具有正面形象的代表也为讼师这一职业树立了博学、机敏、善辩、坚毅、不畏强权等道德典范,这些优良的品格就是从现在来看,依然是一名好律师不可缺少的。讼师文化所彰显的正能量,也可以解释讼师这一职业为什么能够在法律和道德的夹缝中顽强地生存下来。

传统中国的讼师缺乏合法的政治地位和良好的社会声誉,轻视、蔑视讼师的文化传统在现代社会仍然有迹可循,成为制约律师制度发展的藩篱。同时,传统中国的讼师代表诉讼当事人的利益诉求,制约司法专断,虽然难以嵌入当时的社会结构,但是符合法律发展的规律,因而具有顽强的生命力。同时,一些优秀讼师所塑造的道德楷模形象,仍然是现当代律师努力奋斗的目标。

二、近代律师制度的产生与承续

近代律师制度的首次引进始于清末修律。1906年3月,由沈家本、伍廷芳等拟定的《刑事民事诉讼草案》完成,该草案区分了实体法和程序法,区分了民事与刑事案件,并且设置了律师制度。该法案的第四章"刑事、民事通用规则"第一节即为"律师",对律师进行了定位:"凡律师,俱准在各公堂为人辩案。"同时对律师的职能、准入条件、义务和责任等都做了较为详细的规定。该草案在中国首次引进了律师制度,因保守派的阻挠和革命形势的变化并未实际施行,但是给中央政府和地方社会都带来了观念和认识上的转变,为民国时期律师制度的正式创立营造了氛围。

1912年9月16日,北洋政府颁布了中国历史上第一部律师单行法规《律师暂行章程》,通常认为这是中国律师制度正式建立的标志,中国传统的法律服务

---

[1] 以宋士杰、谢方樽等讼师除恶扬善为主题的戏曲文学作品在民间流传甚广,如京剧《四进士》讲述宋士杰为寡妇杨素贞申冤的故事。

职业实现了由讼师向律师的转型。近代律师制度的建立并不是对西方法律的简单移植,而是建立在中国源远流长的讼师文化基础上,是对中国传统法律文化的承续。

律师制度的建立实现了中国法律服务者的职业化,律师的定位是为社会提供法律服务的自由职业者,并且要遵从一定的准入标准。这就意味着,律师的活动由幕后走向了台前;成为律师的条件由宽泛的自由准入,变为以学历和考试为主的准入标准。[1]这种对律师执业资格的限制,旨在从专业和道德两方面对律师进行选拔。遗憾的是这种规定并没有得到很好的执行,导致律师职业准入流于宽泛,直接影响了律师群体的整体素质以及社会对执业律师的观感。以至于1922年7月,济南教育公会通过一份决议,向政府建议取消政法学院,因为其培养出"架词挑讼"的律师。对中国人而言,存在一个根深蒂固的观念,即相信从法学院出来的毕业生更可能会破坏秩序,而不是建立秩序。[2]

律师的执业范围是对讼师业务范围的继承和发展。讼师在帮人诉讼的时候只能在幕后替人策划,这一行为并不被官方认可,因此被认为是"教唆词讼";官方认可的讼师代理行为也仅限于代写司法文书,而实际上律师不仅可以出庭参加诉讼,还可以代理原告、被告处理与诉讼相关的事务。最后,从民国初年的

---

[1]《律师暂行章程》第3条规定:"有左列资格之一者得应律师考试。一、在国立法政学校或公立私立之法政学校修法政之学三年以上得有毕业文凭者。二、在本国或外国专门学校修法律法政之学二年以上得有毕业文凭者。三、在本国或外国专门学校学习速成法政一年半以上得有文凭者。四、在国立公立私立大学或专门学校充律师考试章程内主要科目之一之教授满一年半者。五、曾充推事检察官者。律师考试章程以司法部部令定之。"第4条规定:"有左列资格之一者不经考试得充律师。一、在外国大学或专门学校修法律之学三年以上得有毕业文凭者。二、在外国大学或专门学校修法政之学三年以上得有毕业文凭者。三、在国立公立大学或专门学校修法律之学三年以上得有毕业文凭者。四、依法院编制法及施行法曾为判事官检事官或试补及学习判事官检事官者。五、在国立公立私立大学或专门学校充律师考试章程内主要科目之一之教授满三年者。六、在外国专门学校学习速成法政一年半以上,得有毕业文凭,并曾充推事、检察官、巡警官或曾在国立会立私立大学或专门学校充律师考试章程内主要科目之一之教授满一年者。七、依本章程充律师后经其请求撤销律师名簿之登录者。"参见《司法部令·兹订定律师暂行章程三十八条特公布之此令》,《政府公报》第1422期,1912年9月19日。

[2] 参见尤陈俊:《阴影下的正当性:清末民初的律师职业与律师制度》,《法学》2012年第12期。

律师构成来看,清末的讼师是其中一部分,[1]从其行为方式上也能看出讼师的身影。[2]

近代中国律师制度的建立,是内外因共同作用的结果。一方面,由于中国自身社会的发展、法律文化的沉淀,在民间形成了对法律服务的需求,而以讼师为代表的法律服务市场一直以非正式的方式存在并发展着。另一方面,清末民初,随着西方文化的入侵、政府对律师制度的引进,中国的法律服务行业实现了从非正式制度向正式制度的转变。

值得注意的是,伴随着律师制度的正式确立,律师作为社会法律服务者,获得了合法的政治地位,但是律师与"讼师"之间千丝万缕的联系,很难说是创设新制度还是讼师合法化的过程。律师这一新兴的职业群体并没有获得独立的社会形象,人们对于律师的认知仍然建立在"讼师"基础之上。官方以及民间对讼师的态度直接或者间接地移植到了律师身上,这对于律师制度的发展来说显然是不利的。

三、新中国律师制度的建立与发展

(一)新中国律师制度的建立、短暂取消与恢复

新中国建立以后,像其他法律制度一样,律师制度也在废除国民党"六法全书"和旧法统的过程中被废除。1952年12月,中央政府司法部发出了《关于取缔黑律师及讼棍事件的通报》,明令取缔了国民党的旧律师制度,解散了旧的组织,并停止了旧律师和社会上的其他讼棍活动。

随后,新中国开始探索建立新的律师制度。1954年《中华人民共和国宪法》中关于"被告人有权获得辩护"的规定,为律师制度在社会主义中国的建立提供

---

[1] 参见阎志明主编:《中外律师制度》,中国人民公安大学出版社1998年版,第24页。
[2] 参见党江舟:《中国讼师文化——古代律师现象解读》,北京大学出版社2005年版,第89页。

了依据。同年颁布的《人民法院组织法》进一步从程序上确立了律师的地位。1955年开始,全国各地许多市、县都展开了律师工作。1956年1月,国务院正式批准司法部《关于建立律师工作的请示报告》,对律师的性质、任务、条件以及组织机构做了规定,并建议通过国家立法正式确认律师制度。到1957年,全国19个省、自治区、直辖市相继成立了律师协会或筹备机构,有800多个法律顾问处,专职律师2500多人,兼职律师300多人。[1]这一时期的律师是国家干部,其所隶属的组织是国家机器的一部分。

1957年后,受"左"的政治路线的影响,律师制度受到彻底否定,律师机构及律师的执业活动被完全取消。对这段历史的分析,应该考虑到当时整体的法治环境。在新中国成立伊始,破旧立新,对于旧律师制度的取缔,像"六法全书"以及其他一切旧法统一样,在当时具有历史的必然性,[2]这也促进了后来对建立新律师制度的探索与尝试。同样在1957年的"反右运动"被进一步强化以后,法律界实务干部和法学界专家学者几乎全部被打倒,直至1959年司法部也被撤销,中国的法和法学基本上从人们的视野中消失了。在这样的大背景下,律师制度作为法学、司法制度的一部分必然难以独善其身。

然而法律本身具有连续性和继承性,哪怕是人为的阻断,法律发展的惯性还是会使它在适当的时机恢复自身的规律,这个规律就是法律当中具有普遍意义的超越阶级而存在的内在联系,"这点已经为改革开放30年中国的法治建设实践所证明"[3]。1978年之后,中国恢复、吸收、认可、转化了20世纪前半叶旧中国的法和法学,当然也包括律师制度。1978年《宪法》恢复了刑事辩护制度。

---

1 参见李运昌:《关于〈中华人民共和国律师暂行条例〉的几点说明》,载茅彭年、李必达:《中国律师制度研究资料汇编》,法律出版社1992年版,第5页。
2 参见何勤华:《论新中国法和法学的起步——以"废除国民党六法全书"与"司法改革运动"为线索》,《中国法学》2009年第4期。
3 何勤华:《论新中国法和法学的起步——以"废除国民党六法全书"与"司法改革运动"为线索》,《中国法学》2009年第4期。

1979年7月1日，五届全国人大二次会议通过了包括《刑事诉讼法》在内的七部法律，开启了改革开放以后"发展社会主义民主、健全社会主义法制"的新篇章。1979年9月，国家司法部重建，承担了《律师暂行条例》的起草工作，并开始在各地组建律师队伍和机构。1980年8月，五届全国人大常委会第十五次会议审议通过了《律师暂行条例》。该条例是当代中国第一部有关律师制度的"基本法"，规定了律师的性质、任务、职责和权利、资格条件及工作机构。[1] 1981年4月，最高人民法院、最高人民检察院、公安部和司法部联合发表了《关于律师参加诉讼的几项具体规定》，就律师阅卷、会见在押被告人、诉讼文书的送达等具体问题进一步作出明确的规定。自此，当代中国律师制度的基本框架得以初步确立。[2] 在此期间，律师的身份定位是国家法律工作者，与公诉人一样，工作性质是执行公务活动。

（二）20世纪末中国律师制度的改革发展

20世纪90年代，为了与国家经济体制改革相适应，律师的身份定位发生了转变，由先前的国家法律工作者转为社会法律工作者。80年代中后期以后，司法行政部门对律师制度进行重大改革，举措之一是开始建设合作制律师事务所。1993年，司法部提出并报经国务院批准的《关于深化律师工作改革的方案》，对中国律师的性质进行了重新界定，为中国律师制度适应市场经济的建立和发展创造了前提。1997年施行的《律师法》第2条规定："律师是指依法取得律师执业证书，为社会提供法律服务的执业人员。"

除了身份定位转变以外，20世纪末律师享有的权利也发生了变化。以1996年《刑事诉讼法》为例，其对刑事辩护律师享有的权利进行了四个方面的扩充，具体而言：其一，扩大指定辩护的范围，首次确立法律援助制度；其二，允许律师自侦查阶段介入刑事诉讼，自审查起诉阶段接受委托或指定担任辩护人；其三，

---

[1] 参见张志铭：《回眸和展望：百年中国律师的发展轨迹》，《国家检察官学院学报》2013年第1期。
[2] 参见孙长永主编：《中国刑事诉讼法制四十年：回顾、反思与展望》，中国政法大学出版社2021年版，第48页。

明确了律师在刑事诉讼中的调查取证权;其四,在刑事诉讼的基本原则、证据标准、庭审结构方面作出了有利于被告人及其律师行使辩护权的规定。1996年《刑事诉讼法》也对律师辩护权进行了两个方面的限制:其一,对辩护律师在审查起诉阶段和审判阶段的阅卷范围进行了区分,有意限制了辩护律师在审查起诉阶段的阅卷范围,这反映了立法机关将律师辩护从审判阶段延伸至审查起诉阶段以后对检察机关的"特别关照"和对律师辩护的"戒心"。其二,专门对"辩护人"设定了"不得帮助犯罪嫌疑人、被告人隐匿、毁灭、伪造证据或者串供,不得威胁、引诱证人改变证言或者作伪证"等义务,其中所谓"引诱证人改变证言"的模糊性表述极易被滥用,一定程度上体现了立法机关对律师群体的"不信任"。[1]

(三) 21世纪中国律师制度的重大发展和深化改革

2007年10月28日,第十届全国人大常委会第三十次会议审议通过了《律师法修正案》,将律师定位为"为当事人提供法律服务"的人,并且大幅度增加了律师执业权利的内容,在保障律师权利方面向前迈进了一大步。2007年《律师法》与1996年《刑事诉讼法》的冲突促成了2012年《刑事诉讼法》的相关修改。2012年修改《刑事诉讼法》时,立法机关把辩护制度作为重点改革的领域,使我国辩护制度向民主化、科学化、法治化迈进了一步。在辩护制度的相关条文数量上,由原先的10个条文增加至16个条文;在辩护制度的内容上,也基本涉及了立法上和司法实践中存在的突出问题。[2]有学者认为,2012年《刑事诉讼法》使律师的辩护范围和诉讼权利得到了显著的扩大。[3]

2013年11月,党的十八届三中全会通过了《中共中央关于全面深化改革若

---

[1] 参见孙长永主编:《中国刑事诉讼法制四十年:回顾、反思与展望》,中国政法大学出版社2021年版,第53—56页。

[2] 参见陈光中:《我国刑事辩护制度的改革》,《中国司法》2014年第1期。

[3] 参见陈瑞华:《刑事诉讼中的有效辩护问题》,《苏州大学学报》(哲学社会科学版)2014年第5期。

干重大问题的决定》,其中"推进法治中国建设"部分明确提出"健全国家司法救助制度,完善法律援助制度""完善律师执业权利保障机制和违法违规执业惩戒制度,加强职业道德建设,发挥律师在依法维护公民和法人合法权益方面的重要作用"。2014年10月,十八届四中全会通过了《中共中央关于全面推进依法治国若干重大问题的决定》,其中提出要加强法律服务队伍建设,"加强律师队伍思想政治建设,把拥护中国共产党领导、拥护社会主义法治作为律师从业的基本要求,增强广大律师走中国特色社会主义法治道路的自觉性和坚定性",律师作为法律职业共同体的组成部分,与法官、检察官等一起成为建设中国式司法制度的中坚力量。

  以上两个决定为全面深化改革、全面推进依法治国指明了方向,我国律师制度也因此进入了深化改革的历史新阶段。之后,中央有关部门相继采取了改革完善律师制度、保障律师执业权利的一些具体性措施,出台了多项与辩护制度密切相关的规范性文件。例如,2015年1月29日,最高人民法院发布《关于办理死刑复核案件听取辩护律师意见的办法》。同年6月29日,中共中央办公厅、国务院办公厅印发《关于完善法律援助制度的意见》,其中明确提出"加强刑事法律援助工作",要求"逐步开展为不服司法机关生效刑事裁判、决定的经济困难申诉人提供法律援助的工作。建立法律援助值班律师制度,法律援助机构在法院、看守所派驻法律援助值班律师"。同年9月16日,两高三部印发《关于依法保障律师执业权利的规定》,要求人民法院、人民检察院、公安机关、国家安全机关、司法行政机关应当尊重律师,健全律师执业权利保障制度,依照《刑事诉讼法》《民事诉讼法》《行政诉讼法》及《律师法》的规定,在各自职责范围内依法保障律师知情权、申请权、申诉权,以及会见、阅卷、收集证据和发问、质证、辩论等方面的执业权利,不得阻碍律师依法履行辩护、代理职责,不得侵害律师合法权利,其中对辩护律师在刑事诉讼中的知情权、会见权、通信权、阅卷权、申请收集和调取证据权、出庭辩护权等作出了较为全面、刚性的补充规定。2016年9

月,两高三部联合发布《关于在部分地区开展刑事案件认罪认罚从宽制度试点工作的办法》,要求法律援助机构在看守所、法院等机构派驻值班律师,为认罪认罚的犯罪嫌疑人、被告人提供法律帮助。2017年8月,两高三部发布的《关于开展法律援助值班律师工作的意见》进一步明确了值班律师的职责,并将值班律师的服务对象扩大到所有设有辩护人的犯罪嫌疑人、被告人。2017年10月11日,最高人民法院、司法部发布《关于开展刑事案件律师辩护全覆盖试点工作的办法》,要求在北京、上海、浙江、安徽、河南、广东、四川、陕西8个省(市)试点刑事审判阶段律师辩护全覆盖工作,凡适用普通程序审理的一审案件、二审案件、按照审判监督程序审理的案件,被告人没有委托辩护人的,人民法院均应通知法律援助机构指派律师为其提供辩护;适用速裁程序和简易程序审理的案件,被告人没有辩护人的,由值班律师提供法律帮助。一年之后,律师辩护全覆盖试点工作在全国推行。2018年10月26日,第十三届全国人大常委会第六次会议通过修改《刑事诉讼法》的决定,正式确立了值班律师制度,并完善了刑事案件认罪认罚从宽制度,赋予了辩护人或值班律师参与认罪认罚协商和见证犯罪嫌疑人签署认罪认罚具结书的权利。2022年10月,两高两部联合出台《关于进一步深化刑事案件律师辩护全覆盖试点工作的意见》,进一步深化律师辩护全覆盖的改革。

第二节 中国律师制度的实践现状

改革开放以来,中国法治建设步入了一个崭新的阶段。法律规范的完善、法律从业人员的专业化推动法治建设进入高潮。其中,律师职业的长足发展无疑是这一进程中的一股重要力量。通过对中国律师制度的梳理,现代律师与中国传统讼师以及制度建立之初的律师相比已经发生了巨大的变化。随着市场经济的不断发展,律师频繁参与社会生活,人们对律师这一职业的认知也逐渐丰满。律师群体为我国的民主法治、政治经济作出了巨大的贡献,发挥了积极的作用。然而,与此同时部分律师也逐渐被商业化所渗透,甚至出现律师形象"娱乐化""妖魔化"的质疑,在社会中引发广泛争议。有学者甚至发出疾呼,质问"法律人,你为什么不争气",并开始反思法律职业的内在危机。基于此,我们通过民众对律师信任度的实证研究,以及对律师在民主法治建设中发挥的积极作用和所面临的职业伦理困境的分析,试图勾勒出现代中国律师群体的形象。

一、民众对律师的信任度——以杭州为例

我们以杭州为取样地,[1]就民众对律师的信任度进行了实证调查,本次调查共发放调查问卷144份,其中网络调查发放问卷41份,实地调查发放问卷103份,接受调查的民众中男性受访者68人,女性受访者76人,分别占样本数的47.2%和52.8%,性别基本均衡。调查结果基本反映了当下民众与律师的关系现状。我们还分析了民众对律师信任状况的成因,对于目前人们对律师职业存在的偏见进行了探讨。

(一)民众对律师的总体信任情况

调查显示民众对于律师形象认识的来源表现出显著的集中性,其中对律师的认识大多来自电影、电视剧的传播(占到总比例的68.8%),位列其次的是实际接触过程中的了解(12.5%),从网络、阅览书籍等途径获取律师形象认知的较少(分别为3.6%与7.1%)。民众对于律师形象的认知多来自戏剧化的表达方式。同时,这些电视剧、电影又较多传递西方的律师形象,民众潜意识中的律

---

[1] 杭州是浙江省省会、副省级市、特大城市、长三角中心城市之一,杭州下辖10个市辖区、2个县,代管1个县级市,总面积16850平方千米。截至2021年底,杭州常住人口为1220.4万人。2021年杭州实现地区生产总值18109亿元,按可比价格计算,同比增长8.5%。截至2021年底,杭州共有律师12178人,占全省39.4%,35周岁以下律师占49.02%,每万人律师比为10.2,是全省的2.13倍,其中博士177人,硕士3270人,硕博士占律师队伍总人数的28.3%。参见《2021年杭州市人口主要数据公报》,载杭州市人民政府门户网站:https://www.hangzhou.gov.cn/art/2022/2/26/art_1229063404_4019874.html;《杭州2021年GDP破1.8万亿元 数字经济核心产业增加值增长11.5%》,载中国新闻网,http://www.zj.chinanews.com.cn/jzkzj/2022-01-22/detail-ihauwutq9975020.shtml;《律师数据:杭州共有12178名律师》,https://www.163.com/dy/article/H2H9OPGJ05149C2O.html。

师形象与中国实践中的律师存在一定差异。

民众对律师总体呈现比较信任的观感(见图8-1)。其中对律师群体持信任态度的人数最多,超过半数(占总数的59.8%),而极端的非常信任或非常不信任的仅为个例(不足3%)。下图表明民众对于律师信任程度并非如预期般面临危机,但仍有许多民众存在矛盾的心态,谈不上信任的亦不在少数(占35.7%)。一方面,民众由于对律师缺乏了解,不妄加评论;另一方面,民众面对律师对法治的促进作用与实践中出现的问题产生了矛盾态度。

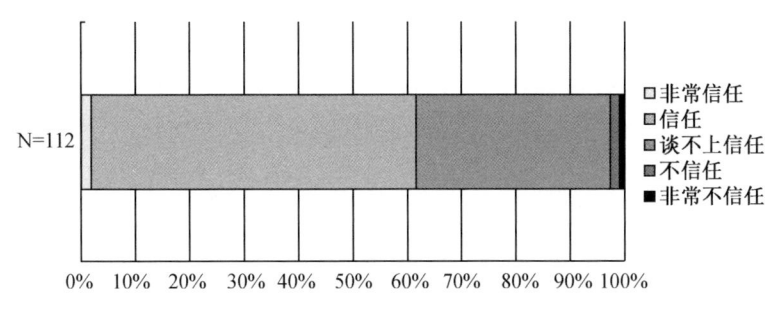

图8-1 民众对律师总体信任程度的评估分析

注:N=112,为有效问卷数。

杭州地区民众聘请律师的经历显得较为丰富,有超过三分之一的民众或其亲友有过聘请律师的经历(占总数的38.4%)。可见律师不再是与普通人生活隔绝的职业,作为经济发达地区,杭州的许多民众或多或少有过接触律师的机会,因而其评价也会更加中肯、直观。

针对聘请过律师的人群进一步调查发现,多数有过接触律师经历的民众在经过律师服务后,对其信任程度并未发生明显变化(占总数的60.5%),而经过律师服务后对其信任度增加的民众数要多于信任度降低的数量(多约6%)。可见,在现实层面,律师的服务和素质总体令民众满意。

民众在聘请律师后是否会就相关问题咨询其他人员的意愿分布情况?调查发现,大多数民众倾向于询问其他专业人士(占总数的68.8%),亦有相当部分民众表示会征询亲友的意见(占25.9%),对聘请的律师抱完全信任态度的民众较少。造成这一现象的原因一则在于民众对于法律问题的审慎态度,二则在于部分律师的专业素养存在缺憾,不能完全满足当事人的诉求。

杭州民众大体上对于律师的性别持平等态度。大多数民众不会因律师的性别而影响对其的信任程度(占总数的61.6%)。尽管男女律师的地位大致平等,但在相当一部分民众眼中,男律师更具有说服力(29.5%)。这也体现了律师行业男性主导并占有优势地位的现象在一定程度上仍然存在。

律师年龄对于民众的信任程度影响显著,尤其是35—50岁的中年律师,由于其经验相对丰富又较有精力,大多数民众表现出对这一年龄阶段律师的信任偏好(占总数的66.1%)。而另外,亦有相当部分的民众认为律师的年龄不是影响其信任程度的因素(占20.5%)。

杭州地区民众对于不同专业领域的律师,在信任程度上未见显著差异。半数的受访民众对于各专业领域的律师抱相同的信任态度。值得注意的是,传统上被认为最依赖于律师协助的刑事领域的律师并没有显示出显著的被信任情况,民事律师反而更受民众信任(占总数的30.4%),这与杭州地区民事诉讼的活跃程度也可能存在关联。

我们还调查了杭州地区民众对于律师知名与否的态度。与实践反映情况基本一致的是绝大部分民众对于知名度高的律师较为信任(占总数的67.9%),可见律师的专业素质与经验丰富程度对于民众信任度的影响很大。杭州地区民众普遍偏好信任法学专业毕业、通过国家司法考试的律师(占总数的72.3%),而看重律师实践经验而非其专业背景的民众亦不在少数(24.1%)。

总体而言,律师学历对于民众信任程度的影响较为有限。除了较为排斥低学历的律师以外,中高学历的律师均有其市场(偏好信任本科、硕士、博士及以上的分别占33.9%、29.5%、25%)。可见,实务经验与学识对于民众的信赖感有相仿的作用效果。

多数民众认为媒体的报道对于影响其对律师的信任度有较大作用(占总数

的75%)。这种影响从律师认识来源的数据统计分析中就可见一斑,绝大多数民众对律师的认知有赖于媒介传播。

大部分民众认为律师的收费水平不会影响其信任度(占总数的58.9%)。同时,从剩余的分布情况看,民众对于收费中等的律师存在信任偏好(占25%),过高或过低的律师收费多会催生民众的不信任感。

杭州民众普遍认为律师最重要的理念在于做到及时的信息反馈(占总数的50%),位列其次的是律师对于专业知识的详细讲解(占32.1%)。可见律师作为专业性较强的服务行业,民众更倾向于从其处获得对法律事务处理动态的及时了解。

民众对于律师不信任的主要原因的分布情况如图8-2所示。尽管对于不同成因均有部分民众选择,但较为集中的成因还在于民众对于律师辩护与执行手段正当性存在顾虑(占总数的42%)。这与美国早期民众对于律师的不满成因有类似性。而普遍被认为是民众较为在意的经济因素所占的比例反而最低(仅占11.6%)。

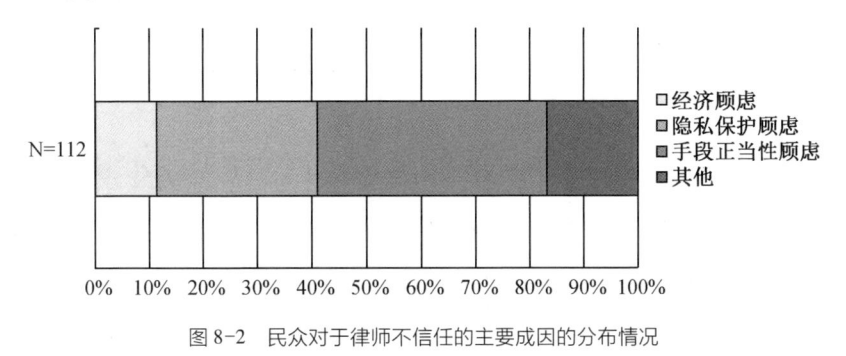

图8-2 民众对于律师不信任的主要成因的分布情况

(二)不同民众对律师信任度差异的影响因素分析

为进一步分析民众对于律师的信任程度与民众自身的性别、学历、职业等因素是否存在关联关系,我们对调查数据进行了相关回归分析,分析结果显示:

民众的性别与其对律师的信任程度高低存在关联关系。通常认为在社会交际过程中,女性表现出较为擅长交际且容易产生信赖感的特点,而男性较为强势、敢于质疑。这种差异在心理学研究中得到了印证。[1]但是这种差异对民众对于律师职业的信任度并没有产生影响。通过对民众性别与对律师总体信任度的相关性分析(设男性=1),可以得出,体现两者相关显著性的 $p=0.251>0.05$(其中 p 表示显著性水平,下同),故而不显著相关。这表明民众的性别差异对于其对律师信任程度的影响微乎其微。

民众的年龄与其对律师的信任程度高低存在关联关系。由于年长者与年轻者经历的时代、所受的教育、获取信息的来源等均存在不同,其对于人或问题的感知也多存在差异。而中国律师的迅速增长主要发生在 20 世纪 70 年代之后,年纪偏长者与律师的接触相对较少,故而探究不同年龄层民众对律师信任度的区别具有实际意义。对民众年龄与其对律师总体信任度进行相关性分析(设 20 岁以下=1),结果如表 8-1:

表 8-1 民众年龄与对律师信任度的相关性

	对律师总体信任度的相关系数	回归系数
民众的年龄	0.224(0.017)*	0.118

注: * 表示 $p<0.05$。

由此可见,民众的年龄与其对律师的信任程度显著相关($p<0.05$)。而年龄越长者对于律师相对越不信任,呈现正相关性。

民众的学历、职业与其对律师的信任程度高低存在关联关系。这一观点在学界得到普遍的认同,而一些现有的调查结果也印证了学历、职业与法律信任存在一定的关联性。比如有人认为在教育与法律服从和法律信任的关系上,教育程度越高,对法律越不信任。[2]而美国律师协会在 20 世纪 90 年代的调

---

[1] 参见曹淑芬:《性别差异与信任关系》,《科学之友》2005 年第 19 期。
[2] 参见郭星华、陆益龙等:《法律与社会——社会学和法学的视角》,中国人民大学出版社 2004 年版,第 18—21 页。

查也表明,学历与职业层次更高的民众,对于律师反而体现出更高的不信任感。

对民众学历、职业与其对律师总体信任度进行相关性分析,结果如表8-2:

表8-2 民众学历、职业与对律师信任度的相关性

	对律师总体信任度的相关系数
民众的学历	0.710
民众的职业	0.496

由于民众的学历、职业与总体信任的相关系数均大于0.05,故不具有显著相关性。若将选择谈不上信任、不信任与非常不信任者作为对律师较为不信任的统计样本,可得出选此类项的本科及以上学历者占总人数的38.2%,而大专及以下学历者占38.6%,其数量相当,根据职业层次进行统计的结果也与之类似。但不能忽略的是,在仅有的选择不信任或非常不信任的3人中,有2人具有本科或以上学历。

应当说本部分的相关分析结果出乎意料。尽管这种结果可能是由硕士及以上高学历人群的样本数量不足造成的,但同时也可以发现,杭州地区民众的学历高低和职业阶层与其对律师的信任程度间并不存在显著的相关性,一些学界的固有印象存在质疑的空间。

(三)律师对民众信任度的认知反差

为了比对现实中律师的感知与民众的差异,厘清存在的问题与误解,本次调查亦在对部分律师进行访谈后将结果进行了参照与对比。[1] 总体而言,一方面,律师群体对于民众信任度的感知与对民众的调查结果大致相同。所有受访律师均认为民众总体对其信任,而其自身接触的大部分客户也多表现出信任的态

---

[1] 对于10位律师的调查主要建立在访谈与问卷相结合的基础上。其中受访律师男性4人,女性6人,其执业领域涵盖了诉讼与非诉部分,执业年限分布在1—6年不等。

度。另外，多数律师亦赞同律师的性别因素对于民众信任程度影响甚微，民众多倾向于信任中年或年长的律师，而及时的信息反馈是律师服务中应当重视的理念。但另一方面，律师与民众确实存在一些认知上的差异，比较典型地体现在对以下一些问题的看法上：(1)在谈及律师学历对于民众信任度影响程度的问题上，律师多认为律师的学历对于民众信任度几乎不存在影响，但调查结果反映，民众对于中高学历的律师存在一定的信任偏好。(2)在面对律师收费水平的问题上，律师中绝大部分人认为民众偏好信任收费水平高的律师，而调查结果则表明民众更倾向于信任收费中等的律师，对高收费律师抱有一定戒心。(3)在处理不同业务时，律师多认为刑事案件的当事人与非诉案件的当事人对其更为信任，而从对杭州地区民众的调查结果来看，民众对民事诉讼律师的信任感相对优于其他领域的律师。

值得注意的是，律师认知与民众实际情况分歧最大的部分在于对律师最不被信任的主因的认识不同。律师群体中的多数认为民众出于经济利益的顾虑，而民众多认为律师的手段正当性是其存在顾虑的主要原因。律师中亦有部分人认为媒体的歪曲与误导是民众不信任他们的重要原因。

应当说，上述民众与律师的感知差异部分源于民众与律师获取认知的来源不同。律师对于民众信任态度的揣测多是通过实践经验与观察所得，而民众作为个体对律师的接触较为有限，其认知多来自二手信息。另外，民众与律师的知识结构存在较大区别，律师所受的法学教育及职业规范使其存在范式化的行为与认知模式，而民众的判断更多依赖于传统社会道德。但律师作为服务于民众的法律人，不能故步自封于职业内部，而应适当顺应民众的需求，对其行为模式、服务方式等作出调整(如从调查中显示的分歧来看，律师群体亟待改善其执业手段、杜绝司法贿赂、规范收费标准等)，以消除民众的不信任感，更好地实现其职业价值。

（四）调查结论

通过实证研究发现，民众对律师的总体信任度较高，但仍存在提升空间。调查获得的数据显示，杭州地区民众对于律师总体持信任或非常信任的比例达到60%以上，而律师群体也普遍认为民众对其较为信任，应当说民众与律师关系呈现较为和谐的状态。这种总体较为信任的态度无疑体现了当前法治普及情形下民众对法律人作用的认知开始发生变化。但同样不能忽视的是，受调查的民众中有相当部分（35.7%）对于律师职业表现出有所保留的态度，不少民众认为自己对律师谈不上信任。而有学者的类似研究显示，在上海地区，民众对律师的信任率达到70%以上，有12.8%的民众表示出说不清的暧昧态度。[1]这种区域差异至少反映了杭州地区的民众对于律师离达到普遍信任还有一定距离。作为长三角经济发达地区尚且如此，在律师普及性更低的区域，持有这种模糊甚至不信任态度的民众无疑会更多。如上文所述，律师要更好地实现其价值，有赖于民众的信任。因此促进民众对律师的信任态度，在当前形势下仍有很大的改善空间。

民众对律师的信任受多元因素影响。[2]法律信任是一种普遍信任、弱信任，而对陌生人信任关系的构建除了依赖法律作为纽带外，还受到多种因素的共同作用。调查显示，这种信任一方面受到民众本体因素的影响，另一方面还受到律师自身条件的影响。对于民众自身年龄、教育经历及法律经验的差异，律师职业群体或者国家职能机构的作用效果有限。而影响民众对律师信任的其他因素则颇具研究价值。从调查数据看，民众多偏好信任中年、知名度高且具有中高学历的律师。尽管这种律师的自身条件是在年龄、资历等多元因素作

---

[1] 参见张善根、李峰：《关于社会公众对法律人信任的探析》，《法商研究》2012年第4期。
[2] 参见周立民：《诉讼经历者的司法信任何以形成：对87名随机当事人的模糊集定性比较分析》，《中外法学》2019年第6期。

用下共同形成的,但其指向存在共性,即民众对于专业素养高的律师信任程度亦高。在此提示下可以发现,提升律师的素质是改善其在民众中信任度的重要措施。而不少律师已经注意到了这一现象,在对律师进行调查的过程中,入职年限较短的律师均认为,目前提升民众信任度最主要的方式在于提升自己的专业水平。

二、律师制度在民主法治建设中的积极作用

恢复律师制度四十多年来,律师对中国民主法治建设作出了贡献,在促进司法机关依法独立办案、实现程序正义、维护公民权利与自由等方面发挥了积极的作用。尤其是近年来,律师越来越表现出强烈的社会使命感,不局限于个人的有限力量,而是通过有组织的合作互助来推动法律公益行动,责无旁贷地承担起律师应有的社会责任。

(一)律师制度与"洗冤工程"

刑事冤案伴随着人类司法制度的产生而产生,鉴于人类认知的有限性,刑事冤案在任何司法制度中都是不可避免的,但是人类也从来没有放弃过避免刑事冤案的努力。如何更准确地惩处罪犯、减少错判以及为错判进行平反,成为推动整个人类司法制度发展与进步的力量。除了通过制度本身的改进来避免冤案的产生,有良知的法律人也在努力尝试纠正已经形成的冤案。全球范围内的洗冤运动,最早发端于1989年,美国首次运用DNA技术为一起案件的当事人洗冤后,在学界、媒体界和部分实务界人士的联合推动之下,美国掀起了被称为"无辜计划"的"洗冤工程"。截至2014年6月,美国已有316人通过DNA鉴定被改判无罪,其中包括18名死刑犯。"洗冤工程"在美国已经运行了三十余年,形成了一套制度,现在几乎每个州都有这种洗冤组织。作为非营利性的民间法援机构,"洗冤工程"的主要模式是以大学为依托,在一些教授的领导下,学生参

与、律师帮助,向当事人提供免费的法律援助。[1]英国、加拿大、澳大利亚、印度、日本、巴西等国家都成立了类似的组织。

世界上没有完美的诉讼制度,每一个国家都会发生冤案,中国也不例外。近年国内陆续披露了一些冤案,中国的律师群体也逐渐开始关注冤案问题。2013年11月20日在成都,由李金星、王万琼、陈建刚等刑辩律师倡议发起的"拯救无辜者洗冤行动"正式启动。2014年3月,律师杨金柱在湖南长沙发起成立了"冤弱法律援助中心"。他邀请了20名国内法学专家作为顾问,向社会公开招募律师志愿者,也接受冤案援助的申请。同月,北京理工大学法学教授徐昕在网上发起了"无辜者计划"。据徐昕介绍,该项目将主要依靠网络,发挥"转介"功能:通过网络收集整理冤案材料,呼吁人们对典型冤案给予关注,并推荐律师帮忙洗冤。2014年5月23日,北京尚权律师事务所张青松律师与中国政法大学吴宏耀教授共同发起了"蒙冤者援助计划"。这是自2013年底以来,中国出现的第四个民间洗冤项目,其学者和律师的组合方式,与美国的"无辜计划"极为相似。

这些项目都有一个共同的特点:从层出不穷的疑似冤案中选出最为重大的案件,免费为那些"重罪案件中的贫弱者"提供法律援助。在这些洗冤项目中,我们都能看到律师的身影,他们发起或参与到这些项目中来,纯粹是出于公益,没有任何报酬,很多时候都是自己出钱作为案件办理的费用。如律师杨金柱把河北聂树斌案作为办理的首起案件,并拿出30万元作为申诉专款,在河北省高院附近的某连锁酒店开一间房,作为"申诉案件办公室"。这些洗冤项目从案件选择、材料收集到如何启动再审程序,都没有形成一个有效的模式。不过这些律师有一个信念,那就是希望通过自身的努力,推动建立完善申冤机制,从制度

---

[1] 我国台湾地区近年来也成立了类似项目,例如台湾大学法学院王兆鹏教授及数名律师在2011年4月发起成立了以冤案救援为宗旨的组织"冤狱平反协会"。参见李奋飞:《刑事误判治理中的社会参与——以美国无辜者计划为范例》,《比较法研究》2016年第1期。

建设层面上减少和预防冤案。律师们的努力也已经起到了一定的作用,如"拯救无辜者洗冤行动"所关注的首起案件为海南陈满杀人放火案,陈满已于2016年2月1日被浙江省高级人民法院再审宣告无罪。我们也通过他们的行动看到了当代中国律师群体的社会责任感。

(二)律师制度与影响性诉讼

中国法学会案例法学研究会、最高人民法院司法案例研究院,以及《法律适用》《中国法律评论》和《南方周末》杂志社等单位持续联合主办中国十大影响性诉讼评选活动。评选十大影响性诉讼的目的就是以案例促进法治、弘扬法治、记载法治、述说法治。最近几年,具有广泛社会影响性的诉讼案件越来越成为人们关注的焦点,可以说法律褪去了神秘的外衣,进入普通人的日常生活中,人们在有意识或无意识地接受着法治现代化的进程。影响性诉讼的评选通过聚焦典型性的个案,以期望在超越个案价值之外,对立法、司法和社会管理制度实现改进,以及对人们法律意识的转变产生一些促进作用,可谓是"乱石堆里的钻石"。

律师在影响性诉讼案件的推动和评选上,发挥了重要的作用。诉讼案件这一话题,始终是媒体关注的对象,它能激发人们对权利的渴望与对自身命运的共鸣。特别是近年来随着互联网和新媒体前所未有的活跃,影响性诉讼案件受到更大的关注并产生了重要影响。例如,在媒体的聚焦下,2003年,孙志刚案最终导致收容审查制度终结,并使"公民的人身自由不能不经审判就被剥夺"的观念深入人心;2004年,湖南嘉禾拆迁案引起社会对私产保护的广泛思考;2005年,王斌余案导致社会对民工生存状态的深切关注,并进一步引起民众对众多执法部门的职能缺位和城乡二元体制的批判。

随着这些具有代表性案件的披露,法学界和律师界开始注意到个案在推进法治进程中的重要作用。2005年11月,中华全国律师协会宪法与人权委员会主任吴革将这些个案称为"影响性诉讼",这引起了学者和律师的普遍共鸣。在媒体、法学界和律师的共同推动下,2005年底,首届十大影响性诉讼评选得以进行。以吴革律师为首的中国影响性诉讼评选工作团队,一直从事着这项工作,将这一中国法律界的"盛典"延续至今。在这一过程中,律师一方面作为案件的代理律师主动参与到案件中去,另一方面成为案件的主角,比如2009年李庄律师涉嫌伪造证据案、2011年北海律师维权案、2011年李庄漏罪案等。参加诉讼是律师的基本职能,他们在众多案件中发现具有影响性的诉讼,跳出个案本身去发现制度变迁、法治进步的意义,并通过向社会公众传播这些案件,普及法律知识,表达人民的诉求,促进法制统一,发现法治价值。

律师近些年之所以如此活跃在公众视野中,一方面是因为律师需要社会的关注。我国长期以来形成的流水线式的诉讼构造无法保证抗辩平等,如果律师感到通过正常法律途径可能难以实现其诉求,就会主动向媒体"爆料"以引起公众关注和舆论支持,从而间接影响案件的最终判决。当然,这是与法治精神相违背的。但是在目前的法治环境下,对律师来说这也是夹缝里求生存的一种策略。而且,有些时候这种做法在一定程度上为当事人和社会争取了正义。另一方面,律师在媒体中曝光,主要源于他们的公益行为,包括前面介绍的"洗冤工程""影响性诉讼",还有一些被称作"公益律师"的律师,他们以个体的名义挑战中国社会不健全、不完善的制度,比如郝劲松诉铁路局案、李刚诉全国牙防组和卫生部案。

从近些年律师对社会生活的积极参与可以看出,律师群体的一些执业理念在悄悄发生变化,他们不仅仅要做收入丰厚的中产阶级,更重要的是塑造法律职业共同体的尊严,承担起应有的社会责任,以促进社会不断改革和进步为己任。因此,关注公共利益和弱势群体也就成为律师界的新趋势、新风尚。中国的律师群体正在以自己的力量推动国家法治进步。

三、律师的职业道德状况

近年来律师的活跃使人们认识到了他们在民主法治建设中的作用,而与其相伴的则是律师职业道德问题也暴露在大众视野下。2004年,伴随着一系列的律师参与腐败案,司法部在全国律师中开展了教育整顿活动。2009年争议极大的李庄案进一步触发了党、政府、民众对律师职业道德的思考。同时,网络时代的来临更是使得律师的行为被放大,引发了更多的关注。例如在李天一案件中,被告方李天一的律师和被害人杨某的诉讼代理律师各自利用博客、微博和接受采访的形式发表一系列庭外言论,不惜披露被害人隐私,在案件审判过程中还披露出辩护律师与当事人家属之间不正当交易的丑闻,"这一轮司法战争,此案原被告方律师成为最抢眼的主角"[1]。不得不说,这是中国律师形象的一次集体败诉。包括李天一案在内的很多社会反响巨大的案件中,中国律师的职业道德和操守显然还经不起拷问,或者说律师自身的职业道德修养还难以符合社会公众的期待。涂尔干曾指出:"职业道德越发达,它们的作用就越先进,职业群体自身的组织就越稳定、越合理。"[2]因此,律师制度的发展离不开道德规范的指引,我们必须直视律师群体的职业道德问题。

(一)律师职业伦理的非道德性

任何职业都有自己的道德规范,这是该职业活动获得合法性的基础。为什么要讲职业道德?就是因为希望某一职业共同体能够得到社会的认可,获得正面的社会形象。职业道德并不是与职业本身相伴而生的,它是国家、社会和职

---

[1] 贺莉丹:《李某某案律师陷"超限战"》,http://news.sohu.com/20130904/n385805913.shtml,最后访问日期:2022年12月3日。

[2] [法]爱弥尔·涂尔干:《职业伦理与公民道德》,渠东、付德根译,上海人民出版社2001年版,第157页。

业共同体内部自觉规范的结果。我国律师职业形象非常复杂,他可以是社会底层落寞的"讼棍",也可以是维护正义的社会精英。在其他职业领域中,也有这种对立的形象,比如说人民教师往往被认为是学为人师、行为示范,但也有一些教师学术造假、作风混乱,为人诟病。但是这种职业形象的冲突与律师不同,社会对教师职业本身有一个整体形象,并且这一主流形象从古延续至今,并没有太大变化。而那些有职业道德问题的教师只是个别现象,具有偶发性,并且可以归结为其个人道德问题,而非整个职业共同体的道德问题。医生这一职业也是这样。可以说社会上很多职业都有一个既定的职业形象。

而律师职业从产生之初就面临着天然的道德困境,并且"与一般人相比,更为特殊:他的职业本身就是要解决价值冲突和利益矛盾"[1]。很多情况下,律师往往要面临着当事人利益与社会公共利益的冲突。律师的职责是维护当事人的利益,但是,当事人的利益并不总是与社会公共利益一致。[2]例如一名事实上十恶不赦的故意杀人嫌疑犯在律师的协助下,通过发现控方证据的不足而逃脱罪责,尽管律师尽职尽责地维护了当事人的利益,但这显然不符合社会大众的期待。因而律师职业面临着非道德性的伦理困境。所谓职业伦理的非道德性,是指职业伦理逐渐脱离大众道德评价和个体道德体验的轨道,变得与道德的差距越来越大,甚至成为与大众道德评价和个体道德体验毫无关联的执业行为规范。[3]上文实证研究也显示当前这种职业伦理困境的存在[4]:一方面,民众认为律师滥用权利,甚至采取不正当辩护手段来获取利益;另一方面,律师则认为这些行为出于对当事人利益的考量,不存在反道德的一面。

---

[1] 李学尧:《非道德性:现代法律职业伦理的困境》,《中国法学》2010年第1期。
[2] 参见段中卫、王琳:《论律师的职业伦理困境问题》,《社会科学论坛》(学术研究卷)2009年第2期。
[3] 参见李学尧:《非道德性:现代法律职业伦理的困境》,《中国法学》2010年第1期。
[4] 关于民众对于律师不信任原因的调查显示,较为集中的原因在于民众对于律师辩护与执行手段正当性存在顾虑(占总数的42%),普遍被律师认为民众较为在意的经济因素所占的比例反而最低(仅占11.6%)。

在我国,长期的集权政治、封闭的自然经济和伦理化的社会生活,更为凸显了律师的职业道德问题。[1]传统的观念中,律师职业是极不光明正大的。时至今日,民众对于律师尤其是刑事辩护律师仍存在着诸多误解,认为他们是在帮犯罪分子逃脱罪责。在重庆"打黑"活动中,为"涉黑"被告人提供辩护的资深刑辩律师、刑法学教授赵长青就遭到了激烈的网络炮轰。[2]律师"为当事人提供法律服务的职业人员"的身份也加深了民众的不信任感,作为国家工作人员的律师,象征着勤勉、克己、秉公,而作为为当事人服务的社会执业人员,则代表着私人利益,就有可能为了私利不择手段。

(二)律师商业性的异化风险

随着经济的发展,律师的商业性与其所负担的社会责任之间的冲突也愈加明显。律师作为一种自由职业,其定位就是"提供法律服务",收取酬劳理所应当,具有商业性的一面也无可厚非。然而,对于律师、医生等职业来说,最根本的是为公众服务的精神。[3]

实证研究显示,有七成的受访公众和律师认为律师存在乱收费现象,而且在从业年限20年以下的受访者中,越是从业年限久的律师,越认为存在乱收费的现象。[4]此外,中国律师分布地域不均衡也使得律师市场竞争更加激烈,职业分化更加严重。以2013年的刑事辩护市场为例,北京刑事辩护案件的平均收费是全国最高的,普通刑事案件的收费是2.02万元,而周边省份河北、山西分别只有0.38万元和0.24万元。[5]而在逐利的市场氛围中,律师难免不受其感染,将提升

---

[1] 参见刘培培:《新时代律师职业伦理的法治化构建》,《中国律师》2020年第9期。
[2] 参见《赵长青:网络炮轰我,是普法失败》,http://www.time-weekly.com/wap-article/6018,最后访问日期:2022年12月3日。
[3] 参见季卫东:《法治秩序的建构》,中国政法大学出版社1999年版,第240页。
[4] 参见柴鹏:《法律职业伦理现状及其培育——以实证调研数据为基础》,《证据科学》2015年第2期。
[5] 参见侯猛:《中国律师分布不均衡的表现与影响——以北京刑事辩护市场切入》,《法学》2018年第3期。

收入作为自己的追求,律师的商业性与其所肩负的服务公众、维护公平正义的责任之间不可避免地发生冲突。

(三)律师职业道德问题的规范应对

律师在中国的发展可以说是先天不足、后天失调,因而任重道远。十八届三中全会报告提出的加强律师职业道德建设,在当下具有特殊的意义。在现代语境下,职业道德建设更具有宣示性和口号性的意义,因为它的模糊性、不确定性而缺乏可操作性。就像有学者所说的,在现代背景下,法律职业必然需要一种建构性进路,对职业伦理进行规范化、制度化,为现阶段的道德困境提供可操作性的行动指引。[1] 2014年6月全国律协制定下发了《律师职业道德基本准则》,将忠诚、为民、法治、正义、诚信、敬业作为律师职业道德的基本准则。可以说,这六个方面对律师的职业道德进行了恰当的总结:永远保持对于法律的忠诚,为人民代言,秉持法治和正义的理念,诚信敬业,是时代对中国律师的要求。十八届四中全会报告再次强调了职业道德问题:"依法规范司法人员与当事人、律师、特殊关系人、中介组织的接触、交往行为。严禁司法人员私下接触当事人及律师、泄露或者为其打探案情、接受吃请或者收受其财物、为律师介绍代理和辩护业务等违法违纪行为,坚决惩治司法掮客行为,防止利益输送。"当下中国正面临着深刻的社会变革,政治、经济、文化领域都在经历着巨大的变化,推动社会变革的是历史前进的力量。就法律领域来看,人们的民主意识、法治意识都在经历不断的洗礼,公平与正义在人们心中生根发芽,律师行业加强职业道德建设,不仅是必然要求,也是正本清源、打造职业形象的难得契机。

---

[1] 参见李学尧:《非道德性:现代法律职业伦理的困境》,《中国法学》2010年第1期。

第三节　刑事辩护制度的困境与发展

律师职业的最初形态被冠以"雄辩家"[1]"辩护士"的称谓,律师的本质与辩护相关。英美法系国家,只有出庭辩护的律师才被称为"大律师"。[2]可以说刑事辩护是律师制度的重要组成部分,是律师最基本的一项业务,没有刑事辩护业务,就没有现代的律师制度。与民事代理业务和其他非诉讼业务相比,刑事辩护具有特殊的作用和意义。律师在刑事辩护中维护的是犯罪嫌疑人、被告人的合法权益,他们所要做的是与国家公权力抗衡,以确保犯罪的人能受到公正的审判,没有犯罪的人不会受到错误的追究。在刑事诉讼中辩护律师是生命、自由、人权、公平、正义的守护者,所以刑事辩护业务是最能体现律师能力和价值的地方。在美国,最著名的大律师几乎都是刑辩律师,如被称为美国历史上最伟大的律师的克莱伦斯·丹诺(Clarence Darrow),正是因为他一生为死囚及刑事罪犯辩护近六十载,被称为20世纪最伟大的"穷人和劳动者的守护神",成为激励成千上万美国律师的楷模。同时,刑事辩护业务也是一个充满风险、机遇和挑战的业务。《律师法》和《刑事诉讼法》的制定和修改,都突出了对律师的刑事辩护权的保护。可以说,律师的其他业务受契约精神的支配,而刑事辩护则体现了国家对于律师制度的态度。本节通过对刑事辩护律师的解读来探讨律师制度的走向。

一、刑事辩护制度的基本理念

现代意义上的刑事辩护制度,是指在刑事诉讼中,为了维护犯罪嫌疑人、被告人的合法权益,围绕辩护权的行使而展开的一系列诉讼活动的法律规则。在

---

[1] 陈光中主编:《律师学》,中国法制出版社2004年版,第33页。
[2] 参见何悦主编:《律师法学》,法律出版社2011年版,第25页。

刑事审判过程中,诉讼机制的正常运行离不开控方与辩方在力量对比上的相对均衡。刑事诉讼是国家对犯罪嫌疑人的追诉,控诉方和犯罪嫌疑人存在天然的力量不平衡,有人曾形象地将刑事诉讼描述成是检察官代表强大的国家向弱小的被告人发动的一场战争。控方掌握着国家强制力,可以实施各种强制措施,而被告人似乎仅是被强制的对象。因此,各国不得不在立法上采取方略以平衡控辩双方的诉讼地位,其中很重要的一点便是赋予被告人一系列特殊的程序保障或特权,以使其在参与能力和诉讼地位方面逐步接近或赶上他的检察官"对手",辩护权便是其中的一项。

(一)刑事辩护制度的必要性

在我国,辩护权是法律赋予犯罪嫌疑人、被告人针对指控进行辩解和反驳,以维护自身合法权益的一种诉讼权利。我国《宪法》第130条规定:"被告人有权获得辩护。"《刑事诉讼法》第11条将这一规定确立为刑事诉讼法的基本原则,"被告人有权获得辩护,人民法院有义务保证被告人获得辩护"。

通过对辩护权的行使方式的分析来看,[1]律师辩护在整个辩护制度中处于非常重要的地位。首先,犯罪嫌疑人、被告人自行辩护存在一些局限性。犯罪嫌疑人、被告人虽然是案件的当事人,对案件本身的事实情况比较熟悉,但在有些情况下,由于犯罪行为的复杂性,犯罪嫌疑人、被告人自身可能也不了解案件的全部真相。另外犯罪嫌疑人、被告人缺乏专业的法律知识,对于自己行为"罪与非罪""犯了什么罪""罪行有多重"等涉及法律评价方面的认知可能会出现偏差,无法进行有效的辩护。而且,犯罪嫌疑人、被告人处于被追诉的处境,很多

---

[1] 辩护权的行使主要有以下几种方式:(1)自行辩护。犯罪嫌疑人、被告人在整个诉讼过程中都可以行使辩护权,为自己进行辩护,这也是辩护权行使的主要方式。(2)委托辩护。根据我国法律规定,犯罪嫌疑人、被告人或其法定代理人有权委托律师或者其他有资格的公民担任辩护人,为犯罪嫌疑人、被告人进行辩护。(3)指定辩护。即出现法律规定的情形时,公安司法机关为犯罪嫌疑人、被告人指定承担法律援助义务的律师,由该律师为其进行辩护。

情况下被羁押,承担了很大的心理负担,包括悔恨、恐惧、侥幸等等,这些复杂的心理状态会对其正确行使辩护权造成很大的妨碍。比如有些人为了争取宽大处理会放弃辩护,有些人心存侥幸,编造谎言为自己辩护,等等。从空间上看,很多情况下犯罪嫌疑人、被告人被羁押,丧失了人身自由,无法有效地搜集证据,对于控方掌握的证据也无法知晓,因此很难进行有效的辩护。

其次,从非律师担任辩护人的情况看,也存在很多局限性。《刑事诉讼法》规定除了律师之外,人民团体或者犯罪嫌疑人、被告人所在单位推荐的人,以及犯罪嫌疑人、被告人的监护人、亲友可以担任辩护人。根据2012年《刑事诉讼法》的规定,犯罪嫌疑人自被侦查机关第一次讯问或者采取强制措施之日起,有权委托辩护人,但是在此阶段只能委托律师作为辩护人。赋予犯罪嫌疑人在侦查阶段的辩护权是2012年《刑事诉讼法》修改的重大进步,对于维护犯罪嫌疑人的合法权益具有重大意义。在这一阶段只有律师才能受委托担任辩护人,人民团体或者犯罪嫌疑人、被告人所在单位推荐的人,以及犯罪嫌疑人、被告人的监护人、亲友无法担任辩护人。另外,与律师辩护人相比,非律师的辩护人无调查取证权,在阅卷、会见等方面也受到很多限制,不利于保障犯罪嫌疑人、被告人的权利。多数情况下,非律师辩护人缺乏法律知识,很多非律师辩护人发表的辩护意见往往从感情出发,缺乏客观的立场,反而不利于辩护权的行使。

最后,律师辩护相对于自行辩护和其他非律师辩护人的辩护来说具有很大的优势。一方面,律师是专门的法律工作者,具有专业的法律知识和案件办理的实际经验,能够有效地开展辩护。另一方面,法律赋予辩护律师专门的诉讼权利,比如阅卷、会见犯罪嫌疑人等等。而且,律师的工作受《律师法》的保护和制约,这会促使律师勤勉执业,恪尽职守。因此,可以说律师辩护具有其他辩护所不具有的优势,是整个刑事诉讼辩护制度的核心,对于保障犯罪嫌疑人、被告人的权益非常重要。

(二) 刑事辩护律师的独立诉讼地位

辩护人是刑事诉讼中具有独立诉讼地位的诉讼参与人。[1]律师的重要作用就是协助犯罪嫌疑人、被告人,从而实现控辩双方的平等对抗,以利于法官居中裁判。因此,律师独立于公安机关、检察院和法院是无可置疑的,实践中引发巨大争议的是律师与犯罪嫌疑人、被告人的关系。在美国的刑事诉讼当中,律师被称为"agency",即代理人,他们要与当事人沟通一致,在无法协商一致的情况下即要以当事人意见为准。正如德肖维茨所言:"胜利是大部分刑事诉讼当事人的唯一目的,就像职业运动员一样。刑事被告还有他们的律师当然不需要什么正义,他们要的是开释或者尽可能短的刑期。"[2]我国《民事诉讼法》也采"代理人"说,律师与其当事人处于同一阵营,要时刻维护当事人的利益。而我国的刑事辩护律师则被要求"依法独立进行诉讼活动","不受委托人的意志限制",[3]遵循着一种"独立辩护人"的理念。

"独立辩护人"主要基于两大理论基础:一是只有专业、客观的辩护律师才能最大限度地维护被告的利益;二是律师的"独立辩护人"地位可以维护辩护律师的专业自主性。[4]在我国,律师的独立辩护人地位还源于对律师发现真相的要求、维护社会公平和正义的要求。我国律师"独立辩护人"地位在实践中产生了某些问题,例如,庭审中当事人与律师各说各话,甚至律师"倒戈"而指责被告人,成了实质意义上的"第二公诉人"。尽管有些时候律师将这视为一种辩护策略,目的是让法官在有选择的情况下定罪量刑,实现当事人的利益最大化,但更

---

[1] 参见熊秋红:《刑事辩护论》,法律出版社1998年版,第157—163页。
[2] [美]艾伦·德肖维茨:《最好的辩护》,唐交东译,法律出版社1994年版,第5页。
[3] 参见中华全国律师协会1998年颁布的《律师办理刑事案件规范》第5条。
[4] 参见吴纪奎:《从独立辩护观走向最低限度的被告中心主义辩护观》,《法学家》2011年第6期;陈瑞华:《独立辩护人理论的反思与重构》,《政法论坛》2013年第6期;韩旭:《自行辩护问题研究》,《当代法学》2021年第1期。

多的情况下，律师擅自发表与当事人不一致甚至相互矛盾的辩护意见，损害了当事人的利益，造成当庭辩护效果的相互抵消。

　　上述现象和问题引起了法律界的反思，许多学者相继提出了自己的见解。有学者认为，在被告人利益的保护方式、各种利益的价值排序发生重大变化的今天，有必要从原来的"独立辩护观"转变为"最低限度的被告中心主义辩护观"。[1]有学者认为，我国辩护冲突的解决应当借鉴"律师独立辩护"模式之所长，实现从"绝对独立"向"相对独立"的转型，并通过"辩护协商"的工作机制预防和化解辩护冲突。[2]也有学者认为，应当为律师的独立辩护设置一些外部的限制，那就是要求律师在忠诚于委托人利益、实现有效辩护的前提下，遵循一些特殊的职业伦理规范，将律师的独立辩护建立在委托人授权和信任的基础上。[3]此外，法律还应增加辩护律师在形成辩护思路和辩护策略方面，承担与委托人进行沟通、协商和说服的义务的规定，并为律师与委托人的沟通和协商创造必要条件。

　　我国的刑事诉讼制度改革也对律师"独立辩护人"地位的争议进行了回应。2012年《刑事诉讼法》首次允许律师自审查起诉之日起，在会见在押犯罪嫌疑人、被告人时向其"核实有关证据"，这就意味着辩护律师在形成辩护意见前要与委托人进行沟通、协商，并听取其意见。法律还允许被告人在审判过程中可以拒绝辩护人继续为其辩护，也可以另行委托辩护人辩护。这就使得律师不能完全独立于被告人发表意见，动摇了律师的"独立辩护人"地位。在对律师的"独立辩护人"地位进行讨论时，要注意律师不能彻底地依附于当事人，应当保持最低限度的独立，如在辩护中不能故意歪曲事实或提供不真实的陈述和证据，对在执业活动中知悉委托人或者其他人准备或者正在实施危害国家安全、公共安全以及严重危害他人人身安全的犯罪的，也应当及时告知司法机关。

---

[1] 参见吴纪奎：《从独立辩护观走向最低限度的被告中心主义辩护观》，《法学家》2011年第6期。
[2] 韩旭：《被告人与律师之间的辩护冲突及其解决机制》，《法学研究》2010年第6期。
[3] 参见陈瑞华：《独立辩护人理论的反思与重构》，《政法论坛》2013年第6期。

（三）刑事辩护的质效标准：有效辩护

我国目前法律为有效辩护提供了一些规范和保障，一方面扩充了律师辩护权的内容和范围，另一方面为保障律师辩护权的行使，对公安司法机关设定了更多义务。[1]但对有效辩护问题的关注还处于起步阶段，实践中诸多问题的存在使有效辩护可能成为空中楼阁。律师面临的会见难、阅卷难困境还没有得到彻底解决，律师享有的申请证人出庭、调查取证和获得权利救济等权利更是镜花水月。在这种情形下，有效辩护所实施的条件尚不完备，全面推行有效辩护也就无从谈起。

同时，何为有效辩护还存在争议。就无效辩护的判断依据而言，有学者认为有效辩护应是"有效果辩护"，[2]但并未对"有效果"提出有操作性的评判标准。实际上，即使律师存在故意或过失的失职行为，也未必导致对委托人不利的诉讼结果，此时失职律师就不会因实质上的无效辩护受到不利评价或惩处，这不公平也不利于规范律师行为；此外，诉讼结果是否对当事人"有效果"，一时之间无从判断，而二审改判难、审判监督程序启动难的现实使纠错更为艰难；并且，诉讼结果的"不利"程度影响纠错机制的启动，在轻微"不利"案件中失职律师的行为就可能规避惩罚。再者，从罚当其罪的角度，作为评判标准的"正当的"诉讼结果有涉客观真实与价值判断，具有抽象性与模糊性，除正式的纠错结果可以直接使用以外无从评判。这就导致实质上无效辩护的案件并不都能被发现，意味着实践中的无效辩护行为仍然不能受到有效制约。

有效与无效辩护并非"非黑即白"，而是存在"灰色地带"，我们需要鉴别的是无效辩护。学界多对刑事诉讼中如何实现有效辩护进行列举式说明，而对无效辩护的判断标准讨论较少。实际上，有效辩护权的实现离不开对无效辩护的

1　参见陈瑞华：《刑事辩护制度四十年来的回顾与展望》，《政法论坛》2019年第6期。
2　参见左卫民：《有效辩护还是有效果辩护？》，《法学评论》2019年第1期。

制裁。对此,有学者认为,应借鉴美国辩诉交易制度中的行为与结果之双重审查标准,[1]"不利后果"应理解为律师的工作欠缺对诉讼结局造成了不利影响,即若不是律师的工作缺陷,案件的诉讼结果可能会不同。如在认罪认罚案件中,律师行为造成被告人程序选择权的不当行使,进而可能影响实体判决结果。并主张行为标准方面可借鉴美国做法,构建律师有效辩护的行为指南,由被告人承担行为与结果上的双重证明责任。另外,还有学者主张在刑事侦查程序中"有限引入"双重标准的无效辩护制度,由辩护人的明显过错导致无罪的犯罪嫌疑人被错误追究的,应被认定为无效辩护,除追究辩护人责任外,检察机关可退回补充侦查。[2]

但是,行为加结果的双重判断标准并不能完全规制无效辩护行为,结果导向的判断标准具有片面性,被告人承担证明责任的机制更是加大了确认无效辩护的难度。因此可补充确立行为导向的判断路径,即当被追诉人、法律监督机关发现律师辩护行为存在不当时,可向司法行政机关反映情况,由其帮助被追诉人更换律师或为其指定法律援助律师,并进行调查与惩处。正如在美国,尽管奥康纳大法官认为无效辩护是标准而非规则,但是有学者研究发现,被认定为无效辩护的案件均是通过与美国律师协会的律师行为规则相对照,违反规则内容的行为即被认定为无效辩护,因此无效辩护实际是规则而非标准。[3]

从预防的角度看,通过对律师的行为限制也很难保证其实现有效辩护。例如,若规定律师有效辩护的标准之一是满足一定的阅卷时长,但因为案件性质以及律师个人水平的差异,并不能保证阅卷时间越长的律师就可以得到越多的有效信息,作出更好的辩护。对辩护权行使手段的时间或数量限制将导致另一

---

1 参见闵春雷:《认罪认罚案件中的有效辩护》,《当代法学》2017 年第 4 期;韩红兴、刘传高:《论死刑案件的律师有效辩护制度》,《法学杂志》2011 年第 10 期;左卫民:《有效辩护还是有效果辩护?》,《法学评论》2019年第 1 期。

2 参见张中:《论刑事侦查阶段的有效辩护》,《当代法学》2017 年第 6 期。

3 参见李本森:《美国刑事无效辩护制度及其对我国的借鉴》,《北方法学》2016 年第 6 期。

种形式主义。辩护权内容与范围的扩充仅起到保障实施功能,应对无效辩护的根本之策应落在激励机制上。比如,有学者提出"先收费后辩护"的律师收费制度无法起到激励作用,[1]这确实是部分律师敷衍辩护的经济缘由。对此,可倡导律协通过行业规范的形式要求律所、律师在提供辩护前与委托人遵循"按劳取酬"理念,签订更为详细的委托合同,在案后根据辩护人付出与委托人心理预期的实现程度确定收费。同时,可考虑提高法律援助律师的报酬水平,并结合其实际付出与效果确定具体酬劳,法律援助管理部门应加强此方面细节的政策制定与案件追踪管理。此外,可通过社会、律协、律所等多层次的宣传表彰,加强对律师进行有效辩护的精神鼓励。

二、刑事辩护律师的权利变迁

"刑事诉讼的历史就是辩护权扩充的历史。"[2]从我国《刑事诉讼法》的制定到每一次的修改,都可以看到辩护权在不断扩大,权益保障机制也在不断健全。1979年《刑事诉讼法》确立了律师辩护制度,当时的背景是"文化大革命"刚刚结束,中央开始拨乱反正,虽然关于辩护的条文仅仅只有五条,对于辩护权的规定非常概括且不具有操作性,但是确立律师辩护制度本身在当时具有跨时代的进步意义。1996年对《刑事诉讼法》进行了第一次修订,规定在审查起诉阶段犯罪嫌疑人就有权委托辩护人,在犯罪嫌疑人被侦查机关第一次讯问后或者采取强制措施之日起,可以聘请律师为其提供法律咨询、代理申诉、控告,并且可以代为申请取保候审。虽然在侦查阶段律师并不是辩护人,只是提供法律帮助的人,但是在当时维护犯罪嫌疑人、被告人的合法权益方面已经向前跨越了很大一步。另外,1996年《刑事诉讼法》对于辩护人的会见、阅卷、调查取证等辩护权进行了具体的规定,使得这些辩护权的行使有了法律依据。1996年修改的《刑

---

1 参见陈瑞华:《刑事辩护制度四十年来的回顾与展望》,《政法论坛》2019年第6期。
2 [日]田口守一:《刑事诉讼法》(第七版),张凌、于秀峰译,法律出版社2019年版,第172页。

事诉讼法》在1979年确立的辩护制度的基础上,对辩护权进行了一定程度的扩大和完善。1997年施行的《律师法》规定了律师在刑事诉讼案件中的权利和义务,包括会见、通信、阅卷和调查取证权,但是相关规定较为笼统、模糊,不利于辩护工作的开展。2007年《律师法》进行了较大范围的修改,对律师的会见权、阅卷权、调查取证权、法庭上言论的豁免权以及律师涉嫌犯罪的处理问题作出了详细的规定。这次《律师法》的修改,对律师刑事辩护权进行了大尺度的扩展,具有一定的超前性,有些规定甚至超越了当时的《刑事诉讼法》。以律师会见权为例,按照当时《刑事诉讼法》的规定,律师会见犯罪嫌疑人和被告人,要经过司法机关批准;但《律师法》规定,自犯罪嫌疑人被侦查机关第一次讯问或者采取强制措施之日起,受委托的律师凭律师执业证书、律师事务所证明和委托书或者法律援助公函,就有权会见犯罪嫌疑人、被告人并了解有关案件情况,而不需要司法机关的批准。基于多方面的原因,2007年《律师法》对律师刑事辩护权的确认和扩展在实践中并没有得到很好的落实。

2012年《刑事诉讼法》的修改中认可并吸收了2007年《律师法》修改的成果,对辩护律师享有的权利进行了空前的发展,主要体现在以下几个方面:

第一,对律师在侦查阶段辩护人身份的确认。2012年《刑事诉讼法》第33条第1款规定:"犯罪嫌疑人自被侦查机关第一次讯问或者采取强制措施之日起,有权委托辩护人。"仔细分析修改前后《刑事诉讼法》的规定可以知晓,犯罪嫌疑人委托辩护人的时间由审查起诉阶段提前到侦查阶段。并且2012年《刑事诉讼法》对辩护律师在侦查阶段的辩护权进行了具体的规定:"辩护律师在侦查期间可以为犯罪嫌疑人提供法律帮助;代理申述、控告;申请变更强制措施;向侦查机关了解犯罪嫌疑人涉嫌的罪名和案件有关情况,提出意见。"这些新的规定,对于辩护律师有效运用辩护权、维护犯罪嫌疑人在侦查阶段的合法权益有重大意义,同时通过辩护权来制约和监督侦查权,增强侦查阶段的民主性和透明性,防止侦查权的滥用,从而保障了犯罪嫌疑人的基本人权。

第二,简化了会见程序,扩充了会见的权利。虽然1996年《刑事诉讼法》对会见的权利予以保障,但是在实践中运行得并不尽如人意,会见难仍然是困扰着刑事辩护律师的最大难题之一。有鉴于此,2012年《刑事诉讼法》吸收了2007年《律师法》关于会见的相关规定,在法律上简化了辩护律师会见犯罪嫌疑人的繁琐程序,明确规定,辩护律师持律师执业证书、律师事务所证明和委托书或者法律援助公函要求会见在押的犯罪嫌疑人、被告人的,看守所应当及时安排会见,至迟不得超过四十八小时。另外,为了确保会见不至于流于形式,2012年《刑事诉讼法》第37条第4款规定,"辩护律师会见犯罪嫌疑人、被告人时不被监听",取消了侦查阶段会见时侦查机关可以根据情况派员在场的规定。会见不被监听,可以令犯罪嫌疑人、被告人无所顾虑、实事求是地向律师全面谈及案件情况,并且可以就其受到的非法取证行为与律师进行交流,为律师有针对性地辩护提供事实证据。另外还规定了,"自案件移送审查起诉之日起,辩护律师可以向犯罪嫌疑人、被告人核实证据"。这一规定的主要目的在于使犯罪嫌疑人、被告人了解、掌握办案机关认定自己涉嫌犯罪的事实及其证据,从而使律师更好地通过交流知晓犯罪嫌疑人、被告人的犯罪事实及其证据,为有效辩护提供保障。

第三,完善了辩护律师的阅卷权。阅卷权是辩护人的一项重要权利。1996年《刑事诉讼法》对辩护律师阅卷权的范围进行了限制,规定"律师在审查起诉阶段只能查阅诉讼文书和技术性鉴定材料,在审判阶段只能查阅本案所指控的犯罪事实的材料"。这致使辩护律师难以全面了解案件情况,无法有效行使辩护权。为切实保障辩护权的行使,2012年《刑事诉讼法》扩大了辩护律师阅卷权的范围,规定辩护律师自人民检察院对案件审查起诉之日起,可以查阅、摘抄、复制本案的案卷材料。这有助于辩护人全面了解案件情况,对案件证据进行审查,从而形成有效的辩护意见,对于提高辩护质量和保证案件的公正处理,具有重要的意义。

第四,通过修改、增加相关规定降低辩护律师的执业风险。首先,修改了"律师妨害作证罪"的相关规定。1996年《刑事诉讼法》第38条规定:"辩护律师和其他辩护人,不得帮助犯罪嫌疑人、被告人隐匿、毁灭、伪造证据或者串供,不得威胁、引诱证人改变证言或者作伪证以及其他干扰司法机关诉讼活动的行为。"此项法律规定经过多年的刑事司法实践,被律师和学者普遍认为太宽泛,界定笼统,不够科学、严谨、公正,尤其是"引诱证人改变证言"规定,在实践中一些办案机关及办案人员将辩护律师会见犯罪嫌疑人、被告人后改变供述,会见证人后改变证人证言作为追究辩护律师责任的证据,容易引发对辩护律师的执业报复行为,给辩护律师办理刑事案件带来很大的职业风险,这就造成了辩护律师普遍不愿意为刑事案件辩护的后果,不利于刑事辩护制度的发展。2012年《刑事诉讼法》第42条删除了"引诱证人改变证言"的规定,虽然并没有从根本上消除律师伪证罪的消极影响,但也算是一种立法的进步。其次,为了避免利用"辩护人妨害作证罪"对辩护律师进行打击报复,2012年《刑事诉讼法》还规定了对具有辩护律师身份的犯罪嫌疑人进行"异地审理"的原则,即规定"辩护人涉嫌犯罪的,应当由办理辩护人所承办案件的侦查机关以外的侦查机关办理。辩护人是律师的,应当及时通知所在的律师事务所或者所属的律师协会"。最后,还免除了辩护律师的作证义务,2012年《刑事诉讼法》第46条规定:"辩护律师对在职业活动中知悉的委托人的有关情况和信息,有权予以保密。"这些规定都在一定程度上降低了辩护律师的职业风险。

第五,辩护律师在强制措施程序中的参与空间有所扩大。首先,随着在侦查阶段辩护人身份的确立,辩护律师申请变更强制措施的范围扩大了,包括申请变更拘留、逮捕等羁押措施。而1996年《刑事诉讼法》中律师只能针对逮捕措施申请取保候审。其次,对职权机关规定了有关人员申请变更强制措施时的一些程序性要求:对于变更强制措施的申请,有关机关必须在3日以内作出决定。明确了对于变更强制措施的申请,有关机关不能无限期拖延或者置之不理,对于不同意变更强制措施的,应说明理由。最后,赋予辩护律师在检察机关审查和批准逮捕的建议权:人民检察院批准逮捕的过程中,可以听取辩护律师的意见,辩护律师提出要求的,应当听取律师的意见。另外,2012年《刑事诉讼法》确立了检察院对于羁押必要性的持续审查权,在实践中辩护律师具有针对检察院对羁押必要性进行继续审查的建议权。

第六,规定了保障诉讼权利的救济渠道。2012年《刑事诉讼法》第47条规定:"辩护人、诉讼代理人认为公安机关、人民检察院、人民法院及其工作人员阻碍其依法行使诉讼权利的,有权向同级或者上一级人民检察院申诉或者控告。人民检察院对申诉或者控告应当及时进行审查,情况属实的,通知有关机关予以纠正。"当犯罪嫌疑人、被告人的权利受到侵害时,比如存在强制措施不当、贪腐违法犯罪行为等情况,辩护人可以向具有不当行为的机关申诉或者控告,控告行为不能及时处理时,辩护人可以向同级或者上一级人民检察院申诉。这两项规定的出发点是好的,但没有规定具体的审查程序、期限以及"纠正通知"的效力、对处理结果不服的申诉复议程序等,缺乏操作性,实践中可能无法落实。当然,与过去相比,还是有很大进步,至少律师知道应向谁申诉、控告,这值得充分肯定。

继1996年和2012年两次《刑事诉讼法》的修改,2018年,《刑事诉讼法》再次得到修订,此次修改是一次有限的、应急性的修改,[1]因此,在涉及辩护律师的内容上,修改并没有前两次多,但仍有其特点:一是值班律师制度的确立。2018年《刑事诉讼法》第36条规定:"法律援助机构可以在人民法院、看守所等场所派驻值班律师。犯罪嫌疑人、被告人没有委托辩护人,法律援助机构没有指派律师为其提供辩护的,由值班律师为犯罪嫌疑人、被告人提供法律咨询、程序选择建议、申请变更强制措施、对案件处理提出意见等法律帮助。"至此,值班律师

---

[1] 参见陈光中、曾新华:《中国刑事诉讼法立法四十年》,《法学》2018年第7期;顾永忠:《2018年刑事诉讼法再修改对律师辩护的影响》,《中国法律评论》2019年第1期。

制度与委托辩护以及指定辩护一起构成了犯罪嫌疑人、被告人得到法律服务的三大基石。学界有观点认为,值班律师提供的只是法律帮助,并不是辩护,但从法律层面看,办案机关应当为值班律师的会见和了解案件有关情况提供便利,这在实质上大大提升了值班律师为犯罪嫌疑人、被告人提供帮助的能力。二是认罪认罚和刑事速裁程序中的律师辩护。认罪认罚从宽制度经过多年的改革试点,与刑事速裁程序一起被正式纳入《刑事诉讼法》。根据法律规定,办案机关有义务听取律师的意见,并且在律师的见证下,由犯罪嫌疑人签署认罪认罚具结书。三是确立刑事缺席审判中的律师辩护制度。法律明确规定,刑事缺席审判中的被告人及其近亲属有权委托辩护律师,没有委托辩护人的,由法律援助机构指定律师进行辩护。

总之,我国刑事辩护律师享有的诉讼权利经历了从无到有、从少到多、从粗到精的过程。每次辩护权的扩大与完善,都意味着我国对于法治、人权的不懈追求。《律师法》和《刑事诉讼法》对辩护权的完善,改善了律师的职业环境,充实了律师执业权利保障内容,完善了律师制度。随着法律的健全、法治意识的增强,律师行业迎来了大发展的时机。

三、刑事辩护制度的实践困境

(一)律师辩护权难以落实

尽管法律进一步完善了辩护权,但"行动中的法"与"纸面上的法"的差距依然不容小觑。2012年《刑事诉讼法》修改以来,律师在行使辩护权的过程中仍面临一系列难题:职权机关限制、剥夺律师在侦查阶段会见权的问题比较突出,如"看守所应当及时安排会见,至迟不得超过四十八小时"的规定,造成一些情况下侦查机关恶意利用此条款让看守所拖延律师的会见要求,对会见时间、次数也加以限制。阅卷权的实现也面临一定的障碍,知情权和表达辩护意见权未受到应有的重视,如辩护意见被采纳的比率较低,刑事法律援助案件更是"走过场"。值班律师制度如何更好发挥为犯罪嫌疑人提供法律帮助的作用问题需要继续探讨。调查取证难问题依旧未改变，辩护权受到侵害后得不到救济和保护，典型的是非法证据排除难，如实践中侦查人员出庭难，法院仅将其作为特定情况下证明取证合法的手段，严格限制了需要出庭的案件范围；对违法侦查人员的制裁措施不力，仅以造成严重后果为前提，除非被追诉人重伤、死亡或不当取证行为造成冤假错案，否则很难启动追责机制。[1]侦查人员出庭作证一般会被法院采纳，因此在非法证据排除、辩护权的救济上发挥的作用非常有限。[2]

律师辩护权难以行使，体现在职权机关利用法律规则的模糊性、不全面性来限制或剥夺律师辩护权的行使，其根本原因在于：其一，职权机关受落后思想观念的影响，对人权的重视不够。[3]我国长期的封建文化中形成了义务本位和国家本位的价值理念，这对当代刑事辩护制度的建立具有消极影响。人们轻视权利，辩护权也就不被重视；在君权为主的文化中，个人存在的意义就是为了家国利益，在涉及犯罪行为时，个人更是被鄙弃的对象。[4]实践中，相当一部分从事刑事侦查活动的人员仍然秉承传统观念，将犯罪嫌疑人视为"罪犯"，将人权保障和程序正义视为侦查工作的障碍，信奉"口供中心主义"，将律师的活动，例如律师与犯罪嫌疑人的会见，看成是对其侦查活动的干扰和阻碍。我国经历了两千多年的封建社会，积极建设法治国家也不过是从改革开放时才起步，仅有四十多年的历史，因此，我国普遍缺乏现代刑事法治的思想观念，奉行"有罪推定"原则，蔑视人权保障，自然容易引发上述问题。

---

[1] 参见牟绿叶：《刑事程序禁止不利益变更原则及其中国化》，《中外法学》2022年第2期。

[2] 参见韩旭：《新〈刑事诉讼法〉实施以来律师辩护难问题实证研究——以S省为例的分析》，《法学论坛》2015年第3期。

[3] 参见顾永忠：《我国刑事辩护制度的回顾与展望》，《法学家》2012年第3期。

[4] 参见段阳伟：《中国传统文化对刑事辩护制度的消极影响》，载贾宇主编：《中国刑事辩护之路》，知识产权出版社2015年版，第247—248页。

其二，在封建社会形成并延续的"官本位"思想背景下，人们服从和惧怕于公权力与国家利益。公权力具有的地位优势与人民的服从传统，使职权机关利用法律空隙削减被追诉人及其律师的辩护权利，进而达成自身职能行使便利化，从而实现快速破案或结案。这在其他公权力机关的行政服务中亦会发生，但刑事司法程序涉及公民生命权、人身自由等基本权利，应予以格外注意。司法机关作为国家政治机构的组成部分，也应遵循和贯彻"以人民为中心"的政治理念，将其融入刑事诉讼各阶段。犯罪嫌疑人在被判决有罪之前依然是普通公民，是公共服务的对象，刑事诉讼程序应以犯罪嫌疑人为主体导向，满足其辩护权保障的程序需求，而不能为自身工作便利克扣、削减对方权益。

其三，职权机关相互之间的职能分立不足。我国《刑事诉讼法》规定了三机关之间"分工负责，相互配合，相互制约"原则，但实践中呈现出"配合有余，制约不足"的弊病。公检法三机关工作人员同属于司法体制内的公职人员，是相对于律师、企业法务等社会"法律人"的一个具有"血亲"关系的整体，工作职责上的先后承接性也使得相互交流频繁发生，故而法律规定的"制约"机制难以发挥实效。如检察院对公安机关的侦查监督流于形式，非法证据排除程序中法院一般采纳侦查人员的出庭作证内容等。司法机关之间的"亲密"关系使立法设计中的职能并立的监督制约作用大打折扣。法律的修改是改变传统辩护制度的基础性环节，实践中的变化是辩护制度走向完善的重要方面，二者需要在"无罪推定""司法为民""权力制衡"等进步的诉讼理念下共同保障辩护权的行使。一方面，通过细化立法，对存在模糊空间的不合理权力行为进行硬性规制，如完善对实施暴力取证侦查人员的惩戒措施，丰富侦查监督的形式与手段，细化司法责任制的具体落实等，通过精细设计的制度规定制约不当行为；另一方面，通过宣传、培训等措施常态化倡导先进的诉讼理念，让社会和辩护人都体悟到这些理念的价值与内核，就像英国律师安德鲁所说的："我为我的当事人辩护，但我没有必要在感情上喜欢。这是一种绝对的义务。他可能是这个国家中最坏的人,但我仍然为他辩护,而且我对这种辩护也不害怕,我对法官也不害怕。我所要做的就是依据法律,最大限度地保护当事人的权利。律师、检察官也是正义的代言人。检察官说,他从来没有输过任何官司,因为如果正义胜利了,他们也就胜利了。"[1]

(二)律师伪证罪的羁绊

《刑法》第306条规定了律师伪证罪:"在刑事诉讼中,辩护人、诉讼代理人毁灭、伪造证据,帮助当事人毁灭、伪造证据,威胁、引诱证人违背事实改变证言或者作伪证的,处三年以下有期徒刑或者拘役;情节严重的,处三年以上七年以下有期徒刑。"该条文与《刑事诉讼法》第44条"辩护人或者其他任何人,不得帮助犯罪嫌疑人、被告人隐匿、毁灭、伪造证据或者串供,不得威胁、引诱证人作伪证以及进行其他干扰司法机关诉讼活动的行为"构成了一个完整的体系。立法原意是规范辩护人尤其是律师的行为,防止其滥用扩大后的辩护权进行伪证或其他妨碍司法公正的行为。然而,实践中该罪名却成为律师执业的枷锁,沦为部分公安司法机关打击报复律师的手段。中华全国律师协会统计了该罪名出台后十年间的案例,结果表明,错案率在50%以上。有学者统计,从1997年开始,被指控触犯《刑法》第306条的律师,最后有80%以上被法院宣判无罪。[2]尽管多数律师被判无罪,但是,在等待判决的这段时间里,他们所受到的心理煎熬以及可能存在的生理折磨都将使他们对刑事辩护的热情不再,[3]而且将使更多的

---

1 转引自莫洪宪主编:《死刑辩护——加强中国死刑案件辩护技能培训》,法律出版社2006年版,第285页。

2 参见赵继成:《律师"伪证"为何频现——访中国社科院法学所研究员刘仁文》,《法制资讯》2010年第2期;汪海燕:《律师伪证刑事责任问题研究》,《中国法学》2011年第6期。

3 河南擎天律师事务所李奎生案是一起引发了较大影响的律师伪证罪错案,李奎生被指控诱导了被告人薛五辰之妻进行伪证活动,该案几次退补,几次更改罪名,几次变更管辖,李奎生一直被羁押,李奎生及其律师提出100多次取保候审申请,均未获批准。2000年3月,薛五辰死于监所中,对其的刑事追诉已经停止,但仍然不放过"主犯"李奎生。据李奎生控诉,他在羁押期间,受到荥阳市公安局、检察院有关人员的刑讯逼供和人格侮辱。详见平静、德红:《"中原第一大律师"蒙难之疑》,《检察风云》2001年第6期。

人不敢涉足刑事辩护。[1]

律师伪证罪成为律师行使辩护权的枷锁,究其原因还是公安司法机关将律师作为对立面而滥用这一罪名,因此,即便废除律师伪证罪,也不能阻断公安司法机关利用其他手段打击律师。同时,确实实施了违法行为的律师也不会因为该条文的废止就不承担刑事责任。因此,破解"律师伪证"这一命题的关键点在于从实体和程序两方面入手,尤其是程序的完善应居于核心地位。

首先是实体上,"毁灭""伪造""威胁""引诱"等词均具有模糊性,这就给滥用留下了空间。因此,应当本着谦抑性的原则对其做限制性解释,即立法或立法解释应该尽量排除律师伪证罪的适用,缩小其范围,[2]同时尽可能地对其进行细化,可以通过正反两方面举例的形式来明确何种是法律所禁止的行为。对于《刑事诉讼法》中列举的"串供"行为,因为《刑法》并没有将其列入伪证罪的行为方式,所以根据罪刑法定原则,对确实实施了串供行为的律师也不能进行刑事处罚,可以通过司法行政机关对其进行行政处罚或者由律协进行处理。

其次是程序上,应当完善律师伪证案件的回避制度和管辖权归属。《刑事诉讼法》已经规定了"辩护人涉嫌犯罪的,应当由办理辩护人所承办案件的侦查机关以外的侦查机关办理";而确立了回避机制之后,也应当注重管辖权的归属,可以选择由上级机关办理或者指定管辖。事实上,上级机关仍然免不了有偏袒嫌疑,并不能很好地保证其中立立场,而且可能会增加上级机关和与之同级的检察机关、法院的负担,削弱其应当履行的监督职能和其他职能。因此,对

---

[1] 陕西省律师协会刑事专业委员会副主任耿民给出一组数据:"2009年,陕西省各级法院受理刑事案件17833件,审结17253件,律师参与辩护案件数只有3349件,占总案件的比重仅为24.4%。当年陕西省律师总数3726人,人均办理刑事案件数只有0.9件,这个数字在2006年为1.165件(当年全省审理刑事案件数15573件),2003年为1.565件(当年全省审理刑事案件数15492件)。"刑事辩护率的下降,固然具有刑事案件的增长速度大于辩护律师的增长速度、律师更愿意办理非诉案件和其他收费高的案件等原因,但也不能否认,律师害怕因为触犯律师伪证罪而受到刑事追诉也是目前刑事辩护率逐渐下降的一个重要原因。参见王永杰:《律师伪证罪的存废之争》,《复旦学报》(社会科学版)2011年第4期。

[2] 参见王永杰:《律师伪证罪的存废之争》,《复旦学报》(社会科学版)2011年第4期。

于律师伪证案件,应以适用指定管辖为宜。[1]

在从实体和程序两个方面完善律师伪证罪的认定后,更值得深思的问题是单列律师伪证罪的形式有无继续存在的必要。律师伪证罪的产生与律师改制密不可分,但随着社会的发展和法治的进步,律师早已不是当年刚刚脱离"国家法律工作者"身份的群体,其准入和整体素质随着法学教育的进步和法律法规的完善已有了很大的完善和提高。而且实践中,公安司法机关的工作人员也可能会作出伪证行为,其危害要远大于律师的伪证行为,因此,再单列律师伪证罪不免有歧视、排挤律师群体之嫌。同时,为了维护保障人权这一刑事辩护中至关重要的价值,也需要更加尊重律师的辩护权。综上,律师伪证罪不再适合规定为真正身份犯,应当将律师与司法工作人员共同作为妨害作证罪和帮助毁灭、伪造证据罪的不真正身份犯的主体。[2]

(三)难以真正实现法律职业共同体的构建

通常认为,法律职业共同体是由法官、检察官、律师以及法学学者等组成的法律职业群体。一致的法律知识背景、职业训练方法、思维习惯以及职业利益,使得这一群体成员在思想上结合起来,形成其特有的职业思维模式、推理方式及辨析技术,通过共同的法律话语,他们彼此得以沟通,通过共享共同体的意义和规范,成员间在职业伦理准则上达成共识。尽管个体成员在人格、价值观等方面各不相同,但通过对法律事业和法治目标的认同、参与、投入,这一群体成员终因目标、精神与情感的联结而形成法律职业共同体。[3]

然而,虽然律师与法官、检察官一道构成法律职业共同体的重要组成部分,但是"分工合作,相互配合,相互制约"原则指导下形成的流水线作业形式的法

---

[1] 参见汪海燕:《律师伪证刑事责任问题研究》,《中国法学》2011年第6期。
[2] 参见杜小丽:《论"律师伪证罪"罪质独立性的消解——以刑事诉讼法的相应修改为进路》,《法学》2013年第4期。
[3] 参见张文显、卢学英:《法律职业共同体引论》,《法制与社会发展》2002年第6期。

官、检察官工作机制对律师有着天然的排斥,使得律师往往成为法检的对立面。而法官、检察官的考试选拔机制也使得法律职业共同体的流动性变差,律师往往被视为门槛较低的职业,法官和检察官可以随意向律师转行,而律师想进入司法机关却困难重重。与此相对,在当今法官和检察官没有受到足够尊重的情况下,许多优秀的律师也不愿意进入司法机关,除非是法院和检察院的领导岗位,才可能吸引到律所的高级合伙人乃至主任参与选拔。中央全面深化改革领导小组审议通过的《关于从律师和法学专家中公开选拔立法工作者、法官、检察官的意见》,旨在改善目前法律职业共同体流动不畅的局面,但实践中真正从律师、法学教授转任立法、司法工作人员的仍然是凤毛麟角。

第四节 法律援助制度的转型发展

法律援助是司法制度的重要组成部分,起源于西方,经过了五百多年的发展,深刻地影响了世界各国的法治发展。现代意义上的法律援助是指国家(或社会)设立专门的机构,指导和协调律师等法律专业人士,为经济困难或者社会弱势群体提供免费法律服务的一项司法制度。法律援助是现代法治国家保障公民基本人权和维护司法公正的重要途径,被誉为法律界的"希望工程""阳光工程"。

一、法律援助制度的发展脉络

(一)法律援助制度的域外发展

法律援助始于社会慈善和道义行为。据学者考证,作为一种获得公正的司法程序的权利,法律援助可追溯至15世纪末。苏格兰王亨利七世要求当时的律师公会为所关押、待审的穷人提供免费的法律服务,并在一个法案中规定:"正义应当同样给予贫困的人,根据正义原则任命的律师应同样地为穷苦人服务。"

在苏格兰,曾经创立了穷人登记册制度,登记在册的人若提起诉讼,可以免费得到法律顾问和代理人的帮助。这些法案和制度可以看作近代法律援助制度的雏形和起源。[1]从 15 世纪末到 19 世纪末,西方的法律援助制度基本上处于自发状态,不具有国家性。在这一阶段提供法律援助是出于律师的道德和"良知",法律援助也不是受援助对象所享有的权利,提供法律援助的组织有三种:宗教组织、慈善机构和民间社会团体组织,以及某些行政机关(出于道义而非法定义务)。[2]

19 世纪末到第二次世界大战前,法律援助完成了由慈善行为向国家责任的转变,主要特点是把法律援助定位为公民权利和国家责任。20 世纪初,资产阶级人权观念确立,维护人权成为资本主义国家所标榜的宪法原则,法律援助作为一种公民应该享有的政治权利,被普遍接受。另外,20 世纪初,资本主义从自由进入垄断,国家加强了对经济以及其他社会事务的干预,法律也从个人自由本位转为国家社会本位。"在法律发展方面,出现了社会化的倾向……将个人的权利置于社会利益之内,并对经济的、社会的弱者予以保护。"[3]法律社会化的思想推翻了传统的以"穷人"阶层为施舍对象的法律援助理论基础,而将为包括穷人在内的每一个人提供诉诸法院的机会视为国家法律制度的责任。

第二次世界大战后,法律援助在世界范围内得到了全面发展。英国大法官丹宁勋爵说:"自第二次世界大战以来,法律方面最重要的革命就是法律援助。"[4]"人"的地位和价值受到了前所未有的重视,对人权的保障也成为各国法律发展的重要目标。与此同时,西方国家内部经济和政治的发展逐渐进入福利国家阶段,进一步以社会为本位,把法律援助定位为社会全体公民都享有的一

---

1 参见张耕:《中国法律援助制度诞生的前前后后》,中国方正出版社 1998 年版,第 3 页。
2 参见沈红卫:《中国法律援助制度研究》,湖南人民出版社 2006 年版,第 32 页。
3 马小虎:《美国法律援助的简史及现状》,《中国律师》1996 年第 6 期。
4 [英]丹宁勋爵:《法律的未来》,刘庸安、张文镇译,法律出版社 1999 年版,第 1 页。

项社会福利和社会保障权利。[1]法律援助制度在这一阶段的发展主要有以下几个方面:(1)立法逐步完善。世界上建立法律援助制度的国家,在立法上确立了宪法、基本法、行政法规等专门立法的格局,以宪法的人权原则肯定了法律援助制度,赋予公民法律援助的权利。另外,以专门立法的形式规范法律援助工作,同时有关法律援助的规定还分布在一些部门法中。(2)法律援助机构逐步建立健全,建立了符合本国国情的法律援助资金供给制度,法律援助制度得以有序运行。从世界范围看,凡是设有法院的地方,都有与之相对应的法律援助组织,并形成了涵盖政府和民间两方面的法律援助资金供给渠道。(3)法律援助的国际化趋势越来越明显。在很多国际社会制定的国际条约和一些国际习惯中,都有涉及法律援助的内容,尤其是"二战"以后签订的一系列国际性的法律援助条约、协定,包括一国单方面给予外国公民法律援助的国民待遇,还包括双边国家和多边国家间有关法律援助的司法互助协定。

从法律援助的历史沿革看,这一制度在人类司法文明的进程中,发挥着重要作用。随着该制度自身的不断完善,法律援助所承载的民主与法治、公平与正义的价值将越来越厚重。

(二)我国法律援助制度的发展沿革

我国法律援助制度肇始于1979年《刑事诉讼法》的颁布,至今经历了四十余年的发展,取得了卓越成就。[2]我国法律援助制度的发展大致可以分为两个阶段:1979年至2003年的初步发展阶段和2003年至今的快速发展阶段。

在初步发展阶段,我国法律援助制度主要解决了"从无到有"的问题,立法及实践均处于摸索、探路状态。1979年《刑事诉讼法》第27条规定了指定辩护

---

[1] 参见顾永忠:《法律援助机构的设立、职能及人员构成之立法讨论》,《江西社会科学》2021年第6期。
[2] 参见潘金贵:《刑事法律援助制度的发展与完善——兼评〈法律援助法〉相关条文》,《法学杂志》2022年第2期。

的适用情形和范围,确立了指定辩护制度,于法律援助制度而言具有开拓性意义。1996年《刑事诉讼法》正式确定了刑事法律援助制度,规定:"公诉人出庭公诉的案件,被告人因经济困难或者其他原因没有委托辩护人的,人民法院可以指定承担法律援助义务的律师为其提供辩护。被告人是盲、聋、哑或者未成年人而没有委托辩护人的,人民法院应当指定承担法律援助义务的律师为其提供辩护。被告人可能被判处死刑而没有委托辩护人的,人民法院应当指定承担法律援助义务的律师为其提供辩护。"这是"法律援助"首次出现在我国立法当中,标志着我国刑事法律援助制度的正式确立,具有里程碑式的意义。2003年国务院颁布了《法律援助条例》,以行政法规的形式首次对我国法律援助制度进行了较为详细的整体性规定,其中以相当数量的条文对刑事法律援助的范围、申请、审查、实施和法律责任的承担等作出了规定,标志着我国刑事法律援助制度的系统性建构初步完成。

在快速发展阶段,我国法律援助制度实现了"从有到优"的发展,立法及实践均有了长足进步。2012年修改《刑事诉讼法》,从四个方面对刑事法律援助制度进行了完善:一是扩大了指定辩护的适用对象,将"尚未完全丧失辨认或者控制自己行为的精神病人""可能被判处无期徒刑的被告人"纳入指定辩护的范围,让刑事法律援助能够惠及更多被追诉人;二是将刑事法律援助的介入提前至侦查阶段,保证其能够贯穿整个刑事诉讼流程;三是调整了指定辩护的提供方式,由原先的法院指定改为公、检、法三机关通知法律援助机构指派辩护律师;四是确立了申请刑事法律援助制度,明确符合法定条件的,被追诉人及其近亲属可以申请并获得刑事法律援助。2018年《刑事诉讼法》再次修正,正式确立了值班律师制度,明确了值班律师在刑事诉讼程序中所起的临时性、及时性法律帮助作用,弥补了传统刑事法律援助形式的不足。2021年8月,全国人大常委会审议通过了《法律援助法》,标志着刑事法律援助立法迈上了新的台阶。

我国法律援助制度以政府为主导。《法律援助条例》中明确指出,"法律援助是政府的责任",从中央到地方设立了四级法律援助机构:中央一级机构设置是司法部法律援助中心,在司法部领导下,行使对法律援助工作的政府管理职能,具体对全国法律援助工作进行指导和监督;地方设立省、市、县三级法律援助中心,代表本级政府对所辖区内的法律援助工作进行指导和监督,业务上接受各自上级法律援助机构的指导。

在政府主导之外,不排斥社会组织利用其自身资源为受援人提供法律援助服务而成立的法律援助机构。《法律援助条例》第8条规定:"国家支持和鼓励社会团体、事业单位等社会组织利用自身资源为经济困难的公民提供法律援助。"在实践中,一些高校设立了"法律援助中心",还有一些高校针对特殊的社会群体提供法律帮助,如武汉大学的"社会弱者权利保护中心"、北京大学的"妇女法律研究与服务中心"等等。2018年,中国政法大学成立了国家法律援助研究院,系全国首家以法律援助理论研究为特色的智库型研究机构,旨在加强法律援助的基础理论研究、立法政策研究和实施问题研究,为我国法律援助制度的发展与完善提供理论和技术支持,并不断提升我国法律援助制度的软实力。

从我国法律援助的运行实践看,主要是由法律援助机构负责受理、审查法律援助申请,指派或安排人员为符合规定的公民提供法律援助。在提供法律援助服务方面实行混合型服务模式,这是指法律援助机构的专职律师办理援助案件与社会律师、公证员、基层法律工作者承办法律援助案件相结合,并以社会团体和民间法律援助组织办理一定数量的法律援助案件为补充。法律援助的范围涵盖了刑事、民事、行政三大诉讼领域,以及法律咨询、代拟法律文书、公证证明、司法鉴定、调解等非诉讼的程序阶段,基本涵盖了法律服务的各个方面。法律援助的对象包括因经济困难,不能或不能完整支付法律服务费用的公民以及刑事诉讼中符合指定辩护条件的犯罪嫌疑人、被告人。2012年《刑事诉讼法》进一步扩大了指定辩护的范围,犯罪嫌疑人、被告人是盲、聋、哑人,或者是尚未完全丧失辨认或者控制自己行为能力的精神病人,可能被判处无期徒刑、死刑,以及未成年犯罪嫌疑人、被告人,没有委托辩护人的,人民法院、人民检察院和公安机关应当通知法律援助机构指派律师为其提供辩护。

二、法律援助制度的困境及发展

与西方法律援助制度数百年的发展相比,我国的法律援助制度起步较晚,尚处于探索和建设的阶段。但是在1979年至今的四十多年时间里,我国法律援助事业发展的速度和取得的成绩有目共睹。截至2020年底,我国已建立各级法律援助中心3258个,公共法律服务中心(工作站、点)57万个,60多万个村(社区)配备法律顾问,公共法律服务热线设置2000多个座席,服务领域不断拓展,中国法律服务网、各省级法网全面建成,线上服务功能日趋完备。"十三五"期间,全国共办理法律援助案件640万件。[1] 十八大以来,全国累计办理法律援助案件1289万余件,惠及受援人1376万余人次,提供法律咨询6540万人次。12348公共法律服务热线2021年提供免费法律咨询1200万人次。中国法律服务网自2018年上线运行以来,至2021年底,已累计访问14亿人次,提供法律咨询3900万余人次,在线办事790万余件。[2] 这些数据体现了国家对法律援助工作的重视,也反映出法律援助机构和人员队伍日渐壮大,法律援助的覆盖范围不断扩大,法律援助制度在保护社会弱势群体的合法利益方面发挥着越来越重要的作用。

(一)法律援助制度的现实困境

我国法律援助制度在发展过程中,也凸显出不少问题。有学者统计显示:在我国刑事诉讼中,法律援助案件只占所有刑事辩护案件的20%至30%。不仅如此,自2004年至2011年,法律援助案件占全部刑事辩护案件的比例还呈下滑

---

[1] 参见《司法部全国公共法律服务体系建设规划(2021—2025年)》,http://www.gov.cn/zhengce/zhengceku/2022-01/25/content_5670385.htm,最后访问日期:2023年1月15日。
[2] 参见司法部法律援助中心:《践行司法为民,推动高质量发展——热烈庆祝〈中华人民共和国法律援助法〉今日起施行》,《法治日报》2022年1月1日,第4版。

趋势,从24.23%下降到20.98%。[1]目前,我国绝大多数法律援助案件均是由财政出资指派社会律师进行,根据《律师法》的规定,每名执业律师每年应承办1—3件法律援助案件,这不小的办案压力造成了许多律师对待法律援助案件采取"走过场"形式,只在开庭前匆匆与被告人见面商谈,甚至不会面直接上庭辩护,在有共同被告的案件中,许多律师甚至搞不清自己为谁辩护。法律援助广度和深度的不足严重影响了刑事辩护的质量,制约了犯罪嫌疑人和被告人的权利保护,也使得有效辩护难以实现。

针对法律援助制度覆盖率低、辩护质量无法保证的问题,我们应该抓住主要矛盾,发现体制机制运行不畅的深层次原因,不能将眼前的问题简单地看作发展过程中的拦路虎,更不能就事论事,沿袭着"问题—对策"的老路,而应该将它们看作是深化改革的出发点和制定政策的落脚点,从更高的层次,借助多学科的研究视角,将其放到社会管理、政府决策等更广阔的视野下去分析。

(二)法律援助制度的完善路径

基于上述对问题的反思,目前我国法律援助制度的发展应该顺应社会最基本的发展规律,尊重我国的现实情况,因地制宜地走多元化的发展道路,而不能搞"一刀切"的改革模式。从法律援助理论的发展路径来看,为公民提供法律援助是政府责任,法律援助服务是政府提供的福利性公共产品。所以一直以来,我国的法律援助机构不仅承担着法律援助的组织管理工作,还承担着具体案件的办理工作。目前仍有很多学者和实务部门在探讨要不要建立法律援助公职律师制度。我们认为,虽然法律援助是政府的责任,但这并不意味着政府要承担起具体的每一个法律援助案件的办理。政府在法律援助中的角色,要根据具体情况来判断。

---

[1] 参见陈永生:《刑事法律援助的中国问题与域外经验》,《比较法研究》2014年第1期。

1. 法律援助的市场化探索

在经济较发达地区,政府应当以管理者角色探索法律援助制度的市场化发展路径,鼓励和支持市场主体作为法律援助服务这种公共产品的提供者,更多更好地发挥社会力量的作用。以杭州市为例,杭州市是开展法律援助工作较早、发展水平较高的城市,2012年全市法律援助案件首次突破万件,杭州的法律援助显现出一些市场化的趋势。杭州作为东南沿海的省会城市,律师资源比较丰富,截至2019年底,杭州市共有律师9274人,法律援助案件已经实现全部由社会律师承办,法律援助中心作为行政管理机构,只负责案件的受理、审批、指派以及案件的质量评估管理。法律援助的经费纳入同级政府预算,法律援助办案费用全额保障、按实列支。在经费保障充足的情况下,2020年杭州市司法局出台了《杭州市法律援助经费使用管理办法》,提高了法律援助案件办理补贴的数额。[1]

除了案件补贴这种经济方面的激励,杭州市司法系统还会定期召开表彰会,向媒体和社会推介杰出的法律援助律师,提高他们的荣誉度。里根(Regan)在深入考察律师的法律援助工作时发现,有的社会律师经常主动地提供法律援助,其动机可能包括五个方面,其中最主要的有两个:第一,与其他国家一样,法律援助案件可以提高律师事务所在当地社区的声望,进而使案源和收入增多;第二,如果办案补贴到位的话,法律援助可以在短期内提高律师的收入。[2]案件补贴合理、发放及时到位,再加上精神荣誉上的激励,促使杭州社会律师办理法律援助案件的积极性较高,愿意参与法律援助案件的社会律师数量较多。这与经济欠发达地区法律援助资金短缺、律师办理法律援助案件意愿较低形成很大的反差。在此基础上,杭州市法律援助中心建立了法律援助律师资源库,由社会

---

[1] 参见刘子阳:《杭州西湖区法律援助中心副主任张璐键:应援尽援搭建一座"连心桥"》,《法治日报》2020年5月18日,第7版。

[2] 参见陈光中、魏伊慧:《论我国法律援助辩护之完善》,《浙江工商大学学报》2020年第1期。

律师自愿申请加入,申请加入的首要条件是执业三年以上。目前该法律援助律师资源库已经有300多名律师加入。

类似杭州的经济较发达城市,能够保障较为充裕的法律援助经费,其法律援助制度逐渐显现出一些市场化趋势。比如,法律援助办案费用与市场接轨、探讨对办案律师的市场化激励机制、公益性营销手段的尝试等等,但是这些做法没有成熟的理论指导,也没有形成系统化的市场路径,虽然取得了一些成效,但还存在不少问题。比如说,律师办案补贴提高了,律师办理法律援助案件的积极性得到了提升,但是办案补贴费用与律师办案收费的市场标准还存在一定差距。例如法律援助民事案件的补贴是1800元/件,这只能看作成本价格,律师服务的市场最低价格是3000—5000元/件。而收益问题可能会导致有些律师对于法律援助案件的责任心不强。另外,法律援助案件质量的评估与监督一直难以取得实质性的进展,由于评估方案和方法不科学,难以真正体现案件的办理质量。再者,即使某个案件质量评估结果较差,也无法对承办者实施实质性的惩处。这些问题一直制约着法律援助案件质量的提高。

为解决这些问题,在一些经济发达地区,可以考虑对法律援助案件进行公开招投标管理,严格程序,竞争择优,将法律援助案件打包给一些具有资质的律师事务所。并引进第三方机构对法律援助案件的完成质量进行评估、打分,政府可以将评估结果作为将来选择的依据。政府购买法律援助服务是市场经济的显著特征,市场经济是一种契约经济,因此在实施过程中,要注重对其进行合同化管理,与承办的律师事务所通过自由、平等协商订立契约,明确双方的权利与义务,可以在合同中明确服务的要求、期限、违约责任等内容,还可以按照资金支付与服务质量挂钩原则,保障购买服务的预期效果得以实现。

在法律服务领域实行市场化路径,仍然面临政府资金不足、购买服务的供给范围有限这一问题。对此可通过提高税收、开放法律援助捐助等方式改变以往赋予律所办理法律援助案件义务的做法,解决法律代理行为趋利性与法律援助公益性的矛盾,增加国家法律援助经费供给。如此,一方面,明确了法律援助机构的职责。法律援助机构作为法律援助服务的提供者,主要负责决策和管理,决定服务的类型和供给水平,并安排服务的生产和监督生产,从而减少了法律援助机构的运行成本,节约了政府开支,提高了紧张的法律援助资金的配置效率。另一方面,明确了律师事务所是法律援助服务的生产者。律师事务所是专业的法律服务提供者,这比政府直接包办法律援助服务更能提高法律援助服务的质量和效率。再加上引入了招投标、第三方评估等一系列竞争、激励机制,可以确保法律援助的服务质量和效率得到实质性提升。

法律援助市场化的发展模式,不仅是指由政府向市场购买法律援助服务这一方面,还包括一切符合市场经济发展规律的做法,比如通过经济学的供给需求理论,在法律援助资源既定的情况下,寻求法律援助服务的均衡产量和均衡供给,从而确定法律援助案件的合理范围,解决目前法律援助案件范围规定模糊带来的一些突出问题。另外,可以探索在一些民事法律援助案件中建立受援人费用分担的机制。这一方面可以在最大范围内发挥法律援助的作用,尽可能为那些不完全符合法律援助条件的公民提供法律帮助;另一方面可以减轻法律援助体系的额外负担。在条件成熟的情况下,可以探索建立诉讼保险制度,将其纳入社会基本保障范围之内,从而使全体公民都能享受最基本的法律服务保障。

2. 法律援助的行政化保障

法律援助市场化的发展模式并不适合我国所有地区。我国地域辽阔,地区之间社会、经济发展不平衡,在法律援助发展水平上也是如此。以浙江省为例,截至 2019 年底,浙江省有律师事务所 1572 家、律师 23640 人。但是地区之间差距很大,省会杭州市有律师事务所 545 家、律师 9274 人,而在不少地区特别是一些经济欠发达的山区、海岛县(市),律师资源严重不足。全省 90 个县(市、区)中,有 7 个县(市)只有 1 家律师事务所,有 8 个县(市)律师人数不足 10 人。就杭州市来看,2013 年全市法律援助业务经费预算达到 962.39 万元,有的区经费预算达到300万元,但有的区县经费预算仅有20万元,经费预算差距达到10倍以上。

浙江省内法律援助的差异只是全国法律援助发展差异的一个缩影,就全国范围来看,很多地区由于社会、经济、文化等多方面的限制,法律资源十分匮乏。至2010年,在全国近3000个县中,仍有210个县没有律师,[1]这些地区显然不具备法律援助市场化的条件,这种情况下只有加强政府行政化的干预力度,才能保障法律援助的健康均衡发展。虽然截至2014年6月初,我国宣布全国174个县的无律师问题已全部得到解决,在新中国历史上第一次实现了律师法律服务在县域层面的全覆盖,[2]但是,我们必须看到广大中西部地区的律师人数、律师服务等和东部发达地区仍然差距巨大。

除地域差异外,民事案件、行政案件与刑事案件性质的差异,也是制度设计时要考虑的因素。多数情况下,民事、行政案件的法律援助帮助受援人维护的是与财产相关的权益;而刑事法律援助维护的则是受援人的律师辩护权,这是一项基本的人权。因此,刑事法律援助在法律援助中尤为重要。刑事辩护中,律师辩护率低的首要原因是犯罪嫌疑人、被告人的经济能力差,无能力聘请辩护律师。据有关统计数据,在刑事诉讼法律援助案件中,指定辩护占80%以上,而因经济困难向法律援助机构申请并获得法律援助的案件数量较少。这意味着在以往刑事法律援助过程中,因经济困难需要法律援助的数量被大大低估了。如果这类案件也能够获得法律援助,那么刑事诉讼中的法律援助需求将会出现井喷现象。

综上,国家对法律援助的支持尤为重要。在现代法治国家,保障被控告人获得专业律师辩护权是国家的人权保障义务。美国宪法第六修正案规定了国

---

[1] 参见张烁:《律师30年增长近850倍仍有210个县无从业人员》,http://union.china.com.cn/shnews/txt/2010-08/30/content_3686271.htm,最后访问日期:2022年12月3日。

[2] 参见王亦君:《174个县无律师问题全部解决》,《中国青年报》2016年3月31日,第4版。

家的辩护权给付义务,它规定所有刑事被告人都有权获得律师帮助。目前,美国大多数刑事案件都获得了由公共刑事辩护律师提供的辩护,据估算,该比例达到约80%。[1]

十八届四中全会的决定提出"构建社会律师、公职律师、公司律师等优势互补、结构合理的律师队伍";中央全面深化改革领导小组第二十二次会议审议通过了《关于推行法律顾问制度和公职律师公司律师制度的意见》,指出要"要重视发挥法律顾问和公职律师、公司律师作用,健全相关工作规则,严格责任制"。公职律师制度的建立,将有力推动法律援助困境的解决。

但是,在公职律师制度中,还有一些问题是我们不得不进行思考和探究的。首先是公职律师的身份问题。之前广东等地的公职律师试点普遍将公职律师列入事业单位人员或者国家公务员编制,而作为国家工作人员的公职律师,其身份应该是国家公权力的化身还是当事人利益的代表者呢?尽管我国的刑事辩护律师具有"独立辩护人"地位,但通过上文分析我们可以看出,其独立并不意味着完全脱离当事人而存在。保障当事人的利益使其与国家权力平等对抗是律师的首要任务,而公职律师原本就是公权力的产物,即使他们如同社会律师一样接受律师协会的管理,要求其代表当事人利益,但是,这与其所处的地位及身份之间天然的矛盾仍然可能制约他们发挥更大的作用。

其次是公职律师的能力水平问题。在之前的相关规定中,从事法律援助的律师要求有三年以上经验,法律援助案件中可能被判处无期徒刑或死刑的案件占了相当的比重,对律师的准入进行一定的要求十分必要。然而,公职律师的设立很大程度上会吸引缺乏工作经验的应届毕业生,如果不设定门槛要求,即使法律援助案件的数量得到了保证,其质量的下降反而会带来适得其反的效果。此外,在公职律师内部细化管理与分类调配也是必要之举。对不同的法律

---

[1] 参见冀祥德:《刑事辩护准入制度与有效辩护及普遍辩护》,《清华法学》2012年第4期。

援助申请理由分类管理,安排适宜的公职律师进行辩护,有助于保证辩护质量。

最后是"案多人少"矛盾。美国公设辩护人的困境向我们揭示了公职律师制度可能面临的最大问题——案多人少,财政支持不力。[1] 尽管我国法律援助案件的范围小于美国,但庞大的人口数量仍然会给公职律师带来相当大的负担,如何合理设计制度以最大限度地缓解这一问题成为公职律师制度所面临的重要考验。实际上,这不仅是公职律师面对的问题,也是我国整体法律援助制度面临的问题。这需要从法律援助的多元视角出发,逐步扩充经济支持与人员力量,同时重视社会治理水平、治理能力与全民素养的提升,从源头上减少诉讼数量。

3. 法律援助的社会化扩充

在市场化和行政化模式之外,未来还应该着重培育民间法律援助力量。非政府组织[2]的繁荣和发展是现代市民社会的一个突出特点,我国在从传统社会向现代社会转型的过程中,尤其是改革开放以来,随着社会主义市场经济体制的建立,政府机构的精简及职能的转变,"小政府、大社会"目标模式的确立,国家与市场、国家与社会的关系出现深刻的变化和调整,各类民间组织在经济社会发展中逐步发挥出越来越重要的作用。法律援助的发展与民间组织同样有着深厚渊源,法律援助诞生之初就是民间的一种慈善行为,民间法律援助是现代西方国家政府主导型法律援助发展的基础,如美国的公益法律事务所、德国的

---

[1] 美国为公设辩护人支付了大量的费用,依据美国律师协会法律援助与穷困被告人常设委员会的统计,1986年,美国财政年度为穷困被告人支付了10亿美元,2002年支付了23亿美元,2005年支付了43亿美元,2008年支付了51亿美元。即便如此,还远远不够。而自2008年金融危机爆发以来,许多州政府削减了对于公设辩护人的支出,如最富有的加利福尼亚州将费用从17亿美元减到了7亿美元。而公设辩护人的收入也十分有限,如在伊利诺伊州,轻罪150美元,重罪1250美元;马萨诸塞州公设辩护人10年前收入为3.5万美元,现在也仅有5万美元。参见吴羽:《美国公设辩护人制度运作机制研究》,《北方法学》2014年第5期。

[2] 国际上对非政府组织有不同的称谓,如"非营利组织""非政府组织""第三部门""志愿者组织""民间组织"等等。这些不同的概念基本上包含了介于政府组织和营利性组织之间的一切社会组织。在我国,只要是具备非营利性、非政府性、志愿性、公益性的正式组织,都可称为"非政府组织"。参见李红艳:《我国非政府组织发展的困境与建议》,《社会科学辑刊》2007年第6期。

朱迪凯尔[1]，就是从民间法律援助发展起来的。[2]在现代社会借助民间组织的力量发展法律援助，可以有效地弥补"市场失灵"和"政府失灵"，以填补政府主导的法律援助制度未能满足法律援助实际需要所带来的空缺，有效推进我国法律援助事业的发展。

就目前来看，我国民间法律援助组织的分布也具有地域性，除了广州市、北京市、武汉市以及其他一些拥有高等法学院校的大城市中民间法律援助组织比较活跃外，其他地方除了工、青、妇、残等社会团体建立工作站外，很少有民间法律援助组织。但从全球社会的发展趋势来看，民间非政府组织未来在法律援助领域有很大的发展空间，当然这离不开政府的鼓励和引导。对民间法律援助组织的角色进行法律定位，在民间法律援助组织和政府法律援助组织的受案范围和标准上进行统一划分，有助于政府和民间分工合作，扩大法律援助的覆盖面；鼓励社会组织探索多样化的筹资方式，借鉴国外民间法律援助组织的有益经验，加强管理和监督，引导民间法律援助组织健康发展。

同时，可以以省为单位，在律师资源丰富的地区招募律师开展法律援助志愿者行动。由省法律援助中心、省律师协会在全省范围内招募志愿律师，统一组织选派到律师资源严重不足的县（市）从事不少于一年的法律援助志愿服务活动。志愿律师的费用由省法律援助中心、省律师协会予以补贴。此外，制定律师从事法律援助志愿服务的激励政策，比如律师从事法律援助志愿服务的经历可以与职称评定挂钩，减免若干个人所得税，优先参加社会各类荣誉的评定，每年度组织宣传、表彰等等，以提高律师从事法律援助志愿服务的积极性。

---

1 朱迪凯尔是"The Judicare Model"的中译名称，代指一种法律援助模式。Judicare 系拉丁语，原意为判决、裁判和宣判。朱迪凯尔法律援助模式起源于慈善团体，该模式的关键特点在于由私人律师为当事人提供法律服务。在很多发达国家和地区，例如德国、英国、荷兰、挪威、瑞典、澳大利亚、新西兰和加拿大的大部分省份，就多采用朱迪凯尔模式作为提供法律援助服务的主要方式，即由国家资助私人执业者，让其为个人提供法律服务。参见马栩生：《当代中国法律援助：制度与理论的深层分析》，人民出版社2010年版，第60—63页。

2 参见杨轶华、刘宴毓：《法律援助供给模式的困境及优化》，《社会科学战线》2021年第4期。

总体而言,十八届三中全会以后,我国的政治、经济、社会的方方面面都步入了全面深化改革的阶段,更加注重社会公平与正义,"让发展的成果更多更公平惠及全体人民"则是深化改革的最终目的。法律援助制度是实现社会公平正义的基本保障,在新一轮的司法改革中,推动法律援助制度的发展与完善,正切中改革的要义。通过本章的分析,我们认为未来我国法律援助制度应该以区域发展不平衡为基础,充分考虑各地发展现状,在条件成熟的前提下,加快市场化的发展步伐。在不具备市场化条件的地区和法律服务领域,强调法律援助行政化的保障方式。同时积极扩充社会力量参与法律援助的来源与形式。市场力量、行政力量以及社会力量各司其职、相辅相成,在各自的领域内发挥作用,以实现资源配置效率的最大化。希望在政府主导下的三位一体发展格局,能为我国法律援助制度提供一种改革和发展的思路,从而使法律援助制度作为社会的安全阀,为深化改革提供更强有力的保障。

第九章
专家辅助人制度的现状、困境与完善

专家辅助人制度是中国式司法制度中较为年轻却有重要意义的一项制度。专家辅助人制度的建立,有助于提高目前我国司法鉴定意见的质量,并将对我国的庭审方式和证据制度的改革产生重大的影响。2012年修改的《刑事诉讼法》明确规定:"公诉人、当事人和辩护人、诉讼代理人可以申请法庭通知有专门知识的人出庭,就鉴定人作出的鉴定意见提出意见。""有专门知识的人"即我们所称的专家辅助人。专家辅助人是具有某一专门领域的专门知识,并经控辩双方申请出庭,依据其专业的知识、技能,就对方提供的鉴定意见辅助进行质证的诉讼参与人。[1]但是,法律仅对专家辅助人制度作出了初步规定,专家辅助人的诉讼地位、专家辅助人意见的法律属性、参与刑事诉讼的过程等都没有具体规定。在法律实施过程中,专家辅助人制度的运行状况不容乐观,专家辅助人出庭的情况也比较少,针对专家辅助人的诉讼地位、专家辅助人意见的法律属性等仍然分歧较大。[2]因此,本章在面向法律工作者关于专家辅助人制度的问卷调查的基础上展开实证研究,从而探究专家辅助人制度的实施现状以及完善专家辅助人制度的措施。

---

[1] 参见吴洪淇:《刑事诉讼中的专家辅助人:制度变革与优化路径》,《中国刑事法杂志》2018年第5期。
[2] 参见张保生、董帅:《中国刑事专家辅助人向专家证人的角色转变》,《法学研究》2020年第3期。

第一节　关于专家辅助人制度的实证调查

一、调查方法概述

在探究专家辅助人制度时,目前学界的研究多集中在比较研究的方法上,即借鉴国外相应的专家证人制度和技术顾问等制度,探讨专家辅助人的诉讼地位、专家辅助人意见的法律属性、参与刑事诉讼的过程等,有关的实证研究比较少。因此,本章在面向法律工作者关于专家辅助人制度的问卷调查的基础之上进行实证研究,从中探究专家辅助人制度的实施现状以及法律职业者对专家辅助人制度细化规则的见解。

我们的调查对象为浙江省的律师、法官、鉴定人等法律工作者,共发放问卷600份,最终有效回收584份。问卷采用当场发放、填写并回收的方式,问卷发放结果均编号存档,并运用SPSS软件录入电子数据库,确保了问卷数据的真实性和可信性。在被调查者中,男性占62%,女性占38%。在年龄构成上,20—30岁受访者192人,30—40岁受访者197人,40—50岁受访者136人,50—60岁受访者42人,60岁以上受访者16人,在各年龄层都有一定比例的受访者。在学历上,由于从事法律工作需要较高的文化水平,因此,受访者的学历普遍较高,本科学历的415人,硕士及以上学历的144人,两者合计比例占样本数的75.9%,高中及以下学历的仅1人,大专学历的23人。职业构成上,法官、律师、鉴定人分别占样本数的26.9%、36.3%、25.1%,数量基本均衡,可以较好地反映出不同职业的法律工作者对专家辅助人制度的认识。在问卷调查的基础上,通过召开座谈会等方式,我们试图了解专家辅助人制度目前实施中面临的困境,并据此提出相应的完善建议。

二、调查问卷分析

在这一部分,我们将对问卷结果以及专家辅助人制度认识差异的原因进行初步分析,以期了解我国专家辅助人制度的实施现状。

(一)调查问卷结果的描述性分析

1. 专家辅助人制度的实施现状

从图9-1可见,法律工作者对专家辅助人制度的了解程度不容乐观。表示"非常清楚"的占了最小的一部分,仅为7%,表示"清楚"的有39.5%,二者合计为46.5%,还不到总数的一半;"听说过"的占40%,"不清楚"的占13.5%,二者合计为53.5%。我们可以看到,尽管专家辅助人制度已被付诸实践,但它在法律工作者当中的认知度和熟悉度并不高,这也反映出实践中涉及专家辅助人的案件仍然不多,专家辅助人制度应有的作用没有得到很好的发挥。

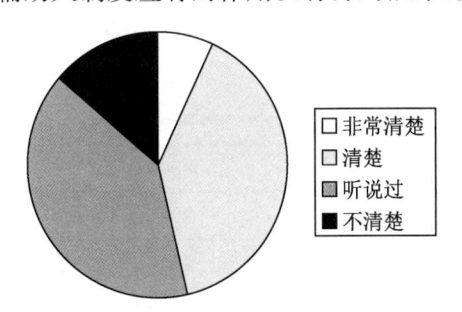

图9-1 法律工作者对专家辅助人制度的了解程度

在表9-1"涉及专家辅助人案件类型"和表9-2"涉及专家辅助人鉴定种类"中,由于多名被调查者进行了多项选择,无法用SPSS软件进行数据分析,因此,缺失值比较多。在有效的数据中我们可以看到,医疗纠纷案件所占的比重最大,为39.9%,而涉及最多的鉴定种类为法医临床,占37%。可以发现,专家辅助人多出现在专业性强且当事人利益较为复杂的案件中。我们曾跟部分法官就专家辅助人的作用发挥进行过探究,多数法官都提到了专家辅助人对于医疗纠纷案件的解决帮助很大，因为很多当事人对于医学问题并不了解，专家辅助人阐释清楚后可以打消其对法院和医学会的顾虑。[1]

表9-1 涉及专家辅助人案件类型

	类型	频率	百分比	有效百分比	累积百分比
有效	医疗纠纷案件	178	30.5	39.9	39.9
	交通事故致伤致残案件	82	14.0	18.4	58.3
	人身伤亡案件（包括刑事及民事案件）	84	14.4	18.8	77.1
	刑事案件	66	11.3	14.8	91.9
	其他	36	6.2	8.1	100.0
	合计	446	76.4	100.0	
缺失	系统	138	23.6		
合计		584	100.0		

表9-2 涉及专家辅助人鉴定种类

	类型	频率	百分比	有效百分比	累积百分比
有效	法医病理	84	14.4	21.4	21.4
	法医临床	145	24.8	37.0	58.4
	法医精神病	80	13.7	20.4	78.8
	法医物证（DNA）	29	5.0	7.4	86.2
	文书痕迹	26	4.5	6.6	92.9
	其他	28	4.8	7.1	100.0
	合计	392	67.1	100.0	
缺失	系统	192	32.9		
合计		584	100.0		

---

[1] 2002年9月1日开始实施的《医疗事故处理条例》规定，医疗事故的技术鉴定由中华医学会及设区的市级以上地方医学会组织实施。中华医学会成立于1915年，是全国医学科学技术工作者自愿组成的依法登记成立的学术性、公益性、非营利性法人社团。参见陈志华：《医学会从事医疗损害鉴定之合法性研究》，《证据科学》2011年第3期。

2. 对专家辅助人诉讼地位的认识

想要进一步细化和完善专家辅助人制度,首先需要明确专家辅助人的诉讼地位。目前新《刑事诉讼法》中还没有规定专家辅助人的法律地位,而从图9-2可以看到,实践中法律工作者的认识存在较大的分歧,认为"类似鉴定人"的比例最高,为36.8%,认为"类似证人"的次之,为32.7%,认为是"独立的诉讼参与人"的占20.9%,认为"类似辩护律师"的只占很少的一部分,为8.2%。

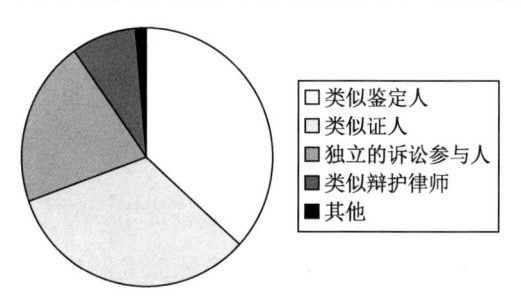

图9-2 专家辅助人诉讼地位

3. 对专家辅助人意见的法律属性的认识

通过图9-3可以看到,法律工作者对诉讼意见的法律属性也没有达成共识。

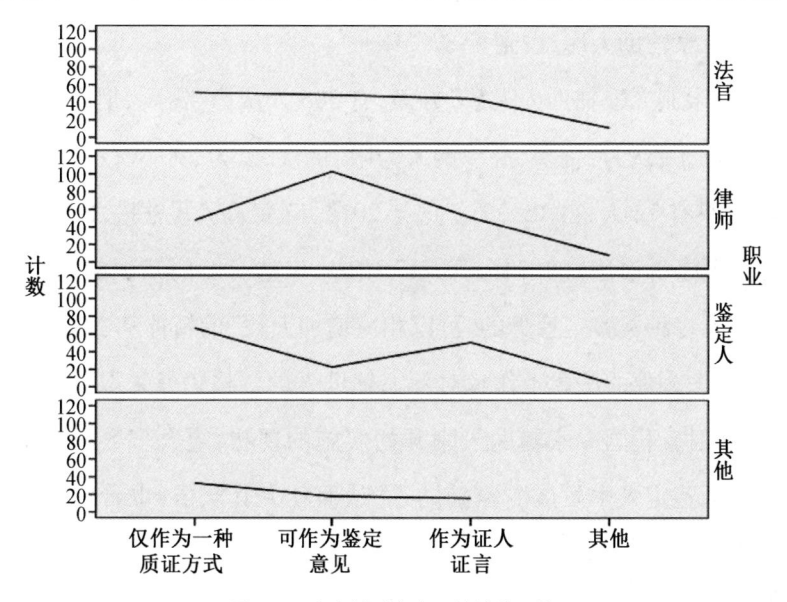

图9-3 专家辅助人意见的法律属性

通过对问卷的分析可以得到如下数据:认为"仅作为一种质证方式"的有199人,占34.1%;认为"可作为鉴定意见"的有193人,占33%。这两者所占的比重基本均衡。认为"作为证人证言"的有163人,占27.9%;认为应该属于"其他"的有25人,占4.3%。

4. 对专家辅助人参加诉讼的过程的认识

对于专家辅助人应当怎样参与到诉讼中,其资格条件、启动程序、参与质证等这些具体内容的看法,法律工作者既有一致也有差异。下面将分别进行分析:

一是专家辅助人的资格。对于是否应当限制我国专家辅助人的资格,绝大多数的被调查者选择了"应当",为404人,占69.2%;认为"看具体案件类型而定"的为97人,占16.6%;认为"不应当,只需具备相应的专业知识即可"的为79人,占13.5%;其他有2人。目前我国的专家辅助人制度刚刚起步,专职的专家辅助人还很少,而鉴定人与专家辅助人紧密相连,在"鉴定人能否自然成为专家辅助人"这一问题上,有290人选择了"可以,但须设置条件",约占一半,认为"可以"的为134人,"不可以"的有152人,人数大致均衡。同时,有510人认为有必要建立专家辅助人库,占到了87.3%。

在"是否限制专家辅助人人数"方面,有305人认为"需要,但限制不应过于严格",超过一半;认为"需要,并以两人为限"的次之,为200人,占34.2%;认为"不需要"的只有72人,占12.3%。这与2012年《最高人民法院关于适用〈中华人民共和国刑事诉讼法〉的解释》第217条中"申请有专门知识的人出庭,不得超过二人。有多种类鉴定意见的,可以相应增加人数"的精神基本一致。

可见,绝大多数的法律工作者对专家辅助人的资格仍然采取严格认证的态度。同时,面对着我国专家辅助人刚开始实施的现状,绝大多数的法律工作者都认为可以从鉴定人中发展专家辅助人,从而壮大其队伍,也希望更好地实施专家辅助人制度。

二是专家辅助人的启动条件。根据新《刑事诉讼法》的规定,公诉人、当事人和辩护人、诉讼代理人是可以向法院申请专家辅助人出庭的。那么法院是否有权申请专家辅助人出庭呢？对于这一问题，有 465 人认为"有权"，占 79.6%；有 109 人认为"无权"，占 18.7%。这说明绝大多数的法律工作者都认可在一定的情况下法院也有权申请专家辅助人出庭。

在"在什么阶段可以申请专家辅助人"的问题上，有 212 人认为侦查阶段即可申请专家辅助人，比例为 36.3%；认为应在审查起诉阶段的为 129 人，占 22.1%；认为只能在庭审阶段的为 228 人，占 39%。

三是专家辅助人在庭审中的质证。针对"鉴定人和专家辅助人是否可以相互质询"这一问题，有 458 人选择了"可以"，占到了 78.4%；有 81 人选择了"不可以"，占 13.9%；选择"不清楚"有 42 人，占 7.2%。这说明了绝大多数的法律工作者都认可应该让鉴定人和专家辅助人相互质询，以便更好地厘清鉴定意见，查明事实，确保公平正义。

四是对专家辅助人的权利的认识。我国法律中尚没有对专家辅助人的权利义务作出规定，这使得专家辅助人的工作内容处于模糊不清的状态，实践中的法律工作者对专家辅助人应该有权参与哪些事项也没能达成共识。在"专家辅助人是否有权了解案情和资料"的问题上，有 309 人选择了"有权"，占到了 52.9%；选择"无权"的有 268 人，占 45.9%（见表 9-3）。这说明更多的法律工作者认可专家辅助人了解案情和资料的权利。

表 9-3 专家辅助人是否有权了解案情和资料

		频率	百分比	有效百分比	累积百分比
有效	有权	309	52.9	53.6	53.6
	无权	268	45.9	46.4	100.0
	合计	577	98.8	100.0	
缺失	系统	7	1.2		
合计		584	100.0		

而在"专家辅助人是否应当有调查权"这一问题上,认为"应当"的有233人,占39.9%;认为"不应当"的有340人,占58.2%(见表9-4)。可以看到,大多数的法律工作者不赞成专家辅助人有调查权。

表9-4 专家辅助人是否应当有调查权

		频率	百分比	有效百分比	累积百分比
有效	应当	233	39.9	40.7	40.7
	不应当	340	58.2	59.3	100.0
	合计	573	98.1	100.0	
缺失	系统	11	1.9		
合计		584	100.0		

通过这两个问题可以看出,并不是所有的法律工作者都认可赋予专家辅助人相关的权利。这样会导致专家辅助人对案情和相关争议问题了解偏少,势必会影响到专家辅助人的质证过程,从而影响到直接言词原则的贯彻。

5. 对专家辅助人制度实施阻力的认识

对于专家辅助人制度实施中可能遇到的最大阻力,318人认为是"专家辅助人不愿得罪同行,不愿出庭",占到了54.4%;106人认为"专家辅助人可能会混淆视听",占18.2%;64人认为"法官不愿让专家辅助人出庭",占11%;选择"其他"的有56人,占9.6%(见表9-5)。这反映出法律工作者对专家辅助人制度实施阻力的隐忧。小部分受访者担心专家辅助人反而会导致混淆视听的结果,这也说明了仍然有部分人对专家辅助人的实施抱有不够信任的态度。而更多的人选择的是"专家辅助人不愿得罪同行",这也使得完善专家辅助人的出庭程序、转变专家辅助人的固有观念势在必行。

表 9-5 专家辅助人制度实施的最大阻力

		频率	百分比	有效百分比	累积百分比
有效	专家辅助人不愿得罪同行,不愿出庭	318	54.4	58.5	58.5
	法官不愿让专家辅助人出庭	64	11.0	11.8	70.2
	专家辅助人可能会混淆视听	106	18.2	19.5	89.7
	其他	56	9.6	10.3	100.0
	合计	544	93.2	100.0	
缺失	系统	40	6.8		
	合计	584	100.0		

(二) 专家辅助人制度认识差异的相关性分析

通过对调查结果的描述性统计可知,在专家辅助人的诉讼地位、专家辅助人意见的法律属性、专家辅助人的申请阶段以及专家辅助人的权利方面,被调查者的认识存在较大的差异,其中的一些观点可能会影响到专家辅助人制度的实际施行。因此,下文将探究造成这种认识差异的原因,以便更好地分析我国专家辅助人制度现有的困境。

在之前的研究以及调查数据的描述性统计的基础上进行相关性分析可以发现,对专家辅助人制度的了解程度与被调查者的性别、年龄无显著联系。而由于参与调查的法律工作者普遍学历较高,基本在本科及以上,因此,文化程度对于被调查者认识专家辅助人这一制度的影响不大,所以,此处对被调查者的文化程度不做进一步分析。而被调查者不同的职业使其在诉讼过程中有着不同的分工和定位,将职业与对专家辅助人制度的了解程度进行相关性分析,可以得到显著性系数 $p=0.001<0.05$(见表 9-6),两者显著相关,相关性系数为 0.138。因此,我们便选择证明被调查者职业的不同对专家辅助人的认知状况有无关联,确定职业为自变量,并假设职业与其相关。

1. 假设职业与对专家辅助人诉讼地位的认知相关

分析表 9-6,相关系数 r=0.138,显著性水平 p=0.001<0.05,说明在诉讼过程中,法官、律师、鉴定人等不同的角色定位会影响到其对专家辅助人诉讼地位的认定。通过图 9-4 可以看到,多数法官和律师均认为专家辅助人的角色定位应该类似于鉴定人,而鉴定人则更多地认为专家辅助人的地位应该类似于证人,同时,与法官和鉴定人比起来,有更多的律师认为专家辅助人应该是一类独立的诉讼参与人。

表 9-6 职业与对专家辅助人诉讼地位认知的相关性分析

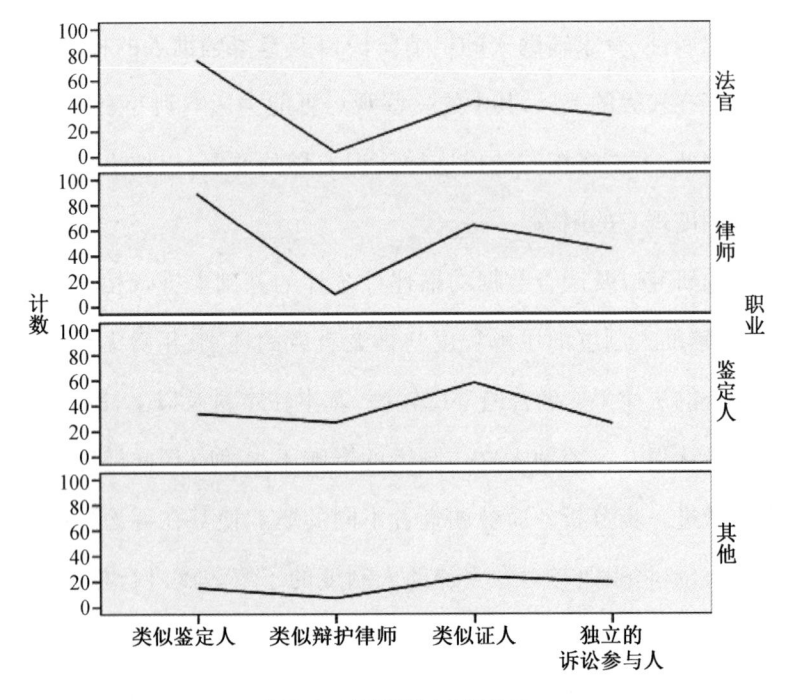

		专家辅助人诉讼地位
职业	Pearson 相关性	0.138
	显著性(双侧)	0.001

图 9-4 专家辅助人诉讼地位

2. 假设职业与对专家辅助人意见的法律属性的认知相关

进一步对职业与专家辅助人意见的法律属性进行相关性分析,可以得到显著性水平 p=0.005<0.05(见表9-7),二者具有相关性。从图9-3"专家辅助人意见的法律属性"中可以看到,在对于专家辅助人的意见应该仅作为一种质证方式,还是可作为鉴定意见抑或是证人证言这一问题上,法官这一群体并没有一致的意见,选择这三个选项的人数较为平均,而律师和鉴定人在这一问题上则持有截然不同的观点——多数律师认为专家辅助人的意见可以作为鉴定意见,而选择这一选项的鉴定人比例最小。

表9-7 对职业与对专家辅助人意见的法律属性认知的相关性分析

		专家辅助人意见的法律属性
职业	Pearson 相关性	-0.116
	显著性(双侧)	0.005

3. 假设职业与对申请专家辅助人介入案件的阶段的认知相关

从与职业一起进行相关性分析得到的表9-8中可以看到,显著性水平 p<0.05,r=0.251,二者显著相关,这说明法律工作者的职业影响着他们选择专家辅助人介入案件的阶段。

表9-8 对职业与申请专家辅助人介入案件阶段认知的相关性分析

		申请专家辅助人的阶段
职业	Pearson 相关性	0.251
	显著性(双侧)	0.000

通过图9-5可以看到,认为可以在侦查阶段申请专家辅助人的法官人数略高于认为可以在庭审阶段申请的人数,但二者差距较小。有过半数的律师选择了在侦查阶段就可以申请专家辅助人,人数比重在律师群体中最高。而与之相反的是,只有20名鉴定人选择了在侦查阶段就可以申请专家辅助人,人数比重

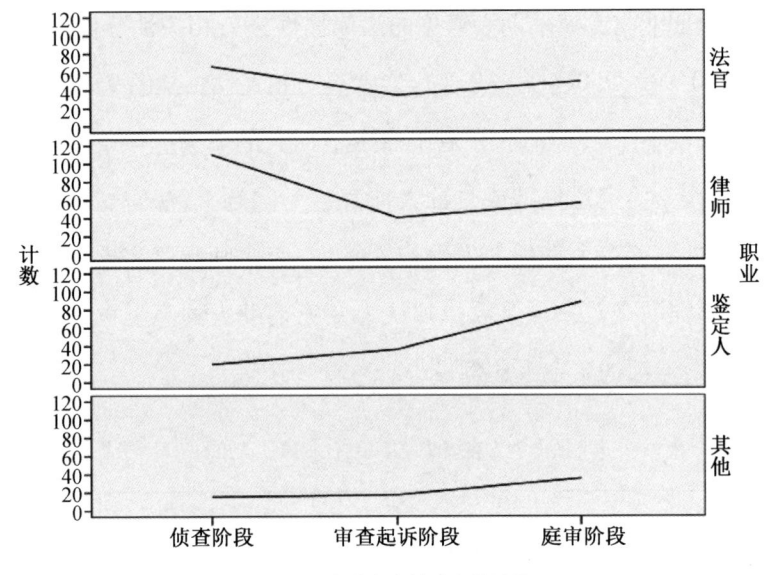

最小,大多数的鉴定人选择了在庭审阶段申请专家辅助人。

图 9-5 申请专家辅助人的阶段

4. 假设职业与对专家辅助人享有权利的认知相关

通过相关分析可见,两者的显著性水平均小于 0.05,且二者的相关系数均为负值,呈负相关(见表 9-9),说明与法官和律师相比,有更多的鉴定人认为专家辅助人有了解案情和资料以及调查的权利。

表 9-9 对职业与对专家辅助人享有权利认知的相关性分析

		专家辅助人是否有权 了解案情和资料	专家辅助人 是否有调查权
职业	Pearson 相关性	−0.283	−0.177
	显著性(双侧)	0.000	0.000

第二节 专家辅助人制度面临的困境

以上的图表数据分析告诉人们,尽管绝大多数的法律工作者都认可专家辅助人制度建立所带来的积极意义,然而,囿于法律工作者自身职业和立场的差异,再加上现有的法律和相关司法解释也存在模糊之处,专家辅助人制度并未得到很好的实施。因此,在这一节中,我们将结合实证调查所得出的数据来探究专家辅助人制度所面临的困境。

一、法律工作者对专家辅助人制度的了解不够

通过实证调查可以看到,目前我国的法律工作者对专家辅助人制度的了解不够深入。如果不能很好地认识这一制度,那么,法官在对鉴定意见进行审查质证时则不能很好地对专家辅助人的意见进行评判,而要与专家辅助人进行质证的鉴定人也不能很好地阐述自己的意见,进而影响到法官的自由心证过程。与此同时,具备法律专业知识、为当事人提供服务的律师也不能适时提出要当事人聘请专家辅助人从而帮助解决专门性问题的建议,这样一来,势必会影响到专家辅助人制度的推进和实施。

二、专家辅助人的诉讼地位、意见属性尚不明确

我国《刑事诉讼法》对专家辅助人的诉讼地位、法律意见属性都没有作出明确规定,而对于专家辅助人的意见属性,相关司法解释还存在着前后矛盾。2012年《最高人民法院关于适用〈中华人民共和国刑事诉讼法〉的解释》第239条规定:"法庭笔录中的出庭证人、鉴定人、有专门知识的人的证言、意见部分,应当在庭审后分别交由有关人员阅读或者向其宣读。"而把专家辅助人在法庭上的发言视为证言,并不符合我国立法和司法解释的精神。也就是说,专家辅助人的言词是以"意见"的形式呈现的,明确了专家辅助人意见仅作为一种质证意见。而在该司法解释第213条中规定了询问证人、鉴定人、专家辅助人所通用的规则,同时第215条明确了"审判人员认为必要时,可以询问证人、鉴定人、有专门知识的人"。这意味着专家辅助人意见同证人证言和鉴定意见一样会影响到

法官的自由心证，从而需要被质证。[1]

而通过实证调查可以看到，法律工作者对专家辅助人的诉讼地位及其意见的法律属性认识分歧较大。通过相关分析可以发现，职业的不同影响着他们对于这一问题的判断和选择。由图 9-2"专家辅助人诉讼地位"和图 9-3"专家辅助人意见的法律属性"可见，更多的鉴定人认为专家辅助人的诉讼地位应该类似于证人，将专家辅助人意见仅作为一种质证意见。从鉴定人的角度出发，这样可以使自己的鉴定意见被专家辅助人意见所影响的概率变小。然而，在专家辅助人处于跟鉴定人完全不对等的状态下，专家辅助人尽管有机会跟鉴定人进行质证，但其意见却不能得到法庭的重视，不能对审判结果产生实质上的影响，势必使得整个质证过程流于形式化，直接言词原则也无从体现。

明确专家辅助人的诉讼地位、意见属性是明确专家辅助人的资格、启动程序和参与庭审过程的前提和基础，如果不能正确认识这一问题，势必会影响到专家辅助人制度的实施。

三、专家辅助人参加诉讼的程序不完善

专家辅助人参加诉讼的程序不够完善，主要体现在以下几个方面。

（一）专家辅助人资格不清

英美法系没有明文规定专家证人的资格，而对于专家证人是否具备这样的资格，则要在法庭中审查，在法庭辩论中，专家证人的资格问题往往会成为攻击的重点。[2] 由于目前我国专家辅助人的资格具有不确定性，而从数据分析中可以

---

[1] 参见胡铭：《专家辅助人：模糊身份与短缺证据——以新〈刑事诉讼法〉司法解释为中心》，《法学论坛》2014 年第 1 期。

[2] 《美国联邦证据规则》第 702 条规定：如果科学、技术或其他专业知识有助于事实审判者理解证据或者裁决争议事实，则凭借知识、技能、经验、训练或教育而够格成为专家的证人，可以以意见或其他形式就此作证。See *Federal Rules of Evidence*，https：//www.uscourts.gov/sites/default/files/federal_rules_of_evidence_-_december_2020_0.pdf.

看到,大多数的法律工作者都认为应当限制专家辅助人的资格,实践中法律工作者的这一看法使得当事人为了确保专家辅助人适格,往往多选择名气较大的教授、鉴定人等,从而导致提供专家辅助人服务的机构中的部分人员处于供不应求的地位,而他们受限于时间和精力也无法接下如此之多的委托,结果,很多当事人只能抱憾而归。与此同时,很多同样具备专业知识、可以胜任专家辅助人工作的人却无法为当事人提供相应的帮助。

(二) 启动条件存疑

根据我国《刑事诉讼法》的规定,专家辅助人需要向法院申请,也就是说,法院掌握着启动专家辅助人的权力,但应该基于何种因素考量却没有规定。

英美法系中,专家证人由双方当事人自行聘请,其启动也由当事人决定,这使得专家证人被大量使用,由此带来了诉讼迟延等诸多弊端,实践中由法官决定启动的事例逐渐增加,相关规定也有所变化。[1]如《美国联邦证据规则》第706条规定,法庭可以根据自己的选择指定专家证人,也可以指定由双方当事人同意的任何专家证人。[2]英国新《民事诉讼规则》中也规定了一系列"令状"来控制启动程序,如第35.4条第1款规定:未经法院许可,任何当事人不得传唤专家证人作证,也不得将鉴定结论作为证据。[3]

四、质证规则不够完善

2012年《最高人民法院关于适用〈中华人民共和国刑事诉讼法〉的解释》已经规定了专家辅助人质证的规则,如第213条规定了向专家辅助人发问应当遵

---

[1] 一般认为,对专家证人的使用会从以下几个方面导致诉讼迟延:(1)准备专家报告的时间;(2)对专家证据进行开示的时间;(3)法庭询问的时间。相关讨论参见徐继军、谢文哲:《英美法系专家证人制度弊端评析》,《北京科技大学学报》(社会科学版)2004年第3期。
[2] 参见司法部司法鉴定管理局编:《两大法系司法鉴定制度的观察与借鉴》,中国政法大学出版社2008年版,第180页。
[3] 参见司法部司法鉴定管理局编:《两大法系司法鉴定制度的观察与借鉴》,中国政法大学出版社2008年版,第292页。

循向证人发问的规则:(1)发问的内容应当与本案事实有关;(2)不得以诱导方式发问;(3)不得威胁证人;(4)不得损害证人的人格尊严。第215条规定了审判人员认为必要时,可以询问有专门知识的人。第216条规定了向证人、鉴定人、有专门知识的人发问应当分别进行,有专门知识的人经控辩双方发问或者审判人员询问后,审判长应当告知其退庭。其中规定了专家辅助人的质询规则以及审判人员和控辩双方都可以询问专家辅助人,而对鉴定人和专家辅助人是否可以相互质询并未涉及。

专家辅助人和鉴定人同时出庭,对鉴定意见相互质询,这样才可以让法官更好地进行判断。一旦失去了这一过程,将不符合直接言词原则的要求。基于此,绝大多数的法律工作者认同鉴定人和专家辅助人可以相互质询,同时交互询问的顺序、要求亟待细化。

五、专家辅助人自身的阻力

通过数据可以发现,绝大部分的法律工作者认为专家辅助人制度实施的最大阻力是"专家辅助人不愿得罪同行,不愿出庭"。最大的阻力居然是来自专家辅助人自身,这出乎我们的预期。而专家辅助人不愿出庭,也就不能跟鉴定人进行质证,这不利于法官对鉴定意见的判断,与直接言词原则的精神相悖。

究其原因,可以选择出庭的专家辅助人大多都是鉴定人,而鉴定人由于其职业具有准入门槛,彼此之间的联系比较紧密,也带来了专家辅助人会担心得罪同行的问题。除了相互之间的关系之外,目前我国对专家辅助人还没有相应的法律保障措施,专家辅助人的权利义务处于不确定状态。而通过实证分析可以看出,对于专家辅助人能够拥有多大的权限,实践中认识并不统一,这无疑加剧了专家辅助人的担忧。

第三节　推行专家辅助人制度的必要性

通过调查问卷可知,有77.5%的被调查者认为专家辅助人可以提高鉴定意见质量。同时,对于"专家辅助人是否会影响鉴定人出庭",有286人认为会"给出庭的鉴定人带来压力",占49%;有222人认为会"促使更多鉴定人出庭",占38%;认为"没有影响"的仅为67人,占11.5%。而对于建立专家辅助人制度最突出的价值,因为存在部分缺失值,在有效的数据中,认为"实现司法公正"的比重最大,占了32.9%;认为"发现客观真实"的次之,为25.7%;认为"完善庭审制度"的占到了15.9%。这些都反映出法律工作者认可专家辅助人制度实施的必要性。关于专家辅助人制度的重要意义,我们认为有以下几点。

一、提高鉴定意见质量,提升鉴定人出庭率

鉴定意见,即鉴定人就案件中的专门性问题所提供的意见,是我国《刑事诉讼法》所规定的八种法定证据种类之一。[1]它具有科学性和专业性,可以弥补法官在相关专业问题上的欠缺,因此,在案件裁判中占据着越来越重要的地位。但是,在实践中,司法鉴定存在着多头鉴定、重复鉴定等问题,相应地,鉴定意见的客观性和公正性也遭到了质疑。[2]

作为一种法定的证据种类,鉴定意见也要在证明力和证据能力方面经受法庭上的审查过程。[3]然而,由于鉴定意见的科学性,并不具备相关知识的法官在审查时存在着一定的困难。相应地,当事人以及律师也不能很好地对专业性极强

---

[1] 参见樊崇义、吴光升:《鉴定意见的审查与运用规则》,《中国刑事法学杂志》2013年第5期。
[2] 多头鉴定,是指同一个专门性问题经过多个鉴定机构鉴定;重复鉴定,是指就同一个专门性问题,对第一次鉴定结论有争议而又进行的第二次、第三次、第四次甚至更多的鉴定。多头鉴定是就其鉴定机构而言的,重复鉴定是就其鉴定次数而言的。参见郭金霞:《"多头鉴定、重复鉴定"问题探析》,《中国司法鉴定》2005年第5期;陈如超:《专家参与刑事司法的多元功能及其体系化》,《法学研究》2020年第2期。
[3] 参见李永泉:《功能主义视角下专家辅助人诉讼地位再认识》,《现代法学》2018年第1期。

的鉴定意见进行质证。这样一来，势必使得对鉴定意见的审查质证的效果大打折扣，不能保证鉴定意见的质量。而与鉴定人专业技术相当的专家辅助人，能够弥补诉讼参与一方的专业不足，更好地对鉴定意见进行质证，从而提高鉴定意见的质量。

同时，专家辅助人制度的实施对鉴定人出庭也有积极的影响。我国《刑事诉讼法》第187条规定："公诉人、当事人或者辩护人、诉讼代理人对鉴定意见有异议，人民法院认为鉴定人有必要出庭的，鉴定人应当出庭作证。经人民法院通知，鉴定人拒不出庭作证的，鉴定意见不得作为定案的根据。"但在实践中，鉴定人出庭的情况也不容乐观，而一旦一方因对鉴定意见存在疑问进而申请专家辅助人出庭，相应地，鉴定人也必须出庭接受质证。因此，专家辅助人制度的实施可以推动鉴定人出庭，提升鉴定人的出庭率。

二、有助于实现庭审的实质化

在刑事诉讼过程中，庭审本应是中心环节，因为确定被告人是否有罪的基本任务应该在庭审环节完成。但在当今的司法实践中，刑事庭审却被"虚化"了，即法官对证据和案件事实的认定是通过庭审之前或之后对案卷的审查来完成的，而不是通过法庭上的举证和质证来完成的，[1]即"以案卷笔录为中心"的审判方式。[2]庭审虚化的一个特点就是质证虚化。由于证人和鉴定人出庭的情况很少，质证的基本形式就是针对笔录以及鉴定意见发表不同意见，质证难免虚化为一种形式，这也违背了直接言词原则。直接言词原则是由"直接原则"和"言词原则"组合而成的基本原则。直接原则要求在法庭审判时，被告人、检察官以及其他诉讼参与人必须亲自到庭，出席审判，法官必须亲自进行法庭调查和采纳证据，直接审查证据；只有经过法官以直接采证方式获取的证据才能作为定

---

[1] 参见何家弘：《刑事庭审虚化的实证研究》，《法学家》2011年第6期。
[2] 参见褚福民：《案卷笔录与庭审实质化改革》，《法学论坛》2020年第4期。

案的根据。言词原则指法院审理案件,特别是当事人及其他诉讼参与人对诉讼材料的提出和进行辩论,要在法庭上以言词及口语形式进行,这样取得的材料才可以作为法院裁判的依据。[1]

对提出鉴定意见的鉴定人进行质问是质证的一种基本形式,而通过专家辅助人制度的实施,专家辅助人可以更好地对鉴定人的鉴定意见进行质疑,达到质证的根本目的,帮助和影响法官的认证过程,有助于贯彻直接言词原则,从而实现庭审的实质化。

三、推动证据制度的转变

新《刑事诉讼法》对我国刑事证据制度作了大幅修改,其中包括增加证据种类,确立非法证据排除制度,完善证人、鉴定人出庭制度等内容。以往的《刑事诉讼法》将证据视为公安司法机关查明案件事实的手段,设置刑事证据制度也主要是为了满足公安司法机关查明案件事实的需要。然而,随着权利保障对司法公正的重要意义在新《刑事诉讼法》中被肯定,证据制度的重心开始从满足职权便利转变为重视权利保障。[2]控辩平等原则是现代刑事诉讼的核心机制,要求检察官和被告人双方在诉讼中都应该是平等的诉讼主体,享有平等的权利,实现所谓"平等武装"。[3]然而,目前我国刑事案件中的鉴定,绝大多数由公安、司法机关指定鉴定人进行。[4]因此,尽管根据新《刑事诉讼法》的规定,公诉人、当事人和辩护人、诉讼代理人均可以申请专家辅助人,但就这项权利的实际价值来看,显然可以更好地保障当事人一方的权利。

---

1 参见包献荣:《论我国刑事诉讼中直接言词原则的实现》,《中国政法大学学报》2018年第6期。
2 参见王敏远:《论我国刑事证据法的转变》,《法学家》2012年第3期。
3 参见冀祥德:《从控辩关系看我国刑事诉讼制度的演进发展》,《中国刑事法杂志》2022年第1期。
4 我国《刑事诉讼法》第146条规定:侦查机关应当将用作证据的鉴定意见告知犯罪嫌疑人、被害人,如果犯罪嫌疑人、被害人提出申请,可以补充鉴定或者重新鉴定。我国刑事鉴定启动程序仍掌握在公安、司法机关手中,犯罪嫌疑人、被告人仅享有补充鉴定或重新鉴定的申请权。

第四节　完善专家辅助人制度的若干建议

基于上述的调研数据分析与结论,为了确保直接言词原则在专家辅助人制度中得到更好的贯彻,为了使专家辅助人制度的实施更为顺畅,除了要提升法律工作者的素质外,本节试图在现有的法律框架下提出一些完善我国专家辅助人制度的建议。

一、打造专家型的法律职业共同体

法律职业共同体是由以法官、检察官、律师、法学家为核心的法律职业人员所组成的特殊的社会群体。近年来,我国法律职业共同体建设稳步推进,取得了显著成效,但仍存在着范围界定不统一、法律职业组织的自治度不高、各法律职业的伦理规范差距较大等诸多问题。[1]面对越来越专业的法庭科学问题,法律职业共同体建设需要在专业化方面提出新的要求和标准。

首先,要加强对法官的培训。尽管法官群体对专家辅助人制度的了解程度已经高于律师和鉴定人,但是,也只有过半数的法官表示对专家辅助人制度"清楚"或"非常清楚",而法官不仅是案件的裁判者,同时也是专家辅助人启动的决定者。因此,只有加强对法官的培训,使其对专家辅助人制度有更深入的了解,才能更好地保障专家辅助人制度的实施。

其次,要提升鉴定人对专家辅助人制度的了解。并且,因为鉴定人需要出庭阐述鉴定意见,跟专家辅助人进行质证,除了法律制度方面的培训,还应当对辩论技巧等方面进行培训,使他们能更好地表达自己的意见。

最后,律师也应当注重对专家辅助人制度的学习,了解何时需要申请专家

---

[1] 参见谭世贵、曾宇兴:《我国法律职业共同体建设的实践、问题与对策》,《海南大学学报》(人文社会科学版)2020年第5期。

辅助人。此外,还要学会将自己的法律知识和专家辅助人的专业知识紧密地结合在一起,确保当事人的合法权益得到保护。

二、赋予专家辅助人独立的诉讼参与人地位

众所周知,我国的专家辅助人制度与两大法系中相类似的制度均有差异。英美法系中采用专家证人制度,专家证人由当事人一方召集,其职责是运用自己领域的专业知识为当事人一方提供技术性的证据来对抗另一方的律师和证人。[1]跟事实证人不同,专家证人可以提出不属于正在处理的案件中当事人的行为,可以对相关的证据、事实给出意见。[2]大陆法系的一些国家在诉讼制度改革中吸收了英美法系国家的对抗制因素,创造了与专家辅助人制度相类似的诉讼参与人制度,其中比较具有特色的是意大利的技术顾问任命制度。《意大利刑事诉讼法典》第225条规定:"在决定进行鉴定后,公诉人和当事人有权任命自己的技术顾问,各方任命的技术顾问数目不得超过鉴定人的数目。在国家救助法规定的情况和条件下,当事人有权获得由国家公费提供的技术顾问的协助。"[3]

专家辅助人与法律中原来规定的证人和鉴定人不同。证人是了解案件情况并能够提供证言,就自己耳闻目睹的有关事实向法庭陈述的人,具有不可替代性,有强制作证的义务。鉴定人是受公安司法机关或个人的指派或者聘请,运用自己的专业知识或技能,来分析判断案件中的专门性问题并提出意见的人。鉴定人的意见是法定证据种类之一,经审查核实后可以作为定案的根据。专家辅助人也与诉讼代理人有所不同。诉讼代理人是受公诉案件的被害人及其法定代理人或者近亲属、自诉案件的自诉人及其法定代理人委托,代为参加诉讼的人,以及受附带民事诉讼的当事人及其法定代理人委托,代为参加诉讼

---

[1] See Samuel R. Gross, "Expert Evidence", *Wisconsin Law Review*, 1991, pp. 1113-1232.
[2] See Neil Vidmart and Shari Seidman Diamond, "Juries and Expert Evidence", *Brooklyn Law Review*, Vol. 66, No. 1121, 2001.
[3] 《意大利刑事诉讼法典》,黄风译,中国政法大学出版社1994年版,第78页。

的人,不需要有专业知识。[1]

专家辅助人与上文所述的诉讼参与人均有所不同,但因为可以参与庭审程序,应当属于诉讼参与人的范畴。而且,2012 年《最高人民法院关于适用〈中华人民共和国刑事诉讼法〉的解释》中,也有将有专门知识的人同证人、鉴定人并排列举的规定,如上文所述的第 216 条规定了向证人、鉴定人、有专门知识的人发问应当分别进行。此外,赋予专家辅助人独立的诉讼参与人地位,可以提高其参与诉讼的积极性,更好地为他们提供保障,从而保证直接言词原则得以贯彻实施。因此,专家辅助人应当被定位为独立的诉讼参与人。

三、明确专家辅助人意见的属性

在英美法系中,专家证人所作的意见即为专家证据(expert evidence,或称 expert testimony),是一种由对专业问题熟悉的或者在特定领域受过训练的有资格作证的人在具有科学性、技术性、专业性或其他特定性问题上给出的证据。[2]而与之相似的意大利的技术顾问进行技术工作所得出的评论和意见却不是鉴定结论,他们可以就案件中的专门问题提出意见,并向法院提交备忘录。

对于专家辅助人意见的属性,争议大多集中在是否应给予其法定证据的地位。根据我国的现状,如果将专家辅助人的意见视为鉴定意见,将对鉴定工作的进行带来更大的困扰,专家辅助人意见应该作为一种质证方式,但这并不妨碍专家辅助人意见对法官产生影响,通过控辩双方的证明从而由法官决定是否采纳,这也是直接言词原则的应有之义。同时,专家辅助人的意见也可以成为重新启动鉴定的依据。在一次关于专家辅助人制度实施的座谈会上,到场的法官均表示专家辅助人的意见不能因其受当事人聘请而有所偏颇。因此,专家辅助人的意见还应该符合科学、客观的规律,基于事实而作出。

---

[1] 参见毕玉谦:《专家辅助人制度的机能定位与立法性疏漏之检讨》,《法治研究》2019 年第 5 期。
[2] See Bryan A. Garner, *Black's Law Dictionary*, 8th ed., West Publishing Co., 2004, p.1681.

四、由省级司法行政部门主管专家辅助人库

司法鉴定专家辅助人库的设立是完善我国专家辅助人制度十分重要且必需的管理环节之一。设立专家辅助人库方便了专家辅助人的选任,起到了便于管理和监督的作用。专家辅助人具有科学性和法律性的双重属性,专家辅助人对专门性问题的说明,会对法院的裁判带来一定的影响,所以立法上应当对司法鉴定专家辅助人的资格条件作出明确的规定,建立合格的中外专家辅助人库。

建立司法鉴定专家辅助人库有助于避免专家辅助人队伍混乱的现象,在良莠不齐的人选中筛选出合格的中外专家辅助人。可以采用自行申报和主管部门遴选相结合的方法,依照省一级司法行政管理部门规定的基本资格条件,滚动式建库,公布名单,以便于审判机关、仲裁机关或当事人选择。县市级的司法局可将本地区符合专家辅助人遴选条件的人员,经过初选程序,上报给省司法厅司法鉴定管理处,由该处负责统一汇总,编制名册,年审考察,监督管理,并上报司法部司法鉴定管理局备案。这样就可以避免司法机关既是运动员又是裁判员的尴尬局面,也不会产生库中库的现象,从而确保司法公正。[1]

(一)司法鉴定专家辅助人归类入库

随着市场经济和科学技术的不断发展,司法审判往往涉及许多冷僻的领域,例如知识产权、食品安全、环境污染等领域。为了使司法裁判建立在可信的基础上,我国在诉讼中引入专家辅助人的角色以利于法官审判。关于司法鉴定专家辅助人库的类别,我们建议大致可分为以下几类,实行分类管理。

1. 法医类专家辅助人,包含法医临床、法医病理、法医毒物、法医精神病等方面的鉴定专家和人员。

---

[1] 参见郭华:《对抗抑或证据:专家辅助人功能的重新审视》,《证据科学》2016年第2期。

2. 文书类专家辅助人,包含笔迹鉴定、印章印文、文书制作材料、文书制作时间等方面的鉴定专家和人员。

3. 物证类专家辅助人,包含指纹、足迹、枪弹痕迹、工具痕迹、车辆痕迹、微量物证、亲子鉴定等方面的鉴定专家和人员。

4. 知识产权类专家辅助人,包含专利鉴定、商标鉴定、版权鉴定等方面的鉴定专家和人员。

5. 建筑工程类专家辅助人,包含建筑工程质量、造价、评估等方面的鉴定专家和人员。

6. 声像资料、电子数据类专家辅助人,包含录音录像、声纹、电脑数据、手机信息等方面的鉴定专家和人员。

7. 其他类专家辅助人,即除上述六类之外某领域内具备中级专业技术职称以上的人员或者具有10年以上工作经验的专家。

（二）入库专家辅助人的基本条件

入库的专家辅助人在政治、业务、身体等方面都必须符合法定条件。对于建立专家辅助人库来说,最关键的必然是人选问题。倘若遴选的资格标准过于宽松或者缺乏统一标准,那么专家辅助人库就无法发挥其应有的作用。为了防止不正当竞争,提高鉴定意见质量,降低审判错案率,维护司法公正,我们建议优先考虑以下人员入选专家辅助人库。

1. 已通过司法行政管理部门注册登记的司法鉴定人员。已经备案在册的司法鉴定人员,无论在政治、业务抑或身体等方面,都具备了专家辅助人所应当具有的基本条件,应当由省司法厅主管部门自然转换入库。

2. 符合规定的从业经验、从业年限等基本条件的某领域专家,在同行业中有一定权威或名声。[1]这些人员既包括中国公民,也包括外国公民。

---

[1] 入库人员可以用该行业的奖状或证书来证明其能力、专长。

3. 在省一级司法鉴定辅助人库建立之前,已经作为鉴定专家辅助人出庭两次以上者。随着司法改革进程的加快,司法鉴定人出庭已被纳入法律。我国《刑事诉讼法》和《民事诉讼法》都对此做了规定:"当诉讼一方对鉴定意见有疑问,可以向法庭申请有专门知识的人出庭质证。""公诉人、当事人和辩护人、诉讼代理人可以申请法庭通知有专门知识的人出庭,就鉴定人的鉴定意见提出意见。"同时也规定,法庭对上述申请应当作出是否同意的决定。所以可以将那些已具备一定的法庭质证经验的人员吸纳入库,以增强专家辅助人库的整体素质。

4. 其他经申请—公示—审批等程序的自荐者。为了使专家辅助人队伍更有效地服务于诉讼活动,可以让不同领域的专家自行向县市级司法行政管理部门提交申请,经过受理、审查、批准、公示等程序,由省一级司法行政管理部门建档入库。

此外,对于多次违法参与诉讼活动的司法鉴定辅助人,年审时省级司法行政管理部门有权作出将其从司法鉴定专家辅助人库中除名等处罚。

五、规范专家辅助人出庭启动程序

在公诉人、当事人和辩护人、诉讼代理人申请法庭通知专家辅助人出庭的情况下,需要由法庭来决定是否同意专家辅助人出庭,主要考察以下几个方面:

(一)专家辅助人是否适格

对于专家辅助人,应当由法定的职权部门依照法律法规的规定组织考试或考核,合格者取得相应的职业资格证(执业许可证),原则上必须从专家辅助人库中遴选出适格人选出庭。为了顺应我国《刑事诉讼法》修改后刑事证据制度从注重职权便利向重视权利保障转变的趋势,被告人(犯罪嫌疑人)委托的专家辅助人也可以只掌握一定程度的专门知识,而侦查机关、公诉机关和审判机关委托的专家辅助人则要遵循资格法定的原则。鉴定人也应经过一定的资格认证后,才可以成为专家辅助人。

(二)申请人提出的理由是否具有合理性

因为专家辅助人主要针对的是鉴定意见,因此,其应当向法院说明申请的理由,由法官初步判断。而由于法官并不具有相关的专业知识,对于理由是否合理的要求不应过于严格,只要对鉴定意见有异议且有充分的证明,即可以同意该申请。

(三)申请专家辅助人的阶段

根据《人民检察院刑事诉讼规则》第196条的相关规定,检察机关可以指派有专门知识的人参与到审前阶段。[1]因此,为了使控辩双方能平等对抗,我们认为,应当在侦查阶段就允许申请专家辅助人。

除此之外,法庭认为确有必要时,也可以申请专家辅助人出庭。

六、完善质证规则

在庭审过程中,控辩双方和审判人员均可以询问专家辅助人,同时,专家辅助人和鉴定人也可以相互质证,通过询问和质证来使法官更好地进行判断。在我们与部分法律工作者进行交流时,大家纷纷表示如果一个案件中双方均有专家辅助人及鉴定人,鉴定意见的认定将变得更加公正透明。因此,完善质证规则,是在专家辅助人制度中贯彻直接言词原则的重点。

如果公诉人或者当事人中只有一方申请专家辅助人出庭,那么,在鉴定人出庭宣读完鉴定意见后,应当首先请专家辅助人出庭宣读专家辅助人的意见。之后,专家辅助人可以就鉴定意见和鉴定人相互质询、辩论。审判人员认为必

---

[1] 《人民检察院刑事诉讼规则》第196条规定:"检察人员对于与犯罪有关的场所、物品、人身、尸体应当进行勘验或者检查。必要时,可以指派检察技术人员或者聘请其他具有专门知识的人,在检察人员的主持下进行勘验、检查。"

要时,可以询问专家辅助人。同时,公诉人、当事人和辩护人、诉讼代理人也可以向专家辅助人发问。

而在控辩双方都聘请专家辅助人出庭的情况下,法庭在鉴定人出庭宣读完鉴定意见后,应当按照申请专家辅助人出庭的先后顺序,由先申请一方的专家辅助人出庭宣读专家辅助人的意见并进行质证过程,再由后申请一方的专家辅助人出庭完成质证。[1]

在法院认为确有必要而申请专家辅助人出庭的情况中,可以参照只有一方当事人申请时的相关质证规则。

七、明确专家辅助人的权利和义务

针对专家辅助人怕得罪同行而不愿出庭的情况,要明确专家辅助人的权利和义务,使其能够规范地进行工作,进而避免不必要的纠纷。

对于专家辅助人的权利,大部分被调查者认同应该给予其了解案情和资料的权利,但不赞成赋予专家辅助人调查权。鉴于许多法律工作者反映,如果专家辅助人只看过资料,出庭效果将大打折扣,我们认为,在专家辅助人享有了解案情和资料权利的基础上,专家辅助人尽管没有调查权,但可以拥有现场监督权,即对鉴定的过程进行监督。同时,因为专家辅助人参与庭审质证,理应还享有出庭质证权,可以出庭与鉴定人进行质证。专家辅助人还要有提供咨询和建议权,可以为当事人提供意见和建议,以供其参考。而在义务方面,专家辅助人有保密义务、科学客观义务、不得干扰鉴定人进行鉴定等义务。

从长远角度来看,专家辅助人制度势必要朝着专业化和中立性的方向持续发展,而这些发展有赖于鉴定人制度等相关制度的变革,例如赋予当事人启动鉴定的权利等,是一项长期的工程。

---

[1] 参见左宁:《我国刑事专家辅助人制度基本问题论略》,《法学杂志》2012年第12期。

第十章
认罪协商程序的中国实践及其完善

　　党的十八届四中全会通过的《关于全面推进依法治国若干重大问题的决定》中提出"推进以审判为中心的诉讼制度改革"以及"完善刑事诉讼中认罪认罚从宽制度"。这两项改革是相辅相成的：以审判为中心的诉讼制度必然要求落实庭审实质化，而实质化的庭审需要投入更多的司法资源，在资源有限的前提下，需要通过认罪认罚从宽制度对刑事案件进行繁简分流。当前，部分司法机关对"以审判为中心"的诉讼制度改革感到负担较重，案多人少的状况仍然较为突出，这在一定程度上影响了改革进程。在成功探索速裁程序的试点工作后，全国人大常委会于2016年9月通过《关于授权最高人民法院、最高人民检察院在部分地区开展刑事案件认罪认罚从宽制度试点工作的决定》（以下简称《认罪认罚试点决定》）。同年11月，两高三部联合印发了《关于在部分地区开展刑事案件认罪认罚从宽制度试点工作的办法》（以下简称《认罪认罚试点办法》）。试点经验表明，完善认罪认罚从宽制度，有利于合理配置司法资源，确保无罪的人不受刑事追究，维护当事人的合法权益，促进司法公正。2018年《刑事诉讼法》的修订对认罪认罚从宽制度进行了系统完善，明确将认罪认罚从宽确立为刑事诉讼的重要原则。认罪认罚从宽制度是独具中国特色的认罪协商程序，是党和国家长期坚持的"宽严相济、坦白从宽"刑事政策的深化发展和制度化，是我国刑事法律制度自然演进的结果。认罪认罚从宽制度是从行之有效、可复制、可推广的司法实践经验中上升至法律的,是刑事司法领域一次成功的"试验性立法"。当然,目前认罪认罚从宽制度还存在一定问题,顶层设计下的制度建构仍有进一步完善的空间,如何准确把握实务问题并推动相关法律制度的完善,是值得继续关注的问题。本章将以协商性司法理念为指导,以认罪认罚从宽制度的中国实践经验为依据,以新一轮司法改革为契机,探索符合司法实践的认罪协商中国模式。

第一节 认罪协商程序的缘起与模式

认罪协商是刑事诉讼中颇具争议的一项制度,各国理论和实务界对此可谓爱之深亦恨之切。我国刑事诉讼法学界和司法实务部门对此已经进行了诸多探讨,但一直未能达成充分共识。[1] 随着十八届四中全会《关于全面推进依法治国若干重大问题的决定》中提出要完善中国"刑事诉讼中认罪认罚从宽制度",从顶层设计上给予了认罪协商以政策性支撑,相关制度构建骤然提速。本节从认罪认罚从宽制度设计之初开始讨论,凸显学术研究和实务部门在理论层面和技术层面存在的共识与分歧,以期厘清理论难点,进一步凝聚共识,为科学的制度构建和完善奠定基础。

一、认罪协商程序的缘起:中外视角的考察

(一)认罪协商程序的比较考察

西方法学界关于认罪协商的研究文章、著作不计其数,主要集中在两个方

---

[1] 肯定性观点可参见龙宗智、潘君贵:《我国实行辩诉交易的依据和限度》,《四川大学学报》(哲学社会科学版)2003年第1期;汪建成:《辩诉交易的理论基础》,《政法论坛》2002年第6期。否定性观点可参见孙长永:《珍视正当程序,拒绝辩诉交易》,《政法论坛》2002年第6期;张建伟:《辩诉交易的历史溯源及现实分析》,《国家检察官学院学报》2008年第5期。

面:一个是刑事司法领域出现认罪协商的成因研究,另一个是认罪协商的正当性研究。近几年,当两大法系普遍接受并将协商性司法应用于实践之后,不少学者将眼光投向现实的制度改革,有关认罪协商的研究出现了一些新的动态。

1. 认罪协商程序的含义、形式与特征

协商性司法是在案件的处理方面不同程度地给当事人之间的"协商"或者"合意"留有一定空间的案件处理模式,而认罪协商程序是在协商性刑事司法理念支配下的一种诉讼程序,其本质是一种解决刑事争端的司法模式。学者们通过考察发现认罪协商在两大法系、不同国家的存在形态各异。英美法系的主要制度形式有辩诉交易、警察警告制度、污点证人作证豁免制度、宣告犹豫制度等;大陆法系的主要制度形式有附条件不起诉制度(德)、处罚令程序(德)、刑事和解与刑事调解(法)、基于当事人请求而适用刑罚的程序及简易程序(意)等。

不同法系的不同认罪协商形式表现出不同的特征:首先,在案件的适用范围方面,英美法系中的辩诉交易限制不多,几乎适用于所有的刑事案件;而大陆法系各国实践表明,只有轻微刑事案件才可以通过认罪协商来解决,重罪案件甚少适用协商,以确保司法公正。其次,在协商的参与主体方面,英美法系与大陆法系存在较大分歧,分为禁止法官参与模式和法官正常参与模式。尽管美国《联邦刑事诉讼规则》规定禁止法官参与协商,但法官能否参与认罪协商曾引起广泛的讨论。实证调查显示,在很多司法区,为了避免检察官的权力滥用,法官保持着广泛的参与。最后,与常规刑事司法模式相比,协商性司法是一种不充分的司法。因此,为了保障司法公正,德国自白协商程序禁止放弃上诉权作为协议内容;在美国,辩诉交易虽然往往以放弃上诉权为前提,但对于在违背平等自愿下达成的认罪协议,被告方可以要求撤回,作为权利救济程序呈现出它专门性的特征。

2. 认罪协商程序的起源与成因

刑事司法领域中的协商模式最初形成于英美法系,典型的就是美国的辩诉交易。作为一种司法模式意义上的辩诉交易,发端于美国马萨诸塞州的禁酒法案。对于辩诉交易的成因研究,美国历史上有三次学术讨论的浪潮。20世纪20至30年代,以贾斯汀·米勒(Justin Miller)和雷蒙德·莫利(Raymond Moley)为代表的学者,参考各种刑事司法制度实证调研的结果,认为从理论上看应该不存在刑事案件的妥协,但实践中刑事案件的宽恕和妥协经常出现,案件数量压力应该是辩诉交易产生的原因。第二次浪潮是20世纪70年代有关研究拒绝建立在案件数量压力之上的简单解释。约翰·郎本(John Langbein)主张辩诉交易之所以兴起,是因为法庭审判规则越来越复杂,以至于陪审团审判解决多数刑事争端变得不切实际;劳伦斯·弗里德曼(Lawrence Friedman)等人认为,逐渐复杂化的警务与不断提高的取证技术在辩诉交易发展中发挥着重要作用。以玛丽·沃格尔(Mary Vogel)和西奥多·费迪南德(Theodore Ferdinand)为代表的学者通过众多实验和对大量真实案例的仔细分析,认为辩诉交易的发生必须考虑更广阔的政治和社会现实,包括社区对辩诉交易的态度,维持社会变革中的统治秩序为辩诉交易提供了政治上的推动力。此为辩诉交易成因研究的第三次浪潮。乔治·费希尔(George Fisher)认为,三次学术浪潮都是从"检察官总是享有进行辩诉交易的单方权利"的假设出发的,而事实刚好相反,检察官对辩诉交易的偏爱胜于庭审,但是经常缺乏使辩诉交易成功的权力。检察官的自由裁量权是辩诉交易法律上的推动力,而法官同样也有参与辩诉交易的喜好,任何得到主要参与者喜好的制度都会自行集聚一种持久力。

3. 协商性司法的理论基础

据统计,美国所有刑事案件中大约90%都是通过辩诉交易解决的,辩诉交易具有如此强大的生命力,学者们也在不断挖掘其背后的理论基础。(1)哲学基础。米尔伊安·达玛什卡(Mirjan Damaška)认为,实践的有用性或必要性是协商性司法正当性的唯一根据。英国学者迈克·威尔(Mike Will)提出,无论理论上多么有力,对抗制模式由于其固有的复杂性和其运作所需的资源投入而易受其他冲突价值和要求的影响,对抗制不能轻易适应成本效率、速度及经济的需要,实用就是辩诉交易产生的契机。(2)文化基础。玛丽·沃格尔认为,普通法的文化传统与清教徒主义决定了辩诉交易的形式,前者的宽容机制和后者的训诫程序共同奠定了辩诉交易的运行模式。另外,高度发达的契约观念是辩诉交易的另一文化基础。罗伯特·斯科特(Robert Scott)和威廉·斯顿茨(William J. Stuntz)认为,控辩双方通过辩诉交易交换了一种风险,在决定交易之前,被告人承担着以最严厉的判决定罪的风险,而检察官则承担着高成本的审理后作无罪判决的风险,通过自愿的交易,可能出现"双赢"的局面。(3)程序法基础。协商模式弥补了传统程序主义理论的不足,扩展了该理论的解释能力。协商性司法不仅没有违背正当程序的理念,反而从另外一个角度解读了正当程序,"要求犯罪人同意"这一事实足以保障程序的正义,而缓刑、公设辩护人等制度的产生,给检察官和法官带来了新的工作契机。(4)犯罪学基础。认罪协商理念与犯罪学中的"同意理论"相暗合,认为法律的发展是基于全社会的广泛同意,凭借有序地处理争端、规训越轨行为以及控制犯罪,辩诉交易的法律效力及于社会中的每一成员。霍华德·阿伯丁斯基(Howard Abadinsky)和菲利普·芬内尔(Phil Fennell)也认为,法庭在复杂的争端之中不能有效表达社会的需求,而协商程序更为灵活,当事人可以更直接地参与裁决制作过程,在司法过程中实现处罚和威慑的功能。[1]

4. 有关认罪协商的正当性研究

作为协商性司法代表的辩诉交易,受到学界和实务界两种截然不同的评价。

第一,事实层面的认可与支持。

---

[1] 参见胡铭等:《认罪认罚从宽制度的实践逻辑》,浙江大学出版社2020年版,第2—5页。

辩诉交易是法律体系中的一个普遍现象,尤其是在发达的工业国家,辩诉交易不仅在实践中得以广泛应用,而且还获得了立法的明确支持。尽管协商性司法并没有获得多少美名,辩诉交易的支持者也很少热情洋溢,他们更多的是视之为一个必要的恶,而不是刑事程序一个可欲的特征。就像乔治·费希尔所言,辩诉交易本身没有什么值得称赞的地方,却以非暴力的形式悄无声息地夺取了刑罚的领地,它可能是一个外来的入侵者,但是它还是赢得了胜利。实务界支持辩诉交易,认为其有利于节省司法资源,提高办案效率,有助于同时实现各方主体的利益,归根到底就是基于实用主义的考虑。

支持派的观点不仅是对现实主义的表达,而且结合自由主义意识形态和契约精神论证了协商的正当性。协商性司法与对抗制诉讼的纠纷解决模式相契合,通过辩诉交易达成的协议与民事契约并无实质性区别,辩诉交易尊重当事人的社会主体身份和处分权,增加了交易结果的理性和效益。一项可行的辩诉交易重新分配了控辩双方的诉讼风险,而双方减少不确定性和可能损失的唯一途径是自愿交易,辩诉交易作为一种契约,体现了当事人的意思自治。另有学者认为,后现代哲学思潮对辩诉交易也起到了一定的推动作用,在这种思潮下,诉讼程序不应探索基于证据事实的认识,而应该发扬那些所有利害关系人都能接受并能解决刑事案件的司法形式。

第二,理论层面的批评与质疑。

虽然协商模式在英美法系非常盛行,但在美国也面临着许多批评,民众在交易的过程中产生了一种不安和怀疑的感觉。反对派的主张主要是围绕程序公正与利益保护来阐述的:首先,程序的公正性遭受质疑。宏观上来看,辩诉交易使得程序公正与否可能取决于个人而不是程序制度,司法程序在某种意义上由"法律统治"变为一种"权力的统治",美国检察官在辩诉交易中本质上不受约束的裁量权与权力的滥用,是对民主程序的欺骗和对自由的破坏。微观上来看,协商程序不透明,协商主体地位不平等,协商动机不正当和诉讼职能的混淆,都会导致程序的不公正。此外,协商性司法可能沦为变相获取口供的手段,辩诉交易因为与证据规则不相符,在实践中往往演变成获取口供的一种隐蔽方法,辩诉交易甚至被类推为一种刑讯。其次,实用主义的理论基础备受责难。实用主义过多强调对个体的有用性而忽略对公共利益的维护,但实用主义的弱点正在于它终结于对每一个人的有用性,这对司法程序的影响是使其丧失统一而刚性的公正标准。这种有用思想往往还掩盖了案件的事实真相,出现了没有查明是否构成犯罪就协商处理了的情况,为机会主义者提供了活动的温床。最后,从道德的视角来看,协商模式有把犯罪商品化处理的嫌疑。简·普德洛(Jan Pudlow)认为,辩诉交易把犯罪视为商品并进行经济核算,因而藐视了人类自由权及刑罚的目的。另外,协商处理犯罪给政府戴上了"犯罪的共谋"的帽子,为政府在控制犯罪方面的无能和失职提供了一种堂堂的借口。阿尔伯特·阿尔舒勒(Albert Alschuler)直接批判辩诉交易是"无能的、无效率的和懒惰的司法方法",它为无辜者精心设计了有罪的裁决,有损司法权威,有违平等原则,有害公共利益,极易酿成冤假错案,而且还给司法带来一股腐败的风气。斯蒂芬·舒霍夫(Stephen Schulhofer)甚至认为,辩诉交易是一场灾难,它能够也应当被废除。

5. 大陆法系国家对协商性司法的态度

大陆法系产生协商性司法的时间比较晚,直到20世纪70年代,美国学者还称大陆法系的代表性国家德国是"没有辩诉交易的国土"。其实,协商性司法在德国的发展可谓一波三折。据学者约阿希姆·赫尔曼(Joachim Herrmann)考证,20世纪70年代开始,在司法实践中协商被保留地使用,仅限于非重罪诉讼程序之中,到了70年代末,协商越来越多地运用在涉及面广泛、在证明技术上有困难的复杂疑难案件中,大量诉讼案件的增加使得严重犯罪案件也被包含进来。但德国联邦法院的保守态度使得协商性司法基本处于秘密进行状态。至今,理论上和制度上的障碍仍未能有效消除,协商性司法在德国是理论与实践相妥协的产物,反映了德国半推半就的暧昧态度。意大利于1988年主动借鉴英美法系的对抗制诉讼,对意大利刑事诉讼程序进行改革重组。为解决其案件的司法积压问题,为刑事司法提供新的、有效率的程序,意大利借鉴辩诉交易,确立了"基于当事人请求而适用刑罚的程序"和"简易程序",但是由于不同的制度背景及大陆法的文化精神带来的抵抗,英美的辩诉交易在意大利几乎完全"走了样"。自1999年开始,意大利不断进行相应改革,一方面加强司法能动主义,扩大法官在审前程序中的权力;另一方面弱化检察官的当事人角色,继续保留了大陆法系的一些传统。

6. 协商性司法在大陆法系的影响和评价

总的来说,协商性司法对大陆法系的影响和冲击,相对于英美法系而言,可能是颠覆性的。协商性司法使传统的单向度裁决制作过程很大程度上被法官、检察官、被告及辩护人之间的合作所代替。而这种"基于同意"的案件处理方式暗示了德国刑事诉讼制度基本方向的根本变化。在宏观方面,协商性司法导致大陆法系司法模式的变迁;在微观方面,诉讼参与人的角色定位与程序权利配置也进行重新编排,比如法官、检察官不再仅仅关注如何惩罚罪犯,更重要的是如何提供全方位解决社会问题的方案,其职责不是主导司法而是服务于司法。

大陆法系对协商性司法的观点同样分支持派和反对派。支持派的观点同样是从现实实用主义的角度予以论证的,如可以为那些轻微的邻里伤害案件的被害人提供更满意的解决方案,协商的方案更容易被接受,协商性司法简化并加速了司法程序等。如米尔伊安·达玛什卡所言,当法庭超负荷运转时,阻止当事人协商的扩散就像抑制已经开始的哈欠那么难。反对派的观点主要从传统程序法的理念和原则出发,论证协商模式不符合主流,认为对于严重的犯罪,认罪协商不具有程序价值,只有对罪行进行彻底而公开的讨论,以便问题的所有方面都得以表达,这样的处理才具备正当性。此外,当事人协商处理的模式与大陆法系的法文化和正义观相冲突,德国学者伯恩德·许乃曼(Bernd Schuneann)尖锐地指出,非正式的认罪协商正式切断了德国刑事诉讼法的命脉,甚至从根本上扭曲了刑法的意义,并因而对社会中法律制度和经济制度的基本分界造成相当程度的破坏。此外,协商模式与大陆法系的法治国原则及由此引出的公证程序的基本原则不一致,协商性司法违反了法官查明案情的义务、直接审理原则、公开审判原则及无罪推定原则等,审判由此变成了一种没有内容的仪式。最后,博斯利(Henri-D. Bosly)还指出,协商性司法不利于保护被告人的利益,大陆法系的法理学家常常对有罪答辩持怀疑态度,担心冤枉无辜的被告人;被害人不能参与或不能充分参与司法过程,其利益也就不能得到充分保护。

7. 国际刑事法院对协商性司法的适用

米尔伊安·达玛什卡认为,国际刑事法院适用协商性司法所面临的争论,不是协商性司法存废的问题,而是模式的选择及适用范围等问题。根据《国际刑事法院罗马规约》的规定,国际刑事法院目前采纳的协商模式与美国的有罪答辩程序很接近,即辩诉交易。但是米尔伊安·达玛什卡在对辩诉交易是否与条约上的控诉义务及强制实施的量刑相符、是否有必要节省国际法院的司法资源、是否曲解了历史记录等几方面进行分析后指出,根据国际刑事法院的目标,大陆法系的控诉协商模式更为可取。虽然国际刑事法院适用协商性司法解决问题已形成惯例,但是对于协商性司法是发展还是限缩,也形成了两派不同的意见。支持发展的观点认为,国际控诉比通常的国内控诉更加费时,成本更高,因此,在案件负担较重的时候,国际刑事法院很容易去拥抱实用性利益。而支持限缩的观点认为,首先,指控的协商可能导致事实认定的不严密,获得事实真相的努力将大打折扣。其次,检察官的过度指控可能经常存在,这非常消极地影响了协商性司法的公正性。最后,对于国际刑事法院受理的案件,一国政府可能加入诉讼程序,控辩之间权利的不对等会明显影响案件的公正审理。

（二）我国认罪认罚从宽制度的共识与争议

认罪认罚从宽制度,从规范层面来看,涉及两个方面的问题:一是我国宽严相济刑事政策的制度化;二是对刑事诉讼程序的创新。对于前者而言,我国的《刑法》中早已经有了自首、坦白、缓刑、减刑、假释等制度,体现了实体法上对被追诉人自愿认罪认罚给予从宽处理和处罚的精神。"坦白从宽"更是国人再熟悉不过的一项刑事政策,并已写入刑事实体法。《刑法修正案(八)》在《刑法》第67条中增加一款作为第3款:"犯罪嫌疑人虽不具有前两款规定的自首情节,但是如实供述自己罪行的,可以从轻处罚;因如实供述自己罪行,避免特别严重后果发生的,可以减轻处罚。"这实际上规定的便是坦白制度及其处罚原则。对于后者而言,起初在我国刑事程序法上,对于认罪认罚从宽的程序性规定比较少,虽然在刑事和解、简易程序、不起诉等制度中有所体现,但尚未形成明确化、体系性的规定。也正因此,完善我国认罪认罚从宽制度的关键在于刑事诉讼程序创新,以彰显实体和程序上的有效协同。"认罪认罚制度是建立在侦控机关指控犯罪嫌疑人、被告人有罪的基础上的一种制度延伸,它适用于任何案件性质、诉讼程序类型,广泛存在于刑事诉讼过程中。它不是脱离于刑事实体法、程序法规范而独立存在的一项诉讼制度。"[1]

从刑事诉讼程序的创新来看,构建中国式认罪协商程序是完善认罪认罚从宽制度的核心。对此,我国刑事诉讼法学界已经有一定的共识。从本质来看,认罪认罚从宽是一种认罪协商的过程,是一种协商式刑事司法,亦是一种合作式刑事司法。所谓协商式刑事司法,是指在刑事案件的处理方面不同程度地给当事人之间的"协商"或"合意"留有一定空间的案件处理模式。协商式刑事司法体现的是一种"商定的正义",体现了契约的精神。[2]协商式刑事司法对应的是

---

[1] 陈卫东:《认罪认罚从宽制度研究》,《中国法学》2016年第2期。
[2] 参见魏晓娜:《背叛程序正义——协商性刑事司法研究》,法律出版社2014年版,第5—6页。

强加型刑事司法,即由国家专门机关单方面地追究犯罪的过程,在这一过程中不允许讨价还价,而刑事审判的过程主要是三段论式的推演逻辑。所谓合作式刑事司法,对应的则是对抗式刑事司法。合作式刑事司法满足了冲突双方的利益需求,使得公安司法机关可以获得一系列诉讼收益,并有助于被犯罪破坏的社会关系的修复和社会的和谐。最为典型的便是刑事和解,有学者称之为"刑事诉讼的私力合作模式"[1],相应地,认罪协商程序则是国家公诉机关与被告方通过协商达成合作的"刑事诉讼的公力合作模式"。

虽然认罪协商是国际通行的一种刑事诉讼程序,无论是英美法系的辩诉交易还是大陆法系的协商程序,都有着广泛的影响力,已经在国际上得到了普遍的应用,但对于认罪协商的争议却始终未有停歇。可以说,认罪协商程序绝非一种完美的制度,而是法律现实主义指引下不得已的选择,[2]并具有独特的价值。西方学者早已指出:"辩诉交易没有什么值得称赞的地方。然而尽管不值得炫耀,辩诉交易毕竟胜利了。它以非暴力的方式悄无声息地夺取了刑罚的领地,并征服了仍有抵触情绪的陪审团。正如有些历史的记录者所指出的,辩诉交易可能是一个外来的入侵者,但是它还是赢得了胜利。"[3]一般认为,认罪协商以实用主义哲学为基础,强调刑事司法的目的和效果,其实践中的独特价值在于:首先,能迅速处理大部分刑事案件,被认为是解决"案多人少"问题的一条捷径。"美国最高法院首席大法官沃伦·伯格(Warren Burger)说,若认罪协商的案件减少个10%,则法院需增两倍的人力及设备才足以应付。"[4]其次,能显著减少诉讼成本。如果控辩双方能够达成协议,则诉讼所花费用显然将大大减少。再

---

[1] 陈瑞华:《刑事诉讼的私力合作模式》,《中国法学》2006年第5期。
[2] 参见胡铭:《超越法律现实主义——转型中国刑事司法的程序逻辑》,法律出版社2016年版,第1页以下。
[3] [美]乔治·费希尔:《辩诉交易的胜利——美国辩诉交易史》,郭志媛译,中国政法大学出版社2012年版,第6页。
[4] 王兆鹏:《美国刑事诉讼法》,北京大学出版社2005年版,第535—536页。

次,有利于改造被告人。通过协商,被告人认识到自己的行为是犯罪并愿意接受惩罚,同时可以避免正式审判所带来的焦虑与羞愧感,有利于被告人回归社会。最后,有助于案件的分流和类型化处理,缓解控方举证压力,为审判中心及庭审实质化提供配套支持。[1] 正是上述优点,使得认罪协商虽然广受非议,但仍然体现出顽强的生命力。如在德国,虽然秉持大陆法系传统的德国刑事法学者们对协商程序提出了诸多质疑,但 20 世纪 70 年代以来,协商程序不断地在实践中蔓延,最终,2013 年德国宪法法院一锤定音地宣布刑事诉讼法对刑事协商的规定合宪,但批评了司法实践中的乱象。[2]

同时,我们必须正视认罪协商程序可能存在的缺陷,学者们主要以美国的辩诉交易为研究对象,提出了诸多批判,具体包括:有损司法权威;有违平等原则;有害公共利益;极易酿成错案;忽视了被害人的利益;没有考虑社会总成本;违背了无罪推定原则;助长了检察官的懒惰与擅权;使警察的努力归于无效;等等。[3] 虽然我国的认罪认罚从宽制度既不同于英美法系的辩诉交易,也不同于大陆法系的协商程序,但认罪协商在世界范围内的实践及其显露出的问题,显然是可以为我们提供警示的。

在 2016 年前后,完善我国刑事诉讼中的认罪认罚从宽制度已经是一种共识并得到了国家意志层面的强力支撑,但对于中国式认罪协商程序的具体构建,尚存在诸多争议,其背后又是我们对相关理论问题的认识模糊。在此,有必要

---

[1] 参见叶青:《以审判为中心的诉讼制度改革之若干思考》,《法学》2015 年第 7 期。
[2] 20 世纪 70 年代起针对经济犯罪的刑事程序日益增加,其专业性与复杂性给法院审理造成困难。为了应对这一局面,事实审法院开始小范围、秘密地实践刑事协商。在协商日益普遍且进入公众视野的 80 年代,宪法法院和最高法院都作出了相关判决,对其进行限制,但对这一实践的合法性态度暧昧。首先明确认可协商的是最高法院,其于 1997 年宣布协商原则上合法(BGHSt 43, 195),此后又陆续作出判决,对刑事协商的方方面面进行规范。立法者借鉴这些判例制定了 2009 年的《规范刑事协商法》(Gesetz zur Regelung der Verständigung im Strafverfahren, 29. 7. 2009, BGBl. IS. 2353),正式将协商合法化了。该法在德国《刑事诉讼法》中增加了第 257c 条,且对第 35a 条第 3 句、第 243 条第 4 款、第 267 条第 3 款第 5 句、第 273 条第 1a 款、第 302 条第 1 款第 2 句等作出修订。See Roxin, Claus/Schünemann, Bernd, Strafverfahrensrecht, 28. Aufl., 2014, § 17, Rn. 7f, 9; Meyer-Goßner, Lutz/Schmitt, Bertram, StPO-Kommentar, 58. Aufl., 2015, Einl. Rn. 119b ff.
[3] 参见冀祥德:《域外辩诉交易的发展及其启示》,《当代法学》2007 年第 3 期。

对我国实践中已经存在的认罪协商主要模式进行观察和剖析,并对相关难点问题进行梳理,在底线正义理念指引下厘清中国式认罪协商程序的基本方向。

二、认罪协商程序的四种模式

认罪协商程序在国际上主要呈现为两种典型模式:一是英美式辩诉交易[1],控方检察官与代表被告方的辩护律师进行会商与谈判,以撤销指控、降格控诉或要求法官从轻判处刑罚等为条件,换取被告人作有罪答辩或满足控方其他要求;二是大陆式协商程序,如在德国,被告人通过辩护人与检察官、法官就刑事案件的处理方式和处理结果进行协商,并以达成的协议作为起诉或裁判的基础。

如前文所述,我国《刑事诉讼法》在 2018 年修订之前并没有明确规定认罪协商程序,但在刑事政策与司法解释层面存在认罪从宽的精神。"坦白从宽"一直是我们强调的刑事政策。被告人认罪并与检察官达成协议,是自愿认罪、如实供述的体现,符合我国现行法律法规从轻量刑的要求。最高人民法院、最高人民检察院、司法部《关于适用普通程序审理"被告人认罪案件"的若干意见(试行)》规定:被告人自愿认罪的,可以简化审理程序,法院可以对自愿认罪的被告人酌情予以从轻处罚。我们曾就认罪态度对法官量刑的影响进行实证研究,量化的结果显示被告人的认罪态度在量刑因素中处于关键性地位。[2] 在司法实践层面,无论我们是否承认,认罪协商在我国已经自下而上地展开,并呈现出四种主要的模式。

(一)事实不清时的协商

事实不清的背后是证据不足,作为公诉方的检察官在这种情况下面临两

---

1 辩诉交易在美国的兴起,最早可追溯至 19 世纪,但直到 1970 年的布拉迪诉美国案,这一制度才由美国联邦最高法院以判例形式予以正式确立,并在美国刑事司法中得到广泛采用。时至今日,在美国联邦及各州的刑事案件中,90%以上的案件通过辩诉交易解决。辩诉交易虽然饱受诟病,但已经成为美国刑事司法中不可或缺的部分。

2 参见胡铭、冯姣:《认罪态度对法官判决影响的实证分析》,《江苏行政学院学报》2014 年第 2 期。

难:一方面是很难达到"案件事实清楚,证据确实、充分"的证据标准;另一方面是如果按照疑罪从无原则,则可能放纵罪犯,也很难给被害方一个合适的交代,且在此类案件中往往基本事实是清楚的,而量刑相关的事实存在疑问,并不适用疑罪从无原则。

典型案例是被称为"中国辩诉交易第一案"的孟广虎故意伤害案。2000年12月18日晚,孟广虎在黑龙江省绥芬河火车站内,因车辆争道与吊车司机王玉杰发生争执。孟随后打电话叫来6人,发生互殴,导致王玉杰脾脏破裂、小腿骨骨折,后经法医鉴定为重伤。牡丹江铁路运输检察院以故意伤害罪起诉孟广虎。其辩护律师认为,这是一起共同犯罪案件,但本案其他犯罪嫌疑人在逃,无法确定被害人的重伤后果是何人所为。公诉机关认为,该案多人参与斗殴,背景特殊,即使公安机关抓获所有犯罪嫌疑人,收集证据也将困难重重,但孟广虎找人行凶造成了被害人的重伤,理应承担重要或全部责任,建议辩护人同意法院试用"辩诉交易"方式审理此案。随后,牡丹江市铁路运输检察院和铁路运输法院经协商并报黑龙江省高级法院批准,以"辩诉交易"方式审结该案,判处孟广虎有期徒刑3年,缓刑3年,赔偿被害人4万元。[1]

(二)刑事和解中的协商

2012年《刑事诉讼法》所确立的刑事和解程序本身就蕴含了协商的意涵。和解以被告人认罪为前提,有的情况下还有民间调解机构参与,目的在于促使被告人和被害人之间达成谅解,而被告人可以获得从轻处罚。

瓦立德案便是一例。2013年10月14日,瓦立德(外籍)案被移送至义乌市人民检察院审查起诉。审查发现,该案符合修改后《刑事诉讼法》关于当事人和解的公诉案件诉讼程序的规定。义乌市人民检察院在征得被害人同意后,决定

---

[1] 参见张景义等:《聚焦国内"辩诉交易"第一案》,http://www.chinacourt.org/article/detail/2002/08/id/9780.shtml,最后访问日期:2022年12月31日。

对本案进行调解。10月24日,该院向义乌市涉外纠纷人民调解委员会提出涉外案件调解委托书,并积极与该调解委员会进行协商,成立了由一名中国人和一名乌兹别克斯坦籍外商共同参与的调解小组。最终,瓦立德与被害人热拉达成和解协议,热拉则对瓦立德表示谅解。根据该和解协议,鉴于犯罪嫌疑人罪行较轻,系初犯、偶犯,且真诚悔罪并取得了被害人谅解,义乌市人民检察院决定对瓦立德作相对不起诉处理。[1]

(三)不起诉中的协商

不起诉体现了检察机关的起诉裁量权。其中,相对不起诉针对的是人民检察院认为犯罪嫌疑人的行为已经构成犯罪,应当负刑事责任,而犯罪行为情节轻微的案件。对于犯罪情节,需要从犯罪嫌疑人实施犯罪行为的手段、对象、危害后果、动机、目的等情况以及犯罪嫌疑人的年龄、认罪态度等方面综合考虑,这便存在了协商的空间。

如2014年11月,犯罪嫌疑人徐某某听人说经营"捕鱼机"很赚钱,于是就先后购买了4台"捕鱼机"放在一游戏厅内供人赌博。同年12月16日,该游戏厅经群众举报被公安机关查获,现场收缴4台"捕鱼机"和6000余元赌资。经认定,被查获的"捕鱼机"属于国家明文禁止的赌博机。游戏厅被查之后,犯罪嫌疑人徐某某当天下午主动到公安机关投案自首,如实供述了自己的罪行。案件移送审查起诉后,徐某某又主动退缴赃款6000元,并表示自愿认罪,接受处罚。承办人通过调查讯问,进一步了解到徐某某系残疾人,几年前因车祸左眼失明,如今很后悔,也担心此事对正在读高三的儿子造成不良影响。综上考虑,结合案件具体情况,鉴于犯罪嫌疑人徐某某具有自首、认罪、退赃等情节,也出于对残疾人和未成年人的人文关怀,罗江县人民检察院依法对徐某某从宽处

---

[1] 参见张帅等:《义乌创立刑事和解"国际范本"》,《金华日报》2013年11月7日,第A02版。

理,作出不起诉决定。[1]

(四)速裁程序中的协商

刑事案件速裁程序针对的是事实清楚,证据充分,被告人自愿认罪,当事人对适用法律没有争议的危险驾驶、交通肇事、盗窃、诈骗、抢夺、伤害、寻衅滋事等情节较轻,依法可能判处1年以下有期徒刑、拘役、管制的案件,或者依法单处罚金的案件。速裁程序中适用认罪认罚从宽制度,体现了轻微案件中适用协商从而简化程序的精神。

如2015年10月,北京市朝阳区人民检察院在被告人蔡某某涉嫌危险驾驶罪一案中适用了认罪协商。被告人蔡某某醉酒驾驶机动车发生交通事故,血液中酒精含量为149.7 mg/100 ml,但具有自首和赔偿情节。检察院在原量刑建议(拘役1个月10日至3个月,并处罚金)幅度内减轻20%量刑幅度,并与蔡某某签订认罪协商承诺书,以刑事速裁程序向法院提起公诉。蔡某某最终被法院以危险驾驶罪判处拘役1个月5日,并处罚金人民币3000元。[2] 根据2019年时任最高法院院长周强的报告,仅在认罪认罚从宽制度和刑事速裁程序改革试点阶段,相关法院审结认罪认罚案件占同期审结刑事案件的53.5%,其中适用速裁程序审结的占65.5%,非监禁刑适用率达37.2%。扎实推进案件繁简分流,完善刑事速裁程序,基层法院适用速裁程序、简易程序审结刑事案件18.9万件,其中速裁案件当庭宣判率达92.8%。[3] 另外,以案件数位居全国前列的广东省为例,2019年该省刑事案件总数为130239件,认罪认罚案件数为50620件,速裁程序

---

[1] 参见《德阳市罗江县检察院对一认罪认罚犯罪嫌疑人从宽处理》,http://www.sc.xinhuanet.com/dy/2016-03/14/c_1118321705.htm,最后访问日期:2022年12月31日。

[2] 参见《朝阳院首推"认罪协商"机制 助力刑事速裁程序扩大适用》,http://www.bjjc.gov.cn/bjoweb/jcdt/85317.jhtml,最后访问日期:2022年12月3日。

[3] 参见周强:《最高人民法院关于加强刑事审判工作情况的报告——2019年10月23日在第十三届全国人民代表大会常务委员会第十四次会议上》,载中国人大网:http://www.npc.gov.cn/npc/c30834/201910/9530cb30be344843a2c9792e3215b515.shtml。

案件数为 12142 件,占比为 23.98%。[1]

上述认罪协商的四种模式实际上是交叉在一起的,如和解案件中可能适用不起诉,不起诉的案件中可能存在事实不清。此外,还存在其他的协商形态,如刑事附带民事诉讼中的协商、贪污贿赂案件中行贿人转为控方"污点证人"时的协商等。

第二节 认罪协商程序的中国实践

一、认罪认罚从宽制度的改革历程

认罪认罚从宽制度是协商性司法在中国的伟大实践,纵观其整个发展历程,大致可以分为三个阶段:探索试点时期、整体建构时期、具体完善时期。

(一)探索试点时期

认罪认罚从宽制度是"宽严相济"刑事政策在新形势下的完善和发展,是"宽严相济"刑事政策从宽一面在现阶段的直接体现,是实现繁简分流、提高诉讼效率的良好途径。[2]就官方提倡的"宽严相济"刑事政策而言,其渊源可以追溯到 2004 年 12 月 22 日时任中央政法委员会书记罗干同志在中央政法工作会议上的讲话。他指出:"正确运用宽严相济的刑事政策,对严重危害社会治安的犯罪活动严厉打击,绝不手软,同时要坚持惩办与宽大相结合,才能取得更好的法律和社会效果。"[3] 2006 年,十六届六中全会通过的《中共中央关于构建社会主义和谐社会若干重大问题的决定》提出"实施宽严相济的刑事司法政策"。

---

[1] 参见汤火箭、郝廷婷、陶妍宇:《认罪认罚案件审判程序分流效果实证研究——以 C 市基层法院 3076 件认罪认罚案件为分析样本》,《山东大学学报》(哲学社会科学版)2021 年第 3 期。
[2] 参见陈光中:《司法改革问题研究》,法律出版社 2018 年版,第 407 页。
[3] 转引自姜涛:《宽严相济刑事政策实施的基本原理》,法律出版社 2013 年版,第 11 页。

完善认罪认罚从宽制度,是十八届四中全会提出的要求。但在此之前,各地司法实践中早有探索。如2002年,黑龙江省牡丹江铁路运输法院在一起故意伤害案件中就首度尝试中国式"辩诉交易";2003年,最高人民法院、最高人民检察院、司法部联合发布《关于适用普通程序审理"被告人认罪案件"的若干意见(试行)》,规定对被告人自愿认罪的,可以简化庭审程序并酌情从轻处罚;2015年,北京市朝阳区检察院在一起危险驾驶案中尝试使用"认罪协商"机制。[1] 2014年,全国人大常委会通过决定,授权最高人民法院、最高人民检察院在北京等18个地区开展刑事案件速裁程序试点工作。速裁程序试点工作为认罪认罚从宽制度的确立提供了宝贵的实践经验。之后,根据十八届四中全会的会议精神,《最高人民检察院关于深化检察改革的意见(2013—2017年工作规划)》和最高人民法院发布的《人民法院第四个五年改革纲要(2014—2018)》先后提出完善认罪认罚从宽制度。2016年7月,中央全面深化改革领导小组第二十六次会议审议通过了《关于认罪认罚从宽制度改革试点方案》。同年9月,第十二届全国人大常委会第二十二次会议通过了《认罪认罚试点决定》,对适用条件、从宽幅度、办理程序、证据标准、律师参与等问题作出了具体规定。同年11月,两高三部联合印发了《认罪认罚试点办法》。自此,认罪认罚从宽制度在北京、上海、重庆等18个省(市)开展了为期两年的试点工作。

(二) 整体建构时期

在总结刑事案件速裁程序改革试点、刑事案件认罪认罚从宽制度改革试点经验的基础上,2018年《刑事诉讼法》修改将行之有效、可复制、可推广的司法实践经验上升为法律,系统完善了刑事诉讼中的认罪认罚从宽制度。2019年10月,两高三部发布《关于适用认罪认罚从宽制度的指导意见》(以下简称《认罪认

---

1 参见徐昕、黄艳好、汪小棠:《中国司法改革年度报告(2016)》,《上海大学学报》(社会科学版)2017年第3期。

罚指导意见》），对认罪认罚从宽制度的适用范围、适用条件、辩护权保障、被害方权益保障以及量刑建议的提出方式、采纳和调整原则等内容作出规定。

自2018年以来，认罪认罚从宽制度作为我国《刑事诉讼法》的重要原则全面铺开适用。在此阶段，认罪认罚的真实性、自愿性一直是严重问题，受到各界质疑。检察官威胁、诱导犯罪嫌疑人认罪认罚的现象层出不穷，值班律师形式化参与认罪认罚的问题广受诟病。自愿认罪认罚是此项制度的正当性基础，只有充分保障真实性、自愿性，这项制度才有存在的必要，否则将严重损害司法公正，导致犯罪嫌疑人、被告人权利减损和虚假认罪等一系列恶果。另外，《刑事诉讼法》第201条规定，对于认罪认罚案件，人民法院依法作出判决时，一般应当采纳人民检察院指控的罪名和量刑建议。对此，学界和实务界存在广泛争议。反对者认为此项规定很大程度上剥夺了法院的量刑权。

（三）具体完善时期

针对认罪认罚从宽制度在实践中暴露出来的问题，最高人民法院、最高人民检察院不断努力完善该制度。2021年11月，《人民检察院办理认罪认罚案件开展量刑建议工作的指导意见》通过。该指导意见规定对影响量刑的基本事实和各量刑期间均要求相应的证据证明、不得绕开辩护人安排值班律师代为见证等，具有积极意义。随后，最高人民检察院出台了《人民检察院办理认罪认罚案件听取同步录音录像规定》。该规定有利于限制检察机关在认罪认罚案件中的权力滥用，是保障犯罪嫌疑人合法权益的重要依据。

二、认罪认罚从宽制度的实践问题

认罪认罚从宽制度从2016年试点推行，至今已有7年时间。整体来看，认罪认罚从宽制度是顺应我国国情的，是我国刑事法律制度自然演进的结果。具体而言，认罪认罚从宽制度还存在一些问题，需要在顶层设计的制度建构下进一步加以完善。

(一) 被追诉人权益保障方面的问题

认罪认罚从宽制度的实施在提升诉讼效率和配置司法资源方面取得了一些成效,但在被追诉人权利保护上还存在明显不足,需要进一步完善。其中认罪量刑协商机制、从宽处理机制让被追诉人有比较高的期待,其愿意放弃部分诉讼权利来换取量刑的优惠。但司法机关当前过分追求办案效率,对权利本就受到缩减的被追诉人的保障不够,比如权利告知形式化、无法获得有效法律援助、速裁程序适用率下降、从宽幅度模糊化、以抗诉为由限制上诉权等等。长此以往,被追诉人的认罪认罚积极性很可能会下降,最终导致适用率降低,提升诉讼效率和优化司法资源配置的目的就无法达到。

1. 被追诉人获得的法律援助效果不佳

从宽从快处理是认罪认罚的最大特点之一,要获得从宽从快处理,仅靠适用程序的分流远远不够,还需要让被追诉人在量刑协商中尽量与公诉机关"平等协商"。因为强大的国家追诉犯罪机器不论在权力、手段和物质条件上都占据优势地位,被告人往往由于法律知识欠缺和人身自由受限制不知如何辩护。[1] 为了使被告人在认罪认罚协商程序中与公诉机关保持一定程度上的平衡,需要法律援助力量的协助,以便被告人的正当权利在协商中不被侵犯。认罪认罚中的法律援助力量分为律师辩护和法律帮助。律师辩护是指法律援助机构指派律师给被告人提供辩护服务。法律帮助是指犯罪嫌疑人、被告人没有委托辩护人且不属于指定辩护情形的,由法律援助机构指派值班律师为其提供涉及法律咨询、程序选择建议、申请变更强制措施、对案件处理提出意见等服务。

(1) 法律帮助的有效性不足

为了完善刑事辩护制度,最高法和司法部联合印发《关于开展刑事案件律

---

[1] 参见陈光中、张益南:《推进刑事辩护法律援助全覆盖问题之探讨》,《法学杂志》2018 年第 3 期。

师辩护全覆盖试点工作的办法》,规定除了《刑事诉讼法》中"应当指定辩护情形"之外,在普通程序案件中指派律师进行辩护,在简易程序、速裁程序案件中指派律师提供法律帮助。该办法为当前认罪认罚案件实现法律援助全覆盖提供了依据。目前绝大多数的认罪认罚案件,在形式上都已经提供了数量可观的法律帮助,但基本体现在侦查阶段和审查起诉阶段,法院审判阶段极少指派值班律师。当前法律帮助在侦查阶段和审查起诉阶段发挥的作用不明显,在审判阶段的作用直接被舍弃了。

一是审查起诉阶段值班律师见证人化。如果被追诉人没有委托辩护人,在量刑协商时检察机关会通知值班律师到场。认罪认罚试点期间,值班律师不享有提前会见、阅卷等诉讼权利。《认罪认罚指导意见》出台后,明确值班律师可以会见犯罪嫌疑人、被告人,也可以查看案件,但因为缺乏外部力量的监督,其往往怠于行使会见权和阅卷权。值班律师与被追诉人的初次见面,往往是律师在认罪认罚具结书上签字时,这时值班律师再发表定罪及量刑的意见已经没有多大意义。值班律师只能作为被追诉人签字具结的见证人,其并没有清楚地了解到审查认定的事实,所以再听取被追诉人的辩解、提供法律咨询就变得没有意义了。

二是审判阶段被追诉人获得法律帮助的机会极少。为了加快认罪认罚案件的审理节奏,法院在审判阶段没有实行强制性的法律帮助,一般会在送达起诉书副本时询问被告人是否需要申请法律帮助。目前大多数被告人会明确表示选择放弃该项权利。但小部分被告人提出该项申请,此时法院首先会做其思想工作,告知其侦查阶段和审查起诉阶段已经给予了法律帮助,现在再申请法律帮助已经没有意义。如果真的要提供法律帮助,法院也无法马上通知值班律师。因为律师资源的不足,许多地方的法律援助机构并未指派律师到法院值班,最后被告人的法律帮助申请也就不了了之了。在审判阶段,法官会对被追诉人前期获得的法律帮助情况进行审查,但这种审查一般是形式意义上的,法官能够看到的只有认罪认罚具结书上有无律师的签字。因为对于大多数案件,检察机关并未随案移送值班律师的具体书面意见,实质上值班律师几乎不会在量刑协商时发表意见,一般都会赞同检察机关的量刑意见。值班律师的法律帮助功能在实践中正逐步被虚化,他们更多是作为司法机关的见证人而存在。相较于辩护律师,虽然值班律师目前被《认罪认罚指导意见》赋予了阅卷权和会见权,但因为律师资源不足、水平不高、援助经费有限等,其没有能力也没有动力去收集证明被追诉人无罪或者罪轻的证据,无法全面客观地把握案件事实,也就无法为被追诉人自愿认罪认罚提供最有力的法律帮助。

(2)指定辩护质量不高

指派律师辩护是认罪认罚案件被追诉人获得法律援助的另一种方式,特别是认罪认罚简易程序组成合议庭案件和普通程序案件虽然占比不高,但案情相对速裁程序更为复杂,是认罪认罚案件中出现冤假错案可能性最高的部分。因此如何发挥好指定辩护律师的作用,对于防止冤假错案的发生极其重要。《关于开展刑事案件律师辩护全覆盖试点工作的办法》第2条规定:"适用普通程序审理的一审案件、二审案件、按照审判监督程序审理的案件,被告人没有委托辩护人的,人民法院应当通知法律援助机构指派律师为其提供辩护。"认罪认罚从宽作为刑事诉讼的一项基本原则,适用于所有案件,案件无轻重区分,对符合条件的重罪案件也应当适用,这部分案件虽然数量相对不多,但若被告人未自行委托辩护人,即使对公诉机关指控的犯罪事实和罪名没有异议,也应当通知指派辩护律师。按照辩护权来源的依据,律师辩护分为委托辩护和指定辩护。委托辩护由被追诉人或者其亲属与接受委托的律师依据市场化规则签订服务合同,其辩护质量较高。指定辩护源于政府委派,具有公益性特征,其辩护质量在实践中和委托辩护相比具有较大差距。

2. 被追诉人认罪认罚的自愿性存疑

认罪认罚的自愿性是指被追诉人在充分知悉和理解指控内容、认罪认罚后果的基础上,可以自由选择是否认罪认罚。《认罪认罚指导意见》规定,侦查机关、公诉机关负有告知犯罪嫌疑人、被告人享有的诉讼权利以及如实供述罪行可以从宽处理和认罪认罚的法律规定的职责,对该部分内容的理解知悉程度是被追诉人是否自愿认罪认罚的基础。那么如何认定认罪认罚的自愿性呢?目前根据学界主流观点,认定认罪认罚的自愿性包含了三个方面的要素:一是认识的明知性;二是评估的理智性;三是选择的自由性。[1]当前司法实践在这三方面依然存在问题。

(1) 被追诉人认识的明知性不足

当前司法实践存在告知内容不充分的问题,《认罪认罚指导意见》规定,办案机关应当告知被追诉人享有的诉讼权利、认罪认罚的性质以及可能导致的后果,但对于指控内容是否告知未予说明。办案机关为了尽快查清犯罪事实,追诉犯罪,提升办案效率,往往告知"坦白从宽"等政策性口号,对于认罪的具体从宽幅度只是模糊告知,导致部分被追诉人对从宽处理的期望过高,带来了认罪认罚案件服判息诉率没有明显提升的问题。

认罪认罚能够获得多大的量刑从宽幅度,一般是被追诉人最关心的内容。公诉机关在和被追诉人协商量刑时,一般不会向被追诉人明确告知量刑起点、基准刑、从宽幅度等内容,被追诉人对于自己是否实际得到从宽处理以及从宽多少并不知情。实践中司法机关一般会告知以下内容:在侦查阶段认罪认罚的,最多可以降低30%的量刑幅度;在审查起诉阶段认罪认罚的,最多可以降低20%的量刑幅度;在审判阶段认罪认罚的,最多可以降低10%的量刑幅度。这样的告知方式会带来下列弊端:一是从宽幅度范围过于宽泛,被追诉人无法明确知道可以得到多大的量刑优惠;二是上述从宽处理的幅度在很多情况下仅存在理论上的可能,实际无法达到,被追诉人基于过高预期签下具结书,一旦从宽幅度不高,就会推翻认罪认罚具结书而选择上诉,直接浪费了司法资源。

---

[1] 参见谢登科、周凯东:《被告人认罪认罚自愿性及其实现机制》,《学术交流》2018年第4期。

指控的案件事实一般也是被追诉人较为关心的内容。广义上的案件事实包括客观事实和法律事实。客观事实由被追诉人亲身经历,其可能不需要了解。法律事实是指由客观证据构建起来的指控的犯罪事实。没有其他证据,任何人不得自证其罪,这是现代刑事诉讼的重要原则。认罪认罚的实质是对指控的犯罪事实和提出的量刑建议的回应和认可,如果对于构建指控犯罪事实的证据不予告知,那么认罪认罚的基础就不够扎实。当前在侦查阶段和审查起诉阶段未开展证据开示,被告人也无阅卷权利,因此被追诉人在认罪认罚中的处境是极其被动的。

(2) 欠缺评估理智性的能力

理智性要求被告人具有法律认识、利害关系以及控制自己行为的能力。认罪认罚除了要求被追诉人知悉指控的犯罪事实及证据材料外,还要求其能够有效评估认罪认罚的性质以及认罪认罚可能导致的后果。被追诉人对指控的犯罪事实的认知通常不存在问题,但由于法律知识和实践经验的缺乏,对于自己的行为是否构成犯罪、构成何种犯罪、将会处以何种刑罚等法律问题并不清楚。当前公诉机关在认罪认罚协商中处于主导地位,值班律师因其主观上缺乏积极性、客观上被赋予的权利过小而被虚化。律师资源的欠缺和财政实力的有限导致我们无法在刑事诉讼全过程中实现律师辩护全覆盖。这最终导致了被追诉人在量刑协商中处于绝对劣势地位,其欠缺法律知识,不了解被指控事实的法律依据和理由,难以保证其在认罪认罚协商保持理智。

(3) 选择的自由度不高

除了要满足被追诉人认识的明知性外,还应赋予被告人是否认罪认罚的自由选择权。选择的自由主要由三部分组成:一是在认罪认罚的问题上,被追诉人既可以选择认罪认罚,也可以不选择认罪认罚,这在司法实践中不存在问题。二是被追诉人对认罪认罚的范围应该拥有自由选择的权利。理论上,一个案件如果涉嫌多项犯罪事实,被追诉人既可以选择对案件的全部罪行认罪认罚,也可以选择就部分指控的犯罪事实认罪认罚。但实践中并非如此。为了加快诉讼进程，公诉机关一般会怠于做这方面的认罪认罚工作，因为对犯罪事实的部分认可、部分不认可，会导致该部分的量刑建议对于最终判决结果意义不大，在这方面花过多精力反而影响了诉讼效率。三是被追诉人对量刑建议的形式应有选择权。根据案件的繁简程度，量刑建议分为精确的量刑建议和有幅度范围的量刑建议。因为缺乏量刑经验，对于复杂案件，为了提高认罪认罚成功率，公诉机关在量刑协商中会给出区间幅度较大的量刑建议。这类量刑建议的上限和下限差距过大，会给被告人过高的心理预期，让其产生一定的投机心理，勉强认罪认罚，在判决后如果其心理预期不能被满足，则上诉的可能性较大。因此，有必要赋予被告人量刑区间幅度的选择自由，从而保证其认罪认罚的自愿性。

3. 被追诉人获得从宽处理存在不确定性

如果说确保认罪认罚被追诉人的自愿性和完善法律援助制度是从程序上保障被追诉人的权利，那么真正获得从宽处理就是从实体上维护被追诉人的正当权益。什么是从宽处理、能够获得多大的从宽幅度等实体问题在实践中依然争议较大，《刑事诉讼法》的修改对以上问题未能作出有效回应。

第一，认罪认罚是否具有独立的量刑情节地位？对此，认罪认罚的量刑依据和《人民法院量刑指导意见》存在混同。[1]当被追诉人存在其他法定量刑情节时，应参照《人民法院量刑指导意见》提出量刑意见，认罪认罚不属于独立的量刑情节，其对应的从宽幅度也就无法体现。

第二，认罪认罚是否作为法定从轻或者减轻处罚的情节？对此亦没有明确规定，在实际量刑时认罪认罚情节和自首、坦白、当庭自愿认罪如何衔接、适用方面也存在疑问。认罪认罚和以上情节是择一还是合并适用，目前没有明确规

---

[1] 《关于适用认罪认罚从宽制度的指导意见》指出，被追诉人如果不存在其他法定量刑的情节，检察机关可根据案件事实和性质等，在确定的基准刑上适当减让，计算出确定刑的量刑建议；如果存在法定量刑情节，检察机关应当综合考虑其他法定量刑情节和认罪认罚的情节，参照量刑规范化意见，向被追诉人提出确定刑的量刑建议。

定。当前实践中一般是择一适用,无法突出认罪认罚的实际效用。因为没有减轻处罚的明确规定,无论是如实供述还是当庭自愿认罪,在量刑优惠上认罪认罚从宽制度相较于以往并没有明显优势。实践中,被追诉人由于获取信息渠道有限、文化水平低下、法律知识缺乏,可能永远不会明白自己是否真正获得了认罪认罚条件下的量刑优惠。

第三,量刑从宽幅度相较以往优惠不明显。认罪认罚从宽制度实施之前,我国刑事诉讼便已经存在坦白从宽处罚的规定。《刑法》第67条第3款规定,被追诉人如实供述自己罪行的,可以从轻处罚。实际操作中认罪认罚从宽和坦白的从宽幅度没有明显差别。[1]根据《认罪认罚试点工作办法》,认罪认罚表现等级一般评定为"好""较好""一般"三个等级:评定为"好"的,可以在基准刑以下减少20%—30%的量刑幅度;评定为"较好"的减少10%—20%;评定为"一般"的则减少10%以下。关于从宽的幅度范围,侦查阶段从宽幅度最大,最高为30%;审查起诉阶段次之,最高为20%;审判阶段最低,最高为10%。认罪认罚与坦白情节具有一定的重合,一定程度上认罪等同于对指控犯罪事实没有异议的坦白,但认罚是新的量刑从宽情节,如果认罪认罚和坦白在量刑上没有明显区分,那么认罚的意义和情节就没有得到正确对待。

4. 被追诉人的上诉权被不当限制

目前刑事案件中速裁程序和简易程序案件占比基本在一半以上,要通过提高速裁和简易程序的占比来进一步提升诉讼效率的空间已经不大。从目前认罪认罚制度的运行状况来看,通过降低上诉率来提升诉讼效率还有较大操作空间。以J县法院为例,自2017年7月启动认罪认罚试点工作至12月底的半年里,审结的刑事案件中,认罪认罚案件被告人上诉率为8.2%,非认罪认罚案件

---

[1] 《量刑规范化指导意见》载明,如实供述自己罪行,可减少基准刑的20%以下;如实供述司法机关尚未掌握的同种和较重罪行,可减少基准刑的10%—30%。因此,坦白情节量刑时最高可减少基准刑的30%。在侦查及审查起诉阶段均不认罪,但当庭自愿认罪的,根据犯罪的性质、悔罪的表现等,最多可减少基准刑的10%。

上诉率为9%，两者几乎没有区别，认罪认罚被告人的服判息诉效果远远没有达到制度设计之初的期望值。

有鉴于此，部分学者、法官、检察官大胆提出各种限制认罪认罚被告人提出上诉的方式，以便提升诉讼效率。有些建议在宣判前增加特别告知程序，当庭询问被告人是否放弃上诉，如果愿意放弃，被告人则不再享有上诉权；有些建议有条件地保留被告人的上诉权，但对明显不符合上诉条件的直接不予受理；有些建议根据案件适用程序来决定是否拥有上诉权，速裁程序的认罪认罚案件不允许被告人上诉，实行一审终审。[1]

当前实践中相当一部分被告人上诉并非不服一审判决，而是利用上诉不加刑原则延长诉讼周期，来达到留在看守所服刑、逃避监狱劳动改造的目的。因此公诉机关往往在被告人上诉后，通过提起抗诉来规避上诉不加刑原则，请求二审法院以改判的方式加重原判的刑罚，以此达到限制认罪认罚被告人上诉的目的。如在J县法院审结的一起贩卖毒品案件中，认罪认罚被告人在一审后以量刑过重为由提出上诉。公诉机关认为被告人在认罪认罚得到从宽处理后，以对罪名及量刑有异议为由提出上诉，已不具备适用认罪认罚制度的基础，不应当对其从宽处理，基于此认为一审判决的法律适用、量刑均不当，提起了抗诉。杭州市中院二审认为，被告人在一审庭审中未提出异议，在接受检察机关的量刑从宽建议时也没有提出异议，宣判后其上诉理由与事实不符，已不能认定被告人认罪认罚，不能从宽处理，据此依法撤销原判，改判增加了两个月的有期徒刑。在此类案件中，公诉机关认为被告人一旦选择上诉，认罪认罚的情节已归于无，再给其从宽处理，就违背了认罪认罚从宽制度设立的本意；并且被告人在未受到欺骗、引诱，也未陷入错误认识的情况下推翻认罪认罚具结书，既获得了量刑上的优惠，又利用了上诉不加刑原则进行投机式上诉，这对司法资源造成极大的

---

[1] 参见韩平静：《认罪认罚从宽制度下被告人上诉权探究——以151份二审裁判文书为样本》，《中国检察官》2017年第22期。

浪费,是权利滥用的表现。诚然实践中认罪认罚案件上诉率下降不明显,被告人一般不会推翻原判决关于事实和罪名的意见,上诉的理由绝大多数为量刑偏重。根据二审的判决结果,绝大部分的案件为上诉人撤回上诉或者维持原判,上诉应该发挥的纠错功能不明显。[1]但百密难免一疏,即使被告人滥用上诉权的现象存在,其仍然依法享有完整的上诉权利,追求效率不应以牺牲公正为代价。

2018年《刑事诉讼法》修订以后,虽然没有改变认罪认罚案件中二审终审的原则,但也未对实践中变相限制上诉权的现象予以规制。审查起诉阶段公诉机关与被告人进行认罪认罚协商时,常常会口头告知被告人如果判决后提起上诉,公诉机关将会通过提起抗诉来撤销具结书中的量刑优惠。虽然部分被告人认罪认罚上诉确实浪费了司法资源,拖累了诉讼进程,但一个错案的负面影响足以摧毁九十九个公正裁判积累起来的良好形象。因此,在认罪认罚从宽制度中必须坚持减程序但不减权利的原则,依法保障被告人拥有完整的上诉权,不让被告人在维护正当权益时有所顾忌。

(二) 认罪认罚案件法院审查方面存在的问题

1. 庭审时间过短,庭审流于形式

由于认罪认罚从宽制度的改革使得诉讼重心逐渐前移,法官的审理时间被大幅压缩,而相应的审查方式和手段也会随之发生适应性调整,其中某些调整可能使得案件审理流于形式。[2]试点期间,在速裁程序的实际运行中,大部分案件的审理时间极短。根据新闻报道,郑州市中级人民法院个案审理平均用时7分钟,集中审理的案件平均用时仅3分钟;武汉市汉阳区人民法院在55分钟之内审理了12件轻微刑事案件。在这样简短的庭审过程中,法官只能进行最简单的询问,庭审中省略或简化了法庭调查和法庭辩论,自愿性审查和量刑建议的审

---

[1] 参见臧德胜、杨妮:《论认罪认罚从宽制度中被告人上诉权的设置——以诉讼效益原则为依据》,《人民司法(应用)》2018年第34期。

[2] 参见周新:《认罪认罚从宽制度立法化的重点问题研究》,《中国法学》2018年第6期。

查也都十分简短,一般多以"是否有异议"等类似问题进行形式上的询问,而并不进行实质庭审。若法官在庭上不对证据进行充分审查,也不对书证、物证等客观证据与口供之间的一致性进行审查,则难以把好证据关、事实关。

庭审流于形式,法官在庭上仅形式化地询问公诉人及被告人态度,形式上完成流程,走完过场,可能引发司法不公的潜在风险。其一,在认罪认罚情形下,法官可能在对案件事实的追求方面有所懈怠。当前认罪认罚案件上诉率极低,一旦被追诉人认罪,则法官对其已经承认的"事实"可能会掉以轻心,以致轻信。其二,被追诉人虚假认罪的风险可能有所提升。在认罪认罚从宽制度更大的轻缓处理的诱惑下,被追诉人会有更多的"作假"动机,可能因各种主客观原因虚假认罪,而在庭审形式化的情况下,法官在庭审中将难以发现虚假认罪的情况。其三,证明标准变相降低为"只能做不敢说"的潜规则。被告人口供在证据链中的权重变相提升,证据不进行质证或仅进行简单质证就被认定或采纳,证明标准隐性降低。

另外,由于庭审形式化,法院审查方式以庭前阅卷为主,法官认定事实主要依靠庭前书面审查案卷材料及证据,案件定罪量刑在审前阶段基本确定。这一方面是为了提高庭审效率,适应简化的审判程序,另一方面也是为了确保案件事实证据、定罪量刑的准确性。然而,当法官在审前阅卷过程中对案件事实基本形成内心确认后,庭审中出现的瑕疵和漏洞就容易被法官忽略或轻视。比如在浙江省杭州市某一强奸案中,被告人认罪认罚并签署具结书,庭审采用简易程序审理,但对法庭调查和辩论环节予以简化。但在质证环节中,公诉人一次性宣读了所有证据后,被告人对某一证人证言有异议。法官立刻询问被告人对起诉书指控的事实及罪名有无异议。被告人表示有。法官又询问其是否认罪认罚。被告人表示认罪,并签署了认罪认罚具结书。法官向被告人释明,"认罪认罚不只是要认罪,还要对起诉书指控的罪名、犯罪事实及构成、法律适用、量刑均没有异议,才能适用认罪认罚"。这之后,被告人改口,对公诉人指控的犯罪事实及罪名无异议。法官对全部证据予以采信并结束了法庭调查环节。虽然被告人有异议的证人证言仅涉及犯罪的一部分细节问题,对定罪量刑的影响微乎其微,法官提前阅卷对此有所认识,但该法官轻易采信该证据则可能存在风险。若在庭审中发现此类问题,法官应当进一步进行调查,对该证据进行质证,有必要的情况下,转为普通程序审理,要求证人出庭质证。

2. 认罪认罚从宽的证明标准存在争议

对认罪认罚案件的证明标准如何把握的问题,试点期间理论与实务界均存在不同声音。一种观点认为,认罪认罚案件可以适当降低证明标准,只要求证明程度达到"排除合理怀疑"即可,或者可以区分认罪与否或区分不同程度构建差异化证明标准。[1] 否则,若一概要求使用"犯罪事实清楚,证据确实、充分"的证明标准,那么认罪认罚可供"协商"的空间不大,同时不利于调动侦查机关适用认罪认罚从宽制度的积极性。另一种观点认为,应当坚持"犯罪事实清楚,证据确实、充分"的证明标准。对认罪认罚案件降低证明标准,不符合《刑事诉讼法》之现行规定。《刑事诉讼法》规定的证明标准应适用于所有刑事案件,不应单独排除认罪认罚案件。[2] 此外,全国人大常委会《关于授权"两高"在部分地区开展刑事案件速裁程序试点工作的决定》提出的证明标准是"事实清楚、证据充分",而不是"证据确实、充分";最高人民法院、最高人民检察院、公安部、司法部联合印发的《刑事案件速裁程序试点工作座谈会纪要(二)》(简称《纪要(二)》)也指出:"被告人自愿认罪,有关键证据证明被告人实施了指控的犯罪行为的,可以认定被告人有罪。"有观点认为,这两个文件说明速裁案件的证明标准已有所降低。[3] 也有学者对这种观点进行了反驳,"证据充分"应当是以"证据确实"为前

---

[1] 参见何素红:《认罪案件证明标准的认识分野与差异化处遇》,载胡卫列等主编:《认罪认罚从宽制度的理论与实践——第十三届国家高级检察官论坛论文集》,中国检察出版社2017年版,第700—701页。

[2] 参见张相军等:《检察环节认罪认罚从宽制度的适用与程序完善》,《人民检察》2016年第9期。

[3] 参见曹红虹等:《刑事案件速裁程序试点相关问题的思考——以公诉环节为视角》,载陈国庆主编:《刑事司法指南》第65集,法律出版社2016年版,第62页。

提的,不能据此认为速裁案件的证据就不需要"确实"了,至于《纪要(二)》的规定,是"对法定证明标准在速裁案件中的释明,而不是对法定证明标准的降低"[1]。此外,还有学者认为应当"坚持同一标准,证据规则适当从简",即认罪认罚从宽制度应坚持法定证明标准,但在证据规则上可以适当"从简";[2]或者在证据调查程序上较不认罪案件做一定程度的降低,达到实质上降低证明标准的效果。[3]

以上观点可以看出,认罪认罚从宽制度下证明标准可以降低的理由主要在于:其一,适用审理程序不同,即适用速裁程序、简易程序审理会导致案件证明标准的隐性降低,其基本原理是证据调查程序的严格程度与证明标准的实质高低呈正比;其二,证明责任主体不同,即侦查、起诉、审判三个诉讼阶段的证明标准可以有所不同,一般认为应当逐级提高,即应当坚持由低到高的证明标准;[4]其三,区别不同情况,作出不同对待,即若定罪事实清楚,证据确实、充分,达到排除合理怀疑的程度,则可以对量刑事实的证明降低标准。[5]对认罪认罚从宽案件,法官如果擅自降低证明标准,不仅可能构成违法,而且可能面临侦查惰性、滥用诉权、强迫认罪、权钱交易等法律风险,协商可能会超出底线,并由此产生刑事误判和量刑自由裁量权的滥用等不良后果。这一判断最终在《认罪认罚指导意见》第3条得到确认:"坚持法定证明标准,侦查终结、提起公诉、作出有罪裁判应当做到犯罪事实清楚,证据确实、充分,防止因犯罪嫌疑人、被告人认罪而降低证据要求和证明标准。对犯罪嫌疑人、被告人认罪认罚,但证据不足,不能认定其有罪的,依法作出撤销案件、不起诉决定或者宣告无罪。"

此外,认罪认罚从宽制度中的量刑建议也存在一些问题,如检察院量刑建

---

1 朱孝清:《认罪认罚从宽制度的几个问题》,《法治研究》2016年第5期。
2 参见陈光中、马康:《认罪认罚从宽制度若干重要问题探讨》,《法学》2016年第8期。
3 参见孙远:《论认罪认罚案件的证明标准》,《法律适用》2016年第11期。
4 参见陈国庆:《刑事诉讼法修改与刑事检察工作的新发展》,《国家检察官学院学报》2019年第1期。
5 参见贺卫:《认罪认罚量刑建议机制的检视与完善》,《中国检察官》2018年第23期。

议与法院刑罚裁量之间的关系不明确、量刑建议的效力未充分发挥、量刑建议的精准性和采纳率有待提高、量刑建议的程序规制尚未完善等。由于量刑建议是认罪认罚从宽制度的核心环节,是完善认罪认罚从宽制度的关键,故将在下一节进行集中阐释。

第三节　认罪认罚从宽制度的完善:
以量刑协商和量刑建议为基点

可以自信地说,认罪认罚从宽制度是我国刑事司法领域一次成功的"试验性立法"。目前认罪认罚从宽制度的总体框架已经构筑,还存在一些细节问题需要完善。量刑协商是我国认罪认罚从宽制度中无法回避的关键问题,认罪协商的过程围绕着量刑展开,而检察机关的量刑建议是该过程中的核心。另外,这种量刑建议不同于传统刑事诉讼中的量刑建议,是检察官的一种法定职责并具有准终局性,从而对法院裁判形成刚性约束力。认罪认罚从宽制度是一项系统工程,涉及方方面面的问题。本节尝试以认罪认罚从宽制度的核心——量刑协商和量刑建议为基点,深入探讨认罪认罚从宽案件中量刑建议制度的完善路径,希望能借此推动其他问题的解决与完善,进而完善认罪认罚从宽制度。

一、量刑建议的类型及其性质

(一)规范层面的两种量刑建议

按照我国《刑事诉讼法》的相关规定,检察机关的量刑建议实际上存在两种形态:一种是传统意义上的量刑建议,即在有明确指控犯罪事实和适用法律的基础上,检察机关提起公诉时对法院量刑提出的建议性意见,严格来说,此种量刑建议对法院只有"参考作用"而并不具有刚性拘束力;另一种则是新增的认罪认罚从宽制度中的量刑建议,即在犯罪嫌疑人自愿认罪认罚和程序适用的情况下,有辩护律师或值班律师在场并且签署认罪认罚具结书,然后由检察机关提出的对法院具有刚性约束力的量刑建议,其效力显然与前一种有所不同。2019年修订的《人民检察院刑事诉讼规则》(简称《最高检规则》)分别于第十章第八节"起诉"和该章第二节"认罪认罚从宽案件办理"中规定了这两种量刑建议。

认罪认罚案件中量刑建议的适用及其约束力主要包括以下几个方面。(1)启动程序:犯罪嫌疑人自愿认罪,同意量刑建议和程序适用的,应当在辩护人或者值班律师在场的情况下签署认罪认罚具结书(第174条)。(2)适用程序:犯罪嫌疑人认罪认罚的,人民检察院应当就主刑、附加刑、是否适用缓刑等提出量刑建议,并随案移送认罪认罚具结书等材料(第176条)。(3)量刑建议的约束力:对于认罪认罚案件,人民法院依法作出判决时,一般应当采纳人民检察院指控的罪名和量刑建议(第201条)。(4)量刑建议的约束力的例外:①被告人的行为不构成犯罪或者不应当追究其刑事责任的;②被告人违背意愿认罪认罚的;③被告人否认指控的犯罪事实的;④起诉指控的罪名与审理认定的罪名不一致的;⑤其他可能影响公正审判的情形(第201条)。[1]

相较而言,这两种量刑建议既有共同之处,又有显著的区别。从量刑建议的性质来看,无论是在认罪认罚案件还是非认罪认罚案件中,其都是一种求刑权,而不是裁判权,也因此被称为"建议"。不同之处在于,首先,认罪认罚案件中的量刑建议是一种"诉讼合意",是经过控辩双方协商后所达成的,以犯罪嫌疑人认罪认罚为前提,并且以检察机关的量刑减让作为承诺的一种"诉讼合意"。其次,认罪认罚案件中的量刑建议具有司法上的刚性约束力,而非认罪认

---

[1] 《刑事诉讼法》第201条规定,人民法院经审理认为量刑建议明显不当,或者被告人、辩护人对量刑建议提出异议的,人民检察院可以调整量刑建议。人民检察院不调整量刑建议或者调整量刑建议后仍然明显不当的,人民法院应当依法作出判决。这便意味着量刑建议最终是要受到审判的约束,认罪认罚从宽是要受到审判中心主义的约束的。只有把认罪认罚从宽制度建立在以审判为中心的诉讼制度基础之上,才是一个我们可以期待的好的制度。参见王敏远:《刑事诉讼法修改重点问题探讨》,《法治研究》2019年第2期。

罚案件中的量刑建议并不具有该法律效力。也就是说,认罪认罚案件中的量刑建议是一种经过犯罪嫌疑人签署具结书同意的量刑建议,除了法定情形以外,人民法院一般应当采纳,也正因此,认罪认罚案件中的量刑建议的法律效力显著强化,并且对于认罪协商的实质推进产生重要影响。这背后便需要厘清检察机关量刑建议权与法院刑罚裁量权之间的关系,明确量刑建议对于各诉讼参与主体的法律效力,以及探求如何规范量刑建议权的行使。

(二) 认罪认罚案件中量刑建议的性质

不论是从认罪认罚从宽制度的内涵还是制度构建来看,量刑建议都是该制度有效实施的关键所在。从两高三部《关于在部分地区开展刑事案件认罪认罚从宽制度试点工作的办法》(简称《试点办法》)的规定可以看出,量刑建议与"认罚"和"从宽"两个关键词的联系密切。[1]作为犯罪嫌疑人"认罚"内容的重要组成部分,其首先要同意检察官的量刑建议,而给予犯罪嫌疑人量刑"从宽"的待遇,则需要检察官通过量刑建议予以承诺并实现。认罪认罚从宽制度既涉及实体问题,亦涉及程序问题,并且在侦查、起诉、审判阶段都可能有所体现。量刑建议功能与效力的发挥,很大程度上依赖于公安司法机关在不同诉讼阶段对被追诉人的从宽承诺的真实性、确定性。认罪认罚案件中的量刑协商,可以让控辩双方在审查起诉环节充分沟通并掌握各种量刑情节,搜集到更为准确、全面的量刑证据,并最终呈现为协商一致后的量刑建议。这种量刑建议是控辩双方诉讼合意的结果,在认罪认罚案件中具有特殊的意义和作用,直接决定着认罪协商能否顺利展开。被追诉人认罪认罚的自愿性、明智性是认罪认罚从宽制度正当性的基石,而量刑建议则是可以让被追诉人预测有罪答辩后果的最直观

---

[1] 《试点办法》第1条规定:"犯罪嫌疑人、被告人自愿如实供述自己的罪行,对指控的犯罪事实没有异议,同意量刑建议,签署具结书的,可以依法从宽处理。"这是开展认罪认罚从宽试点工作的官方指导性文件对认罪认罚从宽制度的表述。这与《刑事诉讼法》第15条的规定是相一致的:"犯罪嫌疑人、被告人自愿如实供述自己的罪行,承认指控的犯罪事实愿意接受处罚的,可以依法从宽处理。"

和最具体的载体。此外,妥适的量刑建议对于法官减少其工作量、提高审判效率、实现程序上的繁简分流都具有重要意义;有争议的量刑建议则会使得程序更加复杂,甚至造成控辩之间失去信任,检法两家相互扯皮。由此可见,量刑建议对认罪认罚从宽制度具有十分重要的价值和意义。

量刑建议是认罪认罚案件中检察官的法定职责。《刑事诉讼法》第 176 条明确规定:"犯罪嫌疑人认罪认罚的,人民检察院应当就主刑、附加刑、是否适用缓刑等提出量刑建议。"这里使用了"应当"一词,意味着在认罪认罚从宽案件中,检察官提出量刑建议是其法定职责,这与一般刑事案件中量刑建议被作为可选职责的情况有所区别。同时,认罪认罚案件中的量刑建议还要具有明确性、精准性。如果没有明确、精准的量刑建议,控辩双方将很难有协商的基础,也就很容易导致认罪认罚从宽制度流于形式。

认罪认罚案件中量刑建议的效力具有准终局性。与一般刑事案件中量刑建议的非终局性特点不同,认罪认罚案件中量刑建议的法律效力很大程度上体现了终局性特点。《刑事诉讼法》第 201 条规定:"对于认罪认罚案件,人民法院依法作出判决时,一般应当采纳人民检察院指控的罪名和量刑建议。"这里采用了"一般应当"的表述,这便意味着除非遇到法定例外情形,法官在审理认罪认罚案件时既应充分尊重控辩双方的诉讼合意,又要充分考虑控辩协商结果的司法公信力。《指导意见》第 33 条指出:"办理认罪认罚案件,人民检察院一般应当提出确定刑量刑建议。对新类型、不常见犯罪案件,量刑情节复杂的重罪案件等,也可以提出幅度刑量刑建议。"[1]这里同样用了"一般应当"的表述,这与

---

[1] 这包含三层意思:一是人民检察院提出量刑建议以确定刑为原则,即绝大多数案件特别是基层院办理适用简易程序、速裁程序的轻罪案件,原则上一律提出确定刑量刑建议。二是设定例外情形,即对一些新类型、不常见的犯罪案件以及量刑情节复杂的重罪案件等,也可以提出幅度刑量刑建议。这也是基于司法实践的复杂状况而设定的例外,体现了对司法规律的尊重。三是要求人民检察院提出确定刑量刑建议应当说明理由和依据。这是为了保证精准量刑建议的合法科学,同时也有利于防范检察机关权力滥用。参见苗生明、周颖:《认罪认罚从宽制度适用的基本问题》,《中国刑事法杂志》2019 年第 6 期。

《最高检规则》第275条也是一致的。当检察机关面临量刑建议可能不被采纳时，还可调整量刑建议，即《最高检规则》第418条规定："对认罪认罚案件，人民法院经审理认为人民检察院的量刑建议明显不当向人民检察院提出的，或者被告人、辩护人对量刑建议提出异议的，人民检察院可以调整量刑建议。"《指导意见》第41条作出了类似规定。

被害方的意见不对认罪认罚案件中的量刑建议产生决定性影响。《指导意见》第16条明确了要听取被害方意见，即应当听取认罪认罚案件中被害人及其诉讼代理人的意见，检察官在作出从宽的量刑建议时应重点考虑：（1）犯罪嫌疑人、被告人是否与被害方达成和解协议、调解协议；（2）犯罪嫌疑人、被告人是否赔偿了被害方的损失；（3）犯罪嫌疑人、被告人是否取得了被害方的谅解。但该条仅仅是要求听取被害方意见且将情况记录在案并随案移送，并未赋予被害方意见以刚性约束力。《指导意见》第18条进一步明确，被害人及其诉讼代理人不同意对认罪认罚的犯罪嫌疑人、被告人从宽处理的，不影响认罪认罚从宽制度的适用。[1]同时，对于听取被害方意见的范围，根据《最高检规则》第495条的规定，限于赔偿损失、赔礼道歉等民事责任事项的和解，以及是否要求或者同意公安机关、人民检察院、人民法院对犯罪嫌疑人依法从宽处理。对案件的事实认定、证据采信、法律适用和定罪量刑等事项并不属于听取被害方意见的范围，而是属于公安机关、人民检察院、人民法院的职权范围。

二、量刑协商和量刑建议的实践样态及问题

认罪认罚从宽制度自2016年在中国18个城市试点到2018年正式写入《刑事诉讼法》，以极高的效率探索出了一种新的制度。这得益于国家层面的司法

---

[1] 犯罪嫌疑人、被告人认罪认罚，但没有退赃退赔、赔偿损失，未能与被害方达成调解或者和解协议的，从宽时应当予以酌减。犯罪嫌疑人、被告人自愿认罪并且愿意积极赔偿损失，但由于被害方赔偿请求明显不合理，未能达成调解或者和解协议的，一般不影响对犯罪嫌疑人、被告人从宽处理。

改革的顶层设计,也反映出基层的公安司法机关通过认罪协商提高办案效率的强烈需求。从官方公布的认罪认罚从宽制度试点的中期报告和相关试点总结报告来看,认罪认罚从宽制度的试点取得了显著的成绩,这些成果成为2018年修改法律时的主要依据,也为我们的研究提供了参考。我们侧重关注认罪认罚案件中的量刑建议,即第二种类型的量刑建议。我们以试点城市浙江省杭州市的法官、检察官、律师为问卷调查的对象,展开了初步的实证研究。该研究随机抽取杭州市的法官、检察官、律师参与问卷调查,各发放问卷400份。其中,回收法官有效问卷361份;回收检察官有效问卷375份;回收律师有效问卷374份。虽然样本的数量有限,但反映一个地方的实践却已经较为充分,我们尝试以此一窥我国认罪认罚从宽制度地方实践的基本样态。

(一)控辩双方之间的量刑协商

最高人民法院、最高人民检察院《关于在部分地区开展刑事案件认罪认罚从宽制度试点工作情况的中期报告》(简称《中期报告》)显示,截至2017年11月底,在试点工作中,认罪认罚案件犯罪嫌疑人、被告人被取保候审、监视居住的占42.2%,不起诉处理的占4.5%,免予刑事处罚的占0.3%,判处三年有期徒刑以下刑罚的占96.2%,其中判处有期徒刑缓刑、拘役缓刑的占33.6%,判处管制、单处附加刑的占2.7%,非羁押强制措施和非监禁刑适用比例进一步提高。[1]这表明认罪认罚从宽主要适用于轻罪案件,"从宽"在强制措施、不起诉、非监禁刑和监禁刑等多方面都得到了体现。

"从宽"的幅度到底有多大,[2]并没有官方的统计,而这是体现量刑协商的空

---

[1] 参见周强:《最高人民法院、最高人民检察院关于在部分地区开展刑事案件认罪认罚从宽制度试点工作情况的中期报告》,《人民法院报》2017年12月24日,第1版。

[2] 《指导意见》第三部分虽然专门规定了认罪认罚后"从宽"的把握,但只是明确了从宽处理既包括实体上从宽处罚,也包括程序上从简处理;应当区别认罪认罚的不同诉讼阶段、对查明案件事实的价值和意义、是否确有悔罪表现,以及罪行严重程度等,综合考量确定从宽的限度和幅度;等等。《指导意见》并没有对于"从宽"的幅度作出明确的解释。

间的主要指标。从《试点办法》和各地试点中的具体做法来看,"从宽"的幅度一般是刑罚的10%—30%,这一量刑协商的空间和美国的辩诉交易相比,是属于比较小的。[1]量刑协商的空间受到了2010年出台的《人民法院量刑指导意见(试行)》(简称《量刑意见》)的限制和司法官观念的束缚。在问卷调查中,对于"《量刑意见》中10%—30%的从宽幅度是否有必要扩大"这一问题,361位受访法官中有229位认为"没必要扩大",占63.4%;116位认为"可以扩大到30%—50%",占32.1%;剩余仅有4.4%(16位)的受访法官认为"可以扩大到50%以上"。在访谈中,法官、检察官对于量刑协商的幅度也多表示了较为保守的意见,认为不宜超出30%。

这背后显示出中国司法官对于实质真实原则与法定原则的尊崇。在中国司法官的认识中,客观真实性是刑事案件的根本性要求,"从宽"必须有事实和法律依据,不能为了适用认罪认罚从宽制度而忽略案件的实质真实或者违反罪刑相适应原则,更不能突破法律和司法解释关于"从宽"幅度的明确限制。这在大陆法系国家的成文法传统中,可以说是根深蒂固的。这也是大陆法系国家在引入协商程序时普遍限制协商范围的重要原因。即使是在广泛适用辩诉交易的美国,规则也被视为法律的核心,可能的诉辩"交易"也应当是受限制且可预测的。"关键在于观察法律官员做什么,他们如何处理纠纷或者其他任何事务,以及观察他们的所作所为,从中寻找某种独特的规律性——这种规律性使人们有可能对法律官员及其他官员今后的所作所为作出预测。"[2]

在调查中,受访检察官和律师表示,在办理认罪认罚案件时,遇到的最大困

---

1 美国的辩诉交易制度以"交易"为特色,可以协商的空间很大。《美国检察官手册》中设置了三种类型的辩诉交易形式,即"指控协议"(指政府同意放弃部分指控或降低指控)、"量刑协议"(指政府同意一定的量刑建议)以及"混合协议"(指政府同意进行指控和量刑两种交易)。检察官享有几乎不受控制的自由裁量权,可以通过撤销案件、降低指控、减少指控、降低量刑等激励被告人作有罪答辩,被告人所获从宽处罚是控辩双方讨价还价的结果。参见熊秋红:《比较法视野下的认罪认罚从宽制度》,《比较法研究》2019年第5期。

2 [美]卢埃林:《荆棘丛:关于法律与法学院的经典演讲》,明辉译,北京大学出版社2017年版,第7页。

惑就是量刑问题,特别是检察官对于量刑建议普遍存在困惑。问卷显示,检察官和律师在控辩协商过程中遇到的困惑如下。(1)量刑问题:量刑标准不统一、量刑建议难以精准化,从宽量刑幅度太小,量刑建议与法院量刑冲突,等等;(2)律师参与问题:值班律师不固定、作用有限,阅卷、会见次数不够多,到场见证效果不佳,辩护意见形式化,[1]法律援助经费不足,等等;(3)程序问题:程序复杂、繁琐,文书过多,简案不简,提高效率的效果不佳,等等。

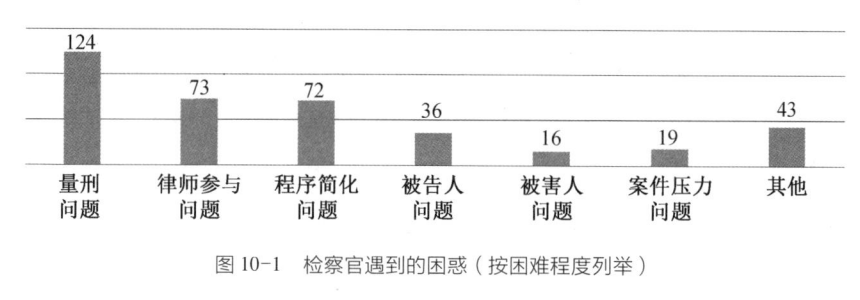

图 10-1　检察官遇到的困惑(按困难程度列举)

量刑问题 124；律师参与问题 73；程序简化问题 72；被告人问题 36；被害人问题 16；案件压力问题 19；其他 43

图 10-2　律师遇到的困惑(按困难程度列举)

量刑问题 21；律师参与问题 21；被告人问题 18；被害人问题 8；认罪协商问题 18；事实与证据问题 12；其他 25

问题如此之多,以至于在访谈中,不少检察官和律师表示,对适用认罪认罚从宽并没有太多内生积极性。因为缺乏统一可参照的量刑标准、并不具有吸引力的小幅度量刑从宽、程序并未真正简化等,[2]量刑协商很容易成为鸡肋。为了解决这些问题,地方检察机关和法院也在积极探索,如杭州市的检察机关尝试建立了检法两家会商讨论制度,以类案同判为基础,参考已判决案件,按照《量刑意见》并结合本地实际,出台了规范文件以明确常见罪名有关量刑情节,制定

---

[1] 目前的司法实践中,形式化问题已经集中暴露出来,如值班律师只能为被追诉人提供简单的程序性帮助,如法律解释、案件咨询等。值班律师大多不享有阅卷权,无法了解案件事实、在案证据以及量刑情节等卷宗材料,无法就事实、证据、定罪、量刑等提出有针对性的意见,特别是无法对专业性极强的量刑建议施加影响,帮助被追诉者与控方进行量刑协商。参见杨波:《论认罪认罚案件中值班律师制度的功能定位》,《浙江工商大学学报》2018 年第 3 期。

[2] 参见周新:《认罪认罚从宽制度试点的实践性反思》,《当代法学》2018 年第 2 期。

常见罪名量刑参考表,以表格形式将具体量刑建议细化到以"月"为单位,使得量刑建议有据可依,从宽幅度有据可查,尽可能地明确了量刑幅度的量化指标。[1]

(二)量刑建议和量刑裁判的关系

《中期报告》显示,在试点工作中,检察机关对认罪认罚案件依法提出从宽量刑建议,法院对量刑建议的采纳率为92.1%,其中,建议量刑幅度的案件占70.6%,建议确定刑期的案件占29.4%。[2]而根据最高人民法院课题组的《认罪认罚从宽制度试点总结报告》,在全国试点法院审结的20余万件认罪认罚案件中,法院对量刑建议的采纳率在90%以上,从轻处罚的案件占96.63%,减轻处罚的案件占2.96%,法定刑以下报核的案件占0.02%,免除处罚的案件占0.39%。[3]上述数据一方面说明控辩协商的结果多数得到了充分尊重,另一方面也说明确有十分之一左右的量刑建议没有被法院采纳。较高的法院采纳率又与多数的量刑建议是量刑幅度有关,只要在这个幅度内就算是采纳了,这相对于确定刑期的量刑建议,更容易被法官所接受。但从办案实践来看,犯罪嫌疑人、被告人对于量刑协商的结果,更渴求的是确定刑期的预期。

从问卷调查来看,量刑协商的结果被法官否定的情况确实存在,访谈中我们也了解到这种情况并非个案。当被问到"在您办理过的认罪认罚从宽案件中,有没有被法院驳回的案件?"时,有19%的受访检察官和11%的受访律师表示遇到过案件被法官驳回的情况,这说明法官对量刑建议是否采纳仍然要做实质性的审查,其透露出的信息是:法院定罪量刑的依据和标准主要还是事实与法律,法官并非仅对认罪认罚从宽协议和量刑建议做形式审查的"橡皮图章"。

---

[1] 参见鲍键、陈申骁:《认罪认罚从宽制度中量刑建议的精准化途径与方法》,《法律适用》2019年第13期。

[2] 参见周强:《最高人民法院、最高人民检察院关于在部分地区开展刑事案件认罪认罚从宽制度试点工作情况的中期报告》,《人民法院报》2017年12月24日,第1版。

[3] 参见胡云腾主编:《认罪认罚从宽制度的理解与适用》,人民法院出版社2018年版,第271—286页。

2019年余金平交通肇事案集中反映出检察机关量刑建议权和法院量刑裁判权的冲突。被告人余金平涉嫌交通肇事罪，检察机关在被告人自愿认罪认罚的基础上，提出判处有期徒刑三年、缓刑四年的量刑建议。一审法院经审理认定被告人属于交通肇事后逃逸，主观恶性较大，因此不予采纳量刑建议，判处有期徒刑二年。检察机关遂以原判量刑错误为由抗诉，被告方同时上诉，请求改判缓刑。二审法院不但未采纳量刑建议，还否定了一审判决对自首的认定，最终判处有期徒刑三年六个月。[1]本案促使我们反思量刑协商和量刑建议的效力问题。

控辩双方量刑协商的结果被法官所否定，甚至造成控审激烈对抗，有着多方面的原因：(1)心理抵触。法官普遍认为量刑权是裁判权的天然组成部分，具有专属性，因而法官对检察官的确定性量刑建议往往存在抵触情绪。(2)信息不对称。检察官和法官之间缺乏有效的沟通机制，审判阶段发生量刑情节、量刑证据变化，检察官不能及时掌握并修正量刑建议。(3)量刑指导。检法之间的"量刑指导"不一致，使得法官可能不认可检察官量刑建议的自由裁量幅度。

从刑事诉讼原理看，控辩协商改变了控辩审三方关系，打破了两造对抗、法官居中裁判的传统刑事诉讼构造，使得控辩审三方有了新的角色定位和权力分配，尤其是检察官在其中的主导作用凸显。我国《刑事诉讼法》明确规定，法官在认罪认罚案件中作出判决时，"一般应当"采纳检察官提出的量刑建议。也就是说，除了法定的例外情况，检察官在控辩协商基础上提出的量刑建议在事实上使得法官的量刑权受到了限制和约束，即法官对于控辩双方的诉讼合意是否具有法律效力所拥有的最终决定权在一定程度上被检察机关的求刑权限制了。换言之，认罪认罚案件中的量刑建议使检察官拥有了事实上的量刑决定权，而法官的量刑权则相对被削弱了。在访谈中，有法官就对此明确表示了不解和反感，并认为这是检察官在抢法官的权力。法官感受到的是实体权力被挤压，之

---

[1] 参见《余金平交通肇事案二审刑事判决书》[(2019)京01刑终628号]。

所以抵触,是因为检察官自由裁量权的扩张侵害了法官的独立审判权,并表现为个别案件中法官对认罪认罚量刑建议的否定。从世界范围来看,法官权力的扩张是普遍的趋势,英美法系有法官造法和法律现实主义的传统,[1]而大陆法系国家也在近几十年表现出"从制定法国家走向法官国家"的趋势,如"在德国欣欣向荣、反对法律形式主义的'自由法运动',把所有的希望寄托在尽可能是自由的法官的法律发现上,这基本上可以看作对法律实证主义的过分要求作出的可以理解的反应"[2]。

(三)认罪认罚案件中量刑协商存在的问题

对认罪认罚从宽制度实施的效果,多数受访者比较乐观。但亦有相当部分受访者尤其是律师,认为量刑协商中存在司法腐败的可能,需要完善风险防范机制。这与《指导意见》第4条所指出的风险是相契合的,即"要严格执法、公正司法,强化对自身执法司法办案活动的监督,防止产生'权权交易''权钱交易'等司法腐败问题"。问卷中主要涉及的是滥用诉权、量刑腐败、以钱买刑等问题。

滥用诉权的可能性有多大？对于该问题,有71%的受访检察官和41%的受访律师认为推行该制度导致"滥用诉权"的可能性不会太大;但也有2%的检察官和21%的律师认为可能性会很大。尤其是律师对检察官滥用诉权的担忧还是较为明显的,选择了"会很大"和"不确定"的律师接近三分之二,这是值得我们注意的。

量刑腐败的可能性有多大？当被问及该问题时,有67%的受访检察官和38%的受访律师认为推行该制度导致"量刑腐败"的可能性不会太大;但也有4%的检察官和22%的律师认为可能性会很大。律师对量刑腐败的担忧也是比较明显的。

---

1 参见胡铭:《法律现实主义与转型社会刑事司法》,《法学研究》2011年第2期。
2 [奥]恩斯特·A.克莱默:《法律方法论》,周万里译,法律出版社2019年版,第263页。

出现以钱买刑的可能性有多大？有73%的受访检察官和38%的受访律师认为推行该制度导致以钱买刑的可能性不会很大；但也有4%的检察官和25%的律师认为可能性会很大。同样，检察官表现得较为乐观，而律师则表现出对以钱买刑问题的忧虑。

"真正危险的不是真相，而是发现真相的过程。"[1]控辩协商的过程恰恰掩盖了发现真相的过程。上述问卷调查显示，关于认罪认罚案件中量刑协商的风险，检察官和律师对于滥用诉权、量刑腐败、以钱买刑等问题的认识是有较大差异的，律师对上述问题的担忧显然要多于检察官。相比之下，作为当政法曹的检察官比作为在野法曹的律师对该制度施行的评估更为乐观。这和控辩双方在刑事诉讼中的地位和权利有关，律师在控辩协商中显然处于弱势，特别是《试点办法》《指导意见》中对于律师的定位使得律师发挥作用的空间较为有限。[2]在认罪认罚案件中，律师更多的是作为犯罪嫌疑人、被告人认罪认罚的"见证人"，尤其是值班律师，他们由于并未获得辩护人的地位而难以发挥足够的作用。量刑协商在实践中的主要作用是：要求被追诉人签署具结书时，必须有作为法律援助者的律师在场证明。也就是说，被追诉人在具结时，辩护人或者值班律师应当在场，并在声明见证之后签字。一般来说，辩护人或者值班律师声明的内容如下："本人是犯罪嫌疑人、被告人某某的辩护人、值班律师。本人证明，犯罪嫌疑人、被告人某某已经阅读了《认罪认罚具结书》及《认罪认罚从宽制度告知书》，根据本人所掌握和知晓的情况，犯罪嫌疑人、被告人某某系自愿签署了上述《认罪认罚具结书》。"[3]

---

[1] [德]托马斯·达恩史戴特：《失灵的司法：德国冤错案启示录》，郑惠芬译，法律出版社2017年版，第10页。

[2] 认罪认罚从宽制度的改革中，新确立的值班律师制度被认为是一大亮点。但由于值班律师职责被定位为法律帮助而不是刑事辩护，会见权、阅卷权等没有得到充分保障，因而律师参与的积极性不高，作用也并未得到充分发挥。参见胡铭：《律师在认罪认罚从宽制度中的定位及其完善》，《中国刑事法杂志》2018年第5期。

[3] 张国轩：《认罪认罚从宽中量刑规范化的特殊性》，《中国检察官》2018年第15期。

三、认罪认罚案件中量刑建议制度的完善思路

我国的认罪认罚从宽制度虽已经有了明确的法律依据,但相关规定仍然是粗线条的,如何更好地开展量刑协商仍然是控辩双方面临的一个难题。在此,有必要在准确定位检察官在认罪认罚案件中的地位并协调好检法关系的基础上,完善和细化我国的量刑建议制度及相关配套措施。

(一)认罪认罚案件中检察官的合理定位:准司法官

认罪认罚案件中的量刑建议制度,虽然涉及法官、检察官、律师、被告方、被害方等多方关系,但其中最核心的还是检法关系,处理好检法关系便能够为量刑建议制度厘定主轴,便能够为控辩协商提供明确的支撑,而准确定位检察官的地位则是主要的理论问题。

检察官的准司法官地位以及检察官的客观义务,是承认检察官拥有包括刚性的量刑建议权在内的广泛权限的前提。在世界主要法治国家,检察官的地位虽然有所差异,但发展到今天都已经不仅仅是一方当事人,而且被赋予了准司法官的职责。就如龙宗智所指出的,检察官作为现代国家刑事司法体系中的基本角色,是实现国家刑罚权的要求与保障正当程序的需要相结合的产物。以德国为代表的大陆法系国家,检察官作为法律守护者的角色定位,使得检察官的客观义务成为不可缺少的制度性需求。在英美法系国家,尤其是在美国,检察官拥有几乎不受限制的自由裁量权,则使所谓"寻求公正"成为美国刑事司法中检察官的客观义务。[1]

与检察官的准司法官角色相伴而生的是刑事司法实践中大量的检察裁量现象。我们在传统上将定罪量刑视为法官不可侵犯的职权,相应地,检察官则

---

[1] 参见龙宗智:《检察官客观义务:理想与现实之间》,《检察日报》2014年10月16日,第3版。

主要代表国家承担公诉职能,"控辩平等对抗、法官居中裁判"被视为最典型的刑事诉讼构造。但是司法现实却正在逐渐打破这种所谓的典型构造,原因主要是司法资源的不足导致了法院的超负荷运转,案多人少已成为困扰法院的一个魔咒。也就是说,不可能所有案件都经过体现正当程序的完整审判,通过繁简分流,大量的认罪案件在审前阶段实际上已经尘埃落定,这便使得检察官对案件事实认定乃至定罪量刑具有了支配性的权力。[1]审查起诉阶段,检察官在起诉还是不起诉问题上具有裁量权,起诉便宜主义已经使得检察官在案件处理方式上有了较为广泛的选择权和裁判权,在认罪认罚案件中检察官也有选择性起诉的可能,[2]这也使得不少案件并不会进入审判阶段。在量刑上,检察官量刑建议权对被告人的量刑结果有很大的影响,而且检察官只有掌握决定案件的走向和结果的权力,才能使得控辩协商机制有效开展,被告方及其律师才能相信检察官并有参与到量刑协商中的意愿。

但是,检察官的准司法官角色应当是受限制的,否则便存在权力被滥用的风险。毕竟,检察官还具有与辩护方平等对抗的公诉职能,并非完全地客观中立。如在英国,警方与皇家检控署通过不起诉程序——例如不恰当地采用告诫(warning)、警告(caution)和附条件的警告等方式——已将案件处理完毕。同时,控方可以降格处理最初的指控罪名或减少已公诉的指控罪行项数,只要它提出的任何一项指控被法院定罪,就可以算作是"成功地"完成了公诉目标。[3]在日本,检察官也被认可了准司法官地位并被授予了广泛的权力,但是,田口守一教授指出:"如果广泛承认检察官的权限,权力就向检察官集中,这是与理想的刑事司法形态相背离的。"[4]法官所拥有的最终的定罪量刑权,便是对检察官的

---

[1] 参见柏懿娜:《域外检察官侦查和审查角色定位与平衡》,《检察日报》2017年11月28日,第3版。
[2] 参见董坤:《认罪认罚从宽中的特殊不起诉》,《法学研究》2019年第6期。
[3] 参见[英]麦高伟、路加·马什:《英国的刑事法官:正当性、法院与国家诱导的认罪答辩》,付欣译,商务印书馆2018年版,第215—216页。
[4] [日]田口守一:《刑事诉讼法》(第七版),张凌、于秀峰译,法律出版社2019年版,第205页。

裁判权的限制,这便要求检察官的量刑权仍然是一种建议权,只是这种建议权是具有刚性约束力的,法官应该充分尊重。

检察官的准司法官地位并不能否认检察官在认罪认罚案件中扮演的多重角色:作为案件管理者,要确保以最快速、高效的方式处理案件,避免案件积压和处理迟延;作为公诉人,要确保依法定罪量刑和有效打击犯罪,实现量刑协商的结果与庭审预期结果之间的平衡;作为执法者,要根据刑事政策把握个案,调整过于严厉或不合理的刑罚,对犯罪作出合理的反应;作为准司法官,要作出"正确的量刑建议",即确保对被告人公正处理。实践中,到底哪种角色及其考虑的因素在量刑协商中起主要作用,并不确定,但可以确定的是这些角色和因素的影响之间经常会出现冲突,正是这种冲突及其权衡使得认罪协商和量刑建议制度不断地修正并完善。人民检察院就认罪认罚案件提出量刑建议是一项法定职权,认罪认罚量刑建议是检察机关与嫌疑人协商一致的产物,只有法院加强与检察机关的沟通协调,充分尊重量刑协商,才能充分发挥认罪认罚从宽制度的功能优势。

(二)完善认罪认罚案件中量刑建议制度的基本思路

认罪认罚案件中量刑建议制度的完善尚需要一个不断摸索的过程。在准确定位检察官在认罪认罚案件中角色的基础上,我们尝试提出若干完善建议:

首先,应制定一部系统的、精细化的《认罪认罚从宽量刑指南》。对此,可以学习域外的经验,如"就美国而言,量刑指南制度旨在确保量刑统一和均衡,但它客观上压缩了法官的量刑裁量权,使得量刑权从法官转移到了检察官"[1]。我国以司法解释的形式做了积极探索,特别是 2020 年底发布了《关于规范量刑程序若干问题的意见》,2021 年 7 月又印发了《关于常见犯罪的量刑指导意见(试

---

1 [美]斯蒂芬诺斯·毕贝斯:《庭审之外的辩诉交易》,杨先德、廖钰译,中国法制出版社 2018 年版,第 9 页。

行)》,但它们尚未充分考虑到认罪认罚案件中量刑协商的特殊性和重要性,急需升级为适应认罪协商的新的量刑指南。对此,检察官和律师是有共识的。调查问卷显示,约94%的受访检察官和73%的受访律师认为有必要制定统一的、精细化的量刑指南。检察官对此的呼声更高,特别是提出希望明确各量刑情节的调节幅度,反映出检察官在作出量刑建议时普遍遇到了缺乏明确指导的困难。"精准量刑建议"已经成为最高人民检察院进一步推进认罪认罚从宽改革的重点,[1]《认罪认罚从宽量刑指南》的制定具有必要性和可行性。

其次,应确立"逐级折扣"的量刑减让规则。具体而言,对犯罪嫌疑人的认罪认罚情况,通过填写情况记录表和认罪认罚表现等级评定表,把认罪时间按照先后分为几个阶段,再根据犯罪嫌疑人的表现,包括对犯罪事实是否有异议、认罪后是否有反复、是否积极退赔退赃、是否取得被害人谅解以及在羁押或取保候审期间遵守规定的情况,综合地对犯罪嫌疑人认罪认罚表现作出等级评定,分为"好""较好""一般""差"若干等级。越早认罪认罚,从宽幅度就越大,最高可以减少基准刑的30%,甚至可以考虑在某些类型的案件中扩大到50%。

再次,应将确定刑量刑建议与幅度刑量刑建议相结合,可点面结合。关于确定刑和幅度刑两种量刑的建议如下:(1)对可能判处一年以下有期徒刑的案件,量刑建议应当精确到点;(2)对可能判处三年以下有期徒刑的案件,《认罪认罚从宽量刑指南》涵盖的罪名量刑建议应当精确到点,其他没有涵盖的新类型、不常见罪名提出幅度量刑建议的,区间幅度应在一至三个月内;(3)对可能判处三年以上有期徒刑的案件,可以提出幅度量刑建议,区间幅度应在三至六个月内;(4)对可能判处十年以上有期徒刑的案件,一般提出幅度量刑建议,区间幅度应在一至两年内。如据统计,杭州市检察机关在试点中采用确定刑量刑建议

---

[1] 参见左卫民:《量刑建议的实践机制:实证研究与理论反思》,《当代法学》2020年第4期。

占总数的81.5%,幅度刑量刑建议占总数的18.5%;杭州市检察机关认罪认罚案件量刑建议采纳率普遍在95%以上,高于全国的平均水平。

最后,应完善量刑建议精准化的相关配套措施。具体包括:(1)前置社会调查程序,拟定不同的量刑建议备选,以促进赔偿和谅解。完善社会调查评估制度,以实现刑罚的目的、提高量刑的准确性和丰富量刑协商的内容。(2)借助"诉前会议",搭建多方参与的协商平台。对量刑情节、量刑证据有争议的案件,邀请辩护律师或值班律师、侦查人员等参加,在诉前解决量刑中的争议问题,提升认罪认罚的认可度和适用率。(3)充分保障律师在认罪认罚案件中的权利,不仅要依法听取律师对量刑建议的意见,而且要保障律师富有影响力地参与量刑协商。"听取意见式"量刑建议提出模式存在明显的缺陷。如果在认罪认罚案件中没有实质性的量刑协商,被追诉人便无法明确知道其是否得到了真正的从宽以及具体得到了多少量刑优惠;即便是检察官真正给予了量刑优惠,因信息不对称或者缺乏律师的有效帮助,被追诉人可能也会不满意甚至会上诉。[1](4)加强数据信息建设,开发辅助量刑的应用软件,借助司法大数据提高量刑的精准程度。通过引入同案同判系统、量刑建议系统等信息化智能辅助办案工具,为检察官的精准量刑建议提供数据分析或大数据参考。[2]

"倘若你和我组成了一个犯罪团伙,而某日我们不幸被抓获。如果你供认不讳,而我拒不认罪,那么你将被释放,而我将被判无期徒刑,反之亦然。如果我们都不认罪,我俩都将被释放;但如果我们都认罪,则会被判个适中的刑期。奇怪的是,对我俩来说,最好的策略居然都是认罪。"[3]以上"囚徒困境"是博弈论中的一个经典问题。同样,认罪协商的基本前提是控辩双方对各自利益有确定

---

[1] 《刑事诉讼法》第173条规定,犯罪嫌疑人认罪认罚的,人民检察院应当听取犯罪嫌疑人、辩护人或者值班律师、被害人及其诉讼代理人的意见。这便是"听取意见式"量刑建议提出模式,而不是控辩协商式模式。参见闵春雷:《回归权利:认罪认罚从宽制度的适用困境及理论反思》,《法学杂志》2019年第12期。

[2] 参见胡铭:《大数据、信息社会与刑事司法变革》,《法治现代化研究》2017年第3期。

[3] [英]乔尔·利维:《思想实验:当哲学遇见科学》,赵丹泽,化学工业出版社2019年版,第116页。

的预期。特别是对被追诉人及其律师而言,如果其不能对最终量刑有确定的预期,便很难真正进行有意义的协商,而认罪认罚从宽制度也很容易流于形式。

认罪认罚从宽制度可以被称为中国式的认罪协商程序,控辩协商在这一过程中非常重要,但可协商的内容是有限的。从现有规定看,罪名、罪数不能协商,证据不足情况下不允许进行认罪协商,不能降低检察机关的举证责任和有罪判决的证明标准。这就使得我国的认罪认罚从宽制度显然不同于美国的辩诉交易制度,也便要求我国建立独具特色的认罪认罚案件中的量刑协商制度。在有限的量刑协商中,需要进一步考虑如何更好地保障犯罪嫌疑人、被告人的权利,而不仅仅是提高办案效率;需要进一步考虑防控认罪协商可能带来的风险,而不仅仅是有个量刑指南;需要进一步考虑如何更好地与现代科技在司法中的运用相衔接,而不仅仅是互联网和信息化平台的应用。

第十一章
公众参与司法的改革路径与预期转型

当前推进公民有序参与司法成为我国司法改革的一项重要内容。相较于"依靠群众"原则,"公民参与司法"这一表述更能体现参与主体的广泛性和主动性。[1]党的十八届四中全会作出的《中共中央关于全面推进依法治国若干重大问题的决定》明确提出,要"构建开放、动态、透明、便民的阳光司法机制,推进审判公开、检务公开、警务公开、狱务公开,依法及时公开执法司法依据、程序、流程、结果和生效法律文书,杜绝暗箱操作。加强法律文书释法说理,建立生效法律文书统一上网和公开查询制度"[2]。以上表明,公众参与司法在我国进入了一个崭新的阶段,"保障人民群众参与司法"已成为保障公正司法、提升司法公信力的一项重要举措,其"不仅揭示了我国司法制度的人民属性,也指明了司法体制的改革方向和具体要求"[3]。然而,我们如果不能从理论上深刻阐释公众参与司法的正当性,不能结合我国的司法现状深入剖析当前公众参与司法存在的诸多问题,这一举措很可能仅停留在口号式的文宣层面,难以在司法改革实践中获得实质性的推进。本章将对公众参与司法的正当性基础展开理论阐释,探讨公

---

[1] 参见陈卫东:《公民参与司法:理论、实践及改革》,《法学研究》2015年第2期。
[2] 习近平:《关于〈中共中央关于全面推进依法治国若干重大问题的决定〉的说明》,《人民日报》2014年10月29日,第2版。
[3] 姜伟:《保障人民群众参与司法》,《光明日报》2014年11月27日,第1版。

众参与司法的限度,并结合国家层面对公众参与司法的回应,阐释公众参与司法的模式转变以及未来的改革方向。

第一节　公众参与司法的正当性基础

法律制度是经验性很强的知识,它的产生和存在并不是某人或某几个人在书桌上设计出来的,而是在社会实践中形成、发展并变化的。改革者对公众经验不够重视,把司法问题更多地看成司法体系内部的问题,是司法体制改革中很容易犯的错误。如果一味偏执地强调司法的专业性,让整个社会适应专业人员的思维方式,那么该改变的是整个社会,而不是司法。在这种唯专业思维是从的思维指导下推出的一系列改革举措,则往往演变为"茶壶里的风暴",对于公众体验来说无异于隔靴搔痒,非但没能改善公众的法治观念和对司法权威的信任状况,反而导致疏离感随着改革的推进不断加深。一旦公众对司法丧失了信赖,司法也就丧失了其存在的合法性基础。司法的公众参与并不是让每一份司法判决书都服从于民意,而是旨在促进司法与公众的交流,从而使得司法体现公众的一般正义观。推进公众参与司法"可以将普通公民带入法律的专业世界,他们可以在司法程序的核心领域代表公众发出决定性的声音。这种参与会把对司法制度的信赖感在参与的人以及一般社会公众中逐渐传递"[1]。

一、公众正义感与精英主义的平衡

司法职业化和专业化一直是我国司法改革关注的方向,这一方向是正确的,但是在过程中暴露了很多问题,最为显著的就是公众正义感与司法精英主义产生了抵牾。笔者曾在2011年赴台湾大学法律学院担任客座研究员,近距离

---

[1]　[英]麦高伟、杰弗里·威尔逊主编:《英国刑事司法程序》,姚永吉等译,法律出版社2003年版,第347页。

观察了台湾民众对司法改革的积极参与,彼时的台湾也面临着司法精英主义与公众正义感隔离的困境。据当时台湾学者统计,"真的经历过司法过程的人,对于法官的信任至少有60%,但全体下去统计时就马上变成了30%。大多数人都是'听说的不信任'"[1]。当前,大陆在公众层面也表现出了对司法精英主义的抵制。公众对司法有效参与的缺失导致社会一般正义观不能进入司法领域,再加上司法工作人员陷入自动售货机式职业思维的泥淖,很难与公众产生共鸣,最终使得公众对司法产生不信任感。

"法律的生命不在于逻辑,而在于经验"被很多人奉为圭臬。早在20世纪早期,现实主义法学派便主张,表现为形式逻辑的理性推理并不能完全描述司法裁判的真实过程。[2]"司法裁判具有唯一正解"仅是一类"规范理论",裁判结果的可预测是司法裁判追求的应然理想,然而实际的司法裁判过程并不为公众所熟知。人们在裁判理由中看到的论述都是根据三段论要求、采用逻辑论证的方式写成的,但"逻辑实际上是在一项司法裁决以后而非在其之前采用的,其目的就是要给某项根据一种在那些被认为是指导审判之权威性依据之外的基础而达成的裁定添上理性的色彩"[3]。这是因为从结论回到规则的观点与传统裁判方式相差不多,法官们迫于外在的压力不愿承认这一点。法官通过初步接触证据形成的直觉判断构成了这一先前结论的主要成因。裁判事实上是根据直觉和预感进行的,而非依据逻辑推论,逻辑推论只有在书写判决意见时才派上用场,它只是一份"向法官自己证明判决是正确的"书面论证,使得判决能够得到批评者的认可。[4]

与现实主义法学派对法官推理过程的描述十分相似,我国一位司法实务经

---

[1] 耿诗婷:《追求更高层次的修复》,《司法改革》(台湾地区)第80期。
[2] 参见胡铭:《法律现实主义与转型社会刑事司法》,《法学研究》2011年第2期。
[3] [美]罗斯科·庞德:《法理学》第一卷,邓正来译,中国政法大学出版社2004年版,第256页。
[4] 参见陈林林、张晓笑:《裁判行为的认知心理学阐释》,《苏州大学学报》(哲学社会科学版)2014年第4期。

验丰富的学者就曾经写道:"绝大部分案件中对于一个法官来说,结论并不是产生于对案件所有的证据研究和开庭之后,结论通常在其对案件基本证据事实有了了解之后,就已经产生了。因而,整个法律思维过程不存在寻求结论,而是寻求支持结论的理由,当找不到理由时,法官就会放弃先前的结论寻找另一结论,再寻求支持该结论的理由。总而言之,法官一旦找到一个具有说服力的理由时,判决就产生了。"[1]如果法官进行裁判时的思维过程果真是这样的,那么我们就能够看出,与理论界普遍认为案件法律事实的还原应该发生在证据组合之后不同,在实际的裁判过程中,案件事实的轮廓在法官进入事实发现阶段之后很快就被设想出来了,法官以后的工作就是论证设想轮廓的合理性。然而这种判断方式与公众对法律判断的理解并不相同,就公众的一般认知而言,正确的法律适用本应是建立在事实清楚的基础之上的,事实认定与法律适用应该是严格分立、时间上明显存在先后的两个相继行为。在实际的裁判过程中,法官的事实认定和法律适用有时却是同步进行的,法官凭借对法律的熟悉,可以熟练地往来于证据与法律之间,涵摄法律的环节可能会被带到事实认定的环节中来。

除此之外,我们也必须直面"法官也是人"的事实,人在处于被干扰或有压力的情况下,会产生认知偏差。在诉讼量剧增、绩效考核不断强化、法官超负荷工作的今天,须承认法官抵御认知偏差的能力远非无限。相关实验表明,当超过认知负荷的临界点时,这种能力或遭瓦解,司法裁判或会变形。[2]

在了解了职业法官的思维之后,面对曾被寄予厚望的精英群体在裁判过程中表现出来的擅断,也难怪公众会对司法的公信力持怀疑态度。精英主义与公众正义感之间已经形成了一道无形的鸿沟,以至于法官的裁判即使从法律上来看没问

---

[1] 郑成良:《法律思维是一种职业的思考方式》,载葛洪义主编:《法律方法与法律思维》第1辑,中国政法大学出版社2002年版,第40页。

[2] 参见李学尧、葛岩、何俊涛:《认知流畅度对司法裁判的影响》,《中国社会科学》2014年第5期。

题,也不见得能被公众所接受。如彭宇案、许霆案等诸多争议巨大的公共案件,都充分说明了这一点。这背后便是司法的精英主义和公众逻辑之间的矛盾。

将公众的一般正义观引入司法领域,在一定程度上能对精英主义思维起到平衡作用,将公众的社会经验注入司法的场域,进而避免裁判成为与公众正义观隔离的司法垄断。

二、形式正义与实质正义的契合

司法的终极追求是还原事实真相以实现实质正义,但因为时间的不可逆性,真相的还原需要借助想象,实质正义常常成为仅凭个体的认识所不能到达的理想。正是由于实质正义的难以把控,人们转而希望借助构建形式正义,以作为通往实质正义的桥梁。

司法实践中,司法工作人员对事实真相的探求过程中借助的工具在很大程度上是形式逻辑,而且在证据的选取上也存在一定程度的恣意。裁判更多地依赖于形式正义,有时候会背离通往探寻实质正义的方向。例如在2013年浙江张氏叔侄冤案中,一审判决书共罗列了26项证据,其中定案最为关键的3项证据均为笔录类材料:(1)张辉、张高平承认奸杀被害人的口供;(2)同监犯袁连芳证明曾听到张辉提及犯罪事实的书面证言;(3)侦查机关出具的证实从未对张辉、张高平刑讯逼供之情况说明。与此相对,法医的DNA检验报告指出死者8个指甲末端检测出的混合DNA和张辉及张高平的DNA都对不上。在具有较高科学意义与真实价值的DNA检测报告面前,一审法院依然认可了公诉方当庭宣读的各项证据,理由是"DNA鉴定结论与本案犯罪事实并无关联,不能作为排除两被告作案的反证"。并且,"因手指为相对开放部位,不排除被害人因身前与他人接触而在手指甲留下DNA的可能性"。[1]在该案中,法官过于依赖案卷审理,以案

---

[1] 参见陈东升、王春:《浙江高院五方面反思张氏叔侄案》,《法治日报》2013年5月22日,第8版。

卷中的证据通过形式逻辑推出了"冤来"的案件事实,然后根据这样的"法律事实"作出了最后的判决,未能实现对正义的彰显,司法权威的衰微也就和对形式的唯命是从联系在了一起。

案卷所描述的证据主要是对事实的形式描述,在一定程度上案卷所表现出来的事实是一种基于形式正义对案件事实的勾勒,从而存在过于依赖形式正义而产生的潜在风险。公众的一般正义观既包括形式正义,也包括实质正义,但更多的是承载着对实质判断的公平正义观。公众参与司法所引入的社会一般正义观能弥补形式正义对实质真实关注的疏漏。如果让具有与案件相关社会经验的公众或者具有专家身份的公众参与审判,无疑能够凭借其生活经验和各种专业知识检验并减小法官事实认定中的误差,进而及时纠正司法中公平正义的失范。

由此可见,引导公众遵循一定规则参与司法,是对司法监督的一种补充形式,公众有效参与可以促进司法更好地兼顾实质正义和形式正义。

三、作为一种协商民主的公众参与司法

从政治理论来看,一般认为政体得以维持需要依靠权力合法性的支撑,近现代国家都以人民主权理念来证实国家权力来源和行使的合法性。如哈贝马斯曾表示:"根据人民主权的原则,一切国家权力都来自人民;在这个原则中,既包含机会平等参与民主的意志形成过程这种主观权利,也包含公民自决的建制化实践各种客观法的创造可能性作用。"[1]而且根据其商谈理论,人民主权本身就意味着一切政治权力都来自基于公民自主行动的交往权力以及这一权力过程的建制化。[2]在此理解上,人们对"权力"的实践在商谈理论之下可以分为交往

---

[1] [德]哈贝马斯:《在事实与规范之间:关于法律和民主法治国的商谈理论》,童世骏译,生活·读书·新知三联书店 2003 年版,第 213 页。

[2] 哈贝马斯构建的"交往权力"以阿伦特的"权力"概念为基础,阿伦特认为"权力"是在共同行动中产生的,权力随着共同行动的产生而产生,权力在人民的共同意志中,这种以共同意志表现出来的权力就是交往权力。参见王晓升:《政治权力与交往权力——哈贝马斯对于民主国家中的权力结构的思考》,《苏州大学学报》(哲学社会科学版)2007 年第 3 期。

权力与建制权力两个层面。交往权力与建制权力之间的交流就是协商民主。

交往权力只能形成于未发生扭曲的公共领域之中,公共领域是介于国家和私人或公共权力领域与私人领域之间的一个中间领域,它不仅与公共权力相对立,而且是针对公共权力的舆论和批判空间,[1]而公共领域中所体现的共同意见正是汇聚成为交往权力的根源。交往权力并不必然直接影响建制权力的运作,交往权力在有可能以建制权力的形式实施之前,必须要以法律为媒介完成运用性的转换,但是如果交往权力不能得到及时转换,它就会进而形成对当前建制权力抵制的动力。

在依靠群众参与的人民司法传统中,"人民"的出场有时是在建制权力的总体安排之下,委身于国家建制权力来表达自己。建制权力在此时的语境下就是人民法院等公共权力,而公共权力有时借群众之口表达的民意在某种程度上有悖于形成交往权力的共同意志。例如司法实践中人民监督员的任选,检察机关主动选任的人民监督员在某种程度上有沦为公共权力附庸的危险,而此种公众参与司法过程中呈现出来的民意更多的是对公共权力意志的传达。在这种情形下,"人民"往往成为盛大场面的陪衬,公众的想法和声音往往被政治和媒体等权力操纵着,公众很容易成为幕后操纵者的玩偶。[2]

从交往权力的产生来看,只有未扭曲的公共领域才能孕育出真正意义上的司法民意。"司法民意的表达是通过公众认为正当的公共利益的表达,对国家立法机关所立之法的检验。"[3]司法机关进行司法裁判的过程也是行使国家权力的过程,如果裁判忽略社会公众的经验感受,社会公众极有可能基于内心确信而难以接受司法裁判结果,从而对司法产生怀疑。公众对司法的不信任意见逐步汇入舆论空间,将最终形成对于司法机关而言强有力的批判力量。

---

[1] 参见莫茜:《哈贝马斯的公共领域理论与协商民主》,《马克思主义与现实》2006年第6期。
[2] 参见张千帆:《司法大众化是一个伪命题》,《经济观察报》2008年7月26日,第1版。
[3] 许娟:《中国司法与民意的沟通——基于主体间交往理性的认知》,《北方法学》2014年第3期。

站在国家和社会交往沟通的立场上,可以把公众和司法的博弈看作是交往权力和建制权力的博弈。尽管司法精英掌握建制权力,但如果忽视批判空间的存在,任其膨胀,司法的公信力也将渐渐式微。司法的目的是实现社会正义,稳定社会秩序。违背公众正义观的裁判结果是否能够反映公平正义,是值得怀疑的。为了保持自身权力运行的合法性,司法机关要积极对公共领域作出回应,转变对待公众司法意见和社会一般公正观的看法。对待问题的角度发生了转变,公众与司法的博弈关系也就可能顺利转变为合作关系,从而有助于改善当下司法公信力的状况。

综上,推进公众参与司法是协商民主的要求,符合司法对现代民主制度的体现,凸显司法的国民性基础。此外,推动公众参与司法也有助于司法"公共领域"的成熟,对于提升司法公信力而言无疑具有不可忽视的重大作用。

第二节　公众参与司法的原则限度

肯定公众参与司法,并不意味着审判的依据为民意所取代。公众参与司法,作为一种提法,在理论上容易被人接受,但是在操作过程中,该如何限定公众对司法的介入程度,或者说公众参与司法应该遵循怎样的原则,之前的"正当性"分析并没有给我们明确的答案。但是,司法的规律和历史的经验都告诉我们,公众参与司法肯定是一定限度的参与,要遵循一定的原则。如果不对参与的限度加以限制,司法肯定会面临失去平衡的风险。更为甚者,如果司法对正义的追求因循"尊重公众民意"的措辞指引而迷失在公众参与的狂热中,难免酿成灾难性的后果。

一、司法职权行使的独立性

司法活动的开展主要依靠司法机关的依法运作,而司法机关的运作当然要依靠司法人员独立行使职权。在我国,这包括审判权和检察权的依法独立行使。其中,公众最熟悉也最典型的司法机关是法院,法院的案件裁判依赖于法官,确保司法职权行使的独立性也主要是就法官而言的。公众参与司法作为一种对法官裁判的外部监督,并不能否定法官象征法律权威的地位,对于法官裁判过程中的法律适用也不能由公众所取代。

(一)尊重司法官的权威地位

司法官在某种程度上是法律权威的象征,公众参与司法要尊重司法官的权威地位。虽然公众参与司法的其中一项动因是对司法官代表司法公信力的怀疑,然而这种怀疑只是有必要进行公众监督的逻辑起点。对司法官的怀疑要就事论事,决不能让怀疑演变成公众意见对司法官权威的无视。"苏格拉底之死"是西方文化史上意义深远的事件。在苏格拉底看来,尊重和服从法律判决,既是雅典公民应尽的神圣责任与义务,也是衡量个人道德操守的重要标准。由此可以看出,司法官作为践行司法活动和作出法律判决的主体,此种公共权力属性下的权威必须得到尊重,否则法律将形同虚设。

然而,司法官权威的背后又是司法职业保障和司法去行政化、去地方化等相关改革。"让审理者裁判,由裁判者负责"是我国新一轮司法改革所倡导的司法责任制的重要体现。要真正落实司法责任制,必须建立科学的法院人员管理制度和法官物质保障制度,使审理者真正无后顾之忧,专注于司法裁判。若缺乏相关改革的支撑,司法官权威便很难真正实现,而缺乏权威性的司法裁判的可接受度也会大大降低,这也是对司法规律的背离。

(二)不干涉司法官的法律适用

司法官作为熟悉法律的职业群体,在正确地适用法律方面的能力是一般公众远不能及的。将抽象的法律涵摄于案件事实的过程看似简单,其实不然。法律职业是经验性要求很高的职业。如成为一名法官需要丰富的司法经验,西方国家的法官往往要求具有十年以上的法律职业经验,一个法官在独立审判之前早就参与办理过大量案件。正是因为司法官这份职业具有较高的经验要求,司法官能够娴熟地理解并运用法律,并能清晰地知道裁判规则背后所隐藏的价值倾向,在法律冲突、法律空白情况下的衡量都要依赖于司法官的经验。这种能力是公众不可替代的。强调公众对司法的参与,主要是将公众的社会经验注入司法场域,弥补司法官事实认知上的不足。然而社会经验并不必然与司法经验形成对立,二者在更大程度上是一种互补关系,两种经验的结合有利于司法官发现案件事实,但是法律的适用还是应该由司法官依职权独立行使。

提高司法公正与效率是我国司法改革的主要方向之一。长期以来,司法队伍精英化,司法准入门槛提高,司法能力不断增强,为司法公信力的提升打下了坚实的基础。在司法精英化的同时,如何体现审判的人民性、民主性就成为值得思考的问题。人民陪审员制度不仅仅是一种审判组织制度,其政治性也是显而易见的,它所肩负的不单单是司法职能,更承载着让人民贴近司法、使司法具备人民性的政治任务,是人民民主与司法公正的共同要求。无论是人民陪审员职能的实现,还是人民陪审员代表性的要求,都使人民陪审员参审限于事实审成为一种必然,由此导致法官和人民陪审员在认定事实和适用法律方面的分工成为将来司法改革的重点。

二、公众参与司法的法定化

司法民主本身就是一个和程序紧密结合在一起的概念。"民主是一种程序,是寻求公众问题解决方法的一种途径。"[1]提倡公众参与的司法民主也需要立法和执法的结合,司法的公众参与当然也要遵从法律规定,不能突破法律规

---

1 [美]科恩:《论民主》,聂崇信等译,商务印书馆2005年版,第4页。

定而干预司法。总体来说,公众参与司法是一种外部参与,这种参与的外部性要求法律规定必须明确且具体,否则过度的参与可能会延伸到司法的内部。换言之,法律应就参与范围、参与形式、参与程序作出明确规定。

(一) 参与范围法定

肯定公众参与司法并不意味着公众能够参与司法的所有环节。公众参与司法的范围如果不做限定,会造成参与的无序,引起诸多不安因素。例如在侦查阶段引入公众参与,如果不通过制定法律来严格限定公众的参与范围,公众可能会过多地了解侦查秘密,对于侦查活动的展开可能会起到阻碍作用。除此之外,如果不限定公众参与的范围,也可能会导致参与的效果低下,根本不能发挥出参与的实质效果。比如对于人民陪审员制度,适用陪审员参与的案件范围必须明确限定,否则,陪审启动的条件不明确,可能会出现人民陪审员被虚置或者过多启用的问题。

(二) 参与形式法定

即法律明确规定公众参与司法的形式。价值的多元化引起思维的多元化,必然也会诞生仁者见仁的参与模式,但是如果参与的形式过于花哨,反而会削弱参与的有效性。毕竟,司法的公众参与在更大程度上是社会公众思维与司法职业思维的一种对接。如果苛求司法官对社会中每一种声音都作出回应,根本不具有可操作性。而且形式的法定化也是对公众参与的法律保障,有助于司法机关对公众有效参与的配合。

(三) 参与程序法定

即法律明确规定公众参与司法的程序。程序是法治的形式体现,具有实质的法治意义,被认为是一种看得见的正义。司法程序是为了限制司法机关的恣意,公众参与存在失去理性的风险,设定严格的参与程序,在某种程度上就是限制公众的恣意。反之,若公众参与司法无程序可遵循,容易引发诉讼活动的紊乱,甚至对公民权利造成损害。

第三节　公众参与司法的历史沿革

作为中央全面深化改革、建设法治中国、推进国家治理现代化顶层设计和系统部署的重要组成部分,新一轮司法改革在党的十八届三中全会后纵深开启。[1]此处的"新一轮司法改革"是相较于十八届三中全会前业已开展的两轮司法改革而言的。从制度建构角度来看,2008年以前,司法改革的主要目标是"通过对抗制诉讼结构的塑造和法律人的职业化,来消除司法的行政化、地方化与大众化"[2],然而,改革的结果并不令人满意。[3] 1998—2008年的改革重点一直聚焦于司法职业化这一问题,在未取得预期的改革效果之后,改革又转向强调办案的社会效果和司法维稳。在司法职业化未能真正完成,司法的去行政化、去地方化尚未达标的情况下,民意对司法的影响日益扩大,[4]重新提倡马锡五审判方式似乎是在否定原来的职业化路径。毋庸置疑的是,自1979年以来,我国在公众参与司法的价值理念、规范设计和实践运作等方面都取得了巨大进步。总体来看,我国公众参与司法(以人民陪审员制度为核心)的历史大致可以划分为恢复和重建阶段、"严打"阶段、复苏和探索发展阶段、改革发展阶段四个阶段。[5]

---

[1] 参见刘红臻:《新一轮司法改革的难题与突破——"司法改革与司法文明"理论研讨会综述》,《法制与社会发展》2014年第6期。
[2] 李学尧:《转型社会与道德真空:司法改革中的法律职业蓝图》,《中国法学》2012年第3期。
[3] 参见季卫东:《我国司法改革第三波》,载张卫平、齐树洁主编:《司法改革论评》第11辑,厦门大学出版社2011年版,第3页。
[4] 参见胡铭:《转型社会刑事司法中的媒体要素》,《政法论坛》2011年第1期。
[5] 参见孙长永主编:《中国刑事诉讼法制四十年:回顾、反思与展望》,中国政法大学出版社2021年版,第99页。

一、1979—1983 年:恢复和重建阶段

1979 年,五届全国人大二次会议通过了《刑事诉讼法》和《人民法院组织法》。这两部法律对刑事案件陪审员制度作出了系统规定,具体内容包括:(1)明确刑事案件审判普遍适用陪审员制度的原则;(2)明确四级法院刑事案件陪审员参审合议庭的规模和组成;(3)明确合议庭中陪审员和法官同职同权原则;(4)明确陪审员的资格条件和产生方式;(5)明确陪审员执行职务的物质保障。

上述两部法律重新确立了刑事案件陪审员制度的基本架构,为人民陪审员制度的后续发展和改革奠定了基础,具有重要的历史意义和现实价值。但由于改革开放初期,地方法院普遍面临陪审员数量不足、法律知识缺乏的问题,以及全国法院以复查"文化大革命"期间的冤假错案为中心,客观上无暇顾及陪审员制度的全面落实。在此阶段,很多案件无法适用陪审员制度,即使是适用了陪审员制度审理的案件,也大都是"陪而不审",实践效果不佳。

二、1983 年—20 世纪末:"严打"政策下遭遇冲击

为了快速扭转社会治安的不正常状况,中共中央于 1983 年 8 月 25 日印发《关于严厉打击刑事犯罪活动的决定》,要求以三年为期,组织三次战役,按照依法"从重从快,一网打尽"的精神,对刑事犯罪分子予以坚决打击。随后,在 1996 年、2001 年,中央又部署了两次"严打"运动。在"严打"阶段,人民陪审员制度遭到了巨大冲击。

1982 年通过的《民事诉讼法(试行)》没有规定陪审员参审原则,规定一审民事案件可以由审判员、陪审员共同组成合议庭进行,也可以由审判员组成合议庭进行。1982 年通过的《宪法》也删除了原先"人民法院审判案件,依照法律的规定实行群众代表陪审的制度"之规定。1983 年修改的《人民法院组织法》删除了原先关于"人民法院审判第一审案件实行人民陪审员陪审的制度"这一

刚性要求,改为"人民法院审判第一审案件,由审判员组成合议庭或者由审判员和人民陪审员组成合议庭进行;简单的民事案件、轻微的刑事案件和法律另有规定的案件,可以由审判员一人独任审判"。这样,刑事案件陪审员制度就由普遍适用变更为选择适用,不再是刑事诉讼的基本原则。[1]

三、2000—2015年:复苏和探索发展阶段

2000年9月,最高人民法院向全国人大常委会提请审议《关于完善人民陪审员制度的决定(草案)》。2004年8月28日,第十届全国人大常委会第十一次会议通过了《关于完善人民陪审员制度的决定》(以下简称《陪审制度决定》),对陪审员制度进行了较为全面的完善。《陪审制度决定》对陪审员的选任条件、产生方式、任期、独立表决权、履职保障以及陪审制合议庭的组成、陪审员的参审范围等,作出了较为全面的规定。最高人民法院审判委员会于2009年11月23日通过了《关于人民陪审员参加审判活动若干问题的规定》(以下简称《陪审员参审规定》),对陪审员参审的一些具体问题进一步作出补充性或解释性的规定。《陪审制度决定》和《陪审员参审规定》开启了陪审员制度发展的新时代。

自《陪审制度决定》和《陪审员参审规定》实施以来,陪审员制度逐渐复苏。2005年以后,陪审员参审的刑事案件数量和参审人数逐年增加,从2006年的15万件、23.5万人,上升到2015年的46.5万件、65.7万人。按照一审普通程序审理的案件陪审员参审率不断上升,从2005年的25.23%上升到2012年的67.09%。[2]

在此阶段,各地法院也开始尝试探索人民陪审团的公众参与司法模式。2000年,时任海南省高级人民法院院长曾浩荣提出了建立"评审团"人民陪审员

---

[1] 参见王敏远:《中国陪审制度及其完善》,《法学研究》1999年第4期。
[2] 参见最高人民法院编:《人民法院司法统计历史典籍(1949—2016)·综合卷》,中国民主法制出版社2018年版,第144、218、270页。

制度的构想。根据这一构想,人民法院在审理社会影响较大、群众比较关注的案件或者当事人提出陪审请求的案件时,应当启动评审团程序,随机抽选7—13名评审团成员,由他们集体旁听、观察案件审理的全过程,但不参与案件审理。[1]人民陪审团的核心是陪审员表意不表决。2009年2月17日,河南省高级人民法院在审理梁红亚死刑上诉案时,首次尝试邀请人大代表、政协委员等组成"陪审团"参加庭审,并在庭后就案件的定罪量刑问题发表意见。在审理药家鑫案件时,西安市中级人民法院对现场500名旁听人员发放旁听人员旁听案件反馈意见表,要求回答两个问题:"您认为对药家鑫应处以何种刑罚?您对旁听案件庭审情况的具体做法有何建议?"2010年下半年,陕西省高级人民法院在征询公民意见制度的基础上,试点人民陪审团制度。到2012年4月底,陕西省法院系统共采用人民陪审团模式审理刑事、民事案件共计814件。不过,人民陪审团制度在理论界引发了广泛争议。

在《陪审制度决定》和《陪审员参审规定》实施以后,我国的陪审员制度得到复苏和迅速发展,但在陪审员的选任机制、参审范围、参审均衡性以及参审效果等方面仍然存在一定的不足,受到学界诟病。

四、2015年至今:改革发展阶段

十八届三中全会、四中全会通过的决定均对陪审员制度的改革作出了总体部署,为新一轮陪审员制度改革指明了方向。2015年4月,中央全面深化改革领导小组审议通过了《人民陪审员制度改革试点方案》(以下简称《陪审制试点方案》)。第十二届全国人大常委会第十四次会议通过了《关于授权在部分地区开展人民陪审员制度改革试点工作的决定》,决定授权全国10个省市的50家法院开展试点工作。2015年5月20日,最高人民法院和司法部联合公布了《人民

---

[1] 参见曾浩荣:《关于我国人民陪审制度改革的新构想》,《法学家》2000年第6期。

陪审员制度改革试点工作实施办法》(以下简称《实施办法》),对《陪审制试点方案》作出进一步细化和解释。2018年4月27日,在总结陪审员制度三年试点经验的基础上,第十三届全国人大常委会第二次会议审议通过了《人民陪审员法》。2019年2月18日,最高人民法院审判委员会通过了《关于适用人民陪审员法若干问题的解释》(以下简称《陪审员法解释》),进一步细化了陪审员参审规则。

相较于《陪审制度决定》,《人民陪审员法》提高了选任人民陪审员的年龄条件,降低了选任人民陪审员的学历要求,还建立了三人合议庭(2+1 或 1+2 参审模式)和七人合议庭(3+4 参审模式,即 3 名法官、4 名人民陪审员),扩大了陪审员参审的案件范围。另外,《人民陪审员法》规定三人与七人合议庭分别实行"同职同权"和"职权分离"模式,即"人民陪审员参加三人合议庭审判案件,对事实认定、法律适用,独立发表意见,行使表决权。人民陪审员参加七人合议庭审判案件,对事实认定,独立发表意见,并与法官共同表决;对法律适用,可以发表意见,但不参加表决"。

《人民陪审员法》和《陪审员法解释》生效以后,全国各地法院按照规定,积极实施陪审员参审制度,取得了新的成效。[1]《人民陪审员法》实施两年后,全国共新选任人民陪审员 22 万余人,人民陪审员总数达 33.6 万余人,与《人民陪审员法》实施前相比上升 58.1%。人民陪审员队伍中男性占 54.6%,女性占 45.4%,平均年龄 45 岁;研究生以上学历占 3.2%,高中以上研究生以下学历占 87.4%,高中以下学历占 9.4%。全国各地法院人民陪审员共参审民事案件 514.2 万余件、刑事案件 102.4 万余件、行政案件 42.8 万余件,由人民陪审员参与组成七人合议庭审结的有社会影响的重大案件 1.2 万余件。[2]

---

[1] 参见孙长永主编:《中国刑事诉讼法制四十年:回顾、反思与展望》,中国政法大学出版社 2021 年版,第 129—133 页。

[2] 参见尹世杰:《两年来全国新选任人民陪审员 22 万余人》,https://baijiahao.baidu.com/s?id=1680989759633457848&wfr=spider&for=pc,最后访问日期:2022 年 12 月 31 日。

第四节　公众参与司法存在的问题

尽管自 1979 年以来,我国公众参与司法取得了巨大的进步,但依然存在一些突出问题,值得我们加以关注。

一、公众参与司法的主体代表性低

在我国,公众参与司法的最主要制度是人民陪审员制度和人民监督员制度。1949 年《中国人民政治协商会议共同纲领》就将人民陪审员制度规定为一项基本的司法审判制度;1954 年颁布的《人民法院组织法》对人民陪审员制度作出了更为具体的规定;1963 年最高人民法院发布《关于结合基层普选选举人民陪审的通知》,基本确立了人民陪审员制度。此后,全国人大常委会于 2014 年通过《关于完善人民陪审员制度的决定》,最高院于 2015 年会同司法部联合制定《人民陪审员制度改革试点工作实施办法》,以及 2018 年《人民陪审员法》的颁布和实施,使得人民陪审员制度在中国重新获得了关注。与人民陪审员制度相比,人民监督员制度则起步较晚。2003 年,人民监督员制度在检察机关的提议下开始实施。在《党的十八届三中全会重要改革举措实施规划(2014—2020 年)》中,"实现人民监督员制度法制化"成为一项重要的改革要求。2018 年 10 月 26 日,第十三届全国人民代表大会常务委员会第六次会议修订通过了《人民检察院组织法》,该法第 27 条规定:"人民监督员依照规定对人民检察院的办案活动实行监督。"该条文为新时代人民监督员制度的探索提供了法律依据。

人民陪审员制度和人民监督员制度的创立初衷主要是通过引入公众参与对司法机关施加一定的外部制约,而司法实践却与此相差甚远,特别是人民陪审员和人民监督员的选任普遍呈现出"同质化"趋向,不足以体现出公众性。在大部分地区,人民陪审员的来源多为党政机关干部、社区乡村干部、学校等事业单位工作人员。在某些地区，人民陪审员中拥有党政干部身份的比例奇高，这既使人民陪审员的代表性减弱，也使社会特定群体无法有效参与司法。[1]根据《人民陪审员法》第 9 条至第 11 条之规定，人民陪审员的产生方式包括随机抽选、个人申请和组织推荐。就随机抽选而言，经抽选确定人选后，需由基层人民法院院长提请同级人民代表大会常务委员会任命。从权力运行的监督与被监督层面来看，人民陪审员首先由基层法院院长提名，换言之，人民陪审员是由作为被监督方的法院提名行使监督权的，这种由被监督者提名由谁担任监督者的方式极为不妥。[2]法院可以根据申请人的背景资料来挑选自己偏好的人民陪审员，很难起到人民陪审员应有的作用，也就违背了这项制度设立的初衷。在中国香港，陪审员的产生要经过有关机构面向社会公开挑选，然后制作候选人名单，最后在案件需要陪审员参加时以抽签的方式随机抽选的过程；在日本，所有陪审员都登记在册，需要陪审员参与审判时，会在名册里随机抽选；在美国，则是直接抽签确定；在法国，在需要陪审员的案件开庭前的 15 天内，在法院院长的主持下，公开挑选参加案件审理的陪审员。对比我国香港地区以及其他国家和地区，内地通过这种方式选出来的人民陪审员的专业化程度、学历、社会地位越来越高，只能代表一部分人的意愿，无法实现陪审制度设立的初心，无法确保以此种方式产生出来的人民陪审员能够发挥其应有的作用和价值。

此外，当前我国人民陪审员的任期相对较长，人民陪审员的流动性较低，甚至出现了陪审的专职化，有些人民陪审员俨然已经成为"编外法官"，较低的流动性也使得大部分公众没有机会参与陪审。从人民陪审员任制规范来看，《人民陪审员法》第 13 条规定："人民陪审员的任期为五年，一般不得连任。"较旧法而言，取消连任是一个进步，但这一规定仍无法有效避免"职业陪

---

[1] 参见廖永安、刘方勇：《人民陪审员制度目标之异化及其反思——以湖南省某市人民陪审员制度实践为样本的考察》，《法商研究》2014 年第 1 期。

[2] 参见樊传明：《陪审制导向何种司法民主？》，《法制与社会发展》2019 年第 5 期。

审"的情况出现。如何通过建立合理的人民陪审员退出机制,既实现资源的整合与高效利用,又充分发挥人民陪审员制度的功能和价值,是一个亟待解决的重要问题。

与人民陪审员类似,人民监督员的选任也不足以体现公众性。人民监督员制度实施至今,选任的主动权很大程度上掌握在检察机关手中,甚至有些地方人为地拔高选任要求,仅学历的限制一项,就把很多公众排除在备选范围之外了。而且在推荐单位中,党政机关、工青妇、辖区内的龙头企业(大多为国企甚至是央企)占据了人民监督员候选人的绝大部分席位,[1] "国字号"单位工作人员、共产党员的比例占绝对优势,工作环境和政治背景的局限使得被选出来的人民监督员的公众代表性不足。简言之,在司法实践中,人民陪审员和人民监督员的选任并没有反映出公众性,当然也就不能保证司法参与的公众性了。

二、公众有效参与司法的阶段单一

目前,在法定范围内我国公众参与司法所涉的阶段非常有限。如果将公众参与司法是否能对司法活动产生实质性影响作为判断标准,可以将公众参与司法活动的形式分为两种:一是人民陪审员制度和人民监督员制度,二是公众旁听庭审制度。[2] 然而目前公众通过这两种形式参与司法大多局限于审判阶段,所涉诉讼阶段非常有限。作为参与司法的重要表现形式之一,公众旁听案件庭审聚焦在审判阶段是由这一参与形式本身的特性所决定的。然而,人民陪审员和人民监督员形式下参与阶段的单一定会影响公众有效参与司法。

以刑事诉讼程序为例,人民监督员制度和人民陪审员制度下,公众参与司法主要涉及起诉阶段和审判阶段,司法其他阶段和环节的公众参与则存在诸多

---

1 参见陈卫东:《人民监督员制度的困境与出路》,《政法论坛》2012 年第 4 期。
2 参见龙宗智、关依琴:《刑事庭审对质程序新论》,《政治与法律》2020 年第 10 期。

制度上的空白。例如在侦查阶段的公众参与仅限于边缘性的举报、扭送,从整体上看,侦查阶段的公民参与不仅形式非常有限,其发挥的功能也主要是协助功能,缺少制约型和监督型公民参与途径。[1]在审查起诉阶段,2003年开始试行的人民监督员制度的初衷是破解"谁来监督监督者"的难题,但在具体运作过程中,人民监督员的监督范围过于狭窄。《最高人民检察院关于人民监督员监督工作的规定》第2条将人民监督员的监督范围限于人民检察院的自侦案件,把检察机关办理的普通刑事案件排除在外。如今,随着检察机关直接立案侦查案件范围的缩小,人民监督员可监督的范围也大幅受限,导致监督的效果并不理想。在执行阶段,公众参与司法的程度也在减弱,与我国之前在刑罚执行方面侧重于依靠群众不同,随着传统社区中熟人社会关系的逐渐瓦解,群众和基层组织在协助司法机关帮助服刑人员回归社会等方面发挥的功能实质上在日益削弱。

公众有效参与司法阶段的单一化导致我国刑事诉讼中公众参与司法的质量与效果大打折扣。公众参与司法不应局限于"某个阶段",而应贯穿于"诉讼的全过程",这既是司法民主的要求,也是促进司法公正的现实需要。

三、公众参与司法流于形式

长期以来,实务界和学术界批评我国的人民陪审制度是"只陪不审",陪审在很大程度上仅仅是流于形式的走过场。司法实践中,人民陪审员往往沦为法官的附庸,严重阻碍了陪审制度发挥其应有的作用。《关于完善人民陪审员制度的决定》第3条规定:"人民陪审员和法官组成合议庭审判案件时,合议庭中人民陪审员所占人数比例应当不少于三分之一。"但是在陪审过程中,"不少于三分之一"却使得可操作的空间变得很窄,基层人民法院和中级人民法院审判

---

[1] 参见陈卫东:《公民参与司法:理论、实践及改革》,《法学研究》2015年第2期。

第一审案件的合议庭组成人员为三人,实践中往往只有一名陪审员参与审判。陪审员面对两位专业化的职业法官,显然处于弱势地位,使得限制和监督司法的功能变得边缘化了。虽然高级人民法院、最高人民法院审判第一审案件的合议庭人数组成为3人到7人,可实际上,高级人民法院和最高人民法院真正审理第一审案件的数量是极其有限的。参与合议庭组成的人民陪审员地位当然会受到人数比例的影响,人民陪审员作为非职业司法参与人员,裁判业务熟悉程度远远不及职业法官,而且人数上又占劣势,使得人民陪审员的独立性很难体现,也就发挥不出制约法官的作用。

人民监督员制度也存在类似情况。因为人民监督员的选任主动权掌握在检察机关手中,检察机关愿意选择"听话"的人民监督员来监督个案,使得个案的监督很难实现真正的独立、公正。相对于检察机关"监督权"所具有的一定强制性色彩而言,人民监督员行使监督权缺乏刚性效力。以立案监督为例,人民检察院认为公安机关应当立案而不立案,且公安机关不立案理由不能成立的,应当通知公安机关立案,公安机关接到通知后应当立案。然而对于人民监督员的监督,只是规定人民检察院应当认真对待人民监督员提出的意见和建议。[1]刚性制约的缺乏难免导致人民监督员的监督流于形式。

公众旁听案件庭审也是如此。刑事庭审旁听制度建立于公开审判制度的基础之上,没有审判的公开就不会有公众旁听的机会与权利。然而当前我国公众旁听案件审理存在一定限制,如增加旁听的门槛、对旁听人员进行身份审查等,都不利于公众广泛参与司法。[2]加上庭审的非实质化现象导致案件审理过程对公众的吸引力不大,难免导致公众参与司法的热情不高,从而使旁听制度虚化。

---

1 参见陈卫东、胡晴晴、崔永存:《新时代人民监督员制度的发展与完善》,《法学》2019年第3期。
2 参见高一飞、贺红强:《庭审旁听权及其实现机制》,《社会科学研究》2013年第1期。

第五节　公众参与司法的预期转型

当前的中国社会正在经历深刻的转变,社会公众的公民意识、个体意识、主体意识、权利意识以及法治意识也随之觉醒。在此过程中,国家与社会一体化的格局逐渐被打破,与国家相对分离的民间社会和社会多元化格局正在逐渐形成,政府代表的国家公共权力和能力已经很难及时、全面地满足人民日益增长的对参与监督国家权力的权利要求。政府的负担已经变得越来越重,为了维护自身权力的正当性,国家权力不得不向社会逐步转移。在这样的趋势下,公众对于司法权的监督需求也在不断增长。面对这种需求,国家层面也要作出回应,从而使得公众参与司法也将进入一个新的阶段。

公众参与司法,本来就是中国式司法制度的重要组成部分。党的十八届四中全会决定提出的"保障人民群众参与司法""坚持人民司法为人民,依靠人民推进公正司法,通过公正司法维护人民权益",凸显了公众参与司法的重要性和迫切性。一方面,公众有参与司法的需求;另一方面,国家也开始主动推动公众参与司法。十八届四中全会决定把"保障人民群众参与司法"作为"保证公正司法,提高司法公信力"的一项重要任务,在一定程度上意味着我国公民参与司法的模式发生了转型,我国的司法监督正在政府的主导之下,引入公众参与作为重要的推动力量。"自上而下"的"国家主导"与"自下而上"的"公众参与"这两个方向的相互作用共同构成了公众参与司法的"双向互动"模式,这一转型恰指明了我国当前司法体制的改革方向和具体要求。

一、参与形式由单一向多样转变

在"国家主导"模式下,公众参与司法的渠道有限。如今,公众的价值取向呈现出多元化和多样性的特征,公众在探索参与模式上具有得天独厚的敏锐性,公众参与司法的形式也将呈现出由单一向多样的转变。基于此,国家应当在司法的不同阶段,为公众的参与创设不同的形式。在侦查阶段、审查起诉阶段、审判阶段、执行阶段和诉后阶段,都应引入符合本阶段要求的公众参与司法的形式,以限制司法权力的恣意扩张。[1]

同时,司法活动本身具有多样性,在诉讼活动以外,还有一些附属性、辅助性的司法活动。这些活动的协助者,也是参与司法的主体。国家积极创设公众参与司法的形式,公众广泛参与司法活动,这样一种"双向互动"的模式有助于及时有效地发掘司法活动各阶段、各环节的参与形式。十八届四中全会决定也指出,"在司法调解、司法听证、涉诉信访等司法活动中保障人民群众参与",对进一步拓宽人民群众参与司法的渠道提出了明确要求。除此以外,现代科技的发展也为公众参与司法提供了诸多便利,公众参与司法的形式由传统向高科技转变。智能法庭、移动互联网和人工智能在司法活动中的运用提高了公众参与司法的质量和效率,[2]也促使公众参与司法的渠道变得多样化。

二、形式参与向实质参与转变

"双向互动"模式体现了公众参与司法的主动性,对参与主动性的强调,意味着参与不能成为一种公权力的附庸,不能停留在形式层面。公众对国家司法权力的监督需求希望能得到实质的满足,从国家层面出发,只有满足了公众的实质监督需求,国家权力才能保持其合法性。十八届四中全会决定对于促进公众对司法的实质参与也提出了一系列重大措施,比如,增加人民陪审员的数量,以便更好地体现人民陪审员选任的公众性;调整人民陪审员的审判职权,逐步实施人民陪审员不再参与审理法律适用问题,只参与事实认定问题。这既是公众有效参与司法的要求,本身亦是尊重司法规律的体现。

---

[1] 参见陆洲:《我国公众参与司法的价值挖潜及短板补救》,《甘肃社会科学》2018年第5期。
[2] 参见王群:《技术何以保障公众参与司法》,《湖北社会科学》2018年第10期。

自《人民陪审员法》颁布后,事实审与法律审分离的议题热火朝天,对于公众参与司法而言,将人民陪审限于事实审,能使审理对象与审理能力相匹配,缓和司法精英化与公众参与司法的矛盾。随着司法改革的逐步深入,我国的社会环境与法律环境都到达了一个新高度。无论是2015年改革试点工作的开展,还是2018年《人民陪审员法》的颁布,无一不彰显着国家对司法改革、人民陪审员制度改革的决心,对司法审判公正性、人民性的重视。应当明确的是,《人民陪审员法》第21条和第22条之规定确立了事实审在今后陪审员制度中的发展方向与地位,暗含着事实审与法律审相分离的意味。我国人民陪审员制过去的价值定位,主要着眼于司法民主与司法监督,其中人民陪审员法律审的职权一直难以真正发挥,形同虚设。因此,从参与范围法定的角度来看,以上规定能够更好地发挥人民陪审员在事实认定中的作用,有利于实现人民陪审员制度的价值目标。两审分离并不会削弱任何监督与公平效果,反而让公众参与司法的范围更恰当,更有可操作性。

与陪审员制度改革息息相关的则是大陪审制在司法实践中的运用。2015年,作为全国"人民陪审员制度改革试点法院"之一,河南省郑州市中原区人民法院开始积极探索和完善大陪审制合议庭以及人民陪审员参与案件事实审理机制,在试行"1+4""2+5"模式大陪审制的情形下,强化人民陪审员参与事实审理,让人民陪审员有更多话语权。[1]大陪审制的推行解决了人民陪审员选任"精英化"的弊端而回归本应具有的"大众化",这是未来公众参与司法的改革方向所在。然而在具体的改革过程中,还要注意到大陪审制的推行需要进一步厘清法律审与事实审的划分标准,体现人民陪审员的大众性,增强人民陪审员的流动性,使公众参与司法能够取得实质性的效果。

---

[1] 参见郑州市中原区人民法院:《大陪审制合议庭,让人民陪审员敢说话、说自己的话》,http://zzzyfy.hn-court.gov.cn/public/detail.php?id=1450,最后访问日期:2023年1月13日。

三、被动接受监督向主动公开转变

在公众对司法的参与度较低的时代,公众很难有获取司法信息的有效渠道,司法对于公众而言具有一定的神秘色彩。但是在"双向互动"的参与模式下,公众与公权力的关系发生了显著改变,之前被动接受监督的司法机关要主动公开并及时配合公众对司法的参与。尤其在新媒体时代,国家层面亦明确要求司法工作必须增强主动接受监督的意识,促进公开与公正的高度契合。为此,十八届四中全会决定对于进一步深化司法公开作出了明确规定,即构建开放、动态、透明、便民的阳光司法机制,进一步推进在审判、检务、警务、狱务等方面的公开,依法及时公开执法司法依据、程序、流程、结果和生效法律文书,杜绝暗箱操作,加强法律文书释法说理,建立生效法律文书统一上网和公开查询制度。

被动监督向主动公开的转变是提高司法公众参与度的重要体现。在信息时代,司法公开的形式不断多样化,司法信息公开的本质是信息透明,目的是解决公众参与司法面临的信息不对称问题;反过来,公众参与司法也能倒逼司法机关的信息公开,尤其是提升司法信息公开的效率和质量。[1]信息公开的载体决定了司法公开的广度和深度,也决定了公众参与司法的广度和深度。过去,公众参与司法主要依赖于法院的官方网站、报纸的报道、法院的信访窗口等形式。如今,在信息科技的加持下,法院的官方微博、庭审直播网站、微法院平台等成为公众参与司法的新途径。未来,公众参与司法将会更加便捷与多样。

"当代中国社会中,民主与法治作为口号已经获得流行,如果不在经验上予以考察、验证和反思,却可能妨碍民主和法治在中国的实践和发展。"[2]保障公众

---

[1] 参见王群:《论司法信息公开与公众参与司法的关系》,《山西师大学报》(社会科学版)2019年第1期。
[2] 苏力:《民主与法治的张力(代译序)》,载[美]理查德·A.波斯纳:《法律、实用主义与民主》,凌斌、李国庆译,中国政法大学出版社2005年版,第9页。

参与司法的改革也应该在对经验的考察、验证和思考的基础上进行。

我国的司法改革已经进入一个由"党政推进型"向"党政推进与人民参与"相结合过渡的转折时期。然而,目前公众参与司法在更大程度上还处于理念和文宣层面,真正落地还有诸多阻碍。要想实质地推进公众参与司法,司法机关在某种程度上确实要有"壮士断腕"的决心和觉悟。当今社会公众的公民意识已经觉醒,流于形式的公众参与显然将被无情地拆穿,也正因此,构建实质性的公众参与司法制度才是提升司法公信力的必要前提。多元化社会价值形成的时代会诞生多元化的公众参与司法形式,只有实现公众与司法二者之间的良性互动,才能让人民群众在每一个司法案件中感受到公平正义。

第十二章
刑事司法视野下的国家监察体制改革

党的十九大报告提出,要健全党和国家监督体系,深化国家监察体制改革,将试点工作在全国推开,组建四级监察委员会,同党的纪律检查机关合署办公,实现对所有行使公权力的公职人员监察全覆盖。2018年《宪法修正案》新增了有关监察委员会的规定,适应了深化国家监察体制改革的发展要求。国家监察体制改革是国家政治议题,更是践行国家法治反腐之使命。作为"宪法测震仪"的刑事诉讼法学,主要关注的是追诉腐败犯罪案件的正当程序以及追诉过程符合刑事司法的规律。

监察委员会实质上是反腐败的专门机构,监察体制改革的任务是加强党对反腐败工作的统一领导,整合行政监察、预防腐败和检察机关查处贪污贿赂、失职渎职以及预防职务犯罪等工作力量,成立监察委员会,作为监督执法机关与纪委合署办公,实现对所有行使公权力的公职人员监察全覆盖。由浅入深地来看,监察体制改革是对检察机关职务犯罪侦查权的划拨和转隶,更深层次的则是对职务犯罪刑事司法体系的整体变革。其中"职务违法和职务犯罪的调查和处置",与公安机关和检察机关行使的某些刑事强制措施权和刑事侦查权既有联系又有区别。[1] 国家监察体制改革在客观上调整了国家权力构造,使刑事司法

---

[1] 参见姜明安:《国家监察法立法应处理的主要法律关系》,《环球法律评论》2017年第2期。

关系从一元构造转向"调查—检察—审判"和"侦查—检察—审判"的二元构造，进而再造了公检法关系，规范了监检法关系，甚至在一定程度上规约了刑事司法与行政执法的关系。[1]如何与转型和变革中的刑事司法程序相衔接，如何与以审判为中心的刑事司法改革相适应，以及如何与繁简分流的刑事司法程序设计相契合等，都是亟待从刑事司法的视角切入研究的问题。本章从刑事诉讼过程中的主要参与主体出发，探讨监察委员会监督、调查和处置等与公安机关、检察院、法院和律师的衔接问题。

第一节　公安机关配合参与下的监察委履责

监察委与作为监察委"监督、调查、处置"行为对象之一的公安机关本该是行动与受动的关系，但是考虑到公安机关依法管理社会治安、承担刑事犯罪侦查等的职能交叉，以及在原先检察机关承担职务犯罪案件侦查中的协助工作等，[2]有必要首先探讨在监察委的具体履责中，是否以及如何引导公安机关的配合参与。

一、公安机关配合下的监察委监督

监察委的监督与公安机关的配合，主要是指公安机关对涉及监察委办理案件时提供线索和事实材料等的配合。因为从监督的时态发展来看，监察委的监督可划分为事前监督、事中监督和事后监督，而在我国现实的权力运行组织架构中，事前、事中监督多为一种主动和预防性的监督，实施效果不佳；事后监督多以被动监督为主，往往是在出问题、犯错误之后，辅之以相对完善和严厉的制

---

[1] 参见秦前红、刘怡达：《国家监察体制改革的法学关照：回顾与展望》，《比较法研究》2019 年第 3 期；叶正国、王景通：《国家监察体制改革与刑事司法关系的调适》，《江西社会科学》2021 年第 2 期。
[2] 参见董坤：《论监察机关与公安司法机关的管辖衔接——以深化监察体制改革为背景》，《法商研究》2021 年第 6 期。

裁措施。[1]事后监督,因其能够带来"杀一儆百"的直接感观,往往要比事前和事中监督更具视觉冲击。

公安机关作为我国最主要的法定侦查机关,具备较为完善的侦查技术支持和手段保障,承担着商业贿赂犯罪案件的查处工作,而行贿、受贿案件具备我国《刑法》上典型性的对合犯特质,"挖出萝卜带出泥"是其基本形态,往往能够给监察委的事后监督提供线索和事实材料。《刑事诉讼法》第110条规定:"对于不属于自己管辖的,应当移送主管机关处理,并且通知报案人、控告人、举报人;对于不属于自己管辖而又必须采取紧急措施的,应当先采取紧急措施,然后移送主管机关。"全国人民代表大会常务委员会通过的《关于在北京市、山西省、浙江省开展国家监察体制改革试点工作的决定》(以下简称《决定》),并未对此项法条作出在试点地区"暂时调整或者暂时停止适用"的规定。也就是说,职务犯罪追诉仍需沿用职能管辖移送的相关规定,只是特定案件中的主管机关由原先的检察院变成了改革后的监察委。职能管辖移送的相关规定,是打击犯罪和巩固证据等的现实需要。对于监察委而言,公安机关是行政机关,其在行政执法和查办案件过程中收集的物证、书证、视听资料、电子数据等证据材料,对于监察委监督办案具有重要意义。根据2021年出台的《监察法实施条例》第69条,监察机关对公安机关在刑事诉讼中收集的物证、书证、视听资料、电子数据,勘验、检查、辨认、侦查实验等笔录,以及鉴定意见等证据材料,经审查符合法定要求的,可以作为证据使用。

二、公安机关侦查视角下的监察委调查

监察体制改革中,争议和讨论的焦点即是监察委调查权的权力属性问题,[2]

---

[1] 参见秦前红:《监察法理解和适用的若干难点问题》,《人民法治》2018年第Z1期。
[2] 参见胡铭、钱文杰:《侦查与调查:职务犯罪追诉的模式演进及制度完善》,《浙江大学学报》(人文社会科学版)2019年第5期。

调查显然有别于侦查,但是否包含了职务犯罪案件的侦查权呢?韩大元主张:监察委员会是反腐败的工作机构,不行使审判权、检察权,对职务犯罪等行使的部分侦查权并不是作为主体行使的。[1]马怀德主张:监察委员会的调查权不会取代检察院的侦查权,性质上也不同于侦查权。[2]陈光中则主张:调查应当包含两大部分,一是针对违反党纪和行政法规的一般调查;二是针对职务犯罪的特殊调查,相当于原来的职务犯罪的刑事侦查。[3]不同学科的三位专家学者对调查权的定性问题存在不小的分歧,韩大元仅承认监察委对职务犯罪等案件的部分侦查权,言外之意是还有其他机关承担着剩余部分的侦查权,但是从2016年11月中共中央办公厅印发的《关于在北京市、山西省、浙江省开展国家监察体制改革试点方案》(以下简称《方案》)、《决定》和现行法律等规定来看,并无法律支撑。马怀德将监察委调查权和侦查权进行严格区分,从监察委"对涉嫌职务犯罪的,移送检察机关依法提起公诉"的《决定》内容来看,不承认其涉罪情形下的侦查权,又难以与刑事诉讼"侦—诉—审"的程序构造相适应。陈光中则从刑事司法的实践从发,务实性地区分了一般调查和特殊调查两大情形,有限地承认了监察委调查权在特定情形中的侦查权属性,主张在此种情形下与公安机关的侦查权保持同步。

从历史来看,在检察机关恢复重建初期,办理职务犯罪案件一般也不用"侦查"一词,而惯用"检察""监督"等词,检察机关更多地使用"调查"的思维和方式。[4]熊秋红基于比较法的考察分析,发现世界范围内的职务犯罪侦查权大体经历了由警察机构行使到由检察机关行使再到由专门机构行使的演进过程。[5]新加坡的贪污调查局、我国香港和澳门地区的廉政公署等,作为独立的、专门的反

---

1 参见韩大元:《论国家监察体制改革中的若干宪法问题》,《法学评论》2017年第3期。
2 参见马怀德:《国家监察体制改革的重要意义和主要任务》,《国家行政学院学报》2016年第6期。
3 参见陈光中:《关于我国监察体制改革的几点看法》,《环球法律评论》2017年第2期。
4 参见张云霄:《我国职务犯罪侦查体制改革初探》,《法学杂志》2015年第9期。
5 参见熊秋红:《监察体制改革中职务犯罪侦查权比较研究》,《环球法律评论》2017年第2期。

腐机构,都通过立法确立了其特定案件中的侦查权,这些都能够给我国监察委调查权的明确规定和规范行使提供有益的启示和借鉴。基于公安机关的侦查权视角,监察委在涉嫌职务犯罪案件中的调查权,更接近于刑事案件侦查中的任意性侦查。其中,还需要厘清一般调查和特殊调查的制度边界,谈话、讯问、询问等12项明确的职权中,哪些是专属于特殊调查的,哪些是一般调查和特殊调查兼而有之的,哪些又是亟待被纳入监察委的职权当中的,比如技术调查权问题。[1]

三、公安机关参与中的监察委处置

作为监察委三项法定职责之一的处置,语义上的理解即是"处理",虽是一个比较宽泛的词语,但在法律条文中的适用还是比较谨慎的。例如,《宪法》《刑事诉讼法》《行政监察法》和《人民警察法》等法律中都未出现"处置"一词,取而代之则是以具体的处置措施予以明确,避免法无规定之下的任意扩张。我国《监察法》将"处置"确立为与监督、调查并列的三项监察职责之一。所谓处置,是指监察机关依据相关法律对违法的公职人员作出政务处分决定;对行使职权中存在的问题提出监察建议;对履行职责不力、失职失责的领导人员进行问责;对涉嫌职务犯罪的,将调查结果移送检察机关依法提起公诉。处置是对事物在样态上的调整,如事物地点上、权利系属上和内容结构上的调整等,具体又可划分为对人的处置和对物的处置。以监察委的"谈话、讯问、询问、查询、冻结、调取、查封、扣押、搜查、勘验检查、鉴定、留置等措施"为例:谈话、讯问、询问和查询并非处置;冻结、调取、查封是对物的处置;留置是对人的处置;扣押、搜查、勘验检查和鉴定则是对物和对人处置的结合。[2]

那么,监察委在涉嫌职务犯罪案件中的处置,诸如鉴定和留置措施等,是否

---

[1] 参见陈光中、邵俊:《我国监察体制改革若干问题思考》,《中国法学》2017年第4期。
[2] 参见胡铭:《职务犯罪留置措施衔接刑事诉讼的基本逻辑》,《北方法学》2019年第4期。

需要公安机关的参与协助呢？鉴定有着特定的专业槽限制,自2005年《全国人民代表大会常务委员会关于司法鉴定管理问题的决定》颁布实施以来,公安机关和检察院因侦查犯罪所需,保留了必要的鉴定职能和机构,并且在设备采购和人员配备上得到了充足的财政保障。[1]随着检察机关职务犯罪侦查权能的转隶,其司法鉴定机构也将面临改革。机构合并是归入监察委,还是公安机关,抑或社会化转型？为契合统一司法鉴定管理体制改革的要求,可考虑将其转隶于公安机关以形成司法鉴定的资源合力,将监察委办案过程中的鉴定工作交由公安机关施行,从而避免检察机关原先职务犯罪案件查处中的"自侦自鉴",提升职务犯罪案件中司法鉴定的公信力。关于刑事强制措施,监察委员会在侦查职务犯罪时同样可采取拘传、取保候审、监视居住等措施,并新增了留置措施,时间可达数月之久。[2]原先在检察机关职务犯罪案件侦查过程中,长时间强制限制犯罪嫌疑人的人身自由和采取具体技术侦查措施,都需交由公安机关执行。那么监察委职务犯罪案件调查中对相关人员的长时间人身自由限制和技术侦查实施,相应地也需要交由公安机关配合。例如《中国共产党纪律检查机关监督执纪工作规则（试行）》规定,纪检办案"提请有关机关采取技术调查、限制出境等措施","有关机关"主要也是指公安机关。[3]《监察法》第43条明确规定:"监察机关采取留置措施,可以根据工作需要提请公安机关配合。公安机关应当依法予以协助。"

1　2010年评选产生的"国家级十大司法鉴定机构"机构中,公安机关占了4家（分别是公安部物证鉴定中心、北京市公安司法鉴定中心、上海市公安司法鉴定中心和广东省公安司法鉴定中心）,检察机关则占了1家（最高人民检察院司法鉴定中心）。

2　参见施鹏鹏:《国家监察委员会的侦查权及其限制》,《中国法律评论》2017年第2期。

3　参见郭华:《监察委员会与司法机关的衔接协调机制探索》,《贵州民族大学学报》（哲学社会科学版）2017年第2期。

第二节 辩护律师介入下的监察委办案

正如上文所讨论的,监察委对涉嫌职务犯罪案件的特殊调查,实际上是在承担刑事犯罪追诉的职能和职责,应当被纳入刑事司法的评价体系当中。2012年《刑事诉讼法》的修改,是基于世界经验和本土问题的双重视角,重大变化之一即是对审前程序诉讼化的改造,完善审前程序的律师参与机制。一方面是减少了审前程序中对律师参与的限制,如委托辩护和查阅、摘抄、复制案卷材料等时间的提前,律师会见次数的不受限制和明确会见时的不被监听等;另一方面又是提供了审前程序中律师参与的便利,如律师持三证会见等。2018 年《刑事诉讼法》的修改,确立了认罪认罚从宽制度和值班律师制度,律师在刑事诉讼中的参与得到进一步拓展。对于监察机关而言,也涉及职务犯罪追诉程序中的律师辩护权保障问题,调查程序中律师能否参与、何时参与以及如何参与等问题都值得研究。

一、监察委办案中的律师介入

办案是个宽泛用语,单从《决定》本身来看,主要是指:一方面,"监督检查公职人员依法履职、秉公用权、廉洁从政以及道德操守情况";另一方面,"调查涉嫌贪污贿赂、滥用职权、玩忽职守、权力寻租、利益输送、徇私舞弊以及浪费国家资财等职务违法和职务犯罪"。在监察体制改革前,前者主要是由纪检监察部门依据党纪党规等执行,并无律师及外部人员的参与,只有在刑事涉罪的前提之下并且移送检察机关立案侦查时,才能允许律师有限制地介入。与纪委监察部门的办案不同,检察机关在自侦案件的立案前就有权依法进行初查工作,又因初查工作的秘密性和手段的非强制性,并无律师介入的必要性和紧迫性。但是从监察体制改革后的监察委调查涉嫌职务违法和职务犯罪的职责设计来看,办案过程将经历从一般调查(类似于初查)到特殊调查的过程转变,且在特殊调查中应当允许律师介入。但是中央纪检监察部网站刊文,主张"监察机关调查职务违法和职务犯罪适用国家监察法,案件移送检察机关后适用刑事诉讼法"[1],《监察法》和《监察法实施条例》中都没有关于律师介入的规定。在一定程度上,这意味着否定监察委办案中律师的参与。一个有趣的现象是,在英美辩护律师的发展史上,律师介入首见于"叛逆罪"中,旨在防止不公的政治性指控,官员犯罪更是其重点。[2]作为预防和惩治腐败的独立和专门机构的香港廉政公署,在被赋予了诸如无需拘捕令就可拘捕涉嫌者并进行审问、执行公务时有权进入和搜查任何楼宇等特权时,同样规定了法律顾问(律师)的参与权,[3]以及审讯时"嫌犯、律师、廉署"在场分边坐的场景设计。

"国家监察委员会与香港廉政公署有一定的类似性"[4],但是二者在制度设计与国家地位等方面还存有不小的差异。尽管监察体制改革的《方案》和《决定》对监察委职务犯罪调查的用语略显模糊,但是特殊调查的侦查属性注定是一个绕不开的话题,那么香港廉政公署的律师参与就有现实的借鉴和参考价值。2012年修改《刑事诉讼法》时,重要调整内容之一即是强化律师同在押被追诉人会见和通信的权利保障,并且规定"特别重大贿赂犯罪案件,在侦查期间辩护律师会见在押的犯罪嫌疑人,应当经侦查机关许可"。实践证明其审前程序诉讼化改造的努力是正确的。陈光中更是采举重以明轻的论证思路,将贪污腐败犯罪和国家安全犯罪、恐怖活动犯罪等做比较,论证了监察委特殊调查中律

---

[1]《使党的主张成为国家意志》,https://www.ccdi.gov.cn/special/xsjw/series27/201801/t20180102_160888.html。
[2] 参见[美]兰博约:《对抗式刑事审判的起源》,王志强译,复旦大学出版社2010年版,第10—20页。
[3] 参见康殷:《黎智英、李卓人疑涉"黑金政治"住宅遭香港廉政公署调查》,《南方都市报》2014年8月29日,第A18版。
[4] 席志刚:《马怀德解析国家监察委:与行政司法机关平行,与廉署有相似性》,https://www.thepaper.cn/newsDetail_forward_1565562。

师介入的必要性。[1] 监察委的成立和监察体制的改革,是党和人民反腐斗争中的正确抉择,在法治反腐理念下,应当将法治进步的合理内核予以吸收、消化和运用,规定监察委办案(特殊调查)中的律师参与。

二、监察委办案中律师介入的要件

从1979年《刑事诉讼法》规定的"人民法院决定开庭审判后,应当告知被告人可以委托辩护人,或者在必要时为被告人指定辩护人",到1996年《刑事诉讼法》规定的"人民检察院自收到移送审查起诉的案件材料之日起三日以内,应当告知犯罪嫌疑人有权委托辩护人",再到2012年《刑事诉讼法》规定的"犯罪嫌疑人自被侦查机关第一次讯问或者采取强制措施之日起,有权委托辩护人;在侦查期间,只能委托律师作为辩护人。被告人有权随时委托辩护人",律师介入刑事诉讼程序的时间节点不断提前,限制性要素不断减少,有一种重心从实质要件向形式要件转移的倾向。有学者明确提出反对割裂地区分监察委的行政调查和刑事侦查权,概括性地主张在监察委的调查阶段,当事人有权申请律师介入,如犯罪嫌疑人在公安机关侦查、未提请检察院批捕或提起公诉之时,即可申请律师介入。[2] 对此,还可做进一步的类型化研究。监察委的机构组织较为复杂,由纪检部门、监察部门、原检察机关反贪和反渎部门等组成,其办案也较为灵活,有履职监督、违纪调查和违法调查等多重职责。其中,只有对公职人员职务违法和职务犯罪的特殊调查才属于刑事司法活动。在我国刑事法治不断发展的背景下,应当保障律师参与权,那么,"被侦查机关第一次讯问或者采取强制措施"的律师介入形式要件在监察委办案过程中又该如何认定?

职务违法和职务犯罪的立案是基本前提,这就排除了在监察委一般调查(初查)活动中律师介入的可能性;而在特殊调查活动中,监察委类属于侦查机

---

[1] 参见陈光中:《关于我国监察体制改革的几点看法》,《环球法律评论》2017年第2期。
[2] 参见秦前红、石泽华:《监察委员会调查活动性质研究》,《学术界》2017年第6期。

关的特殊身份已经得到证成,问题的核心即是刑事司法语境中的"讯问"和"采取强制措施"在监察委办案中如何认定。讯问是指国家机关为取得被讯问人供述所进行的诉讼行为,[1]《决定》中也规定了监察委有权采取讯问措施,那么监察委在对职务违法和职务犯罪立案后的讯问中,就有义务告知被追诉人有权委托律师。刑事诉讼中的强制措施规定了仅针对人的拘传、取保候审、监视居住、拘留和逮捕等五种,而《决定》中仅针对人的措施只有留置,但是未对留置措施的条件、期限、执行等作出明确规定。理论上,调查有一般调查和特殊调查之分,那么留置是否也存在着一般留置和特殊留置之分?特殊留置与刑事强制措施又是何种关系?这些都是深化监察体制改革需要思考的问题,也是研究监察委办案中律师介入问题的重点。

三、监察委办案中律师介入的设计

从刑事司法的规律来看,在监察委对职务违法和职务犯罪的特殊调查活动中应当有律师介入,且只要符合《刑事诉讼法》所规定的立案后"第一次讯问或者采取强制措施"之形式要件,被追诉人就有权委托律师参与其中,为其提供必要和有效的法律帮助。与此同时,我们也应当兼顾监察委统一反腐、反渎的工作职责,兼顾其打击和预防职务犯罪的工作职能,对一般职务违法、犯罪和重大职务违法、犯罪中的律师参与时间作出差异化规定,如可做依权利和依申请的划分,实现刑事诉讼保障人权和打击犯罪的有效平衡。我国《刑事诉讼法》规定:"辩护律师在侦查期间可以为犯罪嫌疑人提供法律帮助;代理申诉、控告;申请变更强制措施;向侦查机关了解犯罪嫌疑人涉嫌的罪名和案件有关情况,提出意见。"在监察委的特殊调查活动中,不宜因犯罪违法程度的不同而对律师参与权作出差异化对待。也就是说,律师一旦参与其中,就该受到同等对待,在侦

---

[1] 参见何赖杰:《德国刑事诉讼中的"讯问"与"犯罪嫌疑人"界定》,《人民检察》2012年第11期。

查阶段为其提供最基础的法律帮助,保障其宪法性基本权利。[1]

律师在监察委办案阶段可为其提供的法律帮助,具体可分为两类:一类是针对被追诉人的帮助,提供对法律法规和制度政策等的释疑解惑服务,如实体法上的涉嫌罪名、罪数、罪状和罪责等解释,程序法上各诉讼阶段的权利、义务以及试点展开的认罪认罚从宽制度等介绍。另一类是律师与监察委的交流甚至对抗,如向监察委了解被追诉人所涉的罪名和案件信息,就此交换意见和看法,并要求律师提出的材料随案移送;申请变更、解除留置措施,并就调查措施的选择和运用等交换意见和看法;代理被追诉人的申诉和控告,对监察委办案过程中的立案错误、调查错误和调查违法等提出申诉和控告,及时保障被追诉人的正当合法权益。与在押被追诉人的会见权保障是我国《刑事诉讼法》近年来修改的重大进步,最高人民检察院《关于依法保障律师执业权利的规定》也对律师会见权的保障作出明确规定,仅规定了"特别重大贿赂犯罪案件"的依申请会见,[2] 而会见权的未来走向应该是保障当事人和辩护律师双方主张会见的权利。[3] 类推至监察委的特殊调查,同样应在特别重大贿赂犯罪案件中规定律师的依申请会见,但是在小官巨腐、高官落马等特定时代背景之下,有必要对监察委办案中的"特别重大贿赂犯罪"作出新的解释。

第三节 监察委与检察院侦诉的衔接

从形式上来看,国家监察体制改革于刑事司法而言影响最大的是检察机

---

[1] 参见自正法:《侦查阶段律师帮助作用认知及其优化路径》,《江汉论坛》2021年第8期。

[2] 有学者建议:对于涉嫌贿赂犯罪数额在五十万元以上、犯罪情节恶劣的特别重大贿赂犯罪案件,应当进一步明确,将"多次受贿、共同受贿或其他情形等"规定为犯罪情节恶劣。参见单民、董坤:《职务犯罪侦查中辩护律师权利保障》,《人民检察》2013年第12期。

[3] 参见陈瑞华:《论被告人的自主性辩护权——以"被告人会见权"为切入的分析》,《法学家》2013年第6期。

关,改革直接触及检察机关职权的重新调整和配置:一方面是反贪、反渎等部门人员的整体转隶和职能的划出;另一方面是因职务犯罪侦查所配套的案件举报中心、人民监督员和检察技术部门等继续存在之必要性问题。其实就改革而言,这些机构的合并重组、职能的让渡转嫁以及人员的调动交流等,都相对简单且可操作,特别是在我们这样一个单一制的社会主义国家,本身就有着特定的国家组织结构优势。监察体制改革的背后是机构、组织和部门之间的工作衔接,尤其是监察委办理涉罪案件中与检察机关的衔接问题。[1]

一、监察委调查的涉罪案件,只能移送检察机关审查起诉

在监察体制改革背景下,检察机关作为法定、唯一公诉机关的身份没有改变。《决定》也明确规定监察委在监督、调查和处置履责中,对涉嫌职务犯罪的,移送检察机关依法提起公诉。监察委调查的涉罪案件材料移送,应当是全案移送,包括对被追诉人有利和不利的所有材料,以保障辩护律师的全面阅卷;而对立案前的一般调查(初查)材料,法律仅需对其中有利于被追诉人的材料移送作出强制性规定,其他则交由监察委就特定案件的特定情形作出灵活处理。需要强调的一点是,监察委将检察机关自侦案件的管辖职能予以承接,亦应将其在自侦案件侦查活动中的一些"经验"予以延承,如职务犯罪案件中的同步录音录像制度,监察委的案卷材料移送也应当同步录音录像并移送检察机关。

检察机关自侦案件的同步录音录像,一开始是从打击犯罪角度考虑的,希望通过同步录音录像来强化和巩固讯问笔录,特别是有罪供述笔录的可信性。2010 年的两个证据规定(《办理死刑案件证据规定》和《排除非法证据规定》)和 2012 年《刑事诉讼法》非法证据排除规则的确立,却促使同步录音录像成了申请非法证据排除的重要证明材料。观察刑事司法的实践,关于录音录像是否属于

---

[1] 参见胡勇:《监察体制改革背景下检察机关的再定位与职能调整》,《法治研究》2017 年第 3 期。

案卷材料的认定,检察机关和法院的观点存在较大分歧。最高人民检察院法律政策研究室《关于辩护人要求查阅、复制讯问录音、录像如何处理的答复》规定,讯问犯罪嫌疑人的录音录像不是诉讼文书和证据材料,属于案卷材料之外的其他与案件有关的材料,辩护人未经许可,无权查阅、复制;而最高人民法院《关于辩护律师能否复制侦查机关讯问录像问题的批复》则将侦查机关提交的对被告人的讯问录音录像材料定性为证据材料,并在可公开的范围内供律师复制。在以审判为中心的刑事诉讼制度设计和改革中,法律适用中的"审判中心"是其逻辑延伸,当两高司法解释存在冲突时,应以法院司法解释为准,[1]将同步录音录像认定为案件材料,并要求随案移送。相应地,应当要求监察委特殊调查过程中的同步录音录像全程制作和随案移送,当案卷材料移送至检察机关审查起诉时,检察机关应当通知辩护律师有权查阅、摘抄和复制全部案卷材料。

二、检察机关的公诉材料不足,需要退回监察委补充调查

检察机关作为法定的公诉机关,对移送审查起诉案件的质量把控要求没有改变,对监察委移送的案件拥有实质审查权。[2]《刑事诉讼法》规定,检察机关对案件的审查,一方面可以要求侦查机关提供法庭审判所必需的证据材料;另一方面可以在其产生以非法方法收集证据的怀疑之下,要求对证据收集的合法性作出说明。那么,在监察委移送检察机关的审查起诉案件中,是否也能适用相关规定?答案是肯定的,且若需要补充调查,也只能交由监察委自行执行,而不宜由检察机关代为补充调查。与此同时,关于审查起诉阶段退回补充调查的期限、次数等要求,仍可参考《刑事诉讼法》的相关规定,并且注重补充调查的全面性,强调对被追诉人不利和有利事实、证据等调查的并重。针对刑事司法实践

---

[1] 参见龙宗智:《"以审判为中心"的改革及其限度》,《中外法学》2015年第4期。
[2] 在2017年的全国检察长会议上,时任北京市人民检察院检察长敬大力提出:"北京市三级院拟统一设立'职务犯罪检察部',专门与监察委员会进行办案衔接,负责对监察委员会调查案件进行立案审查,衔接完善刑事诉讼程序。"参见敬大力:《坚决配合做好国家监察体制改革试点》,《检察日报》2017年1月17日,第2版。

中可能出现的退而不补、退而不侦的问题,[1]则是通过强调《刑事诉讼法》中"对于二次补充侦查的案件,人民检察院仍然认为证据不足,不符合起诉条件的,应当作出不起诉的决定"来巩固检察机关退回补充侦查决定的效力以及连带产生的决定执行力。补充侦查作为刑事诉讼程序中的一种程序倒流机制,重点在于对打击犯罪效率的考虑,但是绝不能忽视对被追诉人的人权保障而片面强调治罪效率。实践中的"高退补率"是近年来刑事司法实践中的一大症结,附带产生诸多弊端,影响了刑事诉讼的程序推进,且极易侵犯犯罪嫌疑人的合法权利。[2]

随着监察体制改革中检察机关既有的侦查职能、机构和人员等的划拨和转隶,检察职能也形成了"四大检察"和"十大业务"的新格局。同时,普通刑事案件中检察机关的自行补充侦查制度也面临困境。检察机关对于监察委移送审查起诉和补充调查后移送审查起诉的案件,仍应坚持以"犯罪事实清楚,证据确实、充分"为法定起诉标准,并且当检察机关对监察委调查活动中的非法取证等产生合理怀疑之时,应当要求监察委的相关办案人员出席解释问题和说明情况,甚至可以启动非法证据排除程序。

三、分权制衡之下,检察机关对监察委的必要法律监督

在分权制衡原则之下,检察机关作为《宪法》所确立的法律监督机关,应当同时对监察委的调查活动进行法律监督,侧重的是诉讼监督,而其前提要件即是承认特殊调查具有侦查属性,因为检察机关法律监督的内容并不能够涵盖监察委依党纪、党规所展开的内部调查处理活动。在监察体制改革前,检察机关既具备自侦案件中的侦查权,也同样具备自侦案件中的监督权,既当运动员又当裁判员的身份重叠一直是检察机关职权行使受到诟病的重点。[3]其中,自侦案

---

1 参见石峰:《发挥"捕诉一体"优势 补强补充侦查工作》,《人民检察》2021 年第 11 期。
2 参见杨永华、王秋杰:《审查起诉阶段案件退回补充侦查实证分析》,《人民检察》2013 年第 20 期。
3 参见秦前红:《我国监察机关的宪法定位:以国家机关相互间的关系为中心》,《中外法学》2018 年第 3 期。

件同步录音录像制度的试点和推广,侦查部门和监督部门的机构分立,以及申请批捕决定权的上提一级等,都是为了尽可能地保持"侦—诉"分离,以提升检察机关侦查和公诉的公信力。监察体制改革后,由监察委员会调查,检察机关审查起诉,从根本上改变了刑事司法中检察机关既当运动员又当裁判员的侦诉弊端,体现了侦诉审独立运行和相互制约的刑事诉讼原理及其以权制权的控权法则,增强了法治反腐的公信力。但是,在《宪法》所规定的侦诉审三机关"分工负责,互相配合,互相制约"原则规制下,与"流水线作业"的刑事诉讼纵向构造模式相适应,却呈现出"前一诉讼阶段对后一诉讼阶段形成强制约,后一诉讼阶段对前一诉讼阶段弱制约、无制约"[1]的现象。

检察机关对监察委特殊调查的法律监督,主要通过以下两个方面:一方面是对监察委特殊调查中留置措施采取的上报检察机关审查批准制度,考虑到现行公安侦查、原先检察侦查中对于长时间限制公民人身自由都作出了向检察机关申请批准的规定,而监察委特殊调查中的留置措施已经构成了对公民人身自由不受侵犯的宪法性权利的实际侵害,应当纳入刑事司法评价范畴,并交由检察机关审查批准,同时赋予检察机关可以要求监察委办案人员就相关问题出席说明的权力和应当听取被追诉人及其辩护律师意见的义务。[2]另一方面是对监察委立案活动和调查活动的监督,前者具体是指不该立案而错误立案的法律监督,如对"情节显著轻微、危害不大,不认为是犯罪的""犯罪已过追诉时效期限的"等,后者具体是指针对非法调查活动和违法取证行为的法律监督,因为在非法证据排除规则的中国模式之下,检察机关在审查批准逮捕、审查起诉阶段,就可以对调查行为的合法性进行主动审查,对于调查人员非法取得的言词证据,

---

[1] 左卫民:《健全分工负责、互相配合、互相制约原则的思考》,《法制与社会发展》2016年第2期。
[2] 试点地区留置措施的适用有两种模式:同级党委负责人审批的北京模式和上一级监察委审批的晋浙模式。我们认为这只是监察委改革试点阶段的过渡性做法。对于未来的改革,尤其是在监察委特殊调查中的留置措施,应当报检察机关审查批准。

应当否定其证据能力,不将其作为批准逮捕、提起公诉的根据。[1]对此,《监察法》第 33 条明确规定了"以非法方法收集的证据应当依法予以排除,不得作为案件处置的依据"。

第四节　监察委与法院审判的衔接

监察委对职务违法和职务犯罪活动的特殊调查,移送检察机关的审查起诉,最后指向的仍是法院的司法裁决。《监察法》第 33 条明确规定:"监察机关依照本法规定收集的物证、书证、证人证言、被调查人供述和辩解、视听资料、电子数据等证据材料,在刑事诉讼中可以作为证据使用。监察机关在收集、固定、审查、运用证据时,应当与刑事审判关于证据的要求和标准相一致。"这一条款实质上确定了监察机关办案要按照法院审判的要求,也就是按照《刑事诉讼法》关于证据的要求和标准。那么,对于监察委在职务犯罪案件中的调查活动,法院如何进行司法评价,以及如何保证职务犯罪案件中的司法公信力,是未来监察委与法院衔接的重点和难点,因为一个国家刑事司法对腐败犯罪的惩防态度,更能透视出刑事司法的道德底线和国民的包容程度。

一、监察委对以审判为中心的诉讼制度改革的影响

1979 年《刑事诉讼法》制定和颁布以及后续的三次修改,体现了不断地从诉讼阶段论迈向以审判为中心的刑事诉讼制度。因为这有利于破解当前制约刑事司法公正的突出问题;是遵循诉讼规律、司法规律、法治规律的必然要求;是加强人权司法保障的必由之路。在繁简分流的大背景下,诉讼构造上的审判中心主义、司法审判中的庭审中心主义以及审级构造中的一审中心主义将是我国

---

[1] 参见陈瑞华:《非法证据排除规则的中国模式》,《中国法学》2010 年第 6 期。

刑事司法未来发展的应然之道,要求强化、突出和巩固法院、法庭和法官在刑事司法过程中的地位。国家监察体制改革,旨在构建国家层面独立的、专门的反腐机构,形成人大领导下的"一府一委两院"全新政治格局,确保其实现对全体公职人员德、绩、勤、能、廉的全面监督。从本质来看,这两项改革是一脉相承、殊途同归的。

理性、全面地看待和分析监察体制改革对以审判为中心的诉讼制度的影响,应当坚持从积极和消极两个方面进行辩证分析。积极影响主要是剥离检察机关职务犯罪案件的自侦权,消解检察机关办案中侦查中心主义对法院司法裁判行为的冲击:首先是检察机关侦查权能的划拨和转隶,避免了运动员和裁判员身份兼具的利益冲突,将其与侦办具体案件进行利益切割,而保留必要的法定公诉和法律监督职能,有利于形塑检察机关的超然、中立地位,契合以审判为中心之要旨;[1] 其次是检察机关职务犯罪案件侦查权的转隶,包括了其对法院内部工作人员等职务犯罪案件立案侦查权的消失,意味着其对法院工作人员强有力的制约权的弱化,以及刑事诉讼中前一阶段对后一阶段强制约关系的矫正,反向提升法院、法官在刑事司法活动中的地位。[2] 消极影响主要是从监察委现实的政治地位和政治使命来看,其对审判中心主义可能带来冲击:首先是形成了人大领导下的"一府一委两院"全新政治格局,监察委的政治序列与检察院、法院平行,而从省级监察委员会主任由省纪委书记担任的安排来看,监察委的现实政治地位明显高于同级检察院和法院,头重脚轻的政治生态给司法权威带来了一定的负面影响;其次是在国家反腐败斗争的政治号召下,"分工负责,互相配合,互相制约"的宪法原则会受到一定曲解,在一定程度上造成对审判中心主义诉讼制度的冲击。因为在一定意义上讲,讲配合就是讲政治,就是顾大局。在此情况下,本为制度精华的互相制约,由于互相配合的优势地位和强势作用,

---

1 参见左卫民:《审判如何成为中心:误区与正道》,《法学》2016年第6期。
2 参见陈瑞华:《审判中心主义改革的理论反思》,《苏州大学学报》(哲学社会科学版)2017年第1期。

必然会退居其次,逐步被削弱乃至丧失功效。[1]

二、监察委参与下的刑事诉讼庭审实质化构建

庭审实质化是较之于庭审虚化而言的,其内核是被告人的刑事责任在审判阶段通过庭审方式解决,要求庭审过程中被告人实质参与并发挥有效影响,而与之相适应的是对抗式庭审结构。从法教义学层面来看,我国刑事庭审已呈现出对抗式的基本构造,1996年和2012年两次《刑事诉讼法》修改皆沿着这一方向迈进。[2]从规范走向实践的维度来看,有学者提出"通过对质权实现刑事审判方式的转变",并且以庭前证据开示、强制证人出庭和侵犯对质权的审判无效三条为其具体路径及保障措施。[3]考虑到当前司法改革的深度和广度,并以社会公众的司法认同感为底线保障,我们认为在相对合理的渐进式改革思维之下,2012年《刑事诉讼法》所确立的强制证人出庭制度应该得到有效实施。但事实却不尽如人意。在我们随机抽取的100起刑事案件中,仅5起案件有证人出庭,占案件总数的5%;[4]而在裁判文书网查找到的213起职务犯罪一审刑事案件中,更是未曾见到一起案件有证人出庭。[5]以具有典型性的薄熙来受贿、贪污、滥用职权案件一审为样本,证人徐明、王正刚、王立军到庭参加诉讼,核心、关键证人薄谷开来却因为亲属免证权而无须出庭接受质证(仅视频作证),而薄谷开来不利于薄熙来的亲属证言已经背离了亲属免证权的立法原旨,造成了对被告人诉讼权利

---

[1] 参见卞建林:《健全司法权分工配合制约机制的思考》,《河南社会科学》2015年第1期。
[2] 参见胡铭:《对抗式诉讼与刑事庭审实质化》,《法学》2016年第8期。
[3] 参见易延友:《证人出庭与刑事被告人对质权的保障》,《中国社会科学》2010年第2期。
[4] 100个案件抽样的具体步骤如下:进入中国法院网(http://www.chinacourt.org/index.shtml),点击"图文直播"首页,在直播查询中输入开始时间、结束日期、关键词。考虑到一审程序的重要性,以及为了便于统计,仅选取了一审刑事案件为样本。对于符合上述条件的案件,对总体各单位加以编号,选取尾数为1、4、7的100个案例。
[5] 213个案件的选取步骤如下:进入中国裁判文书网(http://wenshu.court.gov.cn/Index),并以"一级案由:刑事案由;审判程序:一审;关键词:职务犯罪"为条件,统计到了213起一审刑事案件。

的侵害。[1]

监察委的高位阶及其政治生态中高于法院的实际地位,会给法院的庭审实质化构建努力带来一定的冲击。因为在监察委全方位、多角度的监督、调查和处置之下,法院和法官也是潜在的被监督、被调查和被处置对象。利益冲突之下的法院庭审实质化构建究竟能迈出多大步伐?法院如何要求监察委办案人员出庭作证,尤其是在启动了非法证据排除的程序性制裁中?这些都是职务犯罪案件庭审实质化中需要考虑和面对的体制性问题。一方面是监察委办案向打击犯罪的治罪效率倾斜,另一方面是法院庭审实质化向保障人权的正当程序倾斜,这就需要法官在立足于司法正义底线的基础上进行具体个案中的利益衡量和筛选。未来可期待的调整和改革大方向是法庭审判的实质化,那么职务犯罪案件也理应纳入其中。

三、职务犯罪案件中的认罪认罚从宽制度适用

以在公正基础上提升效率、承载现代司法宽容精神、探索形成非对抗的诉讼格局和实现司法资源的优化配置等为价值取向的认罪认罚制度改革,[2]是当前刑事诉讼法学和刑事司法实践中的一门显学。之所以将这部分内容放入监察委与法院衔接部分讨论,是因为我国认罪认罚从宽制度在实质真实主义司法导向下要求坚持以法院的终局裁决为中心,而与英美法系国家中以检察官为程序主导的辩诉交易制度不同。监察委与法院的衔接,同样需要考虑这一由刑事政策演变、发展而来的刑事司法制度在职务犯罪案件中的实际运行问题。

首先,要明确职务犯罪案件能否适用认罪认罚从宽制度。一方面,从2018年《刑事诉讼法》关于认罪认罚从宽制度的规定来看,并未对罪名、罪责作出限制性规定;另一方面,从职务犯罪刑事司法的实践来看,案件侦破和查处主要依

---

1 参见龙宗智:《薄熙来案审判中的若干证据法问题》,《法学》2013年第10期。
2 参见陈卫东:《认罪认罚从宽制度研究》,《中国法学》2016年第2期。

靠口供的事实,客观上更容易引起办案机关的制度兴趣。其次,要明确监察委的特殊调查活动中能否适用认罪认罚从宽制度,从审前程序监察委全面调查的职责和防止不作为,以及从审判程序实现审判中心主义,保障被追诉人受到公正审判的权利与案件真相查明两方面来看,监察委不宜积极、主动地推进认罪认罚从宽制度,但是这也不意味着不鼓励被追诉人在特殊调查阶段的有罪自白。[1]再次,法院在对适用认罪认罚从宽制度的职务犯罪案件进行审理时,应当坚持以被告人认罪的"自愿性"和"明智性"为底线,法庭重点审查其行为做出时的身体状态、精神状况、律师帮助、反悔情况等,通过相关辅助信息来佐证"自愿性"和"明智性"。最后,谨防职务犯罪认罪认罚从宽实践中的两类异化——"强迫认罪"下的冤假错案和"以钱买刑"中的司法腐败,制度设计应当朝着程序上的公开、透明和实体上的公正、恰当方向而努力。

综上所述,国家监察体制改革,是一项触及国家宪法、法律,涉及纪检、监察和检察等多个国家职能部门的调整与利益重组的系统性工程,是国家综合治理能力提升的要求。监察委办案与刑事司法有着紧密联系,同时,监察委办案与刑事司法有着必要的界限,切勿走向"纪律问题司法化"和"司法问题纪律化"这两种极端,对违纪、违法和犯罪的认识应当时刻保持清醒和高度的理性,违纪、违法和犯罪之间的衔接和转化应当恪守审慎义务和保持司法的谦抑性;而纳入刑事司法讨论范畴的监察委职务犯罪调查,应要求遵循司法规律和恪守司法底线,在承继刑事诉讼"侦—诉—审"纵向构造的基础上,协调并处理好其与公安机关、检察机关和法院间的关系,并以审判中心主义的诉讼制度考量为利益冲突的平衡点。作为中国式司法制度有机组成部分的国家监察体制,监察委办案,特别是在监督、调查和处置履责中的公平正义、人权保障、正当程序等方面,有待进一步的观察和研究。

---

[1] 参见胡铭:《认罪协商程序:模式、问题与底线》,《法学》2017年第1期。

第十三章
无罪判决与严格司法的中国模式

无罪判决率低是我国刑事司法中值得关注的一个显性特点。根据《中国法律年鉴》公布的历年相关统计数据,我国法院作出的刑事生效判决件数和人数总体呈现逐年上升的趋势;与此相对,我国刑事案件无罪判决人数则呈现逐年下降的趋势,无罪判决率持续走低。纵观历年数据,我国刑事案件无罪判决率最高的是2006年,接近0.2%;而2010年以来,我国刑事案件无罪判决率连续多年低于千分之一,如2017年的无罪判决率为0.09%,2019年的无罪判决率为0.08%。

对于极低的无罪判决率,我国公安司法机关一般将其视为工作业绩并作为经验推广。形成明显反差的是,刑辩律师界将其称为"无罪判决难",而我国学者则更多地从中发现问题和分析问题,如通过错案改判无罪案件分析刑事诉讼中程序倒流、刑讯逼供、有罪推定等问题。[1] 域外学者在20世纪中叶就已经关注无罪判决的问题,特别集中关注无罪判决的范围、效力以及其与禁止双重危险原则的关系。在无罪判决实证研究方面,域外学者主要从案件类型、案件严重程度、证据情况、被告人的自身情况(如有无犯罪前科)等因素着手,分析影响刑

---

[1] 参见叶燕杰:《公诉案件无罪判决:趋势与阐释——基于1440份无罪判决的分析》,《人大法律评论》2020年第2辑;陈永生:《我国刑事误判问题透视——以20起震惊全国的刑事冤案为样本的分析》,《中国法学》2007年第3期;陈学权:《对"以撤回公诉代替无罪判决"的忧与思》,《中国刑事法杂志》2010年第1期。

事案件无罪判决率高低的原因。其中,刑事错案是一个研究的重点。在20世纪70年代,英国学者布兰德和戴维斯研究50—70年代的刑事案件时发现,至少70个无罪案件被英国上诉法院推翻定罪或者恩赦。[1]霍然等人的研究指出,从1997年到2000年,英国刑事案例评估委员会(Criminal Case Review Commission)所评估的2381个案件中,有38%改判无罪(Quashed Conviction)。[2]在美国,刑事错案的案例研究更加广泛。如哥伦比亚大学李伯曼等人对全美14578个死刑上诉案例进行了统计,发现有7%的犯罪属于由严重错误引发的无罪。[3]林思格通过对强奸和杀人死刑案件进行分析,并利用DNA技术分析后发现,至少有3.3%的人属于无罪,在此基础上他预测错案比例可达到5%。[4]域外研究为我们开拓了思路,有利于我们理性面对无罪判决和错案,[5]但照搬相关成果并非有效解释中国问题的可行方案。

中国的无罪判决率很低,但也正因为量少,更能够体现司法机关的审慎。这些案件为我们提供了很好的分析样本,进而审视中国刑事司法的模式及问题。一方面,我们没有必要因为无罪判决率低或者错案改判无罪的问题而妄自菲薄。无罪判决率低在大陆法系国家并不罕见,如日本的有罪判决比例就高达99.8%,[6]完全杜绝错案的发生本身也并不符合司法规律。另一方面,我们可以通过无罪判决来检视中国刑事司法的模式及特点。域外学者提出的犯

---

[1] See Ruth Brandon and Christie Davies, *Wrongful Imprisonment: Mistaken Convictions and Their Consequences*, George Allen & Unwin, 1973, p. 285.

[2] See David Horan, "The Innocence Commission: An Independent Review Board for Wrongful Convictions", *Northern Illinois University Law Review*, Vol. 20, 2000.

[3] See James S. Liebman, Jeffrey Fagan, Valerie West and Jonathan Lloyd, "Capital Attrition: Error Rates in Capital Cases, 1973-1995", *Texas Law Review*, Vol. 78, 2000.

[4] See D. Michael Risinger, "Innocents Convicted: An Empirically Justified Factual Wrongful Conviction Rate", *Journal of Criminal Law & Criminology*, Vol. 97, 2007.

[5] 参见熊谋林、廉怡然、杨文强:《全球刑事无罪错案的实证研究(1900—2012)》,《法制与社会发展》2014年第2期。

[6] 参见[美]戴维·T.约翰逊:《日本刑事司法的语境与特色:以检察起诉为例》,林喜芬等译,上海交通大学出版社2017年版,第347页。

罪控制模式和人权保障模式无法准确地解释中国刑事诉讼的构造，而十八届四中全会提出的严格司法为我们解释并完善中国刑事诉讼提供了具有解释力和实践力的理论工具。正是基于此思路，本章在规范分析的基础上，透过无罪判决来审视严格司法的中国模式，以期为完善中国的刑事诉讼构造提供理论支撑。

第一节　规范层面的无罪判决与严格司法

从规范层面来看中国的刑事诉讼，无罪判决与严格司法的应然状态是什么，两者的关系怎么样，是我们思考的逻辑起点。

一、作为刑事司法结果的无罪判决

无罪判决是刑事案件判决的一种结果，是保护刑事被告人免受错误追究的重要屏障。刑事诉讼最终的判决结果分为两种：一种是证据确实充分，指控的罪名成立，对被告人定罪量刑作出有罪判决；另一种则是证据未达到法定证明标准或者法律不认为有罪，依法宣告被告人无罪。这两种结果相伴而生，也就是说，无论司法机关是否愿意，无罪判决都是刑事诉讼活动中无法回避的、必然会出现的一种诉讼结果。

对被告人作出有罪判决或是无罪判决，应当依据法律规定并结合案件事实、证据情况。我国《刑事诉讼法》第200条规定："案件事实清楚，证据确实、充分，依据法律认定被告人有罪的，应当作出有罪判决；依据法律认定被告人无罪的情况下，应当作出无罪判决；证据不足，不能认定被告人有罪的，应当作出证据不足、指控的犯罪不能成立的无罪判决。"同时，2021年《最高人民法院关于适用〈中华人民共和国刑事诉讼法〉的解释》第295条第1款对此作了进一步明确，其中的第3、4项明确规定了依法应当判决宣告无罪的情形。根据上述规定，无罪判决可以分为两种类型：一是法律认定的无罪，即法定无罪判决；二是证据不足以达到定罪量刑证明标准、指控的犯罪不能成立而对被告人所作的无罪判决，即证据不足的无罪判决。在这两种情况下，法院应当依据法律规定及时宣告被告人无罪并解除对被告人的人身限制措施。

针对无罪判决的第一种类型即法定无罪的情形，根据我国《刑事诉讼法》第16条的规定，在"情节显著轻微、危害不大的，不认为是犯罪的"情形之下，法院所作出的无罪判决即属于法定无罪判决。证据不足、指控的犯罪不能成立的无罪判决，则需要法官结合案件事实、证据情况依法作出裁量。针对第二种类型即证据不足的无罪判决，我国《刑事诉讼法》第55条规定，"证据确实、充分"应当符合以下条件：（1）定罪量刑的事实都有证据证明；（2）据以定案的证据均经法定程序查证属实；（3）综合全案证据，对所认定事实已排除合理怀疑。综合全案证据、事实情况，未能达到《刑事诉讼法》第55条规定的证据条件且不属于法定无罪的情况，法院应根据《刑事诉讼法》第200条第3项的规定作出证据不足、指控的犯罪不能成立的无罪判决。《刑事诉讼法》将证据不足的无罪判决独立于普通的无罪判决而单列出来的行文方法，显然是立法有意为之：一方面，这强调了此种判决在我国《刑事诉讼法》中的现实意义和重要地位，是对疑罪处理的一种方法；[1]另一方面，这蕴含了证据不足的无罪判决在我国《刑事诉讼法》体系中具有自身的特殊性。

司法被认为是公正的最后一道屏障，法院所作的裁判是从法律意义上对被告人是否有罪的最终确认。根据我国《刑事诉讼法》第260条的规定，"第一审人民法院判决被告人无罪、免除刑事处罚的，如果被告人在押，在宣判后应当立即释放"。这意味着一旦法院作出无罪判决，对被告人的刑事追诉活动即告终止，对被告人人身自由所作的限制也应立即解除。这也符合联合国《公民权利

---

[1] 参见王爱立主编：《中华人民共和国刑事诉讼法释义》，法律出版社2018年版，第427页。

及政治权利国际公约》第 14 条第 7 项的规定:"任何人已依一国的法律及刑事程序被最后定罪或宣告无罪者,不得就同一罪名再予审判或者惩罚。"但我国无罪判决的效力有例外,2021 年《最高人民法院关于适用〈中华人民共和国刑事诉讼法〉的解释》第 219 条第 4 项规定,依照《刑事诉讼法》第 200 条第 3 项规定宣告被告人无罪后,人民检察院根据新的事实、证据重新起诉的,应当依法受理。这一规定实际上表明了,证据不足、指控的犯罪不能成立情况下被宣告无罪的被告人,在新的事实、证据情况下,仍可以被人民检察院提起公诉。

二、严格司法:司法政策与诉讼构造的双重定位

严格司法是党的十八届四中全会首次提出的重要司法政策,体现了全面推进依法治国的内在要求,是司法文明的应有内涵,也是通过司法的国家治理的必然要求。对深化我国的司法改革、完善司法制度、保证公正司法具有重要指导意义。[1]

从司法政策的角度来看,严格司法是指以保证司法公正、提高司法公信力为宗旨,在司法过程中按照司法规律的要求,将《宪法》和法律规定不折不扣地落实到位。严格司法中的"严格",是政策层面的要求,"大体可以理解为在司法过程中,对于司法公正有促进作用的要严格实现、有破坏作用的要严格防止"[2]。严格司法的关键在于严格按照法定程序办案,这便需要一整套严格而精密的司法程序。(1)严格司法并非机械司法。"严格"绝不是僵化地理解和适用法律,而是强调司法解释、法律适用和司法活动遵循罪刑法定和程序公正等原则,符合法律规定并以实现司法公正为最终目标,避免因僵化理解、适用法律而损害司法公正之实现。(2)严格司法并非取消司法裁量。"严格"绝不是否定必要的司法裁量权,而是强调规范司法裁量权的行使,明确司法裁量权的法律边界,在

---

[1] 参见熊秋红:《"严格司法"政策的理论阐释》,《人民法院报》2016 年 8 月 5 日,第 5 版。
[2] 陈光中:《严格司法应"准"字当头》,《人民日报》2016 年 5 月 23 日,第 7 版。

避免司法裁量权滥用的基础上充分发挥其应有功能。(3)严格司法并非片面从严。不能将"严格"等同于"严打",严格司法的核心要求是遵从司法规律,强调的是严格实施相关法律和规范司法过程;而"严打"政策强调的是从重、从快、从严打击犯罪,两者的出发点与侧重点存在本质性差异。

从刑事诉讼构造的角度来看,则需要从理论上重新定位严格司法。刑事诉讼构造是指《刑事诉讼法》所确立的进行刑事诉讼的基本方式以及专门机关、诉讼参与人在刑事诉讼中形成的法律关系的基本格局,它集中体现为控诉、辩护、裁判三方在刑事诉讼中的地位及其相互间的法律关系。[1]严格司法反映了我国控诉、辩护、裁判各方在刑事诉讼中的地位和相互关系的应然状态,特别是公安机关、检察院、法院在刑事诉讼中的关系。通说将现代西方国家的刑事诉讼构造主要区分为大陆法系的职权主义(犯罪控制模式)和英美法系的当事人主义(人权保障模式)两种,[2]并将我国的刑事诉讼归入前者。但职权主义(犯罪控制模式)显然无法充分体现我国刑事诉讼构造的特点,将我国刑事诉讼构造与德法等大陆法系国家的刑事诉讼相提并论,显然也缺乏足够的解释力。如从纵向构造来看,我国《刑事诉讼法》第 7 条规定了人民法院、人民检察院和公安机关"分工负责,互相配合,互相制约"的法律关系;从横向构造来看,最高人民法院 2018 年开始实施《人民法院办理刑事案件庭前会议规程(试行)》《人民法院办理刑事案件排除非法证据规程(试行)》和《人民法院办理刑事案件第一审普通程序法庭调查规程(试行)》,这"三项规程"为庭前会议程序、非法证据排除、一审程序确立了区别于西方的控诉、辩护、裁判三

---

[1] 在国内,1992 年,李心鉴首先系统地研究了刑事诉讼构造问题,其代表作《刑事诉讼构造论》成为研究该问题的典范。其后,宋英辉的《刑事诉讼目的论》、陈瑞华的《刑事审判原理论》等著作都深入关注这一问题。参见李心鉴:《刑事诉讼构造论》,中国政法大学出版社 1992 年版,第 7—16 页;宋英辉:《刑事诉讼目的论》,中国人民公安大学出版社 1995 年版,第 11—13 页;陈瑞华:《刑事审判原理论》,北京大学出版社 1997 年版,第 1—7 页。

[2] 参见[美]赫伯特·L.帕克:《刑事诉讼的两种模式》,梁根林译,载[美]虞平、郭志媛编译:《争鸣与思辨:刑事诉讼模式经典论文选译》,北京大学出版社 2013 年版,第 3—50 页。

方法律关系和具体程序。这些都向我们呈现了严格司法的中国特色的刑事诉讼构造。

严格司法更多地体现了我国刑事诉讼的动态过程并反映出其中的法律关系,而无罪判决作为刑事司法结果的一种特定呈现,可以从结果记载过程并反映过程,无罪判决的裁判文书承载了相当多的信息,可以在一定程度上有效反映我国刑事诉讼的构造。从结果反推过程,从作出结果的依据反推侦查机关取证、检察机关支持公诉、被告人及其律师的地位和权利、法院裁判的标准等,可以对我国刑事诉讼的构造作出理论上的解释。这也是我们选用无罪判决裁判文书来审视严格司法的主要原因。

第二节　从无罪判决裁判文书看严格司法的中国实践

从经验层面来看,透过无罪判决裁判文书可以一窥我国严格司法的实然状态,而我国网上公开的裁判文书资源为我们提供了较为充分的实证研究样本。

一、样本情况

我们以中国裁判文书网为数据来源,筛选条件为判决结果中包含"无罪判罚"的裁判文书,获得符合该筛选条件的案件有 2463 件,通过审读排除因模型提取严重不符的 3 件,最终共有 2460 件。如表 13-1 所示,在案件审级分布上,除去缺失的 34 个样本,其中,一审有 1107 件,占 45.6%;二审有 1205 件,占 49.7%;再审有 114 件,占 4.7%。[1] 普通的一审案件(新收公诉)作出无罪判决的有 367 件,占 15.13%,所占的比例较低;二审上诉案件有 838 件,占 34.54%,是各种类型案件中所占比例最高的。

---

[1] 最后检索时间为 2017 年 7 月 31 日,选择的无罪判决裁判文书截止时间为 2016 年底。在这些样本中,在不排除一审、二审、再审重复被告人的情况下,被判处无罪判罚的有 3245 人,有律师参与的案件为 1585 件。

表 13-1 有效样本的分布情况

		一审案件	二审案件	再审案件	合计
有效样本	新收公诉	367	0	0	367
	新收自诉	579	0	0	579
	上诉	0	838	0	838
	抗诉	0	290	0	290
	既上诉又抗诉	0	75	0	75
	上级法院发回重审	159	2	0	161
	当事人申诉	0	0	72	72
	上级法院指定管辖	2	0	0	2
	院长发现错误	0	0	7	7
	本院发现错误	0	0	17	17
	上级法院发现错误	0	0	3	3
	对再审裁判不服上诉	0	0	15	15
	合计	1107	1205	114	2426
缺失样本					34
总合计					2460

此外，自诉案件占了上述无罪判决的很大一部分。从本质看，自诉案件的无罪判决并不具有刑事无罪案件的典型性，自诉案件与民事诉讼较为接近，要求自诉人举证，缺乏代表国家追诉犯罪的检察官及警察的参与。在这些自诉案件中，从案件类型来看，被害人有证据证明的轻微刑事案件有 437 件，占 75.47%；而公诉转自诉案件仅有 29 件，占 5.01%。

二、无罪判决率低与无罪判决理由

审判是保证无辜的人不受刑事追究、有罪的人得到正确定罪量刑的关键环节，也是刑事诉讼的中心环节。如表 13-2 显示，我国法院近年来所作出的无罪判决日趋减少，无罪判决率不断走低，已连续多年无罪判决率低于 1‰，最高的

2006年只有1.92‰,最低的2012年只有0.61‰,而且明显低于免于刑事处罚的案件量。这反映出,近年来公诉案件判决无罪人数持续下降,甚至有的法院、检察院已公开宣布本地无罪判决率为零,或者以零无罪判决率为目标。相比之下,"在大陆法系国家,刑事案件的无罪判决率一般在5%左右,英美法系国家的无罪判决率则通常约20%"[1]。显然,我国的无罪判决率与西方主要国家有着显著差异。

表13-2 全国法院审理刑事案件生效判决(无罪判决)情况

年份	生效判决人数/件数	宣告无罪(无罪判决率)	免于刑事处罚(人)	给予刑事处罚(人)	公诉案件无罪判决人数	自诉案件无罪判决人数
2016年	1220645人	1076人(0.00088)	19966	1199603	656	420
2015年	1232695人	1039人(0.00084)	18020	1213636	667	372
2014年	1184562人	778人(0.00065)	19253	1164531	518	260
2013年	1158609人	825人(0.00071)	19231	1138553	——	——
2012年	1174133人(816759件)	727人(0.00061)	18974	1154432	479	412
2011年	1051638人(700660件)	891人(0.00084)	18281	1032466	494	505
2010年	1007419人(656198件)	999人(0.00099)	17957	988463	183	816
2009年	997872人(644387件)	1206人(0.00120)	17223	979443	572	634

---

[1] Kathryn Christopher and Russell Christopher, *Criminal Law*, Oxford University Press, 2011. 参见李扬:《论影响我国无罪判决的关键性因素——对百例无罪判决的实证分析》,《政法论坛》2013年第4期。

续表

年份	生效判决人数/件数	宣告无罪（无罪判决率）	免于刑事处罚(人)	给予刑事处罚(人)	公诉案件无罪判决人数	自诉案件无罪判决人数
2008年	1008677人（649941件）	1373人（0.00136）	17312	989992	671	702
2007年	933156人（606814件）	1417人（0.00151）	15129	916610	685	732
2006年	890755人（592220件）	1713人（0.00192）	15196	873846	—	—

注：数据主要来源于《中国法律年鉴》《最高人民法院年度工作报告》《最高人民检察院年度工作报告》，2008—2012年的部分数据来源于最高人民法院研究室文献《人民法院审理宣告无罪案件的分析报告——关于人民法院贯彻无罪推定原则的实证分析》。

无罪判决数量的多少本身并没有好坏之分，但与一国的刑事诉讼构造有着紧密的关系。相比之下，英美法系国家推崇诉讼中的对抗，被告人获得无罪判决的概率要明显高于强调控制犯罪的大陆法系国家。我国的无罪判决率低和刑事诉讼中打击犯罪的诉讼目的观有着紧密关联，同时，刑事案件无罪判决率还会随着侦查技术手段的不断进步和公诉机关公诉质量的提升而有所下降。但是，无罪判决率低并不必然代表办案质量高，我国先后发生了赵作海案、张氏叔侄案、呼格吉勒图案、聂树斌案等重大冤错案件，暴露出我国刑事诉讼过于强调三机关配合、疑罪从无难等问题。

那么，这些引人关注的无罪判决的主要理由究竟是什么呢？从我们收集的样本情况来看（见表13-3），无罪判决的主要理由包括：事实不清或证据不足占47%，公诉机关撤回起诉或抗诉占21%，其他撤回上诉占3%（包括原审自诉人撤回上诉占2%，原审附带民事诉讼原告撤回上诉占1%），适用法律错误占7%，认定事实错误占2%，量刑不当占1%，量刑失衡占1%，等等。值得注意的是，样本中明确提出因出现新证据而判无罪的案件频次为0，这说明主要还是法官对事实及证据的判断问题。

表 13-3 无罪判决的主要理由

	结案事由	频次	有效百分比
有效样本	事实不清或证据不足	1156	47%
	公诉机关撤回起诉或抗诉	517	21%
	适用法律错误	172	7%
	认定事实错误	49	2%
	原审自诉人撤回上诉	49	2%
	量刑不当	25	1%
	量刑失衡	25	1%
	原审附带民事诉讼原告撤回上诉	24	1%
	被告人积极退赃	24	1%
	出现新证据	0	0%
	其他	419	17%
	合计	2460	100%
总合计		2460	100%

占比最高的无罪判决理由是"事实不清或证据不足"。事实不清的背后实质上也是证据不确实、不充分的问题,因此,证据不足问题构成了无罪判决最主要的理由。正如下面这份无罪判决书节选所显示的,过分依赖口供而缺乏必要的客观证据,导致难以达到有罪判决的证明标准,是最为常见的无罪判决原因。

无罪判决书节选 1:

罗某丙、柯某在侦查期间的有罪供述在无客观物证、无证人证言、无被害人辨认、无同案其他被告人对其二人进行指证及无勘验、检查笔录等证据印证的情况下,无法认定被告人有罪供述的客观性,且罗某丙、柯某均已翻供,现有证据不符合确实、充分的证明标准,不能排除合理怀疑。根据《刑事诉讼法》的相关规定,只有被告人供述,没有其他证据的,不能认定被告人有罪。故抗诉机关及支持抗诉机关的相关抗诉意见均不能成立,本院不予支持。[1]

对于事实不清、证据不足的案件如何结案,除了法院作出无罪判决,我国《刑事诉讼法》还规定了在侦查阶段、审查起诉阶段、审判阶段有三种处理情况:(1)在侦查阶段,如果发现不应对犯罪嫌疑人追究刑事责任,公安机关应当撤销案件;(2)在审查起诉阶段,经过补充侦查的案件,检察院仍然认为证据不足,不符合起诉条件的,作出不起诉的决定;(3)在审判阶段,在法院宣告判决前,检察院发现证据不足或证据发生变化,不符合起诉条件的,可以撤回起诉。这在一定程度上可以解释为什么无罪判决少,因为在刑事诉讼的各个阶段都可以消解无罪判决,甚至到了审判阶段,检察机关还可以通过撤回起诉等程序倒流的方式来避免无罪判决的作出。

三、绩效模式还是程序模式

绩效模式是指组织、团队或个人在一定的环境、资源和条件下,对目标实现程度和达成效率的衡量,从而赢得大多数人的正当性认同。对于刑事司法而言,公安司法机关需要提升其表现,以兑现其在业绩上的承诺,或至少表明承诺是可以兑现的,往往将绩效目标分解为具体考核指标,通过组织压力推动目标之实现。民众则通常也会以破案率、定罪率等实用主义的直观指标来评价刑事司法的效果和正当性。与绩效模式相对应的是程序模式,即通过严格依照程序(规则)进行治理而获得正当性。公安司法机关在司法资源分配和公权力的行使过程中,要按照程序和规则约束自己的行为,不能超越规则剥夺公民应有的权利。程序模式的运行主要取决于公安司法机关和被追诉人及其律师的规则

---

[1] 参见《罗某甲、罗某乙等故意伤害罪二审刑事裁定书》[(2014)鄂黄石中刑终字第00173号]。

意识与程序理性。

我国刑事司法中的绩效考核,是影响公安司法机关之间关系的一个重要因素。在当前的绩效考核机制下,无罪判决率与公诉机关公诉质量以及法院审判质量挂钩,便出现了一些检察院、法院合力追求低无罪判决率甚至是零无罪判决率的现象。[1] 以检察机关为例,以定罪率和无罪判决率为指标的检察业务考评体系是影响无罪判决实践的重要原因。将法院无罪判决作为检察业务考评指标并在评分办法中作为减分项,实际上是把无罪判决划入"刑事错案",表达了检察机关不愿意出现所提起的公诉案件被法院判无罪的强烈愿望。[2] 然而,有罪判决率并不能全面反映出公诉环节各个方面的实际情况,考评检察官公诉质量不能仅以有罪判决率来衡量办案质量高低和作为绩效标准,更要以是否及时纠正冤假错案、保证无辜者不被追究、保障被追诉人权利为标准。以有罪判决率为指标考核体系,反映出我国检察机关存在"重惩罚犯罪"的追诉主义倾向。

从表13-3可以看出,检察机关撤回起诉或抗诉是无罪判决的一个重要理由,占所有无罪判决理由的21%。实际上,这只是冰山一角,还有大量的案件,检察机关在感觉到可能被无罪裁判时,在一审中便通过程序倒流撤回公诉以规避无罪判决,这种做法屡见不鲜,究竟因此消解了多少无罪判决,尚没有明确的实证数据。无罪判决书还显示,有不少案件中,检察机关以案件事实不清、证据不足为由,在二审或再审中向法院提出"建议撤销原判,发回重审"的意见,[3] 这本身也是一种程序倒流的动议。

撤回起诉或抗诉是指检察机关在案件提起公诉或抗诉后、法院作出判决前,因出现一定的法定事由,决定对提起诉讼的全部或部分被告人撤回处理的

---

1 例如,有媒体报道,辽阳市宏伟区检察院自1978年建院以来,依法提起公诉的各类刑事案件共1045件、1310人,一审或二审均未出现无罪判决情况,有罪判决率达到100%,为维护公平正义作出了突出贡献。参见本报讯:《25年公诉案件无罪判决为零》,《检察风云》2004年第23期。
2 参见张保生、张晃榕:《检察业务考评与错案责任追究机制的完善》,《中国刑事法杂志》2014年第4期。
3 参见《高某某等人重大责任事故二审刑事判决书》[(2016)吉01刑终164号]。

诉讼活动。如下无罪判决书节选显示,检察机关撤回起诉或抗诉,如果是在一审期间,则能达到规避无罪判决的效果;如果是在二审或再审中,则会在实质上导致无罪。

无罪判决书节选2:

本院认为,二审期间,西宁市人民检察院决定撤回抗诉,符合法律规定,应当准许。鉴于检察机关已撤回抗诉,上诉人季某某及其委托代理人针对本案附带民事诉讼的上诉理由及委托代理人的代理意见无据可依,不予采纳。依照《最高人民法院关于适用〈中华人民共和国刑事诉讼法〉的解释》(2012年)第305条第1款、第308条、第225第1款第(1)项之规定,裁定如下:一、准许西宁市人民检察院撤回对原审被告人马某甲的抗诉。二、驳回上诉人季某某的上诉,维持原附带民事诉讼部分的判决。[1]

撤回起诉或抗诉是我国公诉制度的重要组成部分,体现了公诉裁量权。最高人民检察院《关于公诉案件撤回起诉若干问题的指导意见》第3条规定了检察院撤回公诉的八种情形。[2] 司法实践中,这种以撤回起诉代替无罪判决的做法具有一定的普遍性。有学者曾以某基层法院五年内撤回起诉和无罪判决的案件为样本,来研究撤回起诉和无罪判决之间的关系。在考察期间内,该院审结撤回起诉案件共58件,撤诉案件平均占同期刑事案件的0.4%,而该院同期宣告无罪的案件仅5件,即年均1件。从撤诉原因看,有30件案件因证据不足而撤

---

[1] 参见《马某某非法拘禁案二审刑事附带民事裁定书》[(2015)宁刑终字第243号]。
[2] 对于提起公诉的案件,人民检察院在八种情况下可以撤回起诉:(1)不存在犯罪事实的;(2)犯罪事实并非被告人所为的;(3)情节显著轻微、危害不大,不认为是犯罪的;(4)证据不足或证据发生变化,不符合起诉条件的;(5)被告人因未达到刑事责任年龄,不负刑事责任的;(6)被告人是精神病人,在不能辨认或者不能控制自己行为的时候造成危害结果,经法定程序鉴定确认,不负刑事责任的;(7)法律、司法解释发生变化导致不应当追究被告人刑事责任的;(8)其他不应当追究被告人刑事责任的。

诉,即指控被告人犯罪的证据不足,指控的犯罪事实不能成立,公诉机关为避免出现无罪判决而在法院宣判前撤回起诉。[1]从该基层法院撤回起诉案件和无罪判决案件数量来看,该法院同期无罪判决案件数量极少,撤回起诉案件数量是无罪判决案件数量的十倍多。从法院准予撤回起诉的裁定书来看,绝大多数案件因"事实和证据发生变化"而撤诉,个别案件因为"发现新的犯罪事实"和"管辖错误"而撤诉。因此,可以说,检察机关绝大多数撤回公诉的情形,是基于事实和证据方面的原因而担心法院以证据不足为由作出无罪判决,[2]这背后隐约可以看到绩效考核的指挥棒。同时,法院在遇到证据不足的疑难案件时,常常倾向甚至推崇"留有余地"的裁判方式,以避免作出无罪判决。[3]如表13-1所示,在作出无罪判决的理由中,事实不清或者证据不足占的比例最高。在绩效模式下,当程序规则存在"空间"时,以撤诉等方式来替代无罪判决便有了现实合理性。

此外,检察机关对有罪判决率的影响,还体现在指控罪名与一审判决结果的关系上。根据SPSS统计分析,在2460个案例样本中,通过指控罪名和一审判决结果的变量指标的相关性分析,可以得出显著相关的结果,显著性水平 $p=0.008<0.05$,说明案件中的主要指控罪名"指控罪名1"[4]与一审的定罪判决结果"一审结果"两变量之间存在相关性,即在公诉案件中检察机关对被告人的指控罪名与法院对被告人的定罪量刑有显著性作用。这也在一定程度上反映出司法裁判过程中检察机关和法院的相互配合关系。

四、合作模式还是对抗模式

合作模式是指公安司法机关基于相互配合、共同达到打击犯罪的目的而展

---

[1] 参见吴小军、董超:《刑事诉审合意现象之透视——以撤回公诉和无罪判决为样本》,《人民司法》2011年第15期。
[2] 参见陈学权:《避免"以撤回公诉代替无罪判决"的理性分析》,《人民检察》2009年第23期。
[3] 参见陈瑞华:《留有余地的判决——一种值得反思的司法裁判方式》,《法学论坛》2010年第4期。
[4] 在对案例样本数据录入时,把主要指控罪名定为变量"指控罪名1"。

开的刑事诉讼活动,以及公安司法机关和被追诉方通过认罪认罚从宽、刑事和解等实现刑事诉讼中的合作关系。对抗模式则是传统的控辩平等对抗、法官居中裁判的刑事诉讼活动。从我国的司法实践来看,无罪判决率低离不开公安机关、检察机关和法院精细化的协作关系,也离不开控诉方和辩护方的合作关系,这与传统的对抗模式是有差别的。

第一个层面的合作是公安机关、检察机关和法院的分工负责、互相配合。从职能来看,公安机关和检察机关共同构成代表国家公权力的追诉力量,两者的配合无论是在法理上还是在法条上都具有明确的依据,而法院与检察机关(及公安机关)的配合更多地体现出中国特色。这种配合最直接的表现就是检察机关通过向法庭提交公安机关收集的证据来支持公诉,而法院通过认可上述证据来作出裁判。从如下无罪判决书节选中,侦查中所收集的材料的影响力可见一斑。

无罪判决书节选3:

本院再审查明,原公诉机关提供的已经过庭审质证、证实赵某甲犯罪事实的主要证据如下:

昌黎县公安局刑警大队出具的"说明"八份:

说明一:赵某甲强奸、抢劫一案,我局在侦查阶段被告人的供述没有制作同步录音录像,原因是因看守所内设备在检修过程中,经向看守所干警打听无法制作。

说明二:赵某甲强奸、抢劫一案,赵某甲所使用的菜刀在我局依法提取之前,被害人及家属、村民许多人把玩、使用过,无法进行指纹鉴定。

说明三:赵某甲强奸、抢劫一案,赵某甲对2010年8月19日的犯罪事实拒不承认,故刀去向不明无法提取。砖头我局已照相固定,砖头不能做指纹鉴定。

说明四:赵某甲强奸、抢劫一案,赵某甲作案用的面具带离了案发现场,被告人交代面具扔了,是塑料袋,当晚有风下雨,面具无法找到……[1]

从检察权与审判权两者之间的关系来看,目前,在检察机关检察权和法律监督权两者定位不够明晰的情况下,作为公诉部门的检察机关积极指控犯罪,[2]而法院又因顾及检察机关法律监督机关的地位而影响到其裁判的中立性。同时,实践中存在无罪判决案件由审委会讨论定案、政法委介入疑罪个案并对裁判结果进行协调的情况,这种讨论和协调促进了三机关的"互相配合"。如在我们所收集的无罪判决书中,不少都载有如下内容:"经本院审判委员会研究决定,判决如下:……"在审委会讨论或者政法委协调过程中,通常依据的是侦查机关的案卷材料和检察机关的公诉意见,而并无辩方的参与,容易形成公检法协作追诉犯罪的公权力合作模式。以呼格吉勒图案为例,如下无罪判决书节选显示,在被告人翻供后,该案根本没有直接证据,就更不用说"证据确实、充分"了。可以说,没有公检法的通力合作,这样的案子要定案显然是很难的。

无罪判决书节选4:

原判认定原审被告人呼格吉勒图采用捂嘴、扼颈等暴力手段对被害人杨某某进行流氓猥亵,致杨某某窒息死亡的事实,没有确实、充分的证据予以证实。

1. 原审被告人呼格吉勒图供述的犯罪手段与尸体检验报告不符……
2. 血型鉴定结论不具有排他性……

---

[1] 参见《赵某甲强奸、抢劫再审刑事判决书》[(2016)冀03刑再2号]。
[2] 我国《刑事诉讼法》规定的刑事案件提起公诉和判决有罪的证明标准是一样的。实践中,检察机关就是按照法院判决有罪的标准来审查判断起诉证据,以决定是否向法院提起公诉。法院以"事实不清或证据不足"为由判决指控的犯罪不能成立,是对检察机关审查起诉工作的否定性评价,自然会给检察机关以压力感。

3. 呼格吉勒图的有罪供述不稳定,且与其他证据存在诸多不吻合之处……[1]

第二个层面的合作是从我国当前刑事司法实践来看,无罪判决的作出离不开控、辩、审三方合力协作。特别是随着恢复性司法、刑事和解、认罪认罚从宽等理念及制度的确立,我国刑事诉讼中的控辩协商、控辩合作越来越多地走向了台前。虽然从诉讼职能来看,控辩双方是对立的,但从发现客观真相、实现正义的角度来看,控辩双方的合作有着必要性和空间。如下无罪判决书节选显示,有的无罪判决本身就是控辩双方的共同意见并得到了法官的认可。

无罪判决书节选5：

被告人卢某甲对鉴定意见有异议并申请重新鉴定,经法大法庭科学技术鉴定研究所鉴定:根据《人体损伤程度鉴定标准》第5.2.2.h款之规定,"被鉴定人徐某乙"此处损伤程度构成轻微伤。被告人卢某甲的伤害后果为致一人轻微伤,未达到致一人轻伤的程度,其行为不符合寻衅滋事罪的构成要件,应宣告被告人卢某甲无罪。滦南县人民检察院关于"被告人卢某甲随意殴打被害人徐某乙致伤,但因轻伤鉴定标准变更,被害人徐某乙的损伤根据《人体损伤程度鉴定标准》为轻微伤,应宣告被告人卢某甲无罪"的公诉意见正确,本院予以支持。辩护人提出的应当宣告被告人卢某甲无罪的辩护意见正确,予以采纳。[2]

辩护律师作为提供无罪证据并做无罪答辩的主要力量,其刑事辩护能力的

---

[1] 参见《呼格吉勒图犯故意杀人罪、流氓罪再审刑事判决书》[（2014）内刑再终字第00005号]。
[2] 参见《卢某甲寻衅滋事一审刑事判决书》[（2013）滦刑初字第160号]。

强弱是决定法院能否作出刑事无罪判决的重要因素。从本次2000多个案例样本的实证统计分析可以看出,是否有辩护律师对于案件中被告人的定罪量刑有着显著的影响:SPSS相关性统计分析结果显示,显著性水平$p=0.007<0.05$,说明案件中的被告人是否有辩护律师与一审的定罪判决结果两变量之间存在相关性,即是否有辩护律师在一审中对被告人的定罪量刑有显著性作用。

在我们收集的无罪判决书中,在有辩护人的情况下,并非所有的辩护人都做了无罪辩护。其中,辩护人做无罪辩护的占86%,做此罪彼罪辩护的占7%,做罪轻辩护的占7%。从我刑事司法实践来看,一方面,目前刑事辩护率低、辩护效果弱是我国司法实践的常态,而辩护力量的强弱会直接影响到法庭庭审效果。在被告人难以获得律师有效辩护的情况下,本就处于弱势地位的被告人很难为自己辩护,这也在一定程度上使得无罪判决难以作出。另一方面,刑事诉讼中无罪辩护和量刑辩护之间的紧张关系也是无罪判决难以作出的一个重要原因。[1]在典型的定罪量刑分离的庭审模式之中,各种不利于被告人的量刑证据在定罪裁决作出之前不得进入法官或陪审员的视野,目的就在于贯彻无罪推定的理念,通过公正审判来认定被告人是否有罪。而如果辩护律师同时参与定罪和量刑问题的法庭调查与法庭辩论,则容易陷入自相矛盾之困境,影响无罪辩护的效果。

五、存疑模式还是无罪模式

存疑模式是指在刑事诉讼中,对于证据不足、指控的犯罪不能成立的案件所作出的无罪判决。根据我国《刑事诉讼法》第200条的规定,无罪判决可以分为法定无罪判决和证据不足、指控的犯罪不能成立的无罪判决两类。区别于法定无罪判决的无罪模式,存疑模式实际上是作出一种存疑的判决。1996年修订

---

[1] 参见牟绿叶:《论无罪辩护与量刑辩护的关系》,《当代法学》2012年第1期。

《刑事诉讼法》时增设了"证据不足、指控的犯罪不能成立的无罪判决"的条款。当时,学者们普遍认为这一规定体现了无罪推定原则关于疑罪从无的精神,是立法上的一大进步。[1] 就法定无罪判决而言,明确的法律依据使得其在实践中较少存在争议;而证据不足、指控的犯罪不能成立的无罪判决,因涉及案件事实、证据的综合判定和法院的自由裁量,相对而言更多地带有裁判者的主观色彩,在实践中易受争议。

从表13-3可以看出,存疑模式在我国的无罪判决中所占的比例很高,主要包括两大类:一是事实不清或者证据不足,在所收集的无罪判决样本中占47%;二是公诉机关撤回起诉或抗诉,占21%。其他撤回上诉占3%。纯粹的法定无罪判决则主要包括两类:一是适用法律错误,占7%;二是认定事实错误,占2%。相比之下,存疑模式显然占据多数,也正是这种存疑让司法机关在作出无罪判决时更加地谨慎。如下无罪判决书节选显示,这种存疑导致无法达到有罪判决的证明标准,但并不等同于客观真实意义上的无罪,而是一种法律上的无罪。

无罪判决节选6:

本院认为,原公诉机关指控原审被告人李某芳的行为构成盗窃罪的证据存在无法排除的矛盾和无法解释的疑问,证据之间不能相互印证,形成不了完整的证明体系,且对所认定的事实不能排除合理怀疑,结论不具有唯一性。原公诉机关指控原审被告人李某芳的行为构成盗窃罪的证据不确实、不充分。[2]

准确把握证据不足、指控的犯罪不能成立的无罪判决的定性问题,对被告人的权利保障具有重要意义。从裁判文书的性质来看,必须划分为有罪和无罪

---

[1] 参见樊崇义:《简论"证据不足、指控的犯罪不能成立的无罪判决"之适用》,《政法论坛》1997年第3期。
[2] 参见《李某芳盗窃案二审刑事裁定书》[(2016)赣07刑终129号]。

两种,即作为法院的判决要么是有罪,要么是无罪,否则就会变成悬案。证据不足、指控的犯罪不能成立的无罪判决虽然是介于有罪与无罪之间的存疑状态,但这类无罪判决既然作为无罪判决,其法律性质和效力应该与并列的法定无罪判决等同。

证据不足无罪判决的效力及变更问题还涉及刑事诉讼中的一事不再理原则,与判决的既判力密切相关。依照《刑事诉讼法》第 200 条第 3 项规定,宣告被告人无罪后,检察机关根据新的事实、证据重新起诉的,应当依法受理。这种"重新起诉,重新审判"意味着在无罪判决以后,若获取了新的、充分的证据,还可以重新对被告人提起诉讼,法院需要受理检察机关所提起的公诉并重新审判。法院经依法开庭审理,认为事实清楚、证据充分的,仍然可以宣告被告人有罪。这不仅涉及生效判决的稳定性问题,并且在诉讼理论上是将被告人置于双重危险之境地,有违一事不再理原则,在程序上如果不予严格限制,将很容易使得存疑无罪变成"暂时"的无罪判决,从而也将损害到司法裁判的权威性。

第三节 模式选择:通过严格司法的国家治理

我国刑事诉讼的构造既不能简单地归类于职权主义(犯罪控制模式),更与当事人主义(人权保障模式)有着显著的差别。透过无罪判决率低这一表象,可以看到我国刑事诉讼呈现出严格司法之特点。如上文所述,无罪判决率低的背后是严格的绩效考核评价机制、公安司法机关的相互协作关系、有限的存疑无罪以及司法政策的严格化等。无罪判决率低只是严格司法的一个外在表现,极高的有罪判决率要以公安司法机关对案件的严格审查和控制为前提,对程序设计的精细化提出了极高的要求,以实现刑事诉讼过程的合法性和正当性。而严格司法的刑事诉讼构造背后则是一种国家通过司法的治理模式。

一、精密司法：域外的经验与教训

在西方主要国家中，日本的有罪判决率高达99.8%，和我国最为接近。有别于我国的严格司法，在日本称为精密司法。在此，以日本为例，从比较法层面考察域外精密司法的经验与教训，发挥他山之石的作用。

"精密司法"一词是由日本学者松尾浩也最早提出："即侦查非常彻底，起诉进行得审慎，审理也非常地细致入微。"[1]这一术语被用来描述日本刑事司法程序，意指一种严密而精确的司法程序。这种程序最为明显的标志便是其非常高的有罪判决率，背后则是整个司法结构设计的精密化、司法程序运行过程的精密化，并以此来保证司法程序的合法性、司法结果的正确性乃至司法本身的正当性及正义性。[2]精密司法在日本刑事司法的现实运行中实现了社会保护机能，提高了处理刑事案件的效率，有效地抑制了犯罪的发生。然而，越来越多的日本学者却开始呼吁对精密司法进行限制，认为精密司法带来的这些正面成果是以牺牲公民的个人自由和权利为代价的。从维护治安和社会稳定的角度来讲，追求高效率永远是打击犯罪的要求。然而随着日本精密司法的弊端逐渐显现，过分追求高效率容易导致冤假错案的发生已越来越成为日本学界和实务部门的共识。在诉讼效率和程序正义中取得平衡，在充分保障犯罪嫌疑人权利的前提下惩治犯罪，以改良原来的精密司法，成为日本面临的一项重大课题。

日本法务省在2011年6月29日召开了新时代的刑事司法制度特别部会，在2013年1月29日第19回会议中通过了《适应时代的新刑事司法制度的基本构想》（简称《基本构想》）。《基本构想》提到了一系列具体的检讨课题，如询问录音录像的制度化、证据开示的一览表等，描绘了今后刑事程序大概的存在形

---

[1] [日]松尾浩也：《日本刑事诉讼法》（上卷），丁相顺译，中国人民大学出版社2005年版，第17页。
[2] 参见陈卫东：《司法如何精密？写于〈刑事诉讼法〉再修改之际》，《法制日报》2006年1月5日，第9版。

式。此外,《基本构想》还批判了询问正当化方面仍旧存在的侦查和追诉权限的扩大及强化。在过去十多年间,日本刑事诉讼经历了大规模的改革,如引入嫌疑人国选辩护人制度、包含证据开示的庭前整理程序、裁判员制度和被害人参加制度。日本的刑事诉讼确实在朝着公判审理的"核心司法"(公判中心主义)方向变化。而且,再加上一系列虚假自白、供述的冤案被昭雪,检察官"有罪获得至上主义"的办事风格遭到了社会的强烈批判。

《基本构想》指出,公判中心主义弱化、侦查在裁判中的支配性提高、产生虚假自白、询问不遵守正当程序、过度依靠供述笔录等不良后果都与具有"真相解明"目的性倾斜的刑事诉讼构造有关。而之所以产生这些不良后果,也正是因为精密司法的内在构造存在问题。可以说"精密司法"的"异化"引起了上述的诸多不良后果,要想消解这些不良影响,就要立足宪法上的正当程序原则,推动对刑事诉讼的构造改革。[1]

通过询问获得对案件真实的彻底解明和对证据收集的过于绵密构成了日本刑事司法的"重要特色"。《基本构想》明确指出了这一刑事司法的日本特色。在刑事程序中目的性地倾向于"真相解明",过度依赖于作为其手段的询问和通过询问形成的供述笔录,这些都是精密司法的要素。基于上述日本独特的司法特色而确立的刑事诉讼构造,正是"精密司法"这一概念所蕴含的含义。在精密司法过程中,与"真相解明"目的相伴而来的是详密的侦查、密集且细致的询问、作为高度嫌疑程度基准的"有罪确信"和检察官广泛的诉讼裁量、极度严格的公诉提起、以供述笔录为中心的公判审理、非常仔细的事实认定等一系列的精密化流程。[2]《基本构想》指出,对询问和供述笔录的过度依赖正

---

[1] 葛野寻之:論文・記事等/法律時報 85 卷 8 号(通卷 1062 号)4—10ページ[2013/7/1],刑事手続の構造改革 その理念と課題(特集 刑事手続の構造改革)。

[2] 参见松尾浩也:《刑事诉讼的日本特色》,《法曹时报》第 46 卷第 7 号(1994 年);平野龙一:《现行刑事诉讼的诊断》,载《团藤重光博士古稀祝贺论文集》第 4 卷,有斐阁 1985 年版;石松竹雄:《刑事裁判的空洞化》,劲草书房 1993 年版。

是精密司法构成的重要因素。

日本的精密司法产生于对事实真相的详密解明。因为刑事程序对"事实真相"的希求,竭力排除对事实认定具有偏差意味的不确定性,可以说这种高效实现真相解明的刑事程序使得"精密司法"概念得以确立。《基本构想》也认可了询问和供述证据对于真相解明的作用。也就是说,"在有限的有力证据收集手段中,询问作为侦查机关直接从当事人本人口中得到与案件直接关联的事实知识的手段,在以事实解明为目标的侦查中起到了中心功能。此外,根据询问取得的详细供述制作成的询问笔录,对于没有争议的案件高效地按照时间顺序理解起来很清晰,在公判中能够作为展示供述内容的立证手段,当遇到供述人对侦查阶段的供述翻供的情况,通常法庭上默认为更相信供述笔录"[1]。

精密司法的问题在于比起程序的正当,更重视真相的解明。基于此,侦查变得纠问化,询问也容易变得为了积极获取自白而具有诱导性,公判审理脱离了直接主义和口头主义,失去活力,公判中心主义变得只具有形式,必然也导致了被告人防御保障的弱化。结果就是,无罪判决变得极为困难。《基本构想》中提出的"负面影响"不仅仅是单纯揭示了精密司法的机能缺陷,更旨在指出作为刑事诉讼构造的精密司法必然会产生内在构造上的问题。

精密司法还带来了司法的官僚化问题。日本以最高法院为顶点,在下面分列各级法院,并通过人事权控制全国法官的金字塔官僚体制,虽然减少了外部对司法的干预,却无法使下级法院法官有效抵制上级法院法官的干预,法官依法独立办案有从内部沦丧之虞。因此,引入社会民众监督,建立裁判员制度,以国民的力量来驱除和净化上级法院对独立审判的干涉,成为日本第三轮司法改革的重要内容。引入裁判员裁判后,普通国民参与审理,裁判所的裁判结果变成了法官和裁判员充分协商之后得出的结论。裁判员制度就是要通过国民的

---

[1] 浏野貴生:論文・記事等/刑事訴訟法/学界回顧 86 巻 13 号(通卷 1080 号)231—242ページ[2014/12/1],刑事訴訟法(特集 2014 年学界回顧)。

眼睛检视诉讼程序,反映了程序正义。以裁判员制度为中心,刑事裁判的正当性根据的重点变成了程序正义的实践。葛野寻之在《裁判员制度和刑事司法改革》中指出,裁判员制度并不必然导致公判中心主义再生,要想实现直接主义和口头主义的实质化,必须通过实现缓和起诉基准,适当限制侦查和询问,以克服精密司法的缺陷。[1]

二、严格司法:我国刑事诉讼构造的完善

透过无罪判决对我国严格司法的经验分析,以及对域外相关经验教训的审视,可以为我国刑事诉讼构造的完善提供一管之见。

(一)严格司法要求处理好两组关系

一是对实体真实主义的倚重与程序正义的关系。从传统上来看,大陆法系国家更关注案件真相的发现,容易忽视程序正义及权利保障,重心前移到审前程序,导致审判形式化,并增加错案形成的概率。可以说,日本精密司法模式所引发的问题,在我国刑事司法中或多或少也存在,只是表现形式有所不同。我国以实事求是为思想指引,公安司法机关对于实体真实的孜孜以求,普通民众对于惩恶扬善、严刑峻法的惯性期待,都容易使得我们更加注重实体真实主义。实体真实主义表现为公安司法机关对于口供和案卷笔录过分倚重,公检法之间过于强调互相配合,为刑讯逼供和非法取证埋下了诱因。因此,如何平衡实体真实和程序正义是完善我国刑事诉讼构造所必须思考的问题,而基于现况,应更加注重对程序公正的强调,以程序公正来弥补严格司法模式可能存在的缺陷和不足。

二是司法的精密化与司法民主的关系。严格司法带来的司法的精密化,虽

---

[1] 葛野寻之:論文・記事等/法律時報 85 巻 8 号(通卷 1062 号)4—10ページ[2013/7/1],刑事手続の構造改革——その理念と課題(特集 刑事手続の構造改革)。

然对于保障司法廉洁、中立和公正有积极作用,但这一作用不能被无限放大。一方面,过于强调职业化,容易导致公安司法机关背离社会一般公正观,并引发社会民众对司法公正的怀疑。[1]另一方面,从实践来看,严格司法模式尚未能充分保障检察机关和法院依法独立办案。我国目前的司法改革以强化司法去行政化、去地方化和法官、检察官职业化为方向,这在我国现实的司法环境中是十分必要的,但这并不能成为排斥民众充分地参与司法的理由。相反,由于我国正处在社会转型和推进法治建设的关键阶段,司法必须保持与社会的良性互动。未来的司法改革应从弥合司法的精密化所带来的问题的角度进一步完善陪审制、人民监督员、媒体监督等相关制度,认真对待社会发展和社会治理对司法的要求。

(二) 以严格司法为基础完善我国的刑事诉讼构造

上文对无罪判决的分析,让我们看到了我国严格司法模式的特点和问题。根据绩效模式、合作模式和存疑模式的现况,以及参考日本对精密司法的反思及其改革,基于正当程序主义的要求,我们应积极思考如何对我国刑事诉讼构造进行完善。

一方面,对我国刑事诉讼中的绩效模式、合作模式和存疑模式进行审思和调整。

第一,以正当程序规制绩效模式。绩效模式存在着先天缺陷,绩效考核原初是行政机关和经济部门提高效率的手段,虽然有助于提高效率、实现目标,但其本身与司法规律是有差距的。2014年底,最高人民法院决定取消对全国各高级法院考核排名,2018年提出"开展审判绩效考核工作要尊重审判执行工作客观规律,避免唯数字论、唯指标论等错误观念"[2],这无疑是遵循司法规律的正确

---

[1] 参见胡铭:《司法公信力的理性解释与构建》,《中国社会科学》2015年第4期。
[2] 靳昊:《最高法:审判绩效考核要避免唯数字论、唯指标论》,《光明日报》2018年10月12日,第4版。

举措,但目前审前阶段的绩效考核还没有根本性的改变。旨在消除其负面影响的刑事程序构造改革,必须要遵循正当程序主义的指导。在现行绩效模式的基础上引入正当程序主义,废除"命案必破""不起诉率""无罪判决率"等不符合司法规律的考核指标,科学设计绩效考核的指标体系。考核办案质量,应该以案件本身的程序、说理和法律适用等来评判业务水平,无论是判有罪抑或是无罪都能体现办案质量,而不是以是否判有罪来衡量侦查、公诉的成功与否。

第二,在合作模式中融入制约机制。严格司法要依靠公安司法机关之间的协作,其重要纽带便是口供与案卷笔录。在查明真相的指引下,过分依赖口供与案卷笔录,就形成了实践中的案卷笔录中心主义。在我国,高有罪判决率在一定程度上能够满足民众对"查明事实真相"和"严惩犯罪分子"的期待,但对必罚主义和实体真实主义的过度追求很容易使刑事诉讼走向反面,甚至造成正当程序的虚置化。这便要求公安司法机关之间不仅要分工负责、互相配合,更要互相制约。例如,限制案卷笔录在法庭上的证明力、限制公诉机关撤回起诉等程序倒流便体现了制约精神;对于认罪认罚从宽、刑事和解等刑事诉讼中的合作模式,应设计更为精细化的程序规制,以充分保障被告人自愿、明智地认罪认罚。

第三,以无罪模式吸收存疑模式。无罪判决率低是严格司法的一种常态,但一旦作出无罪判决,就应当是在无罪推定、有利被告原则之下作出的无罪判决。存疑模式表面上有利于事实真相之发现,但实质上影响到了生效裁判的权威性和终局性。生效的证据不足无罪判决属于生效法院判决的一种,在效力上与法定无罪判决或其他生效判决无异,具有既判力,不能任意变更。如果出现了能够证明先前因证据不足被宣告无罪的被告人有罪的新情况、新证据,则只能通过审判监督程序依法进行,而不应通过重新起诉。也就是说,将存疑的无罪裁判纳入无罪模式,仅在符合法定再审条件下才能启动审判监督程序,以维护无罪判决的司法权威。

另一方面,按照严格司法的要求,建立健全精细化的刑事正当法律程序,并严格执行法定程序。

第一,精细化审前程序的权利保障。在保障不得强迫自证其罪原则的基础上,建立犯罪嫌疑人认罪自愿性的保障机制,如完善值班律师制度并建立讯问时律师在场制度,制定精细化的量刑指南以完善犯罪嫌疑人认罪的激励机制。充分发挥辩护律师的作用是其中的关键,在刑事辩护全覆盖试点的基础上细化犯罪嫌疑人获得律师帮助的保障制度,使得律师能够依法有效行使辩护权以实现有效辩护,充分保护律师依法辩护的权利和辩护受阻时获得救济的权利。

第二,精细化对侦查权的司法控制。既包括通过法院严格排除非法证据来规范侦查机关的取证行为,按照证据裁判主义的要求,通过法庭审查证据的证据能力和证明力,提高审前取证程序的法治化水平;又包括完善检察机关对侦查取证的法律监督制度,通过对逮捕等强制措施的法律监督和对搜查、技术侦查等强制性侦查措施的法律监督,为被追诉人的人身权和财产权提供司法保障。

第三,精细化庭审的正当程序。建立严格且可操作的庭前会议制度,通过庭前准备程序实现案件的集中审理,解决管辖、回避、非法证据排除等争议,开示证据并明确庭审的争议焦点;建立严格且可操作的控辩平等对抗制度,通过完善控辩双方平等武装机制,充分保障辩护律师在法庭上发表意见、提交证据等权利,完善有争议的关键证人、鉴定人出庭作证制度,保障质证权,以实现庭审的实质化的平等对抗;建立精细化的案件繁简分流的程序机制,优化司法资源配置。

第四,以审判为中心完善严格司法模式。严格司法虽然是对刑事诉讼全过程的要求,但其重心仍然是审判阶段。严格司法便是严格以审判为中心的司法。按照以审判为中心的进路,严格司法要求调整并规范公安机关、检察院和法院在刑事司法中的职权配置,围绕审判权建立协作和制约均衡的刑事司法体系。司法职权配置应充分体现司法裁判权的中立性、终局性和独立行使,证据裁判原则得到有效践行,被追诉人的权利得到充分保障,体现正当法律程序的法庭审判成为实现看得见的正义的核心场域。[1]

三、严格司法:我国司法政策层面的路径选择

在我国,严格司法不仅仅是刑事诉讼构造问题,更是国家司法政策层面的要求,是国家治理体系和治理能力现代化的有机组成部分。

严格司法要求警察、检察官、法官对案件办理具有精细、专业精神。这种精神既是职业道德层面的,是法律人对公正的执着追求和办案精益求精的精神;也是技术层面的,对法律人的职业技能,包括法律思维、法律意识、对法律规范的理解和解释、运用证据分析事实的能力等提出了很高的要求。我国《刑事诉讼法》的条文较少,且总体来看还不够精细,刑事司法运行还带有较强的粗放色彩,选择性执法现象或多或少还存在,法律职业人的整体素质还有待提高,这些与严格司法的要求还是有差距的。这便要求通过完善国家统一法律职业资格考试制度、法律职业准入制度,强化法律职业伦理和司法职业道德、司法职业能力建设,以便为精细化的司法配备精英化的公安司法队伍和律师队伍。

严格司法要求统一司法裁判的规范标准。司法权的核心职能在于对案件的争议问题作出规范的判断和裁决。严格司法的最基本要求应当是统一司法裁判的规范标准。一是统一裁判标准,实现案件类型化的审理和裁判。通过强化审判业务指导与典型案例引领,实现类案类判,即相同类的案件获得相同或者类似的判决结果;进一步深化完善案例指导制度,充分发挥典型案例的示范引导作用;实行专业化审判,组建专门化团队进行类型化裁判。二是统一证据标准。贯彻证据裁判原则,严格实行非法证据排除规则,完善证据的收集、举证、质证、认证规程和标准;确保侦查、审查起诉的案件证据经得起法庭的检验,

---

[1] 参见胡铭:《审判中心与刑事诉讼》,中国法制出版社 2017 年版,第 1 页以下。

从源头上防范冤假错案的发生。三是统一疑罪处理的标准。严格适用疑罪从无原则,对于疑罪案件不得作"留有余地"的判决,坚持有罪则判、无罪放人。四是统一定罪量刑标准。严格按照罪刑相适应原则,推进量刑规范化改革,逐步扩大规范量刑的罪名和刑种范围;依托大数据等信息化手段促进量刑规范化,逐步推广适用精细化量刑模式,规范刑罚裁量权以实现量刑公正。

严格司法要求将深化司法体制改革和现代科技应用相结合,为现代科技的司法运用提供场域。所谓自动售货机般完美的理性司法机器早已经被提出:精通法律、同案同判、铁面无私。就如马克斯·韦伯百年前的设想:"现代的法官是自动售货机,投进去的是诉状和诉讼费,吐出来的是判决和从法典上抄下来的理由。"[1] 严格司法的要求与现代科技的精确性、严密性具有异曲同工之处,而大数据、人工智能等现代科技的发展为严格司法提供了技术上的可能性。如上海"206系统"已经开始试运行,它以大数据、云计算和人工智能为技术内核,在对几万份刑事案件的卷宗、文书数据进行学习后,已经具备了初步的证据信息抓取、校验和逻辑分析能力。[2] 可以说,智慧审判正在一步步变成现实,虽然其未必会完全取代法官的审判,但对于实现同案同判、统一司法裁判的标准等严格司法的基本要求,显然具有重要意义。

严格司法要求建立健全综合配套的保障机制,即为司法提供精细化配套和保障机制:一是健全依法独立行使司法权的保障机制。这便要求建立健全干预司法的防范机制,引导各级党政机关和领导干部支持司法机关依法独立公正行使职权,尊重并执行法院依法作出的包括无罪判决在内的生效裁判。同时,进一步完善司法人员履职保障机制和司法考核机制,清理、取消不合理的司法考核项目,建立科学的激励机制,引导和确保严格依法办案。二是健全精细化、多元化、立体化的诉讼程序,进一步完善案件繁简分流机制。面对案多人少的现

---

1 [美]刘易斯·A.科瑟:《社会学思想名家》,石人译,中国社会科学出版社1990年版,第253页。
2 参见胡铭:《电子数据在刑事证据体系中的定位与审查判断规则》,《法学研究》2019年第2期。

实问题,需要通过矛盾纠纷多元化解以从源头上减少诉讼增量、相对剥离辅助性事务和行政性事务、合理配置人员并组建审判团队等措施提升司法效能,探索建设更高层次、更高水平的智慧司法。三是健全以司法责任制为核心的审判权力运行体系。进一步细化院庭长的权力清单和监督管理职责,健全履职指引和案件监管的全程留痕制度,制定更精细化、更具操作性且符合司法规律的司法责任制。

综上所述,在我国司法实践中,法院无罪判决率一直保持在较低水平,背后是我国刑事诉讼的严格司法模式。无罪判决率低符合我国追求事实真相的刑事司法传统,但无罪判决书也反映出我国刑事诉讼中存在的一些问题,如公安司法机关的合作模式多于制约机制,关注绩效考核结果多于正当法律程序,存在程序倒流而消解无罪判决等现象。

严格司法的中国模式,既指向一种严密而精确的刑事诉讼程序,又承载着查明事实真相、高效追究犯罪的刑事政策,通过正当程序的精密化和制度运行的严格化,来实现我国刑事裁判的合法性,夯实我国刑事司法的正当性基础。严格司法不仅可以从理论上解释我国的刑事诉讼构造,而且作为一种司法政策,通过不断完善的严格司法的国家治理,应成为我国良法善治的有机组成部分。当然,这并非一蹴而就的事情,从未来的研究来看,"要时时刻刻存研究的态度,做切实的调查,下精细的思考,提出大胆的假设,寻出实验的证明"[1]。

---

[1] 胡适:《人生有何意义》,民主与建设出版社2015年版,第93页。

结　语
迈向中国式司法制度现代化

党的二十大报告指出:"深化司法体制综合配套改革,全面准确落实司法责任制,加快建设公正高效权威的社会主义司法制度,努力让人民群众在每一个司法案件中感受到公平正义。"党的十八大以来,我国司法体制改革取得重大进展,中国式司法制度建设的探索取得了一系列重要成就。站在司法体制改革之路的新起点上,积极稳妥地推动中国司法制度的科学化、体系化、现代化,既需要及时地归纳总结我国司法体制改革的新进展,更需要积极探索司法制度的中国模式的未来走向。

一、司法制度的中国模式初步形成

"社会不是以法律为基础的。那是法学家们的幻想。相反地,法律应该以社会为基础。"[1]一个国家实行什么样的司法制度,归根结底是由这个国家的国情决定的。世界上没有完全相同的司法制度,即使社会制度相同的国家,也存在着差异,根本没有也不可能有一种放之四海而皆准的司法制度。中国的司法体制必须立足于中国社会的特点,即立足于中国国情和本土资源。经过改革开放四十余年的摸索,特别是十八大以来的司法改革,较为成熟的司法制度的中

---

[1] 《马克思恩格斯全集》第六卷,人民出版社1961年版,第291—292页。

国模式已经初步形成。

(一) 通过体制改革形塑司法制度的中国模式

近年来,我国通过自上而下的顶层设计展开一系列的司法体制改革,再通过自下而上的改革试点落地,优化具体的改革举措,司法制度的中国模式的轮廓日益清晰。主要的改革围绕以下方面展开:

一是优化司法职权配置,确保独立公正地行使审判权和检察权。具体表现为建立领导干部干预司法活动、插手具体案件处理的记录、通报和责任追究制度,建立健全司法人员履行法定职责保护机制;推行司法人员分类管理、员额制和省以下人财物统管,推动实行审判权和执行权相分离的体制改革试点;探索设立跨行政区划的人民法院和人民检察院,最高人民法院设立巡回法庭,成立杭州互联网法院,审理跨行政区域案件;完善刑事诉讼中认罪认罚从宽制度,探索建立检察机关提起公益诉讼制度;构建统一的反腐败体制,明确监察委员会和刑事司法的程序衔接和办案标准。

二是坚持严格司法,完善以审判为中心的诉讼制度。以审判为中心要求裁判者亲历审理和证据审查过程,依据当庭提供并经过控辩质证的证据作出裁判,侦查等审前程序需要为此作出调整,从而使得刑事司法围绕审判展开,并使得侦查、控诉、辩护、审判四方关系得以优化。[1]以审判为中心不同于以侦查为中心的刑事诉讼构造,而是要求围绕对质权保障推动庭审实质化,完善分工配合制约原则,树立案件必须经得起法律检验、庭审检验的理念,严格依法规范侦查和起诉活动,保证庭审在查明事实、认定证据、保护诉权、公正裁判中发挥决定性作用。

三是加强人权司法保障,防止冤假错案。"反思错案的制度成因和系统风险,有助于形成更多、更广泛的司法共识,推动司法制度和法律程序朝着更加符

---

1 参见胡铭:《审判中心与刑事诉讼》,中国法制出版社2017年版,第15—22页。

合司法规律的方向迈进。"[1]强化诉讼过程中当事人和其他诉讼参与人的知情权、陈述权、辩护辩论权、申诉权的制度保障,健全落实罪刑法定、疑罪从无等法律原则;推进刑事案件律师辩护全覆盖向纵深发展,加强对刑讯逼供和非法取证等的源头预防,健全冤假错案有效防范和及时纠正机制,严格排除非法证据。

四是推进司法公开,完善司法民主。构建开放、动态、透明、便民的阳光司法机制,推进警务公开、检务公开、审判公开、狱务公开,加强法律文书释法说理,建立生效法律文书统一上网和公开查询制度;保障人民群众参与司法,完善人民陪审员制度和人民监督员制度;既保障媒体监督,又规范媒体对案件的报道,防止舆论影响司法公正。

(二)司法制度的中国模式的理念共识

司法体制改革是建立在理念共识之上的,若缺乏普遍认可的理念基础,改革将很难有效推进。我国近年来的司法改革之所以能够顺利开展,正是得益于下述理念共识。

第一,政治性、人民性与法律性的有机统一。一个国家的司法制度总是与其政治制度相适应,具有利益上的一致性与制度安排上的协调性,因此,政治制度的特征往往直接决定司法制度的价值取向和制度设计。司法体制改革本身便是政治体制改革的一部分,政治性显然决定着司法制度的基本方向。在我国,只有在党的统一领导下,才能从全局高度对当前司法工作的问题进行系统梳理,形成指导司法顺利发展的理论体系,从而推动司法体制不断完善。人民性决定了司法制度的活动目标。中国式司法制度与西方司法制度最显著的差异在于司法的人民性。我国司法制度的发展和完善,把实现好、维护好和发展

---

[1] 陈光中:《司法不公成因的科学探究》,《中国法律评论》2019年第4期。

好最广大人民的根本利益作为出发点和落脚点,以人民的满意度为检验标准。法律性则决定了司法制度的具体发展路径。司法实践表明,司法制度的有效运转和公正司法的实现必须尊重司法权运行规律和司法活动的客观规律,在《宪法》和法律的轨道上稳步推进制度完善。

第二,公正司法与和谐司法有机结合。公正是司法活动的生命线,和谐是司法追求的良性效果。司法制度的中国模式有着深厚的文化底蕴,受传统伦理影响,信奉"以和为贵、中庸之道"的和合司法,崇尚通过公正司法实现社会的和谐、有序。这突出体现为我国司法制度中的调判结合,建构了独具特色的人民调解、行政调解、诉讼调解、刑事和解等多元纠纷解决机制,形成和谐司法之"东方经验"。同时,我国的司法裁判既追求法律效果,也强调司法的社会效果,统筹考虑个体公平正义与社会公平正义,考虑执法活动的社会评价和导向作用,接受人民群众和社会各方面的监督。通过保障司法活动的民众参与,增强司法文书的说理性和裁判的可接受性,提升司法的公信力。通过完善以审判为中心的诉讼制度和认罪认罚从宽制度,既构建体现对抗式诉讼的正当法律程序,又探索合作式诉讼与案件繁简分流。

第三,立足本国国情与借鉴先进经验有机衔接。以开阔的世界眼光看中国司法的问题,以中国的司法话语讲好世界的故事。司法制度的中国模式是人类司法文明的组成部分,也将助益于人类命运共同体。司法体制改革应当考虑我国的基本政治制度,应当考虑我国的基本经济制度和经济运行状况,应当考虑我国的历史文化传统,避免盲目临摹、机械照搬西方的司法制度。同时,立足中国国情并不代表否定域外司法文明的经验教训及其重要参考价值。司法制度的中国模式具有兼容并蓄的特点,具有改革创新、与时俱进的品质,因此我们要注重借鉴对我国有益的域外司法文明的成果,并将之转化为符合我国国情的本土理论和制度表达。

二、遵循司法规律展开司法体制综合配套改革

司法规律的内涵丰富,主要是指司法权运行规律和司法活动的客观规律。[1]法律是被发现的,而不是被制造的。深化综合配套改革的要义之一就是要通过符合司法规律的深化改革,实现公安、检察、法院、司法行政和监察五机关公权力的科学配置。[2]

(一) 尊重并遵循司法规律的三个路径

当前我国推进司法改革应该重点研究和遵循以下三个方面的司法规律[3]:

第一个方面是关于公正司法的规律。公正是司法的首要价值,公正司法是司法权运行过程中各种因素共同发挥作用从而达到的理想状态,是现代社会政治民主、进步的重要标志,也是现代国家经济发展和社会稳定的重要保证。通过司法改革,让人民群众在每个司法案件中都能感受到公平正义,这是非常高的要求,也是当下中国社会所急需的。公平正义感的实现需要遵循与公正司法相关的规律。我们所强调的司法的亲历性、中立性、独立性、专业性、终局性等,都属于关于公正司法的规律。[4]当前,构建以审判为中心的诉讼制度集中体现了上述关于公正司法的规律,审判中心系审判权、检察权公正运行的核心规律,这也已经成为当前司法改革的重要抓手。

我国现行司法体系与审判中心主义尚有差异,特别是我国司法制度强调的三机关"分工负责,互相配合,互相制约"原则,从表象来看两者存在矛盾。我们应运用以审判为中心的司法规律来合理解释我国《宪法》所确立的"分工负责,互相配合,互相制约"原则。"分工负责"体现的是三机关地位的独立性和权力

---

[1] 参见张文显:《治国理政的法治理念和法治思维》,《中国社会科学》2017年第4期。
[2] 参见肖业忠:《公正司法长效机制的多元目标及其实现》,《法学论坛》2022年第2期。
[3] 参见胡铭:《遵循司法规律的"三个路径"》,《法制日报》2015年4月8日,第10版。
[4] 参见江国华:《司法规律层次论》,《中国法学》2016年第1期。

的有限性,"互相配合"体现的是工作程序的衔接关系,而"互相制约"应该成为三机关关系的一种核心价值所在。因此,该原则并非将侦查、起诉、审判看作平行关系,而是强调侦查服务于起诉,起诉服从于审判,审判应对刑事司法起到一种统领作用。如此,以审判为中心和三机关分工、配合、制约原则存在着有效衔接的理论解释空间,我们便可以运用这一司法规律,结合中国的具体情况来构建相关司法制度。

第二个方面是关于民主司法的规律。司法应该具有人民性,表现为司法公开、公众对司法的有效参与等体现人民性的具体制度,比如人民陪审员制度就深刻体现了这一点。我国从人民主权理论出发,强调司法为民的理念,这体现了司法的人民性,或者我们称之为民主司法。当然,民主司法不是说司法要让民意说了算,老百姓说怎么判就怎么判,更不是运动性的司法;而是说,司法应用其承载着的公正属性来满足人民群众对于司法的需求。所以,我们应坚持民主司法和司法为民。民主司法的规律要求充分尊重公众对司法的知情权、参与权、表达权和监督权,具体则表现为参与性、公开性、平等武装性等司法规律。

遵循民主司法规律的关键性抓手是推进司法公开透明。因为只有司法公开透明,才可能实现司法的参与性、公开性、平等武装性等司法规律。随着公众法治意识的增强,公众对司法的知情权要求越来越高;随着信息技术的发展,互联网时代特别是自媒体时代的到来,更形成了司法公开透明的强烈呼声。这要求司法机关应最大限度地保障当事人和社会公众多向度的知情权。但这并不是说司法公开就要把司法过程中的一切都公之于众,而是说司法公开需要遵照司法属性设计具体的、可操作的且体现精细司法的公开制度。如浙江关于司法透明指数的实验,[1]通过深入翔实的实证研究,测定司法透明指标,将司法透明程度以科学的量化方式展现给社会公众。这便使得公众可以更好地行使自身的

---

1 参见钱弘道:《中国司法透明指数实验报告》,《中国应用法学》2017年第1期。

知情权,有效参与到司法活动中去,进而发自内心地信任、尊重司法。

第三个方面是关于文明司法的规律。人类文明史显示,人类文明发展的过程也是司法不断文明化的过程。中国传统文化和制度中蕴含着诸多法制文明的要素。例如,我们注重法律的人文精神,强调以人为本、社会和合,善于通过人文精神对社会成员的心理和观念世界加以引领并维系、规范整个社会,这体现了文明司法的精神。具体而言,文明司法的规律应包括被追诉人的权利保障、禁止酷刑、以和平的方式解决纠纷等。

在当代世界和中国,尊重和遵循文明司法规律的主要抓手是加强被追诉人的权利保障。英国的丹宁勋爵指出:"未经法律的正当程序,不得剥夺任何人的生命、自由和财产。"[1]我国在1998年已经签署联合国《公民权利及政治权利国际公约》,该公约关于被追诉人权利保障的诸多条款被公认为保障被追诉人权利的最低标准,但可惜的是,我国至今未批准和实施该公约。当前,我们应积极研究和创造条件,修改和完善国内相关法律制度,以便尽快与该公约接轨。我国2012年修订《刑事诉讼法》,被认为是被追诉人权利保障的重要里程碑,确立了非法证据排除、反对强迫自证其罪、排除合理怀疑等有利于被追诉人权利保障的新规则,并且完善了辩护权保障、证人出庭与对质权保障等相关制度。2018年再次修改《刑事诉讼法》,对认罪认罚从宽制度、缺席审判制度、刑事诉讼与监察衔接制度等作出了重要修改。但相关规则和制度的实施效果尚需跟踪和评估,并需适时对具体实施制度进行细化和可操作化。

(二)站在新时代深化对司法规律的认识:以智慧司法为例

新时代,新机遇。司法体制改革与现代科技的深度结合并外化为智慧司法,正成为我国司法制度的新亮点和创新点。智慧司法不仅有现代科技的支撑,更重要的是将司法规律融入现代司法制度,并呈现出新的活力。

---

[1] [英]丹宁勋爵:《法律的正当程序》,李克强等译,法律出版社2011年版,第1页。

我国司法机关已经在智慧司法领域展开了如火如荼的试验。如上海法院融合互联网、大数据、云计算、人工智能等新技术,建立了"上海市高级人民法院大数据信息系统",完成了标准化大数据库、现代化数字机房、集约化云平台等基础设施建设,形成了网络顺畅安全、应用全面覆盖、数据即时生成、信息高度聚合、资源共享互通、管理三级联动的大数据应用格局。从具体措施来看,纵使现代科技高度嵌入司法活动,但本质上仍遵循司法活动客观规律的创新和探索:(1)建立了 C2J 大数据办案辅助系统,通过"类案推送",适时为法官办案推送同类判例,既为司法统一提供类案参考,又大大减轻了法官工作量;(2)建立了裁判文书智能分析系统,运用实时计算、关联挖掘、分析预测等技术,可发现人工不易查出的逻辑错误、遗漏诉讼请求、法律条文引用错误等问题,提升了裁判文书的质量;(3)建立了大数据诉讼服务系统,实现服务群众诉讼全方位、零距离、无障碍,维护人民群众的合法权益;(4)建立了大数据司法公开系统,构建开放、动态、透明、便民的阳光司法机制,推动"阳光司法,透明法院"建设;(5)建立了大数据分析系统,实现司法决策科学化、智能化、精确化。

以浙江省智慧司法与数字法院建设为例,浙江省法院系统已经建成"一体化办案办公平台",全省 106 家法院、1.5 万名干警在同一平台上办案办公,每年为群众提供在线服务近 5 亿次。通过打造"浙江法院智慧大脑",融合司法数据 123 亿条、司法案例 635 万个,构建法律知识图谱 85 个,推动人工智能与司法活动深度融合,办案效率提升 14.1%。目前已经建成共享法庭 2.7 万个,指导调解 24.7 万件次,化解矛盾纠纷 18.8 万件,开展普法宣传 5.9 万次。[1] 与既往的法院信息化建设不同,浙江探索的"全域数字法院"可以说是一场重塑性的制度革命,它以线上线下深度融合、内网外网共享协同、有线无线互联互

---

[1] 参见李占国:《浙江省高级人民法院工作报告》,《浙江日报》2023 年 1 月 20 日,第 7 版。

通为基本要求,更加注重系统集成与数字赋能,更加注重流程再造与制度重塑,更加注重全面数字化与高度智能化,运用"技术+制度"为实现更高水平的公平正义注入新效能。[1]

可见,现代科技为司法体制改革和智慧司法建设提供了前所未有的机遇与挑战。把握当下新科技革命的时代契机,应当坚守司法规律的客观理性,透过大数据、人工智能等现代科技的表象,深化司法体制改革与现代科技应用相结合,并且一以贯之地坚持作为综合配套措施的大数据、人工智能等现代科技于司法而言的辅助性和保障性定位。智能化辅助司法人员办案、庭审语音智能识别、审判偏离度分析预警等创新探索,都体现了公正司法、民主司法和文明司法的精神。

三、中国式司法制度现代化的未来走向

站在新时代的新起点上,司法制度的中国模式越发自信,也越发善于自我改革与完善,面对新时期的社会形势与人民群众日益增长的司法需求,中国式司法制度现代化正在大步向前,中国司法体制改革的愿景亦日益清晰。

(一)抓住司法责任制这个"牛鼻子"

建立和完善司法责任制是司法体制改革的"牛鼻子",对其他各项司法改革均具有牵引和统领作用。司法责任制的核心要义和科学内涵是"让审理者裁判,由裁判者负责"[2]。把权力下放给办案的法官、检察官符合司法权运行的基本规律,但需要诸多配套举措,否则就很容易蜕变成司法专权。这便要求细化司法权的权力清单,明确司法权的边界;在司法官和司法辅助人员、司法行政人员分类管理的基础上,科学界定各自的职权,有效形成合力;完善法官、检察官

---

[1] 参见李占国:《"全域数字法院"的构建与实现》,《中外法学》2022年第1期。
[2] 张文显:《论司法责任制》,《中州学刊》2017年第1期。

追责制度,特别是法官、检察官惩戒委员会行使惩戒权的原则和程序等。这些问题需要从整体上考虑,而不是孤立地设计。

完善司法责任制,对于防止冤假错案至关重要。必须以严格的审判责任制为核心,以科学的审判权力运行机制为前提,以明晰的审判组织权限和审判人员职责为基础,以有效的审判管理和监督制度为保障,确保人民法院依法独立公正行使审判权。其中的关键点是完善办案质量终身负责制和错案责任倒查问责制。需要科学理解终身负责,包括哪些情形将被追究司法责任,什么时候会启动司法责任追究程序,法官、检察官履职保障如何体现,等等。

(二) 通过深化司法体制综合配套改革实现司法制度的科学化、体系化

司法体制改革将向完善已有改革的配套措施机制和保障措施机制方向发展,以推动司法体制综合配套改革向纵深发展。在已有司法改革举措的基础上进一步探讨相关配套措施和保障措施,可以增强已有改革的整体实效,并促进实现改革初衷。推进司法体制综合配套改革,就是要进一步优化、完善司法工作的相关配套制度,把已经推出的司法体制改革的各项措施落实到位。我国正在推进相关的试点改革,如中央全面深化改革领导小组第三十八次会议审议通过了《关于上海市开展司法体制综合配套改革试点的框架意见》。结合上海等地司法体制综合配套改革的试点经验,我们可以预期未来的改革将主要从以下方面展开:

一是规范司法权运行,加强管理监督,提升司法办案的质效。我国应进一步优化司法职权配置,科学设置司法机关的内设机构;完善刑事诉讼和证据制度,实现庭审实质化和认罪认罚从宽的制度化,加强人权司法保障;围绕司法绩效评价、执法司法活动监督、法律服务行业监管等方面的综合配套改革,着力提

升司法体制改革的系统性、整体性、协同性。

二是完善程序分流和纠纷解决机制,深化司法中的科技应用。相关配套措施主要包括构建多元纠纷解决机制,实行案件繁简分流,合理利用司法资源,实现高效运转;同时,加强司法信息化建设、司法大数据和智慧司法建设,提升司法辅助工作现代化水平,以切实提高司法效率,着力解决案多人少的矛盾。

三是完善司法人员分类管理,夯实制度保障。具体包括实施国家法律职业资格考试,强调司法官的遴选培训、司法官单独的职务序列、人财物统管、司法官职业保障等,努力形成符合司法人员职业特点和发展规律的管理机制,着力推动司法人才正规化、专业化、职业化发展。

四是强化司法权威,优化法治环境。通过维护裁判的终局性、提升司法执行力、防止不当舆论干扰司法、保护司法人员履职安全及尊严等举措,有力维护司法权威,营造良好的法治氛围和法治环境。

(三)改革的目标是努力让人民群众在每一个司法案件中感受到公平正义

进一步深化司法体制改革就要努力做到"依法公正对待人民群众的诉求,努力让人民群众在每一个司法案件中都能感受到公平正义,决不能让不公正的审判伤害人民群众感情、损害人民群众权益"[1]。这既体现了司法改革顶层设计的愿景,又体现了人民对司法改革的期待。

首先要建设体现公平正义的司法制度。公平正义既包括实体公正,也包括程序公正。在传统中国的熟人社会中,更强调实质公平,人们会倾向以保持面子的方式解决争端,而现代司法更加侧重程序正义的要求。司法制度的中国模式中的公平正义并不简单等同于抽象的公平正义,而是适应中国国情民意的公

---

[1] 习近平:《坚定不移走中国人权发展道路,更好推动我国人权事业发展》,《求是》2022年第12期。

平正义的法律制度,是能够让人民群众切身感受公平正义感的司法制度。这要求以一种看得见的正义贯穿于司法活动的过程,既满足人们对实质真实主义的需求,又通过体现正当法律程序的制度来实现实体公正。

其次要建设高效的司法制度。"迟来的正义非正义。"改革开放以来,我国法院受理案件数量连续增长,由 1978 年的 61 万件到 2015 年的 1200 多万件,增长约 20 倍。[1]这种急剧增长常被形象地称为"诉讼爆炸"。在节奏快的现代社会,传统的办案方式和管理方法无法适应人民群众对高效司法的需求。协商性司法、速裁程序、网上法庭、电子送达等改革举措,都指向人们对便利化、高效化和数字化司法的向往和追求。

最后要确保司法的权威性和公信力。司法权威是司法机关权威和司法官权威的紧密结合体。一方面,在解决纠纷领域,司法机关和司法官应具有最高权威;另一方面,司法机关和司法官所进行的司法活动和所作出的裁判结果应具有令人信服的力量,能使人们自觉服从司法活动并自觉履行裁判结果。提升司法权威和司法公信力要求在坚持法治理念和尊重司法规律的基础上,在司法与公众之间努力形塑如下关系:"值得信任的主体,相信有良好声誉的相对方,能够从事互动性的社会交往,在成本合适的情况下,作出理性的选择。"[2]

综上所述,党的十八大以来,司法体制改革和司法制度的中国模式开启了新征程。[3]但是,改革的任务仍然任重道远。"面对人民群众日益增长的良法善治新期待,面对在法治轨道上全面建设社会主义现代化国家的新战略,法治体系内部的短板和不足仍然存在,外部的作用和效能弱于预期。"[4]总结反思过去,

---

[1] 参见姜峰:《法院"案多人少"与国家治道变革》,《政法论坛》2015 年第 2 期;任重:《"案多人少"的成因与出路》,《法学评论》2022 年第 2 期。
[2] 胡铭:《司法公信力的理性解释与构建》,《中国社会科学》2015 年第 4 期。
[3] 参见卞建林:《习近平法治思想中的司法改革理论要义》,《法商研究》2022 年第 1 期。
[4] 张文显:《全面推进中国特色社会主义法治体系更加完善》,《法制与社会发展》2023 年第 1 期。

展望探索未来,我们应对中国式司法制度现代化充满希望、自信和责任。司法制度的中国模式已经初步形成,其具有深厚的中国法律文化底蕴,既借鉴了世界法治文明的优秀成果,又饱含中国人民百年来努力探索与实践的结晶;既符合当今中国的基本国情,又能最大限度地满足人民群众的司法需求。虽然中国式司法制度现代化之路难以一蹴而就,但我们坚信司法制度的中国模式将不断完善并为人类司法文明作出新的重大贡献。

主要参考文献

一、中文著作及译作

卞建林等:《中国司法制度基础理论研究》,中国人民公安大学出版社 2013 年版。

陈光中等:《司法改革问题研究》,法律出版社 2018 年版。

陈光中:《陈光中法学文选(第四卷):司法改革与刑事诉讼法修改》,中国政法大学出版社 2020 年版。

陈瑞华:《刑事诉讼的前沿问题》(第五版),中国人民大学出版社 2016 年版。

陈瑞华:《刑事程序的法理》,商务印书馆 2021 年版。

崔永东等:《司法改革战略与对策研究》,人民出版社 2021 年版。

公丕祥:《当代中国的司法改革》,法律出版社 2012 年版。

何家弘主编:《迟到的正义:影响中国司法的十大冤案》,中国法制出版社 2014 年版。

何挺:《刑事司法改革中的实验研究》,法律出版社 2020 年版。

侯欣一:《从司法为民到大众司法:陕甘宁边区大众化司法制度研究(1937—1949)》(增订版),生活·读书·新知三联书店 2020 年版。

胡云腾主编:《司法改革》,社会科学文献出版社 2016 年版。

霍宪丹主编:《司法鉴定管理模式比较研究》,中国政法大学出版社 2014 年版。

季卫东等:《中国的司法改革》,法律出版社 2016 年版。

江国华:《中国特色社会主义司法制度研究·理论篇》,科学出版社 2019 年版。

蒋惠岭:《司法改革的知与行》,法律出版社 2018 年版。

李浩主编:《员额制、司法责任制改革与司法的现代化》,法律出版社 2017 年版。

李玉基、李东亮主编:《甘肃省司法改革研究》,中国政法大学出版社 2018 年版。

刘品新主编:《网络时代刑事司法理念与制度的创新》,清华大学出版社 2013 年版。

刘松山:《宪法监督与司法改革》,知识产权出版社 2015 年版。

刘艳红:《网络犯罪的法教义学研究》,中国人民大学出版社 2021 年版。

龙宗智等:《司法改革与中国刑事证据制度的完善》,中国民主法制出版社 2016 年版。

齐延平主编:《刑事司法改革与基本权利保障》,中国政法大学出版社 2021 年版。

宋朝武等:《公正高效权威视野下的民事司法制度研究》,中国人民公安大学出版社 2013 年版。

孙长永主编:《中国刑事诉讼法制四十年:回顾、反思与展望》,中国政法大学出版社 2021 年版。

孙谦主编:《中国未成年人司法制度研究》,中国检察出版社 2021 年版。

王晨等:《现代司法公正评价标准实证研究》,法律出版社 2015 年版。

汪海燕:《刑事诉讼法律移植研究》,中国政法大学出版社 2016 年版。

王利明:《司法改革研究》,法律出版社 2002 年版。

王禄生主编:《员额制与司法改革实证研究:现状、困境和展望》,东南大学出版社 2017 年版。

王敏远等:《刑事诉讼法修改后的司法解释研究》,中国法制出版社 2016 年版。

熊秋红等:《公民参与和监督司法研究》,中国社会科学出版社 2019 年版。

肖沛权:《刑事司法改革问题研究》,中国政法大学出版社 2021 年版。

徐向华等:《我国司法改革的地方试点经验:贵州法院蓝本》,法律出版社 2019 年版。

薛峰主编:《人民法院司法改革热点问题》,法律出版社 2019 年版。

张建伟:《谁有权利宽恕凶手》,清华大学出版社 2018 年版。

张述元主编:《司法改革形式下的审判管理基本理论研究》,人民法院出版社 2018 年版。

张卫平:《民事诉讼:回归原点的思考》,北京大学出版社 2011 年版。

张文显:《司法理念与司法改革》,法律出版社 2011 年版。

张文显:《法治的中国实践和中国道路》,人民出版社 2017 年版。

张文显主编:《诉讼法与司法文明》,法律出版社 2021 年版。

中国人民大学诉讼制度与司法改革研究中心编:《程序正义与司法改革要论——陈卫东教授六十华诞祝贺文集》,法律出版社 2019 年版。

左卫民等:《庭审实质化改革实证研究:以法庭调查方式为重点》,法律出版社 2021 年版。

左卫民、周长军:《刑事诉讼的理念》(第三版),北京大学出版社 2022 年版。

[德]哈贝马斯:《在事实与规范之间:关于法律和民主法治国的商谈理论》,童世骏译,生活·读书·新知三联书店 2003 年版。

[德]克劳思·罗科信:《刑事诉讼法》(第 24 版),吴丽琪译,法律出版社 2003 年版。

[德]卢曼:《社会的法律》,郑伊倩译,人民出版社 2009 年版。

[德]卢曼:《法社会学》,宾凯、赵春燕译,上海人民出版社 2013 年版。

[法]贝尔纳·布洛克:《法国刑事诉讼法》(原书第 21 版),罗结珍译,中国政法大学出版社 2009 年版。

[法]孟德斯鸠:《论法的精神》(上卷),张雁深译,商务印书馆 1961 年版。

[美]安东尼·唐斯:《官僚制内幕》,郭小聪等译,中国人民大学出版社2006年版。

[美]本杰明·卡多佐:《司法过程的性质》,苏力译,商务印书馆1998年版。

[美]布莱恩·拉姆、苏珊·斯温、马克·法卡斯编:《谁来守护公正:美国最高法院大法官访谈录》,何帆译,北京大学出版社2012年版。

[美]迪特里希·鲁施迈耶:《律师与社会:美德两国法律职业比较研究》,于霄译,上海三联书店2010年版。

[美]弗朗西斯·福山:《政治秩序的起源:从前人类时代到法国大革命》,毛俊杰译,广西师范大学出版社2014年版。

[美]哈伯特·L.帕克:《刑事制裁的界限》,梁根林等译,法律出版社2008年版。

[美]李·爱泼斯坦、威廉·M.兰德斯、理查德·A.波斯纳:《法官如何行为:理性选择的理论和经验研究》,黄韬译,法律出版社2017年版。

[美]理查德·波斯纳:《法官如何思考》,苏力译,北京大学出版社2009年版。

[美]理查德·波斯纳:《波斯纳法官司法反思录》,苏力译,北京大学出版社2014年版。

[美]迈克尔·桑德尔:《公正:该如何做是好?》,朱慧玲译,中信出版社2012年版。

[美]米尔伊安·R.达玛什卡:《司法和国家权力的多种面孔——比较视野下的法律程序》,郑戈译,中国政法大学出版社2004年版。

[美]塞缪尔·P.亨廷顿:《变化社会中的政治秩序》,王冠华、刘为等译,上海人民出版社2008年版。

[美]唐·布莱克:《社会学视野中的司法》,郭星华译,法律出版社2002年版。

[美]亚当·本福拉多:《正义何以难行:阻碍正义的心理之源》,刘静坤译,中国民主法制出版社2019年版。

[美]约翰·罗尔斯:《正义论》,何怀宏等译,中国社会科学出版社2009年版。

[日]长岭超辉:《法官物语》,阿班布译,法律出版社 2017 年版。

[日]谷口安平:《程序的正义与诉讼》(增补本),王亚新、刘荣军译,中国政法大学出版社 2002 年版。

[日]田口守一:《刑事诉讼法》(第七版),张凌、于秀峰译,法律出版社 2019 年版。

[瑞士]萨拉·J. 萨默斯:《公正审判:欧洲刑事诉讼传统与欧洲人权法院》,朱奎彬、谢进杰译,中国政法大学出版社 2012 年版。

[英]丹宁勋爵:《法律的正当程序》,李克强等译,法律出版社 1999 年版。

[英]萨达卡特·卡德里:《审判为什么不公正》,杨雄译,新星出版社 2014 年版。

二、中文论文

卞建林:《习近平法治思想中的司法改革理论要义》,《法商研究》2022 年第 1 期。

陈光中、龙宗智:《关于深化司法改革若干问题的思考》,《中国法学》2013 年第 4 期。

陈光中、郑曦:《论刑事诉讼中的证据裁判原则》,《法学》2011 年第 9 期。

陈瑞华:《刑事诉讼的合规激励模式》,《中国法学》2020 年第 6 期。

陈卫东:《司法机关依法独立行使职权研究》,《中国法学》2014 年第 2 期。

陈卫东:《公民参与司法:理论、实践及改革》,《法学研究》2015 年第 2 期。

陈卫东:《司法体制综合配套改革若干问题研究》,《法学》2020 年第 5 期。

陈兴良:《法学知识的演进与分化——以社科法学与法教义学为视角》,《中国法律评论》2021 年第 4 期。

陈永生:《论委托辩护优于法律援助辩护》,《比较法研究》2022 年第 6 期。

樊崇义:《值班律师制度的本土叙事:回顾、定位与完善》,《法学杂志》2018 年第

9期。

方乐:《以人民为中心司法理念的实践历程及其逻辑意涵》,《法律科学》2021年第4期。

高景峰:《检察机关办案模式变革及理论基础》,《国家检察官学院学报》2021年第5期。

顾培东:《人民法院改革取向的审视与思考》,《法学研究》2020年第1期。

顾永忠:《刑事辩护制度改革实证研究》,《中国刑事法杂志》2019年第5期。

韩旭:《自行辩护问题研究》,《当代法学》2021年第1期。

韩旭:《认罪认罚从宽制度中的协商问题》,《法学论坛》2022年第6期。

胡建淼:《在新的起点上全面推进法治中国建设——认真学习贯彻〈法治中国建设规划(2020—2025年)〉》,《中国律师》2021年第2期。

胡铭:《司法公信力的理性解释与建构》,《中国社会科学》2015年第4期。

胡铭:《区块链司法存证的应用及其规制》,《现代法学》2022年第4期。

胡铭:《论数字时代的积极主义法律监督观》,《中国法学》2023年第1期。

胡玉鸿:《论全过程人民民主制度化的法治保障》,《北京大学学报》(哲学社会科学版)2022年第6期。

黄文艺:《政法范畴的本体论诠释》,《中国社会科学》2022年第2期。

黄文艺:《论深化司法体制综合配套改革——以21世纪全球司法改革为背景》,《中国法律评论》2022年第6期。

冀祥德:《论法律援助制度的中国特色》,《政治与法律》2022年第6期。

江必新、程琥:《司法程序公开研究》,《法律适用》2014年第1期。

江必新:《习近平法治思想对法治基本价值理念的传承与发展》,《政法论坛》2022年第1期。

江国华:《司法规律层次论》,《中国法学》2016年第1期。

蒋惠岭:《论"中央事权—省级统管"模式及完善》,《政法论丛》2021年第3期。

敬大力:《司法体制改革应当注意的几个问题》,《人民检察》2018 年第 9 期。

李奋飞:《论"表演性辩护"——中国律师法庭辩护功能的异化及其矫正》,《政法论坛》2015 年第 2 期。

李占国:《"全域数字法院"的构建与实现》,《中外法学》2022 年第 1 期。

栗峥:《人工智能与事实认定》,《法学研究》2020 年第 1 期。

刘艳红:《民刑共治:中国式现代犯罪治理新模式》,《中国法学》2022 年第 6 期。

龙宗智:《庭审实质化的路径和方法》,《法学研究》2015 年第 5 期。

龙宗智:《论"检察一体"与检察官统一调用制度之完善》,《中外法学》2022 年第 2 期。

马长山:《司法人工智能的重塑效应及其限度》,《法学研究》2020 年第 4 期。

孙笑侠:《论司法信息化的人文"止境"》,《法学评论》2021 年第 1 期。

王敏远:《死刑错案的类型、原因与防治》,《中外法学》2015 年第 3 期。

王新清:《合意式刑事诉讼论》,《法学研究》2020 年第 6 期。

吴洪淇:《刑事诉讼专门性证据的扩张与规制》,《法学研究》2022 年第 4 期。

熊秋红:《人工智能在刑事证明中的应用》,《当代法学》2020 年第 3 期。

徐汉明:《习近平司法改革理论的核心要义及时代价值》,《法商研究》2019 年第 6 期。

杨力:《从基础司改到综配司改:"内卷化"效应纾解》,《中国法学》2020 年第 4 期。

姚莉:《习近平公正司法理念的内在逻辑及实践遵循》,《马克思主义与现实》2021 年第 4 期。

叶青:《以审判为中心的诉讼制度改革之若干思考》,《法学》2015 年第 7 期。

尤陈俊:《法学继受对法学研究及法学教育的连锁影响——以德国法教义学在我国台湾地区之继受为例的反思》,《法学评论》2022 年第 3 期。

张保生:《刑事错案及其纠错制度的证据分析》,《中国法学》2013 年第 1 期。

张保生、王殿玺:《中国司法文明发展的轨迹(2015—2019年)——以中国司法文明指数为分析工具的研究》,《浙江大学学报》(人文社会科学版)2020年第6期。

张建伟:《审判中心主义的实质内涵与实现途径》,《中外法学》2016年第1期。

张文显:《全面推进中国特色社会主义法治体系更加完善》,《法制与社会发展》2023年第1期。

张文显:《治国理政的法治理念和法治思维》,《中国社会科学》2017年第4期。

周佑勇:《司法审查中的滥用职权标准——以最高人民法院公报案例为观察对象》,《法学研究》2020年第1期。

左卫民:《AI法官的时代会到来吗——基于中外司法人工智能的对比与展望》,《政法论坛》2021年第5期。

三、外文著作及论文

Amy J. Schmitz, "Expanding Access to Remedies Through E-Court Initiatives", *Buffalo Law Review*, 67(2019).

Antoine Garapon, "The Oak and the Reed: Counter-Terrorism Mechanism in France and the United States of America", *Cardozo Law Review*, 27(2006).

A. S. Goldstein, "Reflection on Two Models: Inquisitorial Themes in American Criminal Procedure", *Stanford Law Review*, 26(1974).

Benjamin L. Liebman, "Watchdog or Demagogue? The Media in the Chinese Legal System", *Columbia Law Review*, 105(2005).

Boella Guido, Caro Luigi Di, Humphreys Llio, et al., "Eunomos, a Legal Document and Knowledge Management System for the Web to Provide Relevant", *Artificial Intelligence and Law*, 3(2016).

Caryn Devins, et al., "The Law and Big Data", *Cornell Journal of Law and Public Policy*, 27(2017).

Dan Hunter, "Out of Their Minds: Legal Theory in Neural Networks", *Artificial Intelligence and Law*, 7(1999).

Daniel M. Klerman and Greg Reilly, "Forum Selling", *Southern California Law Review*, 89(2016).

David Danks and Alex John London, "Algorithmic Bias in Autonomous Systems", in Carles Sierra ed., *Proceedings of the Twenty-Sixth International Joint Conference on Artificial Intelligence*, International Joint Conferences on Artificial Intelligence, 2017.

Dominika Bychawska-Siniarska, *Protecting the Right to Freedom of Expression under the European Convention on Human Rights: A Handbook for Legal Practitioners*, Council of Europe, July 2017.

E. L. Rubin, "Statutory Design as Policy Analysis", *Harvard Journal on Legislation*, 1(2018).

E. V. Talapina, "Comparative Digital Law: Its Rise and Prospects", *Journal of Russian Law*, 18(2021).

Harry Surden, "Machine Learning and Law", *Washington Law Review*, 89(2014).

Harry Surden, "Ethics of AI in Law: Basic Questions", in Markus D. Dubber, Frank Pasquale and Sunit Das, eds., *Oxford Handbook of Ethics of AI*, Oxford University Press, 2020.

Henry Prakken, "Reconstructing Popov v. Hayashi in a Framework for Argumentation with Structured Arguments and Dungean Semantics", *Artificial Intelligence and Law*, 1(2012).

Herbert L. Packer, "Two Models of the Criminal Process", *University of the Pacific*

Law Review, 113(1964).

Herbert L. Packer, *The Limits of the Criminal Sanction*, Stanford University Press, 1968.

Hon Russell Fox Ac Qc, *Justice in the Twenty-First Century*, Cavendish Publishing Limited, 2000.

James M. Luts and Brenda J. Lutz, *Terrorism: Origins and Evolution*, Palgrave Acmillan, 2005.

Jane Donoghue, "The Rise of Digital Justice: Courtroom Technology, Public Participation and Access to Justice", *The Modern Law Review*, 8(2017).

J. Griffith, "Ideology in Criminal Procedure or a Third 'Model' of the Criminal Process", *Yale Law Journal*, 79(1970).

Ken Strutin, "Truth, Justice, and the American Style Plea Bargain", *Albany Law Review*, 77(2014).

Mark A. Randol, *Homeland Security Intelligence: Perceptions, Statutory Definitions, and Approaches* (RL33616), 2009.

M. Ethan Katsh and Orna Rabinovich, Einy, *Digital Justice: Technology and the Internet of Disputes*, Oxford University Press, 2017.

M. Finck, "Blockchain Regulation", *German Law Journal*, 8(2018).

Michael Guihot, "Coherence in Technology Law", *Law, Innovation and Technology*, 11(2019).

Michel Rosenfeld, "Judical Balancing in Times of Stress: Comparing Diverse Approaches to the War on Terror", *Cardozo Law Review*, 27(2006).

Mirjan R. Damaska, "Structures of Authority and Comparative Criminal Procedure", *Yale Law Journal*, 84(1975).

Nguyen Truong, Son Nguyen Le, Minh Tojo Satoshi, et al., "Recurrent Neural Network-based Models for Recognizing Requisite and Effectuation Parts in Legal Texts", *Artificial Intelligence and Law*, 2(2018).

Soledad Liliana, Escobar-Chaves and Craig A. Anderson, "Media and Risky Behaviors", *Children and Electronic Media*, 18(2008).

Thomas G. Roady Jr. and Robert N. Convington, *Essays on Procedure and Evidence*, Vanderblit University Press, 1961.

Wadie E. Said, "Sentencing Terrorist Crimes", *Ohio State Law Journal*, 75 (2014).

W. Crandall, M. Oudah, Tennom, et al., "Cooperating with Machines", *Nature Communications*, 9(2018).

William L. Reynolds, *Judicial Process*, West Group, 2003.

法務省法制審議会-新時代の刑事司法制度特別部会「時代に即した新たな刑事司法制度の基本構想」(2013 年 1 月)。

高山俊吉「裁判員制度の現在と制度廃止論」法政理論46巻第3号(2014年)。

葛野尋之「裁判員制度における民主主義と自由主義」法律時報84巻9号(2012年)。

柳瀬昇『裁判員制度の立法学』日本評論社(2009年)。

青木孝之『刑事司法改革と裁判員制度』日本評論社第1編、第5章(2013年)。

司法制度改革審議会「司法制度改革審議会意見書-21世紀の日本を支える司法制度-」(2001年)。

新屋達之『「新時代の刑事手続」のめざす刑事手続像』大宮ローレビュー第10号(2014年)。

后　记

　　党的十八大以来，中国特色司法制度建设进行了一系列重要探索。站在司法体制改革之路的新起点上，积极稳妥地推动中国司法制度实现科学化、体系化、现代化，既需要及时地归纳总结我国司法体制改革的新进展，更需要积极探索司法制度的中国模式的未来走向。《司法制度的中国模式与实践逻辑》一书所进行的学术探索的目的在于尝试回答中国司法制度发展的模式与进路问题，在借鉴国内外最新研究成果的基础上，立足中国国情，着力探索中国式司法制度现代化的路径。

　　本书从系统论和解释论的角度重新审视中国式司法制度，尝试回答下面这些问题，从法学层面为国家治理体系和治理能力现代化添砖加瓦。

　　如何对中国特色司法制度进行理论解读？本书认为，我国的司法体制改革是社会主义司法制度的自我完善和发展，走的是中国特色社会主义法治道路。对"中国特色"的理解，既要包括对传统社会优秀的司法理念、司法制度的汲取，又要包括对革命时期、社会主义建设初期司法经验的总结。对"社会主义属性"的解读，既要包括党的领导是中国特色社会主义最本质的特征，是社会主义法治最根本的保证；又要充分认识中国特色社会主义司法制度的探索与发展实际上就是马克思主义法律理论的中国化在司法领域的展开与实践；还要把握好人民性，人民性表现为一种以人民的根本利益为中心的司法价值基础和价值取向。

如何看待对司法规律的认识与利用？本书认为司法规律是指国家机关及其工作人员在将法律规范适用到具体案件时，为达到特定的效果，而可供采用的法则，具有历史性、条件性、抽象性、客观性等基本属性。可将司法规律的外延分为抽象司法规律和具体司法规律。司法规律与中国特色是两个相对独立的范畴，中国特色是司法规律在中国有效实现的重要条件。

如何回应建设中国特色司法制度的现实问题？本书采用典型案例研究和实证经验分析两种不同的方式开展，针对实践中暴露出的司法职权配置不合理以及侵犯司法人权、损害司法公正等问题，从历史传统、执法理念和制度漏洞等方面深入剖析问题的成因，以期为解决问题、推进改革打下坚实的基础。

如何围绕以审判为中心深化司法体制改革？本书认为，推进以审判为中心的诉讼制度改革，确保侦查、审查起诉的案件事实证据经得起法律的检验，确保庭审在查明事实、认定证据、保护诉权、公正裁判中发挥决定性作用，需要处理好以审判为中心与认罪认罚从宽制度改革的关系，需要以优化司法职权配置为根本保障，以贯彻证据裁判原则为基础，以保障质证权为重心，以完善庭审程序为基本方式。

如何破解现代科技与司法相结合的重点难点问题？本书尝试创新性地提出司法权、科技能力、当事人权利三大要素的关系理论，作为分析深化司法体制改革与现代科技应用相结合的理论工具。从技术层面而言，研究如何确保大数据、人工智能的精确性和安全性，将由现代科学技术本身的误差所导致的不良影响控制在最低限度；从体制层面而言，研究在遵循司法规律的前提下，运用利益衡量方法，探讨现代科技与司法独立审判、公民隐私权保障、庭审正当程序等的关系。

在思考以上问题的基础上，基于对我国司法实践和司法改革的探索，运用逻辑实证研究和经验实证研究方法，本书试图证成以下核心观点：

面对新时期新形势，我国的司法制度改革必须坚持"中国特色"。首先，要做到司法制度政治性与人民性的统一。政治性主要体现在两个方面：一是坚持党对司法工作的绝对领导；二是坚决服从党和国家的工作大局。人民性是我国司法制度与西方司法制度的根本差异所在，要以人民的根本利益和人的全面发展为出发点。其次，要做到司法公正与社会和谐并重：一是判决与调解结合，坚持多元化纠纷解决，形成"和谐司法"之东方经验；二是法律效果与社会效果的统一。

逻辑实证分析和经验实证分析表明，尊重、遵循司法规律，是顺利推进司法改革的前提和基础。首先，司法制度建设应当严格适用法律，确保司法权威，维护司法的公信力。严格司法并不等于机械执法，司法工作人员要在自由裁量的范围内发挥司法能动性。其次，司法制度建设需要重视司法的亲历性与判断性。司法权的本质是判断权，对案件的处理必须直接审查证据和事实，形成对案件事实的内心确信。最后，司法制度建设必须实体与程序并重，维护社会公平正义。程序公正不仅对实体公正具有保障作用，更有其独立的价值。

应当以审判为中心，优化司法职权配置，深化司法体制综合配套改革。应以新《刑事诉讼法》实施和司法改革为契机，围绕对质权保障推动庭审实质化，从证明力切入，逐渐限制证据能力，完善分工配合制约原则，渐次展开审判中心主义之改革，以实现刑事司法中"看得见的正义"。优化司法职权配置，深化司法体制综合配套改革，应当在尊重并遵循司法规律的前提和基础上展开，并以智慧司法、司法责任制、程序分流和纠纷解决机制等为关键突破口。

当下，不断完善司法制度的中国模式，为世界司法文明提供中国方案，还需要我们不懈的努力，以下思路可能是有所助益的：

应坚持中国特色与遵循司法规律有机结合并指导中国式司法制度现代化。在建设中国特色司法制度的过程中，需要立足中国实践，树立本土意识，以防陷入片面西化的怪圈。为此，应当坚持中国特色，即坚持党的领导，坚持以政治性、人民性和法律性作为司法制度的基础，做到立足本国国情与借鉴先进经验并重。在坚持中国特色的同时,注意认识和利用司法规律,以司法规律为指导进行改革。

以量化法治指引司法公正评估体系建设并促进公正司法。本书认为司法公正评估体系是量化法治理论在司法领域应用的一种有效的新型实践,指出应根据司法公正的具体内涵和要素设置一系列反映司法公正情况的评估指标,运用量化法治理论,建立司法公正评估体系模型,利用法律数据和社会调查数据,测度司法公正的情况并呈现量化式评估结果,以量化评估的方法推动司法公开透明。

构建"智慧司法"牵引的司法体制综合配套改革。从司法空间的拓展看,由人、物理世界、智能机器、数字信息世界组成的四元空间加快形成,未来的司法将与互联网等虚拟载体建立更加紧密的交互关系。我国司法面临参与主体、权利客体、规则内容的全方位变化,需要实现法律关系重构、人才体系重塑、审判制度重建,推进司法体制改革与现代科技应用的深度结合。

总体来看,司法制度的中国模式已经初步形成,取得了一系列新成就并开启了新征程。[1] 未来的研究应进一步扎根中国深厚的法律文化底蕴,既借鉴世界法治文明的优秀成果,又总结中国人民百年来努力探索与实践的成果,既立足当今中国的基本国情,又探索最大限度地满足人民群众的司法需求。司法体制改革难以一蹴而就,我们应不断完善司法制度的中国模式,并为人类司法文明作出新的重大贡献。

本书是在浙江大学光华法学院温暖的大家庭中孕育而生,在我及团队成员的共同努力下,经过五年的实证研究和理论探索,经过反复打磨和完善而成的。在这个过程中,我和我指导的博士后牟绿叶、陶加培、王志坚等,博士生张健、自正法、冯姣、秦汉、宋善铭、张传玺、钱文杰、龚中航、郑骅等同学,进行了无数次

---

[1] 参见陈光中等:《中国现代司法制度》,北京大学出版社2020年版,第206页。

专题讨论和研究,参加司法制度专题研究博士生课程的同学们也为本书贡献了智慧和努力。当然,本书的主体内容由我执笔完成,也应由我来承担文责。在研究的过程中,课题组先后在杭州、绍兴、北京、上海、南昌、长春等地展开实证研究。浙江省高级人民法院、浙江省人民检察院、杭州市人民检察院、杭州市互联网法院、阿里巴巴集团等单位为我们的研究提供了重要支持,在此表示由衷的感谢。司法制度的中国模式和实践逻辑涉及方方面面,本书虽力图进行体系性解释和在理论与实践中来回穿梭,虽力图以开阔的国际视野来审视中国的现实问题,虽力图为中国式司法现代化作出贡献,但限于时间和能力,难免择要展开,也难免挂一漏万。在本书即将付梓之际,我的欣喜只是须臾之间,更多的是诚惶诚恐。

现实和理想总是有差距的,理想也因此无限美好,使我们心向往之,并激励我们奋进。理想让我们得以洞察和领略无限者。"毋宁说,理想美化了枯燥的细节,提振和维持着苦闷艰辛的岁月。"[1]恰如那广为传颂、砥砺人心之气不减当年的诗歌所云:"他若惦念你的律法,扫洒庭除亦为美事。"[2]

胡　铭

2023年4月4日于浙江大学求是村

---

[1] [美]霍姆斯:《法学论文集》,姚远译,商务印书馆2020年版,第215页。

[2] 语出乔治·赫伯特(George Herbert)的诗歌,转引自[美]霍姆斯:《法学论文集》,姚远译,商务印书馆2020年版,第215页。